国家社科基金后期资助项目
辽宁省教育厅科学技术研究项目

西方音系学理论与流派

赵忠德　马秋武　主编

商務印書館
创于1897 The Commercial Press
2011年·北京

图书在版编目(CIP)数据

西方音系学理论与流派/赵忠德,马秋武主编.—北京:商务印书馆,2011
ISBN 978-7-100-08469-7

Ⅰ. ①西… Ⅱ. ①赵…②马… Ⅲ. ①语音学—西方国家 Ⅳ. ①H01

中国版本图书馆 CIP 数据核字(2011)第 138343 号

XĪFĀNG YĪNXÌXUÉ LǏLÙN YǓ LIÚPÀI
西方音系学理论与流派
赵忠德　马秋武　主编

商务印书馆出版
(北京王府井大街36号　邮政编码 100710)
商务印书馆发行
北京瑞古冠中印刷厂印刷
ISBN 978-7-100-08469-7

2011 年 12 月第 1 版　　开本 787×1092 1/16
2011 年 12 月北京第 1 次印刷　　印张 34½
定价:60.00 元

国家社科基金后期资助项目
出版说明

后期资助项目是国家社科基金设立的一类重要项目，旨在鼓励广大社科研究者潜心治学，支持基础研究多出优秀成果。它是经过严格评审，从接近完成的科研成果中遴选立项的。为扩大后期资助项目的影响，更好地推动学术发展，促进成果转化，全国哲学社会科学规划办公室按照“统一设计、统一标识、统一版式、形成系列”的总体要求，组织出版国家社科基金后期资助项目成果。

全国哲学社会科学规划办公室

主　编

赵忠德　马秋武

副主编

曲长亮

编　委

尹雪梅　曹仁松　周佳萍　张　燕　樊莉因　康　卉　鲜　明

王　平　何志波　于艳波

本 书 由

大连市人民政府资助出版

大连外国语学院学术著作出版基金资助出版

目　　录

前　言

语音研究由来已久，随着语音研究的深入，人们逐渐认识到存在于语音符号背后的语言学意义。自此，人们开始从系统和结构的角度认识语音符号，探讨语音符号所具有的形式关系和规律。可以说，结构主义音位学（亦译“音系学”）是最早沿着这一研究思路所形成的语音的语言学理论，即音系学理论。

音系不同于语音，它是非物质或非物理的，是人类语言所具有的能产性属性赖以存在的基础。音系与语音的关系，就好比象棋一样，棋子之所以能够成为象棋中的一员，不是因为它是由什么物质（如石头、木头）制成的，而是由它在对局中所扮演的角色和这一角色所遵循的游戏规则决定的。音系是抽象的语言符号系统，它借助人类发出的声音来实现语言的交际目的。很显然，上述这一思想早已见之于著名瑞士语言学家费尔迪南·德·索绪尔（Ferdinand de Saussure，1857～1913）的《普通语言学教程》之中，也正是索绪尔的语言学思想为后来的语音的语言学研究（即音系学研究）奠定了理论基础。但需要指出的是，虽然音系有别于语音，但要把二者完全割裂开来，也是有问题的。抽象的音系是借助具体的语音物质外壳来体现的，而且音系也总是或主要是借助语音物质外壳来实现的。反过来，人类在发音生理机制上的某些限制也一定或多或少地影响着音系在语音体现形式上的选择。生成音系学理论的主创人、麻省理工学院语言学系资深教授莫里斯·哈勒（Morris Halle）先生于1992年提出的基于六个发音器（articulator）的特征架构（feature geometry）模式，部分地说明了音系与语音之间存在的密不可分的交互关系。

音系学产生于西方语言学界，它与形态句法（morphosyntax）并列成为语言学理论的两个主要研究领域。从“音位”的发现到结构主义音位学理论的形成，再到生成音系学理论的建立与发展，百年来的音系学理论研究，有如一幅争奇斗艳、百家争鸣的绚丽画卷，或以承继或以发展为基点相继提出的各种音系学理论和分析模式，成就了20世纪音系学的辉煌发展史。回顾和总结音系学的发展历程，自然是非常重要和必要的。美国语言学家斯蒂芬·R. 安德森(Stephen R. Anderson)最先对20世纪的各种音系学理论进行了全面的梳理和总结，指出这一时期的各种音系学理论研究的目标比较一致，与其先前的语音研究有着明显的区别(Anderson 1985:2～3)。总结20世纪出现的音系学理论，对这些理论进行梳理和介绍，无疑是非常有意义的。在进入新世纪之时，王嘉龄(2000)和马秋武(2001)分别撰文对音系学理论的发展进程进行了回顾和梳理。前一篇文章，从结构主义音位学谈起，以时间为主轴，对百年来的音系学研究做了简明扼要的介绍；后一篇文章，把介绍的重点放在生成音系学诞生之后的四十余年音系学理论的发展上，从研究的问题出发，对四十多年来的各种音系学理论进行了分门别类的阐释。但两篇文章限于篇幅，不可能对西方音系学理论做全面、系统的介绍和阐释。为了弥补国内这一空白，让国内读者更好、更全面地了解西方音系学理论与流派，推动我国音系学理论的研究与发展，我们编写了这部《西方音系学理论与流派》一书。

我们知道，从喀山学派开始，音系学迄今已走过一百多年的发展史。早期的结构主义音系学多是以介绍和发现音位概念或探索语音之间关系为主要研究对象，因此我们把这一时期称为音系学研究的早期阶段。1968年乔姆斯基和哈勒合著的、堪称生成音系学理论奠基之作的《英语音系》(*The Sound Pattern of English*，通常简称SPE)一书正式出版，在音系学领域中引发了巨大变化，音系学研究得到空前的发展，音系学理论不断涌现，音系学自此进入了发展的鼎盛时期。由于这一时期音系学理论派系众多，彼此之间承继关系错综复杂，因此对这一时期的音系学理论与流派进行梳理和分类，不仅难度较大，而且也可能是一件费力不讨好的事。但考虑到国内读者的需要，同时也是为了便于理解和掌握，我们从理论建构、多维表征、计算特性等角度对这一时期的理论与流派进行了划分。这里需要说明的是：划分后的理论之间并非没有任何的关系或联系，有时很可能是一个理论在发展进程的不同阶段因基本主张发生很大变化而形成的不同理论版本；有时也有可能是一个大的理论框架下的不同子理论，它们因研究的侧重点不同而不同。但总的说来，书中介绍的理论与理论之间应该是有明显差别的，各理论可以单独构成独立的概念体系。

20世纪音系学理论虽然在研究目标上是比较一致的，但由于音系学理论比较抽象难懂，而且其理论流派众多，思想主张迥异，把这么多的音系学理论一一加以介绍，对于我们来说无疑是一项巨大的挑战。我们全体编写人员，在各级领导的大力支持和帮助下，面对挑战，同心同德，通力协作，克服重重困难，终于完成了这项艰巨的工作。但限于时间和水平有限，本书一定还存在着一些问题和疏漏，故诚请读者和同行给予批评指正。

赵忠德 马秋武

2009年11月30日

第一章　早期诸流派

所谓“早期诸流派”，是指先于生成音系学理论出现的音系学[①]理论。对语言的音系研究最早应始于19世纪下半叶的喀山学派(Kazan School)。喀山学派被誉为结构主义语言学的先驱。在语音研究方面，喀山学派的语言学家最早提出了音位的现代含义。其代表人物 Baudouin de Courtenay 把静态语音学的研究划分为两个部分，人类发声学(anthropophonics)和心理语音学(psychophonetics)。前者即当代意义上的语音学，后者则为当代意义上的音系学。他们还认为语音交替现象普遍存在。由现代语言学之父 Saussure 创立的日内瓦学派(Geneva School)把言语从语言中分离出来，提出了言语声的概念。

这个阶段最具影响力的流派是以 Jakobson 为首的布拉格学派(Prague School)，他们建立了结构主义音系学，确立了能区别意义的音位。功能音系学(Functional Phonology)主要研究语音实体是如何完成各种功能，使语言成为交际的工具。以 Trubetzkoy 为代表的经典功能音系学与以 Martinet 为代表的现代功能音系学有一定的区别，主要是中和与超音位的问题。

在美国结构主义音系学(American Structuralist Phonology)中，Sapir 从心理的角度分析语音，而 Bloomfield 则利用功能主义和行为主义解释了区别性和非区别性特征。Bloomfield 还提出了音长、音高、重音、声调等超音段区别特征。哥本哈根学派(Copenhagen School)与布拉格学派、伦敦学派以及美国结构主义类似，其语言学理论体系的本质是结构主义的，但它将语言的符号本质推向极端，试图建立代数模式的语言描写模式，提出语符(glosseme)的概念。Pike 与美国结构主义音系学家同处一个时代，但是他的法位音系学(Tagmemic Phonology)更带有功能主义的色彩，从轨位

① 早期的音系学理论多是以音位为主进行研究的，因此过去我们常用“音位学”指称这一时期的音系研究。这里，我们采用“音系学”这一名称，主要是因为它既可以指后来的以生成音系学理论为代表的音系学研究，也可以指先前的以音位为主的音位学研究。

(slot)、类别(class)、作用(role)、衔接(cohesion)四个方面对语音进行法位分析。

以 Firth 为代表的伦敦学派(London School),发现跨越多个语音单位的语音特征,如音高、重音、连接(junction)、语调等,是韵律成分。系统音系学(Systemic Phonology)具有所有韵律音系学具备的特点——强调横向结构与纵向系统相结合来分析音系现象,将音系层与语法层联系起来,主张多系统性、非普遍性、规则性的描述理论,以及在韵律音系学的基础上发展起来的系统音系学独特的特点——主张音系学层面的分级结构及细分的系统网络理论,在音系层级系统的不同级阶上研究与之对应的各种有规律、有特点的音系学特征系统。

层次音系学(Stratificational Phonology)的创始人是美国语言学家 Lamb。Lamb 认为,语言是个关系系统,可以被分析为一系列子系统,每一个子系统称为一个层次系统。每一个层次系统都拥有自己的配列及配列规则。语言结构由语言学图示(linguistic graph)来表示。层次语法、层次音系学中的语言学图示是一种二维图,由线(line)和节(node)组成。用这种点线结合的图示来表示层次系统之间的关系,比 SPE 理论中的代数式更加方便。

喀山学派音系学
Kazan School Phonology

提起现代语言学的开端,人们会不约而同地想起瑞士语言学家 Saussure 及其日内瓦学派。其实,早在 19 世纪七八十年代,以波兰语言学家 Jan N. Baudouin de Courtenay 和 Mikołaj Kruszewski 为代表的一些东欧学者就已经开始以全新角度对语言进行科学的探索。这些学者以俄国的喀山大学为研究中心,因此被称为喀山学派。我们当今所熟知的许多问题,诸如共时与历时的区别、聚合与组合的对立等,在喀山学派语言学家的著作中已有充分的论述。因此,喀山学派被誉为结构主义语言学的先驱。在语音研究方面,喀山学派的语言学家最早提出了现代意义上的音位概念,并对语音学与音系学的区别做了初步的探讨。因此,在喀山学派对现代语言学的诸多贡献中,对音系学的贡献尤为突出。

总的来说,人们对喀山学派的了解似乎远不及日内瓦学派。喀山学派的学者们深居俄国内陆,其思想传播到西欧、北美颇费周折。其著作大量援引波兰语、俄语等斯拉夫语的例子,同样令西欧、北美学者望而却步。喀山学派的语言学著作长期以来缺乏英语译本,这极大地阻碍了其思想的传播。1963 年,苏联出版了 Grigor'ev 和 Leont'ev 编辑的两卷本 Baudouin de Courtenay 语言学论文集,但直至 1972 年才有了 Stankiewicz 的英语节译本,而 Kruszewski 著作英译本的出版则一直被延迟到了 1995 年。因此,西方出版的许多关于普通语言学史、语言学流派的著作,如 Robins(1967)、Lepschy(1970)、Sampson(1980)等均未对喀山学派进行专章专节的论述。尽管如此,在论述音系学发展历程的专著中,喀山学派的地位始终不可动摇。Fischer-Jørgensen(1975)、Anderson(1985)等都将喀山学派置于重要位置。值得注意的是,在西方,喀山学派近年来受到了越来越多的重视。如在 Seuren(1998)中,Baudouin de Courtenay 几乎取得了与 Saussure 平起平坐的地位,两人被并列称为"欧洲结构主义早期的两位最关键人物"。喀山学派在语言学史中的重要地位由此可见一斑。此外,1992 年出版的四卷本《牛津语言学国际百科全书》并未收 Baudouin de Courtenay 为词条,但 2003 年版增加了这一词条。

在我国,戚雨村(1993)第一次将喀山学派置于较为重要的地位。该书不仅详述了喀山学派,而且专列词条分别介绍 Baudouin de Courtenay、Kruszewski 等人,甚至 Ščerba 也列入其中加以介绍。Baudouin de Courtenay 的肖像也与 Saussure、Sapir 等人一道,出现在正文前的插页中。但总体来说,我国语言学界对喀山学派的译介尚少,目前尚无喀山学派完整的译作。重要的语言学流派专著,如刘润清(1995)、刘润清和封宗信(2003)等均未提及喀山学派。赵世开(1990)虽然分别为 Baudouin de Courtenay 和 Kruszewski 立传,但在该书第一部分所论述的各个流派中却并未包括喀山学派。1994 年以来的学术期刊中也未见任何对该学派的专门论述。因此,在讨论该学派的音系学理论之前,我们有必要将喀山学派的语言学基本观点做一简要概括。

1 语言学的本质和任务

19 世纪的语言研究思路主要不外乎两种:一种是传统语法(pedagogic grammar),另一种是 19 世纪最为"时尚"的历史比较语言学(comparative-historical linguistics)。前者历史十分久远,并深受 18 世纪新古典主义"对一切事物进行理性的规范"这一指导思想的影响。其研究语言的目的是对语言进行规范,纠正人们使用语言中的各种错误。后者则是 19 世纪的新兴学科,其研究重点是比较语言间的异同,从而划分语言属系,并构拟原始语

(protolanguage)。喀山学派的思路与这两种研究方法都截然不同,预示着语言研究全新阶段的到来。

传统语法的规定性(prescriptive)语言研究思路是喀山学派最为反对的。在喀山学派看来,语言学是一门科学(science),与物理学、天文学一样,也是一门建立在归纳基础之上的科学。它以经验主义的描写为基础,以归纳现象、探寻规律为根本任务。这与规定派研究中的"语法"概念可谓大相径庭。

Baudouin de Courtenay 指出,人们经常将语言学与语法(此处指传统语法)混为一谈。尽管二者都以语言为研究对象,其本质是截然相反的。语法指导人们如何正确使用语言,因此是一门艺术(art)而不是科学(science)。科学必须具有高度的理论性,必须利用法则及推理,对现象、事实进行高度的概括。虽然语法学家也会从语言现象中概括出语法规则(有时他们甚至会主观臆造出一些根本就不存在的"规则"),但他们的兴趣并不在于这些规则本身,而是在于使用这些规则去对人们说话和写作做出规定(prescription)。可见,语法作为一门艺术,具有很强的实践性,正是这一特征使其被排除在科学之外。

> 现在有人或许会问,语言学是否属于以实践为目的的学科?……语言学是否要作为阅读和写作的指南,如告诉人们如何正确拼写单词?语言学家是否要做净化语言、改良语言的工作,并将其运用到日常生活之中?……
>
> 对上述所有问题,我必须做否定的回答。语言学的研究对象不是某种技巧的习得、不是其实践、不是某种技术,而主要是对科学的探求、对真理的探求、对科学知识的探求。
>
> (Baudouin de Courtenay 1871:53)

从上述论断中我们不难看出,在 Baudouin de Courtenay 看来,语言学与人们所熟知的"语法"有着本质不同。语言学不是类似语法那样的艺术,而是一门科学。传统语法所强调的"思辨"、"哲理化"等提法,被 Baudouin de Courtenay 称为"语言学领域的金丹术",与自然科学领域的金丹术一样,貌似科学,其实并非科学。

> 语言学中这一先验式的潮流近年来发展成为所谓的哲学学派,这一学派利用思辨方式配以极为有限的语言现象来构建语法体系,从而

> 使语言现象被强行塞入一个紧身的逻辑夹克中。这样的语法体系当然可以或多或少地表现学者们头脑中的复杂结构，是逻辑艺术的产物，其和谐与秩序令人叹为观止；然而，这样的语法体系为了狭隘的理论，不惜破坏、扭曲语言事实，因此不过是些空中楼阁，无法满足实证思维的要求。
>
> (Baudouin de Courtenay 1871:55)

显然，Baudouin de Courtenay 极力反对传统语法中让语言现象被迫服从于逻辑的做法，从而将语言学与传统语法划清了界限。在喀山学派看来，语言学也和自然科学一样，有两个最基本的任务：一是观察现象，二是总结规律。强加给语言的"逻辑推理"是不能用来解释语言现象的。

但 19 世纪新兴的历史比较语言学同样有其不足之处。如 Paul(1880) 认为语言学本质上是"历史科学"，这与喀山学派的观点显然不同。在此问题上，Kruszewski 的观点颇为激进，他猛烈抨击 Bopp 式的语言学研究思路，认为既然语言学的研究目标是寻找语言现象中的规律与法则，就不应该停留在研究语言的进化史上。如果按照 Bopp 式的思路来研究语言，语言学就成了"寻求阐释印欧语系内部的相互关系，以及试图重构印欧原始语及其各语族（日耳曼、斯拉夫等）的原始语的科学"。"毋庸置疑，上述任务无一可以被看作科学"(Kruszewski 1881:7)，因为这些任务与语言学所应当揭示的"发现语言现象中的普遍规律"的目标相差甚远。

2　共时音系学的产生

理论语言学中的大多数分支学科，如形态学、句法学、语义学等，都可以追溯到古希腊时期，然而语音研究却并非如此。由于传统语法以书面规范语言为研究对象，对口语不屑一顾，因此重句法、重逻辑而轻语音的总趋势似乎不足为奇。古希腊学者的著作中偶尔也能见到涉及语音的论述，但这些论述既缺乏系统性，又缺乏科学性。他们还常常混淆字母与音这两个概念，而这一点恰恰是语音的科学研究之大忌。

19 世纪，随着历史比较语言学的兴起，语音逐渐受到重视。历史比较语言学家借鉴古印度语法学家的成功经验，以全新的思路研究语音，使一些流传久远的错误得以澄清和纠正。显然，喀山学派之前的语音历时演变研究者已经普遍意识到，语音研究必须对字母与音加以严格区分，语音研究开始在理论语言学中占有了一席之地。但是，尽管语音研究在 19 世纪得到了充分的发展，却主要仍集中在语音历时演变(sound change)方面。语音历时演变的过程、原始语言中语音的构拟等成为这一阶段语音研究的主流。而共时的语音研究，仍未得到充分重视。19 世纪末，喀山学派的兴起改变了语音历时演变一统语音研究的格局，开创了语音研究的新时代，以语言语音系统规律为研究对象的共时音系学由此产生。

2.1 语音研究在语法中的地位

Baudouin de Courtenay(1871)为语言学描绘出大致的框架，这一框架与我们今天的语言学已经十分相似：

语言学：
- I. 纯语言学
  - A. 经验主义语言学
    - 1. 语法
      - a. 语音
      - b. 构词
      - c. 句法
    - 2. 语言的分类
  - B. 语言的起源
- II. 应用语言学

传统语法主要研究形态、句法两部分，通常不涉及语音问题。Baudouin de Courtenay 最先把语音纳入语言的“语法”体系，使之成为语法不可或缺的三个组成部分之一。但需要注意的是，Baudouin de Courtenay 所称之为的语音学或音系学(phonetics[phonology])与我们今天使用的术语并不完全相同。例如，他把所有有关语音的研究统称为语音学(phonetics)，而音系学(phonology)仅仅是语音学的另一个名称而已，二者是同义词。但无论如何，将语音研究提升为“语法”的一部分，与形态、句法平起平坐，这在语言学史上是首创。由此，语音研究在语法研究及语言学研究中从边缘地位走向核心地位。

语音研究绝不仅限于语音历时演变研究。“语音学”的研究范围应当包括三个方面：除了 19 世纪的学者所熟悉的历时角度的语音研究之外，还包括生理学角度的语音研究、心理学角度的语音研究。其中，历时角度的研究，其对象是语音历时发展中的规律与条件，因此属于动态(dynamic)研究；而其他两方面旨在分析某一特定阶段中存在的语音规律及条件，属静态

(static)研究。这一静态与动态的区别,与 Saussure 后来提出的共时与历时的区别具有异曲同工之效,但却比《普通语言学教程》的发表早近半个世纪的时间。

2.2 语音学与音系学的区分

如果仅从术语方面来看,喀山学派似乎并未对语音学与音系学加以区分。但实质上恰恰相反,Baudouin de Courtenay 对语音研究中的这两个领域的区分已经十分接近我们现在的看法。这也是把喀山学派的语言学家看作是音系学的创始人的重要原因之一。

Baudouin de Courtenay 把静态语音学的研究划分为两个部分,人类发声学(anthropophonics)和心理语音学(psychophonetics)。前者即当代意义上的"语音学"(phonetics),后者则为当代意义上的"音系学"(phonology)。Baudouin de Courtenay(1895, 1927)对这两个术语做了详细的阐释:

> 语音学作为一个整体,涉及所有语音现象,无论是人类发声学方面的,还是心理语音学方面的。人类发声学方面反映的是感知现象,既包括发声方面,又包括听觉方面。因此,语音学包括两部分:人类发声学部分和心理语音学部分。
>
> (Baudouin de Courtenay 1895:152)
>
> 我们必须区分两门不同的科学:(1)一门是自然科学,称为语音学(音系学)①,也叫人类发声学,与力学(动力学、静力学)和物理学(声学、光学)紧密相联,以及(2)心理语音学,是一门人文科学,与心理学、社会学紧密相联系。当然,这两门科学并不是完全分开的,而是相互之间有重合的。作为语言科学,心理语音学只研究存在于发声及听觉的表现形式之中的那些东西。
>
> (Baudouin de Courtenay 1927:280)

Baudouin de Courtenay(1877)明确区分了"生理学角度的语音研究"与"心理学角度的语音研究",这可以看作是后来的人类发声学和心理语音学的雏

① 这里必须注意,在不同阶段对"语音学"(phonetics)有不同的解释。如在其早期著作(Baudouin de Courtenay 1877,1895)等中,语音学囊括所有对语音现象的研究;而在 1927 年的这篇文章中,语音学显然指狭义的语音学,即他以前所说的"人类发声学"。但无论是广义还是狭义,Baudouin de Courtenay 所说的"语音学"和"音系学"始终是同义词,这两个术语在 Baudouin de Courtenay 看来没有任何差别。

形。由上述的论述可以看出，早在19世纪70年代，Baudouin de Courtenay区分两个静态语音研究领域的观点就已经十分成熟了。

所谓人类发声学，即生理学角度的语音研究，又可以称之为声学一生理学角度的研究，其对象是语音的生理和物理方面，与语音在特定语言中发挥的作用无关。也就是说，一个音在某种语言里是否具有区别词义的作用，并不是人类发声学的研究范围。

人类发声学的重要作用之一是对语音进行分类，如按照语音的属性将语音分为辅音和元音。辅音还可以做进一步的分类，其标准有两个：一个被Baudouin de Courtenay称作"解剖学上的划分"(anatomical division)，主要依据不同的发音器官；另一个被称为"生理学上的划分"(physiological division)，主要依据不同的发音方法。按照这两个标准可以制作一张辅音表，将全部辅音囊括进去。Baudouin de Courtenay的这一畅想极为高瞻远瞩，因为在此十余年后，国际语音协会(IPA)公布的国际音标表(1888)的辅音部分，就是按照这一方式排列辅音的。

心理语音学，即心理学角度的语音研究，与人类发声学相对。在心理语音学中，语音与意义的关系十分重要。从心理学角度看，某两个音是否相同并不完全取决于这两个音的自然属性，而是在于"特定的语言社团的'感知'"(Baudouin de Courtenay 1877：85)。为了证明这一点，Baudouin de Courtenay引入了一个新的概念：语音的平行关系(parallelism of sounds)。

所谓的"平行关系"，简单地说就是一个音与另一个音的差别，与后来Trubetzkoy等人提出的"对立"(opposition)十分相似。以辅音为例，腭化与非腭化辅音之间、长短辅音之间、带声与不带声辅音等之间都存在区别。这些都构成了平行关系。但这种区别只是物理学、生理学方面的而已，至于这些区别是否构成语义上的差别，要取决于心理学上的因素：例如，说俄语的人能感知到腭化与非腭化辅音①的区别，却感知不到长短辅音的区别，而说意大利语的人则正好相反。因此Baudouin de Courtenay得出结论：之所以要从心理学的角度研究语音，就是因为不同语言社团对语音的平行关系有着不同的"心理学运用"。

从上面的论述中我们不难看出，自19世纪70年代起，喀山学派就已经出色地区分了我们今天称之为语音学和音系学的这两个领域，远远早于西欧和北美的学者。因此，将喀山学派称为现代音系学的开创者，已被越来越多的语言学史研究者所接受(Anderson 1985；Seuren 1998)。

---

① 我国俄语教学界传统上把腭化辅音称为"软辅音"，把非腭化辅音称为"硬辅音"。

3　喀山学派的语音交替理论

语音历时演变(sound change)是19世纪的历史比较语言学家十分熟悉的一个语言现象。著名的拉斯克定律、格林定律和弗纳定律都是解释语音历时演变的出色理论。但是,随着19世纪语音学的发展,语音历时演变中的一些理论问题也随之显现出来。最基本的问题之一就是,语音历时演变研究的是语音变化的历史过程,而语音学家又不可能听到古人的实际发音,于是古代语言(如古希腊语、拉丁语等)的文献便成为研究古代语言的语音的唯一依据。这一情形恰好违背了科学的语音观最核心的一条:绝不能把语音的书写形式和语音本身等同起来。由此,喀山学派的语言学家得出结论,为语音现象总结规律未必要局限于语音历时演变这一个领域,语音交替现象便是一个很值得总结的问题。

3.1　语音交替现象的普遍存在及其实质

语音交替与语音历时演变不同。语音交替是一种共时的现象,而语音历时演变则是历时现象。语音历时演变所关注的是语音变化的历史过程。例如,在格林定律中,由古日耳曼语的不带声破裂音到古高地德语的不带声摩擦音就是一种语音历时演变。

研究语音交替现象并不在于阐释语音演变的历史过程,而在于回答一些非历史性的问题,如:为什么某语素中的x音,在含有该语素的另一个单词中变为y音,有时甚至完全消失了?如德语的Ochs/ɔks/(牛)中含有元音/ɔ/,而在Öchslein/ˈœkslain/(小牛)中,在/ɔ/的位置上出现的是/œ/而不是/ɔ/。彼此交替出现的两个音/œ/和/ɔ/,就构成了语音交替现象。哪些音可以交替出现,往往是无法从人类发声学上找出根据的。所以,从人类发声学关系(即语音在物理上的相似性)的角度无法解释这一现象。至于什么因素引发交替现象?交替现象产生的条件有哪些?语言是否一定要发生交替现象?这些问题均不是语音历时演变研究所探讨的课题。

交替现象的产生往往与形态构词有关。在词缀的删减、名词数格的变化、动词体时的变化等中,常伴有交替现象的出现,上面提到的/ɔ/∶/œ/之间发现的交替现象,便是一例。此外,交替现象的出现有时还与产生交替的音的出现位置有关,当某些音不允许在特定位置上出现时,就必然有其他音取而代之。如俄语不允许元音/o/出现在非重读音节中,因此有/vɑˈda/(水,主格)和/ˈvodu/(水,宾格)中/ɑ/与/o/的交替。采用共时研究方法,上述现象很容易解释清楚。

在喀山学派的理论中，交替现象指某种条件下交替出现的音段，其中构成交替现象的各个音段分别称为交替形式(alternant)。例如，在Ochs：Öchslein中，/ɔ/：/œ/构成语音交替，/ɔ/和/œ/分别为交替形式。交替现象的实质是形态学问题，这与语音历时演变有着本质上的明显不同。

3.2 Kruszewski对语音交替的分类

Kruszewski(1881)将语音交替分为三大类，每一大类都有其显著特征。

俄语/vɑˈda：ˈvodu/中/ɑ/：/o/的交替属于第一类语音交替。这类交替有如下特征：

> (1)产生这类交替的原因是显而易见的。在/vɑˈda：ˈvodu/这个例子里，就是由于重音的不同。
>
> (2)这类交替是普遍的。只要有相应的条件，交替就一定会发生。
>
> (3)这类交替是必要的，是必须发生的，不允许有例外存在。
>
> (4)从人类发声学的角度来看，构成这类交替的音十分接近，实质上是同一个音的不同变异形式(modification)。

在这一类语音交替中，由于构成交替的两个音是同一个音的不同表现形式，二者互为偏离(divergent)。我们不难看出，偏离关系的语音交替现象与音素出现的位置有着密切的关系，如上例中的/o/在重读音节与非重读音节中的区别。俄语中硬辅音与软辅音的对立同样构成这种偏离关系的语音交替，由于在/i/和/j/前不允许出现硬辅音，这个位置上的辅音一定是软辅音。这一点是显而易见的、普遍的、必须发生的。至于软、硬辅音在人类发声学上的相似性，同样十分明显，所谓软辅音，其实就是相应的硬辅音腭化的产物。

第二类语音交替与其出现的位置没有直接的关系。例如，德语系动词sein的第一、第三人称过去式war/vaːr/与过去分词ge-wes-en/gəˈweːsən/中/r/：/s/的交替就不能解释为位置原因所致。因为德语中的/r/是允许出现在gewesen中/s/的位置上的。

在词类转换中，这类语音交替更为常见。Kruszewski举了俄语中/u/和/o/的交替：

/ˈmuxa/(飞)	：	/ˈmoʃka/(蠓虫)
/ˈgluxoj/(聋)	：	/ˈgloxutʲ/(失去听觉)
/ˈsuxoj/(干燥)	：	/ˈsoxnutʲ/(变干)

(Kruszewski 1881：13)

上述例子中/u/：/o/的交替与前面提到的/o/：/ɑ/的交替不同。没有任何规则可以预示/u/：/o/的交替，因此这类交替与音素出现的位置并无直接关系。与第一类语音交替相对比，Kruszewski 将这类语音交替的特征归纳如下：

(1)无法直接判断这类语音交替产生的原因及实现的条件。
(2)这类交替并非必要的。
(3)这类交替不是普遍的。
(4)从人类发声学来看，交替形式之间的相似性较小。

第三类语音交替与第二类语音交替很接近：这种交替同样是不规则的，无法根据其出现的环境进行预测。但与第二类交替不同的是，这种交替往往在加词缀后构成派生词时发生。典型的当属德语名词复数的变化。

Haus(房子) ：Häus-er
Rad(轮子) ：Räd-er
Loch(洞) ：Löch-er
Buch(书) ：Büch-er

(Kruszewski 1881：16)

除了 Kruszewski 对语音交替现象的上述总结外，Baudouin de Courtenay(1895)对语音交替现象做了更为详细的分类。由此可见，喀山学派语言学家十分重视对语音交替现象的研究。

日内瓦学派音系学
Geneva School Phonology

从语言学的角度讲，20 世纪是 Saussure 的世纪。现代语言学的兴起即以 Saussure 的巨著《普通语言学教程》为标志，Saussure 因此成为现代语言学之父。他所提出的语言与言语、共时与历时、聚合与组合等思想，成为 20 世纪语言学的基石。如果说 19 世纪的语言学是以历时研究为标志的，Saussure 开创了共时语言学的先河，这一变革丝毫不亚于天文学领域的哥白尼革命，使 Saussure 的名字永远与普通语言学联系在一起。

在Saussure的时代，真正意义上的音系学尚未形成。总的来说，Saussure在语音方面发表的见解不如他在符号学等方面多，但他的很多观点在理论上均具有开拓性和创见性，Saussure在语音研究方面的思想现仍值得我们深入研究。他在语音方面的有些研究，如发音器官的构成、发音的生理机制等，现已公认不属于音系学范畴。还有些研究，如语音的分类，虽然仍属音系学范畴，但研究的视角已经有了重大的转变，原先作为分类依据的语音的物理属性，已被语音在特定语言系统中的作用所取代。

Saussure有关语音方面的著作主要有两部：《关于印欧语言中原始元音系统的论文》(Saussure 1879)深受历史主义语言学影响，主要探讨了原始印欧语中元音的构拟问题，虽然它仍属于历时研究，但作者后来的一些基本观点和基本思想在这部著作中已初见端倪；另一部著作是人们普遍熟悉的《普通语言学教程》(Saussure 1916)，该书导论的附录部分，收录了Saussure 1897年以"音节理论"为题讲学的记录整理稿，这是研究Saussure语音研究思想的重要文献。

1 文字与语音的区别

文字与语音的区别在今天看来是无须格外强调的。语音学和音系学研究的对象都是语音而非文字。但是在科学的语言学观普遍确立之前，将文字与其所代表的音混同起来是经常发生的。Saussure类比了当时欧洲学者常见的几种书写体系，指出并非每种书写体系都能做到字母与音素一一对应。

塞浦路斯书写体系(The Cypriot System)采用的是音节书写(与我们所熟悉的日语假名类似)，闪米特书写体系(The Semitic System)采用的是辅音书写体系，即只记录辅音，不记录元音。如希伯来语只在必要的时候在辅音字母下方添加符号以表示不同的元音。

而Saussure最为欣赏的是古希腊语的书写体系，该体系严格遵循一音一符、一符一音的原则，没有像现代法语ch/ʃ/那样用两个字母的组合表示同一个音的情况，也没有现代法语中用同一个字母c轮流表示/k/和/s/两个音的情况。古希腊的书写体系最大的好处是可以清晰地表现出语音的序列(sequence)。可见，Saussure已经认识到"音位书写"的优点。

2 语言、言语与Saussure的phonème

Saussure最突出的历史功绩之一就是区分了语言和言语。那么，语音研究中的基本单位phonème究竟应该属于语言的范畴还是属于言语的范畴呢？这个问题至今仍有争议。

早在 Saussure(1916)被译成英语之前,就有人注意到了这个问题。如 Jones(1957)回顾了 phoneme 这一术语的历史渊源,指出 phonème 和 phoneme 的意义有相当大的差别。但 Baskin(1959)的英译本却并未注意到这一差别,把 phonème 直接译成了 phoneme,phonologie 也相应地译为 phonology。高名凯 1980 的汉译本也将上述两个术语分别译成"音位"和"音位学"。似乎 phonème 就是后人所熟知的"区别意义的语音单位"。如果 Baskin 和高名凯的说法成立的话,那么 phonème 应当属于语言的范畴。

但是,自从 80 年代重新阐释 Saussure 以来,这一观点受到了严峻的挑战。Harris(1983)对这种观点提出了明确的批评:

> 在今天,如果再把 phonème 译为音位(phoneme),那将是一种误导。因为在现今英美语言学界所采用的术语中,音位这一术语指的是结构上的单位,而对 Saussure 来说,phonème 指的显然是个属于言语范畴的单位。(无论他的编辑者们是怎么想的,无论《教程》里的话对现代音位理论的产生发挥了多大的作用,无论这些影响是正确的还是错误的,这一点都是无法改变的。)与之类似,Saussure 的 phonologie 也无法与我们今天所说的音系学对等起来,他的 phonétique 同样也不是我们今天所说的语音学。
>
> (Harris 1983[2001]:F46)

在 Roy Harris 的译本中,phonème 被改译为 speech sound,而 phonologie 也被改译为 physiological phonetics。显然,Roy Harris 认为 Saussure 的 phonème 属于言语的范畴。

Harris(1983)的观点得到了 Anderson(1985)的支持,Anderson 也认为 phonème 属于言语的范畴,而不是语言的范畴;属于言语链中语音的实现形式,而不是语言体系中的抽象概念:

> Saussure 使用的术语与后来其他学者所使用的术语有所差异,其中 phonème 和 phoneme 的差异是最容易使人误解的。Phoneme 这个词及其派生形式,后来在许多语言中都演化出"具有区别性的语音单位"这层意思。而 Saussure 根本就不是那样使用这个词的。他只是想用 phonème 来指"言语中的声音"而已,这个术语不具备"具体的某种语言中带有区别性特点"这层含义。
>
> (Anderson 1985:37～38)

不过，当今语言学界对此问题的看法还很不一致，如 Seuren(1998)仍坚持认为 phonème 应当属于语言的范畴：

> Saussure 曾试图区别 phonème 和语音(sound)这两个术语。有些人认为 Saussure 的 phonème 不是音系学意义上的功能语音单位，这些人显然是被误导了、被搞糊涂了。Saussure 对 phonème 这个术语的使用不仅令人迷惑，而且常常遭人误解。
>
> (Seuren 1998:150～151)

总之，Saussure 的术语与今天通行的术语差别很大。我们的观点与 Harris 和 Anderson 比较接近，因此，我们参照 Trask(2000)将 phonème 译为"言语声"。

3 所指、能指与 Saussure 的 phonème

能指和所指是 Saussure 对现代语言学的另一大突破性贡献。当代学者通常是从词汇、语义的角度来理解这一组对立的概念的。但是在语音研究领域，所指和能指的概念同样有所表述，主要体现为发音行为和听觉印象在语音研究中的关系。在人们的言语交际当中，言语链是客观存在的，同样，作为言语链物理外壳的语音也是客观存在的。但是对语音的观察和理解却可以从说话人和听话人两个不同角度进行。因此，语音也有了和词汇符号类似的"硬币两面"。

3.1 发音行为与听觉印象

Saussure 未能区分语音学与音系学，但他区分了语音学研究的不同方面：发音行为(act of phonation)和听觉印象(auditory impression)，前者是发音器官通过活动发出声音的过程，后者为前者所发出的声音在人的听觉器官上的作用。人们在话语序列中听到的音其实是两面的，一方面是"发音音段"，另一方面是"听觉音段"，二者共存的统一体，Saussure 称之为 phonème。显然，这个 phonème 并不具有任何区别意义的功能，因此并不是后来的语言学家所说的"音位"(phoneme)。言语声这一概念的理论意义就在于它使听觉印象与发音行为相结合，使所听到的与所说出的相结合。

而 Saussure 所区分的侧重发音行为的语音学和侧重听觉印象的语音学，即后人所说的发音语音学(articulatory phonetics)和听觉语音学(auditory phonetics)，至今仍然是语音学研究的两个重要方面。但是在 Saussure 看来，这两个方面并非完全平等。研究听觉印象的那一方面要更为重要一些：

> 许多研究言语生理学的权威都仅仅关心发音行为，即言语器官（喉、嘴等）的发声。他们忽略了言语是听觉方面。这是个错误，因为产生在耳朵上的印象不仅直接向我们表明言语器官的活动，而且为言语声（speech sound）理论提供了更为自然的基础。
>
> (Saussure 1916[1983,2001]:39)

简单地说，一个音与另一个音是否相同，并不在于说话者发音是否相同，而在于听话者是如何感知它们的。如果两个音被感知为相同，那么它们就是相同的，即使在说话者那里略有差异也无所谓。因此，听觉印象在 Saussure 的体系中自然要优先于发音行为。

3.2　言语声的特点

言语声是不可分割的（irreducible）。Saussure 的言语声是言语链（chain of speech）中最小的单位，是不可分割的。例如，音段[ta]是由两个言语声组成的，可以分割为[t]和[a]，而[t]和[a]则无法再分。可见，在是否可以再分割这一点上，言语声与后来 Trubetzkoy 的"音位"十分相似。但必须注意二者最本质的区别是：Saussure 的言语声并没有区分意义的作用。

言语声是抽象的（in abstraction），不具备时间序列性。在言语链中，人们听到的是类似[ta]那样的占有一定时间的音段。但是一旦把[ta]拆分成[t]和[a]，其时间性就不复存在了。因为时间性是序列的属性，而不是言语声的属性。分离出的[t]和[a]变成了完全独立、抽象的单位，从言语序列中取出，就不再拥有其在序列中的特性。对此，Saussure 把言语声和音乐中的音符做类比：do、re、mi 等是构成旋律的单位，而一旦脱离了旋律而单独存在，即变成了抽象的概念而不再是音乐旋律了。

布拉格学派音系学
Prague School Phonology

布拉格学派是结构主义语言学最重要的三个主流学派之一①，是 20 世

① 结构主义语言学的三个学派是：以特鲁别茨柯依和雅克布逊等为代表的布拉格学派、以叶姆斯列夫为代表的哥本哈根学派、以布龙菲尔德等为代表的美国描写语言学派。

纪最具影响力的语言学学派之一。自1926年布拉格学派召开第一届会议以来，该学派在语言学、诗学、文学批评理论等方面都取得了举世瞩目的成就。音系学的建立很大程度上要归功于布拉格学派，因此布拉格学派有“音系学派”之别称。音系学这一学科名称的推广要归功于布拉格学派，该学派创始人之一 Trubetzkoy 的著作《音系学原理》(*Grundzüge der Phonologie*)[①]成为音系学发展史中具有里程碑意义的文献。Jakobson 的区别特征理论更是为音系学在20世纪后半叶的全面发展铺平了道路。从某种意义上说，布拉格学派为音系学奠定了稳固的学科地位。

1 经典时期的音系学和音位理论

从1926年布拉格学派召开第一次会议，到1938年捷克斯洛伐克沦陷，这一时期被称为布拉格学派的经典时期。对音系学来说，Trubetzkoy 的《音系学原理》是布拉格学派在经典时期的经典之作，当之无愧地成为音系学百年发展史上的里程碑。从此，“音系学”这一名称正式得以确立[②]。

1.1 建立独立的音系学的必要性

如前所述，19世纪以来，语言学家对语音的兴趣与日俱增。有一部分语音学家已经注意到了音与音之间存在的对立关系。据 Trubetzkoy (1939) 介绍，最早注意到这一现象的是德国语言学家 Winteler。Winteler 指出，语言中存在音的对立，而这种对立是用来区分词义的，然而他并没有进一步指出可以以音义对立为基础，划分语音研究的两门不同学科。另一位注意到音之间对立现象的是英国语音学家 Sweet，但却没有把对立与意义联系起来。在 Sweet 看来，一切语音差别都可以构成对立，语音学家的任务就是要尽可能精确地客观记录下这些差别。Sweet 的观点影响着后来一大批语音研究者，其中不乏像 Jespersen 这样的一些名家。

对意义大加强调的是日内瓦学派的学者。Saussure 影响最为深远的理论之一就是对语言(langue)和言语(parole)的区分。但是遗憾的是 Saussure 并没有将语音研究明确纳入语言与言语的大框架中，因此他并未能将有关语音的研究相应地划分为“研究语言的语音学”和“研究言语的语音学”。在布拉格学派兴起之前，真正对语音研究的这两部分进行划分的只有

① 也有学者把 Trubetzkoy 的这本著作名称译成《音位学原理》。

② 这里所说的名称是外文的“音系学”，国内学者曾用“语音学”、“音位学”、“音韵学”、“语音系统学”等来翻译语言学的这一学科名称。事实上，汉译“音系学”这一名称直到20世纪80年代才被国内学者普遍接受。在推动使用“音系学”这一术语方面，王嘉龄先生起了关键性的作用。

喀山学派：Baudouin de Courtenay 早在 19 世纪 70 年代就指出了划分这两种语音学的意义，并在世纪之交正式将这两门学科命名为“人类发声学”和“心理语音学”。

喀山学派的语音学观无疑达到了同代学术界的最高成就，但在 Trubetzkoy 看来仍然有很大的发展空间，术语的使用便是明证之一。喀山学派把语音学看作语音研究的总称，认为音系学是语音学的同义词，把所谓的“心理语音学”也看作是语音学，这些都是以 Trubetzkoy 为代表的布拉格学派学者认为值得探讨和商榷的地方。在 1928 年召开的海牙第一届国际语言学家大会(the First International Congress of Linguists in The Hague)上，Trubetzkoy 与 Jakobson、Karcevskij 共同指出应明确区分两种语音研究：一种是关于言语活动的研究，称为语音学(phonetics)；另一种是关于语言体系的研究，称为音系学(phonology)。

Trubetzkoy(1939)从研究范围、基本特征等方面，对语音学和音系学进行了界定：

> 建议将单一的“语音研究”分成两门不同的学问，一门以研究言语活动为目的，另一门以研究语言系统为目的。根据这两门学问研究对象的不同，要选用不同的研究方法：关于言语活动的语音研究涉及物理现象，应当使用自然科学的研究方法；而关于语言系统的语音研究则只能运用语言学、人文学科或社会科学的方法。我们使用术语“语音学”来定义关于言语活动的语音研究，使用术语“音系学”来定义关于语言系统的语音研究。
>
> (Trubetzkoy 1939[1969]:4)

至此，音系学与传统的语音学之间的界限已完全划清，无论是在名称上，还是在实质内容上，都已成为现代意义上的音系学。

上述定义中最引人注目的是“言语活动”(act of speech，德语原文为 Sprechakt)和“语言系统”(system of language，德语原文为 Sprachgebilde)这一对概念。这对术语与 Saussure 提出的言语和语言一对术语是一致的，Trubetzkoy 将其引入语音研究领域，对前人的理论(尤其是喀山学派的理论)的不足之处做了重要的补充，极大地促进了语音研究，使之成为 20 世纪语言学最重要的研究领域之一，音系学由此向前迈出了关键的一步。

1.2　语音符号平面的区别功能与音位的概念

布拉格学派的重要特征之一就是用功能的观点来解释语言现象，因此布拉格学派的语言学家经常被称为功能主义者。其音系学理论也不例外，布拉格学派音位的概念就是通过功能的观点得出的。

Trubetzkoy 指出，在人们的言语交际中，语音印象（sound impressions，德语原文为 Schalleindrücke）在三个平面上同时起作用：表露身份的平面（plane of expression）、处理激情的平面（plane of appeal）和表达平面（plane of representation）。其中表达平面属于语言体系（Sprachgebilde）的范畴，因此是音系学研究的关键。不同语音印象在符号平面中的作用不同，可以分为三种功能：累加功能（culminative function），指明句子中有多少个意义单位；标界功能（delimitative function），标示各意义单位的界线；区别功能（distinctive function），区分各个单位的意义。前两种功能可以在实际的言语交际中不断变化，而区别功能则是相对稳定的，对交际来说是不可或缺的，因此是语音的符号平面中最为重要的功能。

区别的概念中蕴涵着对立（opposition）这一古老的哲学观点。早在前苏格拉底时期，古希腊的哲学家们就对"对立"有过精妙的论述，其中 Heraclitus 就对立的事物共存于统一体中的著名论断，影响十分深远。19 世纪，Hegel 使对立的概念更加系统化、科学化，并指出一事物之所以成为该事物，关键在于它与其他事物的区别。在语音研究领域，这一论断同样科学有效。Trubetzkoy 的音位概念正是在"区别对立"（distinctive opposition）的基础上发展起来的。"某一个语音特性（phonic property）只有在与其他语音特性构成对立的情况下，才具有区别性。也就是说，当这一特性成为语音对立体的一员时，才会具有区别性。"（1969[1939]：31）简言之，两个或多个音段之间存在对立关系时，可以起区别意义的作用。如德语中/oː/和/iː/之间就存在这种区别对立关系，因为在德语中 so（于是）和 sie（他们），Rose（玫瑰）和 Riese（巨人）的意义是不相同的。之所以意义不同，是因为/oː/和/iː/这两个音段在此处不能相互替换，否则就会导致词义变化。需要注意的是，/oː/和/iː/的区别对立关系并不是由其物理性质上的区别所致。[r]是齿龈颤音，[R]是小舌颤音，物理性质差别很大，但在德语中却找不到任何一对因这两个音而产生意义上的区别的词。因此，这两个音在德语中就不能构成区别对立关系。

在形成区别对立关系的一组音段中，任何一个音段都可以称为"音系单位"。这里之所以强调是音段而不是音，是因为起区别功能的不一定是单个的音。例如，在德语中/mɛː/和/byː/就构成了区别对立关系，因为德语的 Mähne（马鬃）和 Bühne（舞台）的区别就在于/mɛː/和/byː/这两个音段的对立。

构成区别对立关系的音段是否可以继续切分为更小的语音单位，需要再能找出构成区别对立关系的词，这种方法其实就是后来的“最小对立体测试”(minimal pair test)，尽管 Trubetzkoy 并未使用这一术语。例如，上例 Mähne ∶ Bühne 中形成区别对立关系的/mɛː/和/byː/，就可以运用这种方法进行再区分。德语中存在 Mähne ∶ gähne(打哈欠，单数第一人称现在时)，还存在 Mähne ∶ mahne(提醒，单数第一人称现在时)，这说明/mɛː/还可以切分为/m/和/ɛː/。同样，Bühne ∶ Sühne(赔偿)，Bühne ∶ Bohne(豆子)则证明/byː/还可以切分为/b/和/yː/。

Trubetzkoy 的这种由大到小的切分方法看似重复烦琐，但实际上十分必要。在类似德语、英语这样使用拉丁字母的音素文字中，区别对立音段是由一个音素组成的还是由多个音素组成的是显而易见的。但是在研究和确认音节文字(如日语)或表意文字(如汉语)语言的区别对立关系时，这种直观感是不存在的，因此这种逐步切分的方法是非常必要的。至此，音位概念已基本形成。Trubetzkoy 给音位下的定义是：

> 在任意一种语言中，无法继续切分为更小的区别性单位的音系单位叫做音位。相应地，音位是任意一种语言中的最小的区别性单位。语言体系中每个单词的能指部分都可以分析为音位，也就是说，可以由一个音位序列来表示。
>
> (Trubetzkoy 1939[1969]:35)

音位的这个定义融合了 Saussure 关于能指与所指的观点，摒弃了 Saussure 忽略区别性的缺点，突破了喀山学派“交替”的束缚，使人们对音位的认识达到了空前的高度。当然，其中的不足之处也是显而易见的：“音位是最小的区别性单位”这一观点后来被 Jakobson 所修正。有关说明，参见 2.2。

1.3　确立音位的几条规则

语音中的对立关系，有的是区别性的，也有的是非区别性的。构成非区别对立(nondistinctive opposition)关系的两个音，不可能成为两个独立的音位。Trubetzkoy 把它们看作是同一音位的不同语音变体(phonetic variants)，并提出了判断一个音是音位还是变体的几条规则。

> 规则 1：如果一种语言中的两个音出现在完全相同的环境里，并且可以相互替换而不引起词义的改变，那么这两个音便是同一个音位的

选择性语音变体。

规则 2：如果两个音在完全相同的位置上出现，并且无法做到既可以相互替换又不改变词义，或无法做到既相互替换又不使该单词变得无法辨认，那么这两个音就是两个不同的音位的语音实现形式。

（Trubetzkoy 1939[1969]：47～48）

上述两条规则中的关键点有两个，一是出现位置，二是可否替换。只有那些可以出现在同一位置上且改变词义的音，才有可能成为相互独立的音位。如 Bühne ∶ Sühne 中，/b/和/z/出现的位置完全相同；Bühne ∶ Bohne 中，/yː/和/oː/的出现位置也是完全相同的。因此，/b/ ∶ /z/以及/yː/ ∶ /oː/部分符合规则 2 的特征，具备了互为独立音位的条件。

而 ich(我)和 ach(也)中的[ç] ∶ [x]却有本质上的不同。[x]只出现在/u，o，a/及其对应的长元音以及双元音/au/的前面，[ç]出现在除此之外的情况下。也就是说，这两个音从不出现在相同位置上，因此根据规则 1，二者必然是同一音位的不同变体。

所谓可否替换，是指用相互对立的一个音替代另一个音，是否会导致词义上的改变。再看 Bühne ∶ Bohne，如果用/oː/取代 Bühne 中的/yː/，词义立刻发生变化；反之，用/yː/取代 Bohne 中的/oː/，结果亦是如此。因此，这两个音是不能互换的。德语中的/yː/和/oː/可以在同一位置上出现，又不能做到替换后不改变词义，满足规则 2 中两个要件，因此不是同一音位的不同变体，而是两个独立的音位。

德语中的[r]和[R]可以出现在同一位置上，如[ˈroːzə] ∶ [ˈRoːzə]，但二者替换后没有改变词义，即[ˈroːzə]和[ˈRoːzə]的词义完全相同，因此[r]和[R]在德语中属同一音位的不同变体。

规则 3：在一种语言中，如果两个音在声学上或发音上相关联，且从不出现在同一环境中，则可认定为同一音位的互补变体。

（同上，49）

这里同样有两个关键点：一是“从不出现在同一环境中”，二是“两个音在声学上或发音上相关联”。前面提到的德语[ç]和[x]符合这两个条件。二者从不出现在同一位置上，具体分布这里不再赘述，二者在声学上、发音上的关联在于，二者都是不带声的擦音，发音位置都在口腔后部。唯一的不同就在于前者是硬腭音，后者是软腭音。因此，根据规则 3，它们属同一音位的互补变体。

还有一种情形，如德语的/h/和/ŋ/，两个音从不出现在同一位置上，前者只出现于音节首，后者只出现在音节尾。但从声学、发音的角度看，前者是声门擦音，后者是软腭鼻塞音，二者在声学、发音上几乎没有任何共同点，因此不能划归一个音位。

> 规则 4：在一种语言中，如果两个音可以连续出现（即这两个音可以构成一个语音序列），并且二者中任意一个都可以出现在该序列出现的位置上，那么，这两个音即使符合规则 3 中的全部要件，仍然不可以被视为同一音位的变体。
>
> （Trubetzkoy 1939[1969]：50）

例如，英国英语的/r/总是出现在元音之前，而/ə/从不出现在元音之前，但并不可以把它们归为同一个音位。这不是因为它们一个是辅音，一个是元音。/r/的作用类似于半元音，并非真正意义上的辅音；/ə/是个央化音，与真正的元音同样有一定的区别。因此，这两个音的对立基本符合规则 3 的条件。但是，这两个音构成序列时的状况与规则 4 中的情形完全相同。例如，英国英语中 profession 和 perfection 两个单词第一个音节的对立。前者为/prə/，后者为/pə/。如果把/r/和/ə/归为同一个音位，这两个音节的对立便不复存在。而事实上，这两个单词在英国英语中并非同音词。

2　音系学理论研究的四个领域

音位理论的确立是音系学发展中最重要的一环，但绝非音系学的全部。一旦音位在音系学中的地位稳定下来，音系学研究便开始以音位为中心，全方位向外拓展。布拉格学派的音系学理论研究主要是在四个领域中进行：音位之上，Trubetzkoy 主要探讨了抽象的超音位（archiphoneme）问题；音位之下，Jakobson 主要发现建立比音位更小的音系学单位——区别特征；音位之间，Trnka 与 Trubetzkoy 就音位组合的规律展开了争论；音位之外，Trubetzkoy 试图建立新的普通语言学分支学科——形态音位学，来研究与形态学相关的音系现象。

2.1　音位之上：可中和对立与超音位问题

如前所述，对立概念在布拉格学派的音系学理论中具有非常重要的理论地位。Trubetzkoy (1939)为对立做了非常详细的分类，其中有一种分类格外引人注目:以区别力(distinctive force)为基础的分类。按照对立的不同"区别力",可以把对立分为恒定对立(constant opposition)和可中和对立(neutralizable opposition)。

区别对立的区别力度并非完全相同。英语、丹麦语中的/e/∶/æ/的区别力很强,在任何情况下都构成区别对立,这样的对立称为恒定对立。而法语中/ɛ/∶/e/的区别力就远没有那么强,区别对立仅仅出现在词尾,如区别动词的某些形式。allait(走,未完成时单数第三人称)∶allez(走,现在时复数第二人称)便是一例证。而在其他位置上,/ɛ/仅出现在闭音节中,/e/只出现在开音节中,此对立不具有区别性。区别对立在某些情况下存在,而在另外情况下不存在,我们称之为"可中和对立"。可中和对立的前提是区别对立,即构成可中和对立的音一定是独立的音位,这与音位变体有着本质的不同。像俄语中[ɛ]∶[e]的对立,就只能看作是音位变体之间的对立,而不是可中和对立,因为俄语[e]只出现在/j/及软辅音的前面,而[ɛ]则出现在其他位置上,二者呈互补分布。互补分布是可以预知的,属同一音位的不同变体,不能构成可中和对立。

中和发生导致了区别力完全消失,听话人无法辨别说话人发的究竟是哪一个音。构成对立的两个音中的一个此时作为超音位出现,体现这两个音的共同特征。超音位通常用大写字母来表示。如德语的/t/和/d/在大多数位置上构成区别对立,但在/s/后对立消失,因此属于可中和对立。这个音段因而标记为/sT/,这个超音位/T/表示的便是/t/和/d/的共同特征,即/s/后的这个音是齿音而不是双唇音或软腭音,是塞音而不是擦音,是口音而不是鼻音。至于这个音到底是/t/还是/d/,Trubetzkoy 认为,"从音系角度来说它既不是浊塞音,也不是清塞音,而是通常意义上的非鼻音性的齿塞音(the nonnasal dental occlusive in general)"(Trubetzkoy 1939[1969]:79)。

Trubetzkoy 除讨论了超音位的理论实质外,还对超音位的体现方式做了归纳。超音位的体现方式分为四种情况:

第一种情况,超音位在中和位置上体现为对立的两个音的结合式变体(combinatory variant),但它与这两个音都不同。如英语中有清塞音/p/与浊塞音/b/的对立,这一对立在/s/后发生中和,而在这个位置上出现的音既不是[pʰ]也不是[b],而是与二者都不同的不送气音[p]。这个不送气的[p]与送气的[pʰ]构成互补分布关系,与[b]也构成互补分布关系,是[pʰ]的结合式变体,也是[b]的结合式变体。

第二种情况,超音位体现形式与对立音位之一相同。究竟与哪一个相同，取决于外部因素。所谓外部因素，是指此中和位置以外的因素，如此位置之前或之后的其他音位对这个位置上的音位所产生的同化作用。例如，俄语的软硬辅音间的对立在另一个硬辅音之前中和，其实际体现为硬辅音。

第三种情况，超音位体现形式与对立音位之一相同，但这一体现形式取决于此音段内部因素，而不像上一种情况，取决于相邻音段。如俄语中/a/和/o/的对立在非重读音节中发生中和，其体现为[a]。由[o]到[a]的变化不是任何外部因素决定的，而是由中和发生的位置（即位于非重读音节）本身决定的。在这种情况下，/o/在此中和位置上的超音位体现形式[a]丧失了自身的一些特性，而与/a/发生了混合，因此是无标记的（unmarked）；而原本的[o]音则是有标记的（marked）。这种情况下总是无标记的变体作为超音位体现形式，这可以理解为"超音位＋零形式"，而与之构成对立的另一方则可以理解为"超音位＋特殊标记"。

第四种情况，对立的两个音轮流充当超音位体现形式，即：在一些环境中，对立音位之一充当超音位体现形式；而在另一些环境中，另一个则充当超音位体现形式。如德语中/s/和/ʃ/的对立在塞音前发生中和，在词首位置是/ʃ/，词中或词尾是/s/，分别轮流充当超音位体现形式。

2.2　音位之下：区别特征理论的兴起

我们知道，Trubetzkoy 把音位界定为不可再分的、音系学研究的最小单位，而有些学者并不完全接受这一观点。Jakobson 就一直试图寻找和发现比音位更小的音系单位。Jakobson 对音位的定义是："用来区分不同词义的语言单位。"（1942[1990]：217）换句话说，"音位之所以存在是因为它有功能"（同上，230），"功能"是布拉格学派语言学的一个重要概念，一直延续至今，但"不可分割"则受到了挑战。Jakobson 认为，为了从功能的角度解释语音现象，有必要找出语言的"量子"（quantum），即找出究竟是音位以下的什么因素使音位具有区别词义的作用，这些因素才是表达意义的最小语音单位。这为区别特征的发现奠定了基础。

Jakobson 对音位的本质及其功能的理解是空前深入的，然而他同时指出，音位研究所要寻找的"量子"并非音位，而应当是比音位更小的单位。语言研究的最小单位不是音位，而是比音位更小的语言单位——区别特征。区别特征的发现以及对区别特征的研究是 Jakobson 对语言学最大的贡献之一。

此前的语音研究大多按照发音部位来区分不同的音，如将辅音划分为唇音、齿音、软腭音、小舌音等。然而 19 世纪的历时研究显示，发音部位极不相同的音在历史上却可以相互转换。这一事实使得Jakobson确信,由不同发音部位发的音之间必然有某种联系。于是,他提出采用十二对主要基于声学的偶值区别特征来界定不同的音,这十二对区别特征分别是:

抛开将音位按照发音部位分类的传统方法,改为按照组区别特征来划分音位。这十二组区别特征依次为:辅音性(consonantal)对非辅音性(nonconsonantal),元音性(vocalic)对非元音性(nonvocalic),集聚性(compact)对分散性(diffuse),钝音性(grave)对锐音性(acute),持续性(continuant)对非持续性(noncontinuant),尖音性(strident)对圆润性(mellow),升音性(sharp)对平音性(nonsharp 或 plain),降音性(flat)对平音性(nonflat 或 plain),嗓音性(voiced)对非嗓音性(voiceless),鼻音性(nasal)对口音性(oral),紧音性(tense)对松音性(lax),急刹性(checked)对非急刹性(unchecked)。(Waugh and Monville-Burston 1990:259~260)

Jakobson提出的区别特征理论是音系学发展历程中的重要里程碑,它为音系学日后的发展奠定了基础。在音系学研究中,把区别特征作为比音位更小的音系单位现已广为接受。区别特征在后来的结构主义语言学的音系研究以及乔姆斯基的生成音系学的研究中占据了重要位置。尤其是在生成音系学中,区别特征非常重要,音系表达式基本上是建立在区别特征基础之上的,区别特征为音系研究开创了全新的道路,是音系描写高度形式化的重要保障。

值得注意的是,Jakobson除提出十二对偶值的区别特征之外,还提出特征之间存在着层级关系(hierarchical relations),这种层级关系主要包括两方面:一是每对特征的对立关系,即有标记与无标记关系。例如,鼻音性(nasal)是一个区别特征,/m, n, ŋ/等音位具有此特征,记作[+nasal],而/p, t, k/等音位不具有此特征,记作[-nasal]。Jakobson曾引用巴尔扎克的话来说明这种关系:"在思想领域一切都是双分的,思维是双分的,两面神(Janus)是批评之神,是天才的象征,只有上帝才是三边的。"(1979[1990]:262)由此可见这种双分法在布拉格学派音系学研究中的重要地位。

另外一种层级关系虽不明显,但同样十分重要:这十二组区别特征的排列顺序不是随意的,而是有级别的(gradable),它们的排列是按照由"基本的区别特征"到"次要的区别特征"这一顺序进行的。如辅音性对非辅音性,元音性对非元音性,集聚性对分散性等的差别极其明显,几乎在所有常见语言中都存在,属于基本区别特征;相反,急刹性与非急刹性的对立则罕见得多(所谓急刹音多指阿拉伯语中的喉音以及非洲语言中的吸气音等),因此,其地位也次要得多。

在Jakobson看来，这十二对区别特征是普遍的，可以作为所有具体语言的研究对象。此外，对儿童语言习得的研究也从另一个角度证明了这些特征的客观存在。例如，儿童总是先学会区分辅音与元音，持续音与阻塞音等；而急刹音与非急刹音的对立则是最难分辨的，也是最后学会的。

2.3 音位之间：有关音位组合规律的探索

每种语言都对音位的组合有一定的限制，什么样的音位可以出现在同一音序之中，什么样的则不能，必须受到制约。布拉格学派的语言学家注意到了这一现象，并把这一现象及其规律作为音系学研究的重要内容。Trnka(1935)指出："对一门语言的音系描写不仅包括对音位的分析，还应涉及音位在构成语素和单词时的组合问题。"不同语言的音位组合规律有很大的差别，如Mathesius(1931)就对捷克语、英语、法语、德语的音位组合规律进行了比较。Trnka(1935)是关于英语音系的专著，自然也就用了相当的篇幅对英语的音位组合规律进行了细致的描写。

音位组合规律因语言不同而异，这一点似乎已成共识。有趣的是，布拉格学派一些语言学家的姓氏，其实就是很好的例子。例如，Trnka中辅音/n/位于重读音节，具有成音节性，这是捷克语音位组合规律中的特别之处。而在英语中，这种成音节性辅音只能出现在非重读音节之中。这足以表明捷克语和英语在音位组合方面上的不同。布拉格学派另一位语言学家Sgall的姓氏同样是个好例子，浊塞音在英语里是不能出现在/s/后面的，但在捷克语里却是可以的。

那么，究竟是否存在适用于所有语言的音位组合普遍规律呢？Trnka(1936)以Trubetzkoy(1929a)为理论基础，做了这方面的尝试。Trubetzkoy(1929a)提出音位之间存在着关联(correlation)与析取(disjunction)两种不同关系。具体地说，许多语言里存在着类似/d/∶/n/=/b/∶/m/或是/p/∶/t/=/b/∶/d/这种音位对立关系，即两组或两组以上的音位对立表现出相同的关系。如果这种对立关系为某一特征的存在与缺失，则这两个音位的对立称为"关联"；如果不属于这种情况，则称为"析取"。

英语中/d/∶/n/属于"关联"，一是因为英语中还有与之等价的其他对立，如/b/∶/m/；二是因为这种对立表现为某一特征的存在与缺失，此处为鼻音特征的存在与缺失。而/p/∶/t/则属于"析取"，因为虽然存在与之等价的对立(如/b/∶/d/)，但却无法用某一特征的存在与否来衡量这一对立。/s/与/l/更属于"析取"，因为根本无法找到与之等价的其他对立。

Trnka据此做出了一个大胆的猜想：在同一语素中，关联关系的音位从不相连接。如果用 p 表示任意一个辅音，用 p^1 与之构成关联的另一辅音，则可以把此规则概括为下面的逻辑公式：

> 在同一语素中，当 p 存在时，它既不能位于 p^1 之前，也不能存在于 p^1 之后。
>
> （Trnka 1936：114）

Trnka 称这个规则为"最小音系对立法则"(the law of minimal phonological contrast)。此法则能够很好地解释许多语言中音位组合规律。如英语中/p/ ∶ /b/以及/t/ ∶ /θ/都属于关联对立，因此英语中不存在/pb/或/tθ/这样的辅音连缀。德语、匈牙利语中长短元音的对立、俄语中软硬辅音的对立、法语中口腔元音与鼻腔元音的对立等，都属于这种情况。

有趣的是，尽管 Trnka 的灵感源自 Trubetzkoy，但"最小音系对立法则"却遭到 Trubetzkoy 的否定。Trubetzkoy(1939)指出，把音位间的对立分为"关联"和"析取"是一种过时的、陈旧的分类。并且，Trnka 的这种"法则"在某些"外语"(exotic language)中常可以发现反例。例如，阿布哈兹语中的 *ačša*，/tʃ/和/ʃ/连续出现，Tsimshian 语中的 *tx â'xkwdet*，/x/与/k/连续出现。Trnka 没能认识到这些印欧语系之外的例子，这跟不了解捷克语的人无法理解捷克语中诸如 *prst*(手指)，*pln*(充满)、*Trnka* 这样组合的道理，是一模一样的。

2.4 音位之外：形态音位学的尝试

所谓形态音位学，英语称之为 morphophonology，可简称之 morphonology，是研究音位学与形态学之间交互关系的学科，简单地说，就是研究与形态学因素相关的音位交替现象。Trubetzkoy 对这一颇具争议的交叉学科做出了有益的探讨。

据认为，第一个使用 morphonema 这一术语的是波兰语言学家 Ułaszyn，不过其含义与我们目前讨论的语素音位有很大的不同。形态音位的准确定义最早见于 Trubetzkoy(1929b)：

> 在俄语单词 ruka(手)和 ručnoj(手上戴的)中，ruk 和 ruč 两个音段被语言意识处理为同一语素的两个形式。这一语素同时存在于两个形式之中，即同时存在于 ruk 和 ruč 之中。k/č 表达这样的概念："k 和 č 两个音位能够依据单词的形态结构互相代换。"这种依据单词的形态

> 结构进行两个或多个音位的交替的复杂结构，可称之为形态音位。
>
> （Trubetzkoy 1929b：72）

由这个定义可以看出，形态音位必须具备三个条件：(1)必须存在着语音交替；(2)交替的两个或多个音必须是音位而不能是音位变体；(3)交替必须是由形态因素引起的。上述形态音位的定义及其构成条件阐释了布拉格学派的形态音位与喀山学派的语音交替之间的关系（参见2.3）。在Kruszewski提出的三种语音交替类型中，只有第二种和第三种属于形态音位学研究范畴；第一种类型的交替是音位变体，因此不属于形态音位学的研究范畴。

形态音位学研究的范畴，大体上可以分为三个方面：

> 完整的形态音位学由三部分组成：对形态音位构成的研究，对语素之间接触时产生组合性语音变化的研究，对具有形态学功能的语音交替现象的研究。
>
> （Trubetzkoy 1931：76）

其中，第一部分，即对形态音位构成的研究，是最具普遍意义的。屈折现象并非一切语言所共有的现象，但语素却是一切语言都具备的单位。因此，对形态音位构成的研究适用于一切语言，无论它属于哪一种语言类型。第二部分，即对语素之间接触时产生组合性语音变化的研究，不很常见，它主要指对梵语的连读音变（sandhi）的研究。而第三部分，即对具有形态学功能的语音交替现象的研究，则是欧洲学者最为熟知的。

Trubetzkoy试图将形态音位学建立成为一门独立的学科。他对这一领域的现状不甚满意，认为形态音位学长期以来一直是“欧洲语法研究中备受忽视的一个分支”，是“在几乎所有语言的语法中发挥重要作用的领域，然而也是一个几乎无人问津的领域”（1931：75～77）。他把形态音位学看作是语法中的一个分支学科，显然是想把这一领域引入语言学的核心。他明确表示了对这门学科的定位：“除了音系学和形态学之外，语法还应该包括一章，专门论述音系特征在词法上的应用，这一章可以称为形态音位学。”（1929b：72）

形态音位学可以看作是Trubetzkoy在语言学理论建构上的一次大胆尝试，但总的来说，这一领域并未引起布拉格学派其他成员的太多兴趣。Martinet（1960）给形态音位学这一名称加了引号以示否定，Vachek（1961）

更是直截了当地说，形态音位是一个应当摒弃的、过时的概念。然而，形态音位和形态音位学的尝试仍然物有所值，对40年代的北美音位学影响很大，颇有一种墙内开花墙外香的意味。

3 Jakobson晚年对音系学的新观点

Jakobson从Saussure、Trubetzkoy等学者那里继承了欧洲语言学的传统，并将其引入美国，使其继续发扬光大，因而为北美语言学提供了新的视角，对美国结构主义语言学、乃至后来的乔姆斯基转换生成语言学有着重大的影响，因此被称为欧洲语言学与美国语言学之间的桥梁，他作为布拉格学派奠基人之一，其理论思想在布拉格学派的理论中举足轻重。移居美国后，他继续音系学研究，对音系学的发展做出了重要贡献。Jakobson晚年对音系学的贡献主要体现为音系学在语言学外围领域中的应用，对后SPE音系学的发展有深刻的影响。这里限于篇幅，仅举Jakobson对儿童语音习得的研究为例，说明这一领域的研究对普通音系学的启示。

在Jakobson之前已有多位语言学家指出，儿童习得语音是有序的。其中影响较大的是Buffon。他认为，易发的音先学会，这体现了语言学习中的“省力原则”(principle of least effort)。换言之，音越容易发，便越早学会；音越难发的，则越晚学会。然而有一个十分明显的反例却使这一论断难以站得住脚：儿童在咿呀学语阶段(babbling period)能发出各种各样的声音，其中不乏呲音、喉音等“难发的音”。

Jakobson从功能的角度解释了这一现象，从而解决了这一难题。儿童在咿呀学语阶段的确能发出很多难音、怪音，但从功能的角度来看，这些音并不表达实际意义，因而不具备音位应有的区别词义的功能，即它们不是音位，自然也无所谓元音与辅音之分。当儿童进入真正有语义价值的词语阶段(few words stage)时，就再也不会随心所欲地发出这些难音、怪音了，而是转去模仿那些有语义价值的音。正是从这个阶段开始，语音的习得顺序变得有规律可循了。简言之，音是由易到难习得的。Jakobson把这种转变称为由“语音丰富性”(phonetic richness)到“音位局限性”(phonological limitation)的转变。(1941[1990]:296)

这一转变提醒我们，儿童在咿呀学语期所发出的音仅具有生理学和物理学价值，并不具有音系学价值。也就是说，这一时期的发音无所谓元音、辅音，不属于音位习得范畴。

音位习得所遵循的原则是“最大对立原则”(the principle of maximal contrast)。这一原则在音位习得的最初阶段体现得最为明显。由于元音要求开口、无阻，而辅音恰恰相反，所以儿童最先习得的音位有两类：一类是开口度最大、发音受阻最小的元音；另一类是开口度最小、受阻最强烈的辅音。前者的代表是/a/，后者的代表是/m/。这就是为什么在几乎所有的语言中儿童对母亲的称呼都是/ma/，而这个词正是儿童最先学会的词。

在这一阶段之后，儿童要经历辅音分裂（consonantal split）才能逐渐习得其母语中的全部辅音音位。在辅音分裂阶段，儿童话语中除保留上一阶段所习得的鼻音外，还增加了口音。而元音在这一阶段仍为开口度较大的音。元音分裂发生在辅音分裂之后，因此直至辅音的习得几乎全部完成时，儿童才开始习得开口度较小的元音，即/i，u/等高元音。最为复杂的鼻元音则排在最后，成为最后习得的元音音位。当然，并非所有的辅音都在元音之前习得。例如，捷克语中的辅音/rʃ/（捷克语言学界习惯把它标为/ř/）比较难发，往往是捷克儿童最后学会的一个音。

音位的习得顺序对普通音系学理论研究有着重要的意义。从历时研究方面看，辅音对立的产生在人类语言的形成和发展过程中要早于元音对立的产生。而更重要的是它对共时研究的意义：音位习得的顺序性表明，一种语言内部的区别特征的选择不是任意的，而是受普遍性音系规律的制约。因此某些音位的存在可以预示另外一些音位的存在，即所谓的"蕴涵法则"（laws of implication）。同样，由于区别特征的选择是有先后性的，人类语言总是优先选择那些较为明显的区别特征加以使用，如[±vocalic]优先于[±nasal]。因此鼻元音远不如口元音普遍。口元音存在于所有的语言中，而鼻元音仅见于法语、葡萄牙语等少数个别语言里。即使是在那些有鼻元音音位的语言里，口元音的数量也远远多于鼻元音。例如，在法语的 16 个元音音位中，仅有/ɑ̃/、/ɛ̃/、/ɔ̃/、/œ̃/四个鼻元音音位，其余均为口元音。而这四个鼻元音均为低元音。在有鼻元音音位的语言里，极少见到既受阻又闭口的鼻化高元音/ĩ/、/ũ/出现在这类语言的音位系统中。辅音也是如此，像捷克语的/ř/这样同时要求多个特征的辅音也同样罕见。

Jakobson 的这些观点和主张对 SPE 时期的音系学研究颇具启发性，尤其是 Stampe 的自然音系学，从中受益最大。

功能音系学
Functional Phonology

一谈到功能音系学，一般都会联想到布拉格学派。该学派的代表人物是 N. S. Trubetzkoy，其代表作《音系学原理》发表于 1939 年，1969 年译成英语。需要指出的是，功能音系学还与 André Martinet 及其在世界各国的同行们有关。除了功能语言学其他领域以外，Martinet 在音系学方面也撰写过不少论著。供初学者使用的功能语言学基础教程《普通语言学基础》是 Martinet(1960)撰写的，而后两次(1980，1991)再版。Martinet 及其同事于 1976 年在法国建立了国际功能语言学学会(Société Internationale de Linguistique Fonctionnelle，SILF)，1993 年以前每年召开一次学术报告会，1993 年以后改为每两年召开一次。他们为功能音系学的蓬勃发展做出了很大贡献，被称为新布拉格功能学派。

功能语言学是从功能的角度研究语言的，其目的在于证实语言在说话者中是如何作为交际工具而起作用的。功能音系学是功能语言学的一部分，主要任务是辨认(identifying)、描写、分类某一语言语音实体(phonic substance)的各种功能。根据各自的不同作用，语音实体的各种功能形成了一个层级体系，一个有机的整体，相互补充。

语音实体的研究被称为语音学。语音学包括发音语音学、声学语音学和听觉语音学。发音语音学的研究立足于说话者角度，主要研究人类发音的过程，也就是说语音实体是如何发出来的。声学语音学研究语音实体的物理性质。听觉语音学的研究则立足于听话者角度，主要研究语音实体的听觉感知，即听话者是如何通过耳朵接受语音实体，并通过听觉神经和大脑理解语音实体的含义。这三种不同语音学所谈的中心内容是一样的，都是指语音实体，但是对其审视的角度不同，与功能没有关系。

功能音系学也研究语音实体，不过是从功能的角度进行研究。功能音系学主要研究语音实体是如何完成各种功能，使语言成为交际的工具。这里也可以把音系学理解为相当于功能语音学。Martinet 在 1949 年写了一本书，书名就是《作为功能语音学的音系学》。在书中，作者解释了功能音系学的诸多方面。语音学和音系学的主要区别在于，语音学只是就其语音本质对语音实体进行描写和分类，和功能没有关系；而音系学主要是辨认语音实体在语言中所要完成的功能。

Akamatsu(1992)介绍的主要功能有表达功能(representative function)、索引功能(indexical function)、呼唤功能(appellative function)、主峰功能(culminative function)、划界功能(delimitative function 或 demarcative function)、区别功能(distinctive function)、对比功能(contrastive function)、表情功能(expressive function)。表达功能、索引功能和呼唤功能由 K. Bühler(1920，1934)提出，主峰功能、划界功能和区别功能由 Trubetzkoy(1939:29～30)提出。主峰功能、划界功能和区别功能 Martinet(1960)也提到过,但他还提到另外两个功能,即对比功能和表情功能。

表达功能,又称所指功能(referential function),辨认语言信息,即说话者想要表达的信息。例如,英语 I am hungry 一句,每一个音位都被安排在合适的位置上,构成了符素(moneme)的能指(signifier),具有表达功能。又如,在声调语言中,声调和音位一样,都具有表达功能。汉语"我^{214}爱^{51}你^{214}",上标数字①表示声调,其作用和音位一样,具有表达功能。

索引功能指语音成分(phonic element)能为听话者提供有关说话者的信息,如说话者来自何方、是男是女、是老是少、属于何阶层、从事何职业等等。索引功能因语言、社区而异。

呼唤功能指的是用语音成分唤起听话者某种情感,使其采取或不采取某种行动。例如,在英语中,像 What is your name? 和 How did you get it? 这样的特殊疑问句,如果是对小孩子讲,使用升调比使用降调更能诱导小孩子回答。这是因为在这样的语境中使用升调,会使小孩子这样的听话者感到说话者很友好,很合孩子的意。这显示了语调的呼唤功能。

主峰功能用来表示在话语中有多少意义单位(significant units),如 Trubetzkoy 所说的单词或单词组合。可变重音(variable stress, free accent)具有主峰功能。这是因为有些语言中,多音节单词一般只有一个重读音节。重音可在单词的不同音节上自由地出现,重音不可预测。因此,在一句话中,有多少个重音就意味着有多少个多音节词。这样的语言有希腊语、梵语、英语、西班牙语、俄语、意大利语等等。

划界功能指语音成分可以用来表示一段话语中意义单位之间的边界。固定重音(fixed stress, fixed accent)具有这样的功能。在固定重音系统中,不管是从词首往后数,还是从词尾往前数,重音总是落在词内相同位置的音节上。在乌拉尔(Uralic)语系大多数芬兰-乌戈尔(Finno-Ugric)语族语言中,如芬兰语和匈牙利语,以及印欧(Indo-European)语系部分语言中,如冰岛语、捷克语和爱沙尼亚语,重音总是落在单词的第一个音节上。在波兰语和斯瓦希里语中,重音总是落在单词倒数第二个音节上。而法语、阿尔泰语系突厥(Turkic)语族诸语言,如土耳其语、哈萨克语、鞑靼语、维吾尔语等,以及蒙古语族的部分语言,如土族语等,单词重音一般落在词尾的音节上。重音能表明单词的边界,因此说,重音具有划界功能。

---

① 这里的上标数字是赵元任(1933)提出的说明汉语声调音高的五度制,即阴平 55、阳平 35、上声 214 和去声 51。

区别功能指语音成分可以用来区别单词或语素。例如，在英语，pit、bit、mitt、lit 等单词词首的不同音段将这些单词区别开来。这些音段具有区别功能，而这种功能对于建立音位是十分有效的。Trubetzkoy 的主峰功能和划界功能可以说是权宜之计，不是非有不可，但区别功能却是必不可少的。因为，不同的意义单位在语言交际中必须通过语音成分得以泾渭分明。

对比功能与主峰功能相似，其主要区别在于强调系列性和连续性。因为，在某些语言里，如法语，存在混合词(amalgam)或融合符素(fused moneme)，如介词加冠词的 au。在这种情况下，就不存在意义单位的连续性了。最能说明对比功能的语音成分是重音。不管是可变重音还是固定重音，都具有对比功能。

表情功能是指说话者将自己的心态、心情和态度，不管是真的还是假的，表述给听话者，不需使用任何额外的符素或单词以达此目的。例如，在英语 The boy was imPOSsible 这句话语中，人们可以这样发音[-ˈpːːʰːː ɔːː-]，将[pːː]拉长，增大送气，加长[ɔːː]，提升音高，以此来表达说话者对男孩极度的恼怒和烦躁。每一个语音成分以夸张的方式来发，显示了其表情功能。说话者当然也可以在句子中增加一个程度副词，如 The boy was incredibly (absolutely 或 utterly) impossible，不用改变夸张的发音，来表达其恼怒和烦躁的心情。但这表现不了语音成分的表情功能。在语言中，语调也有表情功能。如果说话者用低降调说 I couldn't care less，这种语调表达了他冷漠、乖戾的心绪①。

以 Trubetzkoy 为代表的经典功能音系学与以 Martinet 为代表的现代功能音系学有一定的区别。崔渤海(1987:76)总结了它们之间的区别，主要是中和(neutralization)与超音位(archiphoneme)方面。Trubetzkoy 在其《音系学原理》一书中指出，只有处于双边对立的音位才可以中和。换言之，中和只发生在两个音位之间。Martinet 发展了这一观点。他用西班牙语中的三个鼻音音位的中和来说明多边对立的音位之间也是可以中和的。其实，在英语中，这种情况是常见的。例如，import 一词中[m]就是英语中全部辅音音位中和的产物。这是因为在[i-pɔːtʰ]这一语境中，所有英语辅音音位都失去了对立关系，只有语音[m]出现。Martinet 的理论是：无论音位之间是什么对立关系，只要它们具有相关特征的唯一共同基础，中和就有可能。

Trubetzkoy 还指出，音位中和的产物超音位要由超音位表达或表征来

---

① 这部分内容主要是根据 Akamatsu(1992)编译而成。

表示。Trubetzkoy 认为，两个被中和的音位中的无标记(unmarked)音位是超音位表达。该无标记音位的大写体用来表示该超音位，而该超音位的语音则由语言结构或语境来决定。所谓语言结构是指一个音位的发音不受语境影响，而由自身的位置决定。例如，德语词尾的/t/-/d/超音位/T/的读音总是[t]，而俄语 z-d 中的/s/-/z/超音位/S/由于语境影响读/z/。Trubetzkoy 把标记的概念解释成一种不与任何音位关联成分对立的音位特征。以 Martinet 为首的一批现代功能语言学家对 Trubetzkoy 的理论持有不同的观点。T. Akamatsu(转引自 Davidsen-Nielsen 1978:52)指出，这不符合功能音系学有关对立的原理，因为作为音位关联特征的标记只能与一个音位关联特征对立而存在。Akamatsu 认为，如果把无标记作为一种物理声音而不是音位关联特征来看待，也就是说超音位表达的选择是根据物理声音来决定的，那么在理论上就讲得通了。

在对超音位的表达方法方面，现代与经典功能学派有分歧。以 Martinet 为首的现代功能音系学派主张超音位被中和的每一个音位都应标出来，从而表明该超音位是哪几个音位中和的产物。至于超音位的读音则由词的结构或语境来决定，因而属于语音学范畴，在做音位分析时无须标明。例如，英语 smite 一词中的[m]是/m/-/n/-/ŋ/中和的产物，也就是超音位/m-n-ŋ/，而英语 import 一词中的[m]却是所有英语辅音音位中和的产物，表示该超音位时，应罗列所有英语辅音音位。如果不同语言中[m]的超音位都用同一字母/M/或/N/或/ŋ/来表示，我们就不能区别 smite 中的[m]超音位与 import 中的[m]超音位。

功能音系学从语言的功能方面对音位进行了分析，使音位之间的内含关系明确，语言中的基本音位减少，其音位对立、中和、超音位等理论对音系学的发展做出了不可磨灭的贡献。

Boersma(1998)撰写了一本近 500 页的《功能音系学》，主要介绍发音和感知(perception)之间的关系，并将它们之间的互动形式化。他提出了功能优选论，认为标记关系支持了功能性说明，忠实性制约条件的优势等级体系取决于底层赋值和感知结果之间的知觉距离，并取决于特征值的共性(commonness)。

美国结构主义音系学
American Structuralist Phonology

美国结构主义是个很复杂的术语。广义的结构主义指一切以语言的系统性、结构性为研究对象的语言学研究思路，与20世纪以前流行的历史比较语言学、传统语法相对立。从这层意义上来说，20世纪美国所有的语言学理论都是结构主义的，因此Bierwisch(1971)甚至将Chomsky的理论也看作结构主义的一部分。

与之相对立的是狭义的美国结构主义，Bolinger(1968)对“描写主义语言学”和“结构主义语言学”做了区分，前者指Boas、Sapir等学者提出和沿用的人类学的语言学研究，后者则指Bloomfield主义者。Anderson(1985)、Trask(1996)等的“美国结构主义”含义更为狭窄，甚至不包括Bloomfield的语言学理论，而仅指20世纪40年代、50年代在美国兴起的“后Bloomfield主义者”的研究，这一时期没有出现类似Bloomfield那样的核心人物，因此呈现出异常多元的研究局面。

我们这里所说的美国结构主义比较接近于Hymes和Fought(1981)的观点，是介于上述两种观点之间的折中观点，其范围从Boas开创具有美国特色的描写主义语言学传统到20世纪50年代末转换生成语言学兴起为止。Hymes和Fought(1981)将其发展分为两个阶段，早期美国结构主义包括Boas、Sapir、Whorf、Bloomfield等人的经典理论，晚期美国结构主义则专指“后Bloomfield主义者”的理论。

1 经典音位学理论之一——以心理主义为基础的音位学理论

19世纪末以来，语音学家们热衷于对说话人的声音进行客观、忠实的记录。随着当时科技的发展进步，各种仪器、仪表的出现为语音学家的工作提供了极大的便利。然而在Sapir看来，这种简单、机械的分析对语音研究是远远不够的。Sapir(1925)提出语音与语音过程不能从简单的机械角度来理解，而要从心理的角度来理解。换句话说，对语音的研究不能只注重发音器官的活动及声波图像，更应该注重发音活动的主体——人。语音学家对语音进行的客观、机械的描写和记录是不可缺少的，但这项工作并非语音研究的全部。

1.1 语音与非语音的区别

机械的分析无法区分哪些音是语音，哪些音是非语音。如，从机械分析的角度无法区分吹灭蜡烛时所发出的声音和美国英语中的[hw]，因为无论从发音部位和发音方法上来看，还是从波形图上来看，这两个音几乎是一模一样的。但吹灭蜡烛的声音绝不是语音，这是毫无疑问的。由此我们不难看出，这种机械分析在语音与非语音的区分上表现出了明显的不足。

那么这两个音究竟有哪些不同呢？

从心理角度进行分析，两者的差别就显而易见了。人们对这两个音的变体的接受程度是不同的。这种“接受程度”当然属于心理的范畴，而非生理或物理的范畴。这两个很接近的音各自包含着不同的变体。吹灭蜡烛时，我们既可以发类似[hw]的音，也可以发成[x]或[ʃ]。只要气流大到足以把蜡烛吹灭，无论音色与[hw]差别多大，人们都可以接受。我们可以用集合来表示其各种变体：

{吹灭蜡烛的音 | hw，x，ʃ，Φ……}

语音/hw/也有自己的变体，如[w]。在英语中，把 when 发成[wen]并不改变词义，人们可以接受。但是人们绝不会接受[x]或[ʃ]作为/hw/的变体，倘若把 when 发成*[xen]或*[ʃen]，这便是严重的错误。我们同样可以用集合来表示/hw/的变体。{ hw | hw，w }

由上面两个集合我们可以看出，这两个音的变体大相径庭。我们不能用*/xen/或*/ʃen/去代替/hwen/，也不指望用[w]去吹灭蜡烛。可见，要想将非语音从语料中剔除出去，仅靠简单的机械分析是无法奏效的。

1.2　语音的心理特征在语音变异中的作用

简单的机械分析同样难以解决某些由语音变异带来的问题。这里的变异主要分为两种，一种是个体变异，一种是条件变异。

从理论上讲，没有哪两个人的发音是完全相同的。说话者之间只要可以相互理解，其语音差别就可以看作个体变异，而不构成语音格局上的差别。Sapir 举了这样一个例子：假定某种语言中有/θ，s，ʃ/三个音位。说话者 A 操“标准语”，而说话者 B 发/s/音时习惯咬舌，很像/θ/；B 发的/ʃ/很像 A 发的/s/。换句话说，B 发的/s/音介于 A 发的/θ/和/s/之间，B 发的/ʃ/音几乎与 A 的/s/完全相同。从机械分析的角度来看，A 的/s/和 B 的/s/、A 的/ʃ/与 B 的/ʃ/，其差别非常大。用图表示如下：

A：	θ		s	ʃ
B：	$θ_1$	s_1	$ʃ_1$	—

(Sapir 1925：36)

然而从心理的角度来看，我们可以得出一幅完全不同的图。既然上述物理差别未对 A 与 B 的交际产生根本影响，我们可以得出结论：B 的 s_1 和

$ʃ_1$与 A 的 s 和 ʃ 产生心理效果是完全相同的。即：

A：	θ	s	ʃ
B：	$θ_1$	s_1	$ʃ_1$

(Sapir 1925:36)

第二种变异是条件变异。这类变异不是个人的习惯所致，而是某种语言的全体说话者所共有的。尽管有些音的物理属性差别很明显，人们却会感觉到这些音是相同的。如英语 bad 和 bat 中的元音并不完全相同。前者比后者稍长一些。然而以英语为母语的人几乎感觉不到这一差异的存在。这并不是因为这一差别过于细微无法感知到，而是因为这一差异对英语的语音格局的内部结构无关紧要。相比之下，正是这种长短元音的对立在德语中有着举足轻重的地位。也就是说，这种长短元音的对立在英语中只有物理特征上的对立，不存在心理特征上的对立。而在德语中，长短元音之间物理特征的对立和心理特征的对立是同等重要的。

而我们习以为常的清浊辅音/t∶d/的对立在有的语言中反而不具有心理特征的对立。Sapir 举了印第安上奇努克语(Upper Chinnok)的例子。在该语言中，当[t]出现于元音之前时，变为[d]。可见在上奇努克人的语音直觉中，[t]和[d]是相同的，与以英语为母语的人看[æ]和[æː]的差别时的感觉是一样的。

可见，感觉在语音研究中的分量相当重，无论是在个体变异还是在条件变异中，物理差异总是要让位于心理差异的。

1.3 语音系统与语音格局

那么，如果排除掉话语中的非语音成分(如吹灭蜡烛的声音、打喷嚏的声音、表示轻蔑等情绪的啧啧声等)，并忽略掉各种变异，语音的机械分析能否在这种经过"提纯"的语音系统中实现游刃有余呢？Sapir 对此的回答仍然是否定的，因为一种语言的语音系统(phonetic system)与其语音格局(phonetic pattern)并不完全一致，语音格局的确立是一个相对复杂的问题。

语音系统是语音学家通过客观、真实的记录得来的。虽然通过第一次"提纯"，已经滤掉了那些非语音，但这个系统的"纯度"仍然不够。因为系统中包含着大量的"变体"(variant)，如由于同化产生的音位变体(allophone)、由于借词而引入的外来语音成分等。而语音格局须经过第二次提纯，即剔除语音系统中的各种变体及外来成分，展现出该语言的音位体系。以英语为例，英语的语音格局中只有三个鼻音音位，即/m//n//ŋ/，而用机械的方式记录的语音系统中至少还应该包括两个：由同化产生的[ɱ]（如 emphasis 中 m 的发音）和由法语借词引入的[ɲ]，这两个音是英语发音中客观存在的，但却不属于英语的音位系统。用 Sapir 的术语说，就是这两个音出现在英语语音系统中，却不在英语的语音格局中。

为了进一步说明对语音系统和语音格局做出区分的意义，Sapir（1925）给出了四种语言的语音系统图，来进一步论证机械的语音研究的不足之处。

A：	a		(ɛ)	(e)	i	u	(o)		(ɔ)
	aː		(ɛː)	(eː)	iː	uː	(oː)		(ɔː)
	ʔ		h	w	j	l	m	n	(ŋ)
	p		t	k					
	pʰ		tʰ	kʰ					
	(b)		(d)	(g)					
	f	θ	s	x					
	v	(ð)	(z)	(ɣ)					
B：	a		ɛ	e	i	u	o		ɔ
	(aː)		(ɛː)	(eː)	(iː)	(uː)	(oː)		(ɔː)
	(ʔ)		h	(w)	(j)	(l)	m	n	ŋ
	p		t	k					
	(pʰ)		(tʰ)	(kʰ)					
	b		d	g					
	(f)	(θ)	s	(x)					
	v	ð	z	ɣ					

（Sapir 1925：38）

通过对比不难看出，语言 A 与语言 B 的语音系统极为相似。但当去掉带括号的各种变体之后，我们会惊奇地发现这两种语言的语音格局有着天壤之别：

语言 A 的元音有长短之分，仅有六个元音音位：/a，i，u/三个短元音及其相对应的长元音。语言 B 的元音不分长短，但位置差异却异常丰富：前后两套元音分别有高、中、低之分，另有不成对的/a/。

语言 A 的辅音中没有浊破裂音，而清破裂音有送气和不送气的区别。而语言 B 恰恰相反，有清浊对立而没有送气与不送气的对立。

语言 A 有/m，n/两个鼻音音位及边音音位/l/。语言 B 中有/m，n，ŋ/三个鼻音音位，没有边音音位。

由此我们不难得出结论，这两种看似亲近的语言，其语音格局差别很大。因此不可能是同源语。其貌似极有可能是两种语言在历史上的频繁接触造成的。

C：	a	ɛ		i		u	
	aː	ɛː					
	h		w	j	l	m	n
	p	t		k	q		
	b	d		g	G		
	f	s		x	χ		

D：	æ	e		i		y	
	æː	eː					
	h		v	ʒ	r	m	ŋ
	p^h	t^h		k^h	q^h		
	β	ð		ɣ	ʁ		
	f	ʃ		ç	ħ		

(Sapir 1925:40～41)

而语言 C 和 D 语音系统的差别虽然很大，但语音格局中却存在着十分微妙的对应关系(correspondence)。

两种语言各自包含六个元音音位，其中四个短元音：两高、两低。低元音有长短之分。D 语的前高元音/y/对应 C 语中的后高元音/u/。前中元音在 C 语中是松弛音/ɛ/和/ɛː/，在 D 语中为紧张音/e/和/eː/。前低元音在 C 语中为/a/，在 D 语中为/æ/。

语言 C 和语言 D 中的辅音同样存在对应关系。C 语的浊塞音在 D 语中被浊擦音取代，如：/b∶β/，/d∶ð/，/g∶ɣ/等。擦音之间也有类似的对应，如 C 语的/s/对应 D 语的/ʃ/，C 语的/x/对应 D 语的/ç/等。

可以得出结论，C 和 D 是同源语，语音格局极为相似。之所以语音系统差别较大，是历史音变造成的。从上述例子中我们可以看出，通过客观的机械记录得到的语音系统具有极大的迷惑性。也就是说，对语言的语音格局来说，语音的物理属性的相似程度是靠不住的。

那么，究竟是什么因素可以决定一个音在某种语言语音格局中的地位呢？Sapir 对此问题的回答可谓简单明了：直觉(intuition)。因为语音系统中的一个音与该系统中其他音存在语音关系(phonetic relationship)，因此会使这种语言的使用者产生直觉：一个音与另一个音很相似，与其他音不相似。注意这里所说的“相似”和“不相似”都是指心理上、直觉上的似与不似，而不是物理性质上的似与不似。

造成这种相似直觉的原因是多方面的，最主要的有以下几个原因：

(1)相似性与形态学因素有关

英语中存在语素交替的清浊辅音之间就有相似性。例如：

breath ： breathe	/θ/ ： /ð/
wife ： wives	/f/ ： /v/

正因为/θ/和/ð/之间存在这种形态学上的交替关系，以英语为母语的人会感到/θ/和/ð/比较相似。而/θ/和/t/之间则不存在这种关系，因此就不那么相似。所以，在英语的语音格局中，/θ/和/ð/的距离较近，/θ/和/t/的距离较远。

(2)相似性与语音在单词中出现的位置有关

以英语为母语的人会很自然地把/p，t，k/归为一组，这是因为三者出现的位置基本相同。凡是存在/p/的位置，基本上都可以出现/t/或/k/。例如：

	/p/	/t/	/k/
词首	pig	take	care
词末	up	get	sick
/r/前	pray	tree	cream
/s/后	spring	stand	skirt
…	…	…	…

因此，/p，t，k/之间的关系比/p/与/f/、/t/与/θ/密切得多，其相似程度也要强得多。必须澄清的是，这种较近的语音关系并不是由“清塞音”这一物理属性上的相似性造成的。下面这个例子从反面说明了这第一点。

Sapir 指出，英语中的/m，n，ŋ/虽然都是鼻音音位，但操英语者会本能地把/m/和/n/划归一组，而将/ŋ/从中剔除。这是因为/ŋ/的位置远不如/m/和/n/灵活：

	/m/	/n/	/ŋ/
词首	man	night	—
词末	seem	ten	sing
/s/后	smart	snake	—
…	…	…	…

(3)相似性跟语音的历时发展有关

母语为瑞典语、丹麦语的人在学习英语时会感到/θ/和/t/很相近。造成这一"感觉"的原因可以从语音的历时发展中找到答案。从历时发展来看,古日耳曼语中的/θ/在英语和冰岛语中得以保留,而在瑞典语和丹麦语中转变为/t/。例如:

古日耳曼语	英语	冰岛语	瑞典语	丹麦语
* þersk-	three	þrír	tre	tre
* þaŋkaz	thank	þakka	tacka	takke
* þeku-	thick	þykkur	tjock	tyk

从上述例子中可以看出,/θ/和/t/之间存在历时关系,而/θ/和其他音(如/s/)之间就不存在这种关系。因此瑞典人、丹麦人会感到/θ/ : /t/近于/θ/ : /s/。

(4)相似性与方言有关

语音的相似性还与方言有关,爱尔兰人会感到/θ/和/t/相近,因为爱尔兰英语中的/θ/和/t/的区别十分模糊。例如:

		tin	*thin*
标准英国英语(RP)		t^{h}	θ
南爱尔兰英语		t̪^{h}	t̪^{h}
	或	t^{h}	t̪^{h}
	或	t̪^{h}	θ
	或	θ	$\text{t̪}^{\text{h}}\theta$

(Trudgill & Hannah 1994:105)

这种/θ/和/t/之间的近距离感,同样是/θ/ : /s/所不具备的。

相反,在西班牙语中,/θ/ : /s/的距离很近,而/θ/ : /t/之间的距离很远。这是因为在西班牙语的一些方言中,/θ/经常被发成/s/,而/θ/ : /t/之间不存在这种关系。例如:

	diez(十)	zorro(狐狸)	hacer(说)
西班牙人的发音	/dieθ/	/ˈθoro/	/aˈθer/
墨西哥人的发音	/dies/	/ˈsoro/	/aˈser/

由此看来,语音现象不仅仅是机械的物理现象,而更是心理现象。因而

对语言学家来说，纯机械的记录和分析只是语音研究的第一步而已，而重要的是去揭示原始数据之后隐藏的"直觉感"。音位系统的建立主要得益于语音的心理特征而不是物理特征。

1.4　音位的心理现实："棒子"例子及其对语音研究的启示

20世纪，以机械的客观描写为特征的传统语音学势力仍然很强大。尽管Sapir(1925)已论证了心理性这一语音研究的根本属性，音位与语音格局的理论仍然受到来自传统语音学理论的挑战。

Sapir(1933)进一步指出，客观观察及分析的结果必须经由心理的过滤。一个音究竟是不是音位不能停留在发声和声谱的分析上，而要从功能的角度去分析、从该音与其他音的关系去分析。过滤后的结果很可能会使传统的语音学家大吃一惊：音色相差很大的音很可能会被归入同一音位；而音色相差不大的音也有可能被归入不同音位。因为音位具有心理现实性，即直觉性。

为了说明这种"惊人"的划分方法的合理性，Sapir(1933)给出了著名的"棒子"例子。即假定我们有一根"标准"的棒子，我们会拿它跟其他物品进行比较。我们很可能会发现，与它形似的物品很可能并不是棒子；而另一件比它粗长很多、质地也不尽相同的物品又毫无疑问的是根棒子。可见一根棒子之所以是棒子并不仅仅是因其形状、尺寸或材料，更重要的是它的功能。语音研究也是如此。一个音的发音方法和声波图像跟棒子的颜色、材料、尺寸等一样，仅为外部属性，更重要的是这个音在该语言的语音系统中的地位。如英语的[l]和[ɫ]的物理属性相差很大，但归入同一音位；而法语的/e/和/ɛ/差别不大，却被划为两个不同的音位。

还有的语音学家认为，"音位"这一概念只有对抽象研究才有价值，在语言的实际运用中价值不大。Sapir(1933)对这一观点给予了坚决的反驳。他认为，未经专门语言学训练的说话者听话、说话时所感到的音是音位而不是音素，只有专业的语音学家才会去描写音素的旁枝末梢。而语音学家对音素的描写很多时候都违反了说话者的音位直觉(phonemic intuition)。譬如，语音学家对语言中介于两个音之间的某个变体会特别敏感，并使用一个不同于这两个音的新符号把这个变体记录下来。然而，在未经语言学训练的说话者的直觉中，那样的"新音"是不存在的。就像在"棒子"例子中，如果出现一个介于"棒子"和"竿子"之间的物品，普通人会从功能的角度去判断这个东西究竟是更接近棒子还是更接近竿子，只有专家才会对其进行一番物理性质的精确描述，并给它取个新名字。

Sapir是一位经验丰富的人类学家，为了证明“未经专门语言学训练的说话者听话、说话时所感到的音是音位而不是音素”这一假说，他从自己的田野工作中选取了几个例子。

(1)音的“形似”与“神似”

在对南Paiute语(Southern Paiute)的研究中，Sapir的印第安人合作者将该语言中的pá·βa‘(在水上)一词记录为pá· pa‘。由于Sapir当时也和其他语音学家一样强调语音的准确性，因而对此感到十分奇怪。词首的清塞音与词中的浊擦音物理性质差别极大，难道合作者未能体察到这一明显差别吗？

后来的深入研究表明，在南Paiute语中，[β]仅作为[p]在元音后的变体出现。pá·βa‘由两个语素组成：pá·(水)+*-pa‘(在)。其中*-pa‘只是理论上的形式，从不单独出现。因此，尽管[β]与[p]物理性质差别极大，在以南Paiute语为母语的人看来，这一差别并不重要。这两个音虽不“形似”，但却“神似”。这种“神似”是心理的、直觉的。

(2)音的“隐身”与“现身”

Sapir在对加拿大马更些河流域的Sarcee语的研究中发现了一种可以“隐身”的音，这种音是在研究同音异义词时发现的。Sapir曾对Sarcee语同音异义词进行过专门、细致的研究，以确定这些词究竟是真正的同音异义词还是由于包含某个音色过于微弱的音而被误认为同音。在研究[dini]一词时，碰到了一个用已有的语音学理论无法解释的现象。该词有两个意义：一个意思是“这个(人)”，另一个意思是“发出声响”。印第安翻译斩钉截铁地表示，这两个词的发音不同，并称在表示后一意义时隐约感觉到词尾存在一个[t]音。但奇怪的是，在印第安翻译有意识地重复几遍这个词后，却发现既听不到这个[t]音，又感觉不到舌头在发[t]音。

这个神秘的[t]音究竟存不存在呢？音位研究揭开了这个谜。该语言的元音分为两类，一类是简单元音(smooth vowel)，另一类是隐藏着辅音的元音(vowel with a consonantal latency)。后一种元音的后面原本有一个辅音，在历史演变中消失。以这种元音结尾的词，如果后面接上以元音为开头的语素，消失的辅音恢复。上面提到的那个神秘的[t]就属于这种时隐时现的辅音。当处于隐的状态时，当然不可能在语音形式中发现它。然而，即使是在隐的状态中，本族人仍可在语音直觉中感到其存在。这进一步证明了音位的心理本质。

可见，表示“这个人”的[dini]和表示“发出声响”的[dini]并不是真正的同音异义词。当这两个词连接不同后缀时，问题就更加显而易见了：

	接后缀-i	接后缀-la
dini(这个人)	dinaː	dinila
dini(发出声响)	dinitʰi	diniɬa

(Sapir 1933：53)

([ii]>[aː]和[l]>[ɬ]两处变化属于历史音变，这里忽略不计。)

从这个例子中可以清楚地看到dini(这个人)的最后一个音素和dini(发出声响)的最后一个音素并不相同，前者是简单元音，后者是隐藏了辅音的元音。后者在接后缀-[i]时，脱落的[tʰ]音被恢复。

其实这种现象并非印第安语言中所独有，英语中也存在。例如，在英国英语中，saw(锯木头)和soar(高飞)读音相同，却不是同音异义词。当接后缀-ing时，其差异就显现出来了：[r]音在soaring中"复活"了。法语中随处可见的所谓"联诵"现象也属于这种情况。只不过由于文字的原因，我们对英语、法语中的这类现象习以为常了，而在当时尚无文字的Sarcee语中，这一矛盾非常明显。

(3)来自母语音节结构的影响

Sapir在讲授语音学课程时，在学生的听写作业中发现了一类非常有价值的错误：学生常把听到的以短元音为结尾的音节误记为以喉塞音[ʔ]结尾的音节。

Sapir从英语的音节构成中找到了这一错误产生的根源。英语的重读音节只有三类：以长元音结尾的、以双元音结尾的和以辅音结尾的。英语中不存在直接以短元音为结尾的重读音节。因此，在为fiddle、butter一类的词划分音节时总是划分为fid-dle、but-ter。尽管这里的/t/和/d/根本就不是长辅音，却必须将前一个t或d划入前一个音节。

在这样的"心理背景"下，学生碰到短元音结尾的音节时，要么把短元音当作长元音，要么会下意识地认为短元音后必存在一个辅音。由于听不到这个辅音的存在，最接近"无声"的喉塞音[ʔ]自然成为填补这一空白的首选。

2　经典音位学理论之二——以行为主义为基础的音位学理论

Bloomfield是美国语言学史上最杰出的语言学家之一。从1933年《语言论》的出版，到1957年转换生成语言学的兴起，美国描写语言学取得了辉煌的业绩。音系学作为美国描写语言学家最为重视的两个领域之一，发展尤为显著。Bloomfield的音系学理论不仅以其科学性与成熟性著称，更显示出鲜明的时代特征，20世纪30年代语言学的主流理论功能主义、行为主义以及结构主义都在音系学中找到了归宿。

2.1 语音总特征与Bloomfield的音位

作为一部教科书，Bloomfield(1933)详细谈到了语音研究的各个方面。语音可以从不同的方面、不同的角度进行研究。Bloomfield比较看重的语音研究有三种：实验语音学，即对意义不加过问的机械式语音研究，为语音研究提供了声学上或生理上的描写；实用语音学，试图说明说话者在日常生活中如何发音，与其说是科学，倒不如说是一门艺术；而重中之重则为音系学，即以功能、意义为出发点的语音研究。

19世纪以来实验语音学的研究取得了丰硕的成果，对语言学的发展意义重大，但却无法完全满足语言学的需要。实验语音学把客观、真实作为其研究的首要标准，因此对语音记录的精确程度要求极高。然而，过于精确的描写对语言学研究的价值并不大。正如世界上没有两片完全相同的叶子这一道理一样，没有哪两个音是绝对相同的。即使是完全相同的话语，如果将其重复多遍，也会发现其中的细微差别。因此，要使语音研究走出越来越细、越来越偏的死胡同，就必须回答一个问题：究竟什么样的语音差异是至关重要的，而什么样的语音差异又是可以忽略的？这一问题恰恰是实验语音学所无法回答的，并且与实验语音学"客观"、"精确"的原则相抵触。

针对这一问题，Bloomfield提出了特征(feature)这一概念，用以解释语音差异重要与否。他认为，实验语音学所记录的仅仅是语音总特征(gross acoustic features)而已，这种语音总特征以块状(lump)存在。其中只有一部分有区别意义的作用。Bloomfield进而把特征分为两种：与意义相关的特征称为区别(distinctive)特征，与意义无关的特征称为非区别(non-distinctive)特征。在以意义为中心的语音研究中，前者必须得到充分重视，而后者则可以完全忽略不计。可见，区别特征与非区别特征这组概念的提出，从功能的角度解决了实验语音学无法解决的问题。

至于哪些特征是区别性的，哪些特征是非区别性的，取决于言语社团(speech-community)中说话者的习惯。也就是说其划分因语言而异，其实质是一种社会规约(convention)。"一种语言(或方言)中区别性特征在另一种语言(或方言)中很可能是非区别性特征。"(1933[2002]:78)

例如，[ɛ]和[æ]，从实验语音学的角度看，二者的开口度不同，有着明显的差别。然而这一差别是否具有区别性取决于其在不同语言中所扮演的不同角色。在英语中，由于存在类似/pɛn/ ∶ /pæn/，/mɛn/ ∶ /mæn/这样的对立，因此二者具有区别词义的功能，其相对立的特征是区别特征。但在瑞典语中，情况则完全不同。在瑞典语中，[æ]只出现在/r/的前面，[ɛ]出现在其他辅音的前面。也就是说，瑞典语的[æ]和[ɛ]从不出现在相同的位置上，在瑞典人看来，这两个音是相同的，二者的对立是非区别的。可见，区别与非区别由语音在具体语言中的功能所决定，而不是由语音本身的物理或生理属性决定的。与同一时期的欧洲语言学家（如 Trubetzkoy）类似，Bloomfield 也接受了功能主义的观点，从意义的角度解释语音现象。

2.2　社会规约、个人习惯与音位体系

行为主义是 Bloomfield 语言学的理论基础，在其音位理论中也不例外。前面提到，Bloomfield 利用功能主义解释了哪些特征是区别性的，哪些特征是非区别性的。至于这些区别特征与非区别特征是如何形成的，Bloomfield 从行为主义的角度进行了分析。区别特征与非区别特征的形成从宏观的角度看，取决于社会规约（convention）；从微观的角度看，取决于说话者的习惯（habit）。对说话者来说，这种习惯不是一蹴而就的，而是说话者在其成长过程中逐渐形成的，由其成长中所频繁接触的语言（主要是其母语）的语音特点所决定的。当说话者发出某个音时，听话者并不会对这个音的所有特征做出反应，只有那些在听话者母语中对意义起作用的特征才会激起听话者的反应。这种只对特定的刺激做出反应的行为是在母语习得或外语学习过程中逐渐形成的。

如在 Menomini 语中有/k/ ∶ /k'/ ∶ /k^h/的区别。以英语为母语的人并非觉察不到这三个音存在细微差别。然而，习惯及经验会告诉说英语的人，这种差别无关紧要。因为英语中并不存在这种对立，以英语为母语的人在习得英语的过程中从未养成过对这种差异加以区别的习惯。当听到[k]、[k'] 或[k^h] 时，听话者听到的是语音总特征。至于使这三个音相互区别的那些特征究竟是区别性的还是非区别性的，取决于听话者的习惯。如果听话者母语中也存在这种区别，会对这种区别十分习惯、十分重视，从而做出相应的反应；反之则会对其置之不理。

这一现象从另一侧面反映了纯语音学研究的缺陷。纯语音学家强调的对语音客观的、全面的记录在实践中是永远无法达到的。记录者无法将所听到的语音总特征客观地记录下来。即使是最训练有素的语音学家也只对一部分特征敏感，这部分特征要么在记录者的母语中存在，要么在他研究过的语言中存在。而其他特征则会被忽略掉。因此并不存在绝对客观的记录。纯语音学的方法在语言学研究中的作用是有局限的。

当某些特征不为一种语言所用，而在另一种语言中却异常活跃时，障碍便产生了。如以英语为母语的人很难注意到声调在汉语中的作用，因为英语为他们带来的习惯告诉他们，声调的高低并不区分词义。但在汉语中，情况却恰恰相反。Bloomfield 进一步指出，要掌握这些母语中被忽略、外语中却异常重要的特征，唯一的途径就是训练（training）。通过训练可以养成新的习惯，从而对这些刺激做出反应。这一观点显然与 Bloomfield 的行为主义语言观是密不可分的。

2.3 结构特征与音位的分类

由于 Bloomfield 没有完全否定实验语音学对音系学的贡献，Bloomfield 沿用了按照发音部位、发音方法对音位加以分类的方法。但他同时指出，用这种方法对音位分类并不全面。音位的分类必须反映出音位的结构特征，因此有必要对传统分类加以补充。如，传统的方法把辅音分为塞音、擦音、咝音等，这种分类法以单个音本身的特征为分类依据，无法说明单独的音与其他音结合构成音节时显现出的新特征。如英语中的/p/和/t/都是塞音音位，但其性质并非完全一致。/pl/组合出现在英语词首十分常见，而*/tl/组合却从不出现在该位置。元音也有类似的问题。如，同为美国英语中的中高元音，/e/可以接半元音/j/构成双元音，而/o/却不可以。因此，传统的分类法本身虽无错误，但从结构的角度看，是很不完善的。Bloomfield 指出，“为了显示这些结构上的特征，我们需要一张补充表。”（1933［2002］：135）

在这种补充表中，美国英语的辅音还应分为哑音（mute）和响音（sonant），前者从不构成音节，后者有时可构成音节。响音还可以再分为半辅音（semi-consonant）和半元音（semi-vowel），前者依据所处环境及音节重音而构成音节，后者则是专门用来构成双元音的。半辅音甚至还可以分得再细一些：近辅音（consonantoid）只在非重读音节中具有成节性，如/m//n//l/；而近元音（vocaloid）在重读或非重读音节中都具有成节性，如/r/。

对音位性质的描述同样应当反映出结构特征，而不仅仅局限于辅音发音位置和发音方法、元音的开口程度舌位。不同的音位在音节中的出现位置是不同的。有的音位很灵活，可以出现在音节首、音节末及音节中，而有的音位则局限在音节的特定位置上。如，在英语中，/ŋ/和/ʒ/从不出现在音节首，可划为一类；而/v//z//ð/等尽管可以单独出现在音节首，却从不出现在音节首的辅音丛中，又可划为一类。此外，一音位与其他音位的搭配也是受条件制约的。如/l/的出现位置较为自由，可以出现在音节首、音节尾或音节中，但却从不出现在/h/等音的后面，在/t//d/后面的出现也仅局限于非重读音节。

按照类似的原则，Bloomfield(1933)把美国英语的辅音分为38组，每一组都有其独特的结构特点。Bloomfield(1935)按同样的原则又对美国英语的元音做了更为详尽的分类。可见，结构主义在Bloomfield的音位理论中地位十分重要。

2.4　几个值得注意的问题

从上述论断中我们不难看出，Bloomfield已经接受了自喀山学派以来的音位的现代意义，Bloomfield的音系学理论与今天的音系学理论已十分接近。但有几处不同点仍很明显：

首先，Bloomfield的“音位”包含的范围更广。Bloomfield的音位体系中不仅包含元音、辅音，还包括重音、语调、音高等诸多因素。他把音位分为主音位(primary phoneme)和次音位(secondary phoneme)。所谓次音位，指的是附加在主音位上的某些变异。一般说来，元音、辅音属于主音位，而重音、语调、音高等为次音位。英语即是如此。但在有的语言中，元音、辅音之外的因素也可以成为主音位。如，音高(pitch)和音长(duration)在美国英语中都是次音位；但在汉语中音高充当主音位，而在德语中音长充当主音位。可见，Bloomfield注意到了次音位在音位系统中的重要作用。在后来的美国结构主义语言学文献中，次音位这一术语逐渐被“超音段音位”(suprasegmental phoneme)所取代。

其次，Bloomfield认为音位是不可分的。在论及语音的区别性问题时，Bloomfield提出了区别特征与非区别特征的问题。这似乎暗示音位可以分成更小的单位，即构成音位的各种“特征”。但Bloomfield对此予以了否定，他明确指出：“音位是区别性语音特征的最小单位。”(Bloomfield 1933[2002]:80)。这与Jakobson后来的区别特征理论可谓针锋相对。Bloomfield的理论看似自相矛盾，但却有其合理性。Anderson(1985)十分形象地将Bloomfield音位理论中音位与特征的关系称为“格式塔”，即整体(音位)由局部(特征)组成，然而整体不等于局部之和。如果把整体人为地拆开，局部将随即丧失其在整体中的功能。尽管音位由特征组成，但并不能由此把音位拆分开来。在Bloomfield看来，脱离了音位这一整体的“特征”是没有意义的。音位是否可以再分这一问题是美国结构主义语言学与布拉格学派最明显的区别之一。从历史的角度看，Bloomfield是有局限性的，这一局限已被Jakobson修正。

此外，音位是具体的而不是抽象的。Bloomfield 的这一观点与 Sapir 的观点是对立的。Sapir 之所以认为音位是抽象的，是因为在 Sapir 看来，同一音位的各个变体之间的联系存在于说话者的心理中。而 Bloomfield 的看法与此相反。Bloomfield 认为，音位变体之间的联系基于各变体之间的互补性，而不在于所谓"心理现实"。如英语中的[p] 和[pʰ] 从不出现于同一位置上，呈互补分布，因此划归同一音位/p/。而汉语北方话中，这两个音在同一位置出现，因此是两个完全不同的音位。所以，Bloomfield 的音位不是抽象的。音位的众变体中有一个是"标准"的，它可以在一定的范围内变化，这个范围即不改变意义、不与其他音位相混淆。外语学习者如果不能正确区分并使用这些变体，仅会带上浓重的"外国口音"，而不会影响交际。

哥本哈根学派音系学
Copenhagen School Phonology

在 20 世纪前半叶的各个语言学派别中，丹麦的哥本哈根学派可谓独树一帜。一方面，哥本哈根语言学紧密追随 Saussure 开创的符号学传统，认为语言的本质属性是符号；另一方面，哥本哈根学派将语言的符号本质推向极端，试图建立代数模式的语言描写模式。因而，哥本哈根学派与布拉格学派、伦敦学派以及美国结构主义类似，其语言学理论体系的本质是结构主义的。但哥本哈根学派的理论向来以其抽象、晦涩而著称，因此又明显不同于其他与之同代的结构主义语言学理论。

1 语符与语符学

哥本哈根学派又名语符学派，这一名称源自该学派的"语符学"(glossematics)这一新提法。该学派的创始人、代表人物 Louis Hjelmslev 称：

> (我们的语言学理论)旨在建立语言的内在代数(an immanent algebra of language)。这一理论与以往的各种语言学不同，并独立于非语言学的学科之外，为了表明这一点，我们为其命制了一个特别的名称，……我们称其为语符学(来源于希腊语 γλωσσα，意为语言)，我们用语符(glosseme)表示这一学科的最小形式，这种最小形式将作为这一理论的研究基础，是不可再分的单位，是不变量。
>
> (Hjelmslev 1943[1953]:51)

Hjelmslev(1943)是一部纲领性质的作品,对语符学的大致轮廓进行了简要的描述。该书于1953年由Whitfield译成英文。另一部著作,即Hjelmslev(1963)的嗣后之作,回避了诸如"语符"之类的晦涩术语,对语言学的方方面面进行了系统的论述,1970年由Whitfield译成英文。这些作品都论及了与音系学相关的问题,因此从这些作品中我们不难领悟出哥本哈根学派音系学的基本思想。

总的来说,哥本哈根学派的学说较为抽象,理论论述中往往缺乏语料实例作为解释。因此,哥本哈根学派经常被当作欧洲"沙发理论家"(即好空谈的理论家)的典型而受到指责,与只重视描写实践而忽视理论的美国描写主义者形成了光谱中的两个极端。然而,美国语言学家(如Haugen[1954])很早以前就注意到,语符学理论在本质上与美国结构主义其实很接近。

无论是Hjelmslev本人还是其后来的追随者,都未能将其理论扩充为鸿篇巨著。加之Hjelmslev的主要作品原文都是丹麦文,其传播受到了很大的限制,在Whitfield的英译本出版之前尤其如此。比起布拉格学派,哥本哈根学派的影响要小得多。在我国,岑麒祥(1958)较早地评述了哥本哈根学派的观点。戚雨村(1993)、赵世开(1990)都把哥本哈根学派放在了较为重要的位置上。刘润清(1995)也略微提及了该学派。戚雨村和龚放(2004)对该学派的理论做了简要的介绍。

2　语符学两个平面与四个层次

Hjelmslev的语符学理论框架可以大体概括为"两个平面"和"四个层次"。语言系统由表达平面(expression plane)和内容平面(content plane)组成,即"两个平面"。二者可以分别与形式(form)和实体(substance)结合,组成四个层次。因而,表达、内容、形式、实体是语符学中四个最为关键的核心概念。

表达平面与内容平面的提出与Saussure的符号理论密切相关。Saussure(1916)把语言比作一张纸,纸的一面为思维(thought),另一面为言语声(speech sound),二者不可分割。剪刀无法把纸的两面剪开;与之类似,语言研究也不能将思维与言语声相分离。只研究思维的是心理学,只研究言语声的是语音学,二者都不是真正的语言学。因此,语言学的研究对象是思维与言语声的结合关系,而不是单独的思维或单独的言语声。

Hjelmslev的"表达"和"内容"两个概念也是如此。表达与Saussure的能指类似,指言语的语音外壳;内容则与Saussure的所指类似,指言语声在思维中的反映。Hjelmslev格外指出,表达和内容是语言的符号功能(sign function)的两个功能项(functive)。功能,在语符学中指语言成分之间相互制约、相互依赖的关系,而相互制约、相互依赖着的成分称为功能项。功能与其功能项是密不可分的,而各个功能项之间同样也是密不可分的。

表达平面、内容平面分别与形式、实体结合,形成"四个层次":表达形式(expression-form)、表达实体(expression-substance)、内容形式(content-form)、内容实体(content-substance)。其中,内容实体研究的是思维,表达实体研究的是言语声链,两者分别相当于通常所说的语义学和语音学。内容形式相当于语法学,而表达形式则相当于音系学。

3 法素与中和单位

在两个平面中,"形式"的最小单位是法素(taxeme)。也就是说,法素是个虚拟单位,是纯形式的,与实体无关。其中,在表达平面上,法素大体上相当于其他学派所说的音位,是语符音系学的最小单位。

值得注意的是,Hjelmslev 不仅注意到了法素本身的存在,而且还注意到了法素的中和现象,与 Trubetzkoy 的超音位理论十分相似,但又不完全相同。Anderson(1985)将 Hjelmslev 的中和单位(syncretism)与 Trubetzkoy 的超音位做了比较分析。

首先,法素不受语音特征(即语音的物理特征)的限制。法素的本质是形式的而不是实体的,因而与其在言语链中的实现形式无关。例如,法语的/ə/和/œ/两个音的语音物理性质是完全相同的,但不能据此划为同一音位。因为从形式的角度看,前者从不出现在重读音节中,且可以在某些条件下消失,而后者从不出现这些情况。

其次,法素并不局限于双边对立。双边对立是 Trubetzkoy 的超音位的前提条件之一,但 Hjelmslev 的中和单位可以是多边的,如英语中很多元音都可以央化为/ə/。

最后,也是最重要的一点,Hjelmslev 的中和单位只限于语音交替形式(alternation)。因此,德语词末带声破裂音与不带声破裂音的中和属于 Hjelmslev 的中和单位。而英语中擦音/s/后面的带声破裂音与不带声破裂音的中和则不属于 Hjelmslev 的中和单位,因为这里的中和与交替毫无关系,只是一种由环境引起的"缺陷"而已。

Trubetzkoy 曾对超音位进行了分类,Hjelmslev 也对中和单位做了类似的分类。主要有如下几种:

蕴涵(implication)中和单位:当中和单位的实现形式由被中和音位中特定的一个来充当时,这种中和单位为蕴涵中和单位。例如,德语中词末的破裂音总是由不带声的音充当的。

融合(coalescence)中和单位:这种中和单位的实现形式要么与被中和音位中的任何一个都不同,要么由其中的任意一个来充当。前者如英语中的元音央化现象,即/ə/与/i,e,ɔ/等都不同。后者见于丹麦语,丹麦语词末破裂音也发生类似德语的中和,但与德语不同的是,丹麦语这个位置上的破裂音既可发成带声的,也可发成不带声的,属于自由变体。

潜在(latency)中和单位:这种中和的实质是法素与零形式的中和。法语的词末辅音就表现为辅音与零形式的交替。例如,petit ∶ petite 中的Ø ∶ /t/,grand ∶ grande 中的 Ø ∶ /d/等。英国英语中词末的辅音/r/也是如此。例如,hear 一词中的字母 r 在英国英语中不发音,但在构成现在分词时,这个 r 却需要发音。即在 hear ∶ hearing 中,存在 Ø ∶ /r/这一交替。

法位音系学
Tagmemic Phonology

Kenneth Pike 的名字总是与法位学(tagmemics)紧密相连,他是 20 世纪美国重要的语言学家,并且是一位颇具特色的语言学家。他不完全属于美国结构主义,与后来流行的功能主义也不完全相同。从田野工作方面来看,Pike 是位典型的美国语言学家;然而,Joos(1958)收录的美国结构主义语言学 1925～1956 年间的经典论文 43 篇,却未收录 Pike 的任何作品,显然 Pike 的理论并非美国结构主义的主流。从研究方法上看,法位学更接近于功能主义而不是结构主义。在 Dik(1997)、Van Valin & LaPolla(1997)等功能语言学的代表作中,Pike 的法位学都被作为功能语言学早期的代表理论,尽管法位学与 Halliday 的功能语言学尚有很大差距。此外,Pike 与 Bloomfield、Hockett 等美国结构主义音系学家同处一个时代,其观点时常针锋相对。因此,法位音系学在音系学中自成一派,成为美国重要音系学流派之一。

1　法位学及法位音系学

法位学的产生与北美语言学界的人类学传统有着密不可分的联系。Pike 是一位杰出的人类学家,在美国土著语言的记录、整理,以及《圣经》的翻译和传播等方面有着十分出色的贡献。在对北美土著语言调查的记录中,Pike 发现,当调查者调查一种完全陌生的语言时,首先观察到的现象并不一定具有区别性，只有经过进一步的研究和整理，才能确定出哪些特征具有区别性，哪些特征仅仅是非区别性的变体而已。这很接近音系学中语音与音位的关系。而在实地调查中，这种区别性单位与非区别性单位的对立绝不仅限于语音层面上，词汇、语法等方面同样普遍存在类似的问题。于是，Pike 设想，有必要把音位的研究方法推广到语法研究的各个层面上。由此，他提出了素的单位（etic unit）和位的单位（emic unit）这两个概念，前者须一丝不苟地注意微小差别而不必顾及功能系统；后者正相反，以功能系统为重，而不顾及非功能的细节差别。这两种单位的对立存在于语言学研究的各个层面上，在音系学中表现为音素（phone）和音位（phoneme）的对立；在形态学和句法学中表现为法子（tagma）和法位（tagmeme）的对立。这些概念奠定了法位学的理论基础。

Pike 运用法位的观点对音系学进行研究，即法位音系学。法位音系学可以解决一些在美国结构主义的框架下无法解决的问题。美国结构主义音系学家对语言的音系学平面和其他平面严加区分。例如，Hockett（1942：20～21）指出，“任何种类的语法现象，都不得用到音系学分析中来。……两者（指音系学与语法学——编者注）之间必须画上尖锐的分界线。”由于受到这一思想的束缚，许多“越界”现象并未得到很好的解释，如音联问题。此外，运用法位的观点，还可以对语言的音系学研究提供一个全新的视角。

2 音联现象研究：法位音系学的突破点

音联（juncture），也译为音渡，指语言单位分界处的语音特点。例如，两个音位、语素、单词、小句之间的分界处的语音特点，都属于音联。从音系学的传统观点来看，音联不应属于音系学的研究范围，因为音系学的研究对象为语音，而音联显然是无声的。然而音联问题却是美国结构主义音系学家经常探讨的一个问题，因为许多美国结构主义音系学家都在音位描写中触及了语言的其他层面，尤其是形态学层面。

例如，Bloomfield 曾借助“语素边界”（morpheme boundary）这一形态学中的概念，解释了为什么在德语单词 Kuhchen（小牛）中，/uː/后面的 ch 读[ç]而不读[x]。Bloomfield 主张将德语的[x]和[ç]划归同一音位，理由是这两个音呈互补分布。前者出现于/a, o, u, au/之后，后者出现于其他位置上。在解释 Kuhchen（小牛）[kuːçən]这一看似与上述结论相悖的例子时，Bloomfield 的观点涉及了音位层面之外的音联问题：Kuhchen 是由 Kuh（牛）和 chen（指小后缀）组成的，即/uː/和[ç]之间存在一个语素边界，这个语素边界显然属于形态学的范畴而不是音系学的范畴。

Pike(1947,1952)认为,音联问题是解决音位与其他语言层面关系问题的重要突破口。因为音系学家必须回答这样一个问题:音联究竟是独立的音位,还是音系单位之间的特殊联结点,抑或是带有某种音系特征的语法单位之间的联结点?

许多美国结构主义音系学家的倾向是,音联是一种特殊的音位。如Harris(1942)、Hodge(1946)等都把音联列为音位的一种。Harris还将这种"音联音位"标注为/#/。

然而,如果将音联视为音位,问题随之而来。这种"音联音位"总是与形态学上的语素边界、词界等相重合,那么为什么要把音联视为音系学现象而非形态学现象呢?

Bloch(1946)回避了这一问题,认为词与词之间的空格仅仅表示形态学上的词界而已,并不涉及语音问题,即音系平面与形态平面并未发生混淆。Trager(1946)承认了这一"越界行为",但他同时指出,形态学手段仅仅是一种补充手段,只有当音系学手段不足以描写音位时,才会考虑借用形态学手段,经典的"Kuhchen问题"就是个很好的例子。而Welmers(1946)的提法似乎更具实用性:语音细节有时过于微小,难以辨别,为了使问题的解决变得简单便捷,可以借用形态学手段。这只是个捷径而已,而音联本身是不依赖于形态学的。

上述观点的共性在于:音联是音系学现象,在对音联现象的研究中,即使偶尔涉及个别形态学概念和方法,音系学分析也要优先于形态学分析。然而,一个十分尴尬的问题始终摆在美国结构主义音系学家的面前:他们在做音位记录时,无一例外地借助了形态学手段——词界,即在两个词之间留出了空格。而从纯音系学的角度来看,这个"空格"在语音中是根本不存在的。

因此,Pike对Hockett(1942)提出了质疑:如果用语法的方法来解释音系学现象是简便可行的,那么又何必在音系学和语法学之间人为地画上一道先验式(a priori)的界线呢?于是,法位学的一条最基本的思想得到了印证:音位的概念有着极大的实用价值,把不同的语言层面结合起来,可以把音系学的研究方法推广到语言学的各个方面。同样,可以把不同的层面结合起来,促进音系学的研究。

3　音系层级体系及其法位分析

法位学的另一鲜明特点就是关于语言单位的层级关系的学说。在Pike看来,世间一切事物都存在于层级体系中,每一个单位都包括小于它的单位，同时又存在于更大的单位之中。在语言学研究中，这样的层级体系有三种：语法层级体系、所指层级体系和音系层级体系。

其中音系层级体系包含如下层次：音位、音丛、音节、语音短语、语音小句、语音句子、语音段落、话语。Pike 认为，研究音系体系也和研究语法体系一样，应采用法位分析，即从轨位（slot）、类别（class）、作用（role）、衔接（cohesion）四个方面来分析。

“轨位”指法位在其所在结构中的地位和作用，即规定法位在法位段中处于核心还是外围地位。例如，在英语的渐弱二合元音（diminuendo diphthong）（如/ai/）中，前一个元音为核心，后一个元音为外围。“类别”说明填充轨位的法位的种类。例如，英语音节中填充核心轨位的法位绝大多数情况下是元音（个别情况下是成节辅音）。“作用”的本质不是形式的，而是用来表示该法位的功能。例如，在语音短语、语音小句等层次中，填充核心轨位的法位，其功能是表示该短语、小句等的焦点，即说话人想要强调的部分。“衔接”指该法位是否受其他成分支配、是否支配其他成分。例如，在语音短语层次中，填充外围轨位的法位无重音，因为其重音受到核心法位的支配。

总的来说，Pike 的音系层级体系不如语法层级体系完善。但这一尝试无疑为结构与功能在音系学中的结合奠定了基础。

伦敦学派音系学
London School Phonology

伦敦学派（London School）的鼻祖是 J. R. Firth，此学派由其经常讨论学术的地方伦敦而得名，代表人物有 Firth、M. A. K. Halliday、R. H. Robins 等。伦敦学派倡导对系统（system）及语境（context）的重视，在语言学问题上有独到的见解。其中，韵律音系学（Prosodic Phonology）、系统功能语言学（Systemic Functional Linguistics）等著名的语言学论断引导人们从新的角度来观察语言学现象并解决语言学问题。在这一章，我们主要对伦敦学派在韵律音系学方面的形成及发展加以介绍。首先介绍的是 Henry Sweet 和 Daniel Jones。从严格意义上讲，二位不属于伦敦学派，但他们是 Firth 的前辈。两位语言学大师在语音描述及语音符号的创立方面有过巨大贡献，他们的学术思想也或多或少地影响到 Firth，对其韵律分析的形成也起到基础或间接借鉴的作用。所以说，要了解伦敦学派的韵律音系学，就要从了解 Henry Sweet 和 Daniel Jones 开始。本章要提及的第三个人，也是伦教学派的创始人 Firth。对 Firth 的介绍主要集中在对其创立的韵律分析和后人继承并发扬的韵律音系学进行阐释。

1 Henry Sweet

Henry Sweet 是 19 世纪下半叶英国语音研究领导者之一。他在英语语音标记及推广方面的成就是英语语音学界的重大收获。有人曾评论道，Sweet (1877)的《语音学手册》教会了欧洲人语音学，使英国成为语音学这门现代科学的发源地。Sweet 师从 M. A. Bell，他的很多学术工作都是基于其恩师以及 A. J. Ellis 的研究成果之上进行的。1901 年，Sweet 成为牛津大学的语言学高级讲师，继续从事语言学教学及研究工作。作为语音学界的一代大师，他在欧洲语言学界享有盛誉。受其影响的语言学家包括 Daniel Jones、John Storm、Paul Passy、Eduard Sievers 及 Otto Jespersen 等。

Sweet 在语音学及文献学方面的学术著作以其极强的逻辑性与清晰性著称。在学术方面，他还特别重视仔细观察与系统阐述，所以当时由他编撰的教科书后来都成了经典之作。在学术方面，Sweet 的研究贡献主要是宽式标音(broad transcription)、严式标音(narrow transcription)以及声调(tone)概念的提出。Sweet 在他的早期著作中，曾试图解决如何用一个符号来标注一个语音，即标音符号与语音发声一一对应的问题。但这在实际操作中十分困难。因为一种语音被说话者使用时会产生很多复杂的发音，包括一种语音在不同环境中的不同发音，如 p 在 peak 和 speak 中的发音，以及本质上不同并在与其他一组相同顺序的语音组合时会产生两个不同的词的发音，如 t 在 let 与 d 在 led 中的发音。这个问题在其后来的著作《语音学手册》中被进一步讨论并得以解决。

在《语音学手册》中，Sweet 将语音之间的差异分为两种：一种是在不同的语言环境中所产生的发音上的不同，如 p 在 peak 中的发音与 p 在 speak 中的发音之间的差异，这种差异被称为非区别性差异(non-distinctive difference)；另一种差异是区别性差异(distinctive difference)，这种语音差异并非在不同语言环境中才产生，而是存在本质差异。有这种差异的两个语音与其他一组相同顺序的语音组合时会产生两个不同的词语。如 t 在 let 中的发音以及 d 在 led 中的发音之间的差异就是区别性差异。在这部著作中，Sweet 还指出，同样的一个语音差异，可能在一种语言中属于区别性差异，而在另一种语言中却成为非区别性差异。

为了标记这些有差异的语音，Sweet 提出两套标音方法——宽式标音和严式标音。他指出，宽式标音就是用以分辨相关的区别性差异的符号来标记语音。这些符号包括罗马字符及少量的其他字符,后来成为国际语音学协会(International Phonetic Association,IPA)确立标音符号的基础。而用严式标音,除了要显示区别性特征外,还要用更多的标音符号来标出在语音系统并非对立,但却有一些细节上的由于方言或在不同环境中产生的细微的语音的不同。例如,如果要对 peak 和 speak 中的 p 进行标示,用宽式标音都是/p/。而用严式标音就要显示 peak 中的送气特征(用[p^h]来标示),以及 speak 中非送气特征(用[p]来标示)。其实,Sweet 这种宽式及严式的标音体现的就是音位(phoneme)这种理念,但他却刻意避免使用音位一词。究其原因还是因为他对德国语言学及其所研究的内容都不太关心,而且可以说是比较抵制的结果。

除了对英语标音系统的贡献外,Sweet 还开创并奠定了英语语调的研究。早在 19 世纪 70 年代和 20 世纪初,Sweet 就先后在《语音学手册》和《语音学读本》(1890)中使用了八种语调符号,即平调、高升、低升、高降、低降、降升、升降、升降升。尽管 Sweet 在语调方面谈不上有什么论述,但是他的语调符号以及他所使用的语调这个术语,经过一些变动,历时一百多年之久,仍为当今的英语研究者及学习者使用,并在今天的英语语调研究领域里取得了几乎是普遍的认可,可见其当年见解的独到性及科学性。

2 Daniel Jones

Daniel Jones 是英国语音学史上继 Henry Sweet 之后又一位伟大的语音学家。他的贡献主要在于提出基本元音(Cardinal Vowels,又称正则元音)以及推广标准发音(Received Pronunciation,RP)方面。

Jones 对英语语音学的贡献主要体现在两个方面——实践与理论。Jones 在语音实践方面的成就在于他所进行的语音学研究很注重实用性。他本人很注重英语语音的标记、发音训练以及听力技巧训练这些实用语音学方面的研究。即使 Jones 在编写关于音位的著作时,他也将其看作是对建立一种令人满意的宽式标音很有用的训练。受其影响,Jones 的后继者们在其语音学成果的基础上继续进行实用研究,并在听力训练及教授外国学习者学习英语方面取得了斐然成果。Jones 在语音实践方面的贡献还在于对标准发音的推广。在 Jones 之前,RP 被视为英国上层社会的标志,而被局限于有限的范围内。为了统一英语发音并确立一种标准的语音系统,Jones 的《英语语音学纲要》(1918)和《英语发音词典》(1917)将 RP 推广至全世界范围,一改原来 RP 带有浓厚地域性及社会阶级性的状态。至今,世界上绝大部分英语词典的标音系统均建立在 Jones 的《英语语音学纲要》和

《英语发音词典》的基础之上。

在语音学理论方面，Jones 明确提出音位这一概念，并建立了基本元音系统。关于音位的理念，早在 Sweet 的著作中就有所体现。在 Sweet 及国外其他语音学家的影响下，Jones 明确使用了音位这一术语，并在其《英语语音学纲要》中将音位作为宽式标音和严式标音的理论基础。在音位这一方面，虽然 Jones 继承了 Sweet 宽式标音和严式标音的理论，但却摒弃了 Sweet 关于区别性的说法，取而代之的是，他认为音位是呈一系列互补性分布(complementary distribution)的类似的音。

后人将基本元音视为 Jones 最主要的成果。Jones 在语音描述的研究过程中提出了基本元音系统。基本元音本身不属于某一特定的语音，而是作为元音可能存在的参照点。Jones 的元音系统中有八个主要基本元音(primary cardinal vowels)。[i]、[e]、[ɛ]、[a]和[ɑ]为非圆唇或展唇元音，[ɔ]、[o]和[u]为圆唇元音。基本元音[i]舌位最高，它是一个前元音。依次降低舌位又可以发出另外三个元音[e]、[ɛ]和[a]。发[i]和[e]、[e]和[ɛ]，以及[ɛ]和[a]时，其舌头位置差距不是很大，各组中元音的发音差别也相似。发这些前元音时，双唇都张得比较开。发基本元音[ɑ]时，舌头后部在口腔中降至最低位置，[ɑ]是一个后元音，依次抬高舌头位置后可形成另一组基本元音。主要基本元音为非圆唇音时，次要基本元音(secondary cardinal vowels)则为圆唇音。主要基本元音为圆唇音时，次要基本元音则为非圆唇音。除了音位及基本元音方面的学术成就，Jones 还认真研究并设计了记录语调的方法，在语调研究的推动方面做出了一定的贡献。

3　J. R. Firth

伦敦学派真正的创始人是 Firth。他在语义学及语音学方面都有革命性、创造性的贡献。韵律分析是 Firth 在语音描写方面提出的对语音材料描写的先进方法。以韵律分析方法研究语音形成了独立的一门学科——韵律音系学。在 Firth 时代，其创立的韵律分析及韵律音系学，由于其思想的新颖及阐述的晦涩，并没有在语言学界得到应有的重视。后来，又有很多学者对韵律分析方法进行了诠释与运用，并整理了韵律音系学的脉络体系，使这门学科以其全面性及实用性在音系学界脱颖而出，受到人们一致的赞扬及推崇。

Firth 主要研究语义学和音位学，并以其语义学理论和韵律分析理论而著称。Firth 的语言学研究受到 Malinowski 的影响，非常重视语言的社会性，因而无论在其语义学理论，还是韵律分析理论，“语言受环境制约”的思想都占主导地位。他的语义学理论是经验性的。简单地说，就是意义等于使用。这个观念一直影响到后来的系统功能语言学。他还提出，在适当的场合，语言用得得体就是正确的。语义要在情境的不同层次上研究。分析词要看它在句子中的位置；分析句子要看它出现的场合；分析场合要看它所在的文化。但是，要在各个层次上都发现一定的规律并不容易。因此，Firth 又创造了"典型语言环境"这一概念。Firth 在音系学理论方面的贡献更为重要。他打破了传统的以音位单位为基础的语音描述，并认为那种描写是不全面的，因为它不能描述带有自已发音特点的东方语言，如汉语声调现象、土耳其语中的元音和谐现象等，而且它也不能对西方语言进行全面的描述。Firth 认为，对任何一段语音材料都不应单纯地给出简单的按照语音发音顺序排列的语音描述，而应站在较高的层次，全面系统地描述和说明被分析的语音材料，最终给出一种也许不是最简单的，但却是最明了的一种语音描述。这一点与其语义学研究思想一脉相承。在其语音学研究方面，Firth 的突出贡献当属韵律分析的提出。在韵律分析理论中，他把结构和系统的概念也用于音位学研究，并提出韵律成分和准音位单位的描写理论。虽然准音位单位也是切分单位，但不能与音位混淆。准音位单位是描写韵律成分后剩下的语音单位。韵律成分包括音长、音高、重读等，可以超出音位，跨越音节或更大的片段。韵律成分还与结构单位的大小有关，可以起到连接两个单词或语音单位的作用。在 Firth 看来，语言包括很多层面——语音层、语法层等，这些层面并不是孤立存在的，而是相互作用、相互联系，并产生一定语言环境中的意义。所以，对语音层面的分析离不开对语法层面的分析，在语音研究的过程中应将两个层面结合起来研究。而且，在语言的每个层面都有很多层级。例如，语音层的层级从小到大，应包括音段、音节、词、短语、句子和语篇等。在语音分析的过程中，分析者应充分考虑这些事实与特点，在不同的层级上对语料进行分析，揭示其深层规律。以上是 Firth 韵律分析学说的主要观点，下面详细论述一下 Firth 所提出的韵律分析理论。

4 韵律分析

1948 年，在伦敦语文学会上宣读的《语音和韵律成分》一文中，Firth 提出了韵律分析一说。后来在其《1930～1955 年语言学理论纲要》中，Firth 又对韵律分析理论进行了说明与完善。Firth 的韵律分析是一种对语音材料的韵律成分进行分析的新的语音标音方法。韵律分析的提出成为语音学界的一座里程碑。在此之前，语言学界在音系学方面的研究仅局限于对语音材料线性的、尽可能精确的标音方法的研究，代表有结构主义语言学家，以及 Sweet 和 Jones 等。他们对单个音描述在准确性和实用性等方面都得到语言学界的一致认可。而 Firth 韵律分析理论的提出，打破了这种以线性标音为主要任务的传统的局面。他的韵律分析为人们提供了一个崭新的观察问题的角度，以其系统性、全面性和先进性在语言学界掀起了一场革命，使人们对语言问题，尤其是语音问题有了一个新的认识。

上文提到，Firth 的语言学研究受 Malinowski 的语言社会性理论的影响，所以才会有语言是在不同的环境中、在不同的系统中选择的结果的系统思想。在谈及其理论的形成过程时，Firth 还指出，他曾受到其他语言学家的影响。他说，印度古代语法学家 Pānini 的语法就给了他一定的启示。在印度的文字系统发展过程中，最初是每一个符号代表一个辅音和一个元音 a，后来又加上了其他符号来表示其他元音。后来又出现了只代表辅音不代表元音的符号，最后出现只代表元音不代表辅音的符号。不同辅音后的同一种元音在具体发音时，会受到前面辅音发音的影响。也就是说，在印度语发音的过程中，会有贯穿整个音节或某个单词的韵律成分。在印度语言系统中，通过不同的符号在不同位置的变换组合，就可以准确表示各个语音和韵律特征。此外，东方与非洲研究学院的其他教师也曾探讨过韵律成分。他们的论文收集在《东方与非洲研究学院简报》中。Firth 本人也提及，他的韵律分析思想受到同事们的影响，但 Firth 应属第一个全面、深入地论述韵律分析的学者。

Firth 发现，在日常生活中，有些语音特征并非某个音或音位所独有。它们常常跨越一个词、短语、句子，甚至更大的语言单位——语篇。这些语音特征包括音高(pitch)、重音(stress)、连接(junction)、语调(intonation)等等。这些跨越多个语音单位或使两个语音单位之间产生联系的语音特征往往并不被当时的语言学家们所重视，而恰恰是这些不被重视的语音特征，对正确、全面地描述语音材料和某些语言现象关系重大。所以，Firth 提出，要对那些贯穿某个语言单位，诸如音段、音节、单词、句子，或使这些语音单位之间产生联系的语音特征进行分析，从而可以更全面、更系统地分析已有的语音材料，而这种语音特征则被称为韵律或韵律成分。Firth 的韵律分析理论也是围绕韵律特征而展开的。例如，对单词 load 进行分析，我们会发现，浊音性贯穿整个单词的始终。于是，浊音性这个贯穿整个语音单位的语音特征就成为这个单词的韵律成分。除去这个浊音性的韵律成分，如果再对单个发音的音位特征进行描述，所得的结果就是音声单位(phonematic units)。也就是说，当韵律成分贯穿一个音位以上时，所涉及的音位与音声单位之间的差就是韵律成分。同样,所涉及的音位与韵律成分之间的差就是音声单位。我们可以用以下两个公式来简要说明。

音位－音声单位＝韵律成分

音位－韵律成分＝音声单位　　（当韵律成分贯穿公式中的音位时）

有时候,韵律成分并不仅限于贯穿某个长度的语音单位,它还有可能起到连接或分隔的作用,而使两个语音单位产生联系。例如,德语中的[ʔ]音有时起到连接两个单词的作用。

韵律成分的提出仅仅是 Firth 韵律分析理论的一个方面。在他的《语音和韵律成分》和《1930～1955 年间语言学理论纲要》中,Firth 具体阐述了其倡导的韵律分析的内容及特点。首先,Firth 打破了传统语音学家将语音切分单位及单个语音的纵向描述和分类置于首要研究地位的局面,提出了对发音单位进行横向研究。传统的语言学家多半注重研究语音材料纵向的、一对一的精确语音标注,而这种研究又属于线性研究。在《语音和韵律成分》一文中,Firth 提出语言学家应注意发音单位横组合(syntagmatic)的特点,并指出这一特点应被置于和纵聚合(paradigmatic)特点同等重要的地位。

在以往的研究中,只有语音材料单向的纵聚合特点才能引起语言学家的足够重视,这种注重语音材料纵向描述的研究被称作音位分析法(phonemic analysis)。持音位分析法的语言学家在语音研究中,一直致力于寻找一种可以将某种语言的每个音位都详尽到位地描写出来的标音方法,从而能够将其应用于语言教学或者为某种非书面的语言进行笔头记录。这种标音研究的目的比较合理,但是其研究的方法及内容却比较片面。在音位标记法中,有两个概念十分重要——切分(segmentation)和分类(classification)。切分是指将语流切分成细小的音段,通常是一个语音单位,然后用线性的不相关的符号来标示这些连续又互不相干的语音单位。例如,对句子 Your hair is beautiful,就可以标记成为[jɔ][hεə][iz][ˈbjuːtəfl]。分类是用一系列的语音特征使一个音位区分于另一个音位。在传统语音学家看来,人类某种语言的发声是由固定个数的一系列音位经过组合,在具体语言环境中的表现。一个音位的表现可能有多种,但它们都属于同一个音位。传统语音学家就致力于将无穷多个发音归类成几个音位。而将这些音归类的工具就是区别性特征。如果两个音之间存在区别性特征,即如果在某个单词中将此音换作彼音会产生两个不同的单词,那么这两个音就分属于两个音素,就是对立的(contrastive)两个音。反之,这两个音则属于同一个音位。例如,在单词 bin 中,若将[b]换成[p],我们得到的不仅是两个发音,而且是两个完全不同的单词。在这种情况下,[b]与[p]就是对立的。这种强调纵向描写并且注重语音分类的音位分析法,在区分与记录单个语音方面有其先进性,但同时也有其描述语音材料的不全面性。

Firth 在仔细观察研究大量的语音材料后发现,用传统的音位分析法并不能完全描述某段语流在语音方面的特点。例如,单词 pin 与 bin 的区别,并不仅限于语义和首字母发音的不同。如果仔细观察,我们会发现,受首字母发音的影响,它们后面的元音发音也不同。虽然这两个元音在传统的音位分析法中属于同一个音位,但 pin 中的[i]在实际的发音中因受[p^h]的影响带有送气特征。而 bin 中的[i]在实际的发音中却不带有这种特征。也就是说,[p^h]与[b]的选择和安排直接影响到其邻音的发音质量。而在 pin 中,用任何一种传统的标音方法,宽式/pin/或严式[p^hin],都不能表示出[i]的附加送气特征的变化。这样一来,首音[p^h]影响其邻音[i]这一语音现象就没有正确标示出来。这时,传统音位分析法标音不全面性的一个方面便突显出来。针对这种现象,Firth 写道:在语音学中,辅音和元音之间相互有影响。所谓音段之间的重叠以及在言语中某些浊音性、鼻音化、送气等特征层的存在是很普遍的。从听者的角度来看,将连续的音流分裂开来而听取与某个部分单独对立的音声单位是不可取的。(Firth 1948:52)

为了更全面地描述发音单位,Firth 使用了韵律成分一词来定义超过一个音段或贯穿整个音节的语音特征。在单词 pin 中,送气特征成为[p^h]与[i]所共同拥有的韵律成分。所以,对单词 pin 进行韵律分析后的语音描述就应为 h/pin,其中 h 代表送气成分。p 与 i 分别是所对应语音的音声单位。为了让大家对 Firth 提出的韵律分析有更深入的了解,现在对韵律成分做一下更详细的论述。Firth 的韵律成分是横向的语音特征。这种横向的语音特征可能是贯穿整个发音单位,如 roman meal 中的浊音性;也可能是贯穿几个相邻的语音单位的语音特征,如刚刚介绍的单词 pin 中的送气特征。韵律特征也可以是介于两个发音单位之间,起到连接或界定的作用。例如,德语中的喉塞音(glottal stop)起到连接两个语音单位的作用,而英语单词 draw,如果在后面加上 ing 后缀,那么在 draw 与 ing 之间会自动加入一个 r 音,使整个单词变为 draw(r)ing。这里的 r 又起到了分隔两个语音单位,即音节的作用。在发音特征方面,韵律成分也各不相同。有时,浊音性、送气性、鼻音化等发音特征可以在一个发音单位中充当韵律成分;有时,语音调式的特征也成为韵律成分。Firth 就曾举过中国湖南方言中语调在整个发音单位作为韵律成分的例子,同样的发音会因为被冠上不同的语调而产生不同的意义。

另外，Firth 还指出，韵律成分与音声单位并不是一成不变的。在共时语言学研究中，某种语言的音声单位成分可能会成为另一种语言的韵律成分。而在历时语言学研究方面，对于某一种语言来讲，在一定时期内的音声单位或韵律成分在另一个时期很可能改变自己的属性，而转换成为相反的成分。在韵律成分与音声单位之间没有永远不变的现象也说明在语音成分与音系学特征之间亦不存在一一对应关系的问题。音系学特征是指韵律分析中的韵律成分与音声单位。这些音系学特征都比较抽象。为了将抽象的特征表示出来，我们要用到语音具现(phonetic exponents)。语音具现与音系学特征之间没有一一对应的关系，因为在韵律分析中，语音具现可以在韵律成分系统、音声单位系统以及这两个系统之间游动变化。例如，某个语音具现可能在一语言中标示韵律成分，而在另一语言中标示音声单位。即使在同一种语言中，有时也会因为语言环境的不同，而使某语音具现在韵律成分与音声单位之间相互转换。还可能会出现一种语音具现同时成为两个不同的音声单位的标音单位的现象。例如，双唇音这一语音具现就同时成为[p]与[b]的标音成分。可以说，有相当一部分语音具现充当了不同语言或同种语言韵律成分系统内部、音声单位系统内部，甚至两个系统之间的重叠部分。这种重叠又说明了韵律分析中的非线性分析的特点。Firth(1948：25)指出：这种(交互联系的)音声单位系统及韵律成分系统并不一定是线性的，它不应该按照语流的先后顺序来标示。实质上，(这种系统)应是从语音材料中抽象出来的(用以说明语音材料的系统)。总之，在 Firth 看来，要真正诠释一段语音材料，就要对其横向贯穿或连接语音单位的韵律成分进行分析。韵律特征的引入使人们能够更全面地标示和学习语音现象。

韵律成分是 Firth 韵律分析的主体，但并非全部。在其韵律分析理论中，还有很多重要的思想和理念。例如，Firth 在强调语言单位横向韵律成分的同时，并没有忽略对纵向语音描述的研究。在其语言学研究生涯中，Firth 一直很注重横向结构与纵向系统相结合来研究语言问题。在他的研究中，结构是指语言单位种类在横组合方面的关系及特点。这种关系和特点是从语言中抽象出来的，如某种语言中句子组成部分的顺序关系以及词形变化规律等语言现象。而系统则是指结构的组成元素。这种组成元素并非是单一的，而是并列形成一个庞大的非线性组织的系统。因而，系统用来指相关语言成分在纵向的关系。例如，在主语这一语法结构中，其组成的元素就包括名词、代词、名词短语等等。这些组成元素本身还能再被细分成若干系统，如名词有具体名词、抽象名词之分等等。所有能够充当主语成分的元素和元素系统,按照其并列或包含的关系就构成了一个主语系统。不光是语法结构如此,音系学方面也有属于自己的结构和系统。在实际的应用中,语言使用者实际上进行的是在语言的语音、语法等不同层面,从纵向的系统中选择合适的元素,然后再根据横向结构的要求对所选的语言元素进行组合,搭配成具有实在意义的语言单位,如词、短语、句子、篇章等等。把结构与系统结合起来研究语言的思想体现在 Firth 语言学研究的方方面面,尤其是其韵律分析领域。在分析、描写语音材料时,Firth 主张从横向结构与纵向系统相结合的角度对单个的实例进行分析,即从其结构属性出发,在系统中将其定位。例如,对单词 sport 进行描述,除了说明其贯穿[p]和[ɔ]的浊音性韵律特征外,从结构与系统的角度出发,可以列出公式 CCVC,其中 C 表示辅音,V 表示元音。在横向上,这个公式表明了单词 sport 的结构为两个辅音加一个元音再加上一个辅音作为结尾。有时在字母 C 和 V 的右下方加脚标标注出系统方面的关系,表明在每个位置可能出现的语音实体的个数。通过了解 CV 的组合与下标的标示,我们能够站在语言系统与结构的高度对语音材料进行分析,使我们从语音的本质属性层面对所分析的语音材料得以认识,这也是 Firth 韵律分析理论的高超之处。

在 Firth 倡导使用系统与结构相结合的方法来分析语音材料的同时,他还十分强调语言的多系统性。后来,这种多系统性与结构系统相结合的思想理念直接影响了 Halliday 及其系统功能语法理论,尤其是系统学派的系统音系学。在 Firth 之前,语音学界,甚至整个语言学界都奉行着单系统的思想。一套音标可以适用于任何语言的任何语音材料,一套词汇便堆砌出一种语言。语音学家把大量的时间与精力都投入到对语音细小特征的线性描述,即对区别性特征的研究方面。在 Firth 看来,这种单系统的观点是十分不科学、不全面,也是不可取的。他在《语音和韵律成分》一文中指出:

> 提出多系统分析方法的时机已经成熟。这种方法并不能使音系问题变得简单,但是它会使描写语言学和历史语言学中极其复杂的语言模式变得清晰。句子的音系结构以及组成这种结构的词汇将用相关的音声单位以及韵律成分等一系列系统表示出来。这样的系统及范畴不一定是线性的,与语流时间轨迹(time-track)的连续音段没有直接关系。从本质上来说,这些系统和范畴是这些时间轨迹项目的抽象体。因此,它们的顺序和相关性不是按时间顺序对应的。
>
> (Firth 1948:151)

多系统性对于当时经典美国结构主义者们来说是很不合情理的。他们认为,用来标示语音的只应有一个单一的音位系统。这个系统中的音标在描述语音材料时,与其所标注的材料一一垂直对应。这种错误的观点在当时占有重要的地位,只有少数语言学者发现其不合理性并对其提出质疑,Pike 就是其中之一。他指出,在有些语言中,本国语与外来语的语音模式不尽相同,应归为不同且并列的语音系统。Firth 在论证语音系统的多系统性时就引用了 Pike 的例子。

为了说明韵律分析法中的多系统分析,Firth 还列举了 Marathi 语中的鼻音化现象。他指出,在 Marathi 语中,鼻音在词首、词尾及词中辅音前的发音方式各不相同。而这些鼻音并不应被视为在语言学及功能上等同的单位。受这些语言现象的启发,Firth 提出,对一个音节或单词中不同位置应建立不同的元音及辅音系统加以说明,如辅音的词首系统等。这些不同的系统还可以用来标示不同的语法结构。对于语音和语法之间存在联系的说法也是 Firth 在韵律分析中提出的一个重要理论。我们将在下面的其他部分对其进行详细论述。

为了让读者进一步明了语音的多系统性,我们再回过头来看一下刚刚举过的 CCVC 的例子。关于单词 sport,传统的语音分析只会列出[spoːt]或[spɔːt]这两种标音形式,是单系统的语音描述。而如用 CCVC 来标示,我们就可以通过下标来了解 sport 一词是在一定的语音结构中,在满足结构要求的四个语音系统中的四个语音实例的组合。通过这种多系统的标音方法,我们就可以在总体上把握某语音语料的结构特征及其所处的系统的情况。多系统的例子还有很多。例如,土耳其语元音系统在结构中不同的位置有其不同的模式。在英语中,/r/之前的辅音系统为/p, t, k, b, d, g, f/,而在/l/之前的辅音系统则为/p, k, b, g, f, s/。所以我们得出结论,Firth 在其韵律分析中提出的多系统性应包括在结构中不同位置的系统、同一个音位在不同结构中的系统,以及不同结构中的韵律系统,如不同语法单位中的语调、重音系统等等。

韵律分析中的语音是多系统的,同时这些多系统中的成分与其在结构中的位置关系应当是部分与整体的非线性关系,而不应该像传统的音位分析那样对所要标注的语音材料依据其顺序给出一一线性对应的单系统的语音描述。关于非线性的理解可以在两个层面上进行。一是刚才所论述的对某语音材料的描述并不是按其发音的顺序一一标注,而是将其置于不同的语言环境系统中对其属性以及在结构与系统中的位置进行动态分析。另一种理解是我们不应将语音材料看作一个线性排列的序列,而应将其看成层级，从小到大，由音段、音节、词、短语、句子等组成的层级。但无论从哪个非线性角度来理解，Firth 提出的多系统非线性韵律分析堪称是语音学界，更确切地说是语言学界的“破冰”理论。正像 Firth 自己所说的那样，多系统标音法的引进使得语音描述工作变得较复杂，但使所标注的语音材料更清晰、更易掌握，将音系学研究带入一个新时代。

在 Firth 所倡导的韵律分析法中，对语音模式与语法之间关系的揭示也是一项重要内容。Firth 在进行语言学研究的时候，十分注重将语言看作一个整体来分析。他在《1930～1955 年间语言学理论纲要》一文中明确提出，语言是其不同层面——语音、语法、语义等层面融合在一起的整合体。一段言语的意义是由语音和语法层面共同作用后产生的功能。在 Firth 的韵律分析中，他主张将语音与语法中的单元、特征，以及范畴等联系起来，找出其间的相互关系。这在当时美国结构主义学家看来是很不可思议的事情。在他们看来，语音分析的主要任务应对单个的词语、音位等进行线性的、精确的标注。语法应单独由语法学家们来研究。这实际上是将语言分隔成不相干部分的片面观点。Firth 在对语言现象进行了细致的观察和研究后，打破了传统结构主义学家的观点，提出语音分析的主要对象不应仅限于单词。虽然他本人提出的连接韵律成分也是研究、分析词与词之间边界关系的，Firth 认为韵律音系学的研究范围不仅局限于此，而应是更大范围的语音与语法单位以及范畴之间的关系。这里的语法单位包括语素、单词、短语、句子或更大的语篇单位。而范畴是指以上语法单位各自的分类及属性。如在上文中，我们提到在某些国家的语言中，外来语的语音模式各不相同。就像在日语，外来语的第一个音都是重读的。在重读方面的例子还有英语，对于某些词形来说，其重音的位置根据自身的属性而各不相同。例如，对于单词 record 来说，当它作为动词讲时，重音在第二个音节上；而当它作为名词讲时，重音就落在第一个音节上。对大一点的语音、语法单位进行分析得出规律的例子有英语中的句式和语调的关系。在一般疑问句中，句尾的语调上升；而在特殊疑问句中，句尾的语调就要下降。因为在韵律音系学中，允许多系统存在，所以对不同语法结构往往有对应的音系系统。这种对应将语法与语音联系起来，在揭示语言本质方面实属先进的理论。需要注意的是，虽然音系系统与语法系统在一定意义上联系密切，但我们不能说语法现象与语音成分在任何情况下都是一一对应的关系。这就像病情与症状之间的关系一样。有的病情会表现出一定的症状，说明此症状与此病情有联系，但我们不能说，有了此症状就是此种病产生的，它们之间并非一一对应的关系。所以，语言学家不用费工夫对发音相同，但词形与词类都不相同的两个词进行音系学上的区分。例如，band 与 banned 两个词发音相同，但词形与词类都不相同。语言学家们不需研究它们为什么会有同样的发音但不同的词形与词类，只需要对其进行系统与结构语法方面的韵律分析即可。Firth 在其韵律分析中提出的将语法层与语音层联系起来研究语言问题的思想属于用整体的、联系的思想来指导研究揭示规律的方法，使人们可以站在一个崭新的高度来看待我们非常熟悉而又非常陌生的语言现象。

5 韵律音系学的理论与发展

Firth 韵律分析理论的提出实属语言学界一大收获，但在当时却没有引起足够的重视。这大概与其拒绝介绍其理论的发现程序或其对规定性的重视程度不够有直接关系。后来，在很多伦敦学派学者的努力下，Firth 的理论得以丰富，韵律分析的方法被反复地实践、论证，使韵律学派在语言学界得到普遍承认并立稳了脚跟。下面，比较全面地介绍一下经过后人发展、整理的韵律音系学。Firth 之后韵律学派（亦为伦敦学派）学者们的研究依然以其系统、联系、动态的语音学研究思想为指导，但在研究的范围与深度方面却更宽、更深了。

5.1 强调横向研究

在强调语音材料横向组合关系的重要性方面，伦敦学派的学者们除了坚持 Firth 韵律成分的重要性及对此进行例证外，还批判了当时流行的结构主义观点并指出其不足之处。针对当时比较盛行的音位分析法，韵律学派的学者们还是坚持不应把一个语音单位的各个组成成分单纯列为各细分音段的原则。他们强调，应从横向的角度发现更多的对语音语料描写有很大帮助但却没有引起人们足够重视的韵律成分。这种韵律成分包括贯穿两个或多个音段的共同特征，同样也包括使两个语音单位产生联系的语音特征。

对于贯穿多个音段的韵律特征，除了以往本学派研究的语调、鼻音化、浊音性、圆唇等韵律成分之外，Paul Tench 等语音学家发现并提出了著名的元音和谐现象来证明对这种韵律成分分析的重要性。元音和谐（vowel harmony）在狭义上指的是连续的几个元音受彼此的影响，在某些特征上经过变化取得一致的语音现象。这种现象经常见于土耳其语及匈牙利语中。例如，在土耳其语中，元音应当满足两种语音属性的任意一种——非圆唇且低舌位或者高舌位。但在实际发音过程中，除了首元音发音不变外，其他元音除了舌位高低不变，别的发音特征都要随首元音的特征而变化。从一个例子中我们不难发现其中的规律。在土耳其语中，名词短语“我的某物”实际上的语法结构应为“某物＋我的”。“我的”在土耳其语中是后缀，原形为im，其中的元音带有高舌位、舌前位且非圆唇性的特征。但是如果某个带有“我的”的名词短语以舌后位且圆唇性的元音为首元音的话，im中的i除了高舌位不变之外，别的特征要随之变为后舌位且圆唇音u。如在短语“我的房子”evim中，i因其首元音为高舌位、舌前位且非圆唇性而保持原形为i。但在接下来的两个例子，“我的国家”ulusum、“我的胳膊”kolum中，i因为其首元音的圆唇性及舌后位的发音属性而改变了本身的发音属性。用土耳其语元音和谐的例子，韵律音系学家们指出，发生元音和谐的元音本身并不是(非)舌前位或(非)圆唇性的问题，它们只是因为其结构韵律成分的存在才有如此特征的。

另外，韵律音系学派的学者们还发现，元音和谐现象不仅影响到元音发音，它还波及整个语流，影响到单词中辅音发音的质量。因为它是一种舌位或唇形保持某种状态的结果。在一个语流的发音过程中，与发生和谐现象的元音相互交叉的辅音势必受到影响。而产生元音和谐现象的单词因为在发音过程中某发音器官形状、位置保持不变，所以就拥有了这种保持不变的结果——韵律成分。这时，韵律成分便影响了与之有关的所有元音与辅音这两个不同类别的音。所以说，元音和谐，从广义上讲，应该是某种韵律成分影响到整个单词的元音与辅音的现象。

既然我们明白了元音和谐现象中的韵律成分影响了整个产生这种现象的单词，我们就可以用韵律分析方法来标示之。在横向的韵律成分方面，韵律音系学家们设立了/y/表示舌前位，而用/w/表示圆唇化，因为在发音的过程中，这两个音系特征会影响到非首元音的发音质量。音声单位的特征有两个，/V/代表高舌位，/A/代表低舌位，因为在发生元音和谐的单词中，元音的舌位高低并不受韵律成分的影响，能够标示具体每个单音的独有的特点。利用这样的韵律成分与音声单位来描述单词ulusum就是/^{w}VlVs-Vm/，而gülüm就表示为/^{wy}gVlVm/。

韵律学派通过对元音和谐现象的分析，进一步论证了用韵律分析方法来分析语音语料，既能够标示整个单词的发音，又能够描述音段独自发音的先进性。对语音单位的分析，不应局限于某个音位或音段，而应该从全面、系统的角度入手，挖掘语音语料更深层次、更能说明其实质的联系。这种语音分析方法大大区别于以往设立八个基本元音，并在单词序列中用其标注元音的做法。由于对发音单位横向联系的重视与分析，韵律学派解释了很多用传统音位分析法不能解释的现象，描述了很多传统音位分析法看不到的事实，是一个革命性、创新性的学派。

语音语料横向研究除了上文提到的贯穿两个或多个音段的韵律成分外,还包括使两个词语之间产生联系的连接韵律成分。在介绍 Firth 本人的理念及思想时,我们提到过这种韵律成分。Firth 之后的韵律学派的学者也做了很多努力来证明对连接韵律成分分析的重要性。Robins 在批评 Bloomfield 结构主义学派时,曾经列举了苏丹语(Sundanese)中喉塞音作为连接韵律成分的例子。在苏丹语中,喉塞音可以用来标示音节、语素、单词、句子,以及一些从阿拉伯语中借来的词语的边界。而在音位分析中,人们却常常因为这种韵律成分不是音位或不具备区别性特征而忽略对其的分析与研究。这是很不全面的研究。在这一点上,韵律学派也为音系学的发展做出了重要的贡献。

在大力宣传及倡导对语音语料横向联系重视的同时,韵律学派也没有放松对陈旧的、不合理的、片面强调纵向研究的语音分析理论进行抨击。Robins 与 Palmer 属于韵律学派中比较活跃的学者。他们经常在论述横向韵律成分先进性的时候,对不重视语音单位横向联系的结构学派及转换学派进行批评。虽然后来转换主义学家们承认了横向语调这一音系特征,但却始终不愿关注以其他形式出现的韵律成分。Robins 曾批判过结构主义学派的代表人物 Bloomfield。

> Bloomfield 在其 1935 年出版的《论语言》一书中所观察到的就说明音位分析会遗落很多音系学方面相关的特征。"有的实用语音学家在区分与说明很多奇怪发音方面下了很大的气力。这对语言学研究工作有一些不利。当语音学家们学会区分各种发音的时候,他们便将精力投入到一些熟悉的或不熟悉的语言分析上,主张记录能观察到的所有区别,甚至会浪费时间描述某语言中不存在区别的语音现象。""区别性"一词在音位分析法中常常意味着能起到区分两个单词的作用。依 Bloomfield 看来,有些语音的不同并非是区别性的,因而在音系学中是不相关的。这种说法未免有些不公平。
>
> (Robins 1970:197)

Firth 学派对语音材料横向组合关系的重视后来得到语言学界的普遍认可,并直接导致了一些语言流派的诞生,参数音系学(parametric phonology)就是其中的一支。刚才我们注意到,元音和谐现象其实是口腔某发音器官保持某种状态的结果,贯穿某次发音的韵律特征有圆唇性、低舌位等等。这些韵律成分是浊音性和音调等所有韵律成分中与发音器官的位置有关的部分。参数音系学家们受到韵律音系学的影响，他们也注意到，有些音系学特征的产生是某些发音器官以不同形式工作得到的结果。参数音系学家研究的主要内容是，不同发音器官在发声过程中如何配合工作而产生各种音系学特征。这些发音器官位置的变化被称作参数变化，确切地说，就是生理参数变化。通过对不同生理参数变化的记录和描述，参数音系学家可以记录并描述不同的音系学特征。在语音描述方面，参数音系学家比韵律音系学家研究的内容更具体一些，并且更侧重于生理方面的描述。早在1965年，Abercrombie在观察语音材料时就发现，可以用一系列生理参数来标示语音语料。当人们发音时，是多个不同的生理参数共同作用才得到不同的语音，而这些生理参数在不同的语音环境中会被赋予不同的值。不同的生理参数值会产生不同的语音效果。例如，在其他情况不变的情况下，舌位高度这一生理参数值的不同会产生高舌位音、低舌位音，或置于其间的很多个可能产生的音。Abercrombie(1965：123～124)列出了三组共十个生理参数，它们分别是：

呼吸系统中
- 1)音节脉动过程(the syllable-pulse process)
- 2)脉动的加强或重读过程(the pulse-reinforcing, or stress process)

发声系统中
- 3)发声类型的控制(phonation-type control)
- 4)发声的转换(on/off switch of voicing)
- 5)音高变化(voice-pitch variation)

发音器官系统中
- 6)软腭阀动作(velic valve-action)
- 7)舌体移动(tongue-body movements)
- 8)舌尖移动(tongue-tip movements)
- 9)唇移动(lip movement)
- 10)颚移动(jaw movement)

这些生理参数在发音过程中都有参与，所以说用序列图表(sequence diagram)可以标示与语音材料有关的生理参数。参数音系学的标音方法已被很多语言学家采用，如Laver(1970)，O'Conner(1973：63～65)，以及Tench(1992)等。

参数音系学与韵律音系学十分相像，但却有所不同。一方面，两者都十分强调横向组合的重要性；另一方面，参数音系学期待从生理发音的角度对语音材料有一个全面、具体的描述。然而，韵律音系学只抽象出一些重要的、能够说明语言现象的韵律特征，而且这种韵律特征并不全是生理方面的。在不同的情境下，不同的音系学分析方法会发挥不同的特点。参数音系学具体而详细，韵律音系学抽象而容易说明问题。但有一点我们要明白，是韵律音系学派的思想及方法影响着参数音系学的产生。

5.2 倡导横向、纵向相结合的研究

虽然在韵律音系学研究中，语音语料的横组合关系得到了足够的重视，但是这并不意味着韵律音系学家忽略对纵向语音结构及属性的研究。在传统语音研究及结构主义音系学研究方面，纵聚合关系曾一度被作为语音研究的唯一任务。而对语音语料纵方向的研究主要是研究在一个语音流产生的过程中，某一位置上可能有的选项以及在某一位置上的区别对立语音单位。例如，对英语单词 pin 来说，在 p 的位置可能被替换为若干个与其不同的音，但除了[pʰ]之外，其他的音与[p]都是区别性对立，因而会产生不同的单词。只有[pʰ]与[p]属于同一音位，因而替换之后，只会生成不同的音，但仍属于同一个单词。韵律音系学派的学者们发现了传统语音学家研究的不全面性，从而加入了对语音语料横向关系的研究，但他们并没有放弃对语料纵向属性的研究。韵律学派也研究语料某位置上可能出现的语音情况，他们也研究区别性对立，不过这种纵向的研究比传统的研究全面得多。韵律学派的研究包含单音纵向属性与横向要求的研究以及在纵向选择韵律成分与其实现的功能之间的研究。对某一语流的某个位置可能出现的语音情况，韵律学家并不是简单记录下可能出现的语音或音位或音声单位就了事，他们更要寻找产生这种现象的横向研究，如出现在某一辅音丛后的元音选项会因为前面的辅音丛而有不同的个数。韵律学家还注意到，不同韵律成分的选择与实现也会产生不同的语言功能。在音节中可选择重读的程度及声调的种类，在长一些的言语单位中可选择不同的语调，这些选择都与不同的语言现象挂钩。同样，韵律特征也是因其具有区别性特征而区别于其他韵律成分。例如，唇齿音与圆唇音就是区别性对立的两个韵律特征。又如，在某种语言中，喉塞音的出现与否取决于它能否成为连接性韵律成分。Halliday(1967)就曾在语调式声调(intonational tones)之间的选择方面阐述了其纵向选择方面的想法，“在语调单位的声调真正实现之前会有一组待选的声调”。

韵律学派的研究并非忽视对语料纵向的研究，而是将语料的横向关系与纵向属性结合起来研究语音现象，揭示语音规律。过多地重视横向关系会造成只看全局不管细节的错误，而只注重纵向属性及关系的研究就会犯下“只见树木不见森林”的片面性错误。在韵律学派的研究中，这两种做法被有机、适度地结合在一起。著名韵律音系学家 Robins 曾经指出：“韵律分

析的任务并非是单纯地记录或浅显地描述语言，韵律分析是对语音语料进行横向与纵向结合的分析。在纵向上，我们要留意（语音单位之间）选择与对立的关系；在横向上，我们要研究在现实话语中实际存在的组合关系。这些横向的音位应当在音系学中系统并且明了地显示出来，而不应置于次于纵向分析的地位。”（Robins 1970：191）

正因为在韵律学派的研究中纵、横向的关系被置于同等重要的地位，韵律学家加强了对横向的结构及纵向的系统的研究。在介绍Firth理论时，我们知道系统与结构是Firth用来说明语言不同层次的原理及现象时提出的术语，结构是指从众多语言现象中抽象出来的横向组合的形式、单位或者它们之间的关系，而系统则是具体实现这些结构的实体的集合，不同的结构对应不同的系统。后来在众多韵律学派学家的研究中，系统与结构被继续推崇，成为揭示语音现象及语言现象的重要工具。

下面介绍一下韵律学派对结构和系统的研究情况。韵律分析经常分析的结构包括：辅音及元音音声单位（phonematic C & V units）、音节部分（syllable part）、音节（syllable）、词部分（word part）、词（word）、句子部分（sentence part）以及句子（sentence）。在具体的研究中，并不是所有语言的音系特征都与这些结构有关，但是它们都或多或少地存在着某些结构，体现一定的音系特征。就腭化（palatalization）来说，在一种语言中可能与音节有关，在另一种语言中可能与词有关，因为在这种语言中没有或没有必要划分一个音节的语音单位来体现腭化。拿土耳其语及匈牙利语中的元音和谐现象来说，众所周知，在这两种语言中，元音和谐现象是在单词范围内产生的。虽然在这两种语言中存在音位、音节部分和音节，但在它们中并不能单独地产生元音和谐现象。因而这些结构与元音和谐现象是不相关的，也就不被列入元音和谐这个韵律成分的研究范围内。所以在韵律学派的研究中，结构为音系学特征提供了施展的空间。

系统是某一特定结构的系统，它包含了这一结构在实际运用中所有的可能性。例如，在元音和谐现象中，舌前位、舌后位、圆唇化及非圆唇化等韵律特征是实际运用时的选择对象，所有这些对象构成了元音和谐这一与词结构有关的韵律特征系统。韵律学派的学者们发扬了Firth的系统及结构的概念，运用其对各种语音材料的横向及纵向特点做了充分分析及阐释，使得人们能够全面地分析、看待特定的语音语料。

5.3 多系统原则

多系统原则是韵律音系学的又一重要理论成分，Firth曾用Marathi语单词结构中不同位置鼻音系统的不同来说明语音特征的多系统性。而韵律学派的学者们归纳总结了各种语音系统，从三个角度来审视所提倡的多系统性。

第一个角度与 Firth 的角度相像，只不过例子更多、更全面。例如，音系学派的学者们发现，单词的词首辅音结构就是由一个系统来体现的，这个系统包括除了/ʒ/和/ŋ/以外所有的辅音；单词的词尾辅音结构也是由一个系统来体现的，这个系统包含除了/h,j,r,w/以外所有的辅音。这样，我们就得到了两个辅音系统。像这样依照一定的标准而产生的系统还有很多。例如，在/juː,juə/和元音前的首音是辅音丛的情况下，它们各自前面的辅音就构成两个辅音丛系统。又如，对于元音来说，可以根据它们的重读、轻读情况而建立一个重读元音系统及轻读元音系统，而所有这些系统都是为了描述一般的语音现象而产生的。

第二个看待多系统性的角度是从语法的角度出发的。韵律学派的学者们发现，有时候一个语法范畴的词语与另一个语法范畴的词语的音系特征并不相同。Bendor-Samuel(1960)在研究巴西的一种印第安语 Terena 时发现，在第一人称单数动词及名词中有鼻音的韵律特征，而且/y/这种韵律特征也被用在动词及名词中表示第二人称单数这一语法现象。其实在英语中就有很多这样的例子。例如，对某些词的重读位置进行改变后，该词的语法范畴就跟着变，record 就是这样一个例子。不同的语法被不同的语音系统所标示。从这个角度来讲，音系特征也是多系统性的。

最后一个阐述多系统的角度是借用语系统。有些借用语(loan words)并没有经过完全转型而被本地语吸收，这样的借用语在音系特征上也有自己独有的特点，如 Fries 和 Pike(1949)在研究介入美洲中部一些印第安语中的西班牙借用语时就发现这些借用语有自己的音系系统。Henderson(1951)还区分了感叹语(exclamations)、拟声构词(onomatopoeia)及借用语这些词语中由母语使用者感到是完全自然的语言以及具有特殊韵律特征的词语。这两种被区分的、具有不同音系特征的词语也就分属于两个音系系统。另外，一些借入英语的语法词通常带有鼻音性特征这一事实也说明了有的借用语自成系统。还有一个关于重音系统的例子。英语中的一些重音不在最后一个音节的词在借入德语后，其重音便转移到了最后一个音节。这种重音又构成一个系统。世界上还有很多语言的借用语的某些特征自成一个音系系统。

韵律音系学的多系统性可以全面描述某种语言，解释该语言的语法，也可以说明一些借用语的音系特征。对语音语料的多系统分析实属韵律分析的高明之处。

5.4　音系研究与语法研究相结合

在韵律音系学研究中，语言学家们主张将语法和音系学联系起来研究。当Firth于1948年提到这个主张时，曾引起当时语言学界一片批驳与反对之声。半个多世纪过去了，语法与语音相联系也不再是一个有争议的话题。今天的韵律学派学者们正从多角度、多侧面着手研究语法与音系特征之间的联系。不需要我们详细解剖，大家只要看看这些韵律学派学者们的论文题目就能对他们在这方面的工作与努力有所了解——“苏丹语鼻音化动词形式的音系分析”(Robins 1953)，“藏语声调系统及名词短语”(Sprigs 1955)，“土耳其语单词形式的音系分析”(Waterson 1956)，“南越语代名词一致的声调具现”(Henderson 1961)，“俄语动词人称形式的音系分析”(Albrow 1962)，以及“语法范畴及其语音具现”(Palmer 1964)。正如Robins(1989:159～162)所提到，韵律音系学在音系与语法方面的研究与转换生成语法的理论很相像。其实音系分析预示了语法分析，在某种程度上，音系分析将短语结构的产物与言语的转换规则联系起来。

韵律学派音系分析的又一特点是其与生成音系学在目的上的区别。上面提到，韵律音系学在某种程度上与生成音系学类似，都在寻找一些规律性、语法性的规则。但是，在分析的目的上，两个学派的理念截然不同。生成音系学派的学者们寻找的是一种普遍性(universal)特征，但是韵律音系学却在提倡非普遍性。某次分析中的韵律成分和音声单位在下次分析时不一定仍担当韵律成分或音声单位。例如，在分析某元音和谐时，圆唇化作为韵律成分贯穿被分析单词的始终，但在下一次分析中，圆唇化很可能成为某一音的音声单位，只说明被分析单位除韵律特征以外的属性。在一种语言的一个时期，韵律成分和音声单位并不是普遍的；在同一语言的不同时期，这两种音系特征也不是一成不变的，而且在不同的语言之间也不存在相同的、一成不变的韵律成分及音声单位。例如，在土耳其语、匈牙利语以及很多其他语言中存在元音和谐现象，但在现代英语中就没有产生元音和谐这种韵律特征与方式，因此也就没有元音和谐现象。同样，英语与汉语的音节结构也不相同。在英语中，构成音节需要有首辅音、尾辅音以及中间的元音核，而在汉语中只需要一个声母及一个韵母的结构即可。不仅与韵律成分有关的音系特征不是普遍存在的，与音声单位有关的音系特征也是不尽相同的。Halliday(1964)曾做过相关论述：“诸如‘音位’及‘音节’这样的术语很可能出现在对每一种语言的描述方面。但这并不意味着这些‘范畴’是具有普遍性的。'音位'仅仅是指在任何语言的音系中最小的切分单位,但在地位与作用方面,不同语言中的'音位'是完全不同的。汉语、日语、阿拉伯语以及英语中的音位除了是各自音系中最小单位之外并无一点相同之处。”(Halliday et al 1964:68~69)

Firth也曾旗帜鲜明地反对普遍主义。在《1930~1955年间语言学理论纲要》中,他就提到自己进行语言研究的目的是寻找一种能够全面描写一种特定语言现象的普通方法及理论,而并非是一种基于语言“普遍性”理论基础上的语言描写法。所以说,在语言学研究中,普遍性的因素只是系统与结构、音位、音节等的存在。但这并不能说明语言是普遍性的。在不同的语言中,音位、音节的属性与范围并不是相同的。韵律特征及音声单位也并非是普遍性的。从这个意义上讲,韵律学派的语言非普遍性的论述还是很有道理的。

6 小结

从总体上讲,韵律学派对语音语料的分析可以称为是全面的、精确的、明了的语音标示法,为语言学家指明了道路,为语言学者开阔了视野。韵律成分的提出使被忽视已久的横组合关系得到重视,结构与系统结合、语法与音系结合、语音的多系统性等概念与理论的提出,使人们终于可以跳出以往单纯研究标音的音系学研究的狭小圈子,站在更高、更清晰的角度来重新审视我们从未用心看过但又至关重要的语音现象。同时,我们也欣喜地看到,韵律音系学正在音系学史上书写着崭新的一页。用Firth自己的话说,韵律分析是对语言的音系方面进行描述的非普遍性手段。这种手段从纵向的系统与横向的结构出发,以语言的多系统性为理念,意在发掘音系与语法之间的联系以及全面、精确、得体的语料描述,从而建立一种普通语言学理论。

系统音系学
Systemic Phonology

系统音系学①是在韵律音系学理论及研究方法之上发展起来的一支新

① 这一部分的内容主要是根据Tench(1992)编译而成。

的音系学流派。系统音系学是系统语言学研究的一部分。系统语言学的代表人物是 M. A. K. Halliday，他曾跟随 J. R. Firth 进行语言学研究，因而在他的语言学理论中，Firth 的影响随处可见。例如，对韵律成分的重视，对多系统性的提倡，将语言看作是社会的符号等等，这些都是从 Firth 语言学研究中继承而来的。所以，从某种意义上讲，Halliday 是真正传承伦敦学派的语言学大家，由他倡导的系统音系学是韵律音系学的新发展。

1　Halliday 与系统音系学

在 Halliday 所创立的系统语言学中，“系统”是一个重要的概念。“系统”的思想是 Halliday 从他的老师 Firth 那里继承的，但系统语言学中的系统比 Firth 的系统更加“系统”，在语言符号的每个方面及每个层级中，都有不同的相互联系的子系统，这些子系统又按照一定的序列组成整个一个大的语言系统。在 Halliday 看来，语言的使用就是人们在若干系统中进行方方面面选择的结果。不同的选择结果在实际的应用中担当一定的功能，传达一定的意义。“系统”这一概念是系统语言学研究的出发点，反映了系统学派的哲学观点、语言理念和研究方法。系统语言学除了对“系统”十分重视之外，还有其他一些显著的特点。这门学派比较重视对“个体”的描述性研究。系统学派的学者们持语言社会性观点，认为语言是社会中的符号系统，不同的社会环境及语言环境会产生不同的“语言个体”，对这些语言个体进行充分合理的解释与说明是语言学家的首要任务。在研究方法上，系统学派常常采用归纳法，依靠对语篇的观察和数据统计来验证自己的假设。

系统音系学是系统语言学的一部分，又是韵律音系学的发展，所以系统音系学具有韵律音系学的所有特点以及系统语言学在音系层面的特点。概括地说，除了我们在韵律音系学中提到的韵律学派的研究特点之外，系统音系学加强了在语言的语音层上对语言现象横向组合及纵向聚合关系的细分，使语音分析更加具体、清晰，更能说明语音语料在语音内部的位置以及与系统网络中其他语音成分的关系。在语言横向关系中的细分由层级体系(hierarchy)来体现，而在语言纵向关系中的细分则由精密化的系统来体现。

2　层级体系

首先介绍一下系统音系学的层级体系。在韵律音系学中，语言单位的横向组合关系用“结构”这一术语来表示。结构体现了横向语音单位之间的关系及韵律特征。但是韵律音系学并没有区分大小不一的结构单位，对音位、词、短语等单位规格的大小并没有进行详细的论述。Halliday 首先注意到，要对这些大小不一的结构单位进行区分。他引进了层级体系这一术语来表示在同一层面上不同规格的语言单位之间的关系。他提出，“一个层级用来表示与某个单向维度有关的一个单位系统，在这个单维系统中一定要存在逻辑上的包含关系。”(1961:248)换句话说，层级就是使不同规格的语言单位相互联系起来的语言框架。从这个意义上讲，在语法层的层级就应包括语素、词、短语、小句及句子，因为它们之间存在着包含关系。一个句子由一个或一个以上的小句组成，一个小句又由一个或一个以上的短语构成。依次类推，一个短语由一个或多个词组成，一个词又由一个或多个语素构成。从最小的语素到最大的句子单位，这些语言单位构成了有包含关系的层级。用来表示这种层级关系的术语就是级阶(rank)。在上述的层级中应有五个级阶，无论每个级阶上的语言单位在性质和意义上有什么不同，它们都处于同一级阶上。例如，不论是动词、名词还是形容词，它们都同处于词这一级阶上。

有了 Halliday 的层级和级阶的概念，结构、方向、大小不一的语言单位就可以被规则有序地排列在一起。在韵律音系学中，这些大小不一的语音单位没有按级阶定义和排列，它们只是被模糊地称作是韵律成分作用的域(domains)。至于域的大小以及规则，韵律学派的学者并未详谈。发展到 Halliday 时代，他不仅对语法层面的层级有所定义，而且还规定了音系层面的层级。他认为在英语的音系中，有四个存在包含关系的级阶。它们分别是调群(tone group)、音步(foot)、音节(syllable)以及音位(phoneme)。一个调群是与某个调式有关的所有语言单位的集合，它包含一个或若干个音步，一个音步包含一个或若干个音节，一个音节又包含一个或若干个音位。音步、音节以及音位，从大到小都是调群中的分割单位。在调群中，总有一个音步载着主要音高移动的情况。这个音步是音调成分(tonic element)，是中心成分。在言语流中，人们可听到这些声调群呈现为大量不同的“音高曲线”(pitch contour)，即五种简式语调和两种复式语调。在具体的系统分析中，调群用//分界，而音步则用/来分界。

关于音系层的级阶，除了 Halliday 给出的四个级阶之外，其他语言学家还有不同分法，比较著名的是 Pike 的分法。Pike 在英语音系层级划分过程中，不仅注意到结构上的包含关系，而且还考虑到各种语音单位在功能上的关系。在 Pike 的层级定义中，上一级阶与下一级阶的关系除了在结构上是包含外，下一级阶所担当的功能还要是上一级阶执行功能的一部分。所以说，在 Pike 看来，音位在音节中担当一定的功能，音节在音步中担当一定的功能，而音步又在调群中充当一定的功能。Pike 和 Halliday 在层级的看法上第二点不同是，他设立了一级比调群还要高的级阶——音位换气群(emic breath group)。此级阶的一个单位包含了其下一级阶中几个调群单位。在系统音系学中，对这个级阶的研究与讨论并不多，只有几个语言学家论及过这个级阶。

除了 Pike 对层级有着自己的看法之外，还有很多系统音系学派的学者对层级有着不同的理解。例如，Tench(1976)和 Hudson(1981)曾将音步与音节合为一个级阶而提出英语语音的层级应包含三个级阶，即音调群、音节和音位。McGregor(1992)在研究澳大利亚一种土著语 Gooniyandi 语时，认为该语的音系层级应有四个级阶，即音调单位、词、音节和音位。在观察并研究印度 Telugu 语后，Prakasam(1992)提出 Telugu 语由七个级阶组成。这七个级阶分别为话语、音调群、音片(piece)、音步、音形(formative)、音节和音段。值得一提的是，虽然在 Prakasam 提出的这七个级阶中，最小的级阶被称作音段，它与 Halliday 在系统语法中论及的音位应该指的是同一个音系单位，即在语流被切分后得到的最小单位。在谈及音位的定义时，Halliday 还十分强调音位的非普遍性。虽然音位在各个语言系统的位置是一样的，但是它们各自的属性及功能有很大的区别，因而应当分别对待。Halliday 对音位的看法及论断又进一步反映了系统音系学派反对语言普遍性、强调语言的个体性这一特点。

无论系统学派对层级的定义及看法是多么不同，他们有一点主张是相同的，即在语言的音系层面存在着层级，并且这个层级由不同规格的相互联系的级阶组成。而这一说法也不能被错误地理解成系统学派主张语言的普遍性。系统学派的学者认为，层级如同动物的身体组织一样，语言有层级性和级阶如同一切动物都有身体和其组成部分一样。但是，我们不能就此得出结论，所有的动物都是相同的。不同的语言除了层级和级阶这个事实相同之外，还存在很多自己独有的特点和情况。这一点正是系统学派的“个体性”主张，是其区别于生成学派的主要地方。有了这个“个体性”主张为指导，就出现了系统语言学界对各种不同语言独特特点在不同层级上的系统描述。除了上面介绍的 Gooniyandi 语和 Telugu 语不同层级的分级外，在英语研究方面，系统学派比较认同 Halliday 的四级分法，即在英语的音系层层级中分四个级阶——调群、音步、音节和音位。我们可以通过系统音系学方面的论文来了解目前系统学派在不同层级上的研究。音节及音位级的论文有“从系统角度看英语辅音丛”(Young 1992)和“北京话韵母的系统分析”(Halliday 1992)，语调级的研究包括“音调与信息地位”(Tench 1992)和“英语核心调的工具性分析”(Watt 1992)，对高一级阶的语篇方面的研究有“节奏与社会环境:职业电台广播员言语中的口音与音联”(Leeuwen 1992)。

系统音系学在音系分析中提倡的层级概念比以往韵律分析中提出的范围概念有其自身的优点。韵律音系学提出的横向范围只是韵律成分发挥作用的结构范围。这些范围视韵律成分的长短而大小不一,它们没有一个系统的分类,范围之间也不存在联系。这种混乱的状态随着系统音系学层级概念与划分的提出也就大大改观。不同的范围变成不同的层级单位,这些层级单位按照一定的大小和功能的包含关系被紧密有序地联系在一起。层级概念的提出使人们进一步认清语言的本质,使韵律分析横向结构的混杂状态得到有序的调整。在音系分析中,人们也可以根据细分的级阶来分步分级地研究语言的音系层问题,并揭示语言规律。

当然,将横向结构中的语言单位进行细分后也会随之产生一些问题。例如,有些值得分析的语音现象的单位并非是某一级阶完整的语音单位,就像对辅音以及调核的分析就不是对某一级阶完整单位的分析。针对这个问题,系统学派的学者们在描述各层级语言单位系统上下工夫,在系统描述中对一些不构成某级阶完整语言单位的语音片段进行全面及系统的分析。

3　系统音系学中的系统

系统反映的是语音材料、语言单位之间纵向的选择关系,如韵律成分中对圆唇化、鼻音化等韵律特征的选择。这种音系纵向的选择往往和语法层次的某些特点挂钩,而且韵律学派还提出了音系特征与语言单位的多系统性。韵律分析中提出的系统概念从语言的构成及属性方面解释了语音现象,发现了一定的规律,但仍存在着一些不足。例如,没有在一定的层级中按照一定的层级单位来进行系统分析,而且在系统中只是对选项做了单纯的排列,并没有更细致地列出这些候选项之间更精确的关系。韵律学派在系统方面理论与方法的这些不足都将在系统音系学中得到完善与提高。

在系统音系学中,音系学家在具体的某个级阶研究系统,使语音的级阶对应其相应的系统,在级阶这个纵向的轴上展开各个细分系统。例如,在音位这一音系级阶上对某种语言的元音系统及辅音系统的研究,又如在句子层对语音调群及衔接调式的系统分析与归类等等。这样的系统分析使音系层上各个级阶分布的系统更加清晰,逻辑性更强。

在系统的研究方面,系统学派的学者们做的工作更加细致。他们在系统中元素的归类及定位方面的工作更加细致,将各个语音成分之间的关系及其功能在系统网络中进行细致的区分,最终使一定级阶上的系统中的选择成分组成一个相互关联的系统网络。在系统音系学的分析中,有一系列的公式及符号。这些公式及符号充分展示了系统的属性以及在系统中组成成分的相互关系及特点。而且，通过这些符号及公式，人们也可以了解到在实际的语言使用中，所有符合要求的语言成分是如何被选择最终组成实际的话语结构的。在符号系统中的"→["表示可以选择此符号右边的语言成分或子系统。"{⇉"表示同时在右边的两个子系统中做出相应的选择。而"}→"则表示符号左边的所有成分相互影响产生符号右边的成分。而符号">{→["则表示要满足一个以上条件之后才能在符号右边的语言成分或子系统中做出选择。例如，在入列条件为 a 的语言成分系统中，如果要在语言成分或子系统 X 和 Y 之间进行选择，就表示为

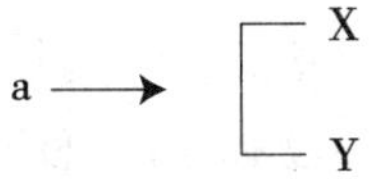

当 X 的入列条件满足后，又可以从 m 和 n 的语言成分或子系统中任选一员。表示为

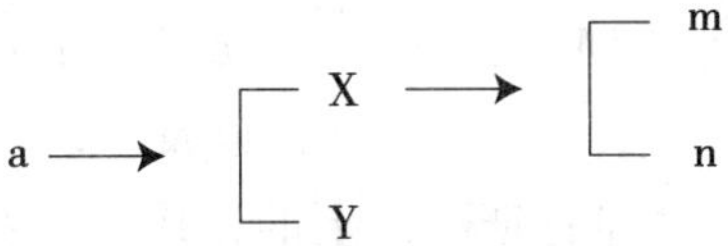

在 X、Y 和 W、Z 两个系统同时存在，并且当 a 的入列条件满足后要在这两个子系统中同时选择一个语言成分或子系统时就表示为

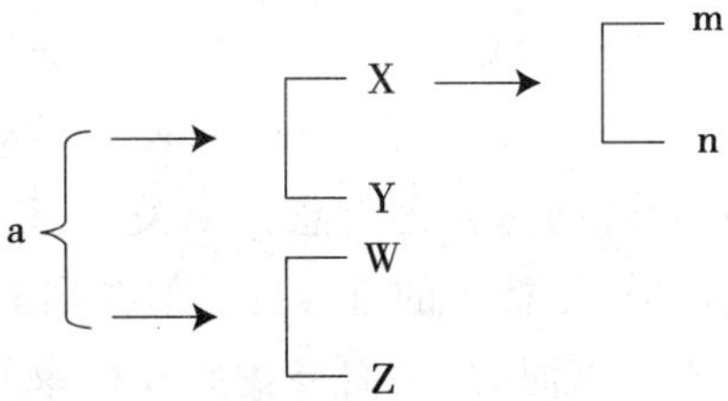

有时入列条件是两项或三项，则需同时满足才能从右边的系统中进行选择。这样的选择可以标记为

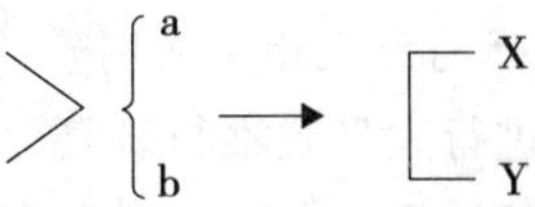

Halliday 曾经说过，结构研究的是语言的表层形式，而系统研究的则是语言的深层形式。通过系统音系学对音系层上各级阶相关音系特征的系统性分析，人们能得到一个更清晰明了的语言深层属性的描述。

同时,系统音系学,或更全面地说是系统语言学,提倡的系统还有其自身的特点。第一,一个系统内的选择是相互排斥的,选择了一种语言成分则不能选择另一种语言成分。第二,每个系统都是有限的,也就是说系统内包含的语言成分或子系统是有着有限数目的。第三,系统中每个选择的语言成分的定义取决于其他语言成分的定义。其中的一个定义改变了,其他的定义也要改变。例如,不同语言的元音或辅音系统中,发音的位置都以其他音位的发音位置为参照而定义的。第四,在音系系统的选择过程中,不同的选择可能与语法层有关,也可能与语法层无关;不同的选择可能与意义有关,也可能与意义无关。

在这里详细解释一下第四条特点。首先我们注意到,音系系统中的选择可能与语法有关,也可能与语法无关。与语法不相关的例子很多,如英语中辅音丛 sp 后面元音的选择并没有任何语法意义,那只是一种习惯或生理方面的原因。又如,在元音和谐中不同的韵律成分的选择也与语法不相关。除去这些例子,也有音系层面在不同级阶系统中的选择与语法相关的很多例子。例如,在韵律音系学中我们已经谈过,重音的选择使同一个词形的单词变成不同词性的两个单词的例子,像 record 和 present 等。在韵律音系学的介绍中还提及到,在某种语言中,名词以及动词会因为与之相关的人称的原因而加上鼻音化的韵律特征。以上的论述告诉我们,音系层中系统的选择有的与语法层的原因有关,有的则没有丝毫关系。不仅如此,在音系层面上,不同级阶的系统或子系统中的选择有的与意义有关,也有的与意义毫无关系。上面举的选择与语法无关的例子都能说明选择与语义无关。不同的发音选择确实会产生不同意义的单词,但这与其选择时的意义和目的无关。人们不会因为/ɔː/代表运动而用 sport 来表示运动这个单词。在这个意义上,单词中元音和辅音的选择是与意义无关的,只是在单词构成之后,它们才代表某些意义,具有了社会的符号性。但在这里还有特例的情况,如拟声词的产生。在构成拟声词时,人们寻找比较相像的发音来模拟一些自然界的声响,这种发声构词的选择就有意义。当然,音系层上各级阶的选择有时也与意义紧密相连。例如,同一个句子用升调读出来就代表疑问和挑衅等意义,如果用降调表示出来就代表肯定、坚定等意义。下面着重介绍一下 Halliday 音调系统的选择与意义相关的例子。

Halliday 对语音语料进行大量观察与研究后,总结出七大调式,分别为 T1 降调,T2 高升或降升、T3 低升、T4 降升(圆缓)、T5 升降(圆缓)、T13 降+低升、T53 升降(圆缓)+低升。这七个调式在日常的话语中带有一定的意义特征。对这些调式的选择实际上就是对各种意义的选择。而且这些调式不仅表达了人际意义,还担当衔接功能并表达一定的衔接意义。人际意义是指说话人对自己的表达所持的肯定、否定等态度，这种态度并非像信息意义那样能够被直接地表达出来。有时人们用语调可以表达一定的人际意义。例如，在 Halliday 归纳的七种语调中，调式 T1 是中性的，常见于陈述句和特殊疑问句，表达肯定的人际意义。与此相反，T2 表示不肯定性，常用于一般疑问句。T4 和 T5 都有两个语义成分，话说到一半，说话人从一个语义转到一个相反的语义。例如，T4 先降后升，意味着“看起来很清楚，实际上非常复杂”，对陈述有所保留，因而 T4 有时也蕴涵着某种试探性的意图。而 T5 的语义与 T4 相反，它有“看起来并不十分确定，但事实上十分肯定，毋庸置疑”的意义，因此也可用来表示说话人对某种错误意见并没有被纠正或意识到的惊讶。低升调 T3 介于升与降之间，所以它并不表示十分肯定的语义，带有某种程度的非确定性与非终结性，如说完一个小句，但全句并未结束。T3 调式的选用是很常见的。有调查显示，在西方一些妇女的话语中，T3 调式有时在肯定句中的使用频率也很高，这说明她们对自己的意见不确定、而且很乐于听取别人意见的态度。复合调(compound tone) T13 和 T53 都具有双重语调重音，但第一调式更为重要。就 T13 来说，如果调群中最后一个项目是附加语，但说话人不想把它过分突出，便采用此调式，如下面的例子 // 13 Jane goes/shopping in/TOWN/every/FRIday // (Halliday 1970)中对 Friday 的处理就是属于这种情况。说话人想提供的新信息既有 TOWN 也有 FRIday，后者不如前者更重要，故从 T1 转向 T3。T53 的例子是 // 53^ The/OTHers/all seemed/SATisfied // (Halliday 1970)。在这句话中，说话人想要表达的信息意义是在场的其他人都很满意，而其要表达的人际意义是只有他自己不满意。因此在人际意义的表达方面，重点要利用调式的选择与搭配，把受话人与其他人对比。突出了“其他人”及“满意”，并特别强调“其他人”，就将说话人的人际意义表达得十分准确到位了。

调群的选择除了可以表达不同的人际意义之外，还具有衔接意义。一个完整的语篇依靠各种形式的衔接纽带连接在一起。这些连接纽带具有衔接意义或执行衔接功能。除了一些指示词、副词等可以起到衔接作用外，语调也会起到衔接作用。对不同语调的选择会在不同方面以不同形式将语篇的分散部分连在一起。首先，不同的语调选择同时会表达两个语言成分的关系，如在 T1 后面安排 T1 调式有时会表示语义上与前文的指代关系。在 T4 后面加上 T1 有可能表示两个调式之间有从属关系。同时，在一个词篇中，有时将第一个短语使用的调式安排成与相连的第二个短语使用的调式相同，这样就会生成同位关系，如 // 1 where's my/green HAT the // 1 one with/two little/FEATHERS //。调式担当衔接功能的例子还见于现实语言使用中的话语衔接方面。当说话人不断使用 T3 时，意味着他要继续发言，这时受话人不宜插入。而当说话人使用 T2 时，意味着要求对方说话，这时受话人应做出回答，否则会因为不自然而使周围的人觉得对话不能正常进行。因此，对语调的选择是使对话类语篇正常进行的关键。但有的时候，说话人会故意使用不正常的语调，这时受话人如果能够领会说话人意图的话，会话还能够正常进行下去，语调还会正常担当起衔接连贯的作用。在这类非自然语调担当衔接功能的语调中，T4、T5 与 T53 是比较常见的。

从以上的例证中我们得知，在某些音系学特征系统，如语调系统选择的同时，也进行着意义的选择。在这种情况下，我们可以说，不同的音系学形式及特征担当了表达各式各样意义的任务。

4　系统音系学分析实例

到目前为止，我们了解了系统音系学是在韵律音系学基础上发展起来的，并简略了解了系统音系学所倡导的层级、细分的系统、系统的符号表示以及系统的特点等。利用系统音系学这些系统分析理论和方法，很多语言学家对不同语言中层级系统的不同级阶进行了分析与归纳，使人们对不同语言在层级与系统方面有所了解。可以说，系统音系学家对世界上不同语言本质及框架的描写方面，在第二语言的教与学方面做出了自己杰出的贡献。下面举一个系统音系学著名的系统分析例子，以期大家对系统音系学的理论与研究有一个具体的认识。这个著名的例子就是上面曾提到的 Halliday 关于语调调式系统的分析。

Halliday 认为，每个调群都应该有一个调段(tonic segment)，调和调步都存在于调段中。在某个调段之前有可能存在一个前调段(pretonic segment)。虽然在每个调群中必须有一个调段，但是对前调段的存在与否没有规定。所以对单个调段来说，它的前调段系统可以表示为

┌ 无前调段
│
└ 有前调段

而且在调段本身也存在着一个在简单调和复合调之间选择的系统，表示为

┌ 简单调（simple tone）
│
└ 复合调（compound tone）

如果我们要选择一个调式，对以上两个系统的选择应当同时进行。上面介绍过，对两个或多个系统同时选择的过程应用单大括号“{”来表示，所以最初

的调段选择应表示如下。

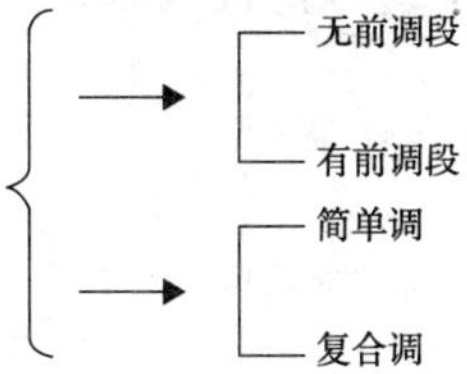

Halliday 认为,英语中应有五个简单调和两个复合调。它们分别是 1 调降调,2 调高升或降升,3 调低升,4 调降升(圆缓),5 调升降(圆缓)。两个复合调由两个简单调组合而成。13 调是降调加低升调,53 调是 5 调和 3 调合在一起的升降调(圆缓)加低升调。这七个调式排列在系统中应该并列,而且互相排斥,即选用了 1 调就不能同时选 2 调。所以,用方括号"["来表示这个系统中的关系。

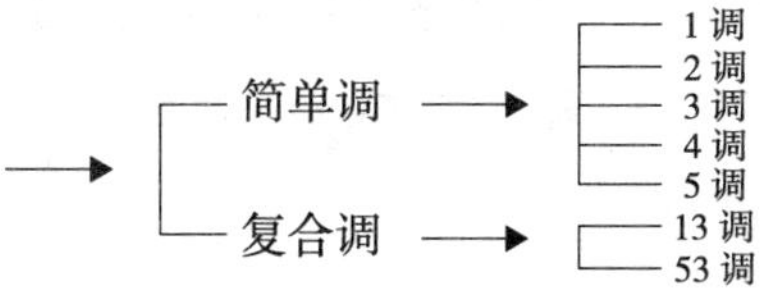

在此细分的基础上,我们还注意到,1 调又能细分为三个调式:宽降调(wide fall)(从高调到低调)、低降调(low fall)(从中低调到低调)以及中降调(medium fall)。而且这三个调式在选择时也是有排他性的。所以说,1 调本身固有的更精细的系统就被表示为

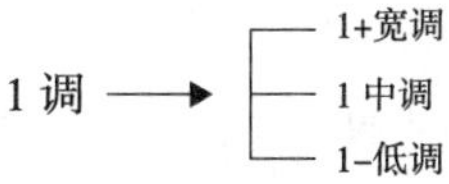

2 调同样也包含了一个子系统。在这个子系统中,有一个平升调(straight rise)和一个高降升调(high fall-rise)。4 调和 5 调本身也存在子系统,在子系统中有高音调和低音调的不同。只有 3 调没有子系统。这样一来,所有的英语简单调系统都可以表示为

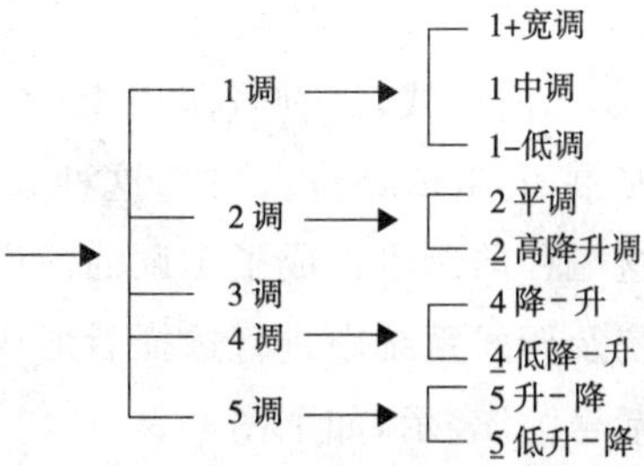

既然在简单调中很多不同的简单调都有子系统，并可细分为各个子系统中的成分，那么，由简单调组成的复合调系统也应该有对应的细分及子系统。

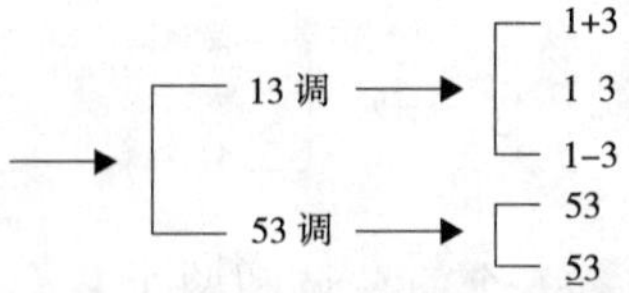

这样表示之后也很说明问题，但与此同时会产生两个不足之处。首先，13调与1调及53调与5调的关系并没有在此系统中显示。其二，13调与53调中的细分与简单调中1调和5调中的细分是一致的，如果再在复合调系统中表示一遍就会使整个描述显得臃肿且混乱。为了消除这些不足，Halliday将1调与13调、5调和53调分别连在一起，来说明在细分成子系统的过程中，它们子系统中的成分之间彼此的区分是一致的。只要将1调和5调中各成分与3调结合就构成13调和53调的子系统。下面是简略后的简单调及复合调的系统分析。

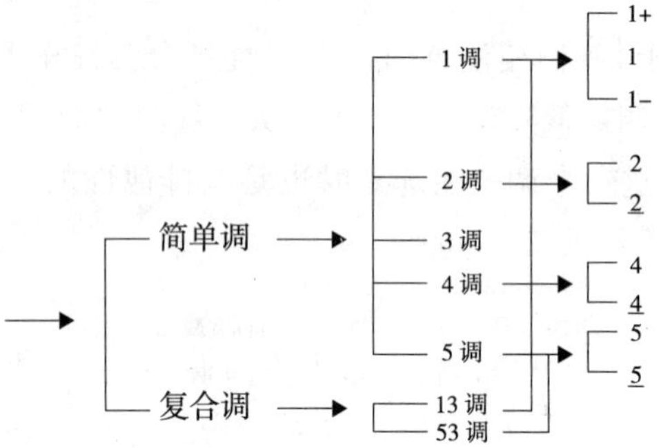

在开始论述调段的选择系统时，我们曾提到过前调段的选择系统。这个系统的选择是与各种调式的选择同步进行的。在调式系统中，如果1调、2调、3调、13调或53调中的任何一调被使用者选择使用，与此同时，使用者也要选择一个适当的前调式。因为，通常这五种调式都是有前调式伴随出现的。对于1调，在选择前调式的时候有三种可能性：一种是平的前调式，用(1)表示；一种是反弹前调式，这种音步以低调开始然后进入高调，用(—1)表示；还有一种是展开(listing)前调段，这种音步以中调开始然后高升，用(…1)来表示。这三种前调段构成了1调的前调段(式)系统。语言使用者同时在前调段系统及调式系统中进行选择后形成一个调式结构。这两种选择结合用单向大括号"}"表示，如下图

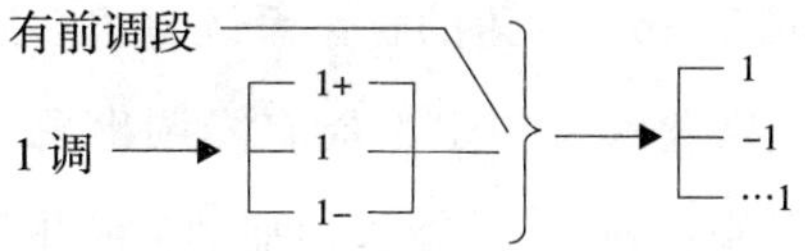

2 调式和 3 调式的前调式系统都有两个成分，平调式和低调式用(2)(3)和(－2)(－3)来表示。通过对前调式系统和调式系统的选择，语言使用者会掌握合理的句子语调。下图是完整的英语语调群系统。

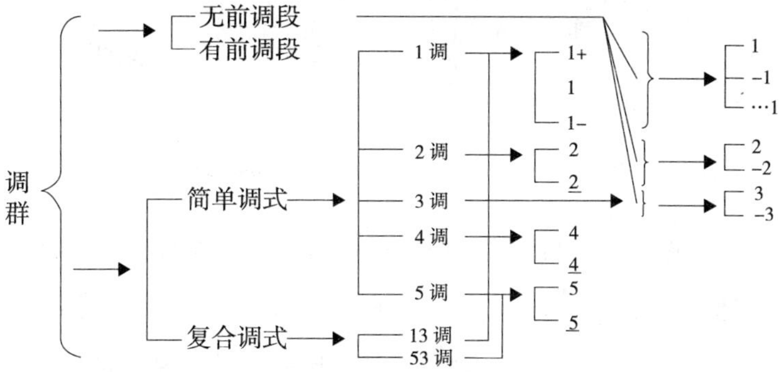

在这幅图中，显示了同时性的选择、排他性的选择等选择。这些选择在大小不一、不同级别的系统中进行，体现了英语实际使用过程中的选择与内容，使人们了解了英语调式系统及其成分相互之间的关系以及在系统中的地位。下面看一个在上面系统中进行选择而得到的实际话语。如果某个人要表达信息 What a lovely idea!（多么好的一个主意!）他首先必须选择有无前调式以及所用的调式。在他选择用简单调式中的 1 调式时，他也选择了相应的前调式系统中的成分。在细分选择时，他可以从 1 调式以及对应的前 1 调式的系统中随意选择与搭配。设想我们选择了(－1)的前调式和(1＋)的 1 调式，这句话用系统分析法表示出来是//－1＋/what a/lovely i/dea//。

在对很特殊及罕见的语种描述方面，系统音系学提倡的系统分析法尤能发挥其长处。Mock 就曾经运用系统分析法分析一种罕为人知的语言，墨西哥的 Isthmus Zapotec 语。在 Isthmus Zapotec 语中，词根语素在音系层上的选择包括嗓音音质(voice quality)和词调(lexical tone)两个方面的选择。嗓音系统中的成分有平音(plain)、声门化(glottalized)和喉化(laryngealized)，而词调系统有高调、低调、简单调、复合调之分。下面是系统图示

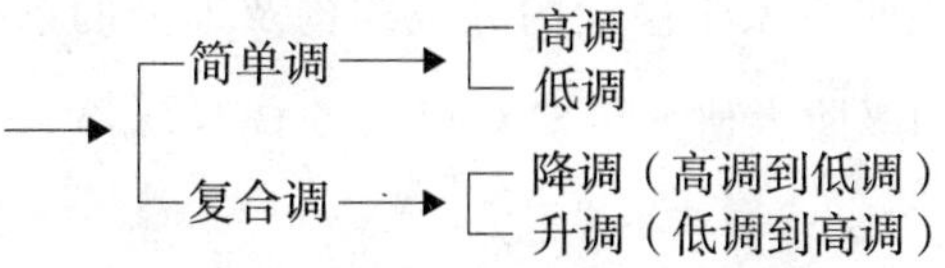

值得一提的是,Isthmus Zapotec 语的音系系统有很多限制。声门化嗓音不能与升调同时出现,在喉化嗓音中也不能有降调出现。这些都是复合调与非平音之间的发音限制。对于一个平音而言,它并没有调式上的限制。Mock 在针对 Isthmus Zapotec 语进行系统分析的时候,非常明确地标记了这些限制与非限制关系。

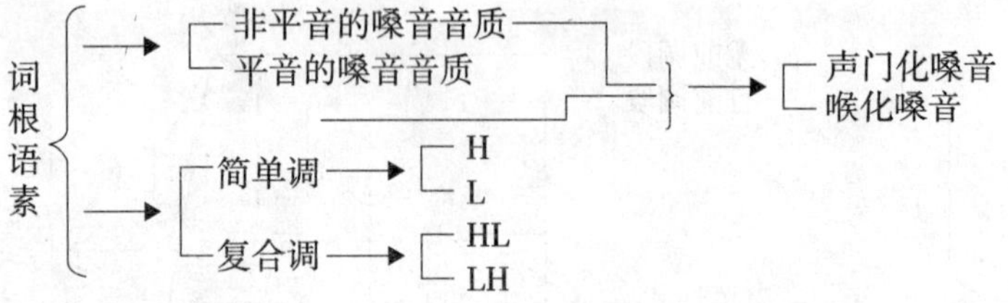

通过这个系统图,我们可以了解 Isthmus Zapotec 语对词根语素在调式及音质方面的选择特点。任何一个词根语素的使用是在以上两个系统中同时选择的结果。如果在音质系统中选择了平音嗓音音质的话,那么在语调系统中的任何选择都不会受到限制。但是,如果选择了非平音嗓音系统的话,人们就要注意将声门化音与升调,喉化音与降调分别分隔开来。也就是说,在非平音的选择过程中要受到调式的限制,或者在调式的选择中受到非平音选择的限制。从使用系统分析法分析墨西哥语现象这样一个侧面,我们可以看出,运用系统分析的方法对语言进行描述是一种很全面、清晰、明了的手段。可以说,系统分析中的系统网络是系统语言学家运用的一种可视形象分析工具。有了这种分析工具的帮助,语言系统中的一些规则、限制与关联的状况就可以形象地呈现在人们面前了。

5 总结

如果我们要对系统音系学有一个总结性或概括性定义的话,那就是,系统音系学具有所有韵律音系学具备的特点——强调横向结构与纵向系统相结合来分析音系现象,将音系层与语法层联系起来,主张多系统性、非普遍性、规则性的描述理论,以及在韵律音系学的基础上发展起来的系统音系学独特的特点——主张音系学层面的分级结构及细分的系统网络理论,在音系层级系统的不同级阶上研究与之对应的各种有规律、有特点的音系学特征系统。

层次音系学
Stratificational Phonology

层次音系学的创始人是美国语言学家 Sydney Lamb。1957 年起，Lamb 提出并逐步完善了层次语法理论，其中 1966 年出版的《层次语法纲要》(*An Outline of Stratificational Grammar*)标志着层次语法理论的成熟，使层次语法成为与转换生成语法同时代的重要语言学理论。Sampson (1980)将 Lamb 的层次语法与 Hjemslev 的语符学、Reich 的关系网络模型(relational network model)合称为关系语法(relational grammar)，与描写主义语言学、功能语言学、生成语法等并列作为当代语言学最主要的流派加以介绍。在我国，俞如珍和金顺德(1994)、朱永生、严世清和苗兴伟(2004)等都对层次语法做过评介。

Lamb 对音系学的最突出贡献来自他 1966 年在美国语言学学会的会刊《语言》(*Language*)上发表的一篇论文，即"音系学理论绪论"(Prolegomena to a theory of phonology)。在这篇文章中，Lamb 运用层次语法的观点和方法对音系学的基本问题进行了新的阐释，层次音系学由此而形成。

1　层次语法的产生及基本主张

尽管 Lamb 是位美国学者，但对其理论影响最明显的，不仅仅是美国的结构主义学派，更是丹麦的哥本哈根学派。他指出："语言中的层次概念绝非我的独创，此体系中许多其他概念也大都如此。Hjelmslev 曾于 1943 年提出过语符学，美国结构主义也有多种标准版本。而我的理论无非是对语符学以及美国结构主义众版本之一的综合、延伸和提炼而已。"(1966b:2) Lamb 对传统的美国结构主义语言学中的线性理论和分布理论(distributionalism)持否定态度，转而采用了 Hjelmslev 的层次系统的概念。下列观点在层次语法以及层次音系学中十分重要：

(1)语言由若干层次系统(stratal system)组成。Lamb 认为，语言是个关系系统，可以被分析为一系列子系统，每一个子系统称为一个"层次系统"。每一个层次系统都拥有自己的配列及配列规则。

(2)语言结构由语言学图示(linguistic graph)来表示。层次语法、层次音系学中的语言学图示是一种二维图，由线(line)和节(node)组成。用这种点线结合的图示来表示层次系统之间的关系，比 SPE 理论中的代数式更加方便。

这种二维图示可表示出下列层次关系：并列关系(and)与选择关系(or)，上行关系(upward)与下行关系(downward)，有序关系(ordered)与无序关系(unordered)。其中，并列关系在图示中用“Δ”表示，选择关系用“〔”或“[”来表示。如果该节的成分构成是无序的，即成分之间存在无序关系，则连接两个层的线从同一点发出；如果该节的成分构成是有序的，即存在有序关系，则连接两个层的线不从同一点发出。(见图1)

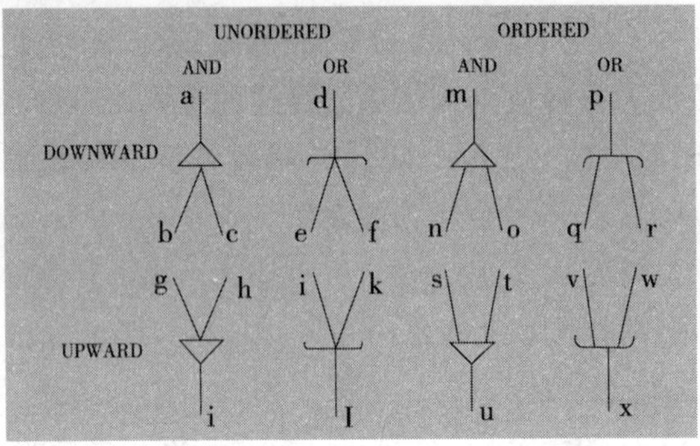

图1

(Lamb 1966b:9)

2 音系学的基本概念在层次语法中的表现

音系学的研究范围究竟包括哪些？不同的音系学流派对此问题所持的观点相去甚远。Lamb指出，无论在哪种研究框架下，有四个方面的问题是不能回避的。离了对这四个基本问题的阐释，该音系学理论就无法成立。这四个方面是：音系单位问题、语音交替问题、配列问题以及音段的组成成分问题。

2.1 层次音系学中的音系单位

音系学研究的基本单位是音位，Lamb对此未表示异议。然而，层次音系学作为强调不同平面间关联的理论，格外突出了音系单位与其他平面中的单位的关系。例如，音位与形位(即语素)之间的联系，就是层次音系学所关注的重要问题之一。

经典的美国结构主义音系学已涉及了这方面的问题。例如，Bloomfield(1926:157)曾指出：“不同的语素可以由相同或部分相同的声带特征来表示。”例如，book和table中都含有/b/；表示施事者的-er和表示比较级的-er发音完全相同。“语言中的语素因此可以被分析为数量不大的音位，这些音位不具有意义。而另一方面，义素(sememe)虽然也与语素存在一一对应的关系，却无法使用语言学的方法进行再分析。”(1926:157)显然，语素与音位之间存在联系，而这种联系却并非一对一的关系。

层次语法所关注的是关系本身，而非构成关系的实体。因此，在层次音系学中，语素与音位之间的关系得到了更具体、更系统的描述。Lamb 使用符号模式(sign pattern)来揭示语言的形态层与音系层之间的关系，这些复杂的图示成为层次音系学最明显的标志。

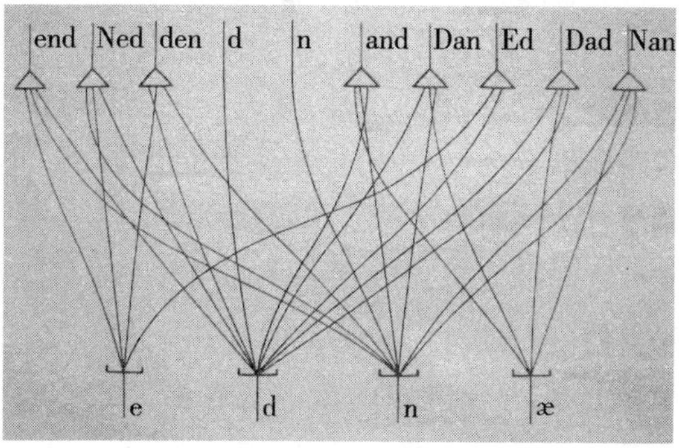

图 2

(Lamb 1966a[1972]:615)

例如，图 2 显示了英语语素 end、Ned、den、d、n、and、Dan、Ed、Dad、Nan 与它们的音系形式之间的关系。图中包含两类主要的符号，一类是线(line)，另一类是节(node)。节用来表示各个层的表达式，线用来联结各个节，表示层与层之间的关系，因此线的弧度、长短、交叉等均无意义。

节分为两种，在图中分别用三角形和半方括号表示。三角形的节表示有序的组合。例如，语素 end 由音位/e/、/n/和/d/组成，并且音位排列顺序是一定的、不可改变。因此 Lamb 又将此类节称为 AND 型节(“AND” node)。与之不同的是图 2 下方的半方括号形的节。这类节在更高层的每个表达式中只出现一次。例如，音位/e/或者出现于语素 end 中，或者出现于语素 Ned 中，或者出现在语素 den 中，因此可称为 OR 型节(“OR” node)。

AND 型节和 OR 型节揭示了音位层与语素层之间关系的两个最根本的特征：复杂性(complex)和递归性(recurrent)。一方面，除极个别的例子(如过去分词后缀-n 的音系表达式就是/n/，因此图中相应位置上没有出现 AND 型节)之外，位于形态平面上的语素均需要由若干个位于音系平面上的音位按照特定顺序排列起来，因此，形态平面与音系平面的关系中存在复杂性。另一方面，音系单位可以反复出现在不同的语素中，体现了两个平面关系的递归性。在任何语言中，音位的数量总是远远小于语素的数量，其根本原因就在于两个平面之间的递归性。

2.2 层次音系学中的语音交替

语音交替历来是音系学研究中的热门话题。传统音系学成功地区分了音位、音位变体以及形态音位这三个密切相关的音系单位，提出了互补性原则。生成音系学则提出了音位的表层形式与底层形式，并在两个层之间建立了转换规则。层次音系学的语音交替理论是在上述两种理论的基础上发展而来的。

Lamb 没有否认音位的存在，同样也没有否认形态音位的存在。他重申了经典音系学家关于音位、音位变体、形态音位以及语音交替之间关系的论述："……存在两类语音交替：一类是形态音位语音交替（即与某一形态音位相关联的音位与音位之间的交替），另一类是音位语音交替（即与某一音位相关的音位变体之间的交替）。"(1966a[1972]：607)然而，经典音系学的语音交替研究仅仅停留在描写同一平面的互补分布上，对此 Lamb 并不满足。生成音系学提出了语音交替现象中的底层形式与表层形式。对此，Lamb 指出：生成音系学模式中两个层之间没有任何中间层，这对系统研究层与层之间的关系显然是不利的。

Lamb 使用了层次语法中的节和线，对形态音位、音位以及音位变体之间的关系做了图示：

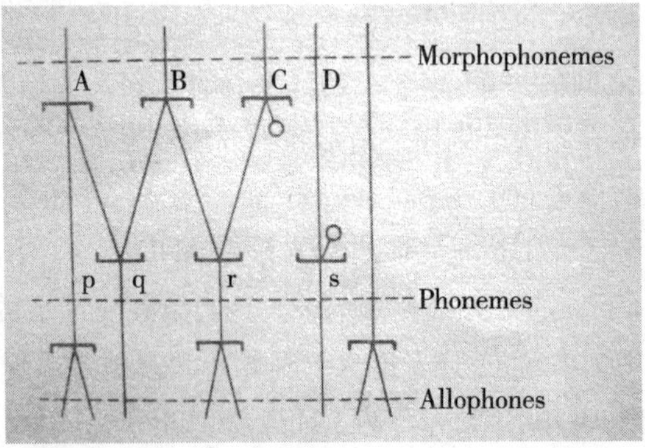

图 3

(Lamb 1966a[1972]：616)

在图 3 中，由形态音位层的节出发，沿线自上而下，可以清楚地看到形态音位 A 有 p 和 q 两个实现形式，而 p 和 q 在该语言中都是音位，其中音位 p 还有自己的两个音位变体。音位 p 和音位 q 之间构成语音交替关系。形态音位 B 同样也有两个实现形式，分别为 q 和 r。如果从音位层的节出发自下而上，还可以获取更多信息。例如，由音位 q 出发的两条线分别连接形态音位 A

和形态音位 B,这就意味着音位 q 是形态音位 A 和 B 的中和音位。图 3 中值得注意的还有形态音位 C 的语音交替。C 在音位层的实现形式之一为音位 r,另一个实现形式则为零形式,即图中的小圈。中和问题、零形式问题都是语音交替研究中的经典问题,在层次音系学中得到了新的阐释。

不过,Lamb 与此同时也承认图 3 所存在的欠缺。"这幅图是不完整的,因为它没能显示出语音交替产生的条件,也忽略了语音配列及音位的构成。"(1966a[1972]:617)

从图 3 中可以看到,形态音位是一个独立的层,这与生成音系学有明显的不同。语音交替在生成音系学中很大程度上是对过程的描述,即底层形式依据规则转换为表层形式,经过规律的作用,底层形式被表层形式所取代。而 Lamb 则明确表示,层次音系学的语音交替研究中不存在谁取代谁的问题。(1966a[1972]:617)例如,在图 3 中,p 和 q 都是 A 的实现形式,没有必要描述某规则使 p 变为 q。

2.3　层次音系学中的语音配列

总的来说,语音配列问题在 Lamb(1966a)中所占篇幅不大。Lamb 和以往的经典音系学家一样,认为每种语言中都存在有关音系单位如何组合的规律,且这些规律是独立于句法结构及语义之外的。

Lamb 对无序组合和有序组合的区分使语音配列问题的标示变得十分简便。图 4 是 Monachi 语 North Fork 方言的语音配列。该语言的音节全部以辅音开头,排在第二位的是元音,排在第三位的是短元音/i/或长音符/·/或空缺,排在最后的是辅音/h/或/ʔ/或/ˈ/(表示紧随其后的辅音是长辅音及强辅音)或空缺。

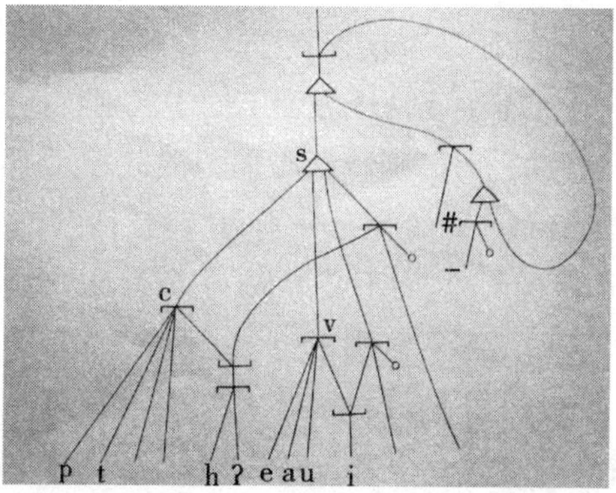

图 4

(Lamb 1966a[1972]:618)

2.4 层次音系学中的音位组成成分

音位是否为音系学研究中的最小单位？在经典音系学时代，这一问题曾引起激烈争论。随着SPE特征系统的确立，这一问题似乎已有定论，区别特征这一术语在音系学界已深入人心。

层次音系学同样没有否定比音位更小的音系单位的存在。如前面我们曾看到，音位具有递归性。正是由于这种递归性的存在，我们才可以用数量极少的音位，去构成数量庞大的语素。音位与构成音位的单位之间同样存在类似的关系。Lamb称构成音位的单位为音元(phonon)。如图5所示，音元同样具有递归性。每个音元都可以与不同的音元结合，构成不同的音位。从中不难看出，音元的数量同样小于音位的数量。从这层意思上说，Lamb的音元与Jakobson、Halle等的区别特征有类似的功能。

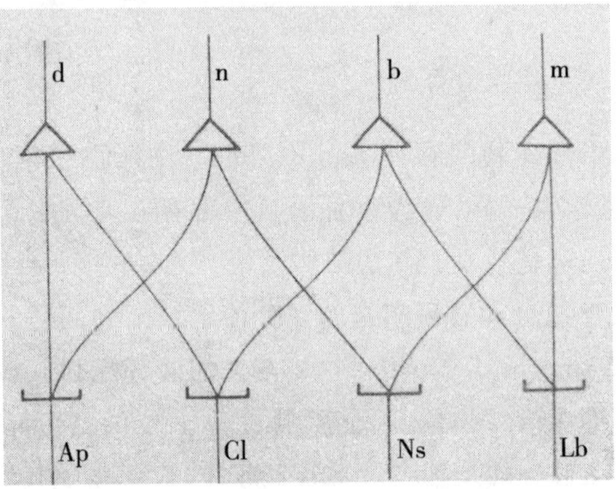

图5

(Lamb 1966a[1972]:619)

那么，音元与区别特征是否仅仅在于名称的不同？Lamb(1966a)对此的回答是否定的。音元至少在两个方面不同于区别特征。

首先，音元是独值的，而区别特征是偶值的。音元不存在正值与负值。例如，构成图5中的音位/m/的音元分别为“鼻音性”(nasal，图中的Ns)和“唇音性”(labial，图中的Lb)，而不必说成[＋鼻音性]和[＋唇音性]。这一点是音元和区别特征的最根本区别。

其次，构成某一音位的音元的数量大大少于区别特征的数量。Lamb指出，SPE特征系统中的每一个音位由大约11个区别特征构成。即使在去掉羡余特征之后，仍需要大约6个左右。而对于层次音系学来说，由于音元是独值的，所以音位构成成分的数量就可大大减少了。例如，图5中的音位/d/,其音元仅包括“舌尖性”(apical)和“闭音性”(closed)就足够了,而不必像SPE模式那样,还需指出/d/具有[—鼻音性]、[—唇音性]等特征。这样一来,构成音位只需要1个至3个音元即可。

如果音元的层地位得以确立,那么是否可以在语素与音元之间直接建立联系,从而放弃音位的层地位呢?在Lamb看来,从理论上来说,这一点是可能的。然而,放弃音位层是极不经济的选择。这一点毋庸赘言。比较图6和图7,我们可清楚地看到,取消音位层(图6)和保留音位层(图7),虽然在理论上是殊途同归,但图6使用了更多的线,图形显得纷乱庞杂。因此,Lamb是绝不主张取消音位层的。

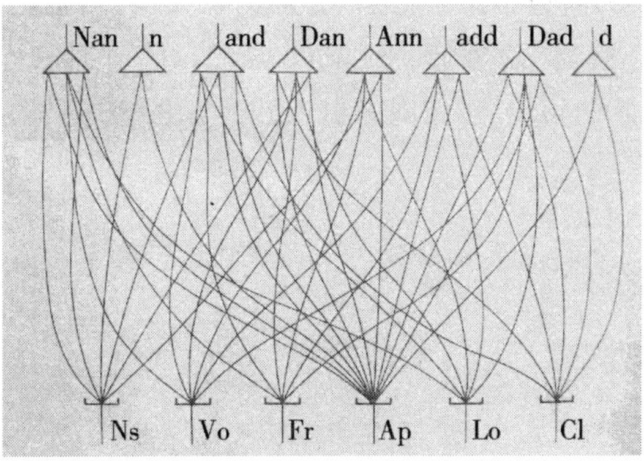

图6

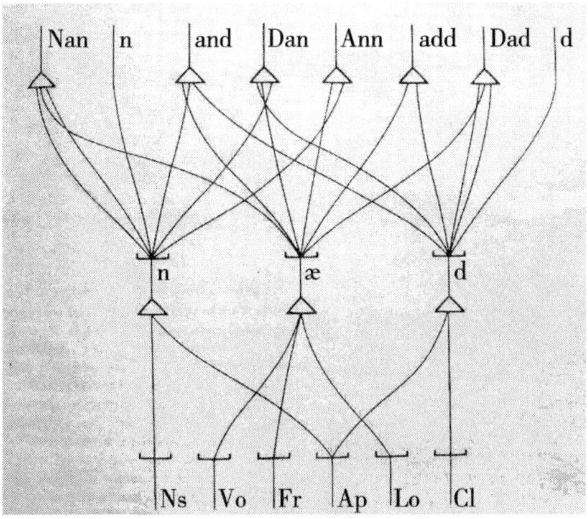

图7

(Lamb 1966a[1972]:620～621)

3　对层次音系学的评价

总的来说,层次音系学的影响力并不是很大。在此后的音系学理论与流派中，似乎并未出现与之类似的多层次表达，也未见与之类似的复杂图示。可见，层次音系学对此后的音系学理论与流派的形成与发展作用并不明显。这一理论之所以不流行，下列两点原因非常明显：

首先，层次理论是纯抽象的，与实践严重脱节。Sampson(1980:186)曾毫不留情地指出："我们应当吸取教训：在演绎性理论中，把语言看作纯形式，使之与实现形式所需要的物质实体相脱离，是错误的；语言实体很大程度上决定语言形式。……任何忽略言语的媒介性的尝试，任何把语言的本质分析为纯逻辑的尝试，都是注定要走向贫瘠。"

其次，层次语法的理论体系似乎更适用于语义学而非音系学。例如，Robins(1997:254)就曾指出，对英语介词的语义研究，就是个"层次语法的方法论似乎十分恰当"的领域。Bennett(1975)的研究堪称这一领域的经典。然而，在音系学领域，至今尚未出现可以与之相提并论的著作。

第二章　生成诸流派：理论建构篇

生成音系学是生成语法理论重要组成部分，生成音系学理论的总体框架是由 Chomsky 和 Halle 于 1968 年奠定的。Chomsky 和 Halle 在其于 1968 年合著的《英语音系》(*The Sound Pattern of English*,SPE)一书中系统阐释了以偶值音系特征为基础的，以规则为主体，经过严格的规则串行有序运用，最终推导出表层语音形式的生成音系学标准理论。具体地说，这一理论认为音系有底层和表层两个平面，位于这些平面之上的是由无序的特征矩阵组成的线性结构表征形式，音系规则是一种语境制约改写规则(rewrite rules)，它们通过有序的推导(derivation)把抽象的底层表征形式与实际的表层表征形式联结起来。SPE 理论提出之后便受到各方面的批评和挑战，应该说，这些批评和挑战对生成音系学的理论建构和发展起着重要的推动作用。

在批评和反对生成流派抽象分析的语言学家中，有两个中心人物，一个是 Vennemann，另一个是他的学生 Hooper。这两个人建立了一个新的流派——自然生成音系学(Natural Generative Phonology)。他们提出底层和表层两个平面的音系表征形式要尽量靠拢。整个自然生成音系学以真实概括性条件(True Generalization Condition，TGC)为核心，认为一种陈述除非说明了所有的语音形式，不然就不是真正音系的。而 Gussmann 提出的抽象音系学(Abstract Phonology)正是对自然生成音系学的 TGC 提出了疑义，认为音系学研究必须存在一定的抽象性，才有可能准确系统地说明普遍规律而非具体的音系内容。当存在底层形式与表层形式相脱离的语音现象时，抽象的音系规则必然存在并发挥作用。Stampe 与 Donegan 创建了自然音系学(Natural Phonology)。他们认为，说话器官有特定的功用，有其发音的倾向，这是先天的自然过程。自然音系学把这一自然过程与后天习得的规则加以区别，认为习得的过程就是学习如何限制和压抑先天的自然过程。

反向音系学(Upside-Down Phonology)是由 Leben & Robinsin(1977)提出的一个有高度特色的研究方法。在词库中，词由表层语音形式表征，而音系规则把表层形式转化为底层形式，这样就可以与其他底层形式直接联系起来。这与生成音系学的派生过程正好相反。原子音系学(Atomic Phonology)认为，一些音系规则是最基本的，而另一些音系规则则是以此为基础发展而来的。原子音系学理论的指导思想是，利用一套原子规则以及普遍语法原则，所有涉及音系规则的语言变异都是可预见的。

词汇音系学(Lexical Phonology)是一种将音系学、形态学和词库结合在一起的音系学理论。它将构词规则和音系规则置于同一框架内。音系规则很大部分与构词规则一起以循环方式运作，共同规定一种语言的词项类。词汇音系学有两个子理论，即形态子理论和音系子理论。形态子理论主张按层次排序，即词缀的划分不再是依靠界限标记，而是依靠将词缀划归为词库的不同子集，即加了编号的层次。而音系子理论将音系规则分成两个组成部分：词汇规则(有时也称为循环规则)和后词汇规则。循环音系学(Cyclic Phonology)这个概念首先由 Mascaró(1976)提出。但是，现代意义上的循环性研究是与词汇音系学同步发展的。在词汇音系学里，循环性原则占有突出的地位。词汇音系学的规则本身就是循环的，因为在语素层次上，这些规则在构词的每一步之后都再次应用。

两平面音系学(Two-level Phonology)源自于经典的生成音系学，而基本的思路由 Johnson(1972)提出。两平面音系学，就其核心来说，只是一种规则的形式主义方法，而不是一种完整的音系理论。两平面音系学与经典生成音系学相同的地方是线性表征，音系形式用线性语符列来表征。这与自主音段音系学和节律音系学不同。在计算方面，两平面音系学与自然语言处理系统相一致，都是在线性拼写输入平面上操作。

生成音系学三个整体(holistic)理论是依存音系学(Dependency Phonology)，管辖音系学(Government Phonology，GP)和粒子音系学(Particle Phonology)。其共同点是都赞同偶值的(binary)区别特征不是音系学研究的初始成分，转而建立独值的(unary)初始成分。三者之中，形成时间最早、影响最大的是依存音系学。顾名思义，依存音系学是一种以依存关系为基础的研究方法，与粒子音系学、管辖音系学相同，其系统是组构性的。依存与优先(precedence)是整个依存音系学表征体系的基础和核心，成分结构则是从依存和优先关系推导而来的。也就是说，一个音系结构包含许多建构，每个建构都有一个决定性主位。这个主位是原子的，也是一个独立的音段，是最小单位。这个主位具有区别于建构其他成分的知觉标志性。管辖音系学是 1985 年前后由 Kaye 及其同事共同创立的，是生成语法框架内的一种非线性音系学理论。它的全称是管辖与粲数音系学(Government and

Charm Phonology)，是独值特征理论最详尽的阐述，受句法理论的影响甚大。管辖音系学是以制约原则和参数为基础的生成音系学理论。粒子音系学(Particle Phonology)与传统生成音系学的最大区别在于两者对音系初始成分的认知不同。粒子音系学不再认为音系表征的初始成分是偶值的区别特征，转而提出以独值(unary)的音系成分——"粒子"为音系表征的初始单位。

Archangeli(1984)提出了不充分赋值理论(Underspecification Theory)，认为在底层表征中，羡余特征不需要赋值，可以将音位矩阵中的某些位置空出来。在以后的音系推导过程中，再填加进去以得到表层形式。用此方式把所有的羡余特征值抽取出来的底层矩阵便是不充分赋值矩阵。不充分赋值理论有两派，激进不充分赋值(Radical Underspecification)和对比性不充分赋值(Contrastive Underspecification)。

优选论(Optimality Theory)是音系学家 Prince 和认知科学家 Smolensky 在 90 年代初提出的一种语言学理论。在优选论中，语言的普遍性制约条件分为两大类：标记性制约条件与忠实性制约条件。这两类制约条件在本质上是相互冲突的。优选论的语法操作是输入到输出的映射过程。一个输入项由生成器生成出数量无限的候选项集合；然后，由特定语言的评估器，即特定语言所具有的制约条件等级排列体系，对所有的候选项一次性进行评估，从中得出最优(最和谐)的优选输出项。

生成音系学标准理论
The Standard Theory of Generative Phonology

生成音系学兴起于 20 世纪 60 年代，至今已有 40 多年的发展历程。在这 40 多年的发展过程中，生成音系学已形成一整套完整的理论体系。人们一般将这个体系划分为两个阶段：一是以《英语音系》(*The Sound Pattern of English*，SPE)一书为代表的标准理论阶段，以线性研究为主；二是后来在此基础上形成的非线性研究，统称为后 SPE 理论阶段(马秋武 2001)。本部分的介绍只限于线性理论部分，即以 SPE 为代表的生成音系学标准理论。侍建国在《生成音系学和非线性音系学》评介中指出"音系学为 20 年来西方现代语言学诸学科中突飞猛进的一个分支"(1993：16)。事实确实如此，从整个语言学理论研究的历史来看，音系学研究起步比较晚。但当人们意识到音系学研究的重要性之后，其进展是比较迅速的，尤其是生成音系学的出现更是成为音系学多元发展的强大动力和源泉。生成音系学最早是由Halle(SPE作者之一)1959年在《俄语音系》中提出的。1968年,他和Chomsky合著了SPE,此书便成为生成音系学的奠基之作,该书提出的理论被称为生成音系学的标准理论,亦称SPE理论。

1 生成音系学的形成

生成音系学的形成并不是一蹴而就的。在SPE出版之前,1956年Chomsky、Halle和Lukoff合写了《英语的重音与音渡》,这是整个生成理论第一篇有影响的论文。但当时大多数语言学家深受结构主义学派的影响,并不愿意接受生成音系学所提出的观点,因为那将意味着音系学研究领域一次重大改革。音系学研究将不再是独立于词法、句法的区别性语音单位及其配列的系统,而是力图找出能够解释、预见词形变化的普遍音系结构和规则。Chomsky的《句法结构》一书动摇了美国结构主义语言学的理论根基,它以完全形式化的、不依赖意义和说话人语言直觉的对立互补原则来分析语言。直到1968年,SPE的出版才正式拉开了音系学研究的新纪元。人们开始接受这种新的理论思想,越来越肯定生成音系学对整个音系学研究的重要作用。

1.1 生成音系学的创始人

Chomsky和Halle是生成音系学的两位主创人。不仅如此,他们对生成音系学之后各种新理论的形成也起着重要的作用。Halle被称为SPE之后各种新理论的策源者,而Chomsky虽然在后期退出音系研究领域转而专攻句法,但其句法研究的成果在很多方面促进了音系研究的发展。

Morris Halle是最早提出生成音系学这一概念的人。Halle最早的成名作是与Jakobson和Fant合著的《言语分析初探》(1952)。书中,Jakobson的区别特征理论成功地把语音分析形式化。1959年,Halle出版了《俄语音系》。该书指出结构主义音位学中最基本的一条原则——音位分析的双向单一性(biuniqueness)条件在处理构词变化或语流音变往往导致破坏系统、不合发音人直觉的结果。双向单一性条件是指:音位集合中的成员依据一定的语音条件(不涉及词法或句法条件)与音素集合中的成员一一对应,反之亦然。例如,英语中bit[bɪt]、bid[bɪˑd]、beet[biːt]的元音可归纳为/ɪ/、/iː/两个音位。/ɪ/有两个条件变体:较短的[ɪ]出现在非浊音性音段前面,稍长的[ɪˑ]出现在浊音性音段前。依据后接音的浊音性或非浊音性情况,可以正确地从音位形式推出音素,也可从音素正确地推出音位,符合双向单一性条件。也就是说，一种已知语言的语音标音必须一一对应地转写成音位标音，直到自由变异层次。双向单一性原则否定任何允许完全重合的分析方法，并要求承认广泛存在的形态音位交替形式（morphophonemic alternation）。双向单一性原则是 Bloch 首次提出的。他在《音位的交叠》(1941)中主张，根据双向单一性条件，美国英语的语音 pot[pɑt]、pod[pɑ·d]、pa[pɑː]不能进行与 bit、bid、beet 平行的分析，而只能把 pod 与 pa 分析为/aː/，与 pot 的/ɑ/对立。因为在 pa'd go(pa would go 的简略式)中的 pa'd[pa'd]与 pod[pɑ·d]的主元音从音质到语音条件都完全相同。根据双向单一性条件，只能认为它们的音位形式相同。至于 pa'd 是两个词的缩写形式，pod 是单个词，则属词法、句法层的条件，是音位分析不应考虑的。1944 年 Harris 为这一原则命名，自此构成了美国结构主义音位学的基石。在这一学派的全部原则中，或许正是这条原则迫使其倡导者们不得不接受各种令人难以接受的、与直觉相悖的分析结果。就连 Bloch 本人也不得不承认这一事实。Halle 论证批评的对象正是双向单一性原则。近年来出现的所有音系学理论均否定了双向单一性原则。

生成音系学研究在 SPE 之前就已存在，但直到 1968 年 SPE 正式出版，生成音系学的重要地位才真正建立起来，而这时的生成音系学深受 Chomsky 生成语法的影响，被认为是生成学派广义语法的一部分。这一时期，生成音系学中占据重要地位的区别特征理论已经成熟，代表作是 1952 年 Jakobson、Fant & Halle 合写的《言语分析初探》一文。该文提出，12 对偶分的区别特征足以描写所有人类语言的语音音质。生成音系学的理论基础——生成语法的基本思路也已经明确。Chomsky 在博士论文中提出，语言不是一种机械的行为，所谓“语法发现的机械程序”是根本不可能存在的。一种好的语言理论要能够简明地生成语言中所有能说的句子，而不生成所有不能说的句子。重要的是语言理论的生成能力与语言事实是否相符，生成程序是否简明。至于发现这种语法的方法，则不排除直觉、猜测、方法论上的各种暗示、以往的经验等各种途径。

1.2　生成音系学的酝酿

到 50 年代初为止，美国描写派一直被称为规范的、科学的学科。这是因为它符合当时主流哲学思想的轨迹。从 20 年代到 40 年代，逻辑实证主义是科学哲学的主流。结构主义语言学的哲学基础正是逻辑实证主义。逻辑实证主义认为，一门学科要成为一门科学必须符合两个条件：一是其原子命题必须符合事实；二是其他命题与概念必须能够用原子命题加逻辑推导来证明，也就是说一门学科的科学性取决于其大部分命题能否不受个人主观意识的影响用形式化的方式提出。但 50 年代初，这一主流哲学思想受到了巨大的冲击。哲学发展进入多元化阶段，所谓"综合时代"。同时，心理学的蓬勃发展也为哲学潮流的转变推波助澜。在这样一个时代转折点上，以逻辑实证主义为理论基础的结构主义必然属于被替代的一方。与之相反，整个生成语法体系都是以心理学为基础的，顺应哲学发展的趋势。50 年代以后，逻辑实证主义受到越来越多的怀疑。科学家们发现，许多领域的基本科学概念并不具备逻辑实证主义所要求的固定的可操作性，但并不因此而失去意义。科学越来越注意整个理论在某个领域中的解释力与预见性的大小，能否给该领域带来内部的一贯性和明晰性，而不再注意某理论的论断是否能通过逻辑的分析来证明。也就是说，重要的是所建立的理论本身的效力如何，而建立该理论所用的方法完全不必限于逻辑推导。而从心理学角度来说，与逻辑实证主义对应的行为主义心理学也受到巨大挑战。行为主义认为，语言和所有行为一样，都是一种刺激—反应的过程。但实验证明，人类的行为远比简单的刺激—反应复杂得多。相同的刺激可引起不同的反应，不同的刺激也可能引起相同的反应，因为承受刺激的主体也在过程中起主动性的作用。因而，在语言上只找出语音上的区别性单位，并不等于完全说明了人们的语音知识。生成音系学正是这样一个把音系和语法、语义联系起来的理论研究。因此，生成音系学在 60 年代以后的主导地位也就可以预见了。但在 1957 年以前，生成音系学领域尚未形成其理论著述，因此王洪君(1992)称这一时期为"酝酿期"。

1.3 SPE 的出版

SPE 的出版标志了生成音系学的正式形成，但生成音系学的形成并不是从此书开始的。1956 年 Chomsky，Halle 和 Lukoff 合写了《英语的重音与音渡》。那时，Chomsky 关于语法的论文尚未公开发表，也就是说，生成理论与结构主义的直接交火是从音系领域而不是从语法领域开始的。在重音、音高、语调、音渡等超音段现象的解释上，美国描写派结构主义的音位理论一直没能找到解决途径。虽然结构主义坚持超音质区别性单位的发现程序与音质区别性单位(音质音位)的发现程序应该是统一的，然而经过几代人的努力，依照这一原则得到的成果却漏洞百出。因而，它成为生成派攻击的突破口，也成为生成音系学理论的重要贡献之一。

Halle 在 1959 年发表的《俄语音系》是第一部完全用生成的模型来处理一个具体语言的整个音系。同时 Halle 首次详细论证了美国描写主义的音位分析原则，即双向单一性原则，同样不能很好地处理音质音位问题。1962 年 Halle 发表《生成语法的音系学》。该文首次论证了为什么用特征做音系的最小单位比用音位更简明、更合理，并论证了用生成的方法找出的共时音系规则往往也是一个音系历史发展的音变规则，现在的底层音系往往就是过去的表层音系。1965 年对生成学派与描写学派的斗争而言是重要的一年，也是两者斗争的一个重要转折点。这一年美国《语言学杂志》的创刊号上发表了一篇很长的文章，其中包括了当时批评、不满、攻击生成音系学的所有观点。但杂志的主编 Lyons 事先也邀请了 Chomsky 与 Halle 做答辩文章，并在该杂志的第二期上发表了他们的答复。之后，生成学派不再发表与描写学派争论的文章，而开始自己学派的模式、术语、运用的深入分析与探讨。1968 年 Chomsky 与 Halle 发表 SPE，生成音系学进入了标准理论时期。

2　生成音系学的构成

生成语法的标准理论认为语法主要由句法、语义和音系三部分构成。句法部分是语法的核心，具有生成性，它是把由短语结构规则生成的句子的底层形式通过各种转换规则转换成相应的表层形式。语义部分和音系部分不具有生成性，只具有解释性。语义部分赋予句子相应的语义解释，音系部分赋予句子相应的语音解释。由于标准理论认为转换规则不改变语义，因此在标准理论的语法模式中底层结构决定语义，表层结构决定语音。这也就是说，音系部分作用于句法部分输出的表层结构，为表层结构赋予一种语音解释。句法部分产出的表层结构实际上是音系部分的输入形式，音系部分把句法部分输出的表层结构作为底层音系形式，然后通过一系列的音系推导规则生成出一种实际的表层语音形式。这里，底层音系形式与表层语音形式是通过一系列的音系改写规则联结起来的，生成音系学的主要任务是发现并提出一套能够为特定语言生成出正确表层语音形式(包括单音语音形式、词重音、整个句子的语调升降曲线等)的音系规则。生成学派认为句法最重要，语义和音系对句子结构只起解释作用，而且这种解释有时还要依赖句法本身。比如，is 在(1)和(2)中都有两种发音，但(1)中的两种不同发音都是允许的，但(2)中的第二种发音则是不允许的。这显然不能从单纯的语音角度来寻求规则。

(1) a. I want to know if the meeting is on Thursday.
    b. I want to know if the meeting's on Thursday.

(2) a. I want to know when the meeting is on Thursday.

b. * I want to know when the meeting's on Thursday.

在这里,如果我们要制定一条语音规则来说明 is 缩音的使用规律必须从句法上去概括:如果宾语从句里由 wh-起始的词,如 when、where,在相应的反问句里紧跟在 is 之后,那么就不能用缩音;不属于这种情况,缩音就可以自由运用。按此推理,(3)中都不可以用缩音。

(3) a. * I am sure where the meeting's on Monday.

b. * Where do you think the meeting's tomorrow?

因为我们如果写出这些句子的反问句,when,where 都紧跟在 is 之后。

(4) a. You think the meeting is where on Monday?

b. You think the meeting is where tomorrow?

如果 when, where 在反问句中不紧跟 is 之后,则可以用缩音,如(5)。

(5) a. You think the meeting is happening where tomorrow?

b. Where do you think the meeting's happening tomorrow?

换句话说,根据生成语法的标准理论,语法的三个组成部分中,句法规则在一般情况下是不需要依赖音系和语义事实,而音系规则和语义解释有时必须参照句法事实,否则不可能得出正确答案。所以,生成语法认为句法部分是核心,整个生成语法都是以它为主干的,音系部分和语义部分只起解释句法结构的作用。简言之,生成音系学是为生成语法服务的音系学(王理嘉 1991)。作为生成语法一个组成部分的生成音系学,其主要任务就是通过规则把句法表层结构的音系形式转化为实际的语音形式。因此,生成音系学的内容主要由音系表征形式、语音表征形式和音系规则三部分组成。

2.1 音系表征与语音表征

音系表征形式是由一组区别特征来界定的,其中不包括可以由规则预知的语音信息。在生成音系学中,它被称为音系底层形式或基本形式。音系底层表征形式一方面决定着音系的基本格局,另一方面也是由规则推导获取表层语音形式的起点。这一推导过程是由一系列音系规则完成的。表层形式只决定实际语音的异同,不决定音系的格局。任何一种语言都有一套自己的词汇表征形式,生成语法称之为词库。比如,汉语里的元音音段

/i/和/y/在词库里是这样表征的：

(6)

$$
\begin{array}{cc}
/\text{i}/ & /\text{y}/ \\
\begin{bmatrix} +\text{音节性} \\ +\text{高位性} \\ -\text{后位性} \\ -\text{圆唇性} \end{bmatrix} &
\begin{bmatrix} +\text{音节性} \\ +\text{高位性} \\ -\text{后位性} \\ +\text{圆唇性} \end{bmatrix}
\end{array}
$$

SPE 音系学理论认为，每个特征都是二元的，“＋”号表示具有这一特征，“－”号表示不具有这一特征。/i/和/y/的区别特征组成基本相同，只有[圆唇性]一个特征值相反。根据 SPE 理论，我们使用的音段表音法实际上是区别特征矩阵的简写形式，音与音之间的异同是通过特征值来表示的。在这里，/i/以[－圆唇性]这个特征区别于/y/，/y/以[－后位性]区别于/u/。“在一种语言中，有些语音信息是不可预知的，需要加以记忆的，而有些信息则是可以预知的。如在英语单词 cab[kʰæːb]中，元音[æ]舌身位置的特征[＋低位性]是不可预知的，属需要记忆的语音知识，但这里元音的长短则是可以预知的”(王嘉龄 1995：14)。在生成音系学中，词库中只标记那些不可预知的信息。这样一来，大脑就可以将需要储存的信息量减到最低限度。表述大脑词库中信息的是底层词库表征形式，而可预知的信息则是通过音系规则从底层表征形式开始推导而来的。然而，我们怎么知道哪些是音系的底层单位呢？首先，生成音系学认为，分析音系音段时应假设语言中词的界限已经画出，词的意义也已经明确。在这种情况下，分析音系音段的根据是分布可否预知和分布是否自由这两条原则。分布可否预知，即指音是否可以根据规则推导获得，如不能推导获得，则此音分布是不可以预知的，属于基本音；反之，如能推导获得，则此音分布是可以预知的，不属于基本音。这里需要注意的是，推导规则并不一定是语音的，也可以是句法或语义的。总之，生成音系学认为音系单位的确立不再是一个单纯的音系问题，要综合考虑音系、句法、语义的条件及分布，将具体词形中出现的语音单位分为底层(基本的)与表层(推导获得的)两类，只有底层(基本)形式才是音系的基本单位，即音系音段。

每个音段是一组特征的集合，但在我们实际分析和描写一个音段时有时并不需要列出它所有的特征。有些特征之间存在着蕴涵或排斥的关系。例如，鼻辅音[m]的特征有 13 个，但音系只需要[＋鼻音性]、[＋前部性]、[－舌前性]这三个特征就可以界定[m]音了。这是因为由[＋鼻音性]这一特征，我们可以推定出[－粗糙性]，发鼻音时无论是口腔还是鼻腔都不可能有摩擦。这就产生了羡余特征(redundant feature),即在某种具体语言中,或就定义上讲在所有语言中,一个尽管语音上存在,但对某一特定的音段无区别意义的特征。

语音表征是一个与音系表征相对的概念,指词或更长的音序单位在语音上颇为充分的表征。音系是抽象的。在实际语言里,音系音段的具体读音多种多样,形成不同的语音变体。生成音系学的音系基础单位则更为抽象,其底层形式与表层形式可能相差很远。

举 electricity、electric、electrician 中的[k]、[s]、[ʃ]为例,结构主义音系学认为它们是三个因形态不同产生的音位交替现象,而生成音系学认为/k/是底层形式,[s]和[ʃ]是由/k/推导产生的表层形式,三者是同一底层词库形式的不同表层体现。这与美国英语 pass/pæs/(经过)和 pack/pæk/(捆扎)的情况完全不同,因为它们是两个完全不同的语素。对于[k]-[s]-[ʃ]之间的变化形式,单一平面的结构主义音位学显然是无法描写和解释的,而生成音系学通过假定存在底层音系表征和表层语音表征两个层面,为此给出了一种自然而清楚的音系描写和解释。在音系表征层面,/iˈlektrik/和/ilekˈtris/均属于同一语素,后者中的[s]音是从前者中的基本音/k/推导而来。这一现象不是孤立偶发的,英语里这方面的例子很多,如 race/racial、archaic/archaicism、Catholic/Catholicity、domestic/domesiticity 等。上述例子表明,这一现象在英语里是非常普遍的,语音之间的变化规律完全可以通过制定相应的一系列音系规则得到具体的音系分析和描写。

由上面的例子可以看出,底层音系表征形式有时会有两个或两个以上的表层语音体现形式,这是一种比较普遍的语言现象。底层音系表征形式是表征语素的基本形式,它有可能与语素的实际发音有很大的差别。表层语音形式是音系规则作用于底层音系形式后获得的,它直接体现了语素的各种不同的发音。

2.2 生成音系学的区别特征

区别特征(distinctive feature)是 20 世纪语言学理论研究中最重要的发现之一,也是音系学理论从以单音为基础单位转向以音系特征为音系初始单位进行更加全面和深入的音系分析和描写的开始。区别特征的起源可以追溯到 20 世纪初布拉格学派创始人 Trubetzkoy 的《音系学原理》中所提出的音位对立思想。在其著作中,Trubetzkoy 使用各种对立关系来区分和描写音位,音系对立应该是区别特征理论的开始。区别特征起先是应用于方言调查上的音位分类标准,后来 Jakobson 对它加以充实和发展,形成了以 Jakobson 为首在上个世纪 50 年代初提出来的、以物理和声学为基础的一整套区别特征理论。Jakobson，Halle 和 Fant (1952)在其合著的《言语分析初探》中提出了由 12 对偶值区别特征组成的区别特征理论，据称这 12 对偶值区别特征可用以分析和描写世界各种语言(主要是印欧语和非洲语)的语音。之后，Ladefoged、Chomsky 等都对区别特征进行修正、补充和发展。Chomsky 和 Halle (1968)提出的生成音系学标准理论摒弃了以物理、声学为基础的区别特征理论，改以发音和生理为基础提出了一整套新的区别特征理论，自此音系学进入了全面兴盛和发展阶段。

区别特征是音系的初始单位(primitive unit)，在音系分析和描写中起着至关重要的作用。生成音系学标准理论力求通过音系规则的串行音系推导，把句法部分输出的句子的底层结构转化成实际的表层语音形式，区别特征在这一过程中负载着两方面的功能：一是音系表征底层形式中的各种对立关系，二是实际体现表层形式中的具体读音。

Jakobson 等人在提出他们的区别特征理论时就已经开始不把音位视为最小的语音单位，音位是可以继续分解成更小、更基础的语音单位——区别特征。区别特征的重要意义在于它们不仅可以作为最基础的语音单位，还可用以区分音位，描写语音事实，建立音位与音位之间的关系等。正是因为有了区别特征，数量庞杂的语音可以简化为一套数量有限的结构类型。Jakobson 还认为，区别特征具有独立自主性，任何一个特征都能单独执行它的功能。二分法是语言结构的原理，因此，区别特征都具有对立的二分法的特点。音位和音位之间的关系是由一系列二项对立构成的，每一个对立项都可以单独看成一种二项对立，任何音位的特点都可以归纳为若干对偶值特征。换言之，每一个特征都具有偶值对立的特点。Jakobson 的区别特征用偶值特征来分析音位的对立，主要是为了描写自然语言的音位系统。之后，SPE 提出的区别特征不仅可用来描写和表征语素结构形式和表层语音形式，而且还能具体说明音系规则如何把底层语素结构形式转化成为表层语音形式的过程。当生成音系学把音系特征用来表述语素结构形式和表层语音形式以及把二者联系起来的音系规则时，Jakobson 的区别特征系统的弱点就暴露无遗了(张彦昌等 1993)。此外，如上所述，Jakobson 的区别特征与 SPE 的另一个不同之处是：前者是建立在物理、声学的基础之上，而后者则是建立在发音、生理的基础之上。

到上个世纪 50 年代为止，采用物理声学特征分析和界定语音，一直是很普遍的。但进入 60 年代之后，随着生成音系学理论的形成和发展，物理声学特征在界定音系格局、表现音系音变等方面存在的缺陷变得越加明显，

SPE从发音和生理的角度建立一套完整的区别特征体系,逐渐被更多的人接受和采用。

王理嘉(1991:183)对 Chomsky 和 Jakobson 的两套区别特征体系之间存在的不同之处做了总结:第一,Chomsky 将区别特征的数目由12对增加到了27对,并且在具体特征的选用上也做了改动;第二,如前所述,Jakobson 主要是从声学的角度来定义区别特征,而 Chomsky 则基本上是从发音生理的角度来定义的;第三,Chomsky 的区别特征都是以有无对立形式出现,也就是有标记项和无标记项的对立,如+/-音节性,+/-舌前性,+/-唇音,等等。此外,他们还认为,Jakobson 的区别特征只表述音位变体,也就是音位的实际读音。不过两者也有共同点:区别特征理论的核心——偶分法则并没有变,用统一的特征来描述元音、辅音也没有变。此外,音位模式的矩阵表使人一目了然地看出语音结构的聚合系统,为生成音系学自动生成音位的实际读音提供了基础。不过两者比较而言,SPE 特征系统在处理元音、辅音之间的联系上更加合理,能更好地解释语言中的音变现象。例如,在 Jakobson 的区别特征系统中,唇音、齿音与高元音同属非集聚音,即分散音;硬腭音、软腭音则与非高元音相联系,同是集聚音。而在 SPE 区别特征系统中恰恰相反,硬腭音、软腭音是与高元音相联系的,都具有[+高位性];唇音、齿音则与非高元音相联系,均为[-高位性]。如果用 Jakobson 区别特征系统来解释齿音[ts]在元音[i]之前同化为硬腭音[tɕ],那就成了分散音在分散音之前变成了集聚音,这无论是在音理上还是在逻辑上显然都是解释不通的。然而,SPE 区别特征系统对此的解释便显得顺理成章:非高位性的[ts]在高位性元音[i]之前,因腭化作用而变为高位性的硬腭音[tɕ]。这符合语音之间的变化规律,因而在语音描写上是简洁而自然的。下面列出的是 Chomsky 的区别特征系统。

SPE 的区别性特征主要分为五个部分:主类特征(major class features),发音方式特征(manner of articulation features),声腔特征(cavity features),声源特征(source features)和韵律特征(prosodic features)。

1)主类特征

(1)响音性(sonorant)

发音特点:发音时声道构成一种形状,使声带能够自然振动。

例音:流音、鼻音、通音及元音具有[+响音性]。[-响音性]等于[+阻塞音性]。

(2)元音性(vocalic)

发音特点:口腔中的收紧不超过高元音,声带所处的位置可以发出自然嗓音。

例音:元音和流音是[+元音性],纯辅音和滑音是[-元音性]。

评论:SPE 的元音性实质上只是对 Jakobson 区别性特征体系的再解释,在实际运用中一般已被非等值特征音节性(syllabic)所代替。

(3)辅音性(consonantal)

发音特点:发音时在声道中央受到较大阻塞。

例音:阻塞音、鼻音和流音具有[+辅音性]特征,元音和滑音具有[-辅音性]特征。

2)发音方式特征

发音方法特征包括持续性、延迟除阻性。持续性特征是从 Jakobson 的区别性特征系统中接受过来的,但是生成音位学赋予它以生理机制方面的解释,可以把擦音同塞音和塞擦音区别开来。

(4)持续性(continuant)

发音特点:发音时,声道上的收缩所造成的狭窄没有完全阻塞气流。

例音:塞音、鼻音和塞擦音是[-持续性],其他音段是[+持续性]。

(5)瞬时除阻(instantaneous release)

发音特点:主要指塞音的瞬时除阻。

例音:塞音具有[+瞬时除阻]特征,塞擦音具有[-瞬时除阻]特征。

评论:后来,延迟除阻特征成了最通行的名称,定义正好与瞬时除阻相反。

(6)软腭吸气性(velaric suction)

发音特点:发音时,软腭封闭,产生吸气。

例音:此特征主要用来区分吸气辅音(clicks),如/ʘ ! ǂ/等,与其他音段。

(7)缩气性(implosion)

发音特点:发音时,声门闭合,造成吸气。

例音:此特征主要用来区分缩气辅音,如/ɓ ɗ ɠ/等,与其他音段。

(8)软腭压力(velaric pressure)

发音特点:发音时,软腭闭合,产生压力。

例音:在语言中未经检验证明。

(9)挤喉性(ejection)

发音特点:由声门闭合向上运动而发出的音。

例音:此特征主要用来区分挤喉辅音,如/p' t' k'/等,与其他音段。

(10)紧音性(tense)

发音特点：一种涉及声门上部肌肉，有意的、精确的、并产生最大区别的发音。

例音：与 Jakobson 的紧音性特征相似。非紧音性等同于松音性。

3)声腔特征

(11)舌前性(coronal)

发音特点：发音时，舌叶从其中性位置上抬起。

例音：齿音、齿龈音、齿龈腭音和卷舌音具有[＋舌前性] 特征，其他音段具有[－舌前性] 特征。

(12)前部性(anterior)

发音特点：这些音是在齿龈腭区之前某个部位形成阻塞时发出。

例音：唇辅音、齿辅音、齿龈辅音具有[＋前部性] 特征，齿龈腭辅音、硬腭辅音、软腭辅音、小舌辅音和声门辅音具有[－前部性]。

(13)高位性(high)

发音特点：发音时，舌体隆起，超过中性自然位置。

例音：高元音、齿龈腭辅音、硬腭辅音和软腭辅音是[＋高]。

(14)低位性(low)

发音特点：发音时，舌体低于中性自然位置。

例音：低元音和咽擦音都是[＋低]。

(15)后位性(back)

发音特点：发音时，舌体自中性自然位置向后收缩。

例音：后元音和滑音/w/以及软腭化和咽化的辅音为[＋后位性]。

(16)圆唇性(rounded)

发音特点：发音时，唇口径狭窄。

例音：圆唇元音和唇化辅音是[＋圆唇性]。

(17)散布性(distributed)

发音特点：发音时，沿着气流的方向，收紧延续了一段距离。

例音：双唇擦音、舌面擦音、齿龈擦音具有[＋散布性] 特征，而唇齿擦音、舌尖擦音、卷舌擦音、齿擦音具有[－散布性] 特征。

(18)遮蔽性(covered)

发音特点：在发元音时，咽腔壁变窄，咽腔壁肌肉紧张，喉位提高。

(19)声门收紧性(glottal constriction)

发音特点：发音时，声带收紧。

例音：具有这个特征的音有缩气音、挤喉音、某种类型的吸气音、朝鲜语紧声喉化塞音和一些非洲及高加索语言喉化或紧喉嗓音辅音。

(20)鼻音性(nasal)

发音特点:发音时,软腭低垂。

例音:主要指鼻音和鼻化音。

(21)边音性(lateral)

发音特点:发音时,舌中部两边下垂。

例音:主要是指/l/音。

4)声源特征

(22)增强声门下压性(heightened subglottal pressure)

发音特点:发音时,声门下肌肉收紧,因而出现声门下压力不断增强。

例音:送气塞音就有[+增强声门下压性]这一特征。

评论:后来,人们分别用送气或展喉性来取代这个特征。

(23)浊音性(voiced)

发音特点:由声门适度的开启和气流所引起的声带振动。

例音:与 Jakobson 的浊音性特征类似。非浊音性等同于清音性。

(24)尖音性(strident)

发音特点:在发音部位,由粗糙的表面、高频率气流和陡入射角等诸多原因所造成的湍流音。

例音:与 Jakobson 的刺耳性特征类似。

5)韵律特征

(25)重音(stress)

发音特点:SPE 没有下定义。

(26)音高(pitch)

发音特点:SPE 临时建议的一组六个区别性特征,有高、低、抬高、上升、下降和中凹,但没有定义。

(27)音长(length)

发音特点:SPE 没有下定义。

生成语法在创建初期,语音部分曾被人简单地归纳为"Jakobson 的区别特征系统+Chomsky 转换生成语法"。但生成学派并不满足于照搬 Jakobson的理论成果,在发现 Jakobson 理论中存在的一些无法解决的弊端后,在其基础上建立了自己的特征系统。与 Jakobson 的区别特征系统相比,SPE 的区别特征系统更为完备。这不仅是因为其个数更多,主要是因为从发音生理方面来定义使得对语音事实的解释更容易让人领会和接受。生成学派认为,只有把区别特征作为音系的最小单位,才能更加简明地描写音系模式(Halle 1962),才能更清楚地说明音系音变的规律。音系模式只有在采用区别特征之后才能得以更加清楚地显现出来。总之，区别特征理论的建立是音系学理论发展史上一次最重要的事件，它无疑对深化音系分析和描写、提升音系学理论的解释力起着至关重要的推动作用。

2.3 生成音系学的音系规则

生成学派认为，每种语言的音系都是一个特定的系统，其语音单位总是在一定的语音模式中进行语音活动的。所谓音系模式包括：1）一套音系的基本单位，生成音系学采用的是区别特征；2）音系单位组合和变化的规律和方式，它包括：a. 音系单位的组合规则；b. 词形的交替规则。一个语言的词形多种多样，但万变不离其宗。音系单位的组合和变化必然受到一定规则的制约，也就是说语音变化一定具有某种内在的规律和模式。音段组合和交替的制约模式，模式中音系单位变化的规律，构成了语言的音系模式。由此可以看出，规则在生成音系学研究中占据重要地位。一种语言的具体语音形态是千差万别的，但其底层的音系基础单位是数目有限的，其配列和组合是有规律的。生成音系学认为，音系描写的任务不是描写具体的语音形态，而应该注重对具体形态之下的音系模式进行分析描述，因为其数目的有限性保证了我们能够以简驭繁。在生成音系学理论研究中，规则的应用显得尤为重要，因为能否用最简明的方式描写音系模式被看作是鉴别音系理论优劣的标准。在生成音系学中，音系规则不再只是所谓的音位读音规则，不再是一一对应的个别音位和音位变体之间的关系的体现，而是一组音系音段变化的普遍规律。具有相同区别特征的一组音系音段，便构成了一个音段自然类（natural class）。自然类中的任何一个成员，其区别特征数目一定比这个自然类所共有的区别特征数目要多，自然类共有的区别特征集合是自然类中任何一个成员所具有的区别特征集合的真子集。自然类中的所有成员必须要有一个（至少一个）共有的区别特征，成员共有的区别特征是构成这个自然类的基础和前提，如果没有（一个）共有的区别特征，自然类也就不复存在。单音是不能单独构成一个自然类的，自然类一定具有两个或两个以上的音系音段。例如，/m、n、ŋ/因为具有共同的特征[＋鼻音性]，而形成一个自然类。但除了这个共同的区别特征外，每个音位成员都必须具有其他的区别特征以与另外两个成员相区别，/m/的[＋唇音性]就起这样的作用。

那么怎样制定规则才能做到既经济又自然呢？不同的语言有不同的实际情况，所以总的来说，音系规则力求普遍性，即音系音变的规律普遍存在

于各种语言之中,是各种语言所共有的规律。下面列举几种:

1. 同化规则:汉语元音系统中,同化规则极为普遍。例如,/ɑ/→[a]就是受到它紧邻的音段同化而形成的状态。而英语中也有很多同化现象。例如,英语词中鼻辅音的发音部位是随后接辅音的发音部位而定的:incomplete(不完全的)、impossible(不可能的)、indefinite(不确定的)这三个词里的 n 和 m 所代表的音的底层形式是/n/,但实际读音分别是[ŋ]、[m]、[n]。

2. 省略规则:这条规则作用于某个音位使它在一定的语境中不发音,即有符号而无音值。

3. 增添特征规则:例如,英语各类清塞音在词首要增添送气特征就可以用这一条规则来指明。

4. 插入规则:如果语音的变化不是增加了某个特征,而是增加了整个音段,则可以用插入规则来实现。

5. 换位规则:指某个音段在一定的语音序列中要与别的音段交换位置。

6. 融合规则:指有些音位组合在一起时会混合成一个新的音,如普通话里的“花儿”由[xuA+ər]合并为[xuɐr],就可以看作一种融合现象([A]+[ər]→[ɐr])。(王理嘉 1991)

这 6 种规则主要是音段音系规则。在音段以上亦称超音段的音系规则问题上,SPE 也做出了卓越的贡献。SPE 认为,同一词根的词形在构词形态变化中所起的变化不是一种特殊现象,而是符合某一种语法、语音条件的所有词汇项的一致而有规则的语音变化。

telegraph	te^{1}ləgræ^{3}f	(单说时)
	te^{3}ləgræ^{1}f	(在telegraphic中)
	təle^{1}grəf	(在telegraphy中)

在许多词形转换过程中,我们都可以看到同样的重音移动、元音减弱。在结构主义音位学研究中,telegraph、telegraphic、telegraphy 被分别归入不同的重音模式。但不可否认,它们之间存在着关联性,其他类似的词形间也一样存在着这种关联。美国结构主义的语素音位学说对词形变化现象有所涉及,但由于它坚持以离散式的音段排列模式为出发点,因而只适于描写较简单的附加式构词,无力解释上述例中的重音移动等交替变

化。SPE 区分词的底层表征与表层表征，着重找出两者间的变化规律，因而适于描写较复杂的词形变化，揭示了许多美国结构主义无法解释的规律（王洪君 1992）。

3 生成音系学的特点

作为音系学发展中最重要的革命之一，生成音系学有其鲜明的特征。与经典音位学理论相比，生成音系学从内容到方法都发生了根本性的变化。

第一，在生成音系学中，音系是整个语法体系的一个组成部分，与句法的表层结构直接相关。王理嘉（1991）称这一点为“立足于句法平面”。Chomsky 认为，经典音位学研究只限于从语言素材中整理出音位和音位变体，然后分门别类加以描写，而生成音系学则不同，它通过一系列音系规则的音系推导生成出词、短语乃至整个句子的发音，包括重音和语调。生成学派不认为语言分析应分为语音分析和语法分析两个独立的部分。相反，他们认为，语音结构上的区别是句法和语义区别的体现。语音应该包括在语法内，音系单位在底层结构上体现语法、词汇项目体系。生成学派认为，对说话人来说，语言结构的各部分不是互相绝缘的，而是联结在一起的系统。所以生成音系学中的音位是一种系统音位，而传统的把语法、语义排除在外的音位是一种自主音位。系统音位旨在反映词汇之间的内在联系以及语法规则对语音变化的支配作用。受到语义和句法影响和支配的系统音位结论与传统语音学中的音位结论相差很远。例如，英语词 light[lait]（点亮）和 lit[lit]中的[ai]和[i]，在描写语言学中是两个互不相干的音位，但生成音系学却认为 lit 是 light 的过去式和过去分词。从词法上说，显然是同一个词的不同语音表现形式。同样，logic[lɔdʒik]（逻辑）中的[k]和 logician[loudʒiʃən]（逻辑学家）中的[ʃ]，在描写语言学里也是两个不同的音位，而生成学派通过设定一个抽象的底层形式/k/把[k]和[ʃ]这两个表层不同的语音形式联系起来。logician 中[ʃ]是从 logic 中的/k/通过音系规则的作用推导产生的。由此可见，生成音系学中的系统音位是一种更高层次的音位归纳。它更为概括，更为抽象，可以更好地体现语言底层的内在联系。

第二，生成音系学的音系规则具有高度的形式化，同时其应用是有序的。生成语法本身就是一种形式化的语法。其典型的规则模式如下：

$$A \rightarrow B / X \_ Y$$

A 代表要发生变化的语音，即输入项；B 表示变化结果，即输出项；→ 表示

"变为"或"改写为";斜线以后的部分表示语音环境,也就是发生变化的条件,X _ Y 表示"处于 X 之后、Y 之前这一环境中"。整个表征形式可以读作"A 出现在 X 和 Y 之间时变为 B"。作为制约条件的 X 和 Y 并不是必须存在的,"X _"表示"出现在 X 之后","_ Y"表示"出现在 Y 之前"。生成音系学里的语音规则并不是一对一的转换规则,而是一条规则表示一类变化。也就是说,不同音段的变化可以用一条规则概括在一起,而同一个音段的变体也许要分散在两条或几条规则中去表示。如普通话里韵母/ei/变作儿化韵的过程就需要两条规则(V 代表元音,r 代表卷舌韵尾)。

(1)韵尾失落规则 ei → e/V _ r

(2)元音央化规则 e → ə/_ r

根据规则(1),"味儿"/ueir/→[uer],根据规则(2),[uer] →[uər]。由于一个变体也可能要用几条规则才能生成出来,所以生成音系学里的语音规则有时要按照一定的顺序应用,否则就不能得到正确的读音。例如,英语里表示名词复数的语法元素(以 pl 来表示),它所涉及的规则主要有三条:

规则 1:把 pl 改写为[z]

规则 2:在/s z ʃ ʒ tʃ dʒ/之后插入[ə]

规则 3:在不带声辅音之后,[z]改写为[s]

这三条规则必须按先后顺序应用,如:

bus(公共汽车)+ pl —规则1→ [bʌsz] —规则2→ [bʌsəz]

light(灯)+ pl —规则1→ [laitz] —规则3→ [laits]

规则 2 和规则 3 的应用顺序如果颠倒,就会得到错误的结果:

*bus + pl —规则1→ [bʌsz] —规则3→ [bʌss] —规则2→ [bʌsəs]

规则还允许循环使用,如先用规则甲,再用规则乙,然后再循环一次,这叫循环式应用。

第三,生成音系学认为音序是区别特征矩阵的线性排序,而音系音段实际上是区别特征矩阵的简写形式而已。音系规则取代了音系音段,使音系描写更抽象、更简洁,其概括性也更强。例如,如果采用传统的音段描写方式,我们在描写/p, t, k/在词首时读作送气音时,就必须一个一个地写,如:/p/→[p^h]/ # _。但如果采用区别特征进行描写,同样的问题便可以归纳为如下的一条更具普遍性和概括性的音系规则：

$$\begin{bmatrix} p \\ t \\ k \end{bmatrix} \rightarrow \begin{bmatrix} p^h \\ t^h \\ k^h \end{bmatrix} / \# \_\_\_$$

上述规则如采用特征方式，便可以写成：

$$\begin{bmatrix} \text{–持续性} \\ \text{–浊音性} \end{bmatrix} \rightarrow [\text{+送气性}] / \# \_\_\_$$

（王理嘉 1991）

4 总结

生成音系学之所以能够成为一个具有开创性意义的音系理论体系，主要归功于它对音系与句法、词法关系的重新定位。作为语法体系的一部分，音系解释不能只依赖于逻辑推理和形式化归纳对语音现象进行描写。生成音系学的主要目的在于寻找规律，并用最简洁、自然的方式揭示音变的规律。生成音系学的区别特征从发音生理角度定义以求更为简洁地显示发音内容。生成音系学以区别特征代替音段标音对语音变化做出更深广的概括，更好地显示语音之间内在的共同变化。生成音系学将传统音系学中的单一层面分解为底层形式和表层形式，使其音系规则不只是能够表征音位与音位变体之间的一一对应关系，而是以自然类为单位，更简约地表示一类语音变化的规律。

尽管今天再看 SPE 时，人们发现它存在着这样或那样的一些不足，相当多的具体问题的处理已经过时，但它提出的许多理论问题今天的音系学界仍在讨论。SPE 这本长达 450 页 16 开本的巨著被称为生成音系学理论的奠基之作是当之无愧的，因为"音系学领域迄今为止还没有 SPE 这样范围宽泛的著作：它既处理大量的细节问题又处理很重要的理论问题。它力图对音系及语音的基础理论都有所贡献。它一方面把该书以经验为根据的中心议题——当代英语（美国英语）——嵌入与其他语言的平行现象的研究中，另一方面还说明了英语元音系统的历时发展"（王洪君 1992：35）。书中，Chomsky 和 Halle 不仅介绍了生成音系学的理论模式，同时运用该模式分析了英语音系。其对英语音系的分析包括两个方面：音系方面和声学方面，同时总结出当我们完全按共时原则建立起某一时期的底层形式，这些底层形式多半是前一历史时期的表层形式，共时研究中一个转换过程的几个规则及其规则的顺序多半可以反映出这几个语音演变的历时年代关系。

SPE 的主要贡献包括英语句调重音的规则、英语的底层音系单位以及英语词内重音的规则等。

自然生成音系学

Natural Generative Phonology

1　产生背景

Chomsky 和 Halle 的巨著《英语音系》(*The Sound Pattern of English*,SPE)于 1968 年问世,SPE 理论提出用一套形式符号来描写语音,用形式的尺度来衡量描写是否成功。这种研究方法在语言学界是革命性的,但是因为它只考虑概括充分,形式完善,把音系学的研究搞得像是数学和逻辑研究,因而产生一定的弊端,使其在研究方法上无异于建立一套公理系统。采取这一研究方法还会不可避免地产生音系学的形式与语音学的实质相脱离的问题。

徐烈炯在《当代国外语言学:学科综述》中指出,生成音系学存在另一个漏洞。"如果 Chomsky 和 Halle 对英语结构的描写改动一下,把所有的正值符号+都换成负值符号-,而把所有的-号都换成+号,所得到的将是另一套系统。用形式描写尺度来衡量这套系统并不比原来的英语系统逊色。两者反映的语言事实当然相差十万八千里,要是一味追求形式就不成其为自然语言的音系学了(徐烈炯 1993:90)"。当然,Chomsky 和 Halle 对此有其个人的解释。他们在 SPE 的最后一章中,想从标记性(markedness)理论的角度来解决这一问题。他们提出,在正值和负值中,有一个是无标记的,即比较自然的(natural),另一个则是有标记的,是不自然的。像上面所说的那样,更动符号的值会把自然的语言改变为不自然的语言。这一解释在徐烈炯看来并不满意,因为它并不足以改变生成音系系统太过于形式化的本质。"他们的路子仍然是排斥实质,力图使音系学成为形式系统,当时并没有多少文章响应他们的标记理论。"(徐烈炯 1993:90)

2　代表人物及主张

生成音系学假定存在着底层和表层两种形式,我们常常会发现一个音的底层形式(underlying form)与表层形式(surface form)有时相差甚远。举例来说,英语名词中复数的变化一般是在词尾加-s 或-es,其语音表征形式是[s]、[z] 或[iz]。也有一些不规则的变化形式。例如，以[f] 结尾的名词往往先把[f] 变为[v]，然后再加[z]。单数的 wife[waɪf] 变为复数时为 wives[waɪvz]。然而，oaf[əuf] 的复数形式却是 oafs[əufs]。变为复数名词后，结尾也是-ves 的某些名词，他们单数的形式却又不是以-f 结尾，如 stoves[stəuvz] 的单数形式为 stove[stəuv]。请看这三组形式。

第一组	calf[kɑːf]	calves[kɑːvz]
	loaf[ləuf]	loaves[ləuvz]
	wife[waɪf]	wives[waɪvz]
第二组	fife[faɪf]	fifes[faɪfs]
	laugh[lɑːf]	laughs[lɑːfs]
	oaf[əuf]	oafs[əufs]
第三组	stove[stəuv]	stoves[stəuvz]
	dive[daɪv]	dives[daɪvz]
	salve[sɑːv]	salves[sɑːvz]

以上这三组形式都是名词加复数的屈折变化。后缀-s 或-es 是语素，因而引起的读音变化便是形态音位变化。后两组的音系表征形式，即底层表征形式分别是 f 和 v。那么第一组的底层表征形式又是什么呢？

生成理论给我们提供了一个抽象的解决办法，即为第一组名词假设一个抽象的底层形式，以别于其他两组名词的底层形式。这一个底层形式的词尾辅音是 ɸ，为不带声双唇擦音。

假设：底层表征形式为 waɪɸ，ɸ 在复数语素前变为 β，带声双唇擦音。

规则：ɸ → β / ___ ｛复数｝

然后，我们再假设一条中和规则，即把区别性特征为非尖音性[－strident]的 ɸ 和 β 变为尖音性[＋strident]的 f 和 v。

中和规则：ɸ → f

β → v

结果：

ɸ
f ＞ f

β
v ＞ v

这种假设办法解决了第一组的底层形式问题，使这三组的底层形式各不相同，分别按照各自的规则进行形态音位的变化，以得到期待的表层形式。这个假设就是绝对中和(absolute neutralization)。为某些特殊的语言现象人为地找出从不出现在表层的底层形式，以别于其他相同的底层形式，未免有些过于抽象。这种底层形式无法受与此相应的表层形式的制约。

转换生成语法存在着底层过于抽象性和外在化规则排序等问题。对此，Kiparsky 于 1968 年发表《音系学该抽象到何种程度?》一文，指出当时生成音系学研究中存在的问题，主张音系表征不应脱离语言实际，提出限定底层过于抽象化的一些条件。但许多语言学家认为他做得还不够，提出底层和表层的音系表征形式要尽量靠拢。这期间，虽然结构主义学派的双向单一性(biuniqueness)原则总体上不再盛行，但许多人仍遵循语音表征的观念。

在反对生成学派抽象分析的语言学家中，有两个中心人物，一个是 Theo Vennemann，另一个是他的学生 Joan Hooper。这两个人建立了一个新的学派——自然生成音系学，也提出底层和表层的音系表征要尽量靠拢。自然生成音系学的诞生与 Vennemann 在 70 年代写的一系列论文有着密切的联系，这一学派的很多思想都可以在他的论文中找到。Vennemann 提出一条原则：音系表征基本上应与语音形式相一致，音系表征需要在表层能成立。凡是和表层结构不一致的底层结构都要被摒弃。如果一个语素没有变化，其底层结构一定和表层结构是一致的。如果有变化，其底层结构一定与某一语素变体的表层结构是一致的。即使语素发生变化，其底层形式也必须与表层的语素变体形式相一致。Vennemann 的论文《自然生成语法中的音系单一性》(1972)，《自然生成语法中的音系具体性》(1973)，《自然生成语法的词与音节》(1974)等都体现了上述这一观点。

作为 Vennemann 的学生，Hooper 随后又系统地阐述了自然生成音系学的理论。《自然生成音系学导论》(1976)是她的代表作。Hooper 认为，严格限定抽象分析意味着我们只能选择一个表层结构做底层形式。自然生成音系学作为生成音系学的一个分支，着力用具体来代替抽象，并力图阐释音系是受语音驱动的。它的出现为生成音系学的发展和完善起了不可磨灭的作用。这一学派的主要思想是：摒弃生成音系学的抽象性，认为底层形式必须是表层形式，即语音表现的形式。Hooper 用下面的几组词说明她的观点。

melody[ˈmɛlədi]	melodic[məˈlɒdɪk]
heretic[ˈhɛrətɪk]	heretical[həˈrɛtɪkəl]
demon[ˈdimən]	demonic[dəˈmɒnɪk]

从上面给出的例子来看，由于重音的不同，不同的元音都弱化成了[ə]。在生成描述的环境下，每对中没有一个能代表真正的底层形式。也就是说，如果底层形式这一术语有什么价值的话，那么其根本的形式就不该有[ə]音的出现，因为这个元音也是由其他元音弱化而来的。Hooper 认为，应完全摒弃一切抽象的底层形式。所谓的规则是对表层形式的一个归纳，而非一个产生表层形式的公式。她还认为，规则的概括应该是跨越表面形式的描述，而不是生成表面形式的手段。她指出，在自然生成音系学中，规则与表征都是与表层形式直接联系的。只有这样的音系分析才是具体的，才具有现实意义(Hooper 1976:1～11)。Hooper 重新将音系学的研究视角放回到了对音位和形态音位的具体研究上(Clark & Yallop 2000:342)。她赞同 Trubetzkoy 和布拉格学派的超音位表征(archiphonemic representation)这一主张。

Hooper 的代表作《自然生成音系学导论》(1976)提出真实概括性条件(true generalization condition)。这一条件规定，一种陈述除非说明了所有的语音形式，不然就不是真正音系的。只有表层成立的、可见的，才能概括。Hooper 指出，说话者只能构建那些表层真实并呈显性的表征方式。这种观点体现了充分限定表层变体这一理论模式，只是在一些表征形式里从底层表征中抽掉了一些完全可以预知到的细节。自然生成音系学的很多讨论都是围绕语法的形式特征展开的。他们认为，生成音系学中有些抽象的形式原则(如外在化规则排序)既非必要，也非适宜。确切地说，自然生成音系学所要研究的是真实具体的原则(substantive principles)，而非抽象的形式原则。

自然生成音系学的理论是通过大量词形表征形式是否符合规范性条件来表征的。语音系统中没有例外的形式之间的系统关系以 P(phonological)规则形式来表征；有例外的则以 MP(morphophonemic)规则来表征。这样划分是因为 Hooper 意识到规则之间存在着差异性。P 规则仅指那些音位信息，反映发音者"自动的"发音习惯；MP 规则指语法或词汇语境中存在的特殊情况。这使传统的规则分类重新流行开来。语音信息和反映说话者自动发音习惯的规则与语法、词汇语境允许例外的规则要区分开来，即区分允许例外的规整性和不允许例外的概括性。P 规则和 MP 规则的划分与 Stampe 提出的自然过程和习得规则有许多相似之处，但根本上是不同的。Stampe 认为，一种过程可以被随后应用的其他过程抑制或部分抑制，特例是可能存在的。而自然生成音系学学派则不同意此观点。他们认为，所有的 P 规则在某种程度上都是变量，它们制约、决定着语音表征形式的形成。

P规则是多产的,并且不可抑制。它影响借入语的同化规则,干涉外语习得的过程。P规则包含那些音位细节的自动规则,如元音弱化、鼻音同化、辅音腭音化等。因为这些规则是自动被应用的,所以一般没有特例。

MP规则是词汇音系学规则。当处在某一特定环境中,该词汇音系规则有时会改变某些音系特征。这些特定环境有时是语法范畴,诸如单复数变形、词性转换等。有时是指语法音系范畴,例如语素和词。词汇音系规则中声音与意义是相对应的。所以,语言不同,这一规则也是不同的,并有可能存在例外(Marshall 1984:21～34)。

Hooper(1976)提供了大量的例子来证实说话者会倾向于构建一个形态驱动分析,而非一个单纯的音系分析。说话者与听话者的任务是把音和义联结起来,而对说话者而言,最有可能的直接方式就是把表层形式和意义相联结。说话者把形态句法的交替看作是音—义对应的一部分,而不是由音系驱动的。所以,在共时语法中,这种交替在音系层面上是任意的。虽然在历时音系层面上,这种交替是非任意性的,说话者却意识不到这一点。这样看来,寻求MP规则的音系驱动概括和解释是毫无意义的。Hooper举了以下几个西班牙语动词为例:contár/cuénto(count),mentír/miénto/mintió(lie)和pedír/pído(request)。她指出,这些词干元音交替分布在词汇上是任意的,这些动词采取哪种交替方式是不可预见的。Hooper又举了以下几个例子:comér/comémos/comímos/comiéron/come(eat),vivír/vivímos/viviéron/vive(live)。她用这些例子证明,由形态决定的规则在音位上是任意的,在词汇的形成中音位的考虑不起什么作用。因为形态学本身是复杂的,处理它就会遇到一些问题。声音—意义的对应是任意的,特例和不规则现象经常出现。在自然语言中,源于原级的二级概念范畴和源自二级的三级概念范畴的派生,可以由一个平行的句法或形态—音位派生体现出来。

	原级范畴	二级范畴
语义层	A	A+b
外部表征层	X	X+y

如上所示,X是A的符号,y是添加给X的"记号"。例如,cat和foot是原级范畴A(单数名词)的外部表征。cat+s和feet是二级范畴A+b(复数名词)的表征,即表中的X+y符号。cat+s中的附加语素s和foot/feet中的非自动规则的应用,都是X+y中的记号y。应用此规则,我们也可以解释为什么英语词wife变复数时,成为wives;为什么德语中表示"鸟"的

Vogel 变复数时出现元音前置的曲音(umlaut),变为 Vögel。

3 评价

自然生成音系学认为,自己并没有脱离生成音系学的大方向,并声称自然生成音系学"部分建立在 20 世纪 50 年代发展起来的转换生成理论之上,与其主要不同在于反对其音系表征及规则的抽象性"(Hooper 1976: xi)。从本质上说,自然生成音系学仍属于生成音系学范畴之内。但在解决形式与实体的矛盾问题上,Vennemann 和 Hooper 的解决办法与 Chomsky 和 Halle 的标记理论很不一样。他们反对用抽象的、反直觉的办法,喜欢以比较传统的直觉主义数学模式的建构观点为基础,提倡回归自然。自然生成音系学的形式结构不提倡抽象的底层形式,从而减少了对生成音系学中存在的规则排序及其交互作用的讨论。

自然生成音系学成功地对传统音系进行了描述,但它也将一些音系问题或摒弃或归类于非语言及非系统原则操作范围里。批评他们的人认为,不应该用外加的条件来约束音系学研究的目标,这种限制音系学研究目标的做法过激,结果等于将婴儿同洗澡水一起倒掉。尽管如此,其影响是不可否认的。从 20 世纪 70 年代后期到 80 年代,音系学研究中总的趋势是以比较具体的语音为基础,避免过于抽象的假设。但是 80 年代之后,由于非线性表征等问题成为后 SPE 理论之后音系学界研究的热点,自然生成音系学、自然音系学提出的有关音系学抽象性等重要理论问题,被忽视并逐渐退居次要地位。

自然音系学
Natural Phonology

1 起源与历史

要了解自然音系学,两个重要人物是万万不能忽视的。他们就是 David Stampe 与 Patricia Donegan。Stampe 自始至终与自然音系学紧密联系在一起。他的努力使自然音系学成为 SPE 理论后新音系学理论模式中不可忽视的流派之一。

从他发表的文章中,我们可以看到自然音系学理论思想的形成与发展。早期,他撰写的"论语音表征的习得"(*On the Acquisition of Phonetic Rep-*

resentation）和“论双元音的自然音系学”（*On the Natural Phonology of Diphthongs*）见诸芝加哥语言协会刊物。然而，这些文章并没有将他的理论系统化，直到1972年，我们在Stampe的博士论文中才第一次看到他较为完整的个人理论。该论文由芝加哥大学于1972年出版，书名为《自然音系学的博士论文》（*A Dissertation on Natural Phonology*）。1979年，该书后由Garland出版社出版。

另一个为自然音系学理论的建构做出重大贡献的是Donegan。她于1978年撰写的有关元音系统的论文详尽阐释了元音系统、音位变体、语言的历时演变和文体等问题。Donegan与Stampe合作发表了一篇“自然音系学研究”（1979）的论文，非常清楚地将自然音系学与其他音系学区分开，使自然音系学旗帜鲜明地自成一派。Stampe高度评价了Donegan，认为她是最透彻、最明了地展示自然音系学理论的人（Hurch 1996：vi）。

自然音系学自诞生之日起，就与习得理论有着千丝万缕的联系。Stampe指出，说话器官有特定的功用，有其发音的倾向，这是先天的自然过程。自然音系学把这一自然过程与后天习得的规则加以区别，认为习得的过程就是学习如何限制和压抑先天的自然过程。

自然音系学的观点实则又回到了SPE之前，甚至可以追溯到结构主义理论之前（Hurch 1996：viii）。如果说自然生成音系学多少与生成理论有相似之处，自然音系学则与生成音系学理论大不相同，在许多重要观点上两者是截然相反的。

自然音系学理论研究的实体不是那些通过类别系统而获得的抽象单位，他们要研究的是由发音和感知的生理、神经所严格决定的特征。此外，为了标明自己与生成理论的截然不同，自然音系学理论声称，音系变化是由两个本体明显不同的类型组成的。这一点与传统理论极为相似。

2 自然音系学的基本概念

2.1 类型

自然音系学与传统理论的相似处之一就是，他们提出音系变化是由两种本体明显不同的类型组成。第一种类型是真正由音位引起的变化，它与传统的音位变体大致相似。第二种类型则是语素音位，它所研究的是由语素引起的变化，它与第一种类型截然不同。

自然音系学理论认为，在一种语言中，只有那些严格遵循语言机制本质的声音—结构现象才能被认为是音系学，而语素音位学是不能称为音系学的。换言之，在自然音系学理论中，第一种类型才被视为音系学，而第二种类型被排除在音系学理论研究范围之外。在他们眼中，前者是过程，而后者语素音位是规则。习得的过程是第一种类型，即过程被抑制；第二种类型是语素音位被掌握的过程。在 Stampe 看来，只有被称得上音系的第一种类型才是自然的（Hurch 1996：viii）。

2.2 过程

自然音系学理论中最重要的就是"过程"理论。习得的过程就是学习如何限制和压抑的自然过程（natural processes）。话语器官有特定的功用，这是先天的。语言中存在一些音或音群，对发音造成了潜在的困难。自然过程使得人们易于发那些相对易发的音，把那些困难的音替换成类别相同、但相对简单的音或音群。这其实是人的一种本能，这种本能在儿童刚刚步入语言习得的阶段时表现最为明显。因为在这一阶段，只有过程在发挥作用，因而我们看到婴儿只能发出类似[pa]这样的简单音节，而其他更复杂的音或音节因为受这一自然过程的约束，就被过滤掉了。过程的作用就是使语言适应说话者与听话者的局限和需要。过程可以改善发音器官内部结构中存在的发音困难，或者矫正感知上的困难（Hurch 1996：x）。

Stampe 认为，儿童习得语音的历程其实就是过程的作用不断减弱，规则逐渐起作用的历程。随着儿童的不断成长，那些相对难发的音也必须替换那些较易的音，因为这些难音也是音位系统中不可或缺的组成部分。要达到表义的功能，这些难音就必须发出来。这样，过程就必须受到压抑。因此说，习得的历程就是过程作用不断得到削弱的历程。相反，规则的作用则在逐渐显现。

人类天生具有一套普遍自然规则，如阻塞音清化。人们学习一种语言时，部分是按需要抛弃这些固有过程，部分是掌握所学语言特有的大量特殊的非自然规则，比如英语中存在的软腭音软化等。也就是说，并不是所有的过程都被削弱。儿童在习得语言时，总会丢掉自己语言中所没有的自然过程，用某种特殊方法加以限制。例如，音节尾阻塞音清化的自然过程最终会被法国儿童抛弃，而习得俄语和日耳曼语族大多数语言的儿童会学习对其加以限制。

自然音系学认为，在使说话者最易发声的过程和使话语最易被听话者理解的过程中，存在一个相互平衡的过程，这种平衡便产生了语言的语音类型。（Hurch 1996：viii）尽管过程的种类繁杂，但大体上可以分为两大类，即聚合过程和组合过程。

聚合过程能独立发挥作用,不需要语音环境的制约。聚合过程强调每一类音最本质的特征,只有符合这一特征的音才是自然的,否则就是不自然的。聚合过程要求语音发生变化的方向是向其最本质的语音特征靠拢。例如,元音的本质特征是“无阻碍”,因此后元音[u][ɑ]等受阻较小的元音是自然的;而前高元音、鼻元音等受阻较大音则是不自然的,人们会本能地用更为自然的音去取代这些不自然的音。这也就解释了为什么[u][ɑ]等后元音的存在要比前高元音、鼻元音等普遍得多。像这种本能地用自然(省力)的后元音[u]去代替不自然(费力)的前元音[y]所引起的语音变化就是所谓的聚合过程。

音位在语言的实际使用过程中不可能单独存在,它必然存在于一定的语音环境(context)之中。而语音环境则会对此音位产生作用,从而使同一音位在不同位置上产生不同的音位变体。例如,当元音出现在鼻音的周围时自然会受到鼻音的同化,其结果必然是鼻元音的产生。这一过程就是组合过程。在组合过程的变化中,形态先于音系,因而规则在过程之前。在音系中,韵律又在音段音系变化之前。辅音强化(fortition)比辅音弱化(lenition)先起作用。韵律过程(prosodic process)组成音段变化,并有可能再次起作用,如重新划分音节、音步重构等(Hurch 1996:x)。

总之,过程的聚合产生音位系统,不管这一过程是否依赖环境。过程的组合产生音位表征(phonemic representation),产生实际中的言语。(Hurch 1996:ix)这里值得一提的是,组合过程和聚合过程有时会产生矛盾。例如,当口腔元音出现在鼻辅音前的时候,究竟应该实现组合过程,即受到鼻辅音的同化而成为鼻元音呢,还是应该实现聚合过程,即保持无阻碍这一最基本特征呢?就这一问题,Stampe 提出了两种解决方法。一种方法是规定一条普遍原则:当两类过程发生矛盾时,组合过程要为聚合过程让路。在上例中,语音变化的过程最终表现为非鼻音化(denasalization)。

另一种方法是根据具体语言的音位系统来因地制宜。例如,刚才提到的非鼻音化过程对英语适用,而对法语则不适用。母语为英语的儿童和母语为法语的儿童在语言习得的早期都无法发出不自然的鼻元音,这是过程发生作用的结果。然而在下一阶段,母语为法语的儿童会逐渐克服过程的作用,学会发鼻元音。因为在法语中,鼻化元音与口腔元音的对立起区别词义的作用,鼻化元音是独立的音位。而母语为英语的儿童则会把过程的这一作用保持下去,因为鼻元音并不是英语中的音位。

自然音系学将音段过程(segmental process)分为两部分,即增强和弱化。前者是出于声学和知觉的考虑,它使说话更易于理解;后者是为了更易于发音。例如，在 It's not him. 这个句子中，not 的 t 音属于音节尾不带声齿龈塞音，如变成不带声齿龈闪音，就更易于发音（Nathan 1996：115）。产生音位并由音系表现出来的聚合过程就是增强。Donegan 在解释元音对称时讲到元音过程的普遍理论如何起作用，还讲到这一相同的过程又是如何在音位上表现出来，并经历历时演变和地区、阶层、文化因素影响的。

2.3 过程与规则的区分

生成音系学流派将所有变化都归结为音系规则，自然音系学则不同，它认为只有与形态音位相关的才能算得上规则（Hurch 1996：viii）。自然音系学认为过程受共时语音的驱动，规则可能缺少这种驱动。历史变化和语法过程很容易使过程模糊，而过程的残留就是规则。过程是被下意识地应用，而规则主要是满足除音系之外的要求；过程在音系（韵律）环境和语境中应用，而规则则在形态音系中应用（Donegan & Stampe 1979：126～173）。

在语言游戏、口误、第二语言的发音以及借用语的适应上，只有过程得以应用。在语音修辞学（phonostylistics）中，过程倾向于分散，而规则则不然。也正是因为这一点，说一口标准的德国南部方言的人在第二语言习得或不经意的话语中，经常会转移或综合过程，比如将位于元音前的/s/发成/z/。但当他们学习英语时，从不会自发运用形态音位的曲音（umlaut）。

3 自然音系学与生成音系学的区别

自然音系学在许多重要理论上与生成音系学是截然相反的。其主要是在如下几个方面：

(1)生成音系学最显著的特点就是其抽象性。而自然音系学理论中不存在抽象性问题，更不存在规定的单位。它研究的实体不是一个个通过分类系统（classificatory system）获得的抽象单位，而是由话语发音和感知的生理和神经所严格决定的特征（Hurch 1996：viii）。

(2)生成音系学把所有的变化都归结为音系规则，而自然音系学则认为只有形态音位才能算得上是规则，这一点是两个流派的主要不同之处。尽管生成理论后来进一步发展，提出两层次音系学，两个流派在这一点上仍然有很大的不同。自然音系学一再主张，低层次音系（low-level phonology）应该保持自然性，并从这一类型上的变化发展出完整的理论，而生成流派却对此视为毫无意义（Hurch 1996：viii）。

(3)生成音系学重视规则，它把所有的变化都归为音系规则。自然音系学则认为，有些变化并不是由特定层次的转化决定的，而是由口腔和耳朵这些器官造成的。他们认为存在过程和规则两个因素。但这里的规则与Chomsky所说的规则并不完全相同。在Stampe看来,规则是相对的,而过程是绝对的。例如,英语字母g所代表的/g/和/dʒ/两个音位的交替就是由规则决定的。即使是以英语为母语的人也会把gill一词中的/g/误发为/dʒ/。相比之下,过程的作用则不容许错误的发生。例如,英语中/s/后的塞音不送气就是过程作用的结果,以英语为母语的人绝不会把stop中的[t]发成[tʰ]。

(4)生成音系学认为语音的习得表现为儿童对规则的逐渐掌握,而在Stampe看来,语音的习得则表现为儿童对过程的逐渐摆脱。换句话说,在对语言习得的阐释中,规则和过程的方向是相反的。SPE中规则的作用是由弱到强;而在自然音系学中,过程的作用是由强到弱。

后SPE时代是修补SPE模式中存在的各种疏漏的时代。在这一时期,与SPE密切相关的新音系学理论模式也纷纷涌现,自然音系学理论是其中最引人注目的。它的存在使SPE中的经典模型受到极大的挑战。自然音系学在韵律学等方面有过很多文章,他们把节奏、重音、音节作为产生话语的有机组成部分。他们对诸如音节、音步这些韵律单位等的研究,都被生成理论纳入他们的发展体系,丰富了生成理论,对生成理论的发展做出很多贡献。

4　自然音系学理论面临的挑战

如果Stampe的自然音系学学说成立,那无疑使SPE中的经典模型受到极大的挑战。然而,同样有学者对自然音系学的基本理论和方法提出了质疑。

关于历时研究中的证据,Dressler(1974)提出了不同的看法。按照Stampe的提法,音位的历时演变应当是单向的变化,但事实并非如此。例如,法语史上就有与古英语高元音[yː]的消失截然相反的例子。字母u在古法语中的发音是[u],后来却演变成了[y]。如果历时演变中真的存在Stampe所称的自然过程的话,那么这种由省力的后元音到费力的前元音的变化是不可能发生的。而事实与我们的设想恰恰相反。这一事实使Dressler相信,来自历时研究的证据未必站得住脚。

而来自语言习得的证据同样存在疑点。Drachmann(1976)甚至对Stampe的方法论产生了怀疑,即儿童语言的语音发展与成人语言中的语音变化究竟有多大的相似之处?儿童的语音习得的发展过程是否真的能代表语音变化的自然过程?Drachmann从以下三个事实中得出了否定的回答。

首先,儿童经常以塞音来取代擦音。我们可以在英国语言学家 Peccei 收集的儿童语料中找到相应的例子:儿童把 this, that 等词发成 dis, dat 的例子似乎随处可见(Peccei 1999:104)。而成人则正好相反。成人在较快的语流中反而常把塞音发成擦音,这一现象被称为擦音化(spirantization),如[ənd juː] (and you) >[əndʒjuː],[miːt juː] (meet you) >[miːtʃjuː]等。

其次,儿童在语言习得过程中经常用省略音节首的办法来对付多音节词,而成人几乎从不这么做。Peccei 的语料中有这样的例子:iguana > guana, recorder > corder, window > do, again > gain(Peccei 1999:98~103)。而成人多数情况下会选择截掉音节尾而不是音节首。正是这种"偷懒行为"导致了大量截短词(clipped words)的出现,如 advertisement > ad,automobile > auto 等。

再次,成人语言的语音变化中普遍存在元音和谐现象,辅音和谐极少;而儿童语言正好相反,如 yogurt > roro,stroller > lolər,tractor > dadə 等(Peccei 1999:105)。

上述论断表明,自然音系学的某些理论无法与语言事实完全对应起来。因此,该理论目前仍处于一种假说阶段。对于 Dressler 和 Drachmann 等人的责难,Stampe 尚未做出令人满意的答复。在这个问题上,Anderson 曾一语中的地指出:令自然音系学迷失方向的最大问题在于自然音系学与 SPE 理论一样属于解释性的理论,而在与音系学的描写性框架相结合时,两种方法论发生了冲突(Anderson 1985:346)。正因为这一问题一直无法解决,自然音系学研究目前进入了僵局,未能进一步发展。但是尽管如此,从后 SPE 音系学的总体发展来看,自然音系学以全新的视角对音系学进行了一次探索,是后 SPE 音系学发展历程中十分重要的一环,当之无愧地成为后 SPE 时期最重要的音系学理论之一。

抽象音系学
Abstract Phonology

抽象音系学①,顾名思义,研究的是音系学的抽象性。这一理论的正式形成来自于 Edmund Gussmann 在 1980 年出版的《抽象音系学研究》。随着生成音系学的不断发展,其规则的抽象性也不断升级,由此引发的有关音

① 这一部分内容主要是参考 Gussmann(1980)编写而成的。

系学抽象性的讨论也越来越激烈。Kiparsky 于 1968 年撰写的论文《音系学该抽象到何种程度?》是第一篇对音系学的抽象性进行全面探讨的文章，这篇文章对底层形式过于抽象的问题提出了有理有据的批评。之后的十余年间，很多音系学家对此问题发表了自己的意见，普遍持批评态度。以 Vennemann 和 Hooper 为代表的自然生成音系学是以反对生成音系学的抽象性为核心和基础的理论体系。建立之初，Hooper(1976)甚至提出，应完全抛弃与表层形式(surface form)不同的底层形式(underlying form)。整个自然生成音系学以真实概括性条件(True Generalization Condition, TGC)为核心，“认为一种陈述除非说明了所有的语音形式，不然就不是真正音系的(Trask 2000:268)”。而 Gussmann 提出的抽象音系学正是对自然生成音系学的 TGC 提出疑义，认为音系学研究必须存在一定的抽象性，才有可能准确系统地说明普遍规律而非具体的音系内容。而且，Gussmann 通过对波兰语音系大量数据的研究证明能够囊括并完整说明这种普遍规律而又与所有表层形式一致的音系表征，至少到目前为止，这还没有被发现。因此，Gussmann 认为，当存在底层形式与表层形式相脱离的语音现象时，抽象的音系规则必然存在并发挥作用。

抽象音系学并没有完全脱离生成音系学的体系，应被视为其一个分支，是其抽象性的系统阐述。Gussmann 在比较和总结了许多前人关于音系抽象性问题结论的基础上，以波兰语音系为研究对象，阐述抽象音系学内容。这本书的出版，使音系研究的抽象性问题，从生成音系学的一个争议焦点独立成为一个学派，即抽象音系学。

1 抽象音系学的理论基础

随着 Chomsky 生成音系学理论的不断发展，其理论的抽象性程度不断升级，后来的各派理论多是针对其抽象性问题所提出的趋于具体化的理论框架。而 Kiparsky 1968 年首次系统提出这一问题之后，关于音系研究到底应不应该存在抽象性，其抽象性究竟应该得到什么程度的限制等诸多问题，众多音系学研究者持有自己的立场。总的看来，根据其理论对音系抽象性的认同程度，可以分为三大类。一类坚持音系抽象性的必要性，他们包括 Brame，Lightner，Vago，Anderson 等。另一类强烈反对抽象性，认为音系研究亟须对抽象性加以限制，主要代表人物有 Hooper、Leben、Robinson 等。第三类在这两类之间徘徊不定，企图走中间路线。其中，Hooper 于 1976 年撰写的《自然生成音系学入门》一书的问世将音系研究的具体化推向了又一个高峰。上文提及 Gussmann 在论证抽象音系学时，以质疑自然生成音系学理论核心——TGC为前提条件。那么,什么叫真实概括性条件呢?它规定只有表层成立的、可见的,才能概括。音系研究的表征要在表层能够成立,音系表征形式基本上与语音形式一致。凡是和表层结构不一致的深层结构都要被摒弃。如果一个语素没有变化,则其底层结构一定和表层结构一致。如果有变化,其深层结构一定与某一语素变体的表层结构一致。

Gussmann认为,如果真如TGC所言,那么等于重回经典结构主义的音位原则,拒绝承认任何不能完全与语音环境相符的规则为音系规则。历史已经证明,结构主义的音位原则虽在描述单个音位方面有其优势,但在说明整个音系系统的内部联系方面却无能为力。而生成音系学能够在系统联系方面有所建树。一定的抽象性是无法避免的,尤其是在说明那些底层结构与表层结构相差很远的音系现象时,其抽象性会随着差异度的增大而更加抽象。Gussmann认为,TGC人为地使自然生成音系学丧失了在语言学研究中的重要性。换言之,无论采取什么方式限制抽象性,有一种方法注定是徒劳的,那就是将音系规则与语音规律同一化。Gussmann认为,从理论的实际运用角度来看,真实生成(true generation)的概念不仅使许多形态学规则变得不可行,甚至概念本身都产生了自相矛盾之处。正是在音系学研究具体化声浪愈来愈高的时候,Gussmann的《抽象音系学研究》于1980年出版。这无疑是为音系研究的抽象性正名。Gussmann通过对波兰语大量语音现象的解释,证明音系抽象性的存在是必然的。

2 理论本质

在Gussmann的定义中,抽象音系学并不赞同把音系研究变成符号游戏。抽象性的存在帮助我们在研究过程中对深层形式及规则做出合理的解释,尤其是对那些表层形式与深层形式相差很远的音系现象。必须通过抽象的音系表征和规则来证明表层与深层的逻辑联系,使整个系统保持完整的一致性。Gussmann通过波兰语音系中大量的数据分析证明,要解释那些与表层形式相矛盾或完全不同而底层形式实际上是相同的音系现象必须也只能通过抽象的表征和规则来完成。除元音松紧问题之外,该语言大量的音系学和形态学现象都可以用列单式的抽象描述进行归纳、解释。为此,书中列举了大量的交替形式,其系统本质无法在具体的表层描述中得以诠释,而很少的抽象性假设则能够系统地解释大量数据之间的内在关系。也就是说,每一个具体问题也许可以用一些准形态学解释来解决,但要将各相关现象作为一个系统或整体来解释,抽象的音系演绎是必不可少的,因为具体的形态学杂拼分析(morphological patchwork analysis)根本不可能解释这些现象之间的内在一致性。

2.1　对自然生成音系学的批判

Gussmann对自然生成音系学的批判,主要集中在对其理论核心——真实概括性条件,以及其主要语音结构规则——音系规则(P规则)和语素音位规则(MP规则)。

自然生成音系学的理论核心就是TGC,即音系规则必须也只能表示那些表层概括(surface generalization)。这种概括只能根据语音环境,包括音节边界和停顿边界(pause boundary),进行阐述。这样一来,所有的概括无疑等同于表层形式。因此,自然生成音系学不仅不可能承认绝对中和(absolute neutralization),而且要求所有规则顺序必须是完全透明的。规则与规则之间不可有任何显著形式(significant manner)的相互作用。在这里,音系规则的作用仅与实际发生的表层形式有关,底层形式概念存在意义也随之消失。取消了底层形式的音系规则实际上等于将音系表征形式退回结构主义时期,只是自然生成音系学没有采用音位层级上的表征。Gussmann反对Hooper的做法,认为其规则概括并不能解释、支持其论点,充其量不过是一种对经典结构主义的音位和语素分析的结合体。无交替形式只受那些语音条件下规则的影响,而这些规则只是"描述发音行为的动态过程"(Gussmann 1980:3),其词汇形式的作用则只是用分类信息保障得出正确的P规则。而不同的交替形式也只是进行表层形式的简单列举,这样的做法无异于结构主义的项目与配列方法(item-and-arrangement approach)。在Gussmann看来,两者具有高度的相似性。尽管如此,Gussmann认为,批判仍然要建立在肯定自然生成音系学具有相对独立的理论体系和框架这一基础之上,通过将此理论应用于语言研究中,以便检验其科学性、可实践性。

在自然生成音系学框架下,语言结构规则总体来说可以分为以下几类。一类是P规则,指框架中被认为具有音系性质的面很窄的一些规则,即只阐述有关语音的透明概括。另一类是MP规则,指框架内与语法和词汇有关的规则。除此而外,还有连接音变规则(sandhi rules),其中唯一的非语音信息规则是词界。另外,还有音节划分规则(syllabification rules),拼出规则(spell-out rules),构词规则(word formation rules),以及所谓"借助惯例"(via rules),即"直接表征不是从通常的底层形式派生出的表层形式之间关系的一种陈述。例如,通过规则[aɪ]↔[ɪ]表示类似divine/divinity那样成对的元音交替,并且会被存储于词汇中几乎每一对这样的词里面。通过规则和自然生成音系学有特定联系；它们的地位是有争议的，因为从术语的一般意义来讲，它们作为规则是不够明确的”(Trask 2000:278)。

Gussmann 试图运用 P 规则和 MP 规则来解释现代波兰语中纯软腭阻塞音和腭化软腭阻塞音之间的交替现象。遵循自然生成音系学理论框架的要求，如果这两个规则能够系统解释这一现象，即这种现象出现的语境是语音的，并只是语音的，其语境与变化本身存在着某种因果联系，且无例外情况，那么这一交替现象就是音系的。同时，其语境可以用语法或词汇术语阐释，而变化本身具有任意性，并且规则允许例外。另外，P 规则和 MP 规则之间应保持绝对分离。

波兰语中存在三个软腭阻塞音[k]，[g]，[x]，它们从不出现在前元音[i]之前，但可无限制地出现在辅音丛中。[k]和[g]不出现在元音[ɨ](位置比[i]稍靠后一些)之前，但这不绝对，在一些外来语和专有名词里有例外现象出现。软腭擦音[x]在本国语中通常都后接[ɨ]。腭化的软腭阻塞音[kʲ]，[gʲ]，[xʲ]从不出现在辅音丛中或音节尾。在元音前的出现情况也受到严格的限制。三者皆可出现在[i]前，不出现在[ɨ]前。塞音[kʲ]，[gʲ]可出现在[e]前，而[xʲe]的组合只出现在外来语中。三者一般不会出现在其他元音之前，但在外来语中有例外。我们不难看出，它们之间存在着明显的交替规律，但 Gussmann 同时也指出，例外现象很多，有些即使使用抽象的表征也很难进行完整地归纳和总结。不过，根据这些现象的规律性，并遵从自然生成音系学的要求，从语音规则和形态学规则两方面来论证，结论却是只能得到一些可观察的数据列表而已，不具有任何重要的理论意义。抽象的表征可以对这些现象进行整体上的分析，而例外情况通过其他补充规则进行归纳。

2.2 绝对中和

作为自然生成音系学的反对者，Gussmann 在抽象音系学中极力推崇绝对中和分析法。这一分析法在自然生成音系学中被禁止使用。绝对中和是指“一种假设对立仅存在于底层但在表层上根本没有语音现实的分析方法。这种分析方法常被用来解释同一音段的两类截然不同且相互矛盾的表现。这方面著名的例子之一是匈牙利语元音和谐。在匈牙利语里，一般地说来，一个词里的元音或者全部是后元音，或者全部是前元音。但是前元音/i/和/e/表现异常。在有些词里，它们表现得像前元音，但在另外一些词里，表现得却像后元音。在 Vago(1973)的分析中，为了解释这一例外现象，他建立了两个从不在表层出现的底层后元音/ɯ/和/ɤ/。这两个元音先参与元音和谐,然后分别与/i/和/e/无条件(绝对地)合并。使用绝对中和分析法是经典生成音系学最重要的同时也是最有争议的特征。自然生成音系学及其后继者制定的交替条件禁止使用绝对中和分析法”(Trask 2000:2)。Gussmann强烈地批判了自然生成音系学对绝对中和分析法的否定。他认为绝对中和分析法是分析语言数据的最有利的方法。没有绝对中和,就不可能有充分的语言描述。作者在书中列举了大量现象进行说明。例如,元音零交替现象,低元音的相互作用,鼻音的相互作用,等等。通过对大量语言数据的研究、分析和概括,作者证明有些发音区别在语音表征层面上是无法表示的。在波兰语中,无论是屈折还是派生,任何形态学问题的合理解释都必须以松紧对比为前提。据此,作者总结出波兰语的底层元音系统,运用事实证明绝对中和分析法在音系研究中的必要性。

人们必须承认,它是解释自然语言的必要事实。但这并不意味应视它为解释一切问题的灵丹妙药。我们可以看到,即使是在相当完善的抽象分析中,也存在抽象表征无法解释的问题。这时,我们不应就此否认整个抽象分析系统而应该寻找其他合理的解决方式,如构词规则或音位变体规则。不管怎么说,绝对中和对于总体分析是起了关键作用的,不容忽视,更不可否定。同时,也证明了音系研究抽象性存在的必然。作者给出大量事实,根据其变化规律,归纳出波兰语音系的深层规则。其规律性、可归纳性在作者强有力的证明下毋庸置疑,但这并不代表不存在任何例外。作者采用了Aronoff提出的“音位变体规则”来代替传统生成音系学中“再调整规则”,用于解释这些例外情况,同时强调“音位变体规则”用于其他规则之前。

3　总结

与许多评论不同,抽象音系学并不赞同把音系研究变成符号游戏,任何结果都有可能从任意规则中得出或是即使是无法解释的规则也可以接受。恰恰相反,在抽象音系学中,抽象性的存在正是由于研究过程中必须对深层表征形式及规则做出合理的解释,尤其是对那些表层形式与深层形式相差很远的音系现象,必须通过抽象的音系表征和规则来证明表层与深层的逻辑联系,使整个系统保持完整的一致性。为此,书中援引了大量的形态学现象,如屈折和派生,作为证据来说明音系抽象性的必要。任何对波兰语音系的描述都必须基于这些事实:只要没有找到一组有关数据的内在关联的具体解释方法,抽象性的存在就是必然的。

书中除了分析相对抽象性,同时也举出了一些使用抽象形式表征并不适合的情况,以及一些特殊情况,如语素变体规则和例外特征(exception feature)。同样,书中还提及了一些构词规则。它们的输入项不是该词或语素的深层表征,而是其表层形式。这些问题还需要进一步研究。对于任何的理论研究而言都是如此。只是基于一些零散的例子和数据,便断定音系学研究到底应该是抽象的还是具体的,是毫无意义的。音系学研究的重点应该放在将一种语言的音系看作是一种结构。在这种结构的框架下,通过语素交替形式、分布限制、构词规则、语素变体陈述以及例外构成多重从属关系的网络。如果从这一角度考虑,"具体还是抽象"问题还会成为首要考虑的问题吗?

反向音系学
Upside-Down Phonology

反向音系学是由 Leben 和 Robinsin(1977)提出的一个有高度特色的研究方法。在词库中,词由表层语音形式表征,而音系规则把表层形式转化为底层形式,这样就可以与其他底层形式直接联系起来。这与生成音系学的派生过程正好相反。生成音系学在底层设定一个表征形式,然后通过规则的应用,生成不同的表层形式。反向音系学对规则的应用设立规约(convention)。

> a. 如果在生成音系学中,一个词的派生是通过应用 A、B、C 这种排列顺序的三个规则完成的,那么在反向音系学中,规则应用的顺序正好相反,是 C、B、A,除了规约 c 所限定的情况外。
>
> b. 撤销规则 X →[−F](词形)/Y____Z,取而代之的是在 Y____Z 的语境中用[+F]取代 X 音段上的[−F];照此推理,规则 ø → X/Y____ Z 也要撤销,取而代之的是将 X 从 Y____ Z 的语境中删除。将规则反向恢复。
>
> c. 在应用构词规则时,如果规则撤销还不能增加 A 词形和 B 词形的可比性,那么这条规则不再应用。
>
> (Leben & Robinsin 1977:2)

在反向音系学中,规约 c 是一个自然规约,因为反向推导的全部目的是使两个语素变体更加相似。基于这一点,我们一旦通过某个规则确定 A 词和 B 词在形态上有关联,或者说推导中两个语素变体已经非常相似,我们的推导便不再继续进行。

因此,像 caprice/capricious、prestige/prestigious、detain/detention 这样的一对词,不需要使用什么特别的方法,也不用教,便可以找出它们的相似性,知道这两个词有关联。其他理论所面临的问题是,这些交替形式与元音转移所产生的形式不同,只表现出紧张性和松弛性的不同,没有元音高度的相应不同。如果 caprice/capricious 这两个词像人们所期待的那样,在元音高度上有区别,那么这两个词应该发 capr[ai]ce 和 capr[ɪ]cious,或者 capr[iː]ce 和 capr[e]cious。然而,在反向音系学的分析中,这种情况不需要任何特别的机制就能解决。在表层表征,从 capr[ɪ]cious 中找不到语素变体 caprice。相关的形态规则是这样:

构词规则:-(i)ous 依附部分(Attachment)
[NOUN-(j) əs]$_A$

要想用这条规则将 caprice 在 capr[i]cious 中找到,首先需要撤销一些音系规则,其反向推导过程如下:

	A 词	B 词	形态学
词形	[kəpriːs]$_N$	[kəprɪʃəs]$_A$	[NOUN - (j)əs]$_A$
a. 滑音脱落			
例如:j → Ø/ʃ ___	—	[kəprɪʃjəs]$_A$	—
b. 腭化			
例如:s → ʃ/___ j	—	[kəprɪsjəs]$_A$	—
c.(元音转移)	—	—	—
d. 二合元音化	[kəpriːs]$_N$	—	—
e. 松弛	—	[kəpriːsjəs]$_A$	—

(Leben & Robinsin 1977: 3)

capricious 的表层形式是[kəˈprɪʃəs]。这由一系列规则先将[kəˈprɪʃəs]转化到[kəˈprɪʃjəs],然后到[kəˈprɪsjəs],最后到[kəˈpriːsjəs]。这样,就能通过构词规则[NOUN -(j)əs]$_A$ 与底层形式 caprice([kəˈpriːs])相联系。caprice 和 capricious 在底层表征是一样的。元音转移规则在上述推导过程置于圆括号之中,这意味着此条规则的应用根据规约 c 的要求受到阻碍,因为这条规则不能增加 A 词和 B 词的可比性。然而,由于撤销了松弛和二合元音化这两条规则,通过使用上述构词规则,capricious 可以分解为 caprice 和词缀

-ious。规约 c 的要求在推导过程中是非常重要的。如果元音转移规则在推导过程的 c 阶段应用了，capr[iː]ce 就会变成 capr[ei]ce。如果是这样，没有音系规则能使我们将 caprice 和 capricious 联系起来。

不过，从历时的角度来看，caprice 的发音曾经是 capr[ai]ce。根据《牛津英语大词典》的记载，教皇曾使 caprice 与 vice 押韵。caprice 一词原先是从法语借来的，可能是因为法语的不断影响，caprice 的发音又转回到 capr[iː]ce。

原子音系学
Atomic Phonology

原子音系学是美国音系学家 Daniel A. Dinnsen 于 20 世纪 70 年代末创建的。与这一时期的许多音系学学派类似，原子音系学十分注重对音系规则的研究。而原子音系学的独到之处在于指出了不同音系规则在语法中重要性的不同，一些音系规则是最基本的，而另一些音系规则则是以此为基础发展而来的。用 Dinnsen 的话说，原子音系学理论的指导思想是，“利用一套原子规则(atomic rules)以及普遍语法原则，所有涉及音系规则的语言变异都是可预见的。”(1979：31)

1 原子规则与非原子规则

既然语法中的音系规则的重要程度有所不同，就必须对这种不同有所分类、有所说明。Dinnsen(1979)将音系规则分为两大类，一类称为原子规则，另一类称为非原子规则(non-atomic rules)。因此，语法中哪些规则是原子规则，哪些原则是非原子规则，就成为原子音系学研究中的核心问题之一。

1.1 音系规则间的补足关系

原子规则是语法中完全独立的规则，这些规则被认定为最基本、最具体的规则，且由实证依据所支持。既然原子规则是最基本、最具体的规则，那么如果一个音系规则是原子规则，该语言中的音系中就不存在比这一规则更加具体的独立规则，或是与之同等具体的独立规则，以对音系的结构变化起作用。

非原子规则不具备这种独立性，而是依赖于原子规则而存在。非原子规则要么是原子规则的补足(complement)规则，要么对补足规则进行进一步的补足。这种补足关系是原子规则与非原子规则之间最重要的关系。

Dinnsen(1979：31)指出，“当某些特征共存于两条音系规则的结构描述中时，如果这些特征足以准确解释同类型的输入表征形式，则这两条规则构成补足关系。”这一论断阐释了原子规则与非原子规则之间的补足关系。Dinnsen 进而以“词尾带声辅音的清化”这一音系规则为例，进一步明确了这种补足关系：

(1) $\begin{bmatrix}\text{－响音性}\\ \text{－持续性}\end{bmatrix} \rightarrow [\text{－带声}] / \_\_\_ \#$

（塞音性阻塞音位于词尾时为不带声。）

(2) $\begin{bmatrix}\text{－响音性}\\ \text{＋持续性}\end{bmatrix} \rightarrow [\text{－带声}] / \_\_\_ \#$

（持续性阻塞音位于词尾时为不带声。）

在上述两条规则的结构描述中，具有共同的特征，即[－响音性]#。两条规则分别解释各自的输入表征形式，前者为塞音性阻塞音（即塞音），后者为持续性阻塞音（即擦音）。因此，这两条规则构成补足关系。具备了成为原子规则与非原子规则关系的基本条件。

而下面这条规则却无法与上述两条规则中的任何一条构成补足关系：

(3) $\begin{bmatrix}\text{－响音性}\\ \text{－前部性}\\ \text{－舌前性}\end{bmatrix} \rightarrow [\text{－带声}] / \_\_\_ \#$

（软腭阻塞音位于词尾时为不带声。）

这一音系规则与前面两条音系规则显然缺少共同的特征，无法解释同一类型的输入表征形式。[－前部性]和[－舌前性]排除了唇音、齿龈音等，因此无法与上面两条规则中的“全部塞音”或“全部擦音”相提并论，因此也就失去了成为补足规则的条件。

那么，在形成补足关系的音系规则(1)和(2)中，到底哪一条是原子规则，哪一条又是非原子规则呢？这一问题必须由实证研究来决定。哪条规则被实证研究证明为独立的、不依赖其他规则而存在的规则，哪条规则就是最基本、最具体的音系规则，即原子规则；反之则为非原子规则。从 Dinnsen 和 Eckman(1978)对多种语言的“词尾不带声化”现象的实证研究来看，规则(1)是原子规则，而规则(2)是非原子规则。

在 Dinnsen 和 Eckman 调查的语言中，意大利语的费拉拉方言(Ferrarese Italian)、土耳其语以及希腊语的诸多方言均符合规则(1)的描述，即塞音位于词尾时发生不带声化。德语和加泰罗尼亚语(Catalan)则同时符合规则(1)和(2)的描述，即无论是塞音还是擦音，位于词尾时都发生不带声化。然而，Dinnsen 和 Eckman 却未能找到任何一种仅擦音位于词尾时才发生不带声化的语言。因此 Dinnsen 的结论是,存在词尾擦音不带声化这一音系规则的语言,必然存在词尾塞音不带声化这一规则,也就是说,词尾擦音不带声化不是独立的音系规则,它依附于词尾塞音不带声化这一规则而存在。因此,词尾塞音不带声化是原子规则,词尾擦音不带声化是非原子规则。

在那些同时存在规则(1)和规则(2)的语言中,可以将两条音系规则加以合并,即:

(4)[－响音性] →[－带声]/____ #

(所有阻塞音在词尾时都要不带声化。)

类似规则(4)这样经过简化或归纳的规则称为变异(variation)。在原子音系学中,正确的变异必须建立在补足关系的基础上。因此,规则(3)不是规则(1)或规则(2)的变异。

此外,规则(3)还涉及了发音特征(articulation feature),即关于发音器官的特征。具体地说,就是规则(3)中的"软腭"这一特征。而 Anwar (1974)和 Dinnsen(1979)相继指出,一切涉及发音特征的规则,都不在原子音系学的研究框架之内。

1.2 羡余特征与补足关系

上例中的补足关系建立在一组偶值特征(binary feature)上。但必须澄清的是,并非一切补足规则都必须建立在"仅有一组偶值特征对立"这一前提下。Dinnsen(1979)以 Robinson(1976)、Keel(1977,1982)对瑞士德语的研究为例,展示了存在多组特征对立的规则之间的补足关系。

$$(5)\quad \begin{bmatrix}\text{+元音性}\\ \text{－高度性}\\ \text{+后位性}\\ \text{－长度性}\end{bmatrix} \rightarrow [\text{+低位性}] / \underline{\quad\quad} \begin{bmatrix}\text{+辅音性}\\ \text{+响音性}\\ \text{－鼻音性}\\ \text{－边音性}\end{bmatrix}$$

(即[o] 在辅音/r/前变为[ɔ]。)

$$(6)\quad \begin{bmatrix}\text{+元音性}\\ \text{－高度性}\\ \text{+后位性}\\ \text{－长度性}\end{bmatrix} \rightarrow [\text{+低位性}] / \underline{\quad\quad} \begin{bmatrix}\text{+辅音性}\\ \text{－响音性}\\ \text{+舌前性}\end{bmatrix}$$

(即[o] 在舌前阻塞音前变为[ɔ]。)

尽管上述两条规则中对立特征的差别不止一组,但二者之间的关系仍然属于补足关系。从表面上看,规则(5)中不存在规则(6)中的[舌前性],规则(6)中也没有规则(5)中的[鼻音性]和[边音性],似乎不具备实现补足关系的前提条件。但是,如果将该语言辅音的羡余特征考虑进来,情况将发生很大的变化。在该语言中,[+舌前性]对于辅音/r/是羡余特征,而[-鼻音性,-边音性]对所有阻塞音是羡余特征。由此可见,两条规则的实现条件实质上都是[+辅音性,-鼻音性,-边音性,+舌前性],其补足关系是确定无疑的。合并这两条规则即可得到 Robinson(1976)及 Kiparsky(1968b)中著名的"Schaffhausen 方言元音下降规律":

$$(7)\quad \begin{bmatrix}\text{+元音性}\\ \text{-高度性}\\ \text{+后位性}\\ \text{-长度性}\end{bmatrix} \rightarrow [\text{+低位性}] / \_\_\_ \begin{bmatrix}\text{+辅音性}\\ \text{+舌前性}\\ \text{-鼻音性}\\ \text{-边音性}\end{bmatrix}$$

Dinnsen(1979)以 Robinson(1976)、Keel(1977,1982)的实证研究显示,上例中规则(5)是原子规则,(6)是非原子规则。规则(5)与规则(6)之间的关系表明,形成补足关系的规则之间未必只有一组相互对立的特征。不仅如此,简化后得到的变异规则中也不一定与原有规则只有一组特征相互对立。例如,规则(7)与规则(5)相比,略掉了[响音性]特征,增加了[舌前性]特征。

那么,是不是在将各种隐含的特征(如羡余特征)处理妥当之后,原子规则及其补足原则之间就一定仅存在一组特征的对立了呢?Dinnsen(1979)通过下面的例子否定了这一结论:

$$(8)\quad \begin{bmatrix}\text{+元音性}\\ \text{+后位性}\\ \text{-低位性}\end{bmatrix} \rightarrow [\text{-紧音性}] / \_\_\_\ \mathrm{CC}$$

(非低的后元音在闭音节中是松弛的。)

$$(9)\quad \begin{bmatrix}\text{+元音性}\\ \text{-后位性}\\ \text{-低位性}\end{bmatrix} \rightarrow [\text{-紧音性}] / \_\_\_\ \mathrm{CC}$$

(非低的前元音在闭音节中是松弛的。)

在规则(8)与(9)所描述的语言中,如果非低元音具有圆唇性的羡余特征,那么这两条规则之间的区别就不仅在于[后位性]这一唯一特征了,而是在于[后位性]和[圆唇性]两组特征。可见,补足关系的形成与规则之间对立着的区别特征的数量无关。

2 原子音系学理论与 SPE 模式的主要区别

Dinnsen(1979)除了明确原子音系学的研究对象外,还用很大篇幅比较了原子音系学与传统音系学(SPE 等模式)的明显区别。其中,对实证的依赖成为原子音系学区别于 SPE 的最明显标志之一。

从上一节的论述中不难看出,原子音系学十分注重音系规则的实证基础,这一点与高度抽象的 SPE 模式形成了鲜明的对比。例如,有的规则在 SPE 模式中很重要,然而缺乏实证作为支撑,原子音系学将这类规则排除在语法规则之外。可见,SPE 音系学中的音系规则,在原子音系学的框架下不一定成立。Dinnsen 认为:"对于任意一条规则 R,当且仅当(iff)R 是原子规则或与原子规则形成补足关系时,该规则 R 才成为语法中可能的规则。"(1979:36)

例如,规则(10)和规则(11)描述的是法语中的去尾规则(truncation rule):

(10) $\begin{bmatrix}+\text{辅音性}\\-\text{元音性}\end{bmatrix} \rightarrow \varnothing/\_\_\_\_[-\text{音段性}][+\text{辅音性}]$[1]

(词尾辅音与下一个词的词首辅音相遇时,词尾辅音去掉。)

(11) $\begin{bmatrix}-\text{辅音性}\\+\text{元音性}\end{bmatrix} \rightarrow \varnothing/\_\_\_\_[-\text{音段性}][-\text{辅音性}]$

(词尾元音与下一个词的词首元音相遇时,词尾元音去掉。)

在 SPE 中,这两条规则可以概括为规则(12):

(12) $\begin{bmatrix}\alpha\ \text{辅音性}\\-\alpha\ \text{元音性}\end{bmatrix} \rightarrow \varnothing/\_\_\_\_[-\text{音段性}][\alpha\ \text{辅音性}]$

然而,在原子音系学中,规则(10)和规则(11)之间并非补足关系,因此不能简化为正确的变异。假定规则(10)和规则(11)之间存在补足关系,那么规则(10)中的[+辅音性,-元音性]与规则(11)中的[-辅音性,+元音性]之间唯一的共同特征是[+音段性],由此可得出变异规则(13):

(13)* $[+\text{音段性}] \rightarrow \varnothing/\_\_\_\_[-\text{音段性}][+\text{音段性}]$

规则(10)(11)(12)中均未提及流音(liquid)([+辅音性][+元音性])和滑音(glide)([-辅音性][-元音性])。由规则(13)则可以推导出一系列错误的结论:如"词尾流音与下一个词的词首流音相遇时,词尾流音去掉"、"词尾滑音与下一个词的词首滑音相遇时,词尾滑音去掉"、"词尾元音与下一个词的词首辅音相遇时,词尾元音去掉"等。可见,规则(10)和规则(11)之间并不存在补足关系,不能按原子音系学的原则进行简化和归纳。

同样,传统 SPE 模式中的镜像规则(mirror image rule)也不符合原子

---

① 此处[-音段性]代表词前。

音系学的补足规则的要求,因而也不属于原子音系学框架下的语法规则。镜像规则如(14)所示:

(14) A → B % C____D①

在 SPE 模式中,当 A → B/C____D 和 A → B/D____C 同时成立时,可简化为规则(14),即所谓的镜像规则。Dinnsen(1979)列举了 Norman(1976)、Anderson(1974)、Harms(1973)、Miller(1976)等对镜像规则的批评,指出镜像规则之所以长期以来成为众矢之的,就是由于缺乏来自具体语言的输入表征形式作为实证支持。

Harris(1969)曾把西班牙语中滑音形成的规则作为镜像规则的实证,Dinnsen 从原子音系学的角度指出了其缺陷。西班牙语中滑音的形成遵循以下两条规则:

$$(15)\quad \begin{bmatrix} +\text{音节性} \\ -\text{重音} \end{bmatrix} \rightarrow [-\text{音节性}]/\_\_\_[+\text{音节性}]$$

$$(16)\quad \begin{bmatrix} +\text{音节性} \\ -\text{重音} \end{bmatrix} \rightarrow [-\text{音节性}]/[+\text{音节性}]\_\_\_$$

Harris 因此将这两条规则合并为:

$$(17)\quad \begin{bmatrix} +\text{音节性} \\ -\text{重音} \end{bmatrix} \rightarrow [-\text{音节性}]\ \%\_\_\_[+\text{音节性}]$$

并以此作为镜像规则的实例。

Dinnsen 却认为,规则(15)和规则(16)其实并不能构成补足关系。假定二者之间的补足关系成立,则可以简化为规则(18):

$$(18)\quad \begin{bmatrix} +\text{音节性} \\ -\text{重音} \end{bmatrix} \rightarrow [-\text{音节性}]/[+\text{音节性}]\_\_\_[+\text{音节性}]$$

然而,规则(18)却是一条被实证所推翻的错误规则。西班牙语的三合元音中,中间位置的元音须重读②,这一事实与规则(18)的描述恰好相反。

3　Wheeler 对原子音系学的修正与补充

Dinnsen 的原子音系学理论问世后,引起了音系学界的广泛关注。其中,Wheeler(1985)对这一理论进行了总结、评论及补充,极具创见地指出

---

① 表示镜像关系的符号%在当代音系学中已基本不用。

② 我国西班牙语教学界习惯将三合元音(triph thong)称为"三重元音",将其中滑音化的元音称为"弱元音",未经滑音化的元音则称为"强元音"。例如,"一个强元音前后各带一个弱元音,构成三重元音"(张绪华、宋建华 1986:23)。"三重元音由两个弱元音和一个强元音组成。强元音位于两个弱元音之间"(董燕生、刘建 1999:106)。

其独创之处以及不足之处。

3.1 关于补足规则

Wheeler 对补足规则这一极为核心的概念中存在的漏洞进行了指正。Wheeler 指出，原子规则的补足规则并非唯一的。在得到一个补足规则并认定其正确性的同时，不可忽视其他补足规则的存在。例如，1.1 中的规则(1)是原子规则，其补足规则(2)也是正确的。但规则(2)并不是规则(1)唯一的补足规则。下面的规则(19)同样是规则(1)的补足规则：

$$(19)\quad \begin{bmatrix} +\text{响音性} \\ -\text{持续性} \end{bmatrix} \rightarrow [-\text{带声}] / \_\_\_\ \#$$

(鼻音位于词尾时为不带声。)

规则(1)与规则(2)的差别在于[－持续性]：[＋持续性]，规则(1)与规则(19)的差别则在于[－响音性]：[＋响音性]。两组规则皆符合"有一组特征赋值不同"的要求。而 Dinnsen(1979)似乎只考虑到了规则(2)而没考虑到规则(19)。

由于原子规则是基本的、不可缺少的，而补足规则并非如此，那么我们依据 Dinnsen(1979)的理论，完全有理由相信在某些语言中，存在规则(1)和(19)，而不存在规则(2)。即，该语言的带声塞音和鼻音在词尾变为不带声辅音。同时，该语言中的带声擦音在同样的位置不发生任何变化，仍然为带声辅音。至于究竟存不存在这样的语言，非常值得怀疑。Wheeler (1985)也未能拿出证据证明这样的语言存在。如果这样的语言不存在，那么原子音系学所强调的"实证事实"的原则将无法得以满足。

不仅如此，Wheeler(1985)进一步指出，Dinnsen 的"在补足规则的基础上可以进一步得到补足规则"这一提法存在更大的漏洞。例如，规则(20)与规则(2)或规则(19)均有一组赋值不同的特征，无疑可作为规则(2)或(19)的补足规则，即"在补足规则的基础上进一步得到的补足规则"：

$$(20)\quad \begin{bmatrix} +\text{响音性} \\ +\text{持续性} \end{bmatrix} \rightarrow [-\text{带声}] / \_\_\_\ \#$$

规则(20)竟然出乎意料地把词尾的不带声化扩展到了元音，极不合乎情理。似乎"任何由[响音性]和[持续性]这两个特征来定义的类，都可能在词尾不带声化。"(Wheeler 1985：141)

一旦把各种羡余特征也考虑进来，"补足规则"将变得完全失去控制。例如，规则(1)中的塞音不仅有[－响音性]和[－持续性]这两个区别特征，还暗含着[－高度性]、[－后位性]、[－圆唇性]、[－低位性]等大量羡余特征。如果分别更改每一特征的赋值,将形成数量巨大的“补足规则”,并将覆盖一切音位,从而使规则(1)彻底失效。这一点无疑成为 Dinnsen 理论中致命的薄弱环节。

至于如何解决上面提到的重大漏洞,Wheeler(1985)提出了一条简明扼要却又行之有效的制约规则:“仅当补足规则本身存在时,通过补足规则进一步得到的补足规则才成立。”(1985:144)以上面的规则(1)(2)和(19)为例,当且仅当(2)成立时,(19)才有成立的可能,即只有擦音在词尾不带声化的语言中,鼻音才有在词尾不带声化的可能。

3.2 关于边界问题

由上面各例可以看出,原子音系学所研究的许多问题都与词界、音节界等边界(boundary)有关,尤其是在规则(10)～(13)对去尾规则的研究中,[−音段性](即边界)成了必不可少的研究对象。然而,Dinnsen(1979)却未对边界问题进行系统的原子音系学分析。对此 Wheeler(1985)认为,“依照原子音系学对音段特征矩阵的解释,利用与之类似的方法来讨论边界环境的概括程度、具体程度,将有一定的意义。”(1985:142)为此,他对这一问题做出了积极有益的探索。

Wheeler 的边界由四组特征决定:[±词界]、[±音节界]、[±话语界]及[±音系界]。

(21) (i) $$\begin{bmatrix} +\text{词界} \\ +\text{音节界} \\ +\text{话语界} \end{bmatrix} = \|$$

(ii) $$\begin{bmatrix} +\text{词界} \\ +\text{音节界} \\ -\text{话语界} \end{bmatrix} = \#\ \text{的一部分},\ \$\ \text{的一部分}$$

(iii) $$\begin{bmatrix} +\text{词界} \\ -\text{音节界} \end{bmatrix} = \#\ \text{的其余部分}$$

(iv) $$\begin{bmatrix} -\text{词界} \\ +\text{音节界} \end{bmatrix} = \$\ \text{的其余部分}$$

(v) $$[+\text{音系界}] = \left\{ \begin{matrix} \| \\ \# \\ \$ \end{matrix} \right\}$$

(Wheeler 1985:142)

Wheeler 认为,话语界规则(21i)是这些规则中最具体的规则,可以看作是原子规则。(21ii)是(21i)的补足规则,而(21iii)和(21iv)则分别为(21ii)的进一步补足规则。这样,原子音系学的研究范围就由音段延伸到了非音段的边界,从而使原子音系学理论变得更加完整。

词汇音系学
Lexical Phonology

词汇音系学[①]是一种将音系与构词联系在一起的音系学理论。它将构词规则和音系规则置于同一框架内。这一理论基于这样的一种见解:音系规则很大程度上与构词规则一起以循环方式运作,共同规定一种语言的词项(lexical item)类。词汇音系学有两个子理论,即形态子理论和音系子理论。形态子理论主张按层次排序,即词缀的划分不再是依靠界限标记(boundary-marker),而是依靠将词缀划归为词库的不同子集,即加了编号的层次(levels),其中各构词规则的区分对应于各音系规则的区分。而音系子理论将音系规则分成两个组成部分:词汇规则(lexical rules)(有时也称为循环规则)和后词汇规则(post-lexical rules)(有时也称为词汇后规则)。词汇规则在词库中与构词规则按层次有序地交互作用,并产生最终的词项表征形式。后词汇规则运用于句法输出的结构,其运用范围超越了词的界限并利用了句法结构,因此它有时也被称为短语音系学(phrase phonology)。把词汇音系学作为系统理论提出并详加阐述的是 Kiparsky(1982), Mohanan(1985,1986)、Goldsmith(1989)、McMahon(2000)等学者,他们对这一理论进行了充实和发展。

1 词汇音系学的形成与发展

1968 年,Chomsky 和 Halle 合著的《英语音系》(简称 SPE)一书正式出版。该书首次全面、系统地提出并阐述了以音系规则为主体的生成音系学理论,是生成音系学的代表作。但从 70 年代起,随着语音研究的不断深入,人们开始从不同角度对 SPE 模式进行修正,并提出了各种音系学理论。

词汇音系学就是针对 SPE 理论中的一些问题而提出来的,当然也有其形成的理论基础。SPE 模式中,表层的语音体现是通过音系规则作用于底层结构而推导出来的,因而音系规则驱动的音系推导主要出现在句法部分

---

① 这一理论的介绍主要参考 McMahon(2000)和王嘉龄(1987)编写而成。

之后的音系部分。也就是说,音系规则只能在句法部分之后的音系部分运用。然而,后来的研究表明,某些音系规则的作用域往往是由语素范畴或语素界限所决定的,同构词部分有关,而另外一些音系规则与构词部分无关。70 年代,Aronoff(1976)建立了生成语法的构词学理论,人们逐渐认识到构词与音系之间的关系。与此同时,Siegel(1974,1977)和 Allen(1978)提出,构词部分在词库中由几个有序的层次构成。这成为词汇音系学的一个重要基础。

因此可以说,词汇音系学是 70 年代几个方面的语言理论加以综合研究而形成的,其中影响最大的是 70 年代中期构词学理论在生成语法中的重新建立和发展。生成语法创建初期,把构词学排除在语法学理论之外,将派生词和合成词的构成统统放到句法部分,由句法规则来解决,从而使构词学失去了存在的依据。当时认为 reduction 一类派生词就是在句法部分通过名词化(nominalization)规则从动词 reduce 转换而成的。在当时,语法完全忽略了词汇这一部分。正如 Aronoff(1976)所说的,"在生成语法领域内,构词学被成功地遗忘了很久。后句法结构语言学理论对句法和音系的研究比比皆是,而构词学却不知去向。"(McMahon 2000:35)但 Chomsky 于 1970 年发表了一篇题为"名词化论说"的文章,重新将词引入了生成语法中。在此文中,通过对 criticism、reduction 和 transmission 等派生名词的研究,Chomsky 认为转换规则并不适用于此类不规则的名词派生,而应该在词汇部分的理论进行研究。此后,Halle(1973)、Siegel(1974)、Aronoff(1976)和 Allen(1978)先后对词汇部分的理论进行了研究。70 年代初期,出现了词汇假说(lexicalist hypothesis),认为派生词和合成词不是在句法部分构成的,一切词的构成均发生在词汇部分。特别是 Siegel(1974,1977)和 Allen(1978)提出,构词部分由几个有序的层次组成,这一观点俨然已经成为词汇音系学的一个重要理论来源。词汇音系学受到构词学说的启发,将音系规则引入词库中,形成词汇和后词汇,即句法前后,两部分的音系规则推导,将音系规则分成词汇规则和后词汇规则。每条音系规则与构词规则相对应。

2　构词与音系

Siegel(1974)把英语派生词缀归纳为两大类:I 类词缀和 II 类词缀。I 类词缀包括 in-、-ity、-ian、-ory、-ary、-ion,形容词词缀-ate、-al、-ic,名词性词缀-y 等;II 类词缀则包括 un-、-ness、-less、-hood、-like、-dom、-ful、-ship,形容词词缀-ed,名词词缀-ing 等。这两类词缀有两大特点:I 类词缀可以加在任何词根上,而 II 类词缀变化只发生在词之后,如(1)所示。在多层词缀变化中,I类词缀更贴近词干,以至于II类词缀可以添加在经过I类词缀派生后的词干之后,而I类词缀却无法添加在II类词缀变化后。因此,我们可以通过在一个形容词后添加-ness或-ity派生出名词,如good/goodness,divine/divinity。但I类名词词缀-ity却无法添加在II类之后,如hopelessness,而不是hopelessity,如(2)所示。

(1)

inert	*unert
intrepid	*untrepid
insipid	*unsipid
immaculate	*unmaculate

(2)

I I	I II
atomicity	atomicness
II II	II I
hopelessness	*hopelessity

(McMahon 2000:37)

此外,Siegel还认为,所有I类词缀变化都发生在II类词缀变化之前。Allen(1978)采用并发展了Siegel的这一观点。他把Siegel的类(classes)进一步称为层次(levels),认为构词过程中贯穿几组规则。每组构词规则具有不同的特征,而且整个构词过程是由几个有序的层次组成的。与I类词缀变化相对应的派生构词规则发生在层次1上,II类词缀则在层次2上,如(3)所示。对于任何输出词库的词必须按序经过所有的层次。Allen同时又指出了另一个区别I类词缀与II类词缀的特征,即I类词缀能与黏着词干(bound stem)相结合,而且必须经过层次1的词缀变化才能进入下一个层次。

(3)

	[ert]	[graph]	[hope]
层次1	[in[ert]]	—	—
	—	[[graph]ic]	—
层次2	—	—	[[hope] less]
	—	[[[graph] ic] ness]	[[[hope] less] ness]
	[inert]	[graphicness]	[hopelessness]

前缀in-: 层次1

后缀-ic：　层次 1
后缀-less：　层次 2
后缀-ness：　层次 2

(McMahon 2000:37)

Kiparsky 用加括法(bracketing)区分了词干和词缀,同时也区分了合成词和词缀变化后的派生词,如(4)所示。

(4)　[happy]　词干
[un[happy]]　前缀派生词
[happy[ness]]　后缀派生词
[[green][house]]　合成词

Mohanan 和 Kiparsky 同时认为,词的内部结构变化发生在层次上,不应该应用下一个层次的规则。所以,括号消抹规约(Bracket Erasure Convention)被用来消抹所有词的内部括号一直到最后一个层次。与 Allen(1978)一样,Kiparsky 同样也认为,合成(compounding)与所有词缀派生一样都发生在词库内,所以合成在构词中也有一个层次。Kiparsky(1982)早期的构词过程如下所示。

(5)　词库
层次 1：　I 类派生
如后缀-ic,形容词词缀-al,前缀in-
不规则屈折
如oxen,indices,kept
层次 2：　II 类派生
如-ness,-hood,un-
合成
层次 3：　规则屈折
如复数变化-s,过去式-ed
句法

(McMahon 2000:40)

构词法在词库中不是固定的,每一层的变化会引起词的语音体现的变化,因此构词法与音系变化是一种互动关系(interaction)。早在 1974 年,

Siegel 就说明，I 类词缀变化能引起词干的重音转移，II 类词缀变化则是重音中性(stress-neutral)的，如(6)所示。

(6)	词项	层次 1	层次 2
	'valid	va'lidity	'validness
	'atom	a'tomic	'atomise
	'parent	pa'rental	'parenthood

(McMahon 2000:42)

由此，Siegel 提出了循环音系规则，包括重音变化，发生在词库的 I 类和 II 类词缀变化。I 类词缀变化发生在重音变化之前。后来，Allen(1978)观察到构词法与音系学之间的这种互动关系不仅仅限于重音规则。他提议，每一层次上的词的结构应该被界定，并用＋表示层次 1 上的结构界限，＃表示层次 2 上的结构界限。他认为，音系规则就可能形成并被运用在＋上而不是在＃上。后来，Mohanan(1982)和 Kiparsky(1982)把这些观点融汇成一个完整的模式，即形成了词汇音系学的基本理论框架。

3　词汇音系学的基本主张

词汇音系学，受到 Siegel 等人构词学的影响，其基本观点就是把一种语言中词汇的派生和屈折变化，即构词过程看作是一组有顺序的层次，而每一层次都有一组音系规则与之相对应。词汇音系学将音系规则引入词汇中，形成了词汇和后词汇规则两部分的音系规则推导。音系规则分为两类：一类为词汇规则，在词汇中与构词规则按层次有序交互作用，产生派生词和合成词及其他词汇表征形式；另一类为后词汇规则，应用于从句法输出的结构。因此，词汇音系学理论有两大关键概念，一为构词层次，二为词汇规则和后词汇规则。

3.1　层次

为了更清楚地阐述什么是构词层次，我们将以英语为例对此加以说明。英语中到底存在多少个构词层次，对这一问题学术界答案并不一致。Booij 和 Rubach(1987)认为，英语中只有两个构词层次，Kiparsky(1979)认为共有三个层次，而 Halle 和 Mohanan(1985)则主张有四个层次。Booij 和 Rubach 把英语限制在两个层次上，如(7)所示。层次 1 上是 I 类派生以及不规则屈折变化，与之相对应的是可循环音系规则。层次 2 是 II 类派生，合成以及规则屈折及相对应的音系规则为后循环规则。但 McMahon (2000)认为这种分层法对荷兰语和波兰语等语言太过笼统。在英语中,层次 2 上可以同时应用音系规则和构词规则,而在荷兰语和波兰语中要求所有的构词规则都发生在可循环的层次上,这就暴露了两层法的局限性。

(7)　　层次 1:I 类派生,不规则屈折变化

循环音系规则

层次 2:II 类派生,合成以及规则屈折

后循环音系规则

Kiparsky 则认为,英语应该有三个构词层次:第一层次包括 il-、de-、-al、-ous、-ity、-th 等派生词缀以及一些不规则的屈折变化,如 met、slept、children 等词的屈折变化;第二层次包括 non-、un-、re-、-hood、-ness、-ship、-er等派生词缀及合成词;第三层次包括规则的屈折变化,如 helps、helped 等屈折变化。由于这三个层次是有序的,所以一个词干必须经过第一层次进入第二层次,然后通过第三层次再输出。因此,在英语中,我们有 dangerousness,而没有 * dangernessous,有 nonillegal,而没有 * ilnonlegal,如(8)所示。

(8)			
	非派生词项	danger	legal
	第一层次	danger + ous	il + legal
	第二层次	dangerous + ness	non + illegal

Kiparsky 把合成和 II 类派生词缀同时分在第二层次上是因为这两种构词变化可以互相馈给(mutual feeding),如(9)所示。

(9)

[[[neighbor][hood]][gang]]

派生 ——▶ 复合

[re[[air][condition]]]或[[hard-hearted]ness]

复合 ——▶ 派生

Halle 和 Mohanan 接纳了 Kiparsky 认为复合和 II 类派生之间存在互相馈给的想法,但同时 Mohanan 认为把复合和 II 类派生归在同一层次中是不合理的。他们将复合和 II 类派生分成了两个不同的层次,把合成单独置于层次 3 上,如(10)所示。但这两层之间并未脱离 Kiparsky 所主张的互相馈给关系。在此,Mohanan(1986)提出了一个叫层次回路(loop)的新概

念,来说明层次 2 与层次 3 之间的馈给关系,即通过层次回路,层次 3 上的合成词可以回到层次 2 上并与 II 类派生词相结合。层次回路其实就是 Mohanan 为了能使层次 3 上的合成词返回到层次 2 上并与 II 类词缀结合并派生出新的派生词而采用的一种手法。这样,层次回路就使在层次 n 上的产生物返回到层次 n−1。但这并不意味着层次 n−1 和层次 n 之间毫无顺序可言。想从层次 n−2 进入层次 n 必须也只有通过层次 n−1,而每一个通过层次 n−1 的词干在进入 n+1 之前必须进入层次 n。

(10)

	层次 1:	I 类派生,不规则屈折 *重音转移、三音节松音化、鼻音同化*
	↓	
层次回路	层次 2:	II 类派生 *元音转移、软腭音软化*
	↓	
	层次 3:	复合构词 *词干尾音延长及紧音化*
	↓	
	层次 4:	规则屈折 */l/音节重新划分*
	↓	
	句法部分 *送气、闪音*	

词汇音系学认为,每一个构词层次都有一个与之相对应的音系层次。这个音系层次由一组音系规则组成,这一组音系规则将作用于这一层构词层次所产生的构词结构。Kiparsky(1982)认为,"词汇部分中每一个音系层次的规则都自成体系,构成一个独立的小音系,而后词汇规则也可构成一个小音系。"(McMahon 2000:32)

一般来说,一个规则只作用在一个层次上,比如三音节松化规则(Trisyllabic Laxing Rule,TSL),如 divine/divinity 就只发生在第一层次上。但也存在一规则多层次的现象,如重音转移规则,既可以发生在层次 1,如 set/reset,也可以发生在层次 2 或者层次 3 上,如 black board/blackboard。但 Mohanan(1982)在研究 Malayalam 语时,发现这种语言词汇部分的各个层次之间以及后词汇部分与词汇部分之间的音系规则有重叠现象。也就是说,同一音系规则在几个层次中反复出现。这就是音系规则不同于转换生成语法规则的地方。Mohanan 认为,"同一规则可以运用在不同的模式中,产生出不同的结果。"(Mohanan 1986:45)

3.2 词汇规则与后词汇规则

词汇音系学另外一个重要概念是称为词汇规则和后词汇规则的两类不同的音系规则。词汇规则在词汇部分起作用,运用于各构词层次的每一个构词过程之后;后词汇规则运用于句法部分所输出的结构,与构词过程无关。显而易见,用与构词过程有无关系来区别这两种规则略显笼统。词汇规则与后词汇规则各有特点,如是否具有循环性,是否有例外,以及是否受到结构保持条件的限制等。因此,严格区分词汇规则和后词汇规则是词汇音系学的基本原则。集各家之说,二者的主要差别表现在以下 6 个方面。

词汇规则	后词汇规则
需要参照语素标签	不需要参照语素标签
可以有例外	不可以有例外
结构保持	不需要结构保持
可使用操本族语者的语言直觉	不易使用操本族语者的语言直觉
不能跨词界应用	可以跨词界应用
必须在所有词汇后规则之前应用	必须遵循所有词汇规则

(Gussenhoven & Jacobs 1998:119)

3.2.1 循环性

Pesetsky(1979)和 Kiparsky(1982)都认为,词汇规则与后词汇规则最具区别性的特征是,是否具有循环性(cyclicity)。词汇规则只应用于词库中,且能在几个层次内循环应用,而后词汇规则不具有循环应用的性质。所谓"循环"是 SPE 中的一个基本概念,即对一个带标记括号(labeled bracketing)的结构运用规则时,要首先对最内层括号中的结构使用规则。待所有的规则都运用完毕,使这一层括号消抹,即为一个循环。然后,再将剩下的最内层括号中的结构运用规则,如此循环直到最外层的括号消抹为止。这就是规则的循环应用。词汇音系学中每个层次相当于 SPE 中的一对括号。每消抹一次括号就遵循了括号消抹规约,即进入下一个层次之前消抹前一层的括号。以 repressurize 为例,说明这条规约。

(11)

层次 1	[press][-ure][-ize]
加后缀	[[press][-ure]]
加后缀	[[[press][-ure]][-ize]]
层次 2	[re-][pressurize]→括号消抹
加前缀	[[re-][pressurize]]

由此可见,词汇音系学中循环是词汇层次与语音规则相互推导的结果。词汇音系学谈到循环应用时,每一个词汇层次上音系规则的使用相当于 SPE 中的一对括号,即一个循环。因此,从理论上讲,有几个层次就有几个循环。Mohanan(1982)和 Kiparsky(1982)都认为,所有的词汇规则都具有循环性质,如(12)所示。

(12)

不规则屈折	←	重音	层次 1
I 类派生	→	松音化	
II 类派生	←	合成	层次 2
合成	→	重音	
规则屈折	←	响音化	层次 3
	→	音节重新划分	

(McMahon 2000:45)

所有构词层次都是在词库内,所运用的音系规则也都是与构词过程有关的词汇规则,而不是后词汇规则。除此之外,词汇音系学中,规则的循环运用还要受到严格循环条件(Strict Cyclicity Condition)的制约。所谓严格循环条件是指循环规则要在派生环境中应用。在一个结构经过一个层次产生了派生结构之后进入下一个层次时,下一层次的规则只能对这个派生结构起作用,而不能对上一层次已经应用过规则的那个结构起作用。下面(13)从波兰语中举个例子予以说明。波兰语有这样两条音系规则:

(13)　(i) š → ɕ/____ i

　　　(ii) x → š/____ i

这两条规则是有序的,(i)在(ii)规则之前。[gmax](房子)在第一构词层次加词缀[-isk],变为[gmax＋isk],规则(ii)对此发生作用变成[gmašisk]。规则(i)不能再在这一层次对[gmašisk]发生作用,因而两规则是有序的,(i)发生在(ii)之前。进入第二构词层次,加上词缀[-o],变为[gmašisk＋o]。在这一层次中,规则(i)也不能对此发生作用变为[gmaɕisko],因为需要遵守严格循环条件。第二层次中,音系规则只能对上一层次的整个派生词[gmašisk]起作用,而不能再对其结构内部的某一部分起作用,所以[š]就不能根据规则(i)变成[ɕ]。这样,最后输出的结构只能是[gmašisko],而不是[gmaɕisko](王嘉龄 1987:91)。

3.2.2 参照语素信息

与 Pesetsky 和 Kiparsky 不同的是,Mohanan(1982)认为,对语素信息(morphological information)的敏感性是区别两大规则的最大特征。词汇规则在词库中应用,因此词汇规则能使用范畴标记(category labels),如名词(N)、动词(V)等。例如,荷兰语有这样一条规则,词尾的[n]往往在[ə]之后脱落,如(14)所示。

(14)

底层	表层	词
$[[lo{:}p\ ]_{v}+ən]_{inf}$	lo:pə	to walk
$[te{:}kən]_{n}$	te:kə	sign
$[[te{:}kən]_{v}+ən]_{inf}$	te:kənə	to draw
$[o{:}pən]_{adj}$	o:pə	open

但当[ən]发生在动词词干后就不发生脱落现象,如(15)所示:

(15)

底层	表层	词
$[te{:}kən]_{v}$	te:kən	draw
$[o{:}pən]_{v}$	o:pən	open

(Gussenhoven & Jacobs 2001:120)

N-DELETION(16)规则可以区分"a sign"和"to draw",形容词 open 和动词 open。在这种情况下只能应用词汇规则。一旦一个词离开了词库,并进入了句法结构,那么范畴标记也将发生变化。所以,后词汇不参照语素信息。

(16) N 脱落　　$N \rightarrow \emptyset / ə\ \_\ ]_{x}$

条件:$X \neq V$

语素信息包括一个词项中语素界定的存在与否,语素特征如拉丁语词(Latinate)、例外特征等,这些语素特征会影响甚至阻挡某些对语素信息十分敏感的构词过程。例如,英语中的三音节松音化规则就要求语素信息的参与,它应用在语素之间而非词之间。因此,这规则发生在 divin+ity,而不是在 maiden+hood 中。相比较之下,送气(aspiration)规则和闪音(flapping)规则不需要参照语素信息,它们是后词汇部分中的音系规则。

3.2.3 例外原则

词汇规则应用在词库中,允许有例外存在。以上提到的三音节松音化规则使-ity 等后缀派生的词倒数第三个元音松音化,如(17)所给例子。然而,派生词 nicety 和 obesity 等例外的发音为[ai]和[i:],而不是松音[ɪ],[e]①。

(17)

紧音	松音
div[ai]ne	div[ɪ]nity

---

① [e]是紧音,[ɛ]是松音,后者更合适一些。

v[ei]n　　v[æ]nity

ser[iː]ne　　ser[e]nity

后词汇规则没有例外，词汇规则可以有例外，也可以没有例外。举个例子，英语中有这样一条规则，[n]在词尾且在[m]之后会被删除。这一规则被认为是词汇规则，因为它的作用需要参照屈折词尾变化之前的语素信息。

(18)

词干	屈折词	派生词
dam[Ø]	dam[Ø]ed, dam[Ø]ing	dam[n]ation
colum[Ø]	colum[Ø]s	colum[n]ar
hym[Ø]	hym[Ø]s, hym[Ø]ing	hym[n]al

从例子中可以归纳出，凡是屈折变化的词尾中，[n]删除规则都可以适用，而当[n]在词内部时，[n]不被删除。因此，在英语中，词汇规则 n-deletion 规则毫无例外。

3.2.4 结构保持

词汇规则需要遵循结构保持（structure preservation）这一原则。按此原则，对一种语言的音段总藏（segment inventory）可能包含的底层音段的制约，对自主音段互相联结的制约，始终都在音系学的词汇部分的整个派生过程中起作用。Kenstowicz(1994)指出，如果一条规则引出非区别性特征的音段，那么根据结构保持这一原则，这条规则就只能应用在后词汇部分。Hargus(1993)认为结构保持原则指一条典型的词汇规则应该保持基本的底层音段，音段总藏及音调的相互联结。也就时说，在词的派生过程中，会有一些音段和音调不会受到任何改变。

对于结构保持原则，Kiparsky 是这样提出解释的。他提出，在词汇部分的音系规则不能产生非区别性特征。也就是说，如果某种特征是非区别性的，那么这一特征就不可能在词汇部分体现出来。由于这个非区别性特征不能体现在非派生词项中，因此不能通过词汇规则将其产生（McMahon 2000）。例如，"送气"在汉语中具有区别性，而在英语中却是非区别性特征。因此，英语塞音在音节首送气，如 pit[p^hɪt]，而在[s]后面就不送气，如 spit [spɪt]。由"送气""不送气"这种非区别性特征构成的[p^h]和[p]的区别就不能由音系规则在词汇部分表现出来，而要由后词汇规则在后词汇部分中体现。词汇规则之所以受到结构保持条件的限制，Gussenhoven 和 Jacobs (1998)认为，部分音系规则的最后输出项受制于底层表征中的音段。换言之，底层表征中的元音、辅音及声调的词汇总藏（lexical inventory）比表层表征中的项目单元小。因此，在英语中，底层表征不必区分送气与不送气塞音，而产生送气与不送气塞音的规则就属于后词汇部分的音系规则。音段[p^h、t^h、k^h]就不存在于英语的词汇音段总藏中。

3.2.5 派生环境

音系规则在词汇部分应用时只限于派生环境(derived environment)，而不能用于非派生环境，这一点解决了 SPE 中有些无法解答的问题。再以英语中的三音节松化规则为例：V→[－长音性]/_$C_o V_i C_o V_j$，条件是 V_i 非重读。这条规则也能解释为什么 quotation 中的 o 不变成短音，因为第二个元音 a 是重读的。但这一规则却难以解释 nightingale 中第一个 i 为何不变成短音。词汇音系学却能非常顺利地解决这一问题。三音节松音化规则是词汇部分的音系规则，即词汇规则，只限于派生环境。sanity 是从 sane 中加词缀-ity 派生出来的，根据三音节松音化规则，a 由长音[ei]变成短音[æ]；而 nightingale 是基本词项，不是派生词，所以三音节松音化规则就不再适用。因此，第一个 i 也就不能从长音变成短音。

Kiparsky(1984)还提出了强域假说(Strong Domain Hypothesis)。根据这一假说，一个语言的语法仅规定哪条规则在哪个层次之后不能应用。音系所有的规则，只要符合这三条原则，即(1)循环应用；(2)只限于用于派生环境；(3)结构保持，均可在词汇部分的第一层次使用。在词汇部分的其他层次以及在后词汇部分，有些音系规则不能使用，并且不许增加新的规则(王嘉龄 1987:90)。

3.3 词汇音系学的总体模式

概括起来讲，词汇音系学就是将音系规则引入词库中，形成词汇和后词汇规则两部分的音系规则推导。词汇规则在词库中与构词规则层次有序地交互作用产生派生词及其词汇表征形式。后词汇规则，则应用于句法输出的结构，构词过程和音系规则的交互关系可以用下图表示。

(19)

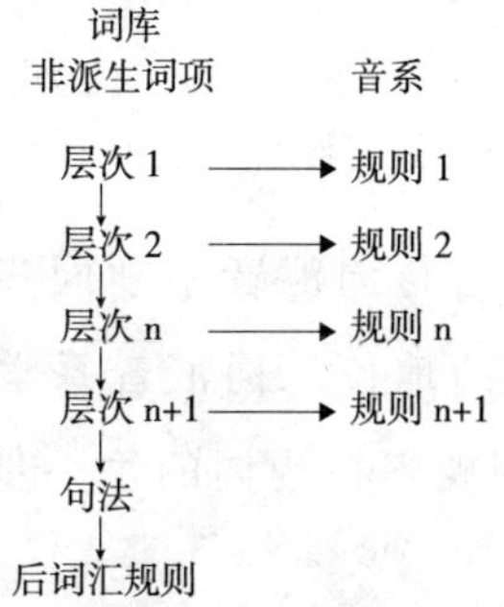

4 总论

创建于80年代的词汇音系学是生成音系学发展的第三个阶段。SPE是生成音系学的第一个阶段,随后音系表征由线性向非线性发展。进入第二个阶段,产生了自主音段音系学和韵律音系学。建立在构词学基础上的词汇音系学是最接近SPE模式的一种线性音系学理论。它发展了SPE以规则为主体的理论主张,且不同于SPE。SPE是通过音系规则作用于音系的表层结构推导出实际的语音体现,音系推导主要体现在句法部分之后的音系部分;而词汇音系学把音系规则的应用范围从音系部分发展到词汇部分,产生了词汇和后词汇规则。音系推导仍以规则驱动,通过多个中间调节层次来实现。词汇音系学的某些概念一直都存在争议,争议的焦点为构词层次的划分、层次的顺序,以及两大规则的各自特点。因此,这一理论还有待于进一步研究和完善。

循环音系学
Cyclic Phonology

在音系研究中,规则的应用有一定的循环性。根据这条原则,一种语言的音系规则应当首先全部应用于较小的范围,然后再次应用于某个较大的范围,之后再次应用于某个更大的范围。全部规则如此反复应用,直至应用于最大范围。例如,音系规则首先应用于某个语素,然后应用于包含这个语素的词,然后再应用于包含这个词的短语。循环性原则是Chomsky等人(1956)为确定英语重音的位置首次提出的。后来Chomsky和Halle(1968)把这条原则应用范围扩大到所有的音系规则。循环音系学这个概念首先由Mascaró(1976)提出,许多语言学家纷纷佐证(Kiparsky 1982,1993;Hargus & Kaisse编的论文集1993;等等)。

但是,现代意义上的循环性研究是与词汇音系学同步发展的。在词汇音系学里,循环性原则占有突出的地位。词汇音系学的规则本身就是循环的,因为在语素层次上,这些规则在构词的每一步之后都再次应用。

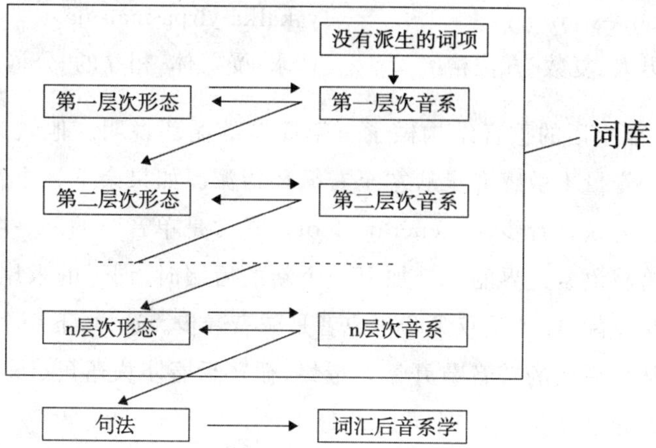

(Kiparsky 1982:35)

右手方向方框的输出总的构成了该语言的全套词项。每一个层次派生的结果本身就是一个词项。然而,词汇后音系学的规则本身却不是循环的。

1 重音结构的循环分析

Brame(1974)曾对巴勒斯坦阿拉伯语(Palestinian Arabic)、马耳他语(Maltese)和西班牙语的重音规则循环应用进行过分析。Poser(1989)对澳大利亚南部的迪亚里语(Diyari)的重音结构也进行了分析。在迪亚里语的单语素词中,主要重音ˊ落在第一个音节上,次要重音ˋ落在除了词末音节以外的所有奇数音节上。

kána	男人	pínadu	翁
nánda	打	púluru	泥
ŋándawàlka	关闭	mánkara	姑娘

形态比较复杂的词以同样的方式重读,只不过有一个要求:每一个多音节后缀的第一个音节重读,即使这个音节碰巧是偶数音节。语素末尾的音节历来不重读。因此,单音节后缀不重读。

kána-wàra-ŋùndu	máda-la-ntu
男人-复数-夺格	山-类别-所有人
ŋándawàlka-tàdi	púluru-ni-màta
关闭-被动	泥-方位格-本体
táyi-yàtimàti	pínadu-wàra
吃-希求语气	翁-复数

kána-wàra-ŋu	yákalka-yìrpa-màli-na
男人-复数-方位格	请求-受益体-相互的-分词

Poser对迪亚里语的重音结构做了一个简单的循环说明。他认为，双叉分支的左支配音量不敏感音步从左至右循环指派。如果余下一个音节，这个音节被指派为减衰音步(degenerate foot)，常常是单音节的。一般情况下，音步是不跨越语素边界的。当加上一个新的后缀时，词干的末尾音节已经被一个音步支配，或者是双叉音步或者是减衰音步。这样，下一个循环的音步形成将从新后缀的首音节开始。最终，循环后音步失落(defooting)规则消除所有的减衰音步，第一个重音凸显出来。

```
词根循环          (x .)    (x)
                  pu lu    ru
第一个词缀循环    (x .)    (x)   (x)
                  pu lu    ru    ni
第二个词缀循环    (x .)    (x)   (x)   (x  .)
                  pu lu    ru    ni    ma ta
循环后音步失落    (x .)                (x  .)
                  pu lu    ru    ni    ma ta
表层              púlurunimàta
```

2 重音结构的非循环分析

Orgun(1994)使用概化排列(generalized alignment)对迪亚里语的重音结构进行了非循环的分析。下面是Orgun提出的一些制约。这些制约具有普遍意义，但是级阶排列需视语言而定。当高级阶的制约没有被违反而得到满足时，低级阶的制约可以被违反。这实际上是优选论(Optimality Theory)的方法，请参见Prince & Smolensky(1993，2004)和McCarthy & Prince(1993b)。

(1)音步形式(FtForm)：扬抑格(Trochee)

(2)无语素末尾重音(NoAlignR (Morpheme, R, σ, R))

(3)用音步解析σ(Parse σ)

(4)音步需要置于左边界：AlignL (F, L, Stem, L)

(Orgun 1994:3)

这些制约的级阶排列如下。在我们目前所考虑的语料里,前两个制约从来没有被违反过。

$$\{\text{FtForm, NoAlignR}\} \gg \text{Parse } \sigma \gg \text{AlignL}$$

下面的图表说明了这些制约是如何解释了迪亚里语的重音结构。最好留出一个无音步的音节(这样便违反了解析),而不是指跨越语素边界的一个减衰音步或者任何一个音步。最右边一栏中的数字用来测量每一个音步的左界边与词的左界边之间的距离。但是,测出的确切数字关系不大,重要的是比较候选项之间距离的方法。这里将音节的数目作为测量单位,只是为了一目了然。

/puluru-ni-mata/	FtForm	NoAlignR	Parseσ	AlignL
(x .) (x) (x) (x .) pu lu ru ni ma ta	*!*	**		2+3+4
(x .) (x .) (x .) pu lu ru ni ma ta		*!		2+4
(x .) (x .) pu lu ru ni ma ta		*!	**	3
(x .) (x .) pu lu ru ni ma ta ☞			**	4
(x .) (x .) pu lu ru ni ma ta			**	1! +4

(Orgun 1994:4)

图表中倒数第二个是最佳选择,其表层形式是 púlurunimàta。对于迪亚里语来说,用概化排列这种理论构成非循环的交替形式来取代循环分析看来是可行的。然而,在某些情况下,非循环的分析还不行,还得依赖循环分析的方法。

3 土耳其语嗓音的交替形式

对于土耳其语嗓音(voicing)的交替形式(alternations)只能用循环方法分析,用非循环的方法再分析是不可行的。在土耳其语中,词根末尾的塞音在底层没有给嗓音赋值,但在表层,音节首的塞音带声,音节尾的塞音不

带声。(Kaisse 1986;Rice 1990;Inkelas & Orgun 1993)

	齿龈			唇和腭		
	主格	宾格	汉译	主格	宾格	汉译
交替	kanat	kanad-ɨ	翅膀	kitap	kitab-ɨ	书
	kilit	kilid-ɨ	锁	a. ač	a. ajɨ	树
不交替	sanat	sanat-ɨ	艺术	无		
	anɨt	anɨt-ɨ	纪念碑			
	pɨrelüd	pɨrelüd-ü	序幕			
	etüd	etüd-ü	学习			

注意,具有多音节词根,词尾是唇和腭的塞音总是经历这些交替变化。简单分析一下,我们就可以看出,嗓音没有赋值的塞音在音节首带声,在音节尾不带声。这种指派纯属结构填充,以此来解释不交替的词尾齿龈塞音。

然而,具有单音节词根的词尾塞音的规范行为总是不带声,不管是在表层的音节首位置还是音节尾位置。关键一点,不仅齿龈塞音是如此,唇和腭塞音也是如此。

齿龈			唇和腭		
主格	宾格	汉译	主格	宾格	汉译
at	at-ɨ	马	hap	hap-ɨ	药丸
ot	ot-u	草	top	top-u	球
it	it-i	狗	pič	piči	私生子
et	et-i	肉	kɨč	kɨčɨ	驴

这些模式的能产性(productivity)通过近来的借用词就可以证实。

主格	宾格	汉译
teleskop	teleskob-u	望远镜
mikroskop	mikroskob-u	显微镜
tüp	tüp-ü	管子
küp	küp-ü	立方形

单音节词根末尾的塞音展示了音节尾清化(devoicing)的作用,尽管在表层是音节首。这个事实可以直接用循环模式来分析。根据 Rice(1990),清化可以循环应用,不过,词根末尾的塞音在词根循环上通过超节律性(extrametricality)避免清化。超节律性可以被用来作为排列的制约,阻止词根末尾的辅音进行音节划分(McCarthy & Prince 1993)。当加缀使辅音变成非末尾音时,这个辅音直接被划分音节进入表层位置,得到适当的喉音类节点

下的赋值。在单音节词根中,末尾的辅音被迫在词根循环上根据独立需要的、更高级阶的双莫拉最小条件进行音节划分,在词根循环上清化。下面这些例子说明了这些交替变化。角括号表示没有被音节化的音段。

	底层不带声	底层不赋值	底层不赋值
底层表征	sanat	kitaB	haB
词根循环	sana⟨t⟩	kita⟨B⟩	hap
词缀循环	sanat-ɨ	kitab-ɨ	hap-ɨ
表层	sanatɨ	kitabɨ	hapɨ
汉译	艺术	书	药丸

非循环理论会声称,上面所谈到的塞音输出后实际上是音节尾。这里还需要一个音系表征层面,在这个层面,所说的塞音是音节首,因为我们知道,在表层语音形式中,这个塞音是音节首。然而,这个方法好像站不住脚,因为在土耳其语中,音系层面中的音节尾实现为语音层面的音节首比较随意,常常可以插入一个声门塞音,而不再进行音节重组。但是,在上面这些例子中的后缀形式中,音节重组是强制性的。既然语音形式的使用不应该对语素信息敏感,我们可以下结论,词根末尾辅音从音系层面上看是音节首。很自然人们会认为,在词汇音系学里,音节重组是强制性的;但是在词汇后的层面上是非强制性的。不管怎么说,我们得使用音系表征来解决土耳其语嗓音交替的问题。

两平面音系学
Two-level Phonology

两平面音系学①是语言学研究的工具,由计算语言学家创建和发展,主要用于自然语言处理的系统,如最近开发的程序 PC-KIMMO(Antworth 1990)。这个程序是由芬兰计算机科学家 Kimmo Koskenniemi 设计。他开发了有限状态(finite state)音系学最成功的模型,并把这个模型称为两平面形态学(Koskenniemi 1983),主要和形态音位有关。他开发两平面模型的起因纯属实用,因为芬兰语是一种黏着性(agglutinative)很强的语言,词汇有数千种屈折形式。如果不首先解析芬兰语的形态学,自然语言的处理

① 本部分基本上是根据 Antworth(1991)编译而成。

无从下手。而英语的屈折变化则简单得多。Koskenniemi 的两平面模型由两个成分组成：一个是规则成分，包含以有限状态机制为代表的音系规则；另一个是词汇成分，或词库，列出以底层形式出现的词项，即不可再分的词和语素，并将形态配列制约编码。这两个成分携手共同生成和识别词汇形式。

两平面音系学源自于经典的生成音系学(Chomsky & Halle 1968)，而基本的思路是由 Johnson(1972)提出。Johnson 认为，SPE 的音系理论可以运用有限状态机制来实施，即用规则的同时应用取代规则的按顺序应用。两平面音系学，就其核心来说，只是一种规则的形式主义方法，而不是一种完整的音系理论。两平面音系学与经典生成音系学相同的地方是线性表征，音系形式用线性语符列来表征。这与自主音段音系学和节律音系学不同(Goldsmith 1990)。在计算方面，两平面音系学与自然语言处理系统相一致，都是在线性拼写输入平面上操作。

1 生成音系学的规则应用

生成音系学的规则是前后有序的重写规则。首先，重写规则将一个语符变为另一个语符，如 a>b 是将语符 a 重写或变为语符 b。这意味着规则操作后，语符 a 不复存在，也无法适用于其他的规则。在语言学理论中，生成规则被看作是过程规则。过程规则试图描写不同表征平面之间的关系，如音位平面和语音平面。其次，生成音系规则按照顺序应用，也就是一个接着另一个，但不是同时应用。这意味着每一个规则生成一个新的中间表征平面作为输出，然后，这个中间平面又作为输入进到下一个规则。因此，底层形式进不到后来的规则中。再次，生成音系规则是有序的。描写规定了规则应用的顺序。不按照此顺序操作，将会得到不正确的输出。试看下列规则：

规则 1　　　元音高化

$e \rightarrow i$ / ___ $C_0 i$

规则 2　　　腭化

$t \rightarrow c$ / ___ i

规则 1 陈述的是 e 如果后面跟着 i，不管中间有没有辅音，都变为 i。规则 2 陈述的是 t 在 i 之前变为 c。整个推导过程如下。

底层表征	temi
规则 1	timi
规则 2	cimi
表层表征	cimi

在这个过程中,由于按顺序应用规则 1 和规则 2,除了底层和表层两个平面,还出现了一个中间平面。应用规则 1 生成了中间形式 timi,并作为规则 2 的输入。这些规则不仅有序,应用也有先后,规则 1 必须在规则 2 之前应用。规则 1 对规则 2 来说是馈给(feeding)关系,为规则 2 的应用提供了条件。如果规则应用的顺序改变,规则 2 对输入的形式 temi 毫无办法,因为语境条件没有满足。规则 1 只好生成了不正确的表层形式 timi。

2　两平面音系学与生成音系学的比较

两平面音系学与生成音系学在下列 5 个方面有差异。

(1)生成音系规则按前后顺序应用;两平面音系规则同时应用,更确切的说法是平行应用。对输入形式平行应用规则意味着对形式中的每一个音段来说,所有的规则都必须成功应用,尽管有时是空应用。

(2)按顺序应用的生成音系规则造出一个推导的中间平面;同时应用的两平面音系规则只需要两个表征平面,底层或词汇平面和表层平面,没有推导的中间平面。正是在这个意义上,后者被称为两平面。

(3)生成音系规则通过重写底层语符作为表层语符将底层平面和表层平面联系起来;两平面音系规则在底层语符和表层语符的分对(pair)之间通过设置直接的、静态的对应来表示底层平面和表层平面之间的关系。例如,两平面音系规则将底层 a 对应表层 b,不用把底层 a 重写为表层 b。两平面音系规则不把 a 变为 b,因此,a 还可以用于其他规则。换言之,两平面音系规则应用后,底层语符和表层语符都仍然存在。

(4)在推导的每一阶段,生成音系规则只能接近现时的中间形式;两平面音系规则可以同时进入底层语境和表层语境。生成音系规则既不能后顾底层语境又不能前瞻表层语境。与之相反,两平面音系规则的语境可以陈述为词汇与表层的对应。这意味着两平面音系规则既可以轻而易举地指称对应表层 b 的底层 a,又可以轻而易举地指称对应底层 a 的表层 b。在生成音系学中,规则之间的互动受控制,要求它们必须按照前后顺序应用;在两平面音系中,规则之间的互动不是由规则的顺序来控制,而是通过详细指明语境作为两平面对应语符列。

(5)生成重写规则是单方向的,只从底层到表层;但两平面音系规则是双向的,既可以从底层到表层(生成方式),又可以从表层到底层(识别方式)。在生成方式中,底层形式作为输入,还之以表层形式;在识别方式中,表层形式作为输入,还之以底层形式。双向规则的计算应用不局限于生成词汇的生成方式,它还可以用于识别方向来解析词汇。

3 两平面音系学的实际操作

我们还用上面所举的例子。两平面音系学把底层形式 temi 和表层形式 cimi 的关系视为直接的、语符与语符的对应。

底层表征　　t e m i
表层表征　　c i m i

底层语符和表层语符的每一对都是一个对应对,要一对一。我们用"底层语符:表层语符"这样的标写来表示对应对,如 e:i 和 m:m。语符的脱落和插入用零音段来表示。两平面音系学所使用的规则标写类似普通的音系规则标写。下面是与上述规则 2 腭化的生成规则相对应的 t:c 两平面规则。

规则 3　　腭化
t:c ⇔ ___ @ :i

这条规则表述了箭头左侧 t:c 对的分布与箭头右侧的语境。两平面规则包括三个部分:对应,运算符(operator)和语境。规则 3 的对应部分是 t:c 对,是规则认可的对应。规则 3 的运算符部分是双箭头符号,说明了对应和语境的逻辑关系,和生成音系学的重写箭头大不相同。双箭头相当于形式逻辑的双条件运算符,意味着对应总是并且只能在所陈述的语境中发生。也就是说,t:c 只允许在___@:i 语境中出现。规则 3 是一个强制性规则。规则 3 右侧都是语境部分。下划线表示 t:c 对出现的缺位(gap)。注意,甚至规则的语境部分也明确说明是两平面对应对。规则没有使用 i:i 对应,而是使用了@:i 对应。@符号是一个特殊的通配符(wildcard symbol),可以代表描写中的任何音段。在规则 3 的语境中,@:i 对应对代表表层音段是 i 的描写中的所有可行对,在此是 e:i 和 i:i。因此,利用@:i 对应,我们允许腭化既可以在底层 e,又可以在底层 i 的语境中应用。换言之,腭化只对表层(语音的)而不是底层(音位的)语境敏感。这样,规则 3 应用于底层两个形式 timi 和 temi,生成带有首辅音 C 的表层形式。与上述规则 1 元音高化的生成规则相对应的 e:i 对应的两平面规则如下。

规则 4　元音高化
e:i ⇔ ___ C:C* @:i

C:C* 中的星号 * 表明 C:C 对应的零实例或者更多的实例。与规则 3 类似,规则 4 在语境中使用了@:i 对应。规则 4 说明,e:i 对应在表层 i 之前出现，不管 i 是来自底层 e 还是底层 i。为什么要这样？看一下底层形式为 pememi 的情况。为了能推导出表层形式 pimimi，元音高化规则必须应用两次：一次在底层 i 之前，再一次在底层 e 之前，这两个都对应表层 i。这样，规则 4 对两个底层 e 应用，使元音高化在词中逆向扩展。通过平行应用规则 3 和规则 4，它们共同生成了正确的输出。

底层表征	t	e	m	i
	|	|	|	|
规则	3	4	|	|
	|	|	|	|
表层表征	c	i	m	i

我们可以从这样几个方面来理解两平面音系描写。(1)两平面音系描写在底层和表层的语料中使用字母表示音段，如 t，m，c，e，i 等。(2)描写宣布的是可行对(feasible pairs)，是语料中存在的全部底层与表层的音段对应。这些语料的可行对包括了缺省对应(default correspondence)和特殊对应(special correspondence)。缺省对应的底层和表层音段相同，如 t：t，m：m，e：e，i：i 等；特殊对应的底层和表层音段不同，如 t：c，e：i 等。由于音段 c 在可行对中只出现在表层，描写中就不允许底层形式中有 c。(3)为了保证输出的形式正确，我们在描写中包括了这样的规则，即明确说明特殊对应在何处出现。这样，规则作为制约或过滤，阻止了不正确的形式出现，而只允许正确的形式通过。例如，表示腭化的规则 3 说明，底层 t 在@：i 之前必须在表层实现为 c。因此，假如底层形式是 temi，规则 3 将会阻止潜在的表层输出形式 timi，因为禁止表层序列 ti 存在；也会阻止潜在的表层输出形式 cemi，因为表层形式 c 只有在表层形式 i 之前出现。表示元音高化的规则 4 说明，在 C：C*、@：i 序列之前，底层 e 必须实现为表层 i。假如底层形式是 temi，规则 4 将阻止潜在的表层输出形式 temi 和 cemi，因为禁止表层序列 emi 出现。因此，在四个潜在的表层输出形式中，有三个被过滤掉，规则 3 和规则 4 只保留了正确的形式 cimi。

两平面音系学提供了关于音系规则的不同思维方式。我们将生成音系规则看作是把一个音段变为另一个音段的过程。两平面音系规则不是在音段上进行操作，而是在底层形式和表层形式相互对应方面规定静态制约。生成音系学和两平面音系学在描写规则之间关系的方法方面也不同。生成音系学的规则描写是按照应用的顺序以及对其他规则输入的作用，即馈给(feeding)和阻断(bleeding)的关系。所以，生成音系规则 1 元音高化馈给和规则 2 腭化。但在两平面音系学中，规则的特点是它们在底层与表层对应的语境中应用。因此，元音高化和腭化的两平面音系规则是对表层而不是对底层的语境敏感。

4 两平面音系学中的零符号

在两平面音系中，一般使用零符号“0”来表示脱落（deletion）和插入（insertion）。x：0 表示 x 脱落，0：x 表示 x 插入。0 不包括在输入形式中，也不显示在输出形式中，0 由规则应用机制提供，只在内部存在。我们从他加禄语（Tagalog）找到脱落的一个例子，符号“＋”表示语素边界。

底层表征　　m a n ＋ b i l i
表层表征　　m a m 0 0 i l i

按照生成过程的说法，这种形式代表了音系的融合（coalescence），nb 序列变成了 m。在两平面音系学中，由于两个底层音段的序列不能对应一个表层音段，因此，融合必须解释为同时同化（assimilation）和脱落。我们需要两个规则，n：m 对应的同化规则和 b：0 对应的脱落规则。（语素边界符号＋总是脱落的）

规则 5　　鼻音同化
n ： m ⇔ ___ ＋ ： 0 b ： @
规则 6　　脱落
b ： 0 ⇔ @ ： m ＋ ： 0 ___

这里有两个规则的互动：鼻音同化在底层语境中发生，即底层 b 或对应表层 b，或对应表层 0；脱落发生在表层语境中，即表层 m，是底层 n 或 m 的实现形式。两个规则以此种方式互动生成了正确的输出。

插入对应，底层音段是 0，使我们能为类似重音插入（stress insertion）、双音（gemination）、加中缀（infixation）、重叠（reduplication）等过程写出规则。例如，他加禄语有一个动词化的中缀 um，夹在第一个辅音和词干的元音之间，如 bili 的加中缀形式 bumili。为了用两平面音系规则说明这种构词，我们把底层中缀 um 表达为前缀 X ＋，X 是一个特殊符号，没有任何音系目的，只是代表中缀。我们再写出一条规则，插入序列 um，X ＋然后脱落。下面是两平面的对应。

底层表征　　X ＋ b 0 0 i l i
表层表征　　0 0 b u m i l i

下面是两平面音系规则，同时脱落 X，插入 um。

规则 7 加中缀

X ∶ 0 ⇔＿＿＋ ∶ 0 C ∶ C 0 ∶ u 0 ∶ m V ∶ V

这些涉及脱落和插入的例子说明，零的发明对于音系学的重要性不亚于数学。没有零，两平面音系学会局限于最微不足道的音系过程；但有了零，两平面音系学便有了表达力来处理复杂的音系或形态现象。

5 在计算机上操作两平面音系学

两平面音系学一般是在大型、昂贵的计算机上进行操作，但 90 年代初，两平面音系模型的开创者 Kimmo Koskenniemi 开发了一个计算机程序，叫做 PC-KIMMO。这个程序可以在个人计算机上操作，详情请见 Antworth (1990)。此书介绍了如何使用 PC-KIMMO 程序来描写两平面音系模型，如何将两平面音系规则转换为有限状态表(finite state table)，这样，计算机才能真正使用。例如，规则 3 和规则 4 可转换为下面的表。

规则 3 腭化

	t	t	@	@
	c	@	i	@
1:	3	2	1	1
2:	3	2	0	1
3:	0	0	1	0

规则 4 元音高化

	e	e	C	@	@
	i	@	C	i	@
1:	4	2	1	1	1
2:	4	2	3	1	1
3:	4	2	1	0	1
4:	0	0	5	0	0
5:	0	0	0	1	0

PC-KIMMO 的实际用途有两种：一是田野(field)语言学家可以使用 PC-KIMMO 作为工具开发和测试音系、语素描写；二是基于 PC-KIMMO 的应用可以开发，从形态方面分析文本，以备字行间解释(interlinear glossing)或方言改编(dialect adaptation)。

不管是两平面音系学，还是 PC-KIMMO 程序，对于音系描写或计算词汇解析的挑战都不是终极答案。两平面音系学源自经典生成理论，虽然向前走了一步，但仍然与许多普遍接受的、广泛实践的音系观点相一致。除此之外，两平面音系规则应用的形式主义方法给生成音系规则应用提供了另外一个选择方式，而这个选择方式可以从计算方面实施于自然语言的处理系统。

依存音系学
Dependency Phonology

后 SPE 音系学理论主要是以非线性研究为特点，其中依存音系学①、粒子音系学（Particle Phonology）和管辖音系学（Government Phonology）合称为生成音系学的三大整体理论，其共同点是都认为偶值的（binary）区别特征不是音系学研究的初始成分，转而建立独值的（unary）初始成分。三者之中，形成时间最早、影响最大的是依存音系学。顾名思义，依存音系学是一种以依存关系为基础的研究方法，与粒子音系学、管辖音系学相同，其系统是组构性的。Anderson 和 Jones 在 1974 年发表了“有关音系表征的三篇论文”。这是第一篇全面应用依存音系学理论进行音系分析和描写的论文。随后，Ewen 在 1980 年发表的《音系结构面面观：英语与荷兰语专题研究》中对这一理论进一步地阐述和分析。另外，Durand 和 Lass 等人也对这一理论进行了比较具体的综述和应用。

1 理论背景

1968 年，Chomsky 和 Halle 合著的《英语音系》（以下简称 SPE）一书正式出版，该书首次全面、系统地提出并阐述了以偶值的音系特征为基础、以规则为主体的生成音系学理论。SPE 在音系学界影响巨大，它为生成音系学研究奠定了理论基础，因而被称为生成音系学的标准理论。但自 70 年代起，随着音系研究的不断深入，人们逐渐认识到 SPE 理论中所存在着的不足和缺陷，于是开始从不同的角度对 SPE 理论进行研究和修正，并提出各种新的理论。依存音系学就是针对 SPE 理论中的一些不足和缺陷而提出的一种新的音系学理论。依存音系学认为 SPE 理论中主要有以下几个方面的缺陷和不足（马秋武 2001a：7）：

---

① 有学者把这一理论译成“从属音系学”，但在依存音系学中有两个概念是同时使用的，一是 dependent relations，它表示上面节点与其相邻的下属节点之间的关系；二是 subordinate relations，它是指上面节点与其属下的所有节点之间的关系，故此将这一理论译成“依存音系学”。有关介绍和说明，请参见马秋武（2001a）。

(1) SPE 线性音系表征不足以充分说明音系内部结构的复杂性。SPE 认为音系表征的基础单位是音段,音系短语由音段和临界符号呈线性排列而成,音系短语与音段之间没有任何起调节作用的音系单位。70 年代,对于声调、重音、音节等超音段音系内部的复杂性,一些音系学家提出了以自主音段音系学、节律音系学和依存音系学为代表的非线性音系表征理论。

(2) SPE 采用偶值特征未能真正描写音系的自然结构和变化。在 70 和 80 年代,作为音系表征初始单位的音系特征是否一定是偶值的,成为音系学界研究的一个热点。人们在研究中发现,在用偶值特征对英语等语言中元音的历时变化进行描写时会出现诸如音系描写不够自然、不能体现音与音之间的内在联系等问题,于是开始对 SPE 所沿用的 Jakobson 提出的特征偶值观提出批评。不过,应该指出的是,SPE 虽然认为音系特征是偶值的,但也已意识到以此描写音系会出现一些问题,因此在对实际的语音现象特别是一些诸如重音等超音段现象进行描写时并不都是采用特征偶值的做法。此外,SPE 也注意到了在音系描写时采用特征偶值做法会产生的一些问题,诸如羡余现象(redundancy)等。为此,SPE 在第九章中提出利用语音的"标记性"和"无标记性"属性来解决语音类的自然性、羡余现象等问题。Schane 从元音系统标记性角度抽出非标记性的"最基本的 3 元音音系",指出多元音音系很可能是从这最基本的 3 元音音系推导而来的。Anderson 和 Jones(1974)最早从 3 元音角度提出描写语言音系的依存音系学理论。依存音系学采用独值特征(即"成分",component)作为音系表征的初始单位,很快在音系学界产生了影响。

(3) SPE 认为构成音段的特征矩阵中的特征是无序的,除特征的正负值关联外,矩阵中的特征之间没有任何结构关系,特征与音系变化也没有严格意义上的内在联系。依存音系学最先对 SPE 的这种特征无序说提出了批评,并指出 SPE 虽从发音和生理的角度把特征进行了分类,但这种分类仅仅是为了说明上的方便而已,对特征音系表征和变化中彼此之间所具有的内在联系并没有具体地说明。然而,很多语音实际表现(如英语元音历时变化)却表明语音的变化很大程度上与语音之间的内在关系有关。音系学研究的主要目标之一就是要发现音系特征之间的结构关系,然后用形式化的手段对此类关系进行概括说明。依存音系学所提出的依存性便是对音系特征(或成分)之间结构上的内在联系提出的一种说明和解释。除上述原因外,句法领域中依存研究的发展也是依存音系学形成的主要原因之一。依存理论在句法等领域中的发展很大程度上影响并促进了依存音系学的形成和发展。

2 理论框架

依存音系学实质上是一系列关于音系表征的假说。最重要的一个假说就是依存关系,依存与优先(precedence)是整个依存音系学表征体系的基础和核心,成分结构(constituency)则是从依存和优先关系推导而来的。也就是说,一个音系结构包含许多建构,每个建构都有一个决定性主位。这个主位是原子的,也是一个独立的音段,是最小单位。这个主位具有区别于建构其他成分的知觉标志性。主位的特征决定了该建构与其他建构的不同。例如,pat 的英语音节中,元音 a 是主位,这是由其响度上的显著性及位置处于发音的力度峰所决定的。这个建构因为有了主位,所以被称为音节。英语单词 sprat 中写作 spr 的音节首辅音丛不含有音节主位,因此不是一个音节,尽管它是一个结构限制相当严格的建构或称音节首辅音丛。

在依存音系学的音系表征中成分结构不是初始单位(primitive unit),而是从依存和优先关系推导而来的。每个建构都是由一个主位和所有从属成分共同组成。图(1)是音节 pat 的依存树形图。顶点位置表示主位,分支上两个圆点表依存成分。

(1)

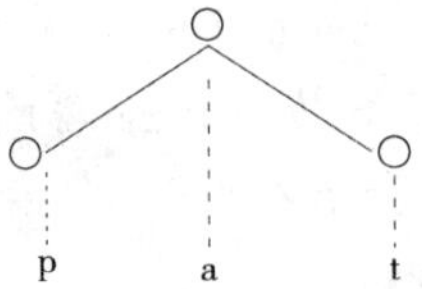

从图(1)可看出,一个建构总是主位节点高于从属于它的节点。树形结构中,每一个节点都代表一个范畴。一个建构直接由其主位来定义。因此,在依存音系学音系表征中,不需要在建构这一层面加注任何标记。也就是说,不需要任何诸如音节或音步之类的终端前范畴。一个音节就是一个以元音为主位的建构。在依存音系学家看来,音段与超音段结构不应分别进行处理,因为它们之间具有很多相似性。依存音系学运用这种相似性,即依存关系说明构成音段的音系成分之间以及超音段结构成分之间的关系。在依存树形图中,我们也不会看到任何关系标记,如强与弱,因为元音的显著性由依存弧(dependency arc)直接表现。

2.1 音段以上的依存关系

依存音系学理论中的依存关系最早是由句法研究类推而来。这种类推在依存音系学理论的发展中起重要作用。当然,由于所处平面(plane)不同,句法平面的依存关系与音系平面的依存关系并不相同。结构类推假说对它们之间的不同做出如下解释:尽管在两个平面,依存关系的表征符号各不相同,所属范畴亦不相同,但依存关系贯穿于所有平面的表征,各平面上成分集合的结构排序部分便源于这种依存和优先关系。不仅平面之间存在着这种类推,在同一平面内不同层面(level)之间也同样存在着类推。Anderson 称这种优先关系为线性优先权(linear precedence),即主位总是优先于其他成分,处于结构的顶点。所谓依存关系是指一种不对称的偶分关系,即结构中两成分之间存在着的一种主从关系。成分中处于主导位置的称为主位成分或中心成分(head),处于从属位置的称为依存成分(dependent)。如果处于从属地位的成分不是直接被主位成分主管,就被称为主位成分的从属成分(subordinate)。主位成分的依存成分一般只有一个,而从属成分可能不止一个。例如,在句法结构中,一个句子的谓语成分既是动词短语的主位,又是整个句子的主位。

(2)

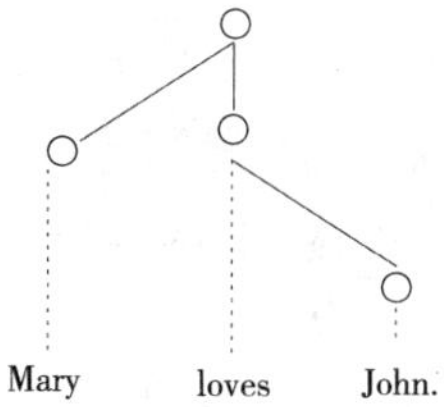

作为动词短语中的依存成分,宾语直接受管于动词,而主语作为从属成分间接受管于动词,这时动词扮演的是整个句子的主位。换句话说,图(2)中动词 loves 中有两个节点,一个与主语 Mary 的节点处于同一层面,因此主语不可能直接受管于动词 loves,而是受管于动词的投射点。所以在这句话中,John 是 loves 的依存成分,而 Mary 则是 loves 的从属成分。按照结构类推假说,pat 的依存树形结构图可以改写为:

(3)

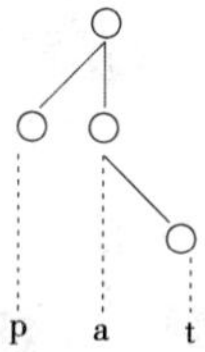

在这里,字母 a 所代表的元素既是音节的主位,也是韵的主位。在这个韵成分中,最后的辅音是一个必要成分,因为这里的核心是一个闭音节元音(checked vowel),而在单词 pea 和 peat 中,核心则无此限制。现在的表征模式比依存音系学早期表征模式更能体现音节的内部结构形式，即更能体现首音、韵音、核心及尾音之间的结构关系，更能说明各种语言里常见的兼属两个音节的辅音（ambisyllabic consonant）现象（见图4），更能表现出主位有时可以是不同结构的主位。

（4）

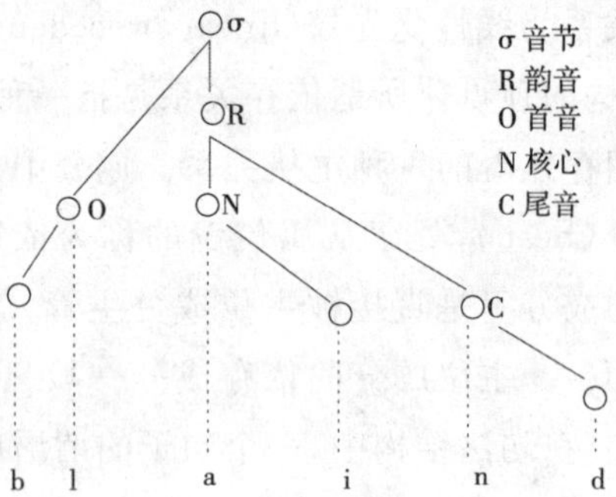

Durand（1990：280）

马秋武（2001a：9）在分析这个树形图时，提出这样几点注意：(1)各位置节点不再与终端成分直接相联，其间可能有其他位置节点。(2)主位与依存关系是通过节点层次的高低来表示，即高节点为主位成分，与之相联的低节点为其主管的依存成分。如：核心/ai/的主位成分是/a/，依存成分是/i/；尾音/nd/的主位成分是/n/，/d/为依存成分。(3)这里每个节点都不需要特别加注标示符号，因为图示本身就可以表示出各节点的成分属性。(4)一个节点可以有毗联节点（adjoined node），也可以有下联节点[①]（subjoined node）。如：尾音是韵音的毗联节点，核心是韵音的下联节点，韵音本身又是音节节点的下联节点。(5)图(4)是音节的结构表征形式。很显然，音节各成分之间的响音程度可以通过音系表征形式本身体现出来，因此通常音系学在音系表征之外附加的响度序列原则（Sonority Sequencing Principle）在此已无必要。具体说，依存音系学是通过主管与依存关系直接体现音节成分的响音程度的。(6)依存音系学音系表征形式可以清楚地说明音节成分与音节等各层级之间的关系。(7)依存音系学认为任何语音序列都应是有主位的。节律音系学对重轻关系的解释从功能上讲与依存音系学的这种主从关系相似。所不同的是，依存音系学认为主从（或称依存）关系存在于音系的各个层面，而节律音系学的重轻关系只适用于超音段层面。

---

① adjunction relation 和 subjunction raletion 也是依存音系学常用的两个基本概念。国内有学者把这两个术语分别表达为“序列关系”（Trsak 2000：9）和“从属关系”（Trask 2000：252），也是不很准确的。

2.2 音段属下的依存关系

依存音系学与现代其他音系学理论一样都认为音段最终可以分解为属于一个普遍集合中的特征。SPE 的特征理论是从 Jakobson, Fant & Halle (1952)所提出的特征本质上是偶值的观点发展而来的,而依存音系学则与此不同。它认为"独值"的音系特征(即"成分")更可以恰当地说明音系的规律性。依存音系学从结构类推的角度提出说明音段内部结构性质的音系表征初始成分也应是建立在依存关系基础之上的,这一点正是依存音系学与其他音系学理论的主要不同之处。

音段是由作为音系表征初始单位的音系成分组成的,这些音段属下的音系成分在音系表征和变化中并不像 SPE 所假定的那样是无序的,没有任何结构上的关系的,事实上成分与成分之间往往具有某种内在的关系,具有某种结构相关的一组音系成分通常是作为一个音系单位参与音系的表征和变化的。这组音系成分便构成了特定的"语姿"(gesture)。"语姿"是指音段属下相关的音系成分所组成的成分组,该成分组通常是作为一个单位参与音系的表征和变化的[①]。依存音系学提出的语姿一般有三种:范畴语姿(categorial gesture)、发音语姿(articulatory gesture)和启动语姿(initiatory gesture)(见 Anderson & Ewen 1980;Ewen 1980)。范畴语姿主要用于说明音段"辅音性"和"元音性"等级,大致相当于 SPE 中的"主类"和"方式"特征;发音语姿主要是由传统上的"部位"以及鼻音性(nasality)、边音性(laterality)等特征构成;启动语姿则是用以说明气流方向、气源以及声道状态。Ewen(1986)对这种音段语姿的三分方法进行了研究,并重新归纳了音段内语姿与语姿之间的关系,提出范畴语姿和发音语姿分别是由两个次语姿构成的观点。Ewen(1986:207)提出的音段组构如下:

(5)音段的内部组织

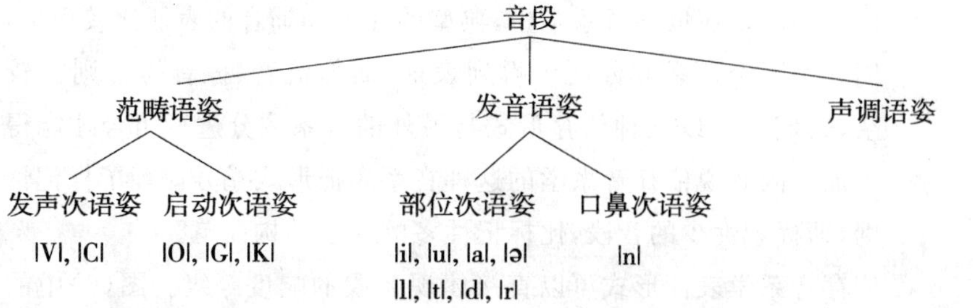

① 注意:依存音系学所提出的"语姿"在很大程度上类似于 Clements(1985)提出的特征架构理论中类节点统领的特征类(Huslt 1995:81)。

注意这里音段中范畴和发音两个语姿是用于概括各种音系中可能有的音系特征，因而具有普遍性，而声调语姿则没有。范畴和发音语姿分别具有两个次语姿，范畴语姿的两个次语姿是发声次语姿(phonatory subgesture)和启动次语姿；发音语姿的两个次语姿是部位次语姿(locational subgesture)和口鼻次语姿(oro-nasal subgesture)。这里，我们在这四个次语姿的下方分别列出了常见的依存音系成分。下面我们将分别对依存音系学的几种音系音段的表征形式加以说明。

2.2.1 **范畴语姿：发声**

从图(5)可以清楚地看出，范畴语姿的发声次语姿中只有两个音系成分|V|(元音性)和|C|(辅音性)，这里，|V|和|C|可以不同的依存关系进行组合。下面是|V|和|C|的几种组合方式(Lass 1984：283)：

(6)							
	V	V	V	V：C①	V，C	C	C
		│	│	│		│	
		V，C	C	V		V	
	元音	流音	鼻音	浊擦音	浊擦音	浊塞音	清塞音

注意(6)中的表征看上去跟 Clements & Keyser(1983)所提出来的 CV 音系学中的 CV 层面很相似，但其实不然。CV 音系学中的 CV 只是一种在音段与超音段音系表征之间起“联结”作用的结构实体，它们没有固有的语音内容；而(6)中的 C 和 V 则不同，它们在这里具有语音内容，本身也是音段表征结构的一部分。

Hulst(1995：84)比较了依存音系学与 SPE 所采用的音系表征方法，认为依存音系学在范畴语姿中所采用的表征形式至少在三个方面优于经典的偶值特征表征形式：

①依存音系学表征形式可以比较清楚地反映出音系主类和方式范畴的标记程度。在依存音系学中，典型的元音和辅音的表征比较简单，它们只用一个音系成分便可得到表征；而像流音、擦音等音则比较复杂，它们需要以某种依存形式与另外的音系成分进行组合才能得以表征。因此说依存音系学的这种音系表征形式充分体现了标记性原则，即标记性少的音段，比标记性多的音段结构简单。

②依存音系学表征形式可以直接体现音段的响度等级。图(6)中的表

① 注意依存音系学常用“，”表示成分的简单组合关系，另外依存音系学还用“：”表示相互依存关系，用“；”(亦用箭头)表示主管与依存关系。

征形式可以清楚地说明元音与清塞音之间的变化,即元音与辅音之间|V|的优势(preponderance)变化。这样,以响度为基础的音段在超音段结构中彼此之间所具有的凸显关系便可以直接由这些表征形式来决定,即具有较大优势|V|的音段将主管具有较小优势|V|的音段(Anderson et al. 1985:208)。也就是说,元音将主管辅音,鼻音将主管浊塞音,依此类推。因此,音节可以直接从音段的表征形式中建立起来,无须像其他音系学那样为音节组构而设立一个纯结构性的音节模板或CV音层(Ewen 1986:207～211)。

③由|V|和|C|组成的表征形式可作为表达音系变化的基础。依存音系学的音系表征充分体现了音系单位的不对称性,因此音系规则可参照依存音系学音系表征中的音系单位来达到引起音系变化的目的。

2.2.2 范畴语姿:启动

启动语姿是用以说明声道状态、气源以及气流方向的,包括三个音系成分:|O|,|G|和|K|。|O|声门开启(glottal opening)、|G|喉音性(glottalicness)和|K|软腭吸气性(velaric suction)。|O|说明声门的表态构型。它与发声次语姿中的成分以不同的依存方式组合可以表示语音的送气以及辅音和元音的清浊。

(7) a. Anderson & Ewen (1987:193)

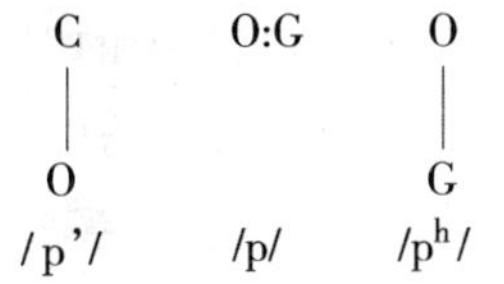

b. Anderson & Durand (1986:40)

(7a)说明了启动音系成分|O|在表示送气时的三种情况,(7b)说明了该成分在表示语音清浊时的几种情况。注意(7b)可以清楚地表明非浊化音是启动成分|O|作为主位成分与发声成分进行组合的结果,而浊音则正好相反。

启动语姿的后两个成分|G|和|K|分别表示"喉音性"(glottalicness)和"软腭内吸性"(velaric suction)。虽然这里没有直接说明气流的方向,但我们可以从发声成分与启动成分之间的依存关系加以概括说明。Lass(1984:291)把这两种成分的关系归纳为四种情况:①对于肺外呼气音,启动与发声

成分之间没有特定的关系。②对于喉外呼气音,|G|主管发声成分|C|。③对于喉内吸气音,实际上有两种气流:声门朝下移动但某些浊气也朝上移动。因此既有成分|O|,也有|G|,但这次则是作为依存成分。④对于简单的软腭内吸气音,|K|以与发声语姿的组合形式出现;对于复杂的,如送气、浊化或鼻化的吸气音(clicks)来说,|K|则是以依存成分出现的。

2.2.3 发音语姿

发音语姿包括部位次语姿和口鼻次语姿。部位次语姿的音系成分又可以分为两类:元音类和辅音类。i ,u ,a 是依存音系学的三个基本元音,其他元音则是通过这三个基本元音作为独值特征进行组合而得出的。例如,一个五元音的音系表征如图(8)。

(8)

{|i|} =[i]　　　　{|u|} =[u]

{i, a} =[e]　　　　{u, a} =[o]

{|a|} =[a]

方括号中的符号只是语音值的一个约值来表示它们之间的区别及语音的大致位置。例如,[e]是指这个元音不高也不低。作为依存音系学的基本音系成分,i 表示腭音性,u 表示唇音性,a 表示低音性。前两个是音调性成分,而后一个表音响特征。音调性成分分别与音响特征组合比较常见,两个音调性成分很少组合,不过也不绝对。{i, u}构成[y]。图中的双竖线表示这三个独值特征同时本身也是三个基本元音音段。实际上粒子音系学也有类似的三个基本元素,被称为粒子。不过与之不同的是粒子音系学中的一个粒子在一个组合中可以多次重复,彼此的关系是平等的,而依存音系学的最大特点就是其成分之间的不对称性。在一个组合中,其中一个总是比另一个更具显著性。一个七元音的音系系统用依存音系学的表征方式来表示如图(9)。

(9)

{|i|} =[i]　　　　{|u|} =[u]

{i} =[e]　　　　{u} =[o]

|　　　　|

{a}　　　　{a}

{a} =[ɛ]　　　　{a} =[ɔ]

|　　　　|

{i}　　　　{u}

{|a|} =[a]

从图(9)中,我们可以看出元音[e]比元音[ɛ]在高度上略高,因此在[e]的表征中,成分i比a要显著。换句话说,由音调性成分作为主位的组合比由音响特征作为主位的组合在高度上要高。这样的一种表征方式还可以直接用于表示自然类(natural classes),中元音就是由响音特征与一个音调成分组合而构成的一组语音。这里的自然类是指自然类中的所有成员都包含同样的语音特性。这一特性在所有成员的音系构成中反复出现,这也叫做成分假说(componentiality assumption)。(Anderson & Ewen 1987:8)例如,{|i|},{i, a},{a, i}三个音系表征都包含成分i,那么它们就构成了一个自然类,因为其中只包含i的表征最简单,所以就以它为类的名称。如果我们要表示音调类则可以用"¬a","¬"在这里可以理解为一个减繁标记(complexity-reducer)。这样,我们就可以把中元音类写作{a, ¬a}或直接写作{a},而绝对高元音[i]和[u]则可写作{|¬a|}。而[i],[u],[e],[o]可写作{¬a;}。这里的";"意思是优先(preponderate),也常用于表示依存。因此,图(9)的中元音也可表示如图(10)。

(10)

{i; a} =[e]　　{u; a} =[o]

{a; i} =[ɛ]　　{a; u} =[ɔ]

对于独值的表征方式而言,成分之间的对立实际上是一种有无对立(privative oppositions)。有无对立的存在意味着对立的一方如果不存在了,对立本身也就不能成立了。另外,Lass首先提出在三个基本元素的基础上增加一个央音成分ə,这一成分与Kaye等人在1985年提出的冷元音(cold vowel)的作用雷同,表示没有所谓积极的发音成分存在。而最复杂的简单(非依存性的)组合是{i, u, a},表示前圆唇中元音[ø]。从以上分析可以看出,中元音类要比处于元音音位图边缘的三个基本音复杂得多。这也充分反映了标记性的特点。开篇我们就提过,依存音系学是贯彻标记性原则最为彻底的音系学理论。但有一点要注意的是,音系学研究特有现象。换言之,不同语言中,同样的组合可能表示不同的语音。依存音系学用于表征辅音发音部位的成分主要有/u/、/l/、/t/、/d/、/r/等。

3 总结

从以上的分析可以看出,依存音系学是以依存为基础的,依存关系是这一理论赖以存在的基础,可以说依存音系学在运用依存进行音系分析和描写方面比其他音系学理论更彻底。这主要表现在依存音系学不仅把依存关系用于分析和描写音段以上的音系结构，而且也用于说明音段属下音系成分之间的关系，依存音系学不同于其他音系学理论的主要之处也正在于此。

从依存关系的角度对音系成分进行表征不仅是依存音系学理论的特点，也是该理论研究的一个重点。依存音系学家在过去的40年里，在依存音系学的理论框架内发展了各种以依存为基础的音系结构表征方法。这些音系表征方法不尽相同。Hulst(1989,1992)就曾提出用|i, u, a|三个部位音系成分便可以表征各种元音。近来，Hulst(1995)在依存音系学的理论框架内又提出一种称为“彻底的CV依存音系学”理论，该理论认为仅用CV两个音系成分便可表征音系。

另外，我们知道依存音系学是生成音系学框架内的主要音系学理论之一。它与其他生成音系学理论并不像我们通常所认为的那样差别很大。Ewen(1995)曾指出依存音系学与其他音系学理论的区别表面看上去很多，实际上并非如此。McCarthy(1988)就曾将依存与特征架构理论联系在一起。Smith(1998)把依存音系学的音段表征方法用于优选论之中，指出依存音系学的音段结构理论是一种最适于与优选理论结合起来应用的音段理论。总之，无论是从依存音系学所具有的特点和发展潜力，还是从它与其他音系学理论的关系以及它对其他理论的影响来看，依存音系学无疑是一种非常值得我们注意和研究的非线性生成音系学理论。

管辖音系学
Government Phonology

管辖音系学[①](Government Phonology, GP)是生成音系学三大整体(holistic)理论之一，其余两个分别是依存音系学(Dependency Phonology)和粒子音系学(Particle Phonology)。管辖音系学是1985年前后由Jonathan Kaye及其同事共同创立的，是生成语法框架内的一种非线性音系学理论。经过20年的不断发展，管辖音系学的重要性越来越突显出来。它的全称是管辖与粲数音系学(Government and Charm Phonology)，是独值特征理论最详尽的阐述，受句法理论的影响甚大。管辖音系学是以制约原则和参数为基础的生成音系学理论。总的来说，“管辖音系学理论的发展过程

① 这一部分材料主要源自马秋武(2000a,b)。

可划分为两个阶段(Cobb 1997:14):1993年之前是管辖音系学标准理论的形成阶段,这一时期的主要文献有Kaye et al.(1985, 1990),Charette(1988,1990,1991),Kaye(1990a,1990b,1990c,1992,1993a),Harris(1990)等;1993年之后是对管辖音系学理论的修正阶段。Kaye(1993b)最先提出了修正管辖音系学理论的一些原则和方法,而后Harris & Lindsey(1995),Jessen(1994),Backley(1993),Ploch(1995),Cobb(1993,1997)等分别对管辖音系学的一些具体问题进行了分析研究,提出了修正管辖音系学理论的动因和方法"。(马秋武 2000b:218)

1　理论背景

Chomsky和Halle(1968)合著的《英语音系》(*The Sound Pattern of English*,SPE)一书出版,该书"提出并具体阐述了以偶值的音系特征为基础、以规则为主体、经过严格的规则串行有序运用,最终推导出表层语音形式的生成音系学标准理论"。(马秋武 2000a:15)这一标准理论对整个音系学的影响是革命性的,没有人可以抹杀其作用。但80年代以后,人们意识到SPE所采用的偶值特征分析法在一些语音现象(如同化等)的解释方面显然不能令人满意,甚至是笨拙的。同时人们也认识到,SPE中彼此割裂的特征并不是真的完全孤立,而是存在着某种内在的联系。在这样的基础上,人们开始考虑从不同的角度对这些语音特征以及特征之间的关系重新分析、认识。但这并不等于说,要完全否定生成音系学本身,一些音系学家在生成语法框架内试图重新建构音系学理论。他们提出音系表征(phonological representation)的初始单位不是偶值的区别特征,而是应该以独值(unary)音系成分为表征单位。

管辖音系学理论的形成和发展无疑受到句法理论方面变化的深刻影响。实际上生成语法最早的发展就是始于音系领域,但句法研究的发展始终占据着主要引领地位。"制约"这一想法也是来自句法研究。因为随着生成语法的发展,人们发现转换规则的生成能力有时过强,不仅可生成合乎语法的句子,也可生成不合格(ill-formed)的句子。因此,有必要进行对过强的语法规则的生成能力加以制约的研究。Chomsky和Halle在SPE中就已经意识到了生成能力过强的问题,因此在最后一章中提出了"标记性"(markedness)来解决语音类的自然性、羡余现象(redundancy)等问题。句法中这种从规则转向制约原则的研究自然也影响到了音系学领域。Kaye等人正是在这样的情况下提出抛弃传统的规则形式,建立一种由普遍制约原则和具体参数构成的,以音系管辖关系等制约条件为主体的管辖音系学理论。“管辖音系学[理论]的建立跟音系学家在音系分析和描写过程中一直致力于充分利用语音的标记性属性以达到概括各种语音现象的努力是分不开的。”(马秋武 2000a:16)Kaye 就曾指出,管辖音系学确定音系表征初始成分的主要理论依据就是它的标记性质,并且认为其理论实际上就是SPE 标记理论研究的延续。(Kaye et al. 1985:305)

管辖音系学仍处于生成音系学框架内,但不再是线性研究,而是一种多线性音系表征理论。这一理论仍是在寻求普遍语法的理论前提下进行发展的,其中心思想是音系管辖运用于音系的不同结构层面,对音系结构和成分起制约作用。在这一理论思想指导下,Kaye et al. 提出要建立一种没有规则的普遍音系学理论,并认为普遍音系学理论应由两部分构成:普遍原则和具体参数。普遍原则用以支配音系表征和结构,而具体参数值则是用以表现特定语言的语音。与粒子音系学一样,其表征初始单位也是独值的,其主体为准许制约和管辖关系。管辖音系学用制约理论取代了规则,但为表现其管辖关系,管辖音系学保留了传统生成音系学从底层到表层的推导(derivation)过程。在管辖音系学中,具体的音系表征是一个固定元素的推导过程,其出现、组合的正确性和具体的音系变化则是通过管辖它们的原则和参数来决定的。换句话说,就是普遍原则作用下会生成一个元素集。从宏观上讲,这个元素集中的每个元素都符合条件,而具体到个别语言的具体底层形式就需要微观意义上的参数进一步制约、管辖,推导出正确的底层形式。这一推导不再需要音系规则,甚至音段的增加和删除等传统音系过程也不复存在。早期的管辖音系学理论的研究核心主要集中在音节内部及音节成分之间的管辖关系。另外,它还大量使用有标记性特征的区别性形式,叫做粲数。从它的名字我们也不难看出这一理论的最大特点就是对各种音系管辖关系的阐述,区分不同类型的管辖,以及针对管辖关系的各种制约条件构成了理论框架的主要内容。

2 主干音层与 X 理论

“管辖关系是指骨架/主干音层(skeleton tier)上的两个节点之间所构成的一种主管(governor)与受管(governee)的关系,它确定了骨架位置组合而成的音节成分(syllabic constituent)。”(马秋武 2000b:218~219)这里的“骨架”是什么呢?这一音层实际上如同一个能够调解音段层和超音段层的中心。在这一音层出现的单位代表的是计时空位(time slots),用来表示每个音段持续的时间长度。所以,一个短元音、一个非重读的双元音或是一个辅音就用一个单位来表示,而一个长元音、一个重读的双元音或是一个辅音连缀则需要两个单位来表示。相反,有着线性内部结构的非同值音段(contour segment),如塞擦音或前鼻化(prenasalized)塞音则需要两个特征束(feature bundles)或与更多的相关音系原子(phonological atoms)在骨架层上结合为一个单位。骨架层这一概念并不是管辖音系学的新创造,它是CV 理论中最重要的概念之一,起着重要的作用。但在管辖音系学中,骨架概念有着完全不同的内涵。

CV 理论是 McCarthy 在 1979 年首先提出的,后被 Clements 和 Keyser 等人接受并沿用。这一方法认为,处于骨架层上的单位有两种完全不同的类型,Cs 和 Vs。两者直接隶属音节节点之下,而两者的区别在于是否在音系表征中起着决定性作用。CV 理论不需要其他节点,如首音节点(initial node)或韵节点(rhyme node)等,对 Cs 和 Vs 进行归类而介于 Cs、Vs 和音节节点之间。一个音段是否构成一个音节峰或它是否属于音节首尾音(syllable margin),可从 CV 层本身直接看出来。介于 CV 层与音节节点之音的层级结构变成了一个羡余条件。CV 骨架音层是用来区分元音性与非元音性的,是由没有任何语音内容的单一的骨架位置(即 X)序列组成的。

在管辖音系学中,骨架层也是一个核心概念。骨架音层是音系表征的中心层面,每一个音系表征通常要投射到这个层面的每个骨架点上去。

管辖音系学主要通过 X 理论来实现其管辖作用。X 理论是 Levin 于1985 年首先提出的,Lowenstamn 和 Kaye 于 1986 年,Hayes 于 1989 年分别应用过这一理论。这一理论是根据主干音层上所有单位属于同一类型,由 X 来表示而得名的。X 理论的优势在于它可以避免一部分羡余现象,而且通过不确定计时空位和多层级音节结构的组合,X 理论可以拥有更大的灵活性。但是,管辖音系学骨架音层上的表征单位虽然也是由 X 构成,可这些 X 并不是一一排列的,而是两两成为一种主管与受管的二分关系(binary relations)。

3　管辖音系学中的管辖关系和成分结构

上面我们已经提到,管辖关系实际上就是指骨架音层上的两节点之间的主管与受管的关系。从图(1)中可以看出,在骨架音层上是一定数量的 X,极为简洁。它通过对韵律结构进行分组来确定骨架位置,而一个管辖关系中的两个主干位置共同构成一个管辖域,或者说音系域。管辖音系学中的“域”不仅仅代表管辖域而且也代表语素域。但在管辖音系学中,两者的区别并不是主要的。因此,Brockhaus 认为没有必要对二者进行详细区分。

（1）管辖音系学的基本表征模式

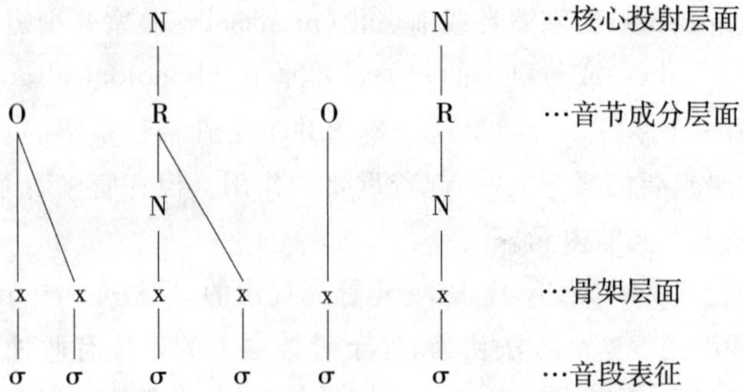

值得注意的是，σ在一般的理论中多指音节节点，而在这里表示的是具体的音段表征。而在管辖音系学中，音节节点实际上被取消了，取而代之的是音节成分层面。后文我们将谈到关于管辖音系学中取消音节的做法，这里不再赘述。

管辖关系通过骨架位置的不同组合来定义音节成分。在管辖音系学中，音节成分之间存在着三种管辖关系：(1)成分内的管辖(constituent government/intra-constituent government)，这种管辖关系处于一个成分内部分支之间；(2)成分间的管辖(inter-constituent government)，这种管辖关系处于相邻成分的骨节点之间；(3)核心投射(nuclear projection)间的管辖，是指核心在其投射层面所构成的管辖关系。成分内和成分间的管辖严格遵循两条原则：一是两个构成管辖关系的位置节点要绝对相邻，二是其管辖方向是一定的，不可随意更改。换句话说，这两种管辖关系有严格的局部性和方向性。成分内管辖关系中的主位(head)位于成分的左分支上的骨架位置，右分支上的骨架位置是成分的补语(complement)。成分左分支上的主位管辖其右分支上的补语，管辖方向由左向右。也就是说，主管成分在先，受管成分在后；而成分间的管辖方向正好相反，由右向左。在这两个原则的作用下，成分的分支最大限度只能是二分(binary)。这是因为方向性和局部性不可能同时存在在同一个分支成分中，而如果一个音节成分存在三个分支的话，就会出现两种分别违反方向性和局部性的情况：一种是主管成分位于中间，管辖方向势必不再单一；另一种是主管成分处于任意一边，那么它与其中一个受管成分必然不绝对毗邻。有人认为这两种原则无法解释s+C辅音丛的问题，但Kaye等人经过分析证实s+C辅音丛并不能划分为一个单独的音节成分。因此，这一反例并不成功。

管辖音系学认为音系中只有三种音节成分：首音(onset)，韵音(rhyme)和核心(nucleus)，在音节成分结构图中它们分别写作O,R,N。韵左分支上的骨架位置是核心，核心处于韵音分支上的主位位置。

(2)

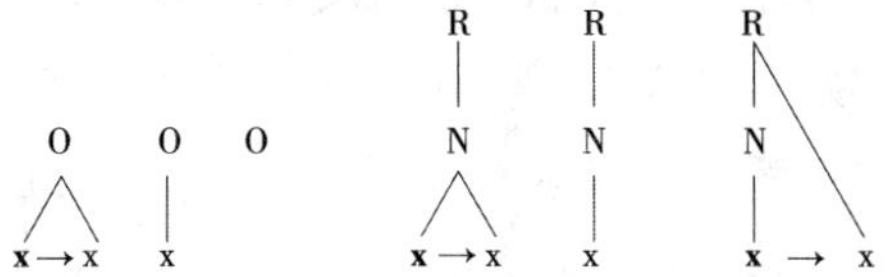

(3)

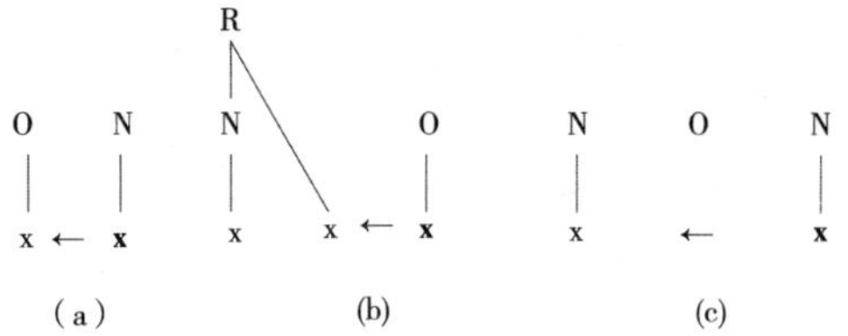

(4)

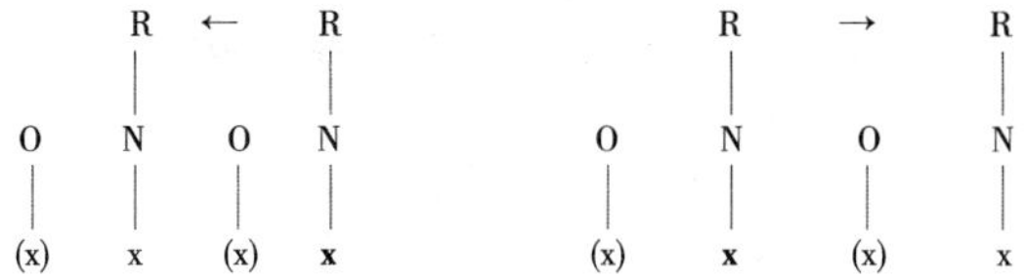

Brockhaus 认为，韵是核心的第一投射点，因此也可以称为 N'。一个韵节点只控制一个核心。从(2)中，我们可以看出成分可分支，可不分支，但只有首音可以不含有骨架点(skeletal point)。管辖音系学中音节和音节尾等概念实际上都不存在。文中运用音节成分、音节结构这样的字眼也只是为了便于读者的理解。同样，管辖音系学理论的“首音、韵音、核心”这些概念也不再表示音节的各个部分，而是管辖音系学理论的初始单位。(2)中的箭头表示的就是管辖方向，主位由粗体表示。(2)中的三个结构图都是成分内管辖关系。而(3)所展示的则是成分间的管辖关系。(a)中，核心管辖前面的首音；(b)中，首音管辖前一个韵音右分支上的补语；(c)表示的是两个核心位置在骨架音层上的管辖关系，这种管辖关系只有在两个核心位置之间的首音位置不存在骨节点的情况下才可能成立，否则就违反了局部性原则。

核心投射管辖与前两种管辖关系在局部性原则上有共同之处，但不如前面两者那么绝对。也就是说，两个核心投射点之间必须也是毗邻的，但这只限于在投射点层面上的相邻，而不限定其在投射点以下层面上的毗邻性，如(4)。而在方向性上，核心投射管辖则没有普遍性，而是因语言的不同而不同。这种不同由具体的参数决定，表现在各种韵律现象中，如音调、重音，以及语音和谐等等。在(4)中，我们可以看到其方向既可由左向右，也可由右向左。而在具体的语言中到底是向左还是向右完全根据参数的不同而不同。

Kaye 等人认为，管辖关系是建立在词汇表征层面上的。在这一层面上，词根通常可附加词缀。为了保证从底层形式到表层形式的生成以及在派生过程中管辖关系的一致性，投射原则（projection principle）被认为是管辖音系学的核心原则：管辖关系在词汇表征平面得到界定，而且在音系推导中保持不变（Trask 2000：214）。投射原则可以保证在派生过程中管辖关系的不变性。这样就使得音节重组（resyllabification）成为不可能。这是管辖音系学的一大优势。因为这样一来，管辖音系学比其他任何支持音节重组的理论都更具制约性。投射原则允许在派生过程中管辖关系有所增加，但禁止此过程中管辖关系有所改变或删除。

以上我们看到的是管辖音系学理论的形式分析，即所有的音系元素都要进入以上几种形式的管辖关系中分析，形成规律。管辖音系学的音系学家们认为，这种分析方法是普遍的，并不会因语言的不同而改变，可是我们知道语言是千变万化的，各有各的体系，那么这些普遍的原则和方法怎样推导出具体语言的音系系统呢？要解决这一问题，管辖关系要依赖于具体的粲数来实现。

4 聚合与粲数理论

根据 Trask 的《语音学和音系学词典》，粲数的定义是"管辖与粲数音系学的基本概念之一，在管辖与粲数音系学的理论框架中，每个组元（音系元素）具有正的或负的粲数，或者没有粲数。根据直觉，正粲数与较强的类似元音的特性相对应。性质相同的粲数不能相互结合；粲数由音段成分带入音段，因此大多数（但并不是所有的）元音具有正粲数，大多数（但并不是所有的）阻塞音具有负粲数，其余的音段无粲数。粲数的这些特性被管辖与粲数音系学理论用来建立各种原则，……"（2000：51）骨架位置（skeletal position）对可以与其联结的音段表达式（expression）所应具有的管辖属性也有不同的要求，从而对音系音段的构成以及音节成分的组合和分解起到制约的作用。这种制约作用贯穿于从音系表征的初始单位到音系表征的不同结构层面。也就是说，在实体和形式两方面，管辖音系学均采用了严格的制约手段。上面介绍了其形式方面，下面来看其实体方面。（5）是单词 foster 的音节结构图（不完整）。

(5)

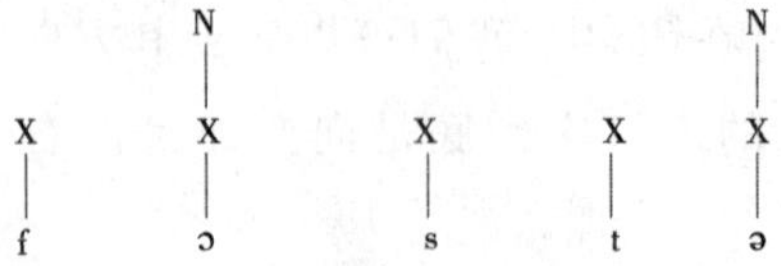

图中可见两个核心位置是由两个元音构成，而其余位置还未能确定。其中应该有首音及补语，但怎样确定呢？标准何在？第一个擦音很显然应该是首音，而且是一个不分支的首音。那么 s ＋ t 辅音丛应怎样判定呢？它们是否是一个含有分支的首音呢？作为首音丛，s ＋ t 组合是可以的，但管辖音系学并不依此就判定 s ＋ t 组合在这里是一个含有分支的首音结构。根据我们对 s ＋ t 组合的管辖关系的不同判定，最终音节成分的划分结果截然不同。如果我们设定 s 管辖 t，管辖方向是从左向右的，构成成分内管辖，那么这一组合就是一个含有分支的首音结构。如果反过来，我们设定 t 管辖 s，管辖方向从右向左，构成成分间管辖，那么这一组合中的 s 就是一个核心后的韵（补语）位置（post-nuclear rhymal position），而 t 则处于首音位置并管辖前面的补语位置。哪种假设是对的呢？要做出正确的判断，我们需要分析一下其音段表征（segmental representation）的构成。在此之前，先看一看管辖音系学在音段分析时所必须涉及的音系表征初始单位与音系音段的构成。

4.1　音系表征初始单位与音系音段的构成

和粒子音系学、依存音系学一样，管辖音系学也认为音系表征初始单位不是音系特征，而是元素（element）。但音系特征在管辖音系学中并没有完全消失，音系特征在管辖理论的音系表征中处于次要的地位，它只是起对元素进行语音解释的作用。元素作为管辖音系学中的初始单位，是指仅有一个标记特征的特征矩阵，特征矩阵中唯一的这个标记特征，即所谓的“热”特征（hot feature）在整个音系表征中最为活跃，它体现该元素的标记性质，是界定该元素属性的显著（salient）特征（马秋武 2000a：16）。图（6）是元素 A 和元素 I 的特征矩阵，下面画线的特征是这两个元素的唯一标记特征，即热特征。元素 A 的语音体现是[a]，元素 I 的语音体现是[ɪ]。ATR 是舌根前伸（advanced tongue root）特征。（Kaye et al. 1985：306～307）

（6）

$$A = \begin{bmatrix} -\text{圆唇性} \\ +\text{后位性} \\ -\underline{\text{高位性}} \\ -ATR \\ +\text{低位性} \end{bmatrix} \qquad I = \begin{bmatrix} -\text{圆唇性} \\ -\underline{\text{后位性}} \\ +\text{高位性} \\ -ATR \\ -\text{低位性} \end{bmatrix}$$

在管辖音系学中没有不完全赋值，每个元素都是完全赋值的，但其中

"热"特征与其他的附属(background)特征不同。"热"特征决定元素的属性,而附属特征只是对元素进行语音解释。管辖音系学中的元素可独立表示具体音段,也可组合起来构成特定语言所具有的所有音系表征。管辖音系学的元素最为显著的特点是它们在使用时一定被赋予一定的参数值或叫粲数值(charm value),"+"表正粲数值(positive charm),"-"表负粲数值(negative charm),"·"表无粲数值或叫中性粲数值(charmless or neutral charm),见图(7)。值得注意的是,这些元素的特征都是从发音的角度来定义的,这是因为到目前为止完全从听觉角度来定义所有的元素是不可能的。根据 Harris(1990),管辖音系学总共有 11 个元素,它们是:

(7)

		显著特征	非显著特征
U˚	[ʊ]	唇音性(labial)	后位性、高位性、松弛性……
R˚	[ɾ]	舌前性(coronal)	轻拍音……
I˚	[I]	腭音性(palatal)	非唇音性、高位性、松弛性……
A⁺	[a]	非高性(non-high)	非唇音性、松弛性……
ɨ⁺	[ɨ]	ATR 元素(ATR-ness)	非唇音性、后位性、高位性……
v˚	[ɨ]		非唇音性、后位性、高位性……
h˚	[h]	紧音性(narrowed)	声门音……
ʔ˚	[ʔ]	闭塞性(occluded)	声门音……
N⁺	[ŋ]	鼻音性(nasal)	非唇音性、后位性……
L⁻	L	松声门(slack vocal folds)	
H⁻	H	紧声门(stiff vocal folds)	

在这些元素中,v˚ 是唯一一个没有标记特征的元素,叫做冷元音(cold vowel)。"它只是用于在元素组合中填充没有'真实元素'音层上的空位。"(马秋武 2000b:220)而其他元素都位于以该元素的显著特征为名称的自主音段层(autosegmental lines)上,马秋武称之为"线",并认为在特定语言的音系中,线与线可以聚合,而聚合的结果就是音系表征,即"聚合运算"(fusion operation)结果。

4.2 聚合运算和粲数音段的管辖关系

"管辖音系学规定同一条线上的元素是不可以组合成复合音段的。比如圆唇性前元音在语言中很少出现,说明元素 I 和元素 U 组合的可能性很小,在音系表征中这两个元素所在的两条线通常是聚合的,这种聚合是非标记性的。因此，管辖音系学中同一条线上的元素不可以组合的这项规定就排除了 I 和 U 结合的可能性，但这两个元素仍然存在着潜在的组合的可能性。”（马秋武 2000a：16）

（8）

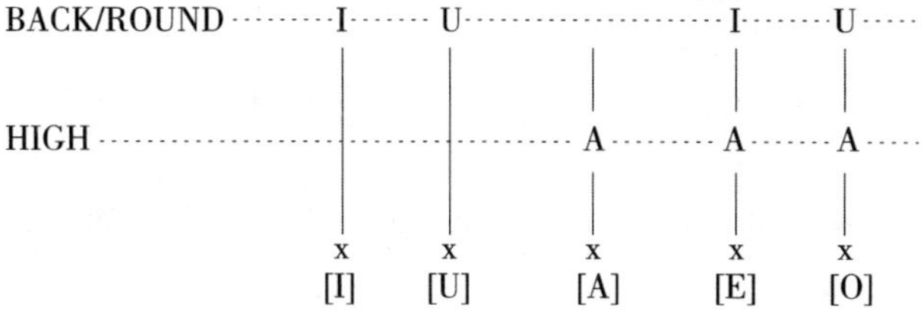

（Keye et al. 1985：308）

这里，线和位置构成了一些交叉。这些交叉表示在聚合时，元素有主从之分，“主要元素称为主位（head），从属元素称为算符（operator）。其过程是作为算符元素的热特征将取代作为主位元素的热特征，其他主位元素的非标记特征予以保留。……冷元音只在作为主位元素时影响元素聚合的结果。”（马秋武 2000b：220）在运算过程中，每个元素都带有各自的粲数值，这些粲数值对元素的聚合起制约作用。相同粲数的元素相互排斥，不同粲数的元素相互吸引。马秋武对此有如下说明：音系表达式既可以是单元素的（simplex），如$(A^{+})^{+}$，也可以是多元素聚合而成的。多元素（complex）音系表达式中的粲数不可以都为正值，也不可以都为负值，但中性元素不仅可以与粲数元素聚合，也可以与其他中性元素聚合。多元素音系表征的粲数值通常是由其主位元素的粲数值决定的，如$(I^{0}.\ A^{+})^{+}$。音系表达式中的元素数量决定了该表达式多元素性的程度。其中的“.”表示聚合运算符号，前面的元素是“算符”，后面是“主位”。因为冷元音没有任何显著特征，所以如果冷元音处于算符的位置，那就意味着聚合后的结果对处于主位的音段没有做出任何改变。（9）给出的是 A、I 元素特征矩阵的聚合运算（马秋武 2000a：17）。

（9）

a.

算符		主位		
－圆唇性		－圆唇性		－圆唇性
＋后位性		－<u>后位性</u>		－后位性
－<u>高位性</u>		＋高位性	→	－高位性
－*ATR* 元素		－*ATR* 元素		－*ATR* 元素
＋低位性		－低位性		－低位性
A		I	→	[ɛ]

$$\text{b.}\ \underset{\substack{\text{算符}\\ \text{I}}}{\begin{bmatrix}-\text{圆唇性}\\ -\underline{\text{后位性}}\\ +\text{高位性}\\ -ATR\ \text{元素}\\ -\text{低位性}\end{bmatrix}}\ \underset{\substack{\text{主位}\\ \text{A}}}{\begin{bmatrix}-\text{圆唇性}\\ +\text{后位性}\\ -\underline{\text{高位性}}\\ -ATR\ \text{元素}\\ +\text{低位性}\end{bmatrix}}\ \rightarrow\ \underset{\substack{\\ [\text{æ}]}}{\begin{bmatrix}-\text{圆唇性}\\ -\text{后位性}\\ -\text{高位性}\\ -ATR\ \text{元素}\\ +\text{低位性}\end{bmatrix}}$$

(9a)中 I 是主位(head),A 是算符(operator),经过聚合运算,算符 A 的热特征[－高位性]取代了主位 I 中与之对应的特征[＋高位性],主位 I 的其他特征保留而得出新的特征矩阵,即[ε]的特征矩阵。(9b)中正好相反,I 为算符,A 为主位,经过运算,得出新的特征矩阵为[æ]。

在管辖音系学框架下,正、负粲数值元素和中性粲数值元素都可以做主管者,但只有中性粲数值元素有可能做受管者。正粲数值元素只能处于核心主位位置(nuclear head position),负粲数值元素只能处于非核心位置,见图(10)。其中 α 表示任何适合的音段。

(10)

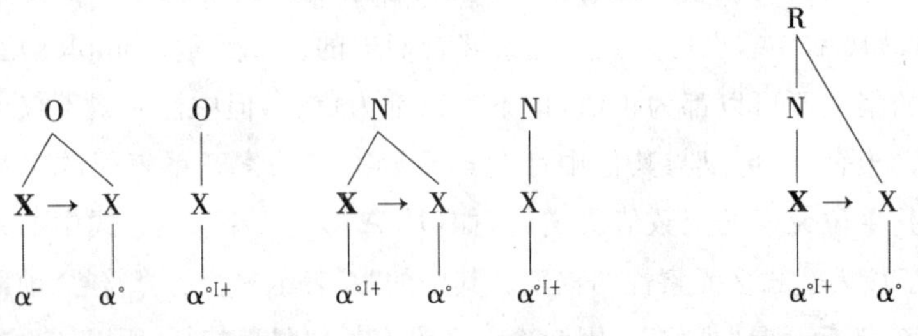

含正负粲数的音段通常是强主管成分,即它们可以仅靠其粲数值进行管辖行为,而含中性粲数值的音段被称为弱主管成分,它们只可以管辖比它们本身多元素性程度低的受管成分。Brockhaus 所说的多元素性条件是根据 Harris 在 1990 年所下的定义:假设 α 和 β 是两个中性元素,分别占据 A 和 B 位置,那么,如果 A 管辖 B,β 的多元素性程度不能高于 α。多元素性程度是以其元素数目为基础来计算的,包含数目越多,其多元素性程度越高。Harris(1990)认为,音段的多元素性程度可用以解释辅音的弱化(lenition)和强化(fortition)现象:弱化是多元素性音段失去某些元素的结果;强化是音段增添某些元素的结果。

现在我们回过头来看看上文提到过的 foster 中的 s ＋ t 组合。根据 s 和 t 各自粲数值的不同可以判定二者的管辖关系是成分间管辖,即 t,作为后一个成分的不分支首音,管辖与前面的核心位置相联结,构成核心补语的 s,其管辖关系结构如(11)。

(11)

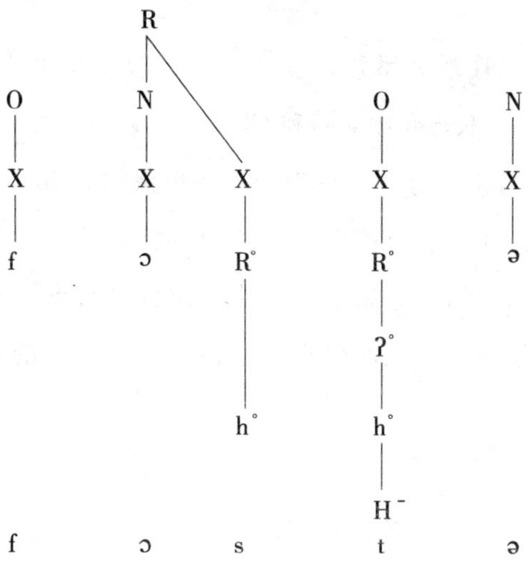

从图(11)可知,s 是一个中性音系表达式,而 t 是一个负粲数音系表达式,"弱"的中性表达式不能主管"强"的粲数表达式。另外,在多元素性程度上 t 也比 s 复杂得多。因此,t 管辖 s,方向是从右到左,构成成分间管辖。

元音音段一般都具有正粲数值,因为正粲数大多与元音性属性有关。阻塞音和非咝音的擦音(non-sibilant fricatives)通常具有负粲数,其他辅音音段则不带粲数,或称中性的。

> "粲数"的意义在于它是一种音段的管辖属性,对可能存在着的元素组合以及它们成为音段系统(元音或辅音)的组构有影响。……管辖音系学规定由一个元素或几个元素聚合而成的音段在联结到骨架位置上时也必须要满足该骨架位置对它所具有的粲数值的要求。具体地说,对非分支首音来说,任何不带粲数的或带负粲数的音段均可以联结到这个位置上来,即塞音、擦音、鼻音、流音和滑音都可以出现在这个位置上;但对于分支首音来说,其主位上出现的音段必须是一个带负粲数音段,而受其管辖的右端位置上的音段应是一个中性音段,因此典型的分支首音应是由塞音或非咝音擦音后接流音或滑音组成的。
>
> (马秋武 2000a:17)

总而言之,正粲数音段只可以处于骨架的核心位置,负粲数音段仅限于非核心位置，中性音段除不可以出现在分支首音的主位上外，可以出现在其他任何骨架位置上。

5 严格管辖：一种特殊管辖方式与音节概念的取消

上文提到，两个核心构成的管辖关系是建立在其核心投射层面上的。在这一层面，两个核心必须毗邻。Kaye(1990a)和Charette(1988)就是在核心投射层面上进行语言中元音与零成分交替出现的语音现象的分析。他们认为，核心位置没有语音体现是由于这个核心受到其随后相邻的核心位置的严格管辖(proper government)所致；但如果这个核心位置没有受到后面核心位置的严格管辖，那么就有语音体现。严格管辖在空范畴原则的音系描述中有着重要的地位。

> 严格管辖：如果(1)α和β在相关的投射上毗邻，(2)α本身不用获准，而且(3)没有管辖范域将α与β分开，那么，α严格管辖β。
>
> 空范畴原则(empty category principle)：(1)p-准许的(licensed)(空)范畴不获得语音解释；(2)受严格管辖的(空)核心必须得到获准；范域末尾(domain-final)(空)范畴是p-准许的(参数化)。
>
> (Brockhaus 1995：213)

有关准许原则将在下一节中详细描述。从这里我们能够看出管辖音系学已经意识到音系分析中存在着所谓空骨架位置的概念。严格来说，这些位置并不是空的，在管辖音系学中是由冷元音 v˙ 来填充。对空骨架位置，管辖音系学运用空范畴原则来严格限制其分布。从空范畴原则中我们可以得出，除了范域末尾可以是空骨架位置外，只有严格受控的位置才可能形成空位。在很多有关管辖音系学的文献中对语言中元音与零成分的交替出现的语音现象都有大量描述。

马秋武给出了一个关于 Moroccan Arabic 语中的“[kitbuː]”(我们写)和“[ktib]”(我写)例子来说明严格管辖与空范畴原则的运用情况：

(12)

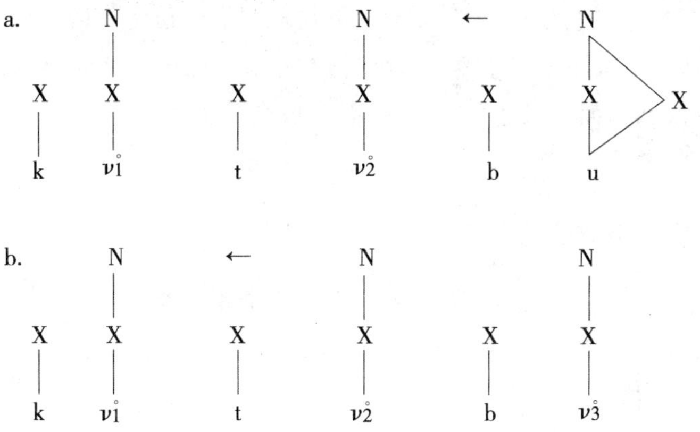

(12a)中最右端的[u:]是一个不用获准的核心,前面与其相邻的核心(ν_2)是一个冷元音,之间没有任何管辖范域阻隔,因此 ν_2将受到其后面核心的严格管辖,其结果是没有语音体现。这样(12a)便可以得到正确的结果[kitbu:]。(12b)中末尾核心 ν_3是一个空核心,这种末尾核心是得到某种参数准许的,因此它不能进行严格管辖,其前面的 ν_2不用得到准许,ν_2便可以对它前面的 ν_1进行严格管辖,ν_1受到严格管辖后的结果是没有了语音体现。这样,(12b)同样得到了正确的结果[ktib]。严格管辖只适用于核心位置。

前面曾提到管辖音系学中实际是不存在"音节"这个概念的。虽然我们把表示管辖关系的结构图叫做音节成分结构图,但其中这个音节与传统意义上的音节概念全然不同,或者我们可以把管辖音系学中的音节仅理解为一个名称,之所以使用这个名称是因为对于读者来说,这个名称更容易接受和理解,仅此而已。管辖音系学理论并不是第一个提出音系分析中没有音节概念的理论。1966 年 Kohler 就曾提出过音节在音系分析过程中完全没有存在的必要,甚至认为它是一个"危险"的概念,有误导性。但大部分的音系学家还是肯定音节在音系学中的地位的,如 Anderson、Fudge、Haugen 等等。Haugen 在 1956 年曾说过,人们迟早会意识到在音系分析中使用音节概念的方便性。Chomsky 和 Halle 也曾试图放弃音节概念但最终没能成功。种种迹象表明,音节概念在当今音系学研究领域中占据主流地位。但同时,也有一些音系学家对此持有异议。除上面提到的 Kohler,还有 Halle 和 Vergnaud,他们认为音节在音系研究中只能是一个边缘概念,并不起主要作用。而 Hyman(1985)的研究显示,有些语言甚至不存在音节。换句话说,音节不是普遍的,而是特定语言的个别现象。而管辖音系学则在普遍意义上取消了音节概念，他们认为这样有助于音系表征的简化。另外他们认为音节节点的存在会使严格的局部性和方向性变得松化。因为一个音节节点可能控制三个或更多的骨架位置。这样一来，主管与其受管成分不可能都形成绝对相邻，而且其主管位置的不同也会使其严格的管辖方向性受到破坏。

6 准许原则是音系研究的动力源

准许原则(licensing principle)在音系学理论中出现得比较晚，在最新的一些著作中，其含义才得到比较完整的阐述。例如，Kaye，Charette和Harris等都曾对此做过解释，使得人们对这一原则有了更好的认识。准许原则之所以被认为是管辖音系学音系理论的动力源，是因为一个范域中除主位外的所有骨架位置都必须得到获准。准许原则指的是“在一个范域内除一个位置外其余所有音系位置都必须得到获准，这个唯一不用得到获准的位置是这个范域的主位”。(Trask 2000:153)

Charette指出，首音主位的补语是经首音主位准许的，首音的主位是经随后管辖它的核心准许的，核心补语是经它后面的首音准许的。核心的准许在核心投射层面上进行。但是空核心的严格管辖不是处于核心投射平面，而是用于准许成分投射层面。

(13)

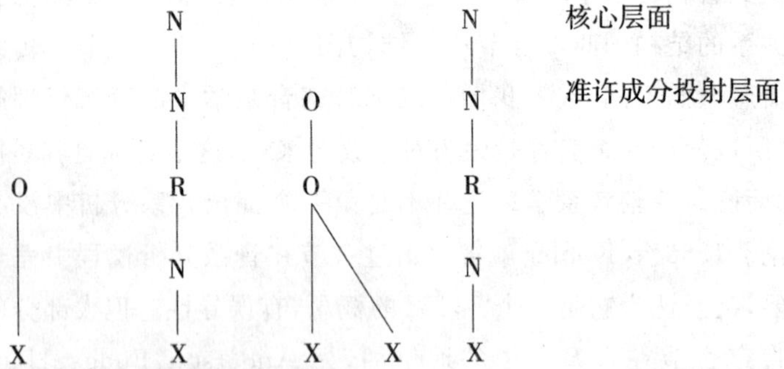

骨架位置以管辖方式投射到成分分支上，非核心位置通过管辖获得其主管成分的准许。首音主位要获得管辖它的核心的准许，首音主位的补语要获得管辖它们的首音主位的准许。然后，准许成分被投射到准许成分投射层面上。准许成分投射层面上有全部的准许成分，即首音主位的准许成分——核心以及核心补语的准许成分——首音主位。在这个平面上空核心的严格管辖得以应用。在准许成分投射平面之后，所有其他不用得到准许的(unlicensed)核心被投射到核心投射层面上去。Charette的《管辖的准许》(1990)一文中,提出三条她设立准许成分投射层面的依据:(1)当管辖范域在两个核心之间阻隔时,严格管辖不能应用;(2)空核心对元音和谐是无形的(invisible);(3)严格管辖在首音主位与其补语之间的管辖关系中起主要作用。

7　总结

7.1　管辖音系学的独特之处

管辖音系学完全抛弃了音系规则,提出以管辖原则和参数为主要制约机制的音系表征。这一理论在很多方面有其独到之处。(1)与经典生成音系学不同的是管辖音系学不认为音系表征与词汇表征有什么不同,也不认为它与语音表征分属于不同的层面,反而直接将音系表征建立在词汇表征层面上,宣称并不存在具有语言学意义的有别于音系的语音表征层面。管辖音系学的这个"一致性原则"避免了语音与音系的界面问题。(2)在管辖音系学中,制约性得到了最大强化,因为管辖音系学不允许出现音节重组(resyllabification)。其成分结构(如首音、韵、主位等)在词汇表征层面确定下来后,在整个推导过程中不得改变或删除,但容许增添,尽管它们置于不同的层面。(3)管辖音系学主张音系变化是按照"最低限假说"(minimalist hypothesis)进行的,即触发音系变化的条件一旦满足,变化就会适用。(4)管辖音系学不再认为音系表征的表征初始单位是特征,而是认为音系音段是由一个或几个元素组合形成的,因此它的音系表征初始单位是自主的,它们在推导过程中的各个层面上都可以单独进行语音解释。(5)在管辖音系学中,音系音段本身可独立发音,这一特性使整个音系表征过程显得明晰、清楚,不存在把抽象的底层音系结构转换为具体的表层语音体现的过程。这就是说,音系过程本身就含有生成功能,它确定音系结构的语法性。管辖音系学没有像SPE中那种独立的语音表征的语音表征平面,只有词汇和音系两个平面,因为其元素本身就具有独立发音性。(6)标记性是管辖音系学理论贯彻始终的一个中心思想,这是因为确定元素的理论依据就是它的标记性。(7)管辖音系学以制约原则和参数为基础,元素的聚合运算为方式,克服了因人为给规则和任意排序而造成的音系表征过于抽象化的问题。

7.2　管辖音系学的修正

马秋武在《管辖音系学的基本理论及最新发展》(2000a:18)中列举了管

辖音系学标准理论中的一些问题。

1. 管辖音系学从标记性的角度判定/i u ɛ ɔ a/五元音系统是不存在的，然而实际上确实有这种五元音系统的语言，如 Chichewa，Herero 和 Lena Bable 等。这使人们不得不对管辖音系学使用标记理论评定语音系统的"自然性"产生怀疑。
2. 管辖音系学用粲数理论制约元素的聚合，预测哪些元素的聚合是可能的，哪些是不可能的。但粲数制约聚合的结果有时与事实不符。例如，管辖音系学认为元素 A 与元素 N 均为正粲数元素，二者不能聚合，而有的语言中确实有鼻化低元音。元素 I 与元素 U 也存在同样的问题，二者聚合的音出现的频率只是不如两个基本元素出现的频率高而已。
3. 管辖音系学为了填充聚合运算中的空元素位置而提出冷元素，使音系表达式的单元素性(simplexity)不能有效地表现出来。
4. 元素在参与实际音系表征中并不是平等的，有些元素需要受到人为赋予的某种限制。例如，冷元音只是在作为主位时影响元素聚合的结果，它不具有元素的其他属性，也不可以参与诸如延展(spreading)等一些音系变化。又如，ATR 元素不能作为主位，仅限于出现在与核心骨架位置相联结的表征中，等等。
5. Cobb(1997)证明管辖音系学的标准理论不能很好地表示出元音的"ATR 性"与"高度"两种和谐之间的联系。
6. 管辖音系学标准理论尽管采用粲数及其他一些限制手段，但仍存在聚合得出的有效表达式过多的问题。

面对以上问题，Kaye 在《当前音系中的问题》为题的讲稿(1993b)中提出，从利用粲数理论制约音系表达式生成过量的方法转向通过元素数量的减少来限制音系表达式的生成过量问题。修正后的元素数量只有五个：I，U，A，L 和 H。被抛弃的六个元素是：原先在标准理论中只出现在辅音表达式中的三个元素 R、ʔ 和 h，只能作为算符参与元音表达式聚合运算的 ATR 元素，没有热特征的、在聚合运算中只起主位作用的冷元音，以及可以用元素 L 替代的元素 N。

经过修正后的五个元素实现了自由组合，在理论上彼此平等。即使元素数量只有五个，但就某些语言音系而言，这五个元素的任意组合而得出的音系表达式的数量同样会超过实际音系所需要的数量。Kaye 提出用参数化的准许制约原则来解决这一问题。准许制约原则实质上就是对语言音系表达式合格性的特定方面的制约。他认为准许制约的方式有两种：一种是把一个元素作为主体,说明它潜在的准许能力或准许要求;另一种是把所有元素作为一个整体,说明其整体的制约属性。这就是说:我们可以选取某一个特定元素,把它作为准许制约的对象,如“X必须是主位”,这便可以产生有主位的表达式,而“X不可以是主位”,则可以产生无主位的表达式。我们还可以概括元素整体的准许制约属性,如“元素必须有主位”或“元素不可以有主位”。例如,某一种语言的元音系统中有/i e u o a/五个元音,生成这五个元音的准许制约应为:(1)元素必须有主位;(2)I和U必须是主位。这样就产生该语言的五个元音表达式:($\underline{I}$),(A. $\underline{I}$),($\underline{U}$),(A. $\underline{U}$),($\underline{A}$)。

从上述说明中我们可以看出,管辖音系学中允许出现四种音系表达式:(1)有主位的,如(A. $\underline{I}$);(2)无主位的,如(A. I);(3)单元素的,如($\underline{I}$)或(I);(4)多元素的,如(A. $\underline{I}$)或(A. I)。在修正后的管辖音系学理论中,不同类别的音系表达式由其主位性来区分,粲数不再制约元素聚合的方式,但主位与其准许的算符之间仍存在着不对称性关系,而且对音系表达式进行了重新界定:音系表达式有0到1个主位,n个算符,这里0≤n≤1。这一定义说明,管辖音系学理论承认有:(1)空元素或空的音系表达式;(2)音系表达式可以无主位;(3)聚合的概念有所改变,现在它只是用来表元素间的关系,而主位性单独发挥作用,完全独立于聚合运算之外。另外,因为冷元音在聚合时,作为算符对主位元素的聚合结果不产生任何影响。为了保持所有元素的一致性,修正后的管辖音系学理论用无主位音系表达式取代了冷元音。

从以上的分析可以看出,修正后的管辖音系学理论中最关键的是其主位性原则。Kaye(1993b)曾提出一整套的有关主位性的准许原则。这套形式原则主要用以解释范域核心之间的管辖关系。这样,以主位准许为原则的主位管辖关系与管辖音系学中所有管辖关系保持了高度的一致性。

管辖理论被认为是迄今为止制约性最强的理论。随着不断地发展,其准许制约的原则和参数成为管辖音系学理论的研究热点。但是,其准许制约原则及主位制约原则主要还是应用于语言的元音系统和元音和谐等问题的解决上。在分析辅音方面,这些原则的应用还不是很广泛,需要大量的深入分析和研究。管辖音系学理论的研究还在继续发展,其运用范围一定会越来越广。当然,管辖音系学分析方法并不完美,也有人不同意其分析方法,坚持认为音系规则应该保留。同时也有人对其制约能力提出质疑,对于其取消音节本身和尾音的做法更是不可理解。但这并不影响管辖音系学理论的科学价值。到目前为止,可能还没有什么理论能够对所有涉及的问题都能够简明、完美地进行解释或分析。管辖音系学中有很多问题尚待研究、解决,一些理论原则和方法还需在更广泛的范围中实践,以便充实、改进。总之,管辖音系学在打破经典生成音系学的理论分析模式上做出了显著有效的贡献,提出了较为完整的音系表征和推导的原则和参数,大大推动了生成音系学理论的发展。

粒子音系学
Particle Phonology

1968年《英语音系》(*The Sound Pattern of English*,SPE)一书问世,为音系学界带来了前所未有的革命性影响。此书被音系学界称为生成音系学的标准理论。Chomsky 和 Halle 继承并发展了由 Jakobson 和 Halle 创立的区别特征理论,使之成为生成音系学研究中不可缺少的部分。标准理论以偶值的区别特征为音系表征初始成分,对音段进行分析,使语音达到高度的形式化,极大地推动了生成音系学的理论发展。但70年代以来,人们开始认识到 SPE 仍存在着种种局限和缺陷。这一认识促进了各种对生成音系学标准理论进行修正的新理论的出现。其中,以摒弃区别特征是音系表征初始成分为特点的生成音系学整体(holistic)理论,并不为人们所特别熟知。粒子音系学便是其中之一。

粒子音系学①是由 Sanford Schane 在研究了影响元音及二合元音的历时发展过程后提出的。1984年,Schane 先后发表了"英语元音两次移动:粒子分析"和"粒子音系学的基本元素",开始了他的粒子音系学的研究。1989年和1995年又分别发表了"Rarly 罗曼语中的单元音和二合元音"和"粒子音系学中的二合元音化",对粒子音系学进行非线性研究。前两篇文章主要是通过对英语元音历时研究来阐述粒子音系学的基本理论框架,这一阶段粒子层面是单一的。同时他(1984b:133)还总结了7种粒子变化的方式,即(粒子的)融合(fusion)与裂变(fission)、复制(cloning)与遗弃(dropping)、增添(accretion)与减少(decay)以及(音调性粒子的相互)顿变(mutation)。1989年,Schane 开始在 CV 音系学理论框架下进行粒子分

① 本部分材料主要源自马秋武(2000c)。

析,开始非线性粒子音系分析。粒子层面不再单一,但融合和裂变仍然是其音系分析的两个基本手段。非线性化是所有后生成音系学研究的普遍趋势。粒子音系学与传统生成音系学的最大区别在于,两者对音系表征初始成分的认知不同。粒子音系学不再认为音系表征初始成分是偶值的区别特征,转而提出以独值(unary)的音系成分——“粒子”为表征初始成分。Schane是基于什么样的原因,或者说,为什么要废除偶值的区别特征呢?我们知道区别特征自Jackobson创建以来,一直是音系学发展的一个重要的理论支点。Chomsky和Halle对其修正改进后,更是生成音系学理论的重要部分。但是Schane在研究两次英语元音的移动:开音节元音加长(open syllable lengthening,OSL)和元音大转移(great vowel shift,GVS)过程中,发现SPE用以偶值特征为音系表征初始成分的理论来描写元音大变动存在着一些问题。比如,产生这一移动的原因到底是什么?单元音与二合元音之间的关系又是什么?粒子音系学在这些问题上的解答简洁、清楚。

1　英语元音的两次移动

1.1　开音节元音的加长

13世纪开始,中古英语的双音节(bisyllable)的音长有了一个很重要的变化。开音节中的重读短元音音长加长,这一数量上的变化引起了元音质量上的一次移位(shift)。加长后的新元音(除[a]外)与一个相应长元音合流(merger),后者比原元音低一个高度。

(1)开音节元音的加长:

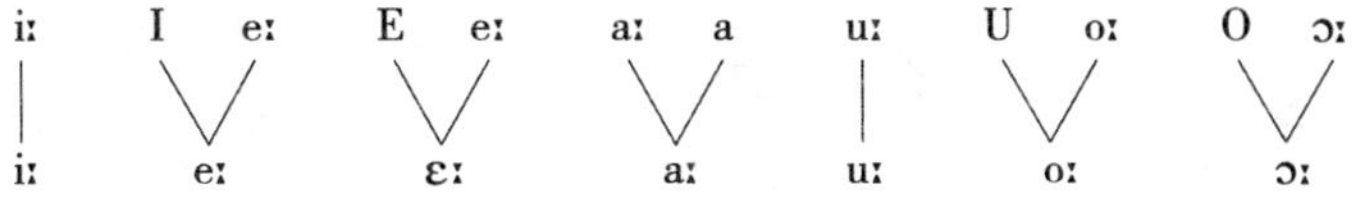

1.2　元音大转移

元音大转移是发生在现代英语的早期。16世纪初,高元音开始二合元音化,变得松弛(lax),向下降一个高度,同时中元音和低元音仍保持单元音状态,只是位置上升了一个高度。当然高元音的二合元音化最终音值是[ai̯]和[au̯],从高度上看不止下降了一个高度。这里我们只是二合元音化到John Hart方言中出现的[ei̯]和[ou̯],以避免其复杂化。

(2)

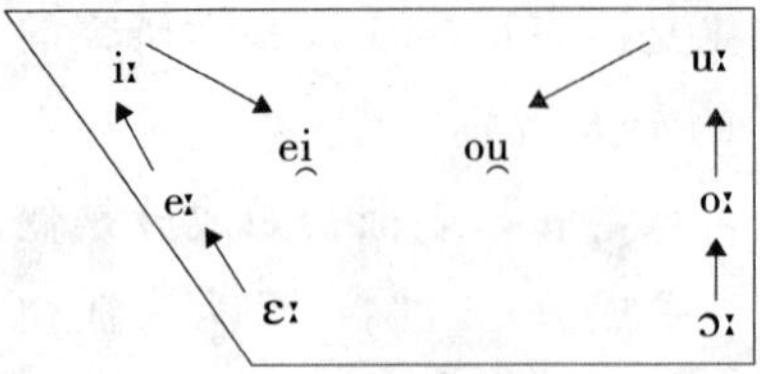

也可写作(3)。

(3)

iː	eː	ɛː	uː	oː	ɔː
|	|	|	|	|	|
ei̯	iː	eː	ou̯	uː	oː

2　SPE 对两次移动的解释

2.1　SPE 对开音节元音加长的解释

SPE 认为，中古英语长短音成对的整齐排列组合本身，为加长后的短元音与比它低一个高度的相应的紧元音相融合提供了最好的理由。同时，大量事实也证明，从听觉角度来说，一个松元音与比它低一个高度的相应的紧元音总是极为相似的。例如，[I]与[eː]从构成成分上看就有很多雷同之处。这意味着在一个同时存在紧松区别和长短区别的语言中，在相似的构成结构，长短的不同意味着音质的不同。例如，为短元音时就是松高元音[I]；为长元音时就是紧中元音[eː]。

在 SPE 中，Halle 和 Chomsky 运用了 3 个规则来解释开音节元音加长。

$$\text{a.}\quad \begin{bmatrix}\text{元音}\\ -\text{长}\\ \langle -\text{高}\rangle\end{bmatrix} \rightarrow \begin{bmatrix}+\text{长}\\ +\text{紧}\\ -\text{高}\\ \langle +\text{低}\rangle\end{bmatrix} \Big/ \quad \text{OSL}$$

$$\text{b.}\quad \begin{bmatrix}\text{元音}\\ -\text{长}\\ \alpha\,\text{高}\end{bmatrix} \rightarrow \begin{bmatrix}+\text{长}\\ +\text{紧}\\ -\text{高}\\ \alpha\,\text{高}\end{bmatrix} \Big/ \quad \text{OSL}$$

$$\text{c.}\quad \begin{bmatrix}\text{元音}\\ -\text{长}\\ n\ \text{高}\end{bmatrix} \rightarrow \begin{bmatrix}+\text{长}\\ +\text{紧}\\ n-1\ \text{高}\end{bmatrix} \Big/ \quad \text{OSL}$$

(Schane 1984a:34～35)

根据这三条规则,我们完全可以推导出开音节元音加长变化的规律。但 Schane 认为,其中存在着符号上的问题。a 表达式说明在开音节元音加长情况下,一个短的高元音会变成一个长的紧中元音;一个短的中元音会变成一个长的紧低元音,而其中高度阶的递降是由两个尖括号完成的。b 表达式中用 α 取代了尖括号使表达式更简洁,但两者都没能很清晰地将每一个高度顺势向下移动一个阶的特点表现出来。c 表达式则进一步简化,用变量 n 和 n－1 的方式使高度阶的表征更形象、直接,弥补了前两个的缺陷。但 Schane 认为,"这三个变量都没能阐明开音节元音加长的本质,即其移动的动因。他认为在 SPE 特征系统下,没有办法解释为什么元音向下变化过程中,其长度、紧度以及高度同时发生变化? 这其中有什么内在的联系? 但很显然,长度与紧度、松度与高度的降低有着非常紧密的内部联系。这也是开音节元音加长的核心部分。"(Schane 1984a:35)换句话说,SPE 只是运用三个表达式来揭示了一个事实或规律,但却没有对其中的原由做出明确的解释,没能达到解释的充分性。

2.2　SPE 对元音大转移的解释

SPE 认为高元音的二合元音化是导致中、低元音提升的原因。结构主义语言学家把这种观点称为"拉链"(pull chain)解释法。SPE 运用 4 条音系规则来说明元音大转移。

a. 二合元音化

$$\varnothing \rightarrow \begin{bmatrix}\text{滑音}\\ \alpha\ \text{后位性}\end{bmatrix} \Big/ \begin{bmatrix}\text{元音}\\ +\text{紧张性}\\ +\text{高}\\ \alpha\ \text{后位性}\end{bmatrix} \text{——}$$

b. 元音移动

$$\begin{bmatrix}\text{元音}\\ +\text{重读性}\\ +\text{紧张性}\\ \alpha\text{高}\\ -\text{低}\end{bmatrix} \rightarrow [-\alpha\text{高}]$$

c. 二合元音松化

$$\begin{bmatrix}\text{元音}\\ -\text{低}\end{bmatrix} \rightarrow [-\text{紧张性}] \;/\; \underline{\quad\quad}\ \text{滑音}$$

d. 元音提升

$$\begin{bmatrix}\alpha\text{后位性}\\ \alpha\text{圆唇}\end{bmatrix} \rightarrow [-\text{低}]$$

a 表达式:在高元音[iː]和[uː]之后分别插入一个发音部位相同的滑音，即[j]和[w];b 表达式:通过元音变化规则，把高元音与中元音进行交换;c 表达式:将新的二合元音中的领音(syllabics)松化，即将[eːj]中的[eː]和[oːw]中的[oː]两个元音变为短元音;d 表达式:把低元音提升变为中元音。表面上看，我们可以通过四个规则表达式推导出元音大移动的规律。但对 Schane 来说，这样的解释不够细致，无法阐明各规则之间的内部关系。同时也反对 SPE 关于元音移位动因的观点。Schane 认为是中元音的提升推动了高元音的低化，拉动了低元音的高化，这一点在后文中将详述。对 Schane 来说，SPE 采用偶值的区别性特征为音系表征初始成分来解释语音系统，只能说明现象内容，而不能表明现象的内在本质及内部联系，解释不够充分、彻底。在元音大转移中，a 表达式说明高元音通过插入方式将长元音二合元音化，但却未能充分体现新的二合元音与原长(紧)元音之间存在的内在联系。b 表达式告诉我们高元音和中元音进行了一次交换，却也未能说明为什么它们要进行交换，为什么是它们来进行交换。d 表达式说明低元音提升为中元音，也同样像是一个孤立的过程，从表达式中很难看出这一提升过程与前面几个提升和下降有什么联系。但这一过程与中元音提升为高元音的过程极为相似，很明显其中一定有着密切联系。可是在 SPE 系统中，两个过程彼此割裂了。另外，为什么紧元音二合元音化后就一定要松化，而不能保持原有的长度和紧度呢？这些问题的存在是 Schane 对 SPE 系统产生疑惑的根本原因，也是 Schane 在研究英语移位后提出粒子音系学的理论背景。他认为SPE无法对上述问题做出解答的原因就在于其音系表征初始成分是区别性特征。正是在这样的理论背景下,Schane提出抛弃区别特征,启用独值的音系成分——“粒子”为音系表征初始成分。

3　Schane的粒子音系学分析

Schane在1984年发表其第一篇关于粒子音系学的文章“英语元音两次移动:粒子分析”中,他提出要用一种完全不同的形式表征(formal representation)来表示元音及二合元音。在这里,Schane首次提出以粒子(particle)作为音系研究的表征初始成分,并对粒子在音系研究中的运用进行了系统阐述。就元音而言,粒子音系学认为初始的基本粒子有三个,它们是开口度(aperture)粒子/a/和音调性(tonality)粒子/i/和/u/。

(4)

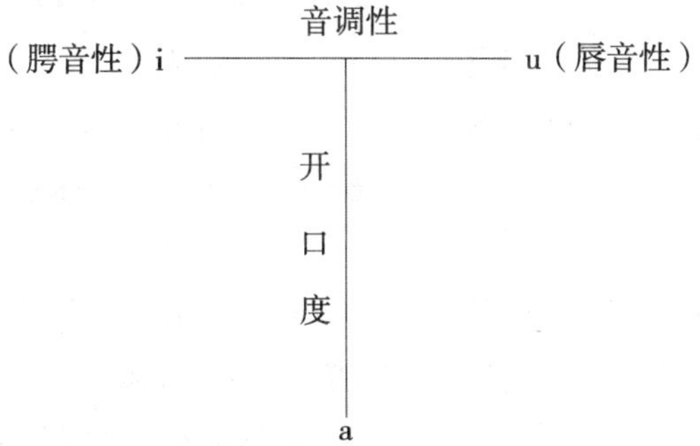

这三个基本粒子单独使用时,对应于[a]、[i]和[u]三个短元音音段;组合使用时,则分别表示元音的开口度、腭音性(palatality)和唇音性(labiality)特征。这也就是说,除[a, i, u]三个元音外,其余元音音段的语音特征将是由三个表示不同元音特征的粒子组合来表示。见表1至表4。

表1　短元音

[i]	i	[u]	u	[ü]	iu		
[e]	ai	[o]	au	[ö]	aiu		
[ɛ]	aai	[ɔ]	aau	[œ]	aaiu	[a]	a

表2　二合元音

[ai̯]	a	i̯	[ei̯]	ai	i̯
[au̯]	a	u̯	[ou̯]	au	u̯
[o̯i]	au	i̯	[ea̯]	ai	a̯

[eu̯]	ai	u̯	[oa̯]	au	a̯
[u̯e]	u̯	ai	[ao̯]	a	au̯

表 3　　长紧元音

[iː]	i	i	[uː]	u	u	[üː]	iu	iu			
[eː]	ai	i	[oː]	au	u	[öː]	aiu	iu			
[ɛː]	aai	i	[ɔː]	aau	u	[œː]	aaiu	iu	[aː]	a	a

表 4　　短松元音

[I]	ai	[U]	au	[Ü]	aiu
[E]	aai	[O]	aau	[Ö]	aaiu

从表 1 至表 4 可看出,粒子通过不同的组合来表征不同元音。前元音一定包含粒子/i/,圆唇元音一定包含/u/,非高元音一定包含/a/。对于音调性元音来说,其高度是由开口度粒子决定的,即开口度粒子数量越多,其高度越低。这一方法可以对高度层阶的划分进一步细化。比较之下,在偶值的区别特征系统下对元音的顺次上升或降低一个高度的解释是笨拙而不充分的。在粒子音系学中,[e]上升为[i],[ɛ]上升为[e]的解释却简单而清晰:即一个开口度粒子的丢失。

值得注意的是,粒子符号含有一个嵌入式的标记系统,通过粒子的数目来体现。也就是说,其粒子的数目决定其标记程度。[a],[i] 和[u]三个音各自只含有一个粒子符号,是标记性最弱的元音,而相同高度上的前非圆唇元音和后圆唇元音的标记性相等,前圆唇元音则更具标记性。同一轴线上的元音,高度越低,标记性越强。表示单元音时,复杂粒子组合的排序是任意的;而表示二合元音,其顺序则是规定性的,见表 2。半月形标记表明粒子组合的顺序性,同时也表明其非音节性。通过表 1、表 2 的比较,我们可以看出粒子符号可以清楚地表明单元音与二合元音之间的关系。例如,[ai̯]单元音化为[e],[au̯]单元音化为[o]。这一过程叫做融合(fusion),是分别出现在二合元音两部分中的所有粒子融合为一个粒子集的过程。含有相同粒子组合的二合元音和单元音的不同之处只是在于其语言实现是序列化的还是同时化的。另外,粒子结构组合相同而次序不同的二合元音一定与同一个单元音存在着内在联系。Schane 给出的例子是关于古法语和古希腊语的。在古法语中,二合元音[eu̯]和[u̯e]都单元音化为[ö]。而在古希腊语中的一些方言中,[o̯i]演变为[ö]。融合要求最终形成的粒子集一定只包含输入项的粒子。从表 2 和表 3 中,我们可以看出这四个音的粒子成分完全一样,只是排列的顺序不同而已。粒子理论认为,这就是单元音与二合元音之间的相互演变转换的原因,从而较为严谨地说明了两者之间的内在关系。表3列出的是长元音的粒子组合表达式。表中显示长元音的粒子表征与其相应短元音的粒子表征的区别表现为音调性粒子的重复出现。而长元音和二合元音的粒子表征中两组粒子之间的空格表示音段含有双莫拉值。

如果我们对表3与表2右半边进行比较,会发现长元音与二合元音之间的内在关系。例如,[eː]和[oː]二合元音化为[e̥i]和[o̥u]。Schane称之为裂变(fission)。一个长元音的粒子集分裂为一个短元音和一个高滑音。原本表长度的音调粒子/i/和/u/不再表示长度,而是表示二合元音中相应滑音的高度。这样一来,前一个莫拉中便失去了一个表示长度的粒子,元音就自动变短了。

比较表3和表4,我们可以看到长紧元音和短松元音粒子表征的异同。长期以来对于紧松之间的关系有着很多争议。紧松的区别到底是归于肌肉的紧张、咽的大小,还是仅仅由于舌的高度,对此至今仍有不同的解释。不过有一件事是肯定的,从听觉角度说,松元音的发音部位开口度更大,比与其相对应的紧元音更为央化。因此,对于松元音而言,代表开口度的粒子a的存在是必然的。如需要表示其音调高度,其他粒子也同时存在。

从表1和表4中,我们可以看到有一些粒子表征完全相同。这种重叠现象是否表明粒子表征的无效性呢?Schane对此做出以下的解释:粒子表征的功能只作用于其所处的特定的语言语音系统中。换句话说,不同的语言有着不同的语音系统,在特定系统中这种重叠是不会出现的。例如,在西班牙语中,元音是不存在长度和紧度的对立的。[i]和[e]之间的区别如表1所示,仅为高度上的不同。而英语中,[iː]和[I]的区别如表3和表4中所示,长度和紧度都不同。

前面我们提过,粒子符号本身含有嵌入式的标记系统。表3、表4所列出的粒子结构表征显示,有些元音存在着双重标记性(doubly-marked)的对立:长/紧和短/松。如[iː]的粒子表征是i i,长度这一特征似乎出现了两次:中间的空格和音调性粒子的二次出现。但事实并非如此。音调性粒子的第二次出现并不是一个羡余标记,而是用来表示其紧度的。而[I]的粒子表征ai中没有空格则表示它是一个短元音,开口度粒子表示其松弛性特征。这样便出现了二重对立:空格的出现与缺省代表着元音的长与短,而音调性粒子与开口度粒子则分别说明元音的紧与松。也就是说,一个紧元音总是比相对应的松元音特征表征拥有更多的音调性粒子,如[iː]i i,[I] ai, [uː] u u,[U] au。下面我们来看看粒子音系学对元音两次移动的具体解释。

3.1 开音节元音加长(粒子音系学系统中)

Schane从粒子音系学角度来分析开音节元音加长,可以用下图来表示。

(5)

	[iː]	[I]	[eː]	[E]	[ɛː]	[aː]	[a]	[uː]	[U]	[oː]	[O]	[ɔː]
OSL之前	i i	ai	ai i	aai	aai i	a a	a	u u	au	au u	aau	aau u
OSL之后		ai i		aai i		a a			au u		aau u	

第一行列出的是开音节元音加长之前的中元音语音特征(粒子表征)。我们看到它们与表3、表4中的表征完全一致:形成长紧元音与短松元音的成对排列。第二行列出的是短元音长化后的粒子表征。原短松元音的音调性粒子增加一个,来表示长度(除[a]以外,[a]获得的是一个开口度粒子),获得双莫拉值。因为这种变化,原短松元音的粒子成分和结构与低其一个高度的相应的长元音的结构完全一致,形成了合流(merge),使原有的短松元音从表面上看似乎消失了。

为什么会出现这样的合流呢?粒子音系学认为这是因为开口度属性具有双重性功能,既可表松弛性,又可表中等高度。本来在短松元音中开口度粒子是表松弛度的,但在加长过程中,增加的音调性粒子使之由松变紧。这样,开口度粒子就自然丧失了其表松弛性的作用,转而表高度。因此,只要是一个长紧元音和一个短松元音进行合流,后者必定与低其一个高度的长元音融为一体。

现在回过头再看传统生成音系学对开音节元音加长的分析,我们会发现SPE对开音节元音加长变化的说明确实不够简明。整个变化过程不仅涉及长度,而且对高度、紧度均有要求。而在粒子音系学分析中,只用长度就可把这一问题阐释得清楚明白。长度的增加是通过音调性粒子的增加实现的。而增加的音调性粒子既表长度又表紧张性。在元音的紧张性确定后,开口度粒子也就不再表其松弛性,只表其非高度性了。

这就是加长后的短元音高度下降的关键原因。如前所述,紧与长、松与短一定是配对出现的。也就是说,一个长元音与一个短元音相比,前者一定比后者紧张性强。当一个元音不再是短元音,那么,其松弛性也就不复存在了。开音节元音加长不仅体现了松弛性与低位性的相互联系,而且也对粒子音系学中有关高度确认做出了解释。粒子 a 的多次出现,有时是用以区分低元音与中元音的。如前松中元音[E]的粒子结构为 aai,加长后为 aai i,就是前低元音了。

3.2　元音大转移(粒子音系学系统中)

在元音大转移中,长/短和紧/松区别是怎样相互作用的? 粒子音系学认为,元音大转移发生的原动力是中元音的提升,从[e]到[i]的提升是一种高度上的同化(assimilation)。在粒子符号系统中,[e]ai i 到[i] i i 的变化是一个开口度粒子的丢失。那么为什么会出现这种丢失呢? 同化是怎样产生的呢? 这里实际上是音调性提高(heightened tonality)的一个过程。在同一轴线上的元音,一个元音总比低其一个高度的元音的音调性更高。也就是说,[i]比[e],[e]比[ε]更具腭音性;[u]比[o],[o]比[ɔ]更具唇音性。与传统生成音系学相比,粒子音系学中音调阶(tonality scale)能够更自然地表示不同高度的划分。开口度粒子的增加意味着音调性的削弱、高度的降低。反之,则音调性增强、高度提升。在 Schane 看来,[e]到[i]的提升是由于其后加了比其高一个高度的元音或称为滑音,其独立的音调性粒子(lone tonality particle)要求前面原有的元音在音调性上更接近它,因此同化不可避免。总之,高度的向上移动总会导致开口度的降低、音调性的提升。据此推理来解释元音大转移的元音提升和二合元音化。在粒子音系学中,单元音[eː]的粒子表征是 ai i,二合元音[e͜i]是 ai i̯,二者之间的不同只在于第二个音调性粒子是否有成音节性。在前面我们已经看到[eː]和[ei]两个音中的前一个莫拉(mora)(也就是[e])的粒子表征的开口度粒子丢失了。Schane 认为,[eː]到[iː]的提升与前面提到的[e͜i]到[iː]和[e]到[i]的提升道理是一样的,都是由于与后一个音节中的[i]相融合时,受到[i]所包含的音调性粒子 i 的同化而造成的。Schane 对此有如下总结:在任何情况下,当复杂粒子 ai 后接莫拉中的粒子为 i,它代表着后一个莫拉是由一个高元音构成,代表着一个降二合元音的滑音,也代表长度/紧度。无论是代表一个高元音、升滑音(upglide)或紧张度,我们可以将它们综合为一个意义:增强音调性(heightened tonality)。

在长高元音的二合元音化过程中,我们可以明显看出升滑音也是增强音调性的具体表现。当中元音提升后,高元音只有两种选择,或与提升后的中元音再次融合,或服从增强音调性的规则离开自己原有位置,进一步提升。但由于人类生理的局限,高元音[iː]和[uː]不可能继续向上提升,因此它们只能进一步变成滑音。这就是它们为什么会二合元音化。高元音的二合元音化实际上是一个裂变的过程，即一个单元音分裂其属性，使之成为一个线性系列的组合。长元音的第二个音调性粒子无法使前一个莫拉进一步提升，于是反而本身被分离出来成为一个增强音调性元素。

但音调性粒子增强的原动力又何在呢？Schane 认为，这个动力仍然来自于元音系统中长与短、紧与松这些参数的相互依存性。作为长元音的第一个音调性粒子，当它表示紧张性时，其作用与增强音调性无太大关联，但当它表示长度时，则成为提升和二合元音化的必要“外部”环境。元音大转移中，其他的移动过程还包括低元音向中元音的提升，二合元音化高元音位置的下降和松弛。除二合元音化外，其余都是通过音调性的增加而实现的。但二合元音化不同，它更多的是依赖于长与短、紧与松的相互依存的关系。二合元音化过程之所以会使一个长元音转化为一个短元音和一个滑音的组合，也是由于长音性与紧张性、短音性与松弛性总是相伴而生的。因此，[iː]和[uː]分别二合元音化为[I i̯]和[U u̯]。在粒子音系学中，这就意味着变短的元音就会自动地获得一个开口度粒子而变得松弛，最终[iː]和[uː]二合元音化后的粒子表征为 ai i̯和 au u̯也就是[ei]和[ou]。

从粒子音系学角度出发，二合元音中成音节的元素虽然是一个短松元音，但其整体功能仍属长元音系统内。例如，[ei]和[eː]的粒子元素都是 ai i，其不同之处仅仅在于[ei]的粒子表征中第二个音调性粒子不成音节，是一个滑音，粒子 i 下面有一个半月形的标记，为 ai i̯。但是下面一组长/短形态音位交替形式(morphophonemic alternation)中，二合元音的变化与上面所述有相驳之处：kip，kept；lēv，left；kompār，comparison；afein，afinite；pronouns，pronunsiasion。在这里，当动词变成其过去式，或变成名词形式时，二合元音都相应变成了一个中元音。这种矛盾在粒子音系学中很容易解释。当这些二合元音单元音化时，[Ii̯]ai i̯会变成[eː] ai I，[Uu̯]au u̯将变成[oː]ou u̯。前面我们提到的[I]和[e]、[U]和[o]的粒子表征完全相同也是同样的道理。因此，[Ii̯]和[ei̯]、[Uu̯]和[ou̯]只是同一个二合元音的两个符号变体。无论是元音大转移还是开音节元音加长，在双莫拉的情况下，松弛性都可被理解为一个更低的高度。在开音节元音加长中，[iː]和[eː]的表征为 ai i̯，相对应地，元音大转移中的[Ii̯]和[ei̯]的表征为 ai i̯。

传统生成音系学是通过 3 条规则来实现高元音的二合元音化：二合元音化、元音移动以及松弛化。其中二合元音化这一步骤是通过插入一个同一轴线上的高滑音,这一插入过程是没有任何原因的从无到有。而在粒子音系学中,对这一过程的解释则是有理有据。长高元音的长度标记(第二个音调性粒子)就是二合元音化后出现一个同一轴线上的高滑音的动因所在。另外,传统生成音系学的 3 条规则使整个二合元音化过程不再是一个整体化过程,而是分裂的步骤。在这一点上,粒子音系学则完全不同。粒子音系学认为,位置的降低、松弛化都不是割裂的行为,而是在二合元音化的影响下出现的结果。

图(6)是粒子音系学对元音大转移的分析图示。Schane 认为,元音大转移实际上就是长元音的音调性得到强调的一个过程:每个中低元音都丢失一个开口度粒子,而所有高元音则二合元音化,并获得一个开口度粒子。

(6)

元音大转移——粒子分析法(从中古英语ME到John Hart,JH)

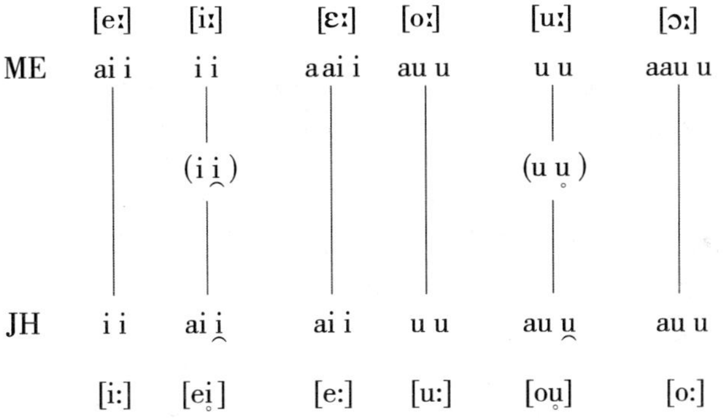

总之,通过粒子音系学和传统生成音系学在开音节元音加长和元音大转移两次元音移动问题上的分析对比,我们可以清楚地看到两者的不同与优劣。SPE 在这一问题的分析上确实未能达到解释的充分性。Schane 认为,SPE 只是客观地描写了其过程,而不能很好地解释其内部动因及相互关系。相对而言,粒子音系学利用三个基本粒子,通过不同的组合,充分、彻底地解释了这些问题。Schane 对基本粒子的特点进行了如下的归纳:(1)它们既可单独使用来表示具体的元音音段,又可组合起来表示元音的语音特征。(2)它们具有多样性的功能。例如,粒子 i 和 u 单独使用时表高元音,处于不成音节的位置时表上滑音,在一个复杂粒子集中表前位性和圆唇性,与音调性元音(tonality vowels)结合时表长度和(或)紧度;粒子 a 单独使用时表元音[a],低滑音[a̯],低位性,央元音的长度,以及松弛性。这些多样性的功能之间的关系并不是任意的,而是紧密相连的,或是音调性的不同表现，或是开口度的不同表现。(3)由于它们的功能多样性，在不同的语音环境里，同一粒子可能有不同的解释。例如，音调性粒子的重复出现可能表长度(见表3)。但同样的情况出现在一个表现紧、松对立的环境中，音调性粒子的重复出现则不仅表长度也表紧张性。同样，开口度粒子与紧张性对立时，应解释为松弛性；在高度阶中，则表低位性。在一个表征初始成分很少的系统中，每个粒子都必然承担更多的功能。

Schane认为区别特征的失败之处在于它虽然比传统的音位更具归类性，更抽象化，但与具体的语音实体的联系仍然过于紧密。而粒子音系学将元音属性归结为两方面：音调性和开口度的表现，在抽象性上更进一步。

4 粒子音系学的非线性发展

以上是粒子音系学早期对其基本粒子的属性及应用的介绍。但粒子音系学并未就此中止其发展。1989年，Schane开始将CV音系学理论引入到粒子分析之中(Schane 1989)。而后，Schane在1995年的"粒子音系学中的二合元音化"中，又对非线性的粒子音系做出了进一步的分析，丰富、发展了其非线性理论。他指出，单元音化和二合元音化的粒子变化不是单纯地处于粒子层面之上，其变化实际上是粒子层面之上的根节点的变化结果，并提出了在经典的自主音段理论中应以聚合和裂变为音系两个基本分析手段。这一阶段的发展主要在于粒子音系学的非线性化，也就是其层面不再是单一的。Schane(1995:587)提出粒子表征模式应包括五个层面：音节层面、核心层面、时长层面、根层面和粒子层面。

(7)

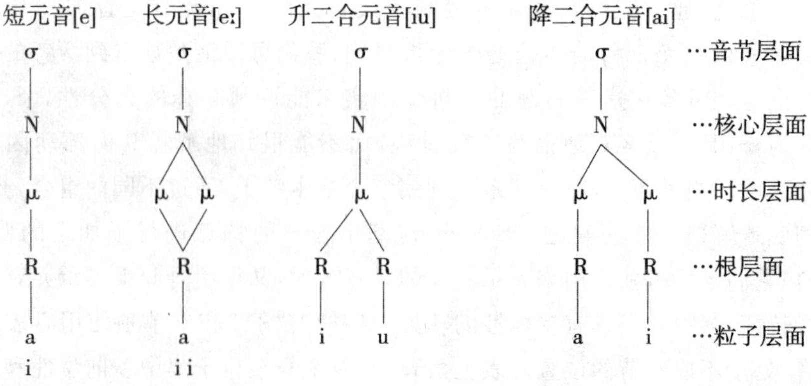

这样，长元音与二合元音、单元音之间的不同与联系表现得更加清楚了。单元音不论长短，直觉上是一个音段，而二合元音则为两个不同音段的序列。

另外马秋武在"粒子音系学的由来与发展"中还提到，在粒子音系学的后期发展过程中，强制性曲折原则(obligatory contour principle，OCP)对粒子音系表征的制约。他认为，OCP原则在粒子表征中的作用表现为：(1)两个相邻R节点不可以统制分别出现的同一粒子；(2)二合元音的两个R节点所拥有的所有粒子不可以全部相同(马秋武2000c：39)。

5　总结

从以上分析可以看出，SPE在元音的变换原因解释方面确实存在着笨拙、烦琐等缺陷。而粒子音系学刚好弥补了这些不足，优点就在于其简洁性和高度的抽象性，非常清楚、自然地表现出了元音之间的变换，并使变换的动因由割裂的几个步骤合并为一个连贯的粒子表征形式。同时，它在元音高度的形式化方面以及长元音的二合元音化方面也显示出了其独特的简明性。可以说，SPE操作上的一些缺陷和不便，在此得到了有效的克服，因而粒子音系学的音系分析方法得到了一些音系学家的赞同。

但这不表示粒子音系学理论已经达到完美。实际上，很多音系学家并不接受其观点。依存音系学家就对粒子音系学允许多个开口度粒子的做法提出过批评(Dikken & Hulst 1988)。同时也有人认为，粒子音系学不应在递归(recursive)的深度原则上没有任何限制，而且指责粒子音系学把元音高度普遍地限定在5个级别上。这些批评不是没有道理的。就粒子音系学本身而言，它在理论和应用等诸方面都有待于进一步研究和发展。到目前为止，粒子音系学的音系描写和解释仍主要局限在元音方面。这不得不让人对该理论的普遍性有所质疑，理论本身也受到了极大的限制。不管怎样，粒子音系学在一定程度上突破了生成音系学的理论模式，丰富了自主音段音系学的分析手段。这方面是值得肯定的。粒子音系学在一定程度上也促进生成音系学理论的进一步研究和发展。

不充分赋值理论[①]
Underspecification Theory

1　音系的羡余性

按照SPE的传统做法和理论框架，在生成音系学中，所有的区别特征

① 本部分主要参考了Cole(1987)和Spencer(1996)。

在底层,即音系,表征层面都充分赋值,不管这些特征是否羡余。然而,在许多情况下,这种充分赋值的做法造成了很多的羡余。音系中的羡余性,指的是某些音的性质可以从该音的其他性质中预测。例如,特征[声门状态]将/p b/、/t d/、/k g/三对辅音区别开来。不过,在大多数语言中,[声门状态]不以同样的方式用来区别元音或响音。因此,在多数语言中,对于元音或响音来说,[声门状态]是一个羡余特征。又如,在英语中,所有的鼻音都是带声的、响音塞音。因此,如果我们将一个音位赋值[+鼻音性],我们必然会知道这个音位同时也有[+浊音性]、[+响音性]、[-持续性]等特征值。所以,我们说[浊音性]、[响音性]和[持续性]特征对于鼻音来说是羡余的。许多音系学家认为,音系理论应该允许这些羡余从词和语素的词汇表征中抽取出来。这样,羡余特征值可以通过一个普通规则,即羡余规则推导出来。

假设一种语言有一个五个元音的系统/i e a o u/。

表 1

	i	e	a	o	u
后位性	−	−	+	+	+
高位性	+	−	−	−	+
低位性	−	−	+	−	−
圆唇性	−	−	−	+	+

(Spencer 1996:122)

如果某一个音段赋值是[+高位性],我们自然而然就会知道,这个音段同时也是[-低位性]。同样,如果一个音段被赋值[+低位性],我们知道,这个音段肯定是[-高位性]。我们可以用规则 1 和规则 2 记录下这种羡余。

规则 1 [+低位性] ⇒ [-高位性]

规则 2 [+高位性] ⇒ [-低位性]

从特征本身的定义来说,它们之间的关系是隐含的。此外,它们普遍有效。意思是,从逻辑上来说,任何语言都不可能违反这些规则。我们可以称这样的表述为隐含羡余规则(implicit redundancy rules)。因为这些规则在音系理论本身的架构中具有内在性,不是某一具体语言的具体性质。羡余规则在地位上和功能上与音系规则本身有些区别,所以,在这里用双箭头符号⇒代替单箭头符号→,以示其细微区别。其区别在于,音系规则本身被认为是一种过程,改变了结构的某些特征值或其他方面。这样的规则很自然地被称为结构变化(structure changing)。然而，羡余规则增加结构，不是把一个赋值改为另外一个赋值。这种规则被称为结构建造(structure building)。

如果我们再看一下上面的五元音系统，很清楚其他的羡余也可以抽取出来，但这些羡余从本质上来说与规则 1 和规则 2 的隐含羡余不同。例如，如果看一下/i e/，我们便知道，在这个系统中，它们是唯一的前元音。这意味着，在这个系统中，没有前低元音。因此，我们不需要将这两个元音赋值[－低位性]，因为它们[－后位性]的特征值已经预测到[－低位性]的信息。换言之，对于这两个音段来说，[－低位性]是一个羡余特征值。我们可以用规则 3 记录下这个事实。

规则 3　[－后位性]　⇒　[－低位性]

请注意，羡余的情况因语言而异。不同的语言有不同的音位系统，不同的音位系统有不同的羡余情况。也就是说，一个特征在这个语言的音位系统中是羡余的，但是在另外一个语言的音位系统中却是有区别意义的。如果我们有这样一个语言的元音系统，情况就不一样了。

表 2

	i	e	æ	a	o	u
后位性	－	－	－	＋	＋	＋
高位性	＋	－	－	－	－	＋
低位性	－	－	＋	＋	－	－
圆唇性	－	－	－	－	＋	＋

(Spencer 1996：123)

现在，我们不能说，[低位性]是羡余的，因为这是唯一能区别/e/和/æ/的特征。因此，如果整个系统改变了，那么可预测的和不可预测的都将改变。这意味着规则 3 和规则 1、规则 2 在地位上就不同，因为规则 1 和规则 2 的羡余规则只适用于拥有像表 1 这样元音系统的语言。在这个系统中，[低位性]是羡余的，没有区别作用。总而言之，羡余规则是属于特定语言的。

下面从表 1 的五元音系统继续抽取羡余特征。元音/o/和/u/是系统中唯一的[＋圆唇性]元音，两个都是非低位后元音。根据共同的特征值[＋后位性，－低位性]，我们可以设立另外一个羡余规则。

规则 4　[＋后位性，－低位性]　⇒　[＋圆唇性]

同时，我们可以预测，任何一个前元音都是[－圆唇性]。这样，我们可以再加上一个羡余规则。

规则 5　[－后位性]　⇒　[－圆唇性]

我们已经注意到，所有的[－后位性]元音也是[－低位性]。这意味着我们可以修改规则 5，将这个情况考虑进来。

规则 6　[－后位性]　⇒　[－圆唇性，－低位性]

最后，我们可以观察到，/a/是系统中标有[＋低位性]的唯一元音。一旦这个赋值固定下来，我们可以预测所有其他特征的值，因为与其他类型的[＋低位性]元音没有对比。这意味着我们可以说，低元音具有[＋低位性]，低元音也具有[－圆唇性]。因此，我们又可以设立一个规则来预测低元音的圆唇值和后位值。

规则 7　[＋低位性]　⇒　[－圆唇性，＋后位性]

2　不充分赋值

Archangeli(1984,1988)提出了不充分赋值理论，认为在底层表征中，羡余特征不需要赋值，可以将音位矩阵中的某些位置空出来。在以后的音系推导过程中，再填加进去以得到表层形式。用此方式把所有的羡余特征值抽取出来的底层矩阵便是不充分赋值矩阵。在底层表征中，对于出现的每一个区别特征，只有特征的一个值，正值＋或负值－真正标出。另外一个值通过一个特殊的羡余规则，即补足规则(complement rule)[①]，再填加进去。这样做的结果是，底层表征只包括那些需要保持音位区别的最少数量的特征值。只是在表层表征中，通过规则，将所有可预测特征值填加进去，以得到确切发音的具体描述。不充分赋值理论在音系理论中占据了重要的位置。

根据上述羡余规则，我们可以预测这些元音关于[圆唇性]的所有赋值。换言之，对于这个系统来说，整个[圆唇性]特征是羡余的。如果我们把上面 7 个规则的羡余特征都抽取出来，我们便会得到表 3 的元音矩阵。这就是不充分赋值矩阵。

① 补足规则是一个为某些音段提供不同于底层赋值的缺省值的规则。这类规则在特征的有标记值已经在底层确定的情况下，能够有效地提供特征的无标记值。

表 3

	i	e	a	o	u
后位性	−	−		+	+
高位性	+	−		−	+
低位性		−	+	−	
圆唇性					

(Spencer 1996:124)

当我们要给一个词的最后发音赋值时,羡余规则将帮助我们填上这些空。例如,通过应用规则 1 和规则 2,我们会得到表 4。

表 4

	i	e	a	o	u
后位性	−	−		+	+
高位性	+	−	−	−	+
低位性	−	−	+	−	−
圆唇性					

(Spencer 1996:124)

再通过应用规则 4,我们可以得到表 5。

表 5

	i	e	a	o	u
后位性	−	−		+	+
高位性	+	−	−	−	+
低位性	−	−	+	−	−
圆唇性				+	+

(Spencer 1996:124)

如果应用完所有的规则,我们就会得到表 1,最原始的矩阵。

Sagey(1986)认为,在无标记情况下,没有赋值的类节点(class node)特征在表层表征的层次上,不需要填加进去。例如,在多数语言中,从羡余方面来说,舌前性辅音不具备舌面值。因此,不需要在每一种语言中就舌前音表征形式设立一个舌面分叉(branch)。关于多维模型的树形结构,舌前性辅音将会有一个舌前类节点，很可能支配一些舌前类终端特征，而完全不会有一个舌面分叉。

在许多语言中，既然元音和辅音通过分离或析取获得的一组终端特征赋值，那么元音和辅音的特征树将涉及不同的终端节点。元音由舌面节点支配的特征赋值，而辅音只是作为舌面、舌前、或者唇的特征赋值。在某个语言中，很少会出现这样的情况，即对某个音段的赋值需要所有的发音器官类节点，如唇、舌前、舌面、软腭等。这样，把不充分赋值理论与层级特征树结合起来，我们得到底层表征，这个表征只编码(encode)了部分特征树。下面是某种假设语言中的词/tip/的底层形式的特征树。这是三株直立的特征树。

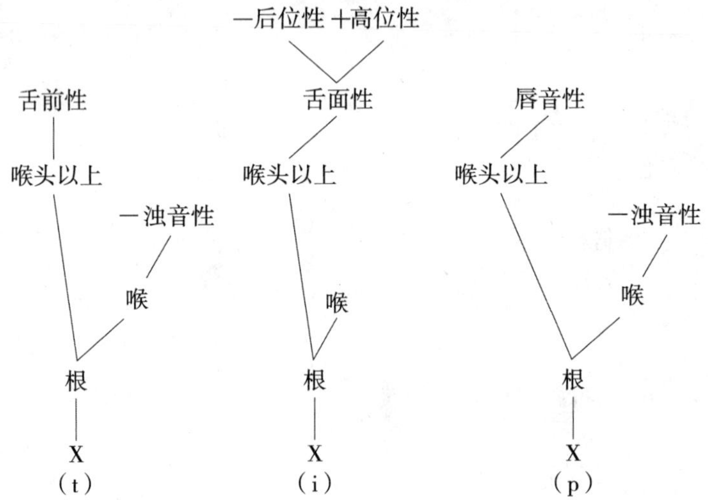

(Cole 1987:21)

Cole 的做法比起 Archangeli 的要弱一些，她容许在某些情况下，在底层表征中某一个特征的正值＋和负值－可以出现。

我们注意到有两种类型的羡余规则，一种是隐含型，一种是具体语言型。尽管这两种类型存在概念地位的重要不同，但是有一种趋势把它们放在一起，被称为缺省规则(default rule)。在不充分赋值理论中，缺省规则，即缺省不充分赋值(default underspecification)，是该理论中重要的一部分。这个规则在特定的环境中指派能够预测到的或无标记的特征赋值。例如，根据观察，响辅音一般是浊音。这一事实可以用缺省规则[－阻塞性]→[＋浊音性]表示。许多语言没有前圆唇元音，这一事实可以用缺省规则[＋音节性][－后位性] →[－圆唇性]表示。在没有明确的与缺省规则相矛盾的情况下，缺省规则将自动地产生作用。缺省规则被认为是普遍语法的一部分,尽管这些规则可以违反。缺省规则的违反会造成一个有标记的音位系统。缺省规则在音系分析中得到广泛的应用,而且在不充分赋值理论中具有特殊重要地位。

3　不充分赋值的原因

有人会问,为什么必须在底层表征中抽出这些羡余特征,使区别特征矩阵布满空位。不动这些羡余特征,使所有的特征值完整不可以吗?在语法描写中陈述羡余特征有两种原因,或者说有两种意义。第一种原因不太重要,主要是概念性的。一部语法需要有一个词库(lexicon),一个与词和语素对应的表征列单。多数语言学家认为,一个表征形式中的所有规范的,即规则支配的,形态应该从词汇表征形式中去掉,换之用规则推导。这也包括发音或音系结构方面的规范情况。这就是所谓的在一个语法中捕捉语言学方面重要的概括。上述刚刚描写过的各种特征羡余一般被认为是语言学方面重要的概括。因此,将所有这些信息都留在每一个词条里显得不太合适,因为每一个词条都重复同样的信息。目前,最经济的方式是将这些规范的信息抽取出来,以羡余规则或条件的形式把它们表述出来。

第二种原因是经验性的。如果我们将这些规范的信息抽取出来,在其他音系规则都应用之后再填进相关特征赋值中,在许多情况下,一部较好的语法便产生出来。俄语有一个五元音系统:/i e a o u/。俄语的音系同时还有音位上对比的辅音腭化现象。例如,brat(兄弟)中的/t/是普通的/t/,brat^{j}(拿)中的/t^{j}/是腭化的/t^{j}/。在某些情况下,我们注意到/o/和/e/之间的交替。当底层的/o/前后都是腭化辅音时,/o/便被/e/取代。从下面的例子中,我们可略见一斑。(Hamilton 1980:129～131)

a.	p^{j}ok	(他)烘烤了	p^{j}etʃ^{j}	烘烤
b.	deʃovɨj	廉价	deʃev^{j}l^{j}e	更廉价
c.	ʒon	妇女(所有格)	ʒen^{j}it	他结婚了。
d.	p^{j}otr	彼得	p^{j}et^{j}ja	皮特

被/e/取代的音只是/o/,和别的音没有关系,这又不是普遍现象。部分原因是因为俄语中的现代/e/至少源自两种音,其中只有一种在中世纪时期经历了最初的音变,产生了目前的交替形式。此外,像 g^{j}ote(歌德)这样的借用词不经历这样的音变。以俄语为母语的人往往能意识到这种变化,并且在拼写中反映了出来。/o/的交替形式实际上写为 ë,反映了其历史根源。从表层的语音观点来看,这个规则的理据不足,因为限制/o/音的一些腭化辅

音，如/ʃʒtʂ/，现在变“硬”(hardened)了，即这些辅音失去了腭化，尽管这些音在最初音变的时候是腭化的。因此，这个规则具有词汇规则的所有标志。

如果我们认为所有的元音都要赋上其所有的特征值，那么我们就得写出这样的规则，将/o/变成/e/。

$$\text{规则 8}[-\text{高位性}] \rightarrow \begin{bmatrix} -\text{后位性} \\ -\text{圆唇性} \end{bmatrix} / \quad C^{j}\_\_\_\ C^{j}$$

不过，如果使用羡余规则和表 3 的不充分赋值矩阵，规则 8 可以再简化一些。

$$\text{规则 9}[-\text{高位性}] \rightarrow [-\text{后位性}] / \quad C^{j}\_\_\_\ C^{j}$$

如果有几条规则将一个音位变成另一个音位，我们会发现在每一个这样的规则里，都有羡余信息。通过抽取规范形式作为羡余规则，我们只需要表述一次。这正说明了羡余是系统的，而不是音系中的巧合。虽然音位有变化，但是整个音系没有增大。在一些语境中，有些对比已经中和。例如，规则 9 中的前后元音区别在腭化辅音之间也中和了。这种不再产生新的音位的中和规则被称为结构保持(structure preserving)。结构保持是音系规则类一个重要的特性。实际上，不充分赋值帮助我们将结构保持的意念(notion)形式化，不用把羡余信息体现在规则的制定上。不充分赋值过程是一种词汇后过程。说话者没有意识到，因为整个过程都是自动的，无一例外，并且在拼写上看不出来。同一个规则可以用两个不同的方式运行，主要取决于这个规则是在羡余赋值前应用，还是在羡余赋值后应用。从总体上看，如果一个规则是在所有的羡余值都填进去后应用，那么这个规则将创造出新的音位，但并不属于底层音位总藏(inventory)，因此，起不到结构保持的作用。

4 不充分赋值理论两个流派

不充分赋值理论有两个流派，激进不充分赋值和对比性不充分赋值。激进不充分赋值(Radical Underspecification)首先由 Archangeli(1984)提出来，在 Archangeli(1988b)和 Archangeli & Pulleyblank(1989)中被进一步加以阐述。有关这一理论的概述，可参见 Roca(1994:62～77)。激进不充分赋值理论认为，在每个音系位置中，每个特征的其中一个值或另一个值是无标记值，从而这个无标记值在底层中就不能赋值。因此，所有底层特征赋值按照上下文是有标记特征值。在激进不充分赋值理论框架中，缺省规则这一术语指一大类规则，其中包括有标记规则(markedness rule)。例如，激进的不充分赋值理论不仅把只有清阻塞音语言里的阻塞音看作具有[－浊音性]赋值(这种做法和缺省规则的通常用法是一样的),而且把区分阻塞音清浊的语言中的清阻塞音也看作具有[－浊音性]。激进不充分赋值理论扩大缺省规则应用范围的做法不仅引起混乱,而且是不合适的。激进不充分赋值理论还有一个基本原则,即特征最少化原则(feature minimization principle)。根据这条原则,底层表征中特征的数量应当小到只要能够区别一种语言里的不同音位就行的程度。

对比性不充分赋值(Contrastive Underspecification, Contrast-based Underspecification),也称限制性不充分赋值(Restrictive Underspecification)理论也是由 Archangeli & Pulleyblank(1989)提出。这个理论认为,如果某个特征的一项赋值违背语言(通常是音位系统)在其他方面的某些独立决定的特点的话,那么和这项赋值相反的赋值就不应当在底层表征中出现。

自从 Archangeli(1984)推出不充分赋值理论以来,语言学界的许多音系学家们纷纷呼应,先后有 Keating(1988)、Stemberger(1991,1992)、Boyce(1991)、Steriade(1995)等。有关这个理论的简明介绍,可参见 Carr(1993:181～187)和 Kenstowicz(1994:506～521)。

优选论
Optimality Theory

优选论是音系学家 Alan Prince 和认知科学家 Paul Smolensky 在 90 年代初提出的一种语言学理论。他们合写的著作《优选论:生成语法中制约条件的交互作用》标志着这一理论的形成。这一理论自出现以来得到了迅猛的发展,其理论原则和分析方法由早期只用于音系学领域的研究已经发展到应用于句法、词法、语义等其他语言学领域的研究。优选论诞生后很快就风靡整个语言学界,成为 90 年代的主流语言学理论(Archangeli & Langendoen 1997:1)。

1 产生背景

优选论是对生成语法的继承和发展。之所以这样说是因为一方面其书名中已写明优选论是研究生成语法中的制约条件交互作用,另一方面它与生成语法一样,都试图通过语言的形式分析来发现和建构普遍的语法原则

(王嘉龄 2002:31)。优选论是生成语法理论的最新发展(Kager 1999:2),它同时也吸收了自然生成音系学“应对表层形式进行直接制约”的思想,即通过并行处理模式实现对表层语言形式的直接制约。

Chomsky 和 Halle 合著的《英语音系》(SPE)提出的生成音系学理论认为,音系结构有两个平面:音系表征层面(底层形式)和语音表征层面(表层形式)。语法的音系部分主要由词项的音系表征和音系规则构成。音系表征只包括具有体现形态句法和语义属性的音系信息,经过由音系规则驱动的音系推导过程,音系表征形式经过若干的中间层面最终转化为语音表征形式(即表层表征)。显然,生成音系学标准理论的重要理论基础是音系规则的串行有序推导,其理论框架可以表述为:

底层形式 → 音系规则的串行有序推导 → 表层形式

直至 70 年代中期,生成音系学一直侧重研究音系规则方面出现的各种问题。如:生成音系学所设定的底层音系表征形式是否过于抽象? 音系推导过程中的音系规则排序有无内在化的理据? 在经典生成音系学理论中,除了作为音系规则作用音系表征所产生的输出结果外,语音表征(表层形式)基本上没有什么地位或作用。在生成音系学的体系中,音系规则应该说占据了主导或最显著的位置,成为音系研究的核心。音系规则过于强大,不仅能生成合格的形式,也能生成不合格的形式,所以必须对它加以限制和约束。为此,Stanley(1967)提出三类制约条件来解决早期生成音系学中音系规则生成能力过强的问题,这三类制约条件是:(1)蕴涵型制约条件;(2)肯定性制约条件;(3)否定性制约条件。这三类制约条件既作用于音系表征层面也作用于语音表征层面,它们起着限制音系规则、削弱其过强的生成能力的作用。在优选论产生之前,虽然人们已经认识到采用制约条件可以对音系规则在底层和表层等不同层面的推导产生制约性作用,但其作用是辅助性的,音系规则仍是音系分析和描写的主要手段,是语法分析的核心部分。

2 理论框架

在优选论中,语言的普遍性制约条件主要分为两大类:标记性制约条件与忠实性制约条件。这两类制约条件本质上是相互冲突的。标记性制约条件触发变化,它要求或阻止出现某种输出形式,从而使语法的输出形式符合结构合格性的标准。忠实性制约条件阻止变化,它使输出形式在某个或某些方面忠实于输入形式,保持其原有的基本属性,即要求输入形式与输出形式具有某种相似性(马秋武 2003,2008)。这两类制约条件的交互作用便产生出就特定语言的语法(制约条件等级体系)而言最优的表层输出形式。因此,优选论的理论核心是制约条件的交互作用问题。语言之间的差别是制约条件之间不同交互作用的结果。制约条件是普遍性的,是普遍语法的一部分,是对表层形式提出的某种(些)肯定性的要求和否定性的限制。优选论正是用这种简单且有很强解释力的制约条件交互作用的方法解决了不同语言的语法普遍性和差异性的问题。具体地说,制约条件是普遍性的,制约条件的等级排列是因语言不同而不同,制约条件的等级排列构成严格的优势等级体系,即等级排列高的制约条件对于等级排列低的制约条件享有绝对优先权(absolute priority),制约条件等级体系是一个严格优势等级体系(strict dominance hierarchy)。也就是说,假如有两个制约条件,等级排列高的制约条件比等级排列低的制约条件具有绝对优先权,即满足前者比满足后者更重要。

优选论只有制约条件,没有规则。优选论的制约条件具有两个基本属性:普遍性和可违反性(Archangeli & Langendoen 1997:15)。普遍性是指制约条件是基于人类语言的某种普遍倾向建构的,它在应用上是普遍性的,即它的应用不因语言不同而发生改变(马秋武、陈冰 2004)。可违反性是指制约条件不是绝对的,是可以违反的,任何一种语言形式都不会绝对满足所有的制约条件或都一定违反某一(些)制约条件,语言形式合乎语法性的标准不是它能否绝对满足所有的制约条件,而是它能否最大限度地满足或最低限度地违反特定语言所具有的制约条件等级体系。

马秋武(2008b:59～60)对优选论进行全面的分析和总结,提出了优选论的八个特点:(1)在OT中,语法的合格性是一种相对概念。一种形式在某种语言里是语法合格(正确)的,并不意味着它在另外一种语言中也是合格的。表层形式合格与否取决于特定语言的制约条件等级体系。(2)语言的普遍现象是相对的,而不是绝对的,任何普遍的制约条件都是可以违反的。语言的普遍性实际上是语言的某种普遍倾向。(3)OT是比较性的,即在评估过程中对所有可能的表层形式进行对比评估,看哪种表层形式能最大限度地满足该语言的制约条件等级体系,优选项即是在对比评估中最低限度地违反制约条件等级体系的候选项。(4)OT语法的优选项并不是没有违反任何制约条件的候选项,它只不过相对于其他候选项而言违反制约条件等级体系的程度最低而已。也就是说,优选项能最大限度地满足等级排列较高的制约条件。(5)候选项都是可能的语言表层形式,它们在某种语言的制约条件等级体系评估过程中被淘汰,并不意味着它们不可能成为其他某种语言的优选项。(6)理论上,任何候选项都有可能成为某种语言的表层形式或优选输出项。因此,生成器在生成候选项过程中不可以有任何的制约,以便能够为评估器提供所有可能的输出项。这就是说,语言的各种变化都应该在生成器生成候选项的过程中发生,即候选项包括了所有的各种语言变化。(7)语言的某种变化便是对某个忠实性制约条件的违反。如果一种语言允许出现某种变化,那么在制约条件等级体系中阻止这种变化的忠实性制约条件就一定排在某个(或某些)标记性制约条件之后;否则,就不会出现这种语言变化。(8)显然,忠实性制约条件阻止语言变化的发生,而标记性制约条件触发语言变化。OT 将触发语言变化的条件与语言变化本身分开来,形成两种对立的制约条件,语言变化是否发生取决于两种制约条件的等级排列,从而有效地解决了触发与阻断语言变化两种功能之间的关系。

2.1 输入到输出的映射过程

优选论的语法操作是输入到输出的映射过程。在这一过程中,输入与输出是一一对应的。其过程分为两步:首先,一个输入项由生成器生成数量无限的候选项集合;然后,由特定语言的评估器,即特定语言所具有的制约条件等级体系,对所有的候选项进行并行评估,从中优选出一个最优(或最和谐)的输出项。图示如下:

(1)Prince and Smolesnky (1993)

生成器(输入项) ⇒(候选项$_1$,候选项$_2$……候选项$_n$)

评估器(候选项$_1$,候选项$_2$……候选项$_n$) ⇒输出项

2.2 两个主要语法操作系统及功能

优选论的语法模式主要涉及两个语法操作系统:生成器(Generator)和评估器(Evaluator)。前者为特定的输入项生成一个数量无限的候选项集合,后者从生成器生成的候选项集合中为这一输入项选取一个最优的输出项。下面,我们将分别对这两个语法操作装置进行具体说明,指出它们的作用及其所遵循的原则。

生成器的任务是一个生成数量无限的候选项集合,这一数量无限的候选项集合可以确保其中含有潜在的优选输出项。在生成候选项过程中,生成器必须遵循三条原则:(1)分析任意性原则(freedom of analysis);(2)包含原则(containment);(3)语素信息一致性原则(consistency of exponence)(McCarthy & Prince 1993a:20)。生成器可以自由生成任何可能候选项的特性叫做分析任意性原则。根据这一原则,生成器生成的候选项在结构多

样性和数量上不受任何限制，允许生成器生成出任何一种音系结构或任何一种音系单位，如音步、音节、韵素或特征，而且在数量上也是无限的。没有分析任意性原则就无法解释输出形式中的插音现象。分析任意性原则的目的在于保证有足够的候选项供制约条件等级体系评估和选择，它确保制约条件等级体系发挥其应有的功能和作用，因为在优选论里既没有改变音系结构的规则也没有补救的调整规则。包含原则要求输入项的成分必须包含在每个候选项中，禁止生成器删除输入项中的任何成分和属性。优选论允许底层形式中的音系成分以零形式在表层中出现，但这和删除输入项中的成分不是一码事。语素信息一致性原则是指生成器在生成候选项的过程中也必须保持与输入项在语素信息上的一致性，以确保输入与输出的对应关系。生成器仅仅具有音系功能，禁止生成器改变语素的语义信息。生成器可以在候选项里增添某些语音材料，但不管增添了什么，它们都不是语素的组成部分。包含原则和语素信息一致性原则实际上是对分析随意性原则的限制。生成器不论生成出什么样的候选项，它们都必须包含输入项已有的语素单位，不得改变输入项的语素信息。

评估器由一组按等级排列的普遍性制约条件组成，不同语言中的制约条件的等级排列是不同的。评估器的任务是评估生成器生成的所有的候选项，并根据候选项对制约条件违反的程度选出最优的输出形式。制约条件的交互作用不是在输入层面进行，而是在输出层面进行。因此，优选论的语法不需要改写规则，而用制约条件对所有结构上的变化进行一次性并行处理。这样，评估器的作用十分重要，它是优选论的核心。尽管生成器生成数量无限的候选项，评估器在评估中采用一定的评估方法，按照严格优先原则来筛选出最和谐的输出形式。这些评估方法包括：评估候选项对每个制约条件的违反情况；根据制约条件的等级体系，排列候选项的和谐性；选择最优的输出形式。评估器的特性有：评估器的经济性原则、并行处理的原则、严格优势的评估方法。评估器的经济性原则：只有在为了避免违反等级排列高的制约条件的情况下才可以最低限度地删除候选项。并行处理的原则：标记性制约条件与忠实性制约条件在同一等级体系内同时进行交互作用。严格优势的评估方法：优选论对候选项的评估采用了严格优先原则的评估方法，即满足等级低的制约条件不能弥补对等级高的制约条件的违反。制约条件的优先关系具有传递性，即如果制约条件$_1$＞制约条件$_2$，制约条件$_2$＞制约条件$_3$，那么，制约条件$_1$＞制约条件$_3$（Kager 2001：21）。

2.3　制约条件

优选论中的制约条件有多种来源（Prince & Smolensky 1993；Itô，

Mester & Padgett 1993;McCarthy & Prince 1993a,1993b;Myers 1993)。有些制约条件以观察和经验为基础,和结构类型的无标记性相对应,如音节有音节首音(Onset)和音节无音节尾音(No Coda)。这两个制约条件是以自然语言里的CV音节结构类型的无标记性为基础(Clements & Keyser 1983)。有些制约条件是对语言现象分析结果的概括,如同界(alignment)制约条件是对韵律范畴和语素范畴以同一边界为单位界限趋向的概括(Prince & Smolensky 1993:132;McCarthy & Prince 1993b:2)。有些制约条件建立在某种假设或假设之间关系的基础上,如可分析(parse)制约条件的建立是以"音段在底层表征没有组成音节"的假设为基础。还有一些制约条件直接采用生成音系学中的某些原则,如强制性曲折原则(Obligatory Contour Principle,OCP)(Yip 1995;Goldsmith 1976)。

优选论认为,实际的语言形式是两种相互冲突的力量交互作用的结果,并且这两种力量在优选论中体现为标记性制约条件和忠实性制约条件。标记性制约条件是在语言普遍现象的基础上提出来的。例如,对音节结构类型的研究表明某种音节结构类型是世界上多数语言倾向采用的,而某种音节结构则不是。具体地说,如果一种语言允许音节以元音开头(即音节无首),那么它一定允许音节以辅音开头(音节有首)。但是允许有音节首的语言不一定允许无音节首(马秋武 2003:23)。同样,音节无尾、不允许复杂音节首、不允许复杂音节尾等都是语言的普遍倾向。下面简单介绍一下一些标记性制约条件:

(2) ONSET:音节必须有音节首。
NO-CODA:音节不可以有音节尾。
*COMPLEX^{ONS}:不允许有复杂音节首①。
*COMPLEX^{COD}:不允许有复杂音节尾。

忠实性制约条件要求输出项与输入项在形式上保持一致。虽然这些制约条件涉及词汇的底层形式,但它们仍然对语言的表层输出形式提出种种要求。McCarthy and Prince(1995,1999)系统阐述并提出了忠实性制约条件的对应理论(correspondence theory),指出忠实性对应制约条件要求语

---

① 这里需要注意的是,把COMPLEX译成"复杂",实际上不是很准确的。"复杂"是一个主观性很强的字眼,形式语法绝对不会有这样表述不清、含混不明的规则或原则。事实上,COMPLEX在这里是指音节首(或尾)辅音超过一个(即两个或两个以上)便违反了这一原则。我们把它翻译成"复杂",仅仅是出于方便而已。在做形式语法分析时,如果把它按照我们通常对"复杂"的理解来理解,那么就大错而特错了。

言的输入与输出形式要在音段的数量和内容上保持一致。在忠实性对应制约条件中,语言的底层形式直接与表层形式相对应。下面介绍一下常见的三种忠实性对应制约条件:

(3) MAX-IO:输入的每个音段在输出项中必须有相对应的音段。
DEP-IO:输出的每个音段在输入项中必须有相对应的音段。
IDENT-IO(F):输入音段的特征为[rF],输出音段的特征也应为[rF]。

(Kager 2001:67)

前两个制约条件要求输入与输出项在数量上保持一致。其中 MAX-IO 是反删音的制约条件,它要求输出项中不能删除输入项中已有的音段;DEP-IO 是反插音的制约条件,它要求在输出项中不能插入输入项中没有的音段;而后一个制约条件要求输入与输出项有相同的音段特征。

3 分析方法

优选论的分析方法是根据按照等级排列的制约条件的交互作用,遵照严格优先原则,对生成器所生成的所有候选项进行并行评估,取最低限度违反制约条件的候选项为最优的输出形式。下面用优选论的竞选表形式加以说明。

(4)

	制约条件$_1$	制约条件$_2$
☞ 候选项$_1$		**
候选项$_2$	*!	

(Kager 2001:23)

在候选项竞选表中,最上面一行是按照等级高低由左向右排列的制约条件。如果左边的制约条件等级高于右边的制约条件,那么两个制约条件之间用实线隔开;如果制约条件的等级关系尚未确定,则用虚线隔开。最左边的纵列一栏为候选项。最优的选项用☞标志指明。如果一个候选项违反了等级体系中的制约条件,就在这个制约条件下方的空格中用 * 表示。! 表示该候选项违反了等级高的制约条件,必须被淘汰。阴影部分表明这里的违反情况已经无关紧要了①。从表中我们可以看到，候选项$_1$不但没有绝对满足所有的制约条件，而且两次违反了制约条件$_2$；而候选项$_2$只违反了一次制约条件$_1$。但是，制约条件$_1$的等级高于制约条件$_2$，对制约条件$_1$的违反是致命的，即使违反的次数少也无法得到弥补。并且，不能将违反不同制约条件的次数累计相加与违反某一等级高的制约条件的次数相比较。例如：

(5)

	制约条件$_1$	制约条件$_2$	制约条件$_3$
☞候选项$_1$		*	*
候选项$_2$	*!		

在表中，候选项$_1$对制约条件$_2$和制约条件$_3$的违反情况不能累计相加与候选项$_2$违反制约条件$_1$的情况相比较。因此，满足等级高的制约条件比满足等级低的制约条件具有绝对优先性。

优选论中的制约条件都相当于过滤器。每经过一个制约条件的评估都要淘汰一些违反该制约条件的候选项，直至得出最优的输出形式。图示如下：

(6) 输入项

↓ ↓ ↓ ↓ ↓

候选项$_1$，候选项$_2$，候选项$_3$，候选项$_4$，……候选项$_n$

↓ ↓ ↓ ↓ ↓

制约条件$_1$

↓ ↓ ↓ ↓

制约条件$_2$

↓

……

↓ ↓

制约条件$_n$

↓

输出形式

(制约条件$_1$>制约条件$_2$> ……>制约条件$_n$)

① 使用阴影覆盖，是OT分析中通常采用的一种对候选项不起决定性作用的制约条件评估结果的做法。但现在越来越多的学者不再采用这一做法。有关这方面的说明，见马秋武(2008:51)。

如果所有的候选项都违反同一个制约条件,则要比较它们违反同一制约条件的次数,违反次数多的要被淘汰;如果违反次数一样,就全部由下一个等级的制约条件进行评估,以此类推。最优的选项也可以违反制约条件,只不过它对制约条件的违反是最低限度的。例如:

(7)

	制约条件$_1$	制约条件$_2$	制约条件$_3$
☞候选项$_1$		*	*
候选项$_2$		* * !	
候选项$_3$	* !		

(Kager 2001:25)

候选项$_3$违反了等级最高的制约条件$_1$,因此被淘汰。候选项$_2$对制约条件$_2$的违反多于候选项$_1$,也被淘汰。因此候选项$_1$是最优的输出形式。

4　优选论的应用

4.1　在韵律构词学中的应用

优选论最初产生于韵律构词学(prosodic morphology,又译韵律形态学),用于对因韵律结构和语素结构相互作用而产生的音系现象进行分析,诸如词缀位置变化,词干的增大(augmentation)以及重叠(reduplication)现象等。韵律构词学是关于语素结构和音系结构交互作用的理论。具体地说,是关于韵律结构如何作用于语素模板(template)和界限(circumscription)的理论。韵律单位的结构层次分为:韵律词、音步、音节和莫拉,较大的韵律单位是由较小的韵律单位构成。如下所示,左边是汉语,中间是英语,右边是音系学中使用的缩写形式和符号。

(8)

韵律词	prosodic word	Prwd
|	|	|
音步	foot	F
|	|	|
音节	syllable	σ
|	|	|
莫拉	mora	μ

(钟荣富 1995:3)

从结构的角度来说，语素属于不同的语素范畴(morphological category)，包括词根、词干、词汇(lexical word)等。这说明可以从语素结构和韵律结构两方面来定义同一个意义单位。语素范畴和表征它的韵律单位应该有共同的界限，但实际的情况不总是如此，有时会因某种(些)因素发生这样或那样的变化。

优选论在韵律构词学研究的基础上提出了同界制约条件(alignment constraint)(Prince & Smolensky 1993:132;McCarthy & Prince 1993b:2)。同界制约条件的核心思想是，音系在变化时需要参照所假定的各类结构成分的边界，如音节的边界、词根的边界等。同界制约条件与其他制约条件，如音节标记性制约条件，交互作用，可用来解释构词中加缀或叠音部分倾向于无标记性音节结构的各种语言现象。Tagalog 语中的词缀-um-可以说明同界制约条件在音系分析中的作用。概括起来就是：如果一个词有音节首，那么，词缀-um-要插在紧跟音节首后面的词中位置；如果一个词无音节首，那么，词缀-um-就成为词的前缀。下面以 Tagalog 语的词缀-um-为例加以说明。

(9)

词根	词缀	意义
alis	um-alis	离开
sulat	s-um-ulat	写
gradwet	gr-um-adwet	毕业

从描写的角度看，我们似乎无法确定词缀-um-是前缀还是中缀。从分析的角度看，词缀-um-出现在词根 sulat 和 gradwet 的中间，把词根分隔开，破坏了语素范畴和韵律词原本一致的界限。如果假设这种语言要求音节必须有音节首，如何解释-um-在 s-um-ulat 中出现在单个辅音 s 的后面，而在 gr-um-adwet 中出现在辅音丛 gr 的后面呢？Tagalog 语言允许音节有复杂音节首和复杂音节尾。插入中缀可以避免-um-中的元音缺少音节首而仅有音节尾，如在 * -um-sulat 中。很显然，-um-词缀在构词时要依赖于输出形式的韵律。在优选论中，这两方面是并行分析的，即语素的合格性制约条件与音节的合格性制约条件排列在同一个等级体系。这两种制约条件评估同样的候选项集合，并从中选出最优的输出形式。我们可以看出，语素的制约条件对词缀-um-在词中位置的要求与音节合格性制约条件的要求相冲突。Prince & Smolensky(1993)用简单的方法解决了这一问题，直接将韵律制约条件排列在优于语素制约条件的位置。在此应用的韵律制约条件为：

无音节尾（No-Coda）：不允许音节有尾辅音。

这一制约条件与语素的同界制约条件交互作用。同界制约条件为：

同界（[-um-]左，[韵律词]左）：词缀和韵律词的左边界一致。

（Kager 2001：122）

所以，优选论一方面不仅继承了语素范畴与表征它的韵律单位应当有共同的边界的假设，并且把它看成可以违反的制约条件（同界制约条件）；另一方面，从对 Tagalog 语的分析中可以发现，词缀的位置与无音节尾制约条件有关。同界和无音节尾两个制约条件对词缀-um-的位置提出不一致的要求。以 gradwet 为例，如果满足同界，-um-放在词首，那么* umgradwet 就违反了无音节尾制约条件；如果把-um-放在词根的某个元音的前面，虽然满足了无音节尾制约条件，但是违反了同界制约条件。优选论的解决办法是将无音节尾制约条件的等级排列高于同界制约条件（No-Coda≫Align-um-L），即韵律制约条件的排列优于语素制约条件（P-constraint≫M-constraint）。这样就能解释为什么 gr-um-adwet 是符合语法的表层形式。用优选论的候选项竞选表表示如下：

（10）

输入项：{um，gradwet}	无音节尾	同界
a.　um. grad. wet	* * * !	
b.　gum. rad. wet	* * * !	g
c. ☞gru. mad. wet	* *	gr
d.　gra. um. dwet	* *	gra !
e.　gra. dum. wet	* *	gra ! d
f.　grad. wu. met	* *	gra ! dw
g.　grad. we. umt	* *	gra ! dwe
h.　grad. we. tum	* *	gra ! dwet

（Kager 2001：123）

候选项 a 含有三个带尾音的音节，三次违反了排列等级高的无音节尾制约条件，因此被淘汰。在候选项 b 中，虽然词缀-um-被插入辅音 g-的后面，但是它仍然三次违反了无音节尾制约条件，也被淘汰。候选项 c—h 都是两次违反了无音节尾制约条件，需要由等级较低的同界制约条件对它们进行评估，以便选出最优的输出形式。在候选项 c—h 中，只有候选项 c 最低限度地违反同界制约条件，即词缀-um-离韵律词 gradwet 的左边界最近，因此候选项 c 是最优的输出形式。

对于 s-um-ulat 的解释如下：

(11)

输入项:{um,sulat}	无音节尾	同界
a. um. sul. at	***!	
b. ☞su. mul. at	**	s
c. su. um. lat	**	su!
d. su. lum. at.	**	su!l
e. sul. aum. t	***!	su!la
f. su. lat. um	**	su!lat

候选项 a 和 e 含有三个带尾音的音节,三次违反了排列等级高的无音节尾制约条件,因此被淘汰。其余的候选项都是两次违反了无音节尾制约条件,需要由等级较低的同界制约条件对它们进行评估,以便选出最优的输出形式。候选项 b 最低限度地违反同界制约条件,即词缀-um-离韵律词 sulat 的左边界最近,因此候选项 b 是最优选项。

通过以上的分析可以看出,词缀-um-位置的变化是无音节尾和同界两个制约条件交互作用的结果。看似难以解释的现象实际上是有规律可循的:在最大限度满足无音节尾制约条件的基础上,词缀-um-应尽量与韵律词的左边界一致。-um-实际上是前缀,它不出现在词首是为了满足无音节尾制约条件的要求。

4.2 在音节结构类型研究中的应用

音节是一种语言音系结构中的基本单位,是语言的自然发音单位。音节对语音分析有重要的作用,是理解音系结构所需的重要的基本概念。它在音段和更高一级的韵律单位(音步和韵律词)之间提供了一个韵律组织的层次。音节还被定义为一个根据音段的响度组织音段序列的韵律范畴(Kager 2001:91)。关于音节的定义还有很多(Clark & Yallop 2000:67; Richards 2000:460),但至今没有关于音节的标准定义。基于对音节结构类型的研究,音系学家发现,某种音节结构类型是世界上多数语言所倾向使用的,而某种音节结构类型则不是。比如,一种语言如果允许音节无音节首,那么,它一定允许有音节首;但是允许有音节首的音节不一定允许无音节首。因此,音节以辅音开头(有音节首)是无标记性的;而以元音开头(无音节首)是标记性的。因此,音节有音节首是语言的普遍倾向。与此类似,音节无音节尾、不允许复杂音节尾、不允许复杂音节首都是语言的无标记现象或普遍倾向。音节结构的标记性制约条件与忠实性制约条件交互作用,产生出表层音节形式。下面仅以音节标记性制约条件 Onset,反插音的忠实性制约条件 Dep-IO 和反删音的忠实性制约条件 Max-IO 三个制约条件不同的等级排列，说明制约条件等级排列的不同决定了音节结构类型的不同。

如果 Onset 的等级排列高于 Max-IO 和 Dep-IO，即 Onset，Max-IO ≫ Dep-IO，这种语言会有在元音开头的音节前加辅音的语音变化。

(12)

Onset，Max-IO ≫ Dep-IO (C-辅音，V-元音)

输入项：V. CV	Onset	Max-IO	Dep-IO
a.　V. CV	*！		
b. ☞ CV. CV			*
c.　CV		*！	

候选项 a 违反了等级排列最高的有音节首制约条件，因此被淘汰。被淘汰的候选项是否违反以下等级更低的制约条件已无足轻重。候选项 c 虽然满足等级排列最高的有音节首制约条件，但是它违反了等级排列较高的反删音的忠实性制约条件 Max-IO，删除了音节首元音 V，因而被淘汰。候选项 b 虽然违反了反插音的忠实性制约条件 Dep-IO，增加了辅音 C，但是这一制约条件在制约条件等级排列中等级最低，也就是最低限度违反或最大限度满足了制约条件等级体系，因此，候选项 b 是最优的输出形式。Axininca Campa 语言就是这种音节结构类型。以该语言中的一个语音表征形式 /no-N-koma-i/为例。

(13)

输入项：/no-N-koma-i/	Onset	Max-IO	Dep-IO
a. ☞ noŋ. ko. ma. ti			*
b.　noŋ. ko. ma		*！	
c.　noŋ. ko. ma. i	*！		

(Kager 2001：103)

从表中可以看出，该语言实际的音节表征形式为/noŋ. ko. ma. ti/，在元音[i]的前面增加了辅音[t]。候选项 c 因为违反了等级排列最高的制约条件无音节首音而被淘汰。候选项 b 违反了等级排列较高的反删音的忠实性制约条件，也被淘汰。候选项 a 是最优的输出形式。

如果排列为 Onset，Dep-IO ≫ Max-IO，这种语言会出现元音开头的音节被删除的现象。

(14)

输入项:V. CV	Onset	Dep-IO	Max-IO
a.　V. CV	* !		
b.　CV. CV		* !	
c. ☞ CV			*

候选项 a 因为违反了等级排列最高的有音节首制约条件而被淘汰。候选项 b 虽然满足等级排列最高的有音节首制约条件,但是它违反了等级排列较高的反插音的忠实性制约条件 Dep-IO,插入了节首辅音 C,因而被淘汰。候选项 c 虽然违反了反删音的忠实性制约条件 Max-IO,删去了元音 V,但是这一制约条件在制约条件等级排列中的等级最低,也就是最低限度违反或最大限度满足了制约条件等级体系,因此,候选项 c 是最优的输出形式。现代希腊语的音节结构就是这种类型。

如果排列为 Max-IO, Dep-IO ≫ Onset,这种语言中会出现元音开头的音节。

(15)

输入项:V. CV	Max-IO	Dep-IO	Onset
a. ☞ V. CV			*
b.　CV. CV		* !	
c.　CV	* !		

候选项 c 违反了排列等级最高的反删音忠实性制约条件 Max-IO,删去了元音 V,因而被淘汰。候选项 b 违反了等级排列较高的反插音忠实性制约条件 Dep-IO,插入了节首辅音 C,也被淘汰。候选项 a 仅仅违反了制约条件等级排列中等级最低的有音节首制约条件。因此,候选项 a 是最优的输出形式。这种音节结构类型存在于英语等语言中。下面以英语为例加以说明。

(16)

输入项:/ʌ. ðə/	Max-IO	Dep-IO	Onset
a. ☞　/ʌ. ðə/			*
b.　/f ʌ. ðə/		* !	
c.　/ðə/	* !		

候选项 a 最大限度地满足了制约条件等级体系,因此候选项 a 是最优的输出形式。

4.3　在用响度理论分析音节构成中的应用

音响是发音过程中气流的动能转化为声能的一种体现(Giegerich

1992：132）。一个音的响度是指它相对于其他音的音响大小。实验音系学的分析表明，发音时，气流从肺部出来后，通过声带进入口腔或鼻腔时受到阻力的部位不同，力度也不同。因此，各类不同语音的响度各不相同。音系学家 Durand（1990）把英语各音段分成以下 10 个响度等级：低元音〉中元音〉高元音〉r 音〉舌边音〉鼻音〉带声擦音〉不带声擦音〉带声塞音〉不带声塞音。根据对英语音节结构的分析可以看出音节结构是呈对称性的（张吉生 2000：141）。音节结构的这种对称性以响度的序列形式体现出来。英语音节响度最高的音位是构成韵核的元音，然后以韵核为中心由高到低向两侧下降。这种分布规则叫做响度序列原则（Sonority Sequencing Principle，SSP）。在优选论中，响度本身不能构成合格性的等级，只有当几个不同方面的因素组合成表征时，才产生相对合格性，即标记性的问题。例如，响度的高低不能说明和谐性的高低，只有当一个音段出现在音节的某一个位置上，如音节核或音节首，它的响度和音节位置的性质相结合，才产生制约条件的和谐度的问题（王嘉龄 1995a：3）。马秋武（2003）在用优选论进行汉语普通话音节组构的分析中，使用了莫拉与响度相结合的制约条件。莫拉原本是一个重量单位。在早期的语言学著作中（Jakobson 1931；Trubetzkoy 1939），莫拉这一概念就用来解释一些语言中的轻重音节的问题。莫拉理论认为，轻音节有一个莫拉，而重音节有两个莫拉。Zec（1988）提出音段的莫拉与响度紧密相关。一个音段的响度越高，越可能有莫拉。音段的数目与带有莫拉音段的集合之间的关系因语言而异。Zec 提出了三组带莫拉音段的集合：第一组，只有元音音段有莫拉；第二组，元音和响音音段有莫拉；第三组，所有的音段都有莫拉。汉语属于第二种情况。根据音段的响度，Zec 提出了肯定的标记性制约条件的集合，用以排除不与莫拉相连的音段。她认为，音段的构成模式由莫拉层面的组织原则严格控制（Zec 1995a：149）。具体地说，投射到一个莫拉上的音段必须满足相应的响度条件，即音段的响度越高，该音段作为带莫拉的音段就越具和谐性。Zec 提出的对莫拉结构的制约条件为：

（17）

如果音段 r_i 后面没有比它更响的音段 r_j，那么音段 r_i 就投射上一个莫拉。

μ

|

r_i　　r_j　　　　条件：（响度）r_i〉r_j

（Zec 1995a：153；1995b：92）

Zec提出的是对莫拉的肯定的标记性制约条件，即一个音段应该与一个莫拉合并或一个莫拉应该与一个音段合并。后来，Morén(1999:372～381)提出了不同的看法。Morén认为，对莫拉的肯定的标记性制约条件不如否定的标记性制约条件更直观，并且不会产生一些奇怪的音节类型预测。Morén(1998，1999)提出的制约条件为：

(18)

一个莫拉不应该与一个音段合并或一个音段不应该与一个莫拉合并。

值得注意的是，这一个制约条件实际上表示了一组与不同自然类型音段相关的制约条件。这些制约条件根据响度构成普遍性的莫拉标记性制约条件的等级排列。

(19)

* MORA[OBSTRUENT]≫* MORA[LIQUID]≫* MORA[NASAL]≫* MORA[GLIDE]≫* MORA[SCHWA]≫* MORA[HIGH]≫* MORA[MID]≫* MORA[LOW]

马秋武用这些否定的制约条件对汉语普通话进行了分析。假设根据普遍性的莫拉标记性制约条件，汉语普通话音节内的音段和莫拉的联结是可以预测的。下面是对重读音节[pa](八)的分析。

(20)

输入项：pa＋$^{\mu\mu}$	* MORA[OBSTRUENT]	* MORA[LOW]
a. $p^{\mu}a^{\mu}$	*!	
b. ☞ $p\ a^{\mu\mu}$		**
c. $p^{\mu\mu}a$	*!*	

候选项a和c中的莫拉与响度低的音段[p]合并，因此被淘汰。候选项b为最优的输出形式。

近年来，有些语言学家试图把优选论的原理运用到音段以下层面(sub-segmental level)，讨论音段内特征同现(feature co-occurrence)等问题，进行元音和谐的分析。其中有些人，例如Pulleyblank(1994)，Akinlabi(1995)等试图用优选论的方法对元音和谐现象进行研究，以此寻求某种有效的方法来解决音段音系学中某些长期以来未能解决的问题，以及元音和谐的强制性、方向和范围，中立元音(neutral vowel)的透明性(transparency)和不透明性(opacity)等主要形式特征问题。Pulleyblank(1996)用优选论的分析方法研究Margi语的声调问题，并做了较为系统的研究。虽然优选论目前主要应用在音系学领域，然而它的基本假设的理论意义却大大超出了音系学理论的范畴，涉及到语言学一些其他的领域。例如，Kager(2001)以Grimshaw(1997)的研究为基础，将优选论的探讨范围扩展到音系研究之外的句法理论。Kager首先概述了优选论的句法理论基础，然后在优选论框架内分析了英语Wh移位和主谓倒装有关的句法问题。

5　OT语法的可学性

Tesar和Smolensky(1993)提出了经典的等级体系演变系统(algorithm)，指出该演变系统认为语言制约条件等级体系是在输出形式和一组普遍性制约条件基础上建立起来的。这种演变系统是语言学习的一种模式，它肩负着根据特定语言的输出形式来建立该语言的制约条件等级排列体系的任务。演变系统得出的结果是肯定的，因为它的确能从给定的输入和输出形式演绎出制约条件的等级排列。整个演绎过程是一个降级的过程。关于制约条件等级排列的信息可以从候选项违反制约条件的情况得出。重要的概念是，凡被最优输出形式违反的制约条件的等级排列一定低于其他某个制约条件等级排列。具体地说，在语言学习的初始阶段，所有的制约条件都处在同一等级上，没有先后、等级之分。但是儿童每接触一个新的优选输出形式，就会把违反它的制约条件降一个等级(demotion)。随着儿童在学习语言过程中接触的新优选输出形式的增多，制约条件就逐渐成为一种等级排列的体系。等级体系演变系统如下所示：

(21)

初始状态：{候选项$_1$，候选项$_2$，候选项$_3$，候选项$_4$，……候选项$_n$}

降级：首先将候选项$_2$降于候选项$_4$之下

{候选项$_1$……候选项$_3$，候选项$_4$……候选项$_n$}

〉〉

{候选项$_2$}

然后将候选项$_3$降于候选项$_4$之下

{候选项$_1$……候选项$_4$……候选项$_n$}

〉〉

{候选项$_2$，候选项$_3$}

最后将候选项$_1$降于候选项$_3$之下

{候选项$_4$，……候选项$_n$}

〉〉

{候选项$_2$，候选项$_3$}

〉〉

{候选项$_1$}　　(Kager 2001:298～299)

每一次重新排列都意味着要把一个制约条件降级到另一个制约条件之下。Kager同时提出了该演变系统所存在的许多问题。(1)演变系统假设儿童得到的输出项是语言结构的表征形式,而不是原始的语音形式,而事实上儿童在实际语言学习过程中不可能轻易地从语音形式中得出其内在的语言结构。(2)演变系统假设儿童在建构等级体系时已经掌握了正确的语素底层表征形式,但实际上底层形式是通过对输出项和制约条件的分析得出的。(3)演变系统假设儿童所得到的都是语法正确的语料,这也与实际不符。诸多的问题表明,建立理想的制约条件等级排列绝非易事。

6 存在的问题

优选论目前尚存许多问题,主要有:(1)音系不透明性。音系不透明性是指由于某种原因,音系规则不能从表层语音形式中直接体现出来。这对以表层形式为理论基础的优选论来说是一个很重要的问题。(2)绝对不合乎语法性。优选论假定每一个输入项都会对应着一个优选输出形式,但是实际语言中有时会出现输入项没有对应的输出形式的情况,即输入项 → 语法 → Ø(Kager 2001:400)。优选论如何解决这一问题?(3)自由变体问题。有时输入项对应的不止一个输出形式,而是对应着两个或更多的输出形式。(4)位置忠实性制约条件。不同韵律位置上的音段有时会有不同的标记属性问题。对此有两种解释:一是认为忠实性制约条件不受语境的制约,而标记性制约条件受语境的制约,成为位置标记性制约条件;二是认为标记性制约条件不受语境的制约,而忠实性制约条件受语境的制约,成为位置忠实性制约条件。(5)底层表征形式问题。在优选论中,表层形式是否符合语法是由制约条件的等级排列决定的。但是底层表征形式是如何构建的?目前有两种比较极端的观点:一种认为底层中的音系成分没有结构关系,可以放弃底层表征;另一种认为底层结构也应该优化。从优选论内部来看,某些制约条件对输出项的评估必须以底层表征的信息为参照,因此不能取消底层表征。从心理语言学的角度来看,词项必须以某种特定形式存在于人的记忆中,因此底层形式和优选的表层表征形式应当存在某种内在的联系。

优选论虽然产生于韵律音系学,并且主要应用于对音系方面问题的分析研究,但是它的影响已经超出音系学领域,发展到语言学的各个方面。尽管在优选论中存在许多尚待解决的问题,但它为我们的语言学研究开辟了一个新的视角。它解释了许多以前其他理论无法解释的问题,它的贡献是毋庸置疑的。从发展的观点看问题,我们应当认识到任何理论都需要不断地完善和发展，从肯定到否定，再从否定到肯定，优选论也不例外。这需要语言学家们对现有的理论进行不断的质疑和完善，并积极地探索和发现新的理论。

第三章　生成诸流派：多维表征篇

SPE与传统音系学派一样都把音流看作是线性结构（linear structure），把诸如重音、声调等超音段特征均看作附属于元音性音段属下的特征来处理，但由于音节没有直接的语音相关物，SPE因而没有赋予它以合法的音系地位。由此可以清楚地看出，SPE的音系结构是由音段特征和超音段特征组成的特征矩阵线性序列。SPE理论提出后，音系学家们便开始对SPE提出的各种理论假设进行分析和探讨，从推导模式到表征方式提出各自的观点和理论模式，形成了后来颇具影响的非线性音系学（non-linear phonology）理论流派。可以说，非线性音系分析方法，是70年代之后各种音系学理论和流派的主流思想。

Goldsmith(1976)从研究非洲声调语言入手，最先提出非线性的自主音段音系学理论（Autosegmental Phonology），声调的自主音段概念，是生成音系学理论发展进程中最重要的一次革命性变化。声调不再是附属于音段属下的特征，而是独立于音段音层以外的音层之上的、具有自主性质的音系成分。音段音层上的元音、辅音的任何改变，如元音/辅音的插入或删除，均不会直接造成声调音层（tonal tier）上声调的改变。自主音段音系学理论在一定程度上削弱了音系规则应用的任意性，极大地丰富了音系表征结构，大大地促进生成音系学的发展，随后，各种多音层、多维度音系学理论相继提出，音系学理论进入全面发展阶段。

自主音段音系学是从声调开始的非线性音系表征，随后声调之外的、诸如特征、音段等音系表征也朝多线性、多维度转向，出现了诸如三维音系学等各种以非线性音系表征为核心的音系学理论。三维音系学（Three Dimensional Phonology）是McCarthy(1979)提出的，是他在研究闪语（Semitic）音变规律的基础上发现在闪语构词中辅音和元音具有自主性质，在音系分析中可以通过建立元音、辅音和骨架三个自主音层便可以对闪语的构词提出一种简单自然分析和描写方法。在自主音段音系学创立的次年，Liberman与Prince(1977)在重音研究方面取得突破，提出了节律音系学理论(Metrical Phonology)。这种理论主要用于处理重音节律现象，研究的重点常常是作为一级音系单位的音步。主要有两种标示方法：节律树和节律栅。CV 音系学也是在自主音段音系学理论的基础上发展起来的。最早将 CV 概念发展为理论的人是 McCarthy(1979)。他是在研究闪语构词方式过程中逐渐形成了 CV 音系学理论的。后来，Clements 等人又进一步发展了 McCarthy 的理论，把 CV 音层理论当作有效区分音节内部结构和功能的音系表征方法，使音系表征形式的描述合理、更有说服力。CV 音系学是在音系表征结构中设立一种能够区分辅音性音段和元音性音段的骨架音层，但在实际分析中有时很难起到对辅音和元音的区分作用，因此只起计时单位的 X-空位理论便应运而生。之后，Hyman(1984)和 McCarthy & Prince(1986)等人又提出采用莫拉(mora)来建构音节结构的莫拉理论。至此，CV 理论、X-空位理论和莫拉理论组成了计时单位的三种理论。

音节音系学(Syllabic Phonology)包括了很多理论，这些理论均与非线性音系学有关，诸如自主音段音系学、节律音系学、CV 音系学、莫拉音系学等。强拍与约束音系学(Beats-and-Binding Phonology)是波兰语言学家 Dziubalska-Kołaczyk(2002)首先提出来的。这是建立在超音段音系学基础之上的理论，和音节的关系非常密切。强拍是音系表征形式一个有规律性的韵律主干单位，其大小和音段相似。有强拍，就有弱拍(non-beats)。在语音中，强拍相对突显一些，弱拍则不明显。强拍和弱拍交替使用，言语序列才能表现出跌宕起伏的音流特点。语音序列中的强拍和弱拍以基于响度的约束相结合。约束是偶值的。强拍与约束音系学试图通过计算，找出音段序列中约束结合的规律。

语调音系学(Intonational Phonology)把非线性表征方法引入对语言语调的研究，语调音系学作为音系学一个重音研究领域，它具有如下几个特点：(1)语调研究是超音段的；(2)在词汇后层面产生意义；(3)具有语言结构。在语调音系学创立的历史进程中，首先是将语调特征与音段特征分隔开来，同时区别表征副语言(paralinguistic)功能的听觉特征和表征语言功能的听觉特征。

平面音系学(Planar Phonology)也是在生成音系学的基础上产生的。Clements(1985)，Halle(1986)和 Sagey(1986)认为所有的区别特征都是自主的，分布在不同的音层(tier)或平面(plane)上，这些不同音层上的特征节点均统辖在同一个根节点(root node)之下。分属于不同音层之上的每一个终端节点通过中间类节点与骨架音层之上的根节点位置相联结，构成一个多层级的特征树。在特征树中，总是有一个平面对应每一个终端节点。

因此,上面的特征树可以精确地看作是一个平面树。这种多平面结构的音系表征形式是一种多维度的表征模型。

动态音系学(Dynamic Phonology)来自于动态语音学。喉、音节、阻塞成为动态音系学中制约理论的核心概念。发音在动态音系学的框架下是这样的过程:气流从肺部发出,首先受到喉的阻碍,形成最初的制约;接下来,口鼻发音器的不同形状再次对气流形成制约,从而形成不同的音节;气流还要进一步受到阻塞(obstruction)的制约。言语由此产生。可见,气流要受到逐级深入的制约而形成言语。

互补音系学(Complementary Phonology)是 Kohler(1994)在分析德语口语语音资料中提出的。音段部分将连续话语中的语音表征与标准词汇表征联系在一起,而超音段部分则引入了具有简缩话语特点的发音过程。这种互补音系学的模式特别适合自然话语资料的计算解释,即声学符号文本(acoustic signal files)的音段切割和标记,以及音系学、句法学、语义学、语用学诸领域中对语符序列及其对应符号所进行的各种计算机操作。

自主音段音系学
Autosegmental Phonology

1 非线性音系学

尽管 Chomsky & Halle 的 SPE(*The Sound Pattern of English*, 1968)理论有许多创新之处,但它仍然承袭了语音结构是以音段为界标的线性序列的观点。SPE 与传统描写结构主义一样都把音流的结构看作是线性结构(linear structure),把重音作为元音固有属性来处理,而把音节排除在理论框架之外。至于声调,即使是 SPE 理论也只局限于把声调看作是线性的,只跟着元音走而已。

Hulst and Smith(1982:2)把生成音系学的发展进程分为两个阶段。第一阶段主要侧重规则的公式化(rule formulation)、规则的应用(rule application)、规则的排序(rule ordering)以及对底层表征的抽象性研究。第二阶段主要侧重对音系表征(phonological representation)结构的研究。生成音系学的这一变化主要有两个方面的原因。一是因为第一阶段关于词形变化的推导理论已经到了一个再无实质性收获的阶段;另一个是因为生成音系学家们已经开始对研究超音段特征(suprasegmental features)十分感兴趣。这种研究兴趣和方向的转变直接导致了70年代中期以后被称之为非线性音系学(non-linear phonology)的诸多音系学新理论的产生，直至后来逐渐占据了生成音系学研究的主流地位。但这些理论实质上与经典生成音系学(即生成音系学标准理论)一脉相承，大都可以归入生成音系学的范围，属于生成音系学的新分支。但在音流结构组合方面却有了全新的诠释。

非线性音系学解释阐述的是人类语言的普遍性原理。McCarthy、Goldsmith、Halle等著名音系学家以世界上许多种语言，包括一些有特殊语音结构的语言，比如班图语族中的Bakwiri语、闪语族中有特殊动词变化的阿拉伯语、土耳其语、非洲的Margi语等等，作为语料进行比较分析之后提出假设，又在诸多语言上反复验证这些假设，进而形成了较为系统的非线性音系理论，诸如自主音段音系学、CV音系学、节律音系学、韵律音系学等等。这些冠以音系学名称的新理论不但研究了各种音系音段现象，而且还研究和阐释了重音、声调、区别特征、韵音、音节、音步等音段以上和以下的非线性音系结构。以至90年代后的音系学，即使是从后来发展起来的优选论的角度对音系进行研究，也仍是以多线性音流结构为基础的，只不过是摒弃了SPE理论中的音系改写规则，转而采用了具有约束性的制约原则而已。

事实上，最早跨出了线性局限的是Leben(1973)和Williams(1976)。尽管他们两人的早期论述其实并没有完全真正突破线性的音系表征方式，但他们却提出了在线性音系底层表征隐含两个相互独立的音段序列(sequence of segments)。一个序列反映的是声调信息，另一个序列便反映了其他的一种特征。他们关于多层次的论述给Goldsmith等人以绝对的启发。后来恰恰是Goldsmith真正突破了线性序列的框框，提出了自主音段的概念，进而创立了自主音段音系学，也使得声调和音节成为音系分析的新主角。如今，音节理论已成为生成音系学的一个重要研究领域。在自主音段音系学理论出现不久，研究音系的学者们就开始把目光转向了其他音系领域的研究。例如，在1979年美国语言学家McCarthy(1979)在阿拉伯语动词变化的研究中有了很大的突破，后经Kahn、Clements和Keyser等人的不断深入研究，形成了CV音系学这一新的音系理论。在自主音段音系学创立的次年，Liberman与Prince(1977)在重音研究方面取得很大的突破，进而又提出了节律音系学(Metrical Phonology)理论。他们极有说服力地论证了重音并不是元音的固有特征，不是元音的特征矩阵的一部分，而是一种关系(王嘉龄 2000:11)。自主音段音系学、节律音系学和CV音系学都属于非线性音系学。近来，在此基础之上，Vergnaud 又提出了三维音系学，实际上也是在多线性音系学的框架内进行音系研究的。

2 自主音段的提出及基本概念

Goldsmith 以他的绝对段分假设(absolute slicing hypothesis)形象地揭示了线性理论的基本概念及其特点。他认为，在线性理论中，音流按照一定的规则被分割成一组音段，而且这种音段的切分是按照线性的顺序进行的。按照不同的规则条件所切分出来的音段组合是不相同的。

Goldsmith 认为，从一个最实在的角度来说，自主音段音系学其实就是探讨各个发音器如舌、唇、喉等是如何相互配合、协调工作的理论。自主音段音系学研究的目的是为了发掘生成音系学的多线性音系分析并对其进行表征。而在 Goldsmith 看来，这种表征不求简单，却只求复杂、彼此相互铰接(Goldsmith 1979:202)。之所以说其"不求简单、只求复杂"，就是因为自主音段所要追求的不是单一的线性表征，而是多线性相互联结的复杂结构的表征。

Goldsmith 在其后的论著中也曾系统阐述了自主音段音系学区别于 SPE 的生成音系学的两个方面：其一，多线性音系分析方法将不同的音流特征置于不同的层面之上，而这些相互独立的层面又由联结线及规则形式有机地组织构建在一起。其二，自主音段音系学对于音系现象的分析不再局限于采用特征变化规则来表述，而是相应地采用更有说服力的音段脱落或者音段重组的规则，通过重新调整联结线的办法进行表述(Goldsmith 1979:202)。

在自主音段理论中，声调不再是音段的固有属性，也不再是某个音段所固有的特征，而是位于音段音层之外的另一独立音层上的自主音段。这样，音系表征就不再按照传统的单一线性进行，而是出现了两个相对独立、相对自主的音层，即除了元音、辅音所属层面之外，还有一个声调音层(tonal tier)。即使将元音、辅音所在的音段音层的音节顺序打乱重新排序，甚至元音脱落，声调音层也可以不受任何影响。但是，分属两个音层的声调和音段并不是毫无联系的，它们彼此要按照规定的条件联结起来。将两个层面上的音系成分联结起来的线，称为联结线(association line)，这就是自主音段的基本概念。由此可见，自主音段音系学将语流分为两个或者更多的层面是有根据的。事实上，多线性的表征还不止上面所提到的两个层面，还可以有更多的层面。某些特殊的语言甚至还可将元音和辅音音段再分为不同的层面，比如阿拉伯语。而各个层面之间是相互平行的关系。不同的语流特征出现在不同的层面上。此外,随着表征的非线性化,规则形式也同时有了相应的变化,也就出现了联结和取消联结等规则形式。

为了更好地认清自主音段的特点和优势,首先看一下 SPE 理论是如何处理声调问题的。SPE 理论把声调当作是元音的一个区别性特征,认为声调跟列在元音特征矩阵中的其他区别性特征没有什么两样。以元音/i/为例,SPE 理论认为,当它处在三个不同声调的音节里时,它的特征矩阵是:

(1)

í	ì	i
+音节性	+音节性	+音节性
—辅音	—辅音	—辅音
+响音	+响音	+响音
+高调	—高调	—高调
—低调	+低调	—低调

SPE 这种把声调加之于元音上的做法似乎是合情合理的,因为音节核(nucleus)通常是音流中的元音,把声调与音节核联系在一起似乎无可厚非。但是,这并不能充分解释一切声调现象。例如,在非洲班图语族的 Bakwiri 语中,有种文字游戏,是将双音节词的前后两个音节的位置相互调换,比如 kélí(死)这个词,互换后是这样 líké。根据 SPE 把声调的性质规定在元音的做法,这种互换的形式是:

(2)

k é l í　　l í k é

1 2 3 4　⇒　3 4 1 2

在互换中,声调是跟着元音走的。但是,对于双音节词 kélì(落下)这个词就行不通了。按游戏规则互换后的形式是这样的:

(3)

k é l ì　　l ì k é　　*

1 2 3 4　⇒　3 4 1 2

但是,正确的形式应该是:

(4)

k é l ì　　l í k è

1 2 3 4　⇒　3 2 1 4

(包智明等 1997:109)

音节里的音位换了位置，但声调标的位置并没有换。因为，SPE 理论单纯地认为音流是音位前后结合的线性结构，用 SPE 理论是无法解释这种现象的。假如我们还按照 SPE 的做法，将第二个音节 lí 移到前面，同时把标在元音上的声调也移过去，那么，结果将是错误的。

怎样才能更好地解释这一问题呢？很明显，首先要抛弃传统的线性结构，把声调看成是隶属于元音、辅音层面以外的另一层面上的东西。这个层面相对于元音、辅音层面又有其独立性及自主性，这样我们就可以很容易解决上面文字游戏中的问题了。将音流层前后两个音节位置互换，声调层是不会受到影响的，从而就可以解释为什么(4)的调换结果是正确的，而(3)的结果却错了。

自主音段理论还可以很好地解释汉语中的一些声调现象。例如，重叠变调或是儿化变调等现象都可以用自主音段理论解释清楚。举个例子，在北京话里，“照片”、“相片”中的“片”要念作去声调，但是儿化之后的“相片儿”中“片”字要念作阴平调，如下图。

(5)

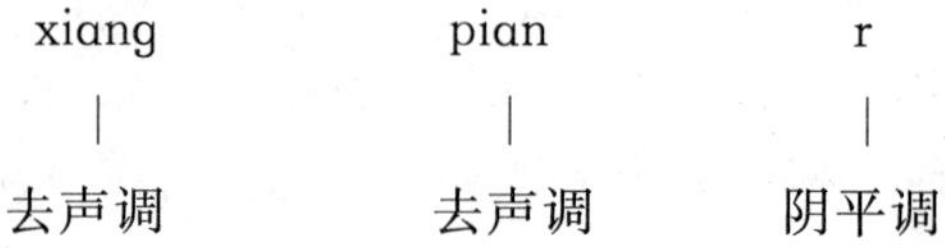

我们用自主音段理论来分析以上的现象，可以找到很恰当的解释。首先，因为声调层与音节所在层是相互独立又相互联结的两个层面，我们可断开音节层面上 pian 这个音节与声调层中去声调的联结。然后，后缀 r 上的阴平调向左延展到音节 pian 上(图 6)。在不同层面上按照脱落联结原则或是重组规则来处理音节与声调的关系，就能很好地解释儿化变调的问题。

(6)

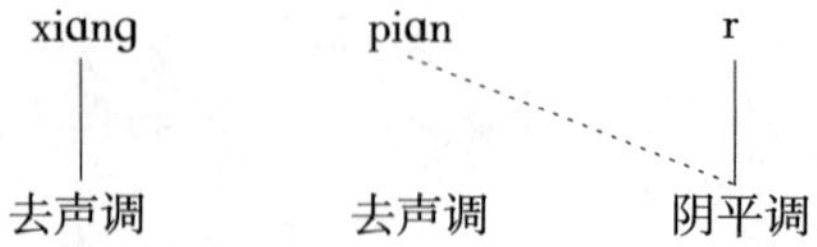

3 曲折声调及其表征方法

从以上的介绍中，我们了解了声调属于一个独立的语音底层层面。声调又可以分为曲折声调(contour tone)和平调(level tone)。如果声调呈变化的状态，该声调就叫作曲折声调。曲折声调可以是升调(rising tone)、降调(falling tone)、升降调(rising-falling tone)、降升调(falling-rising tone)等

(Hulst & Smith 1982:6);反之,就叫做平调,平调可以是高、中、低调。声调的变化实际上是音高(pitch)的变化。由于曲折声调是变化的,因此无法用固定的音高来表示。平调可以用某个音高点来表示。

曲折声调和平调大致有下列几点不同:(1)曲折声调系统里,曲线型声调是基本型;而平调系统里的曲折声调是派生的。(2)在曲折声调系统里,曲折声调不因语素分裂而分裂;而平调系统里的曲折声调可以随着语素的分解而分解。(3)平调系统里的曲折声调,可以根据它们的起点和终点分成两个音高点不同的调素;而曲折声调系统的曲折声调的两个端点,不能分割为两个调素。(4)在曲折声调系统里,带调单位与声调的关系是一对一;而平调系统里的带调单位是一对多的关系。(5)从分布看,曲折声调系统的趋向声调是自由分布;而平调系统的曲折声调只出现在词的边缘,即不是词首就是词尾(包智明等 1997:127)。

我们分析一种语言的曲折声调时,可以将曲折声调看作是两个平调的前后串联,比如说升调实际上就是低调加高调的串联,降调就是高调加低调的串联。事实上,这种低、高调和高、低调串联为升调或降调的情况出现在许多语言里。如果我们所分析的音节中的元音是长元音的话,这种方法很显然可以奏效,我们可以把它看作是两个短元音先高后低或者先低后高的串联。但随之而来的问题是:若音节中所含的元音本身是短元音的话,那又该如何表示它的曲折声调呢?

我们用以往理论是无法表示短元音的曲折声调的。但是为了看得清楚明了,我们先假设可以用传统的偶值特征来表示曲折声调。例如,我们要表示(7)中â的降调。

(7)　　â　　*

$$\begin{bmatrix} +\text{音节性} \\ +\text{收紧性} \\ -\text{高度性} \\ -\text{圆唇性} \\ \cdots\cdots \\ a\begin{cases} +\text{高调} \\ -\text{低调} \end{cases} \\ b\begin{cases} -\text{高调} \\ +\text{低调} \end{cases} \end{bmatrix}$$

可以看到,(7)中分别同时拥有高调(highpitch)、低调(lowpitch)和低调、高调。标注 *a* 的部分似乎代表的是高调,而 *b* 部分代表的似乎又是低调。如上所示，将 *a*、*b* 上下放在一起，它们的叠放顺序也不明确。因此，我们也就不能明确地表示是升调还是降调。事实上，(7)缺少一套规则用以固定偶值特征的垂直顺序，孰上孰下并无章法。*a* 于 *b* 上表明是先高后低的降调，*b* 于 *a* 上表明的是先低后高的升调。

另外一种尝试同样很大胆，但也同样缺乏合理性和说服力。

(8) â *

[＋音节性
＋收紧性
－高度性
－圆唇性
……
[＋高调 －低调] [－高调 ＋低调]
A　　　A B　　　B]

(8)似乎比上面(7)的做法合理，解决了叠放的次序问题。但这样表示，很明显它同样犯了个范畴错误。如上所示，位于 A、B 上方的非声调特征无疑是对应的音段的特征，而声调特征 A 或者 B 实质上是对应的次音段(subsegment)特征，而不是音段特征。

上面两种做法，现在看来都是不太合理的，但在非线性理论之前经常见之于音系学论著中。它们也使我们认识到，曲折声调问题是对以往理论的挑战和质疑。事实上，没有哪一个音段可以同时有特征[＋高调]和特征[－高调]。因此，也就不能说哪一个单个音段的音高可以先高后低，我们只可说某个音段是升调或是降调。我们所要做的就是找出第三种相对简单，又有可能得出明确结果的方法——也就是自主音段的表征方法。首先，我们要否认声调特征是音段中元音的特征的看法。事实上，声调特征是有别于音段层的另外一个层面上的属性，所以我们把声调特征从偶值特征的括号中分离出来，如(9)所示。其次，我们用联结线来表示â的动态降调，如(10)所示。

(9)

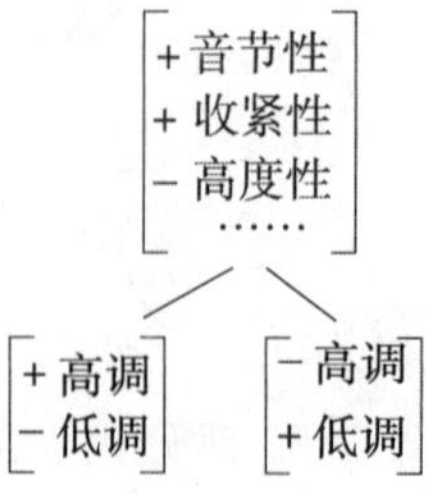

(10)

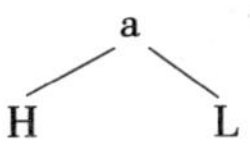

更为复杂的情况怎样表征呢？让我们看 ɑ̀kɑ́lɑ̌ 这个词的表示方法。

(11)

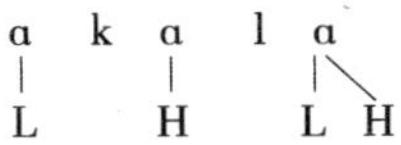

Goldsmith 以非洲 Igbo 语为例进一步说明了曲折升调的表示方法。在 Igbo 语中，所有的动词词干、词缀的声调毫无例外都要由句型来决定。我们来看这个简单的例子：

(12)

(a)　ó　cì　ɑ̀khwɑ́　"He must carry some eggs."
　　he　carry　eggs　或者"He was carrying some eggs."

(b)　ó　zɑ̀　úlò　"He must sweep the house."

句子中代词主语是高声调的，动词的词干一律都是低声调。但当名词主语的词尾是低声调时，句式还是与代词作主语时一样，动词词干是低声调。名词主语也只是带着它固有的声调。

(13)

(c)　Ézè　cì　ɑ̀khwɑ́　"The chief was carrying eggs."
　　Chief　carry　eggs

(d)　Ù̀wɑ̀　cì　ɑ̀khwɑ́　"Uwa was carrying eggs."
　　Uwa　carry　eggs

然而，当名词主语的词尾是高声调时，名词主语的这个声调单位就要有声调的变化了。谓语动词词干的低声调会左移至名词主语的词尾声调单位。

(14)

(e)　Ékwê　cì　ɑ̀khwɑ́　"Ekwe was carrying eggs."
　　(Ekwe—a name，HH)

(f)　Àdhâ　cì　ɑ̀khwɑ́　"Adha was carrying eggs."
　　(Adha—a name LH)

因此，名词主语词尾声调单位上的高声调变成了降调，用自主音段的表征方法，这个变调如(15)所示，虚线表示添加的联结线。(16)则用更易接受的符号及方式来表示曲折声调。Ekwe 的最后一个音节与一高、一低两个声调同时联结,这就是曲折声调的直接表征方式。

(15)

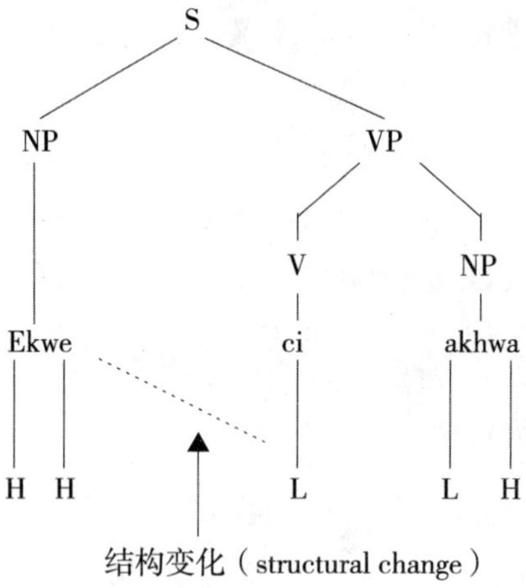

(16)

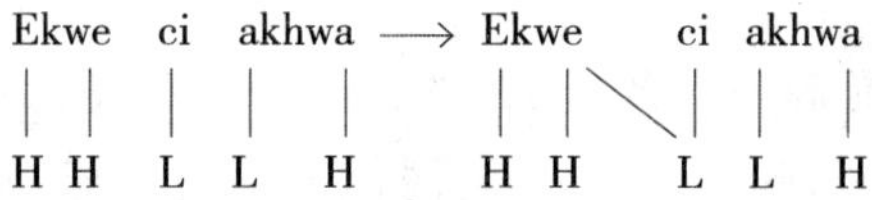

(Goldsmith 1976:34)

此外,我们都知道,汉语是典型的曲折声调语言,它复杂的声调变化不能用一个音高点来表示。要描写汉语声调,通常采用赵元任所提出的五度标记法,他把正常的汉语音高分为 5 度,最高是 5 度,最低为 1 度。例如,北京话阴平调的音高是 55,阳平调是 35,上声调是 214,去声调则是 51(赵元任 2002)。

4 声调的普遍联结规约、延展规则以及强制性曲折原则

说到声调联结的问题,Goldsmith 早在 1976 年就总结了层面之间联结的原则,即 Goldsmith 所述的合格条件(well-formedness condition)(Goldsmith 1976:37):

(1)每个元音至少和一个声调联结;

(2)每个声调至少和一个元音联结;

(3)联结线不能交叉。

但是,Clements 和 Ford 在 1979 年论述了根据 Goldsmith 的合格条件所能够允许出现的多种联结方式,论证了依据 Goldsmith 的合格条件,在联结音节与声调时所造成的不确定性。而后,Halle 和 Vergnaud 等人又对

Goldsmith 的合格条件进行了批评，认为一个元音能与多个声调特征相联，或者是一个声调特征能与多个元音相联是有标记性(marked)的联结现象，并举出多个例证反复证明了其不确定性。此外，Pulleyblank 也认为，Goldsmith 的合格条件只是道出了一般的规律而已，是只适用于某一种语言的法则，并不能用来解释普遍的语言现象。他还进一步提出了他自己的一套联结规则：

(1) 一连串声调与一连串声调承载单位的联结是自左至右，一对一的关系；

(2) 联结线不可交叉。

徐云扬(1988:331)采用 Pulleyblank 的联结规则，把上海话的声调与音段联结起来，进而对上海话的变调现象进行了分析总结。

事实上，Goldsmith 及 Pulleyblank 的联结规则中都暗含了一个声调的右向延展的规则，确实也有音系学家提出了这样的右向联结的规则：如果音段层的右侧出现了未联结到声调特征的载调单位(tone bearing unit)，那么声调层中最后一个声调特征就会自动向右延展到无调的载调单位上，直至遇到下一个带调的载调单位为止。例如，日语的助动词 wa 是无调的，当它出现在带声调的载调单位右侧时，该载调单位的声调会自动延展至 wa 上，如(17)所示。但现实中确有声调与音段的联结自右向左的现象，下面我们也会用例子予以说明。

(17)

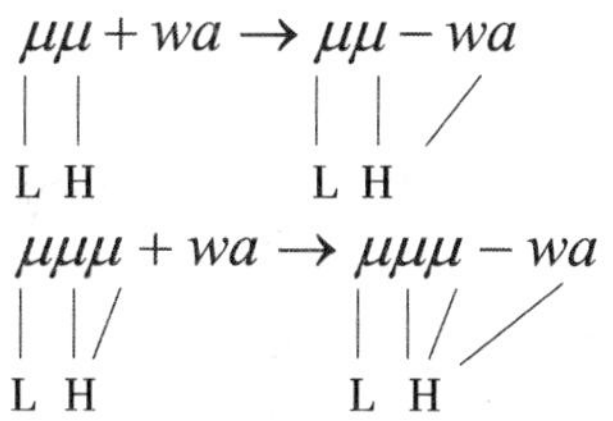

(王洪君 1999:237)

我们不难发现，其实声调与音段的联结也并不像他所论述的那样，是绝对的一对一的关系。所以，Pulleyblank 的联结规则也只是一般规律，并不是普遍规律。Goldsmith 在他的《自主音段及节律音系学》(1990)一书中，再一次阐述了普遍联结规约(Association Convention)，即元音与声调由联结线按照一对一的方式相互联结。对于个别语言，其声调与元音的联结还需要特定的联结规则来加以限定。以班图语中的 Kikuyu、Sukuma 语为例，除了要遵循普遍联结规约，还要遵循首音联结规则(Initial Association Rule)。在 Kikuyu 语的单词中，元音和声调的数目大体上是相等的。我们来看看 Kikuyu 语言的声调与元音的联结步骤：首先，我们采用普遍联结规约，但元音与声调一对一联结之后，结果却令人吃惊：首个声调特征并没有联结到第一个元音上，而是联结到第二个元音上，而第二个元音上的声调特征联在第三个元音上，以此类推(18a)。针对此类个别语言，我们在采用普遍联结规约之外，再采用首音联结规则，即将第二个元音上的声调向左延展到第一个元音上(18b)(亦可见王洪君的论述：错位联结规则，1999：238)。

(18) (a)

(b)

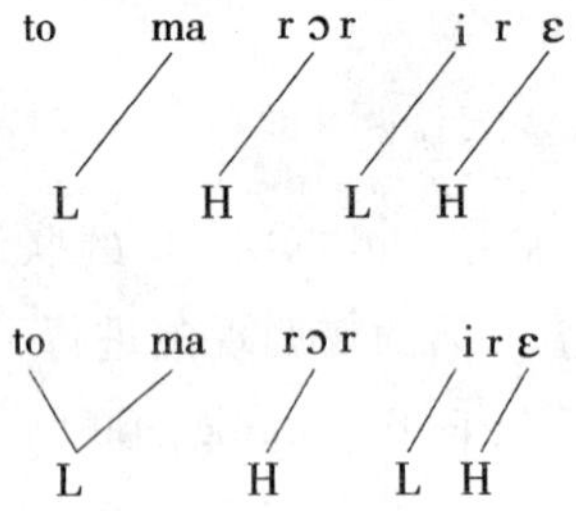

(Goldsmith 1990：14)

前面说到，Goldsmith 最初在 1976 年的联结规则，以及之后 Pulleyblank 的联结规则，其实都不是普遍规则。但是 Goldsmith 联结原则中的第(3)点，即 Pulleyblank 联结规则的第(2)点规定却是强制性的原则，是所有语言要遵照的原则。除此以外，自主音段理论中还有个重要的强制性曲折原则(Obligatory Contour Principle，OCP)，它是音系学理论中提出的制约音系表征的一条较新的基本原则。最初是为了在处理声调时，消除相邻的自主音段上出现相同的特征冲突而提出的，后来又延展到用于解释各种其他语音现象。OCP 原则应用于所有构词原则之后。在声调处理方面，OCP 的具体规定是：如果两个声调前后相邻，那么这两个声调就不能相同。

但事实上，非洲的语言中确实存在两个相同声调相邻的现象，比如 Margi 语。怎样处理这样的声调而不违背 OCP 原则呢？答案并不复杂。将两个相邻载调单位上的相同声调合二为一，即将第一个载调单位的声调延宕至第二个载调单位。

(19)

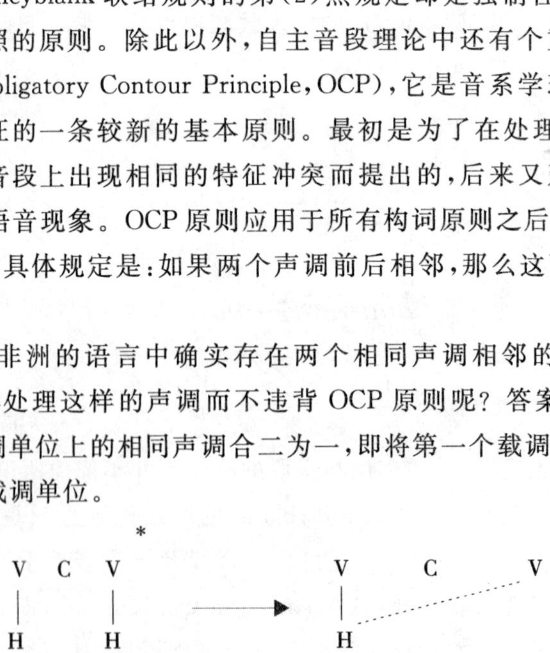

因此，我们可以看出，无论什么时候，声调层面上总会有不同的音高值 L、M、H 交替出现。下面这个变调的例子，可以有力地证明 OCP 原则的适用性。在非洲的 Shona 语中的名词词干前附加了高调的前缀之后要发生变调现象，如(20)所示：

(20)

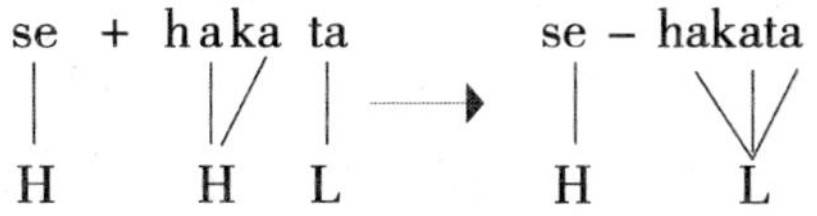

(Kenstowicz 1994：324)

很明显，变调之后，声调层上就会出现 L、H 交替的音高值。同时，我们还会发现，某个载调单位的声调变调后，单个的声调特征有可能会同时横向联结到几个元音。王洪君认为，这个现象也反映了声调层的一个异化同时影响了几个音节的音高。同时，他也提到了 OCP 原则在现实中的使用问题，介绍了一些语言学家的看法，认为少数语言不适用于 OCP 原则，比如非洲的 Etung 语和日语。

在构词过程中，最常见的是声调与载调单位按照右向的延展规则联结：音段与声调特征是从左向右一对一相互联结。如果音段层的右侧出现了未联结到声调特征的载调单位，那么声调层中最后一个声调特征就会自动向右延展到无调的载调单位上，直至遇到下一个带调的载调单位为止。上面也提到了，在不同的语言之间，音段与声调是按照左向还是右向延展原则联结，具体来讲是有差异的，故延展规则并不是普遍规则。例如，非洲的某些语言以及汉语中福州话的声调与载调单位的映射(mapping)就有由右向左的情况。拿福州话中"成功"一词为例，如(21)所示，声调特征由右向左延展、映射。

(21)

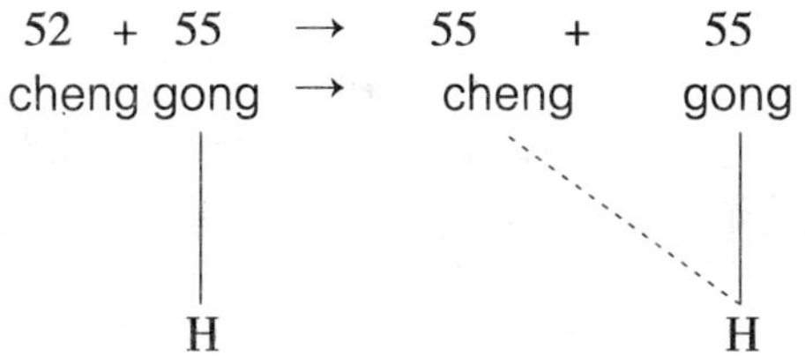

5　漂浮声调及缺省声调

任何以自主音段或是声调为题的音系理论都不会缺少关于漂浮声调(floating tone)的讨论。漂浮声调是一种特殊的，只潜藏在声调层的音段构成语素单位，也就是不与载调单位相联的声调。通常用圆圈"O"来表示漂浮声调，如(22)所示。非洲 Margi 语中名词 yó(child)一词的音段层及底层声调层的排列如下：

(22)

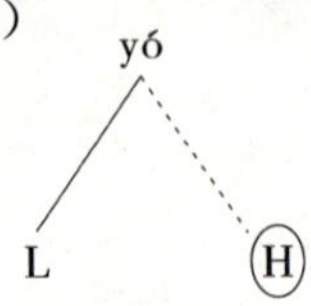

(Kenstowicz 1994:314)

yó 是一个带上升调的单音节词。它的升调表现在底层结构上是一个低调串联一个高调,如上图(22)。按照该语言从左向右的延展规则及普遍联结规约,我们首先要把低调联结在"ó"上。这样一来,就把另外一个高调剩下了,无法与载调单位相联。这个无法与载调单位联结的高调就是漂浮声调。还有一种情况,如果音段层上一个载调单位被删去,它所带的声调也会因为与载调单位分处两个不同的层面而依然保留,而当这个载调单位被删去的同时,它所带的声调也就变成了漂浮声调。

那么这个漂浮声调又怎样处理呢?事实上,在实际使用中,后面的漂浮声调根据特定规则联结到前一个声调的载调单位上去,故将其读作由低到高的上升调。Kenstowicz 所分析的语料中还有譬如 Lama 语等,与 Margi 语一样,在低调后面的漂浮高调会变成升调,而在高调后面的漂浮低调会变成降调(Kenstowicz 1994:314)。

当带有漂浮声调的语素单独成词时,漂浮声调并未与表层的载调单位相联,所以它不会在表层实现出来。但当该词与其他语素相连或相邻时,该漂浮声调会自动向后漂浮,会泊定(docking)在它后面的载调单位上(Goldsmith 1979:207)。看一下 Mixtecan 语的例子。

在非洲的 Mixtecan 语中,sùcí 意为"孩子",带 LH 调。但是在"孩子要吃东西"这句话里,sùcí 一词反映在表层上却是带 HH 调。这与"吃"kee 这个动词的声调特征有关。因为该动词的底层声调层的右端带有一个漂浮高调,放在 sùcí 前与其构成句子时,其右端的漂浮高调就自动向后漂浮,并附着 sùcí 的首个载调单位上,故在句中 sùcí 带的是 HH 调。

(23)

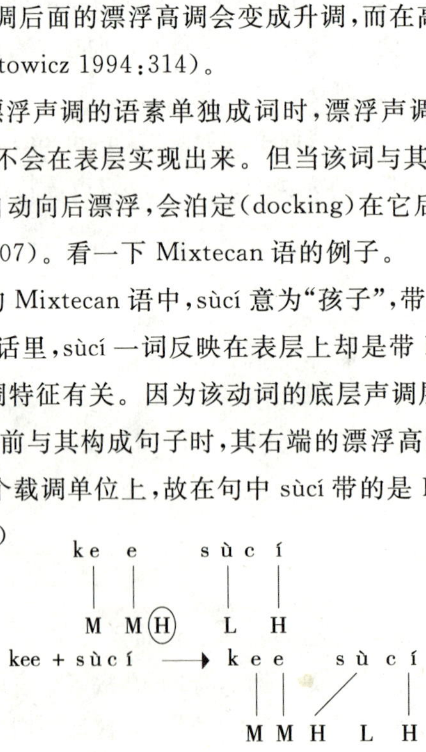

(Goldsmith 1990:22)

Goldsmith 在 1990 年的论著中还总结出了跟在漂浮高调后面语素的

变调情况，并对现实中的变调情况做了详尽的解释，如下表。

(24)

语素本身声调特征	跟在漂浮高调后变调情况
HH	HH
HM	HM
HL	HL
MH	MH
MM	HM 或 MH
ML	HL 或 MH
LH	HH
LM	HM

(Goldsmith 1990:22)

另外，我们可以很容易地发现，漂浮声调理论还证明了一个极其重要的概念。那就是它从另一个侧面说明了声调在声调层面存在的持久性，即使失去了原有的载调单位，声调依然存在。

对于汉语中北京话单音节形容词的重叠，如形容词“好好”，以及 ABB 式的形容词重叠现象，如形容词“喜洋洋、绿油油”，广东话里的省略性变音等现象，应用漂浮声调理论都能够很好地得到解释。包智明(1997)等人就用漂浮声调理论对这些汉语现象进行了详尽的研究。

缺省声调(default tone)是指在某种特殊的语言中，在所有的联结原则都使用完之后，如果音段层上还有未联到声调特征的载调单位存在，为了不使声调层对应的位置有空缺，就将该语言中的某个无标记声调特征默认为该载调单位的声调。一般在只有 H、L 两种声调特征的语言中，L 调为缺省声调，而在有 H、M、L 三种声调特征的语言里，由 M 调来充当缺省声调。

6 自主音段理论的延伸

事实上，自主音段理论最大的贡献就在于它突破了传统的音位表征。后者主张线性的音位排列结构，是由一串音段在一条直线上前后排列。而自主音段音系学主张音段组成两个甚至更多的独立特征层面。这种分析方法可以用来分析元音和谐和鼻音化等现象。例如，McCarthy 将这一分层的办法运用到阿拉伯语动词变化的研究(1979)和非接续语素的分析(1982)中，取得了很好的效果。自主音段音系学的出现，也为音节的复出扫清了障碍。Kahn(1976)首先将自主音段理论用于对音节的分析。他不再用界标

(boundary signal)来界定音节,而是将音节作为一个独立的音层上的单位。这为之后的以音节为研究基础的节律音系学等理论的形成和发展打下了基础。

近年来,我国的语言学家开始着手将自主音段理论应用于汉语音系现象的研究。例如,北京大学中文系的王洪君教授用近10年的学习心得和研究体会总结出《汉语非线性音系学》,李小凡的《汉语方言连读变调的层级和类型》一文对汉语方言的连读变调进行了分层和分类等等。

三维音系学
Three Dimensional Phonology

生成音系学标准理论认为有音系和语音两个表征层面,两个层面都是由线性单位序列构成的,音系层面的表征形式经过音系规则的应用后映射到语音层面。这里的音系规则基本上都是受语境制约的规则(context-sensitive rules)。但是,由于把声调看作是音段所属的特征矩阵中的特征,生成音系学标准理论在用于描写和分析声调语言的声调现象时便显得很不自然。对此,Goldsmith(1976)提出把声调作为独立于音段音层之外的、另一音层之上的自主音段,并由此形成自主音段音系学理论(Autosegmental Phonology)。自主音段音系学理论的提出,极大地推动了生成音系学理论的发展,促进并形成了多层面、多维度生成音系学理论的形成和发展。

McCarthy(1979)证明自主音段音系学的理论有助于解决闪语(Semitic)①音系中突出的问题。他提出,除了声调音层外,还可以设立新的自主音层。他将自主音段音系学中的音段音层分为三个不同的自主音层,即元音音层、辅音音层以及音节音层。这样,闪语动词词干的基本结构便可以用一种简单、自然的方式来说明了。闪语中的阿拉伯语的动词是由一个词干加上若干词缀构成。在希伯来语语法中,这种动词词干传统的术语叫 binyan(复数的形式是 binyanim)②。

在下面的图表中,有15类三辅音动词词干和4类四辅音动词词干的阿拉伯语词汇。

---

① 闪语属闪含语系,包括古希伯来语、阿拉伯语、阿拉米语、腓尼基语、亚述语、埃塞俄比亚语等。

② 这一部分基本上是根据 Halle & Vergnaud(1981)编译而成。

完成主动式	完成被动式	未完成主动式	未完成被动式	主动分词	被动分词
三辅音词根					
1 katab	kutib	aktub	uktab	kaatib	maktuub
2 kattab	kuttib	ukattib	ukattab	mukattib	mukattab
3 kaatab	kuutib	ukaatib	ukaatab	mukaatib	mukaatab
4 ʔaktab	ʔuktib	uʔaktib	uʔaktab	muʔaktib	muʔaktab
5 takattab	tukuttib	atakattab	utakattab	mutakattib	mutakattab
6 takaatab	tukuutib	atakaatab	utakaatab	mutakaatib	mutakaatab
7 nkatab	nkutib	ankatib	unkatab	munkatib	munkatab
8 ktatab	ktutib	aktatib	uktatab	muktatib	muktatab
9 ktabab		aktabib		muktabib	
10 staktab	stuktib	astaktib	ustaktab	mustaktib	mustaktab
11 ktaabab		aktaabib		muktaabib	
12 ktawtab		aktawtib		muktawtib	
13 ktawwab		aktawib		muktawwib	
14 ktanbab		aktanbib		muktanbib	
15 ktanbay		aktanbiy		muktanbiy	
四辅音词根					
Q1 dahraj	duhrij	udahrij	udahraj	mudahrij	mudahraj
Q2 tadahraj	tuduhrij	atadahraj	utadahraj	mutadahrij	mutadahraj
Q3 dhanraj	dhunrij	adhanrij	udhanraj	mudhanrij	mudhanraj
Q4 dharjaj	dhurjij	adharjij	udharjaj	mudharjij	mudharjaj

仔细观察这些词形便会发现，在三辅音词中，这些词有同样的词干辅音 k t b，在四辅音词中，这些词有同样的词干辅音 d ḥ r j①。但词中的元音不同，其他的辅音也不同。因此，这些词的音节骨架或主干(skeleton)，即词形中辅音和元音的排列顺序，也不同。在图表中第一栏里，有 8 种音节主干。

CVCVC (1)　CCVCVC (7)
CVCCVC (2)　CCVCCVC (10)　CVCVCCVC (5)
CVVCVC (3)　CCVVCVC (11)　CVCVVCVC (6)

主干中，辅音空位(slot)的数目从最少的三个到最多的五个。当辅音空位的数目与词干辅音的数目相等时，它们可以直接从左至右，一对一地联结起来，正如 Goldsmith 在各种声调语言中所发现的那样。

① 注意：在图表中，四辅音词根词的 ḥ 下点没有标。

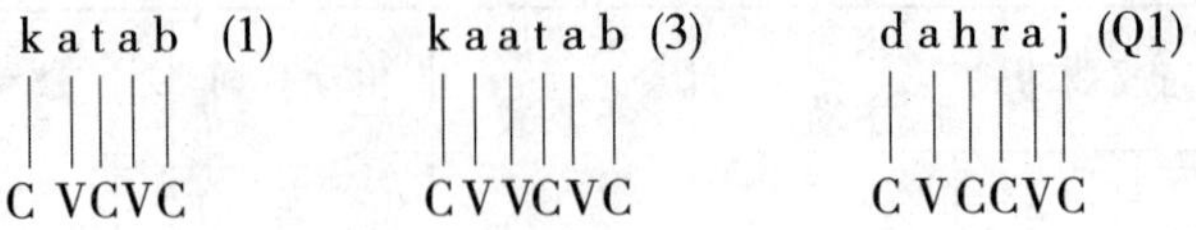

McCarthy(1979)建议将辅音词干和声调旋律(melody)同等对待,单独设立一个音层,同时也提出了合格条件,即 a. 无特殊情况,主干中旋律音层和空位音层的音段从左至右,一对一地联结;b. 主干中每一个空位必须与旋律音层至少一个音段相联结;c. 联结线不能交叉。这些合格条件立即解释了一些辅音词干的形式,特别是那些辅音空位的数目超过旋律音层音段数目的形式。

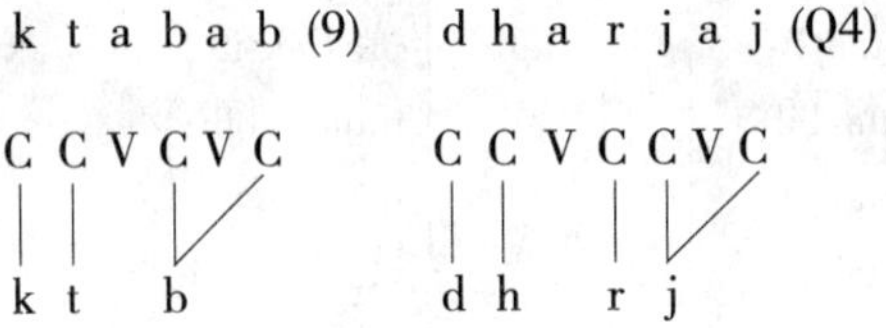

如果单词带上一个前缀,情况就比较复杂了,如第 4、7、10 和 Q2 类。前缀占据了第一个,甚至是第二个空位,词干占据了剩余的空位,以便与合格条件 b 相吻合。在第 14 和 Q3 类中,类似/n/的中缀现象使情况变得更加复杂。如果不违反合格条件,联结线不交叉,我们便需要一条规则,将中缀/n/插入到词干旋律音层中,在第二个辅音之后。

ø → n/ 词干 [CC ___

McCarthy 提出了一个不同的解决办法,建议将中缀置于一个独立的自主音层,脱离词干音层。这便是三维结构。这种解决办法比上面的加中缀规则要优越一些。

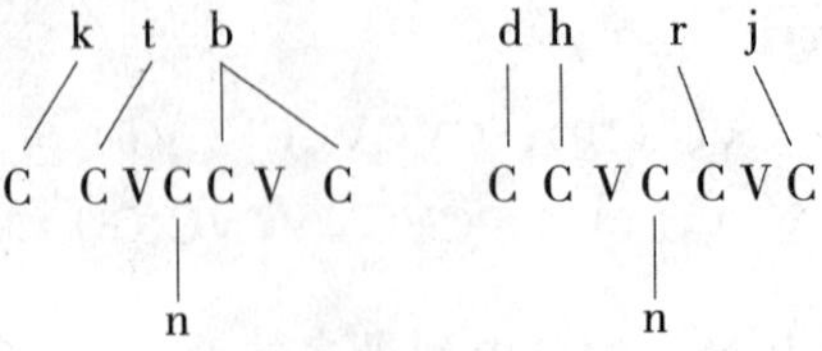

闪语词汇中的元音所起的作用类似其他语言的词缀。在词汇图表中的第一栏,所有单词中的元音都是/a/;在第二栏中,元音是/u/和/i/;在第四栏中,元音是/u/和/a/。这些元音构成了另外一个音层,也是一种三维结构。

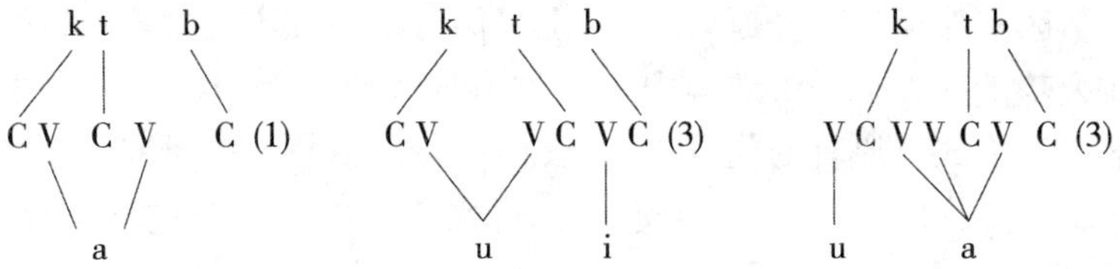

但是下面 Q3 类的词结构有些不同。

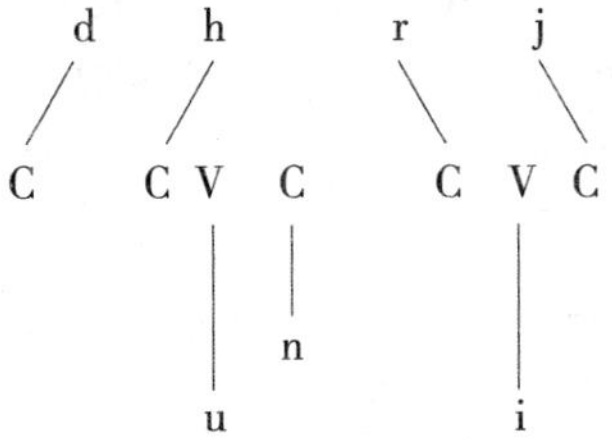

在这个结构里，实际上有三个旋律音层，词干音层、元音音层和中缀音层，再加上空位音层，应该是四个音层，依编者所见，应该算是四维结构。

节律音系学
Metrical Phonology

自主音段音系学最先是以研究声调为主、而后扩展到研究其他现象。与此相同，节律音系学也先是以研究重音为主，而后又扩展到语言的其他方面。有的音系学家认为，节律音系学现在已涵盖了整个音节结构领域和韵律边界。Hulst 和 Smith 就认为，节律音系学已“侵入”了自主音段音系学的领域。

在 Goldsmith(1976)创立了自主音段音系学之后，声调和音节重新成为音系分析的重点。如今，音节理论已成为生成音系学的一个重要研究领域。实际上，在自主音段音系学创立的次年，Liberman 与 Prince(1977)在重音研究方面取得了很大的突破，进而提出了节律音系学理论。之后，许多学者，如 Selkirk(1980)、Hayes(1980)和 Halle & Vergnaud(1987)等都对节律理论进行了深入的探讨。

1　节律音系学的音节理论

事实上，在对某些语言重音的实际分析中，我们会发现，某些语言本身对于重音的分配有各种复杂的限制条件。以英语为例，英语词本身的形态结构(morphological structure)或音节结构(syllabic structure)，抑或是由于时态的变化增加元音音段等都会影响英语重音的分布(Clark & Yallop 2000:411)。如何处理重音问题，是早期 SPE 理论遇到的难题。按照生成音系学区别特征的偶分原则，事实上只能分出两种不同的重音，而在以线性序列为基础的英语语法结构中却允许有四个重音等级。这样一来，生成音系学不得不放弃原有的偶分原则，转而进行多值特征的研究。而且，还为此设立了不少规则，引入了不少术语。这也使得重音分析过程十分烦琐。但是，如果采用节律音系学中的做法，以音节作为基本单位，对重音的分配形式进行描述就简洁明了多了。采用音节能直接清楚地体现重音的模式。研究表明，几乎所有区分音量敏感度(quantity-sensitive)的语言都将音节作为重音的载体单位。后SPE的音系学家们，如节律音系学家、自主音段音系学家、CV音系学家等，都认识到音节是理解音系结构必不可少的基本概念。这一观点现在已被普遍认同，只是关于音节的确切性质还有争议。音节的定义目前尚无一致结论。关于音节现今争论的主要问题有：音节的根节点(root node)和与之相联的音段到底该有多少个层面？节律树就一定是双叉分支(binary branching)吗？多叉分支(n-ary branching)可不可以？音节中的节点如果有名称的话，该名称所代表的范畴是什么？等等。

自上世纪80年代，为了确保生成音系学的科学性和活力，节律音系学家们还尝试着把音节的结构形式化。大多数音系学家都认为，音节通常由一个音节首(Onset)后面带有一个韵音(Rhyme)构成。少数情况下仅由一个韵音构成。而韵音则由一个音节峰(Peak)或音节核(Nucleus)，有时后面会接一个音节尾(Coda)构成。

(1)

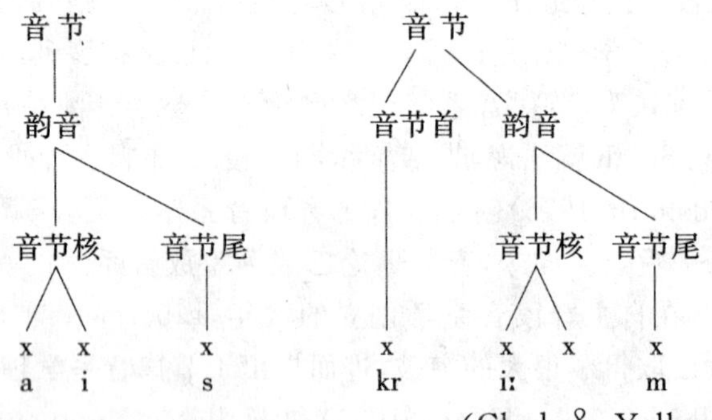

(Clark & Yallop 2000:411)

有趣的是，这种音节结构形式恰好与最初提出的重音结构模式相一致。

(2)

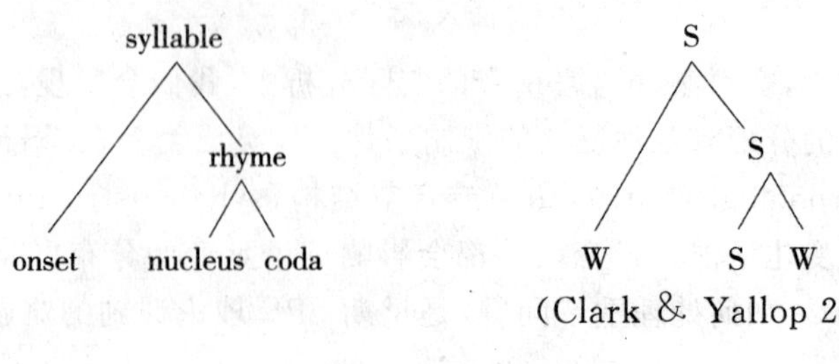

(Clark & Yallop 2000:411)

音节可以是开音节(以元音结尾),也可以是闭音节(以辅音结尾)。从上面的树形图上可见,闭音节中通常含有分叉的韵音(branching rhyme),即韵音中既含有音节核又含有音节尾。并且长元音的音节核是可以分叉的,如图(1)所示(Gupta & Touretzky 1991:334)。而开音节通常含有不分叉的韵音(no-branching rhyme),即韵音中只含有音节核,不含有音节尾。节律音系学认为,在具有音量敏感度的语言里,重音的位置对于韵音结构很敏感,因为音节核直接包含在韵音中,但重音对音节首不敏感(Goldsmith 1990:113)。

2 节律音系学的音步理论

在节律音系学中,音步(foot)的概念也很重要。音步指节律结构的一个底层单位,即重音音步(stress-foot)。它由若干音节韵构成,组合成音韵词的组构成分。分为左中心音步(最靠左的韵音重读)和右中心音步(最靠右的韵音重读)两类。长度不超过两个音节的音步是有界音步(bounded foot)。只含有一个音节的音步称作减衰音步(degenerate foot)。因为含奇数音节的词划分为若干个音步以后,总还剩下一个音节。这个在词的边缘上的音节就属于减衰音步。在后期的节律音系学中,音步支配(foot dominance)作为一个音节形状参项,它可以决定重心位于哪一边。左支配音步(亦称左向音步),即所有的左节点为支配节点,右节点为隐退节点;右支配音步(亦称右向音步)则正好相反,如图(3)所示。为了发现节律结构及其与音段的关系,节律理论又规定音步结构从右至左和从左至右的分析。另外,有人还提出一种韵律分节的节律模式,详见节律树形分析部分及图(10)。

(3)

3 节律树和节律栅

Liberman 在节律音系学发展的最初就极有说服力地论证了重音并不是元音的固有特征,不是元音区别特征矩阵(matrix)的一部分(但早期生成音系学理论认为如此),而是一种关系,一种音节突显的模式(Crystal 2002:223)。这种关系不能用区别特征,而要用结构模式来表示,即用节律树(metrical tree)或节律栅(metrical grid)的形式来表示。

节律树用分层次的二分(binary)树形图来表示节律关系。词和短语的底层节律结构都可用节律树的形式表示，其节点(nodes)反映邻近组构成分(adjacent constituents)之间的节律强度。节点上用S(strong)和W(weak)来表示双音节词的重音模式(stress pattern)。有些音系学家认为，在层级体系(hierarchy)的每一层内，S和W之间的关系应该是二分的，见图(4)。成分要素的分布或者是S-W，或者是W-S。

(4)

(Clark & Yallop 2000:410)

既然S和W之间的关系是二分的，可见除了双音节以外，多音节(polysyllabic)的形式也都必须有分叉，也可以允许有次分叉(subsidiary branching)，如图(5)所示。

(5)

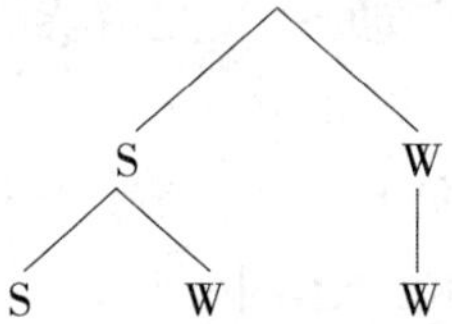

但决不允许有(6)这样的形式出现。

(6)

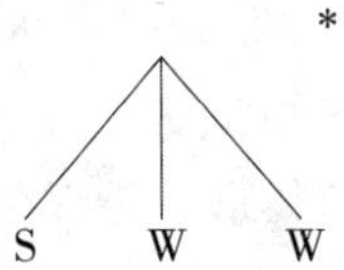

(Clark & Yallop 2000:410)

在图(7)中，可以清楚地得出结论：主重音自然要落在从节律树的根部到终端都是S的音节上，如(7)中的-si-和-ci-音节。

(7)

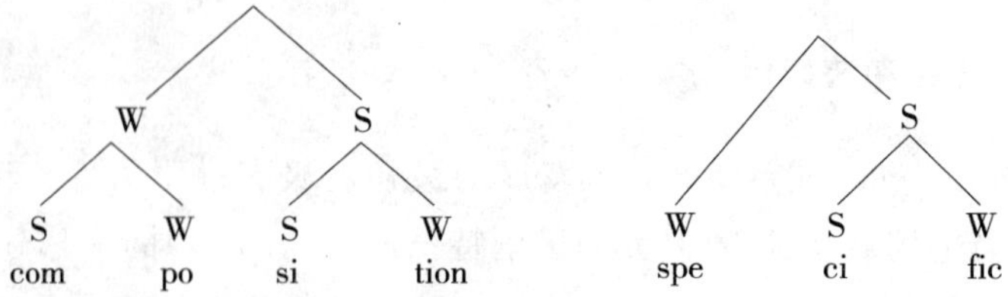

从根部到端点都是W的音节当然就是最弱的音节，如(7)中的-po-音节。既有S又有W节点的音节具有相对减弱的重音。这样，重音的相对强度就可以靠根部到终端的S和W的累计数来求出。参照陆致极“关于‘非线性'音位学"中的方法,我们可以假定 composition 一词的节律树上、下层中 S 的值分别为+1、+2,W 值分别为-1、-2,在图(8)中,我们就可以靠纵向求和的方法得出其最大值为+3,故-si-音节为最重音。这种处理模式显然要比 SPE 方法简洁明了得多。

(8)

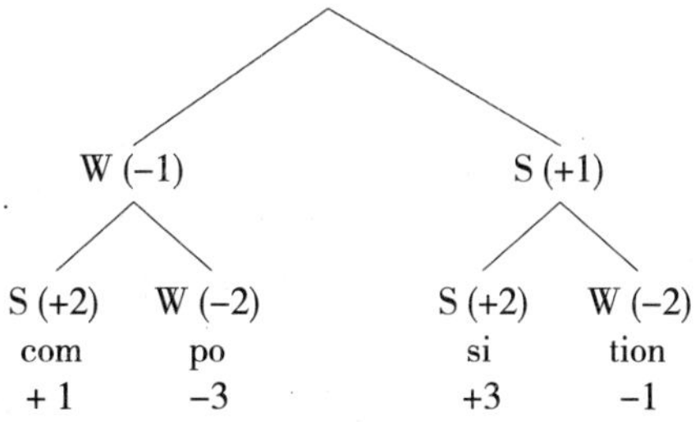

此外,王理嘉在分析重音的相对强弱时,还介绍了另外一种简明的重音相对等级表示方法。我们还以 composition 一词为例,其重音的相对等级可表示如下。

(9)

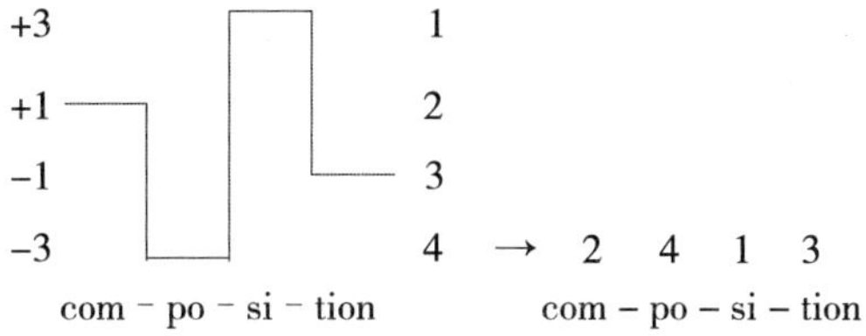

(王理嘉 1991:229)

另外,节律理论发现音步的长度实际上并非只限于两个音节。在某些节律结构里,两个重读音节之间的距离是不受限制的。于是有人提出一种韵律分节的节律树,它们仍可以分为左向结构和右向结构。

(10)

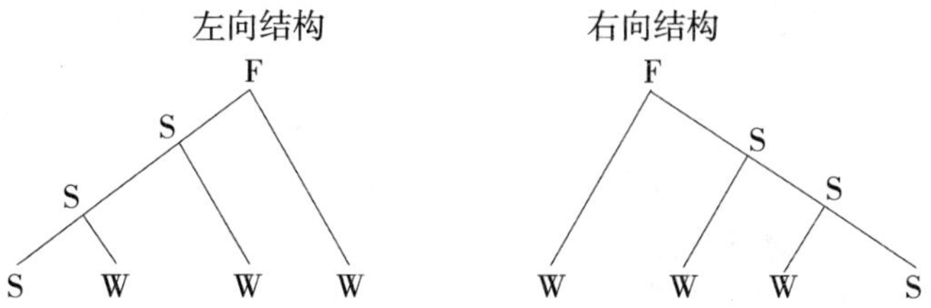

除了节律树,节律音系学还提供了另外一种结构表现形式——节律栅。节律栅能展示音节突显的层级模式,用列和行组成图来表示。其中,列表示相对突显,行则表示节奏结构。每个音节在节律栅上有一个位置,强音节位于栅中逐次增高的音层。以 thirteen men 为例。

(11)

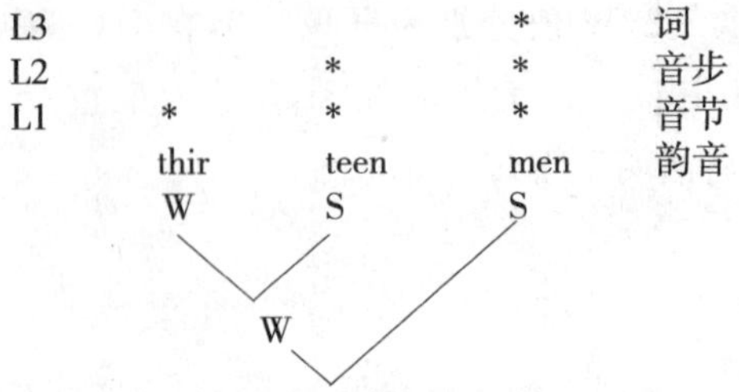

在图(11)中的底层 L1 上,树的每个终端节点有一个栅定位符(entry,用*表示)排成一行。这一层是栅的终端集。第二层用来反映-teen 和 men 对于 thir-的相对强度。第三层用来反映 men 对于-teen 的相对强度。位于同一层的栅成分是邻接成分。很显然,节律音系学的树形图可以通过在不同层次上标示栅定位符的办法转化为节律栅(Crystal 2002:223)。

对于树和栅之间的关系历来就有争议。有的音系学家认为两种描写形式等价,因此只需用节律栅便足可以表示各种重音,被称为唯栅论,如 Prince(1983)。也有人,如 Giegerich(1985),主张只用节律树即可,被称为唯树论。现在看来, Prince 的看法基本上已被大部分研究重音的人所接受。时至今日,赞成只用栅者已占上风。不过,Prince 认为不存在音步结构的意见,被后来的研究所否定。此外,Hayes(1981)根据这一理论采用几个基本参数对世界多种语言的重音进行了分析。之后,Halle 与 Vergnaud(1987)又进一步提出节律成分结构(metrical constituency)的概念,并用双括号将表示音步结构的星号括起来,即(*)。将两个音节用括号合为一个节律音步,其中一个音节为中心。后来,Idsardi(1992)等音系学家又做了补充,认为除了双括号,还要用单括号将这个中心音节再括起来。他们不断地完善节律栅的形式,并力求增强其功能性。

4 节律音系学的发展及其应用

事实上,除了音节结构以外,非线性理论的另一个重大成就就是揭示了重音的节律结构形式。非线性理论的出现,已经使音系表征产生了巨大变化,从单纯的音段线性序列变成一个三维的立体模型。作为非线性理论之一的节律音系学无疑是对理论的一项变革,它推动了整个音系学理论的发展。

节律在多音节的轻重音语言中是非常重要的,但对于汉语这样的单音节语言而言,其作用并不明显。但汉语的音节和语素大致是吻合的。我国古代音韵学对汉语的音系解析和研究事实上也是在音节的框架内进行的。

自从90年代后期开始，我国语言学家就开始采用西方音系学中的音节理论对汉语进行比较研究。例如，王洪君就运用节律理论总结出了汉语的韵律词法和韵律模块（王洪君 1999）。再比如，高莉琴（1996）采用了非线性音系学的音节理论，对维吾尔语的音节底层结构进行了剖析。钱冠连（1993）也曾巧妙地运用节律理论和音节理论来研究汉语话语的节奏美和音韵美。他认为，说话时要想句子上口、顺口，就必须把节奏调顺。也就是说，(1)把音节数目凑恰当；(2)句式整齐；(3)用词的次序调配。例如，“一个长得肥胖，一个生得瘦”，不如“一个长得肥胖，一个生得消瘦”。后面的说法只是添加了一个音节，就顺口了。再比如说，“春困、秋乏、夏打盹”按时间顺序应该说“春困、夏打盹、秋乏”，但这样一来，原来“××、××、×××”拍节由少到多，数目相同的挨近就成了“××、×××、××”，拍节顺序混乱，不顺口了，也就失去了节奏和音韵的美感。节律音系学的理论以及利用树形结构进行偶分的方法还被运用于对诗歌格律的分析。也有语言学家用节律理论来研究律诗的平仄规律，比如陈渊泉等。

CV音系学
CV Phonology

1 音节、CV音层及CV音系学

CV音系学①的主要倡导者是美国语言学家McCarthy，Kahn，Clements，Keyser等人。但CV音层（CV-tier）早已不是CV音系学中的新概念了，结构主义音系学就已经使用了CV音层这个概念。早在1947年，Hockett在他的论著中就讨论过结构主义CV音层的概念了。结构主义音系学对于音系的描写采用了辅音、元音CV线性序列的方式。但在后来的非线性音系理论中，CV音层被赋予全新的意义。最早提出全新意义CV音层概念的是Thráinsson和Menn，但是最早将CV概念发展为理论的人却是McCarthy（1979）。他是在研究闪语（Semitic）构词方式过程中逐渐形成了CV音系学理论的。后来，Clements等人又在McCarthy的研究上进了一步。他们突破了形态学的局限，站在音节音系学的角度，把CV音层理论当作有效区分音节内部结构和功能的音系表征方法，使音系表征的描述

① 本部分的内容基本上是根据Clements & Keyser(1983)编译而成。

更具有合理性。

CV 音系学是在自主音段音系学和节律音系学的理论基础上发展起来的。一是它汲取了节律音系学中音系表征多层次的概念,再就是它将自主音段音系学中自主音段的作用范围可以等于、大于或者小于音段的概念为它所用(李兵 1990:40)。但是,对于 CV 音系学的创立和发展起到决定性作用的是它在研究中恰当地应用了音节的概念。

很多早期的 SPE 理论解决不了的问题,在我们引入了音节概念、应用音节理论之后,得到了很好的解释。但是,这并不意味着我们对于音节的概念及使用已经到了完善的阶段。事实上,关于音节我们还有许多悬而未决的问题。例如,音节的根节点(root node)和与之相联的音段到底该有多少个音层?节律树就一定是双分(binary branching)的吗?多分(n-ary branching)可不可以?音节中的节点如果有名称的话,该名称所代表的范畴是什么?等等。Clements 和 Keyser(1983)在他们的论著中以下面的例子引出了 CV 音层的重要概念。他们以 Jennifer 一词为例,批判了 Kahn 借鉴自主音段中的联结线(association lines)来联结抽象出来的音节层与音段层。

(1)

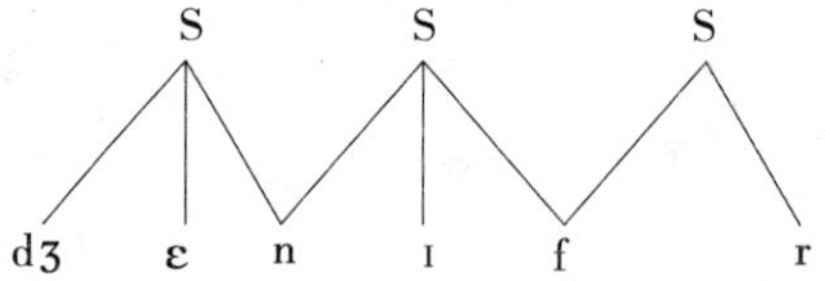

(Clements & Keyser 1993:3)

Kahn 认为,这个词中有三个音节:dʒɛn,nɪf,fr。其中,n 和 f 兼属两个音节。但 Kahn 没有加以考虑的是,他这种方法一是不能对出现在词尾或是词首的辅音群给予表示,再就是不能区分音节峰(peak)和音节首尾(syllable margins)。针对这种情况,Clements 和 Keyser 提出了新的音节结构表示方法。它在 Kahn 理论的基础上提出了在音节层和音段层之间再引入一个叫做 CV 层的第三个音层。我们还以 Jennifer 一词为例。

(2)

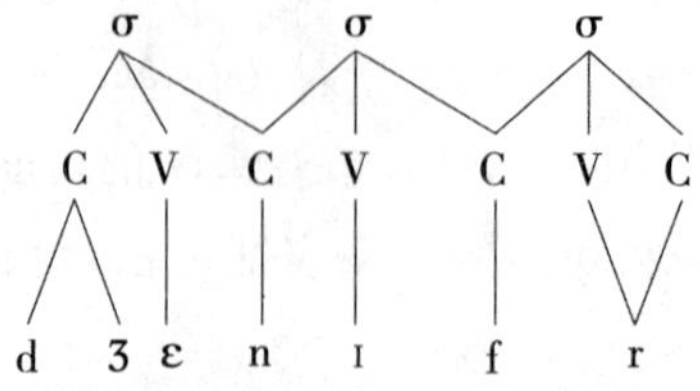

(Clements & Keyser 1993:8)

这样一来,CV层上的各个成分有效地区分了音节峰和音节边缘。所有被联结到CV层上V成分的音段都是音节峰,所有只联结到C成分的便是音节边缘。所以,在上面例子中,联结线终端的[ε,ɪ,r]为音节峰,其他的成分就是音节边缘。

在这之前,Chomsky和Halle所述的"弱音丛"(weak cluster)概念包括一个单个的短元音后面加一个辅音。而一个"强音丛"(strong cluster)要由一个短元音加上两个或两个以上的辅音,或者由一个长元音(后可跟可不跟辅音)构成。很显然,他们的方法过于烦琐了。如果我们引入音节中的CV音层概念对轻、重音重新进行表征的话,就简单明了多了,正如下面(3)所示。大多数音系学家,诸如Selkirk,Halle,Vergnaud等,都主张将音节进一步划分为一系列小于音节的含有元音和辅音为成分的单位:音节首、音节核和音节尾。这一表示方法对于区分轻、重音节具有极其重要的作用。我们根据观察会发现,重音节都以长元音、双元音或是一个短元音加一个辅音结尾,而轻音节却以一个短元音结尾。重音节的构成一定是VX形式,其中X可以是单个的元音或辅音。轻音节就是V的形式,包含一个简单的音节核(不分叉)。而重音节显然要包含一个复杂的音节核或音节韵(分叉)。

先来看看用Chomsky和Halle的方法对轻、重音予以表示。

(3) 弱音丛: Amer[ĭc]a

强音丛: Wisc[ŏns]in

Ariz[ōn]a

而引入CV音层概念后的表示方法如(4)所示。

(4) 轻音节:

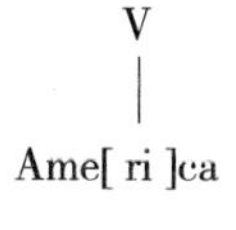

重音节:

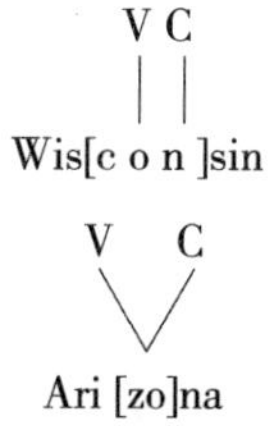

(o = [ow] 作者注)

(Clements & Keyser 1983:14)

在有重音敏感度的英语里,很明显重音的分配规则相对要简单许多。只要能区分长、短元音就行。在英语里,三音节以上词的重音,比如上面例子中的三个词,都要标在最右面的非短元音结尾的音节上,或者是倒数第二个轻音节上。从以上我们还可以看出,英语以及任何其他依赖音节重量(syllable weight)区分敏感度的语言中的重音分配原则无一例外都与音节核密切相关,但与音节首和音节尾无关。

Clements 和 Keyser 还引入了"展示"(display)这一术语用来解释与音系表征相关的两个或三个自主音层。一个完整的音系表征可以被理解为一系列这样的展示过程。而且在一系列的展示过程中,CV 音层都会反复地出现。因此,我们可以认为,CV 音层是一个音系表征必不可少的骨架(skeleton)音层(Halle 和 Vergnaud 的定义)。我们可以参照 Clements 和 Keyser 给出的例子。

(5) a. 音段展示(segmental display)

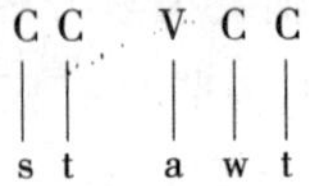

b. 音节展示(syllable display)

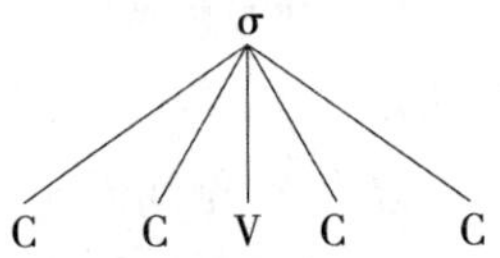

c. 音节核展示(nucleus display)

(Clements and Keyser 1983:17)

Clements 和 Keyser 认为,上面例子中的 c 音节核展示与 b 音节展示有所不同。也就是说,它表明 c 音节核并不是 b 音节中的包含成分,却是另一个平面表征中的一个相对独立的韵律单位的表现形式。而 Halle 和 Vergnaud 为了方便起见,主张直接采用三层的音节结构形式来代替上图中共有同一 CV 音层的双层结构,如(6)所示。

(6) a.

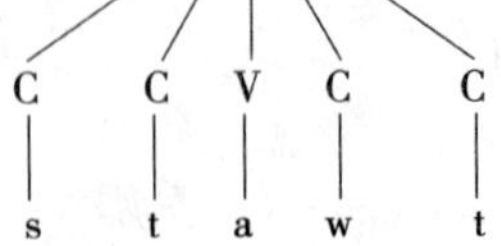

b.

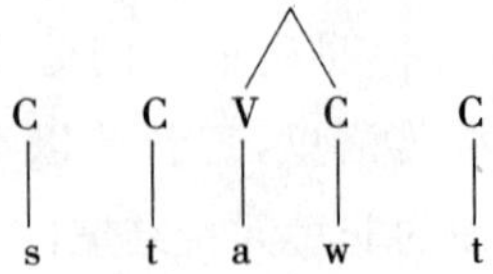

于是,我们可以清楚地看到,在语音的多音层结构中,最重要的音层无疑是被称之为骨架音层的CV音层了。CV音层好比人体的骨架,身体的所有器官和组织只有依附在这个骨架上,一切才能正常运行。事实上,CV音层是整个音系结构的核心框架,其他各个音层上的成分都要依附于此。根据Clements和Keyser的说法,CV音层上的C和V单位都是音节的直接成分,每个C或V单位又被称为空位(slot),每个C空位或者V空位都要和相应的辅音或元音,或是语音特征相联。比如说,声调特征就要与CV音层上的V空位相联。换言之,声调等语音特征也是要依附于骨架音层的。

此外,CV音层还被称为计时音层(timing tier),这是因为与CV音层上的各个C或V单位分别相联的辅音和元音发音的时间长短、先后顺序是在骨架音层上确定好的,通常会用中性符号X代替CV音层上的C和V单位以表示计时。各层之间也要遵循自主音段音系学的映射(mapping)和延展(spreading)的两种原则。例如,hammer一词的骨架音层是CVCCVC,把骨架音层的单位看作计时X时,可以表示如(7)。

(7)
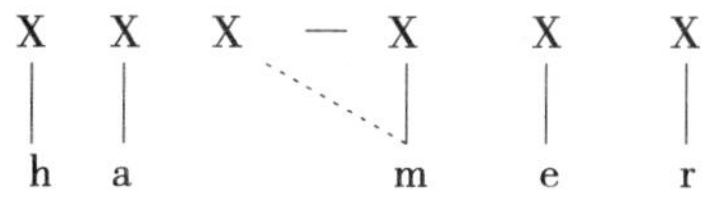

如果把骨架音层的单位看作是计时X的话,当骨架音层上的单位与特定的音节核N相联时,元音音段联结那些跟音节核N相联的X,辅音音段与那些非音节核单位联结。还以hammer一词为例。

(8)
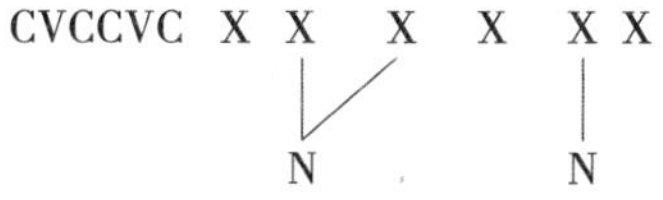

因此,如果把骨架音层上的C、V单位看成是计时的话,上面的表示方法更具有普遍解释力,可以用来解释更普遍的语言现象。

事实上,CV音系学非常强调音节在音系表征中的作用。Clements和Keyser都认为,从CV音系学的角度来看,一个具有普遍性的音节理论应该能够解决以下三个问题:(1)能够找到充分表征音节理论的方法;(2)能够找出使不同语言选择不同音节模式的参数(parameters);(3)能够充分反映某种语言音节化规则的特点,并且能够表明某个音系规则与其他音系规则之间是如何相互关联的。对于这三个音节理论应该具有的功能,Clements和Keyser给予了详细的解释(Clements & Keyser 1983:25)。

此外,关于音节的划分,Clements和Keyser提出音节首优先原则(The

Onset First Principle)。

(9)

a. 首先,位于音节首的辅音或辅音丛要最大化地与该语言的音节结构条件一致;

b. 然后,位于音节尾的辅音或辅音丛要最大化地与该语言的音节结构条件一致。

Kahn 把它应用于英语中。英语属于下面我们所介绍的(13)中音节类型 d。那么,在英语的 VCV 序列中,VC 或 CV 都是正确的音节形式。但是,按照上面音节划分的原则,正确的分法却是 V-CV。同样,在 VCCV 序列中,尽管 VC 或 VCC 也都有可能是正确的音节结构形式,但正确的音节划分是 V-CCV 的形式。

针对音节的划分问题,Clements 和 Keyser 还提出了一个核心音节缔造方式,如圆葱一样,从里往外。

(10) 步骤 a:元音成分要优先与 σ 节点相接;

步骤 b:如果联结都符合相关的音节结构条件的话,元音左侧辅音成分可以依次逐个与节点 σ 相接;

步骤 c:如果联结都符合相关的音节结构条件的话,右侧的辅音成分也可以依次逐个与节点 σ 相接。

以英语 abstract 一词为例表示这三个步骤,如下图(11)。

(11)

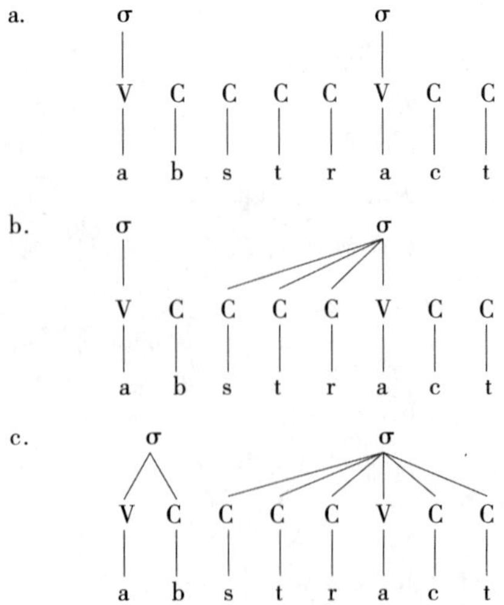

(Clements & Keyser 1983:39)

根据(10)步骤 a，首先将元音与 σ 节点联结。根据(10)步骤 b，(11b)包含了三步：首先建立音节/ra/，然后建立音节/tra/，最后建立音节/stra/。音节首序列/bstra/受到限制是因为不符合英语音节首的条件。根据(10)步骤 c，(11c)元音右侧的辅音都联结到 σ 节点。

但是，上面的几个步骤并不能把单个词中所有的辅音成分都纳入到音节中去，剩余的辅音成分被称为音节外辅音(extrasyllabic consonants)。英语中就有这样的例子。

(12)

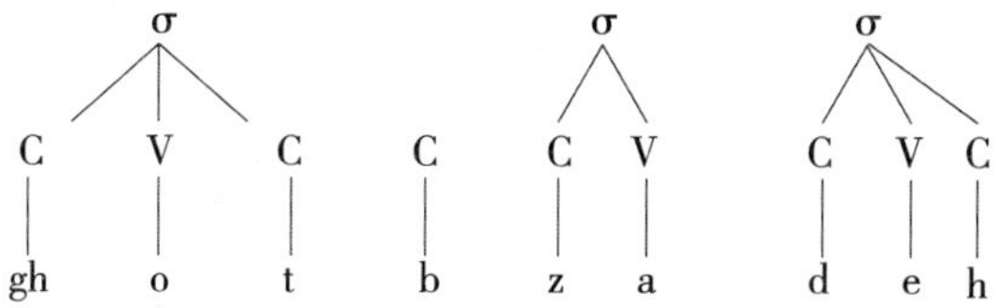

Ghotbzadeh 是伊朗前部长名字的英文形式，音节外辅音 b 既不属于前一个音节，也不属于后一个音节。再比如说，通常在读 knish 一词时，要在/k/音后插入一个中性元音 ə(schwa)，这是因为/k/音其实是音节外辅音，它不可以被纳入到后面的音节/niʃ/中。因此，读音时要在单个的/k/成分后插入中性元音 ə。这样的例子还有 Phnom Penh，Khmer Rouge，Gdansk 等。

2　核心音节理论

为了解决上面的第一个问题，Clements 和 Keyser 提出了三层音节结构形式，如图(12)所示。为了解决第二个问题，Clements 和 Keyser 提出了核心音节(core syllable)的概念。核心音节是指那些最基本的音节结构，这些音节结构在音系发展的早期阶段就已经被普遍使用。也有人说是音节结构的底层表征形式。

Clements 和 Keyser(1983:28～29)提出一套基本的核心音节模式，有四种类型。

(13)　a. CV　　b. V
　　　c. CVC　　d. VC

这四种类型在自然语言中的使用情况是不同的。其中，a 种 CV 类型是最常见的，现存的人类语言中都有这种类型的音节模式。某些语言可能会缺少其他三种类型。而 d 种类型 VC 是标记性最高的。任何一种语言如果具有 VC 模式的话，它也一定具有前面三种模式 CV，V 和 CVC。CV 音节类型属于普遍语法。以此为基础，通过以下两种规则，可以推导出其他三个核心音节模式。但是，任何一种语言都有可能存在不使用 a、b 两个规则的现象。

(14) a. 删除音节首辅音规则；
b. 增加音节尾辅音规则。

选择 a、b 规则中的一个或者全部就可以推导出某种语言基本的核心音节。各种语言的具体核心音节类型推导结果如下：

(15) 类型Ⅰ：CV
类型Ⅱ：CV，V
类型Ⅲ：CV，CVC
类型Ⅳ：CV，V，CVC，VC

属于类型Ⅰ的语言就没有涉及 a、b 规则，如具有代表性的 Senufo 语言。类型Ⅱ语言只用到了规则 a，如 Maori 语。类型Ⅲ语言仅用到了规则 b，如 Klamath 语。而类型Ⅳ则两个规则都用到了，例如英语。需要注意的是，应用(14)两条规则是推导不出下面这些有可能会出现的类型的。

(16)	V，VC	CV，V，CVC
	CVC，VC	CV，VC
	CV，V，VC	V，CVC
	CV，CVC，VC	V，VC，CVC

事实上，迄今为止，(16)中的种种类型在现实中都没有找到相对应的语言。除了以(14)a、b 两原则作为参数以外，Clements 和 Keyser 还认为，语言可能还会有其他的参数选择。某些语言的核心音节类型中，允许出现连续的元音成分，即核心音节的构成不单单是 CV 和 CVC，还可能是 CVV 和 CVVC，甚至有可能是 CVVV 和 CVVVC 等。所以，我们允许使用 CV* 的形式来代替前面的 CV 结构类型。其中，V* 代表一个或多个元音成分，其结构如下。

(17)

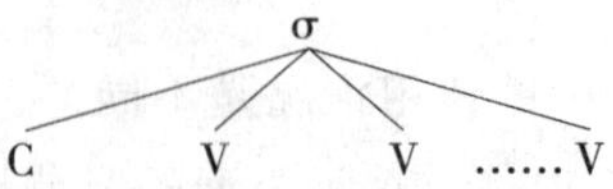

同样，一些语言也允许音节首、尾的位置出现一个或多个连续的辅音成分，我们可用 C* 的形式来表示。为了最大限度地代表某种语言中存在的

C^*或V^*模式的种种情况，他们还进一步提出了最大音节限度（maximal syllable）这一概念，用以表述一个具有普遍意义的公式 $C(^*)V(^*)(C(^*))$。公式中，星号 * 是大于 1 的整数。举个例子，如果公式是 CV2C2 的话，就表示该语言允许在音节尾的位置，而不是在音节首的位置有两个辅音成分构成的辅音丛，并且该语言允许由两个元音成分构成的元音丛来充当音节核。把这个公式套用在英语中，我们会得出 sprint 一词核心音节的最大音节限度是 C3VC2。

总而言之，音节内部结构都要受到 Clements 和 Kesyer 所提出的下面两个条件的制约。这两个条件可限制并允许最合理的核心音节的产生，同时也为充分表征音节理论提供必要的前提。一条就是肯定式音节结构条件（positive syllable structure conditions），另一个就是否定式音节结构条件（negative syllable structure conditions）。肯定式音节结构条件对音节内部的元音丛和辅音丛的自然序列加以限制。依照肯定式音节结构条件可以首先生成各种语言的核心音节，而否定式音节结构条件要对肯定式结构条件作用后的音节结构、或是依照肯定式音节结构产生的核心音节进行再过滤，对不正确的音节结构予以删除或是更正。

通常情况下，在 CV 音层上的单位和音段层成分之间的联结具有普遍性。如果应用于不同的语言时，还要由具体语言的具体原则来决定。举例说明，英语 bide 和 bird 两个词的底层表征如下。

(18)　a.　b.

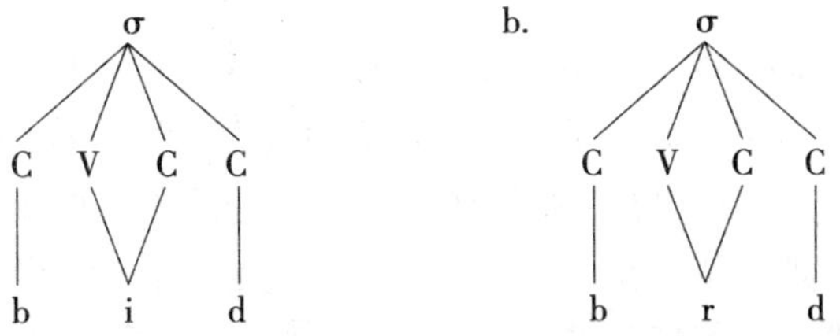

(Clements & Keyser 1983：32)

依据上面 a 所示，bide 一词的核心音节形式代表了该词的底层表征。这个底层表征通过具体的元音转移（vowel shift）原则和二合元音化（diphthongization）原则又实现了它的表层结构[aj]。在核心音节表征中，bide 一词中的一个元音成分却联结到了 CV 音层上相邻的两个单位上，这就意味着该元音是长元音或者是二合元音。同样，bird 一词的底层形式反映出该词音节核中的音并不等同于其他词形音节核中的音，比如 breed 或是 beard。根据 Clements 和 Keyser 的解释，bird 的音节核中有个 r-音段，位于音节峰的位置，与 CV 层两个单位联结，占有两个计时单位。

在许多语言中，除了核心音节结构限制和其他的音系规则对音节结构起限制作用以外，我们还需要对音节结构表层生成过程予以限制，以保证所生成的表层表征的正确性。为此，Clements 和 Keyser 提出了音节重组(re-syllabification)原则。它规定，在生成表层形式的过程中，即使是每一条规则验定后的结果，也必须根据音节结构规则检验并实现音节重组。这样，可以在核心音节转化过程当中确保生成正确的音节表层形式。音节重组原则包括嵌入或删除层间联结线，以及在 CV 音层上嵌入、删除、取代某个成分，或者将原有成分换位(metathesis)等。

因此，CV 音系学的理论框架可以归纳为图(19)这个模式。其中，核心音节即为音节的底层形式。

(19)

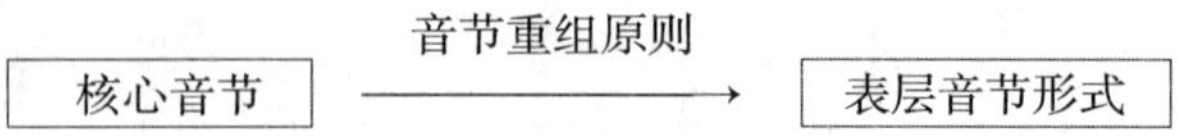

(李兵 1990:42)

3 CV 音系学的应用和发展

以往 CV 理论最好的应用范例就是对于阿拉伯语动词变化的研究。在 CV 理论之前，阿拉伯语动词的词根和类型的变化一直是阿拉伯语形态学上一个非常令人头疼的问题。但在应用了 CV 音系理论之后，这个难题就迎刃而解了。

初步的研究证明，阿拉伯语尽管有词缀，但它的形态变化却主要体现在音段的非串联(non-concatenation)。运用传统的做法，是无法将相关的成分分离出来的。而采用 CV 音层的概念，对于阿拉伯语中像 katab(他写)这样的动词，可以轻而易举地将[k t b]这样的词根成分分离出来。阿拉伯语的一个重要特点是，它的辅音分布与英语完全不同。它的辅音分布可直接反映出词汇所属的形态范畴，而在骨架音层就可以直接体现出这个词汇的形态范畴。它的另一个特点是，它的元音音段表示动词的态和名词的数。我们还以 katab 一词为例，来展示该动词的主动态和被动态的唯一区别，即体现在骨架音层上的某一特定元音上的区别。

(20)

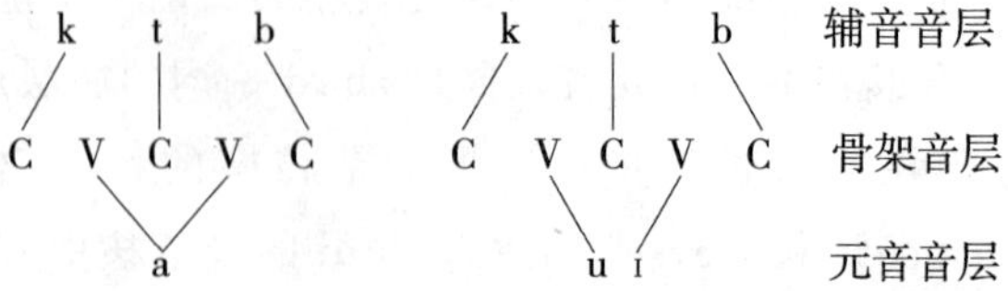

(包智明等 1997:156)

由图(20)可见，词根是辅音[k t b]，而不同的元音则代表不同的语态。换句话说，在这里，元音仅代表屈折形式。McCarthy 对阿拉伯语研究后，除了指出辅音要与骨架音层上 C 空位的联结是从左向右以外，他还介绍了强制性曲折原则(Obligatory Contour Principle，OCP)以及延展规则，它们也同样适用于辅音音层与骨架音层的联结。如果我们把骨架音层上的 C、V 单位看作是更具概括性的计时 X 的话，就会使骨架音层的理论更具有普遍性的特点了(详见包智明等 1997：157)。我们还以阿拉伯语的 katab(他写)一词为例。

(21)

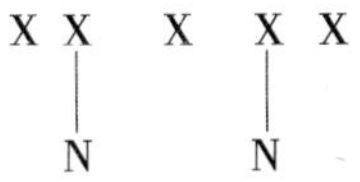

上面图示中与音节核联结的两个计时单位毫无疑问是元音音段。但就阿拉伯语来讲，与非音节核成分相联的一定是辅音音段，即代表它的词根。

事实上，CV 音系理论首先克服了传统的生成音系学分析方法抽象、晦涩的缺点，引入了核心音节理论，使位于底层的核心音节中的 C、V 成分都得以在表层结构中呈现出来，使底层结构和表层结构同样得以妥善表征。此外，CV 音系理论还很好地解释了词缀语音变化的形式问题，概括出了一系列的应用规则。尽管到目前为止 CV 音系学尚未完善，但无论就其理论体系而言，或是应用于具体问题分析而言，CV 音系学都使音系学的发展向前迈进了一大步。国内外的语言学家们不断从新的角度发展和完善 CV 音系学。有的语言学家，比如 Bickmore 就试图在莫拉理论框架内对 CV 音层理论进行新的诠释。

CV 音系学形成较早，但由于音系学在我国起步很晚，直到 90 年代之后这一理论才被介绍到国内。我国学者了解到这一理论之后便不断利用 CV 音系学理论对汉语的音系现象进行分析和研究。王洪君就曾采用 CV 音层理论对先秦的重言、双声、叠韵等语音现象进行分析研究，包智明等人还结合 CV 音系理论对元音和谐、鼻音和谐以及同化现象进行了分析和解释。CV 音系学是在整个生成音系学理论的发展进程中形成的，它对语言中的一些语音现象有很好的分析和描写，但其中也存在着很多的问题。继 CV 音系学之后，出现了诸如取消区分 CV 的 X 空位理论以及以音节重量为核心的莫拉理论。

莫拉音系学
Moraic Phonology

SPE音系学理论认为音系表征是一种线性结构，即把音流看成是一串音段在同一层次的线性序列，“每一个音段是由一组不具线性次序的音段特征及超音段特征（声调、重音等）组成，超音段特征值是元音或音段的组成部分，不能独立开来”（习晓明 1999b:76）。Harrington (2001) 指出，SPE理论的音段线性排列的局限性推动了自主音段音系学等非线性理论的发展。在SPE模式中，底层（音系层）和表层（语音层）的表征是由音段的区别性特征矩阵构成的单层结构。McCarthy(1979)在用自主音段思想分析闪米特诸语言(Semitic languages)构词法时最早提出了音系主干，又称骨架(skeleton)的概念，这一概念对音节结构的表征产生了重要的影响。受到骨架层概念的启发，语言学家先后提出了CV层和X层的概念。

Hyman(1984,1985)和McCarthy & Prince(1986)提出了一个更为激进的观点。他们提出的骨架层像X空位理论中的单位一样，但是这个单位代表的是莫拉(mora)概念。至此，CV理论、X空位理论和莫拉理论组成了计时单位的三种理论。首先简单介绍一下计时单位其他两个理论——CV理论和X空位理论，然后分析莫拉理论。

1 计时单位的CV理论和X空位理论

1.1 CV理论

随着自主音段音系学(Goldsmith 1976)的出现，音系实体中不再是简单的线性特征矩阵，而是有多层次的结构。Clements和Keyser(1983)把音段在音系结构中的位置跟作为语音实体的音段本身区分开，用C和V分别表示具有[+辅音性]和[-辅音性]特征的音段（即辅音和元音）的位置，形成一个介于音节和音段之间的独立层面，成为CV音层或骨架音层。他们的著作《CV音系学：音节的生成理论》，是第一本专论生成音系学音节理论的著作。C是辅音空位，V是元音空位。这样，一个音节的表征就包括三个层次，又称音系表征的三维模型。这些CV空位（也称作骨架空位或计时单位）组成了音节。

(1)

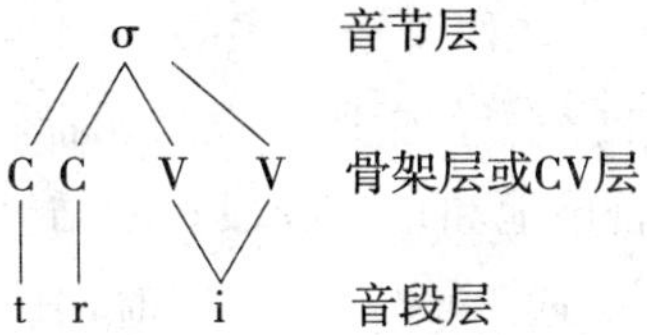

有两点要加以说明：第一，国际音标符号代表了这些音的区别性特征组合，取消了[音节性]。音段的音节性特征可以从与C空位还是与V空位联结来推断出来。这样，与V空位联结的i是音节性的，体现为[iː]。第二，在CV框架下，一个长元音或长辅音表征为在音段层的一个单位与CV层上的两个单位联结。CV层正是在这种意义上被认为是计时层。并且，正如作为一个韵律音段的长元音要与两个骨架空位联结一样，一个韵律音段的重叠辅音要与两个C空位联结。举例如下：

(2) [makko]的表征

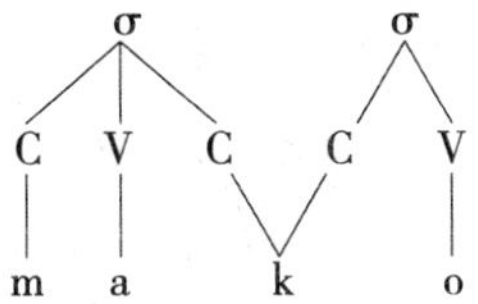

1.2　X空位理论

继CV理论之后又出现了骨架层的另一种表征方式，取消C与V之间的区别，把计时单位统一用X表征（Levin 1985；Lowenstamm & Kaye 1986）。这种表征方式需要标出音节结构。

(3)

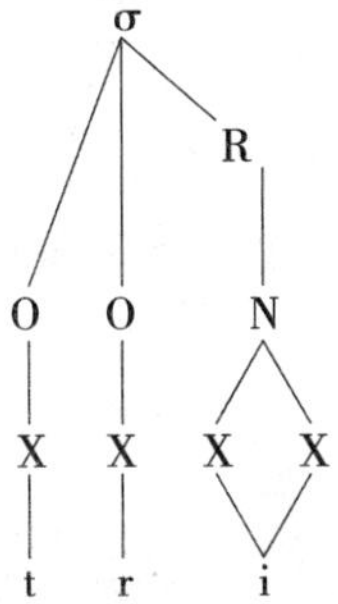

(1)与(3)的区别是：(1)中的音段与V或C节点联结，而(3)中的音段与N或O节点联结。二者都将长元音看作是一个音段单位与两个计时单位相联结。X空位理论源于CV理论，并对它有所发展。两者的不同之处在于，X空位理论主张用没有任何特征赋值的X点来标记骨架音层上的空位，以取代有特征赋值的 C 和 V。这种改进的主要动因是基于以下发现：在适当的语境中，骨架音层上的同一个位置既可以与元音联结，又可以与辅音联结。用 X 标记的空位可以自由地和任何音段相联结，而不会导致与音段本身的特征赋值发生冲突（马秋武 2003：59）。同时，骨架音层上的空位因在音节结构中处于不同的位置也可以相互区分。在阿拉伯语中，CVCCVC 和 CVVCVC 是两类必须区分的韵律模板。Levins（1985）把 V 解释为跟音节核心预先联结的 X 空位，元音音段与这些 X 空位联结，辅音音段则与非核心位置的 X 空位联结。由此可见，CV 理论和 X 空位理论都是从音段的角度看骨架音层的（李智强 1997：6）。

2 莫拉理论

2.1 莫拉理论的提出

Hayes（1989）指出，骨架层不能很好地解释两种现象。一种是韵音（非音节首）中的音段被删除而出现的补偿性加长的情况。这说明韵音中的音段有其他音段所没有的特性。并且，许多语言根据音量来区分音节。音量是音节的一个特性，它是由韵音中的音段数目决定的，这一点又将音节首排除在外。关于第一种情况，我们可以看一下中世纪英语的音节首[kn-, gn-]。当音节首失去[k, g]，由于英语不存在[－持续性][＋鼻音性]的音节首，在像 knot 和 gnat 这样的词的其他任何音段中不会出现补偿性加长的情况。

第二种情况，词的重音位置经常受组成韵音的音段的影响，而与音节首的音段数目无关。例如，在夏威夷语中，如果最后一个音节含有一个长元音，那么重音就落在最后一个音节上。值得注意的是，韵音中的一个辅音经常被当作一个元音看待。例如，在美国印第安 Hopi 语中，如果韵音中有一个长元音或者一个短元音加一个辅音，重音落在第一个音节上（4a）；但是如果只有一个短元音，重音就在第二个音节上（4b）。

(4)	a.	ˈqøq. tø. som. pi	束发带（复数）
		ˈsoː. ja	挖穴棍
	b.	qø. ˈtø. som. pi	束发带（单数）
		ko. ˈjo. ŋo	火鸡

为了确定韵音中的音节与音节首的音节在地位上的不同，莫拉被作为音段与音节的中间结构层提出来（Hyman 1985；Hayes 1989）。一个没有元

音长度区别、没有音节尾的语言只存在有一个莫拉的音节；而一个有元音长度区别的语言既有单莫拉音节也有双莫拉音节。

2.2　莫拉的概念

莫拉μ原本是一个重量（weight）单位，最初用于诗律学中，后被引入音系学理论。莫拉理论的计时音层是由μ组成。莫拉上与音节联结，下与音段联结，是韵律和音段的交汇点。莫拉理论与计时音层其他理论的主要区别在于：在莫拉理论中，只有某些音段与计时音层上的成分联结。传统的莫拉概念涉及音节的重量。在有音节重量区别的语言中，重音节有两个莫拉，而轻音节只有一个莫拉。重音的分配就使用了音节重量的区别。假设在一种语言中，如拉丁语，有一个短元音的音节是轻音节，而有一个长元音的音节或有一个元音加上一个辅音音节尾的音节是重音节。轻音节是单莫拉的，而重音节是双莫拉的。将这个事实形式化的方法是把音段与恰当的莫拉数目相联结，这样就准确地反映了音节的重量。例如，[tra]，[traː]和[trad]的莫拉表征如下：

(5)

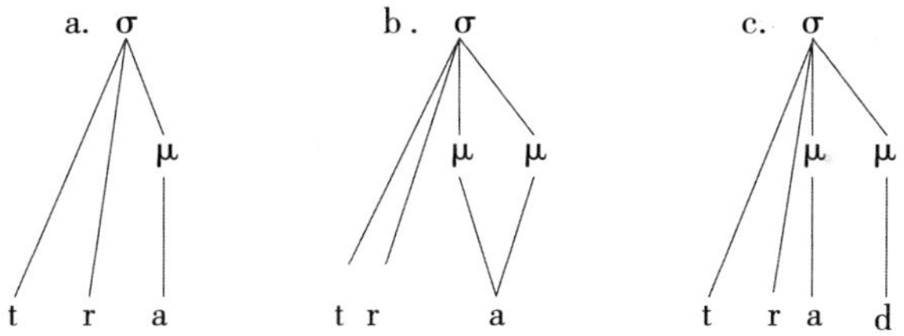

在莫拉理论中，轻重音节的区别就是分别与一个或两个莫拉联结。这样，(5a)的音节是单莫拉，即轻音节；(5b)的音节是双莫拉，即重音节；(5c)中的音节尾也获得一个莫拉，成为重音节。一个长元音与两个莫拉联结，一个长辅音或重叠辅音是一个音节的音节尾，同时也是下一个音节的音节首。例如：[tragga]

(6)

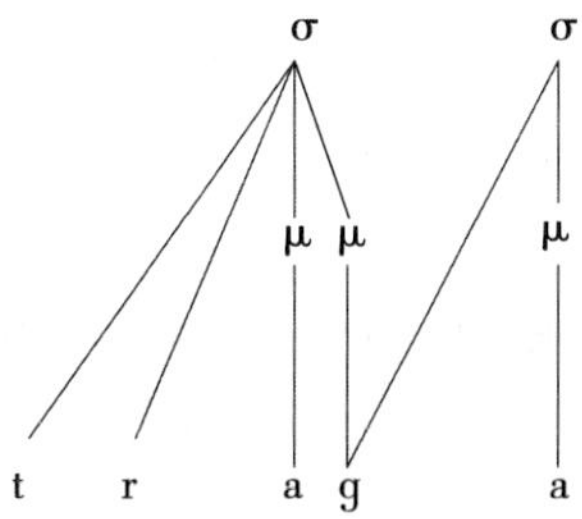

正如在CV理论中，莫拉理论也可以完全取消[音节性]特征的描述。元音

与其相对应的滑音的区别在于与哪一部分音节结构相联结。例如：

(7)

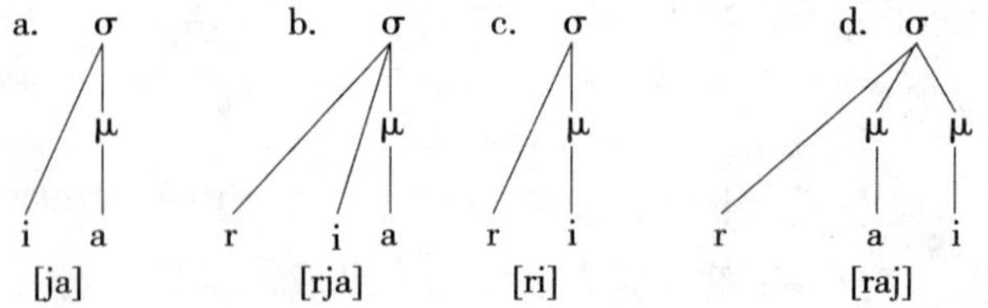

(Bickmore 1995:126)

音段层上的/i/是前高紧元音，但如果直接与音节节点相联，如(7a)和(7b)，那么/i/是非音节性的，是音节首的一部分；如果与莫拉相联，如(7c)，那它完全是音节性的。如果一个音段有莫拉，并且与另一个莫拉音段有重复的音节性，那么这种语言的响度原则就会决定这个双元音的准确语音体现。(7d)中的高元音在一个响度更高的成分后变成了除滑音(offglide)。

2.3 莫拉的作用

在早期的语言学著作中(Jakobson 1931; Trubetzkoy 1939)，“莫拉”这一概念就用来解释一些语言中的轻重音节问题。莫拉理论(McCawley 1968;Hyman 1985;McCarthy & Prince 1986;Hayes 1989)认为，轻音节有一个莫拉，而重音节有两个莫拉。根据 Hayes(1989)的理论，莫拉有双重作用。首先，它表示了轻、重音节的对比：轻音节有一个莫拉，重音节有两个莫拉。第二，莫拉解释了音系位置，长元音与骨架音层上的两个莫拉联结，短元音与一个莫拉联结。莫拉理论不存在描写音位的层次，因此它不是音位理论。语言不同，莫拉结构也会不同。例如，在一些语言中，如意大利语，CVV 和 CVC 是重音节，CV 是轻音节。而在另一些语言中，如 Lardil 语，只有 CVV 是重音节，CVC 和 CV 都是轻音节。在莫拉理论中，这些语言用不同的规则分配莫拉结构。CVC 在意大利语中有两个莫拉，在 Lardil 语中只有一个莫拉。

“重量”一词被用来指单莫拉音节与双莫拉音节之间的对立。单莫拉的音节叫做轻音节；双莫拉的音节叫做重音节。音节首的辅音没有莫拉。在 Hayes(1989)的表征中，音节首辅音直接与音节节点相联结。元音后的辅音可能带有莫拉也可能不带有莫拉。在 Hopi 语中，元音后辅音是带莫拉的。Hopi 语的重音规则把音节尾辅音当作长元音的第二部分同样对待。由于元音总是带有莫拉，而音节尾辅音可能有、也可能没有莫拉，所以 Hayes 认为，语言可能遵守、也可能不遵守位置决定重量(weight-by-position)的规定。根据这一规定，元音后辅音要被赋予一个莫拉。例(8)列出了一些音节类型。很清楚，(8a,8c)是轻音节；而(8b,8d)是重音节。

(8)

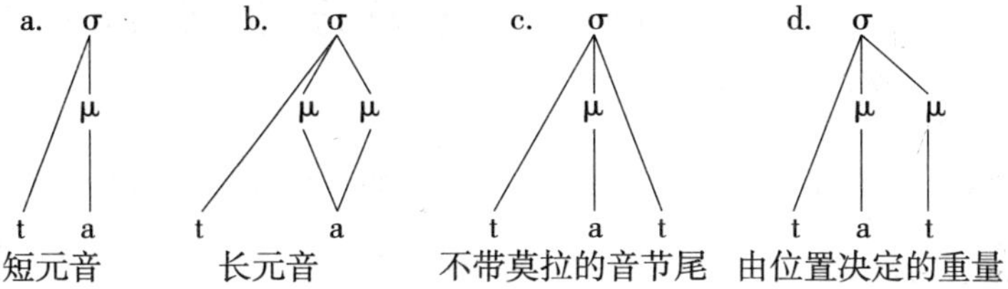

要想表征出重叠辅音的音长，重叠辅音必须有莫拉。意大利语中，[fato](命运)和[fatːo](事实)的区别是将非重叠辅音表现为一个音节首辅音，而将重叠辅音的前一个辅音联结到第一个音节的一个莫拉，后一个辅音联结到第二个音节的无重量的音节首。并且，有元音间重叠辅音的语言不可能是单莫拉。例如(9)：

(9)

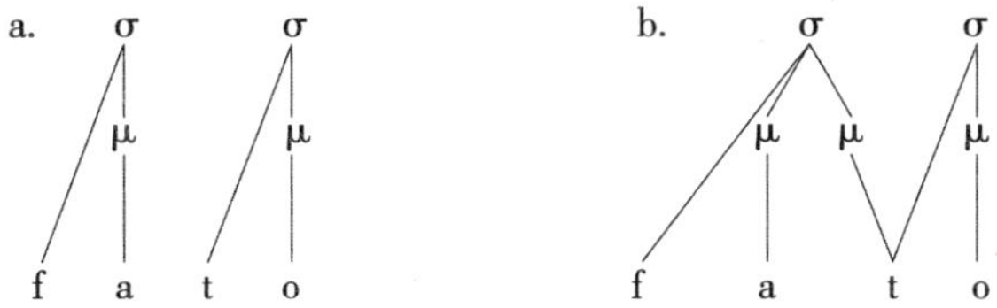

尽管许多语言允许词的最后一个音节有三个莫拉，可是很少有语言允许其音节韵有三个莫拉。也就是说，如果一个语言有位置决定重量的规定，通常只有短元音后的第一个辅音有莫拉，而后面的辅音或者长元音后面的任何辅音都没有莫拉。元音长度分三个等级的语言，如 Dinka 语，或者允许重叠辅音跟在长元音后面的语言，都有三个莫拉的音节。这样的音节叫作超重音节。例(10)中的 Tamil 语是长元音后面有重叠辅音的语言。下面是四种结构的莫拉表现形式。(10a)是轻音节，(10b、10c)是重音节，(10d)的第一个音节是超重音节。

(10)

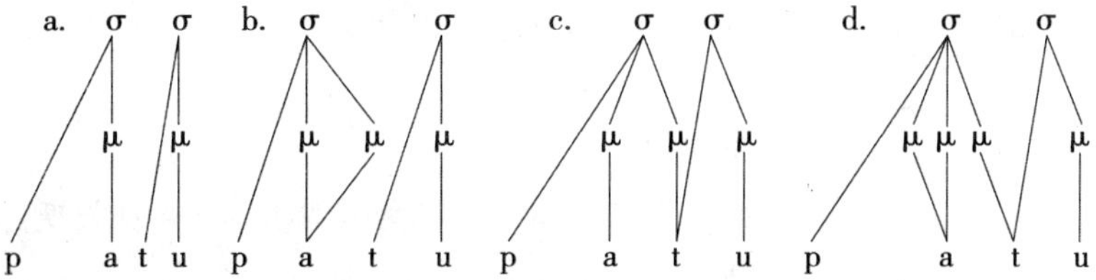

因为很少有三个莫拉的语言，所以重叠辅音的前面一般不允许有长元音。例如，在 Koya 语言中，像[aːnd](female power)、[manasuːrku](men)、 [meːnduːli](back)这样的词是可以的。因为在这些词中,长元音出现在一个音节尾辅音的前面,正如短元音出现在一个重叠辅音的前面,像[pikːa](cup);而[puːtːi]是错误的构词。实际上,这种组合是由于形态上的连锁情况而导致元音变短。

(11) keː tː oː ɳɖa　　[ketː oːɳɖa]　　(he told)

oː - tː - oːɳɖu　　[otːoːɳɖu]　　(he brought)

这种限制可以用 Koya 语的音节韵只能有两个莫拉来解释。第二个莫拉可以是长元音的第二部分或者是一个辅音,而多余的辅音没有莫拉。由于重叠辅音不能没有莫拉,因此它们要求前面的元音必须是短元音(Tyler 1969)。分析的另一方面是位置决定重量的情况,或者说,在一些语言中,闭音节是重音节。其基本点是将联结到音节上的音节尾辅音赋予一个莫拉。例如,

(12)位置决定重量

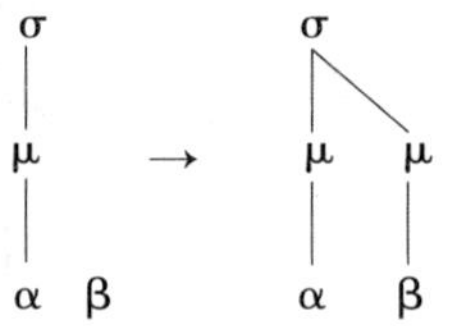

(Hayes 1989:356)

Hayes(1989)指出,元音前的辅音必须是没有莫拉的音节首元音,它的位置决定它不会有任何重量。根据位置决定重量的规定,CVC 音节是重音节。Hayes(1989)同时还指出,在 Lardil 语言中,CVC 是轻音节,这是由于这些语言没有位置决定重量这样的规定,所以最后一个辅音只从属于最后一个莫拉。位置决定重量的规定被形式化,从而产生了最多有两个莫拉的音节,并且音节重量的区分是偶值的。

2.4 音节结构与莫拉结构形式上的分配

音节结构与莫拉结构如何在形式上被分配给了一系列的音段单位呢?

(13)莫拉与音节建构

a. 某些音段的底层形式与两个莫拉相联结,即音位长度。

b. 把两个任意序列的重复音段的莫拉与一个音节节点联结。

c. 音节核要联结一个莫拉和一个音节节点。

d. 首音最大原则:将音节核前面尽可能多的音段联结为音节首。

e. 任何剩下的自由音段单位与左面的莫拉节点相联。如果一种语言是[＋位置决定重量]，那么一个自由的音段单位就得到它自己的莫拉，并且这个莫拉与左面的音节联结。

(Bickmore 1995：127)

根据这些原则，我们来看下面的推导例子。

(14)

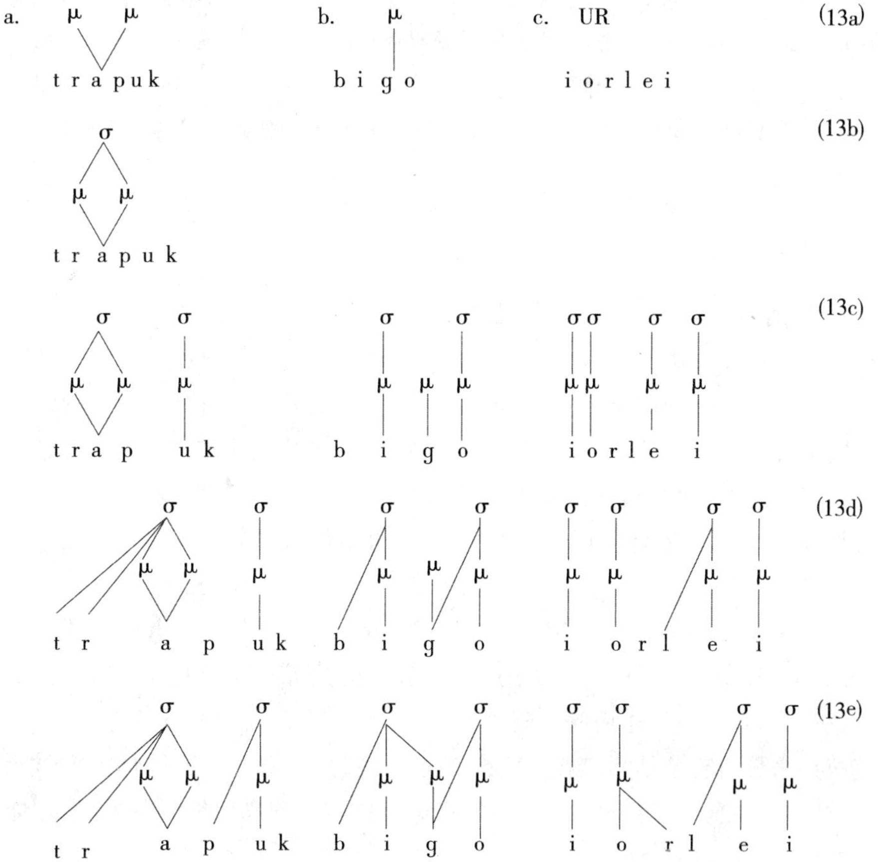

原则(13a)与有音位长度的语言有关。长元音获得两个莫拉(14a)；长辅音获得一个莫拉(14b)。原则(13b)确保长元音的两个莫拉是重复音节。根据原则(13c)，所有充当音节核的音段单位都被赋予一个莫拉和一个音节，并且这一原则因语言而定。在一些语言中，只有元音有莫拉，而在另一些语言中还包括鼻音，还有的语言中，元音、鼻音和流音都可以有莫拉。原则(13d)使尽可能大的音节首与音节节点相联。音节首的构成也是依语言而定。在一些语言中，音节首可以根据音段单位的响度计算出来。在另一些语言中,计算方法要复杂一些,许多情况是强制性规定。例如,如果音节首的第一个音段是 x,那么接下来的音段可以是 y 或 z。根据原则(13e),将剩余的音段单位联结到音节上。例子(14a)说明音节尾有莫拉的情况,(14b)是音节尾没有莫拉的情况。还会有一些因语言而异的规则来限制、修正(13a—e)的原则。例如,连续的两个莫拉音段可能组合成一个双元音,进而成为同音节(tautosyllabic)。语言中可能会有关于滑音的规则,从而改变了音段的音节性。例如,(14c)中的词可能会变成[iorlej],[jorlei]或[joːrlei]。明显表现出音节重量的不同语言一定也会有元音长度的不同,反之亦然。在莫拉理论中,双莫拉音节用来表示这两种相同的构形。然而,这种关联也不是绝对的。一些语言允许有重音节,但是不允许一个元音占有两个莫拉。一个语言原则上可以有长元音,但是可能会缺少判定音节长度不同的音系规则。

3 莫拉理论与优选论的音节结构分析

音节结构的莫拉理论指出,莫拉是音节下面的成分,是音节重量的衡量标准(Bickmore 1995; Katamba 1984; Hyman 1985; Itô 1989; Zec 1988; Hayes 1989; McCarthy & Prince 1986)。音位的模式是由莫拉音层的组织原则所控制,这是 Khan 在 1976 年陈述的音节结构的主要思想。Zec 进一步提出,是莫拉而并不是音节决定了语音的模式。Zec 认为,来自音位层的莫拉结构的投射是完全可以根据音位制约条件来预知(Zec 1995a:150)。音节结构是许多制约条件的复杂交互作用的结果。Zec 用优选论(Prince & Smolensky 1993; Itô, Mester & Padgett 1993; McCarthy & Prince 1993a & 1993b; Myers 1993)来进行音节结构分析。早期的音节结构分析方法认为,音节组构作用联结到骨架层,即 CV 层或 X 层的音位上,现在用莫拉层来分析音节结构。在 CV 或 X 空位理论中,每一个音段都被投射到计时音层上;而在莫拉理论中,只有音节中占据"有重量"的位置的音段才能被投射到计时音层上。

Zec(1988)提出,音段的莫拉与响度紧密相关。一个音段的响度越高,越可能有莫拉。音段的数目与带有莫拉音段的集合之间的关系因语言而异。Zec 提出了三组带莫拉音段的集合:第一组,只有元音音段有莫拉;第二组,元音和响音音段有莫拉;第三组,所有的音段都有莫拉。汉语属于第二种情况。根据音段的响度,Zec 提出了肯定的标记性制约条件的集合,用以排除不与莫拉相联的音段。她认为,音段的构成模式是由莫拉层面的组织原则严格控制(Zec 1995a:149)。具体地说,投射到一个莫拉上的音段必须满足相应的响度条件，即音段的响度越高，该音段作为带莫拉的音段就越具和谐性。Zec 提出的对莫拉结构的制约条件为：

(15)

如果音段 r_i 后面没有比它更响的音段 r_j，那么音段 r_i 就投射上一个莫拉。

μ
|
r_i　r_j　　　　条件：(响度) $r_i > r_j$

(Zec 1995a:153，1995b:92)

根据(15)，英语 simply 一词的分析如下(16)：

(16)

a.　　μ μ　　　μ
　　　| |　　　 |
　s　i m p l y

b.　*　μ　　　　μ
　　　|　　　　 |
　s　i m p l y

c.　*　μ μ　μ　　μ
　　　| |　|　　 |
　s　i m p l y

(16a)符合(15)中的制约条件，而(16b，16c)不符合(15)中的制约条件。(16b)中的 m 没有投射莫拉。m 后面音段的响度低于 m，所以 m 应该被投射上一个莫拉。(16c)中的 p 不应该投射莫拉。p 后面音段的响度高于 p，所以 p 不应该被投射上一个莫拉。

Zec 提出的是对莫拉的肯定的标记性制约条件，即一个音段应该与一个莫拉合并或一个莫拉应该与一个音段合并。后来，Morén(1999:372～381)提出了不同的看法。Morén 认为，对莫拉的肯定的标记性制约条件不如否定的标记性制约条件更直观，并且不会产生一些奇怪的音节类型预测。Morén(1998，1999)提出的制约条件为：

(17)

一个莫拉不应该与一个音段合并或一个音段不应该与一个莫拉合并。

值得注意的是，这个制约条件实际上表示了一组与不同自然类音段相关的制约条件。这些制约条件根据响度构成普遍性的莫拉标记性制约条件的等级排列。

(18)

*Mora[obstruent] ≫ *Mora[liquid] ≫ *Mora[nasal] ≫

*Mora[glide] ≫ *Mora[schwa] ≫ *Mora[high] ≫

*Mora[mid] ≫ *Mora[low]

马秋武(2003)在用优选论进行汉语普通话音节组构的分析中,使用了莫拉与响度相结合的制约条件。马秋武用这些否定的制约条件对汉语普通话进行了分析。假设根据普遍性的莫拉标记性制约条件,汉语普通话音节内的音段和莫拉的联结是可以预测的。下面对重读音节[pa](八)分析如下:

(19)

输入项:pa+$^{\mu\mu}$	*Mora[obstruent]	*Mora[Low]
a. $p^{\mu}a^{\mu}$	*!	
b. ☞ $pa^{\mu\mu}$		**
c. $p^{\mu\mu}a$	*!*	

候选项 a 和 c 中的莫拉与响度低的音段[p]合并,因此被淘汰。候选项 b 为最优的输出形式。

总而言之,底层形式的多样性只与采用莫拉结构的语言有关。实际上,许多语言的底层形式根本不用莫拉。

音节音系学
Syllabic Phonology

音节是一个重要的语音描写单位。音节这一概念可以追溯到古代拉丁语、希腊语语法。在整个音系学发展过程中,音节的地位发生了很大的变化。传统语言学一直很重视音节的概念,但主要从语音学角度来阐述音节的概念,并不涉及音节的内部结构。生成音系学以前的各种音系学理论对音节在语音分析中的作用也给予了充分的肯定。但是,从 Bloomfield 的结构主义描写语法到 Chomsky 和 Halle 的生成音系标准理论都放弃了音节的概念。Chomsky 和 Halle(1968)合著的《英语音系》(*The Sound Pattern of English*,以下简称 SPE)理论体系不承认音节是音系结构的表征单位,认为音节在音系过程中的作用可以由音段来代替(李智强 1997:4)。无论是结构主义描写语法还是 SPE 理论，他们放弃音节这一概念的主要原因是音节没有物理性，很难找到音节自然属性的依据。因此，他们认为，无论是从声学角度还是从生理学角度都很难给音节准确定义。SPE 之后的非线性音系学对音系学理论做出的一个重大贡献就是恢复了音节的概念，重新阐述了音节在音系研究中的重要作用。Kahn(1976)运用自主音段理论，将音节与音段分别列在两个平行的层面。他的博士论文是第一篇系统地论证音节在生成音系学中作用的文章(李永华 1995:23)。

1 音节的定义

音节是音系结构体现的重要的构成成分。对于音节的分析通常有两种方式:语音方式(phonetic approach)和音系方式(phonological approach)。语音方式是从发音和声学方面对音节进行描述;音系方式是以世界上语言中的语音模式(sound pattern)为基础来定义音节。语言学家普遍认为，音节是语言中的自然发音单位，是一种有层级体系的音韵结构。每一种语言的音节都有其固有的特征(张吉生 2000a:83)。作为语音单位，一方面，音节是由音段构成的，它大于音段;另一方面，音节又小于语素和词，它是词或语素的构成单位。虽然语言学家试图从不同的角度阐述音节，而且在共时和历时的研究中都使用过音节，但至今难以给音节下一个准确的定义。

不过，现代语言学家普遍认为音节是音系单位，是介于音段层次和语素层次之间的一个层次，是根据音段的响音度组织音段成分的音系单位。语言学界对于划分音节的依据和标准也是观点各异，归纳起来主要有以下几种观点:

(1)古希腊人和古印度人根据古希腊语和古梵语的语音结构提出元音说。他们认为，元音是构成音节必不可少的要素。因此，音节是由一个元音或由一个元音和几个辅音共同构成的语音单位。音节的数目由元音的数目所决定的，有多少个元音就有多少个音节。显然，这个定义不够精确。一方面，在有的语言里，有些音节可以没有元音，如景颇语[n^{55}](没、无)，法语[pst](呸)等。另一方面，有些辅音也可以构成音节，如英语的流音和鼻音:middle/ˈmɪdl/，cotton/ˈkɔtn/等。

(2)心理学家 Stetson 的音节脉冲或运动理论。每个音节对应于一次气压增强，肺部的空气以一系列胸腔脉冲释放出来，这种释放很容易感受和测量，特别在强调说话时。然而，当两个音节邻接时，经常很难监测到这样的脉冲，如两个元音的共现，例如 going(是两个音节，但一般说只是一次肌动)。

(3)和音节脉冲或运动理论相似的是 Storm 的呼气说。他认为，用一次呼气力发出来的语音单位就是一个音节。呼气力最强的地方是音节的中心,最弱的地方是音节的分界线。例如,[papa]这个音节,其中[a]的呼气力最强,是音节的中心;[p]的呼气力最弱,是音节的分界线。这种观点不足以说明问题。人们在说话时,气流是连续的,有时候呼出一口气发出一个音节,有时候呼出一口气可以连续发出几个音节,甚至一个句子。

(4)Jespersen 的响度说。他把音位按其响度分为七级[①],/a/最响,不带声破裂音最轻,响度高峰就是音节的中心。但不带声破裂音响度低,因此,很难确定音节界限。有时一些语音片段如"皮袄",只有一个高峰,但却有两个音节。响度说的弱点在于其响度级是绝对的,而语音中的响度是相对的,而且不完全受音位性质决定。

(5)Ščerba 和 Grammont 的肌肉紧张说。他认为肌肉紧张的高峰是成音节的,不在高峰上的是非音节化音位。或者说,紧张度最强的是音节的中心,紧张度减弱的地方就是音节的分界线,即音节的分界在下一次加力之前。他把辅音分为后强、前强、两峰三类。后强辅音是音节开始的标志,如汉语的声母;前强辅音是音节结束的标志,如汉语鼻音韵尾;两峰辅音是音节的分界线,如广州话"木工"中的/-k k-/。

肌肉紧张说的问题在于元音和辅音的紧张情况不同。另一方面,紧张度偏于主观,不易测量。音节是自然感知的单位,不能离开响度问题。但 Ščerba 和 Grammont 的一些方法和假设还是有一定价值的,例如两峰辅音中包含音节界限的问题已被美国 Lehiste 教授所证实。Lehiste 在研究中发现,在长辅音(由两个相同辅音构成)中间就一定有音节的边界,所以发音时一定是重复音(发两次音)。(朱川 1986:19～20;张彦昌等 1993:81～85)

现代音系学家普遍认为,音节是根据语音的响度组织音段成分的音系单位。

2 音节的作用

音节在音系描写(phonological description)和语言的音系组织方面起到重要作用。Kahn(1976)以英语为例,从三个方面论述了音节在音系描写过程中的作用。首先,音节是许多音系规则和语音配列制约(phonotactic constraints)的作用范围。例如,一个规则对某一辅音是否产生作用取决于该辅音在音节中出现的位置,阻塞音在音节首要送气,在音节尾就不送气;其次,引入音节能够增强音系规则的概括力,同时简化规则的表述;最后,有

① 张彦昌等(1993:82～83)认为是分 8 度。

些音系过程的发生实际是为了保证音段序列能够全部被组合进音节结构。以增音现象为例，比较 rhythm[ri. ðəm] 和 rhythmic[rið. mik]构成的语音交替形式([riðəm]-[riðm])可以看出，rhythm 的底层形式是[riðm]，央元音 ə 不是底层形式的一部分，而是后来插入的。这是因为在英语中[ðm]不能作为音节尾音出现，所以底层形式里的[m]不能进入前面的音节[rið. m]。如果没有音节的概念就无法解释插音、删音等语音现象(李智强 1997：5)。Spencer(1996)和 Selkirk(1982)也认为，音节结构在一种语言音系过程的组织中起重要作用。其作用表现在以音节为基础的语音配列制约。许多音系过程都是为了满足制约的需要。例如，插音是由于一种语言的形态学(morphology)与语素的结合违背了语音配列制约从而产生了不合格的辅音组合，或者当一个语素(morpheme)的底层形式违背了语音配列制约，那么在读音之前就要对其进行修改。例如，在 Koryak 语中，许多语素在底层形式中没有元音，而在实际读音中加上了元音：

(1)	a. /t-pŋlo-n/	(2)	a. /təpŋəlon/	‘I asked him’
	b. /mt-pŋlo-n/		b. /mətpəŋlon/	‘we asked him’

(2)的表层形式是根据插音规则从左向右在需要的地方插入一个央元音产生的结果。Koryak 语允许的最大音节是 CVC(音节首、音节核、音节尾)。/tpŋlon/违背了语音配列制约，因而需要逐步对其进行修改。首先，辅音/t/是一个可能的音节首，而/tp/序列不能成为音节首，因此，在/t/后插入一个央元音/ə/，使其构成一个可能的音节/təp/。下一个序列是/təpŋ/，在 Koryak 语中也不允许有这样的音节形式，因此只能将/ŋ/作为下一个音节的音节首。而/ŋ/作为音节首时，这一序列的下一个成分是/l/，又违背了语音配列制约，只有在/ŋ/后再插入一个央元音/ə/，使之成为/təp ŋəl/。最后再加上/on/就得到表层形式/təpŋəlon/。对 Koryak 语的分析说明音节在现代音系学中有重要的作用。Spencer(1996)指出，语言中的词汇都遵循一定的组织原则。例如，英语中没有以/kn/序列开头的词，因此像斯堪的纳维亚语中的单音节词 knut /knuːt/在英语中是无法发音的。说英语的人在发这个音时多数会加一个央元音，读成/kənuːt/。因为英语中没有/kn/开头的音节。管辖可能的语音序列的制约叫语音配列制约。有些制约应用于语素层次，而有些制约要应用于整个词。多数的制约应用到音节结构，例如/kn/的制约。因此，了解音节结构有助于我们理解词的构成。

此外，韵律规则的制定和超切分音系过程也通常以音节为基础。例如，重音的分配就是以音节为基础的。研究表明，几乎所有有重音的语言都是将音节作为重音的载体。许多语言的音节都分轻、重音节两类。轻音节的核心是短元音,后面无音节尾;重音节的核心是长元音或短元音加上音节尾。重音节有重音,轻音节无重音。借用音节的概念可以简洁明了地描写出重音规则。因此,音节在音系规则分析中起重要作用。总之,理解音节结构是理解一种语言音系组织的根本。

3　音节结构

从80年代以来,生成音系学的音节理论逐步确立起来,音系学家提出了许多分析音节结构的新概念和新方法。关于音节的结构,传统音韵学、现代音位学、声学语音学、发音语音学等各自有自己的理论解释。这些学科由于研究的角度、目的以及方法的不同,对音节构成的理论解释也各不相同。关于音节的内部结构,SPE以来的生成音系学有四种不同的处理方法,根据其特征可以归纳为:音节分界法、自主音段法、莫拉法和直接成分分析法。

音节分界法是将音节界限按照一定规则插入一系列音段中(Hooper 1972:530)。这种方法是一种线性表征,音节界限被看作是线性特征系列中的一个分界符号,可以用音系规则推定。用这种方法,英语音节的划分由重音决定。但是,线性理论无法体现音段之间的语音配列制约。

自主音段法是将音节内部的音段按层次组合,各层次的音段通过联结线联结。一个音节与一个具有[音节性]特征的音段联结,并且将最大的合格的辅音系列作为音节首与各个音节联结,然后将最大音节尾音段系列与各个音节相连。

莫拉(mora)理论认为莫拉是音节的次构成成分。莫拉将音段组织成构成成分,一个长音节包含两个莫拉,一个短音节包含一个莫拉。莫拉可以被看作是一个真正的韵律单位,因为所有的音段都必须隶属于莫拉,而所有的莫拉必须隶属于音节。

直接成分分析法(Immediate Constituent Analysis)是当前使用较多的分析音节结构的方法。用希腊字母 σ 代表音节。辅音与元音组成音节,这在音系理论的发展中起重要作用。在这一理论框架下,音节由三个部分组成:音节首(Onset,简称O)、音节核(Nucleus,简称N)、音节尾(Coda,简称C)。Pike(1967:391)和Kurylowicz(1948)提出,将音节核与音节尾合并为韵音(Rhyme,简称R),因为同现制约(co-occurrence constraints)多出现在音节核与音节尾之间,而不是在音节首与音节核之间。音节由更小的韵律单位等级排列构成,并且音节又能组合构成更大的韵律结构。音系规则要求的音节成分与语音配列制约要求的音节成分有系统性的巧合,因此,在缺少来自音系规则的直接证据时，我们可以依靠语音配列原则分析音节的内部结构。音节结构用树形图表征如下：

(3)

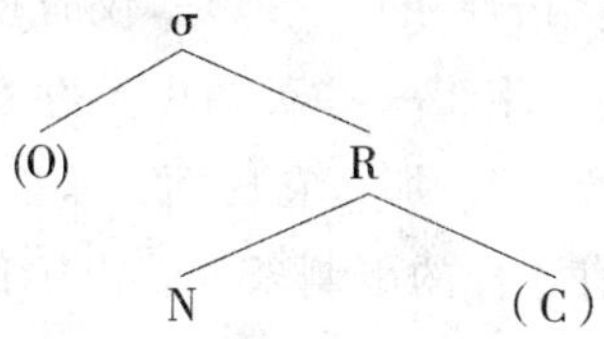

(3)括号里的成分具有可选择性，即音节首和音节尾是可选择的，而音节核是必需的成分。最大的音节结构是：音节首＋音节核＋音节尾。音节的这一结构具有普遍性和自然性(张吉生 2000b：60)。普遍性是指这一结构适合于所有语言的音节结构；自然性是说音节结构是人类语言所固有的，是天生的。音节的自然属性从许多语言现象中可以得到证实。音系限制规则、音位变化规则和语言游戏都证明了音节结构的存在。正如美国音系学家Selkirk(1982)所言，用以说明音节的这三个原因足以证实音节内部音段组的存在，这种音节无疑是语言本身所固有的基本单位。

音节核一般是由成音节的音素构成，如元音、鼻音和边音。音节首和音节尾一般由辅音构成。音节首和音节尾中的辅音数目及其组合方式因语言而异。例如，汉语普通话的音节首或音节尾只能由一个辅音构成，而且充当音节尾的只能是鼻音[n]和[ŋ]；而英语中的音节尾可以是辅音群。英语中既有无音节首的音节，如 ear，也有无音节尾的音节，如 bee，以及非 r 化口音(non-rhotic accent)的 sure 等。无音节尾的音节叫开音节，有音节尾的音节叫闭音节。

Selkirk(1982)指出，每一种语言的音节表征都可以概括为一种音节模式加上一系列的语音配列制约。音节模式与语音配列制约共同规定了一种语言的所有可能的音节类型，因此被认为是音系表征的音节结构的合格性条件。她认为英语的音节模式为：

(4)

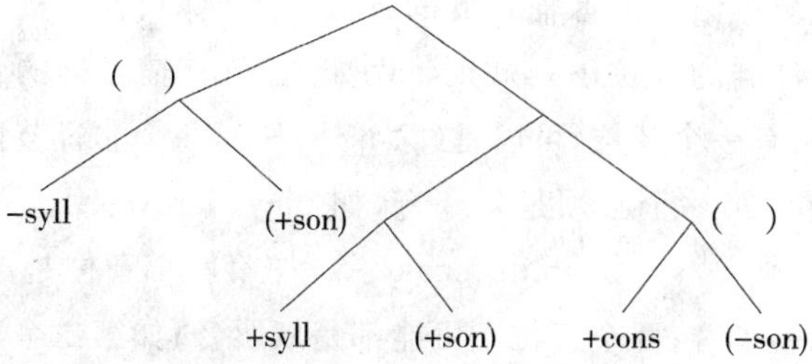

这个音节模式包含了英语音节结构的大体特征:(1)音节由表明特征类型的音段组成;(2)各类型的音段在音节内按顺序排列;(3)直接成分分析法表明了音段间的结构关系;(4)标出了可选择的音段或音段组合。这一模式说明了特定音系表征的音节结构的合格性条件。但是,仅有模式无法对英语音节结构特征给予足够的限制,会产生出一些英语中不存在的音节。例如,在音节首,如果第一个辅音是唇音性的,那么它后面就不能加音段 w;如果是 s, 就不能加 r。对于音节核也有这样的限制条件。由于这个音节模式无法表征这样的限制条件,Fudge (1969)提出另一种形式化表征方法,称为"搭配制约",用以过滤出"过分概括化的"、不合格的音节输出形式。此外,对于以 s 开头的辅音群做音节首的特殊情况,Selkirk(1982)提出了辅助的音节模式。以 s 开头的辅音群使英语音节首由三个音位组成,这违反了最初的英语音节模式中,音节首只有两个音位的概括。但是,Selkirk(1982)坚持不更改音节模式。为了说明音节首中三个辅音排列的现象,她提出的辅助模架(auxiliary template)如下:

(5)

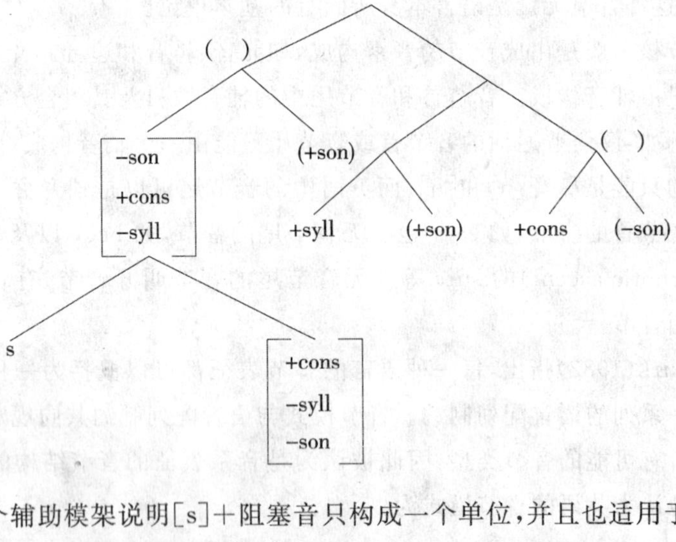

这个辅助模架说明[s]+阻塞音只构成一个单位,并且也适用于音节尾中出现的 s 辅音群的情况。根据 Selkirk(1982)的音节模式和辅助音节模架,张吉生(2000b)总结出英语音节首辅音群的音位序列规则、音节核音位序列规则以及音节尾辅音群的音位序列规则。例如,音节首辅音群的音位序列规则为:如音节首只有一个音位,可以是(除 ŋ 外)任何一个非音节性音位;如音节首有两个音位,第一个必须是阻塞音,如 play、grow、fly 等;如第二个是鼻音,第一个必须是/s/,如 smile、snake 等;如第二个音位是/w/,第一个不可能是唇音或唇齿音;两个音位不可能都是双唇音;如第二个音位是/r/，第一个不可能是/s/、/z/、/h/、/tʃ/、/dʒ/；如第二个音位是/r/，第一个只能是/p/、/b/、/k/、/g/、/f/、/s/，如 please、blood 等；/j/（除表示 u 的读音[juː]以外）不可能出现在第二个音位；如果音节首有三个辅音，第三个不能是鼻音；如果音节首有三个辅音，前两个必须是[s]加不带声塞音。英语的音节核有两种形式：一种叫简单音节峰（simple peak），音节核只有一个单（短）元音；另一种叫复杂音节峰（complex peak），音节核为一个双（长）元音或单（短）元音加响音性音位（张吉生 2000b：90）。关于音节尾辅音群的音位序列，Selkirk（1982）提出了一个重要的搭配制约，即音节尾的第二个辅音必须为舌前音（coronal）。英语音节合格性条件的定义范围是词的底层表征，不包括屈折性词缀。因此，“一个正确的音节结构必须限定在一定范围内，这个范围不包括屈折性词缀”（Selkirk 1982：95）。

4　音节类型

世界上语言的音节结构类型有多种。虽然音节中唯一必要的成分是音节核，除此之外没有其他必要成分，然而，并非所有的语言都有这样的自由。例如，夏威夷语和许多其他太平洋地区的语言不允许有音节尾，即这些语言只允许有开音节，不允许有闭音节。许多从英语借来的词在夏威夷语中变成了开音节：kikiki（ticket）。而夏威夷语允许无音节首音节：aloha（love）。这样，夏威夷语的所有音节只有 V 或 CV 形式。简言之，夏威夷语的音节模式为（C）V，括号中的成分为可选择的成分。

有的情况是，音节首在一种语言的音节中是必要成分。例如，现代标准阿拉伯语和德语。在这样的语言中，一些看似元音开头的词在发音时总是以声门塞音（glottal stop）开始。声门塞音并不是一个语素，它只加在元音开头的音节前做音节首。并且，在阿拉伯语和德语中，相邻音节中两个邻近的元音都有一个辅音隔开。因此，音节首是必需的。

有趣的是，儿童学习母语的音系构成时，都会经历一段将阿拉伯语、德语和夏威夷语的制约都包括在内的阶段，即在这一阶段，儿童认为所有的音节都是由一个辅音加上一个元音构成。并且，世界上所有的语言都有 CV 结构。因此，CV 音节常被称为核心音节（core syllable）。大多数语言都会允许比 CV 核心音节复杂的音节结构。英语中，strength 代表了几乎是最为复杂的英语音节结构 CCCVCCC。一些语言的音节结构比英语的音节结构更为复杂，如斯拉夫语、波兰语等。语言在选择音节首和音节尾音段时具有不对称性的明显趋势。许多辅音或辅音群可以出现在音节首，而不能做音节尾。例如，德语就有不允许带声阻塞音出现在音节尾位置的情况。在太平洋地区的许多语言中,音节尾仅限一个鼻辅音加上一个发音部位与其相同的辅音(同部位辅音)。在另一些语言中,只允许鼻辅音做音节尾。

通常,在多音节词的音节之间出现辅音序列的可能性比在单音节的音节首或音节尾的可能性要大,这是因为每个音节都是一个独立的实体。例如,日语的音节尾只有/n/,然而日语中有许多带CC辅音群的词,其中第一个词是鼻辅音/n/。例如,sinbun(报纸),onda(姓)。更有趣的是,在实际发音中,这样的序列也要遵循制约,即第一个音节的最后鼻辅音总是与相近的辅音同部位发音(homorganic):[simbun][teŋki]。像日语这样的语言还有另一种较为普遍的情况,在元音之间会出现重叠辅音。例如,日语中有rippa(辉煌),batta(蝗虫)。但是,只有辅音为阻塞音才能出现这种情况。值得注意的是,在鼻辅音+塞音和重叠辅音中都不允许相邻两个辅音的发音部位不同。

尽管世界上语言的音节多种多样,主要的音节种类用图表示如下:

(6)音节种类:

必要音节首	禁止音节尾	
是	是	(a)
是	否	(b)
否	是	(c)
否	否	(d)

(Spencer 1996:81)

(6a)是CV型(核心音节);(6b)是德语类的音节类型;(6c)代表了夏威夷语一类的音节类型;(6d)是英语一类语言的音节类型。有意思的是,有些我们认为会存在的音节类型实际上并不存在。世界上没有不允许音节首或不允许音节尾的语言,也就是说没有哪种语言只有V和VC音节类型,即音节首比音节尾优先。我们用标记性来表示这种情况。普遍存在的结构类型为非标记性;而特殊的结构类型为标记性。当我们寻求语言的普遍形式,力求得出制约所有语言的普遍原则。关于音节结构的普遍性是所有语言都有核心音节(CV型),这是绝对性普遍现象(absolute universal)。另一普遍性原则是,一种语言如果有复杂音节首即由辅音群组成的音节首,那么它一定允许只有一个辅音的简单音节首,即if A, then B。这是蕴涵性普遍现象(implicational universal)。蕴涵性普遍现象中的A特征通常是标记性的,而B则为非标记性特征。核心音节(CV型)结构在所有语言中普遍存在,是普遍性非标记的,而其他音节类型都会在某种语言中被禁止。例如,有5个辅音组成的音节首只出现在极少数语言中,在大多数情况下是被禁止的。这样的音节类型就是普遍标记性的。CVC 音节类型在大多数语言中都存在，只在少数语言中被禁止。因此，CVC 是相对非标记性的；而在日语中，闭音节的数目有限，闭音节在日语中是相对标记性的。

最后，我们得出结论：相对于音节尾来说，音节首为非标记性的。有禁止音节尾的语言，却没有禁止音节首的语言。尽管没有任何语言要求所有的音节必须有音节尾，但却有许多语言要求有音节首。

5　音节结构的三种理论

在一些语言中，音节量(syllable quantity)在决定重音分配方面起重要的作用。音节量在一定程度上由韵音中的音段数目决定。一个给定成分中的语音数目对一种语言音系的组织十分重要，尤其当这些语音构成音节核或音节尾时，对许多音系现象都很重要，特别是重音的位置。许多语言都区别两种音节。第一种是音节核是一个短元音并且没有音节尾，即 CV 形式，又叫轻音节；第二种是音节核是一个长元音或双元音，可以有音节尾，也可以没有音节尾，即 CV、CVV 或 CVC 形式，又叫重音节。音节的轻重特征又称作音节重量(weight)。音节重量对于区分音节中的语音及音段数目非常有用。长元音在音系上的表现与双元音相像。例如，长元音经常发展为双元音。在英语的一些地方音中，被标注为[iː]的元音 i 的发音更像[ii]或[ij]。在英语标准发音中，双元音[ei]是从早期的长元音[eː]发展而来。现在，许多方言仍发[eː]的音。另一方面，在历史的变化中，双元音变成长元音的现象也很普遍。例如，在南非英语中，双元音[ai]已变成长元音[aː]。在捷克语中，这两种变化过程在不同的时期都有发生。例如，[duːm](房子)与早期形式[dɔːm]相对应。长元音先是分裂成双元音[uo̯]，然后又简化成长元音，失去第二个成分后变成[uː]。在这种发展变化的历史过程中，音长保持不变。

SPE 理论的音段线性排列的局限性推动了自主音段音系学等非线性理论的发展。在 SPE 模式中，底层(音系层)和表层(语音层)的表征是由音段的区别性特征矩阵构成的单层结构。McCarthy(1979)在用自主音段思想分析闪米特诸语言(Semitic languages)构词法时最早提出了音系主干，又称骨架(skeleton)的概念。这一概念对音节结构的表征产生了重要的影响。受到骨架层概念的启发，语言学家先后提出了 CV 层和 X 层的概念。Hyman(1984，1985)和 McCarthy & Prince(1986)提出了一个更为激进的观点。他们提出的音段层同 X 空位理论一样，只有一种单位。但是，这个单位代表的是传统的“莫拉”概念，而不代表音位。至此，CV 理论、X 空位理论和莫拉理论组成了计时单位的三种理论。

大家普遍认为，音节间接地支配(dominate)音段，即在音节与音段之间还有一个层次。一种看法认为，中间有一个CV层。CV层有双重作用：第一，它表示音段的长度(duration)。第二，它是音段构成音节的指示标记。C是辅音空位(slot)，V是元音空位。这样，一个音节的表征就包括三个层次，又称音系表征的三维模型。这些CV空位(也称作骨架空位或计时单位)组成了音节。例如，

(7)

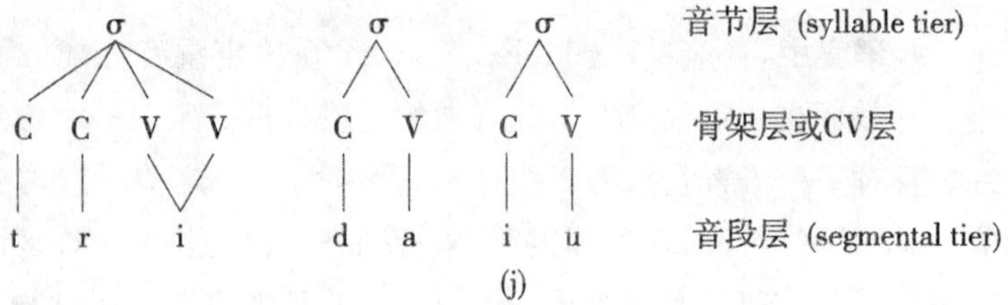

(Bickmore 1995:121)

第三个音节的i与C相连，不是音节核，因此实现为j。在CV框架下，一个长元音或长辅音表征为音段层的一个单位与CV层上的两个单位联结。CV层正是在这种意义上被认为是计时层(a timing tier)。

在许多语言中，音节的重音组成受其音韵内容的影响。音节的内部结构分析使我们区分出轻重音节。轻重音节在重音系统中起重要的作用。轻音节(CV)的韵音是简单的、无分支的；而重音节(CVC或CVV)的韵音是复杂的、有分支的。莫拉被用作区分轻重音节的中间结构层，轻音节为单莫拉，重音节为双莫拉。莫拉层的表征使CV层变得多余，因为所有CV层的作用可由音系表征的其他方面完成。

莫拉μ原本是一个重量单位。莫拉理论的计时音层由μ组成。莫拉上与音节联结，下与音段联结，是韵律和音段的交汇点。莫拉理论从韵律的角度看骨架音层，被称为骨架音层的韵律理论(李智强 1997:6)。莫拉理论与计时音层其他理论的主要区别在于：在莫拉理论中，只有某些音段与计时音层上的成分联结。传统的莫拉概念涉及音节的重量(syllable weight)。在有音节重量区别的语言中，重音节有两个莫拉，而轻音节只有一个莫拉。音节重量的区别也决定了重音的分配。假设在一种语言中，如拉丁语，一个短元音的音节是轻音节，而一个长元音或有辅音音节尾的音节是重音节。将这个事实形式化的方法是把韵律成分(melodic elements)与恰当的莫拉数目联结，这样就准确地反映了音节的重量。在莫拉理论中，轻重音节的区别就是分别与一个或两个莫拉联结。下面是[tra]、[traː]和[trad]的莫拉表征。

(8)

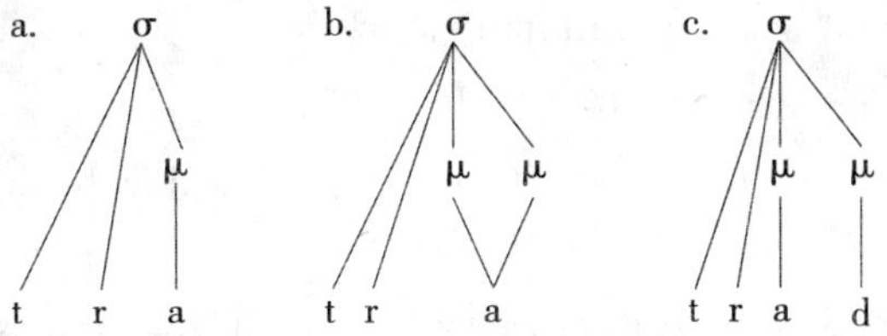

(Bickmore 1995：125)

继 CV 理论之后又出现了骨架层的另一种表征方式，取消 C 与 V 之间的区别，把计时单位统一用 X 表征（Levin 1985；Lowenstamm & Kaye 1986）。这种表征方式需要标出音节结构，以[triidayum]为例。

(9)

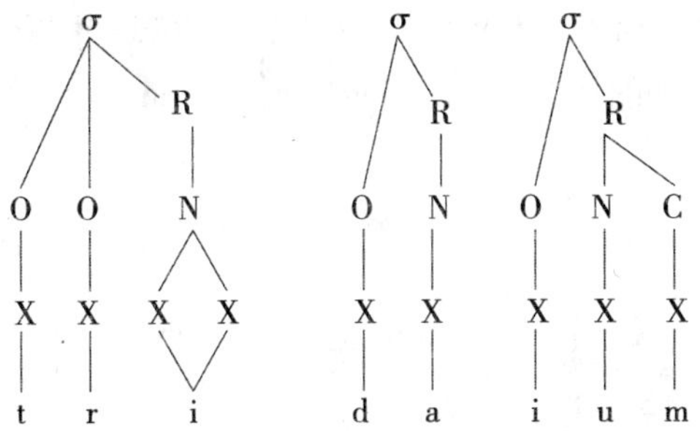

(Bickmore 1995：124)

一个短元音或一个单辅音占一个计时空位，用 X 表示。层级表征的不同层面叫做层(tier)。最下面的两层尤为重要。区别计时单位的叫计时层(或 X 层)。表征音质特征的层面叫韵律层(melodic tier)，也称音段层。/t、i、d、u/表示音质，又叫韵律。韵律这一术语来自对声调语言层次结构的早期研究。X 层使我们更清楚地区别轻重音节特征。音节核占一个计时空位的是轻音节；音节核占两个计时空位的是重音节。

除了重音和序列限制条件(sequential restriction)，音节作为一个音系成分的证据来自在许多音系规则的结构描述中都提到音节这一成分。我们知道，声调最好被表征为独立序列。词的读音的另一个独立于音段之外的方面是音段长度。在许多语言游戏中可以看出这一点。例如，Luganda 语中的 Ludikya(Clements 1986)就是将一个词的音节顺序颠倒的语言游戏。Luganda 语既有长短元音的对比，也有长短辅音的对比。在这个游戏中，尽管元音和辅音位置变化，但音长不变。

(10)　*Luganda*　　　*Ludikya*

mukono　　　nokomu　　　手臂

mubinikilo	lokinibimu	漏斗
baana	naaba	孩子

(Gussenhoven & Jacobs 2001:150)

为了描述这一过程，需要表征音段音长(segmental duration)和音段音质(segmental quality)相互的独立性。Clements & Keyser(1983)提出音段不应直接与音节相连，而是与(骨架)空位联结。骨架空位能表示出音段的长度。短元音和短辅音与一个空位相联，而长元音和重叠辅音与两个空位联结。空位分两种，C空位和V空位。C表示音节边缘(音节首或音节尾)，V表示音节峰。也就是说，除了提供一种音段长度的表示方法，CV空位还替代[±syllabic]区别性特征。CV空位由音节节点(用σ表示)控制。有元音及辅音音段长度对比的语言，如Malayalam和Tamil语，可表征如下：

(11)

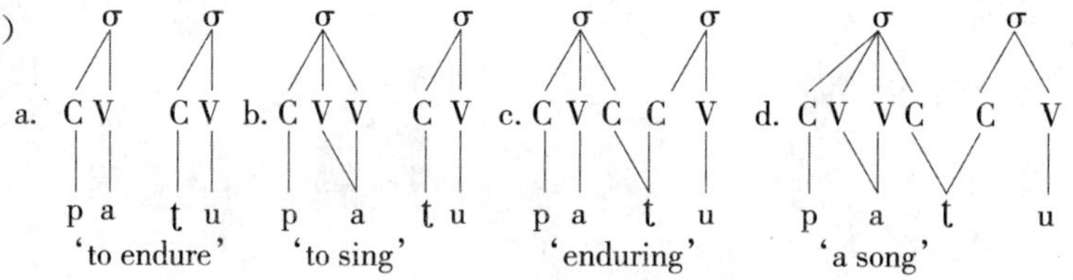

(Gussenhoven & Jacobs 2001:150)

(11)分别表示Tamil语单词[paʈu, paːʈu, paʈːu, paːʈːu](Firth 1957; Mohanan 1986:108)。这四个词中，每个词都有两个音节，并且有相同的音段序列，然而它们的音段计时结构不同。CV表征能将Luganda语中的语言游戏Ludikya(10)的特点描述出来。这种语言游戏是每个词的音节中的音系内容发生颠倒，而音段之上的结构却保留下来，如baana。

(12)

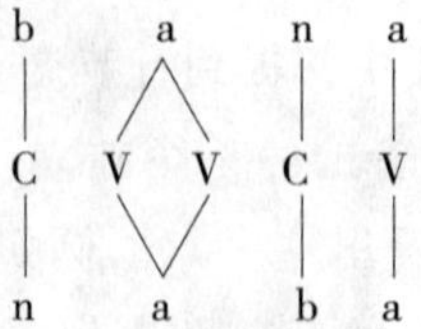

在(12)中，上面一行是Luganda语单词中的音段序列，下面一行是Ludikya的形式。最重要的是，在对每个词的这两种表述中，除了提供音长和音段音节组成的表征，还有其他的现象促使CV层的存在。这些情况包括：关于CV音节模式的语素表征，没有相连的音段或没有连到音节节点上的C空位。补偿性加长(compensatory lengthening)是将音段延展到空的空位上。

6　音节划分

语言学家普遍认为，音节划分遵循响度顺序原则（Sonority Sequencing Principle，SSP）和首音最大原则（Maximal Onset Principle，MOP）（Selkirk 1984；Giegerich 1992；张彦昌等 1993；张吉生 2000b；Gussenhoven & Jacobs 2001；Spencer 1996 等）。

6.1　响度顺序原则

音响是发音过程中气流的动能转化为声能的一种体现（Giegerich 1992：132）。一个音的响度是指它相对于其他音的音响大小。音节结构与响度有关这一观点由来已久。早在一百多年以前，西方语言学家就提出了音节的响度顺序原则，即一个音节的响度以韵核为中心，韵核的响度最大，然后向两端递减。Kenstowicz（1994）在他的《生成语法中的音系学》一书中详细地论述了音节结构与响度顺序原则的关系。从英语的音节模式可以看出，音节核的响度最高，以音节核为中心从高到低呈对称性向音节首和音节尾下降。这种对称性的分布具有普遍意义，而决定这种对称形式是音节内音段的响度。在不同的语言中，音节首和音节尾的音段构成有惊人的相似之处。CC 音节首中，第一个辅音为[p][t][k]等响度低的音段，而第二个辅音应为[j]或[w]等响度较高的音段。Venneman（1972）用许多音节规律来描述这种倾向，即响度原则。根据音段的声能效果将不同类别音段的响度由低到高进行排序：破裂音 ＜ 擦音 ＜ 鼻音 ＜ 流音 ＜ 滑音 ＜ 元音。

音节首的响度由左向右升高，韵音的响度由左向右降低。违背响度原则的情况极少。此外，Clements（1990）观察得出，在音节首，响度差较大的音节首要优于响度差较小的音节首，例如，[pj]音节首要好于[lj]音节首。而响度差较小的韵音优于响度差较大的韵音。例如，音节尾[j]要好于[t]。

音节间过渡时，响度多数降低而不是升高。例如，[alka] 的音节划分应为[al. ka]。这一倾向被 Venneman（1972）定义为音节邻接法则（the Syllable Contact Law）。但在允许 CC 音节首的语言中，[akla]的音节划分不可能是[ak. la]，因此，音节首的响度原则使[akla]这样元音间辅音的音节构成为[a. kla]。

6.2　首音最大原则

C 空位的音节系属关系（affiliation）大多可以预知。元音间辅音通常出现在第二个音节的音节首而不是第一个音节的音节尾，即辅音多构成音节首而不是音节尾。因此，Clements 和 Keyser 认为，V 空位与一个元音相联，但 C 空位与音节节点相联只能由规则推导出来。Kahn(1976)提出的首音最大原则为：将词中间出现的辅音尽量划为后一音节的音节首，使音节首音段的数目扩大到最大限度而又不违反语音配列制约，然后再形成一个合格的音节尾。

根据首音最大原则，像[tata]序列的音节划分应该是[ta. ta] 而不是[tat. a]。如果一种语言允许[st]音节首，那么像[asta]系列的音节划分应该是[a. sta]，而不是[as. ta]或[ast. a]。当然，尽管首音最大原则是一个普遍原则，但不同的语言所允许的音节类型不同。例如，荷兰语、英语和德语允许[st]为音节首，但西班牙语不允许有[st]音节首。将首音最大原则作用于西班牙语[basta]序列，会产生[bas. ta]的音节结构，而不是[ba. sta]的音节结构。由于任何重叠辅音都不能出现在音节首，因此，重叠辅音被分为前一个音节的音节尾和后一个音节的音节首。

6.3 兼属两个音节的情况

首音最大原则和特定的音节划分域(domain)足以解释许多语言的音节结构。另有一些语言有附加的音节划分规则。这些附加规则的产生是因为有些辅音从一方面看是一个音节尾，而从另一方面看是下一个音节的音节首。粗略地说，这种情况有两种可能的解决方法。一种是，可以改写派生词或者并词之后按照首音最大原则进行音节划分。如果最初音节划分为V. CCV，如(13b)，那么，音节重新划分为(13c)。另一种是，必须坚持首音最大原则，附加的音节划分规则必须尊重现有的音节结构，新的音节划分被加在原有的音节结构上，结果一个辅音就可能同时属于前一个音节的音节尾和下一个音节的音节首，这样的辅音兼属两个音节(ambisyllabic)。Kahn(1976)强调，后者的位置更具限制性，它限制了可能的音节结构的数量。在(13)的假设情况中，根据首音最大原则，要求的音节划分为 V. CCV，只有第一个辅音可以是兼属两个音节的(13a)。由于联结线无交叉制约(No-Crossing Constraint)，第二个辅音不可能兼属两个音节。对比之下，在音节重新划分的分析中，对于能重组音节的辅音数目没有原则上的限制。我们可以将(13b)变为(13c)，但却不能进一步变成 VCC. V。兼属两个音节实际是以 Kahn(1976)对美国英语中闪音(flapping)的描述为基础的一种表征方式。

(13) 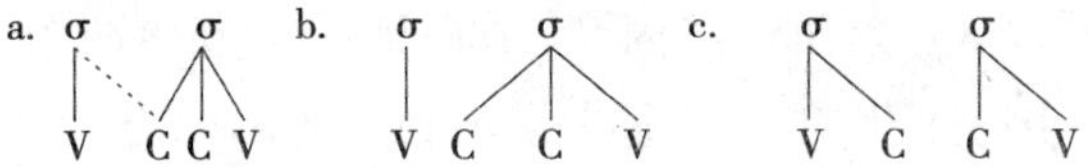

(Gussenhoven & Jacobs 2001:166～167)

首音最大原则之后音节划分规则(Post-MOP syllabification rules)有两种。一是连读增音(liaison)。连读增音应用于跨词界的情况，使一个词尾辅音成为下一个以元音开头的词的音节首。这一规则只用于词界之间，因为词内部的音节首是按照首音最大原则划分的。根据(14)，像 five eggs 中 five 的辅音[v]既是音节尾又是音节首。在连读增音之后，词首元音前面不再有声门塞音(glottal stop)。另一规则是右归(right capture)。这一规则使一个弱音节的第一个辅音成为前一个音节的音节尾，即这个音节划分规则应用于音步范围内。英语的音步左边空置。弱音节一般有[ə,ɪ,ʊ]，在词尾尤其为[i, o ʊ]。基于音步的右归，(15)将一个音节首辅音扩展到前一个音节，成为前一个音节的音节尾一部分。

(14)　连读增音 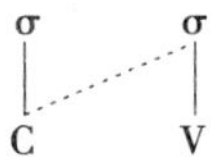

(15)　右归 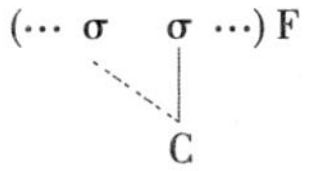

(Gussenhoven & Jacobs 2001:166～167)

根据(15)，像 happy 一词中的[p]是第一个音节的最后一个辅音，又是第二个音节的第一个辅音。与首音最大原则中的情况一样，必须假设因此产生的音节尾是合格的英语音节尾，即右归不能在 Bedford['bɛdfərd]中产生*[bɛdf]这样的音节，即使这个词是单一音步。(15)、(16)中词的辅音变成了兼属两个音节。在(16a)中，这个规则应用于开音节之后。在(16b、16c)中，这一规则应用于闭音节之后，而(16d)表明左边的音节可能是非重读的。

(16)	a.	'sɪṭi	[t]	city
	b.	'kɑːnsərt	[s]	concert
	c.	'kʌntri	[t]	country
	d.	ə'spɛrəgəs	[r],[g]	asparagus

(Gussenhoven & Jacobs 2001:168)

正如 Kahn(1976)指出的美国英语闪音(flapping)规则，这一规则使某些元音间辅音，如[t，d]，读作齿龈闪音，从而证明了兼属两个音节的辅音是一个自然种类。闪音应用于乍看起来毫不相干的两种语境中。(17)把应用闪音规则与不应用闪音规则的两种语境进行对比，得出的结论是，当右边的元音在下一个词中或在同一个词的弱音节中，则要应用闪音规则。

(17)	应用闪音		不用闪音		应用闪音	
	['leɪtər]	later	['leɪtɛks]	latex	['leɪt ɛks]	late ex
	['hɪtɪŋ]	hitting	['hɪtaɪt]	Hittite	[hɪt 'aɪt]	hit Ike
	['sɪti]	city	['sætaɪər]	satire	['naɪt aʊl]	night owl

(Gussenhoven & Jacobs 2001：168)

应用闪音规则语境中的统一成分是兼属两个音节。连读增音和右归都由独立的情形(independent grounds)产生(Gussenhoven 1986；Rubach 1996)，为规则(18)提供恰当的表征。(18)的规则简单地说就是，当[t，d]兼属两个音节时要读闪音。

(18)　[t, d] → [ɾ] /　σ σ 共同连接 C，C 下接 [−cons] ＿

$$[t, d] \rightarrow [\text{ɾ}] \;/\; \overset{\sigma\ \ \sigma}{\underset{[-cons]\ \_\_}{C}}$$

(Gussenhoven & Jacobs 2001：168)

除了上面的规定条件外，我们还要规定，在语速较慢的演说形式中不应用连读增音规则，也不用将词尾[t，d]读闪音。很显然，兼属两个音节的表征比没有音节结构的线性分析要好得多，它也优于像Selkirk(1982)提出的音节重新划分的理论。Selkirk认为，闪音应用于音节尾辅音。这种解释若成立，那么必须没有连读增音。而右归必须由这样一个规则所代替，即能使弱音节音节首的第一个辅音脱离联结，将其连到前一个音节的音节尾。

强拍与约束音系学
Beats-and-Binding Phonology

强拍与约束音系学(Beats-and-Binding Phonology，简称为B-and-B Phonology)是波兰语言学家Katarzyna Dziubalska-Kołaczyk(2002)首先提出来的。这是建立在超音段音系学基础上的理论，和音节的关系非常密切。

1 音节

音节历来是一个比较难以定义的音系概念,音节的划分也是众说纷纭。先后有古希腊人和古印度人根据古希腊语和古梵语的语音结构提出元音说;心理学家 R. H. Stetson 的音节脉冲或运动理论;J. Storm 的呼气说;Otto Jespersen 的响度说;L. Ščerba 和 M. Grammont 的肌肉紧张说,等等。(Allen 1973:38~45;Ladefoged 1975:219;朱川 1986:19~20;张彦昌等 1993:81~85)其结构一般是这样的:

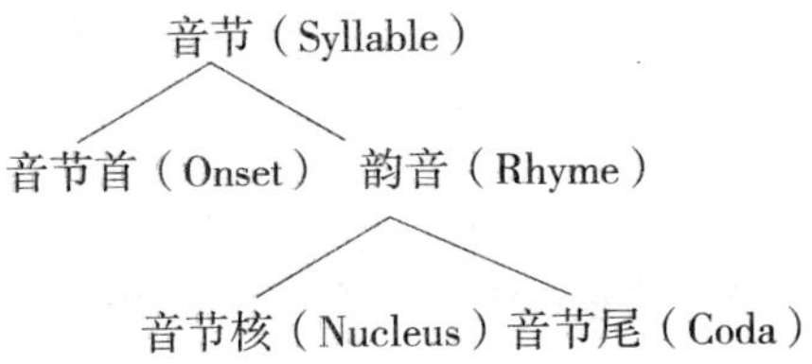

为了更好地区别音质(quality)和音量(quantity),我们将在音节树形图中设定一个计时音层(timing tier),使用计时单位(timing unit)或计时空位(timing slot)来表示音量。一个短元音或一个单辅音将占据一个计时单位或计时空位,我们用符号 X 来表示这个抽象的单位。这个音层有时也俗称 X 音层。在音节和音段之间,有的语言学家还提出了一个新的音系单位——莫拉(mora)。莫拉是拉丁语,意思是"必要的、需要的时间"。莫拉和计时单位的概念相似,主要差别是莫拉只存在于除音节首以外的音节其他部分中,即音节核和音节尾中。只有一个莫拉的音节是轻音节,有两个以上莫拉的音节是重音节。莫拉的常用符号是希腊字母 μ(mu)。(Martinet 1954;Allen 1973;Hayes 1980;Hyman 1985)下面我们举一个例子说明。为了方便图示,用希腊字母 σ(sigma)代替音节,音节内的其他部分术语用英语单词的首字母表示。

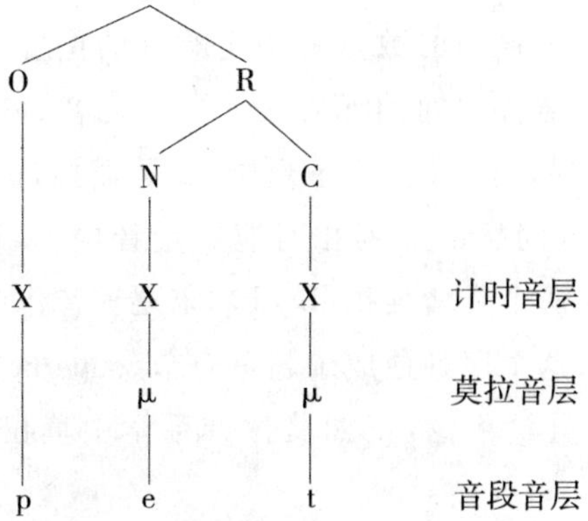

在言语或诗歌中，如同在音乐中一样，经常会出现节奏(rhythm)。这是由突显的要素有规则地间断出现所产生的知觉模式。这些要素可能是重音(如英语)、音节(如西班牙语)或莫拉(如日语)。节奏的单位是音步(foot)，一般由重读和非重读的音节序列组成。主要有下列几种：抑扬格(iamb)，非重读音节 + 重读音节，如英语 apart；扬抑格(trochee)，重读音节 + 非重读音节，如英语 David；扬扬格(spondee)，重读音节 + 重读音节，如英语 James Bond；扬抑抑格(dactyl)，一个重读音节 + 两个非重读音节，如英语 Hilary；抑抑扬格(anapest)，两个非重读音节 + 一个重读音节，如英语 disbelieve。(Crystal 1992:140)

2 强拍与约束音系学

在强拍与约束音系学中，强拍"是音系表征一个有规律性的韵律主干单位，其大小和音段相似"。(Dziubalska-Kołaczyk 2002:86)有强拍，就有弱拍(non-beats)。在语音中，强拍相对突显一些，弱拍则不明显。强拍和弱拍交替使用，言语序列才能表现出跌宕起伏。从发音和知觉的角度来看，强拍和弱拍在语音上直接相关。Maddieson(1999:2525)认为，语音强弱之间的交替不会超过 150～200 毫秒。语音峰谷振幅的交替呈波浪状。这种模式的出现与人颌的自然活动频率有关，大致和正常咀嚼的速率相当。不仅如此，强拍在响度上也一贯比弱拍高。

在所有语言中，强拍是计时音层的一个单位，也称为计时强拍(the timing beat)。根据计时强拍，说话者可以计算一个词或言语序列的音节数。计时强拍也构成了节奏音步，涉及强拍和弱拍的对比。计时强拍可能会强一些或弱一些，一是取决于内在的响度值，二是取决于外在指派的重音。然而，在一些音量敏感(qyuantity-sensitive)的语言中，强拍又作为重量单位，即音量强拍(the quantity beat)。音量强拍在功能上与莫拉相似。在音量敏感的语言中，音量强拍的数量将决定重音的位置。让我们分析一个 C$\bar{V}$C 的结构。两个辅音中间的元音是一个长元音。这个序列相对应计时音层上的 nBn 序列。在后者的序列中，B 是强拍，n 是弱拍。不过，在音量敏感的语言中，这同样的序列相对应重量音层(weight tier)的三个音量强拍：长元音等于两个音量强拍(b+b)，末尾辅音作为第三个音量强拍。按照音节的理论，这个序列便成了超重音节(superheavy syllable)。因此，音量强拍构成了重量单位，正如莫拉音系学中莫拉的作用。下面是 C$\bar{V}$C 的结构图示。

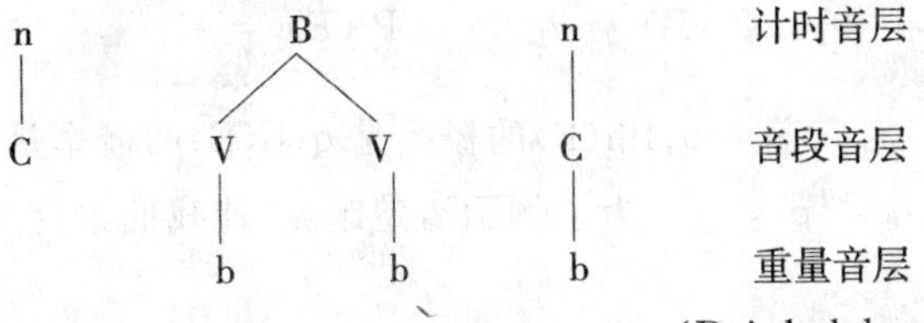

（Dziubalska-Kołaczyk 2002：88）

这样，辅音等于一个重量单位，短元音等于一个重量单位，长元音等于两个重量单位。

强拍与约束音系学的另外一个主要部分是约束。根据 Dziubalska-Kołaczyk(2002：94)，语音序列中的强拍和弱拍以基于响度的约束相结合。约束是偶值的。例如，在 BnB 这个序列中，最多有两个约束。一个是 B←n 约束，弱拍被约束在前面的强拍上；另一个是 n→B 约束，弱拍被约束在后面的强拍上。强拍可以独立存在，而弱拍则必须依属于一个强拍。因此，在 BnB 这个序列中，只可能有一种约束，与一个强拍结合，不是 B n→B，就是 B←n B。上述的两种约束在强度（strength）上不同。弱拍在前、强拍在后的约束（常常以 CV 的序列出现），即 n→B 约束，要比强拍在前、弱拍在后的约束（常常以 VC 的序列出现），即 B←n 约束，在强度上高一些。公式为：n→B＞ B←n。下面举两个例子，英语的 boot 和 under 两个词。

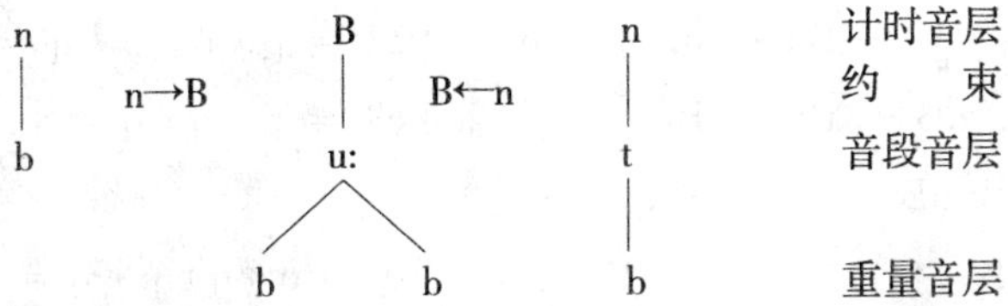

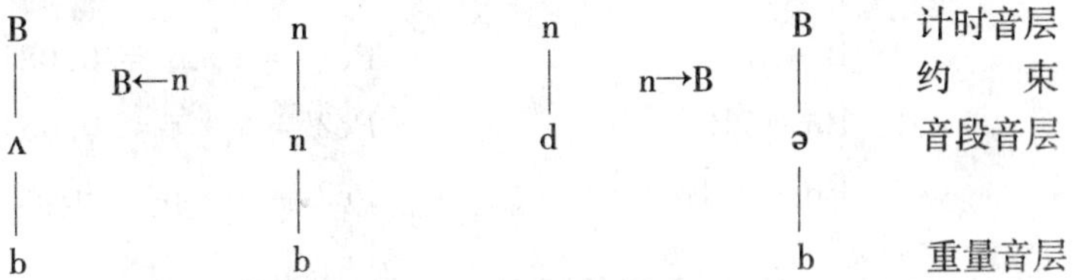

3　强拍与约束的计算

Dziubalska-Kołaczyk(2002：110～111)还试图通过计算，找出音段序列中约束结合的规律。n→B 和 B←n 这两种基本约束的结合构成了音段的序列。不太可取的形式有独立的强拍 B。词由 n→B、B←n 和 B 这些成分（element）的序列组成，顺序不定，概率给定。我们对词结构的统计调查将局限于世界上所有语言构词的最基本序列。下面是公式：

$$P(A) = p \qquad P(B) = q \qquad P(E) = t$$

P 表示概率。nB(A)的概率是 p;Bn(B)的概率是 q;B(E)的概率是 t。它们的相互关系是:$t < q < p < 1$。为了例示清楚起见,让我们给这些概率赋值。

$$p = 0.9 \qquad q = 0.6 \qquad t = 0.09$$

我们试分析一下 nB、Bn 和 B 可能的组合,即五种基本的音段序列,用音位来表示是/CVC/(nBn),/CVCV/(nBnB),/CVCVC/(nBnBn),/CVCCVC/(nBnnBn),以及/VCV/(BnB),并计算出它们的概率。

(a) nBn
nB +Bn　　Pa = p * q = 0.54

(b) nBnB
1. nB + nB　　Pb1 = p * p = 0.81
2. nB + Bn + nB　　Pb2 = p * q * p = 0.486
3. nB + Bn + B　　Pb3 = p * q * t = 0.0486

(c) nBnBn
1. nB + nB + Bn　　Pc1 = p * p * q = 0.486
2. nB + Bn + nB + Bn　　Pc2 = p * q * p * q = 0.2916
3. nB + Bn + Bn　　Pc3 = p * q * q = 0.324

(d) nBnnBn
nB + Bn + nB + Bn　　Pd = p * q * p * q = 0.2916

(e) BnB
1. B + nB　　Pe1 = t * p = 0.081
2. Bn + B　　Pe2 = q * t = 0.054
3. Bn + nB　　Pe3 = q * p = 0.54

根据概率排列一下,从高到低,可以说明一定的问题。

nB + nB	P = 0.81
nB + Bn	P = 0.54
Bn + nB	P = 0.54
nB + Bn + nB	P = 0.486
nB + nB + Bn	P = 0.486
nB + Bn + Bn	P = 0.324

nB + Bn + nB + Bn	P = 0.2916
B + nB	P = 0.081
Bn + B	P = 0.054
nB + Bn + B	P = 0.0486

这个排列表并不反映语言中语音序列出现的频率,而是表明基本音段序列中哪些约束和强拍的结合是最佳的。根据所获得的概率值,我们饶有兴趣地发现,强拍与约束模式中可预测的形式是哪几种。根据模式的预测,最有可能的序列是三个:nBnB,由两个相同的约束 n→B 组成,概率值是 0.81;nBn,由 n→B 和 B←n 组成,概率值是 0.54;BnB,由 B←n 和 n→B 组成,概率值也是 0.54。在概率值的统计过程中,没有考虑成分出现的顺序,因此,第二个和第三个的序列虽然顺序不一样,但是得出的概率是一样的。不过,nBn 的结合在这两个当中是最可取的,因为 n→B 的约束更有潜在的凸出性,所以应该出现在词首。这是源自格式塔(gestalt)心理学的形位原则(figure-and-ground principle),即知觉中比较凸出的成分进一步前置,后面不太凸出的成分更加后置。(Ungerer & Schmid 1996:156)

4 辅音的配列

强拍与约束音系学为语音配列提供了模式。Maddieson(1999:2525)认为,在世界的语言中,辅音音丛(consonant clusters)比较少见。在 30 个有代表性语言中,70%没有辅音音丛,或者少于 1%的辅音音丛。在这些语言中,至少有 85%的音节只有简单的音节首,或者根本没有音节首。究其原因,CV 是普遍选取的结构。用强拍与约束音系学理论来说,就是 n→B 约束。这种结构所提供的语音对比,听和说都很容易。然而,世界上还有一些语言,有的甚至还是主要语言,允许辅音音丛存在。在音系学中,一般使用语音配列制约来限制辅音音丛。但是在强拍与约束音系学中,基于自然语言学的理论,辅音丛的合格条件是本体论的选取(preferences),或称可违反的制约。这样,在一个词中的给定位置,辅音音丛可分为可选取的,不可选取的(可能,但有功能障碍),以及不可能的。(Dziubalska-Kołaczyk 2002:113~114)

在语音中,有响音,如元音、流音、滑音和鼻音;还有非响音,如破裂音、擦音、塞擦音等阻塞音。响度是相对的,有程度之分。例如,/a/比/m/响度高,/m/比/p/响度高。因此,我们可以说普遍语法提供了一个响度层级(sonority hierarchy)或响度阶(sonority scale)。这是一种根据其固有响度排序的音段类型的假设排列。常见的从最低到最高响度的排列为：破裂音 <擦音 < 鼻音 < 流音 < 滑音 < 元音。右侧为响度最高的音，左侧为响度最低的音。Selkirk 提出了响度顺序原则（Sonority Sequencing Principle）。这是普遍语法的又一条原则，是管辖音节结构的最重要的原则。"在任何一个音节里，都有一个构成响度峰的音段。此音段前和（或）后都有一系列音段，其响度值自响度峰向两侧递减。"（1984：116）根据 Selkirk 的建议，音位按照响度被分为若干组，每一个组都被附上响度值。

破裂音	擦音/塞擦音	鼻音	流音	半元音	元音
1	2	3	4	5	6

Dziubalska-Kołaczyk 提出一个最佳（以区别于优选论）响度距离原则（Optimal Sonority Distance Principle）（2002：114）。这个原则规定，音段应该按照顺序排列，相邻的每一对音位之间的响度距离应处于最佳平衡。最佳响度关系以合格条件的形式出现，负责一个词中所有位置，即词首、词中和词尾的双辅音、三辅音以及多辅音音丛。Dziubalska-Kołaczyk 设计这样一个响度阶。

元音	半元音	流音	鼻音	擦音	塞擦音	破裂音
0	1	2	3	4	5	6

例如，la = 两个位置的距离 = 2，sw = 三个位置的距离 = 3，ka = 六个位置的距离 = 6。所以，ka > sw > la。Dziubalska-Kołaczyk 的这个值好像不是 Selkirk 的响度值，而是某种意义上的距离值。下面就研究一下这种音丛空间（Cluster Space）的推导。（Dziubalska-Kołaczyk 2002：115～127）

4.1 词首双辅音音丛

选取的词首双辅音音丛必须符合下列条件：两个辅音之间的响度距离（sondis）应大于或等于元音和相邻辅音之间的响度距离。图示为

1.	C_1C_2V:	$\mid son(C_1) - son(C_2) \mid \geqslant \mid son(C_2) - son(V) \mid$ i. e. $sondis(C_1, C_2) \geqslant sondis(C_2, V)$

下面举/tra/这个序列的例子。

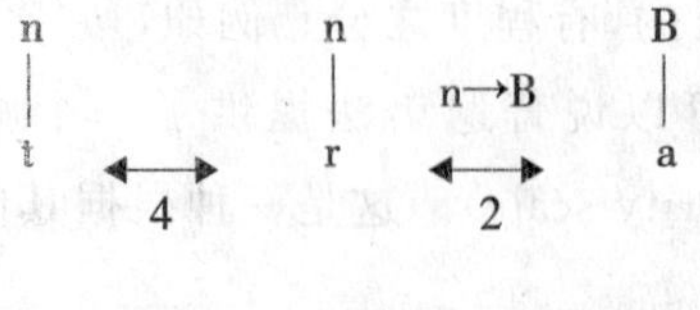

4.2　词尾双辅音音丛

选取的词尾双辅音音丛必须符合下列条件：两个辅音之间的响度距离应大于或等于元音和相邻辅音之间的响度距离。图示为

2.	VC_1C_2：	$\mid son(V) - son(C_1) \mid \leqslant \mid son(C_1) - son(C_2) \mid$ i. e. $sondis(V, C_1) \leqslant sondis(C_1, C_2)$

下面举/alt/这个序列的例子。

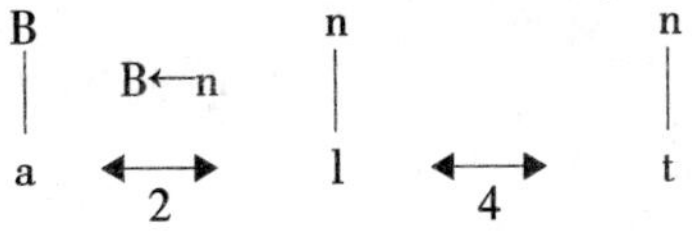

4.3　词中双辅音音丛

选取的词中双辅音音丛必须符合下列条件：两个辅音之间的响度距离应小于每一个辅音和其分别相邻的元音之间的响度距离，也可以等于第一个辅音和其之前的元音之间的响度距离。图示为

3.	$V_1C_1C_2V_2$：	$\mid son(V_1) - son(C_1) \mid \geqslant \mid son(C_1) - son(C_2) \mid < \mid son(C_2) - son(V_2) \mid$ i. e. $sondis(V_1, C_1) \geqslant sondis(C_1, C_2) < sondis(C_2, V_2)$

下面举/asta/这个序列的例子。

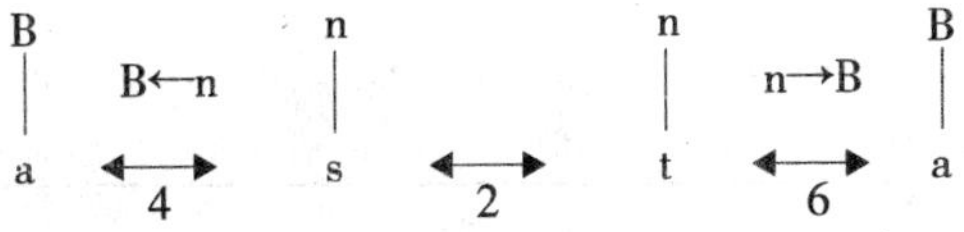

4.4　词首三辅音音丛

选取的词首三辅音音丛必须符合下列条件：第三个辅音和第二个辅音之间的响度距离应大于或等于第三个辅音和元音之间的响度距离，并大于第二个辅音和第一个辅音之间的响度距离。图示为

4.	$C_1C_2C_3V$：	$\mid son(C_1) - son(C_2) \mid < \mid son(C_2) - son(C_3) \mid \geqslant \mid son(C_3) - son(V) \mid$ i. e. $sondis(C_1, C_2) < sondis(C_2, C_3) \geqslant sondis(C_3, V)$

下面举/spna/这个序列的例子。

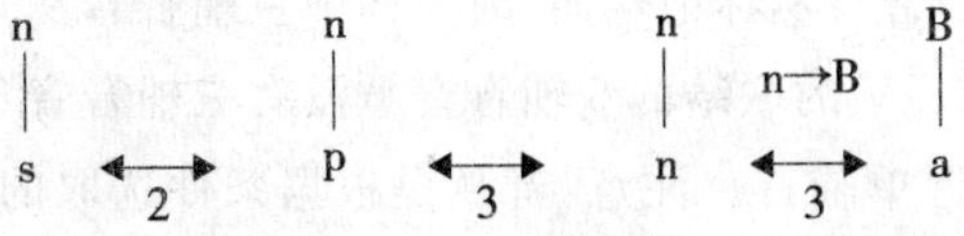

4.5 词尾三辅音音丛

选取的词尾三辅音音丛必须符合下列条件：第一个辅音和第二个辅音之间的响度距离应大于或等于第一个辅音和元音之间的响度距离，并大于第二个辅音和第三个辅音之间的响度距离。图示为

5.	$VC_1C_2V_3$：	｜son (V) — son (C_1)｜ ⩽ ｜son (C_1) — son (C_2)｜ > ｜son (C_2) — son (C_3)｜ i. e. sondis (V, C_1) ⩽ sondis (C_1, C_2) > sondis (C_2, V_3)

下面举/arts/这个序列的例子。

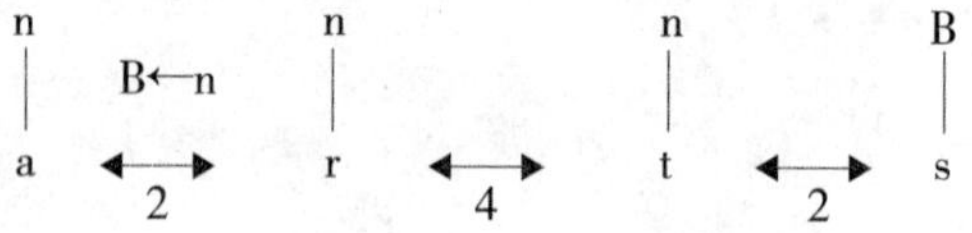

4.6 词中三辅音音丛

选取的词中三辅音音丛必须符合下列条件：第一个辅音和第二个辅音之间的响度距离应小于或等于第一个辅音和其依附的强拍，即元音之间的响度距离；而第二个辅音和第三个辅音之间的响度距离应小于第三个辅音和其依附的强拍，即元音之间的响度距离。图示为

6.	$V_1C_1C_2C_3V_2$：	｜son (V_1) — son (C_1)｜ ⩾ ｜son (C_1) — son (C_2)｜ and ｜son (C_2) — son (C_3)｜ < ｜son (C_3) — son (V_2)｜ i. e. sondis (V_1, C_1) ⩾ sondis (C_1, C_2) and sondis (C_2, C_3) < sondis (C_3, V_2)

下面举/astka/这个序列的例子。

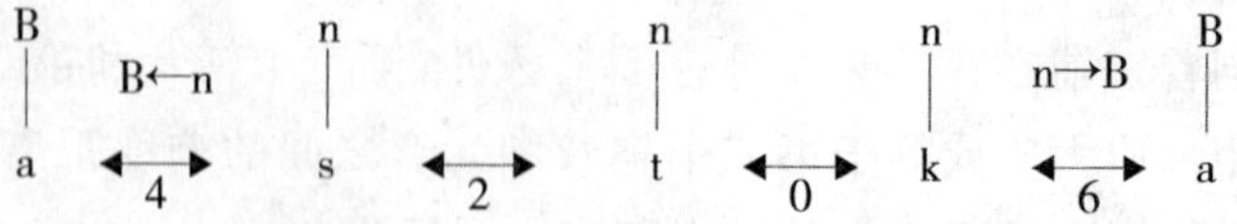

我们可以得出这样的结论：词首和词尾的辅音音丛相互排斥，即它们不可能同时出现在同一个位置上。双辅音音丛包含在三辅音音丛之中。词中双辅音音丛 VCCV 没有词首或词尾的辅音音丛标记性强，因为词中双辅音音丛只是 VC 和 CV 的简单联结(concatenation)。词中三辅音音丛 VC-CCV 没有词首或词尾的辅音音丛标记性强，因为词中三辅音音丛只是词中双辅音音丛和一个 VC 或 CV 的联结。双辅音音丛没有三辅音音丛标记性强，因为双辅音音丛更接近单辅音。注意：音丛是根据条件选取的，即哪些

音丛配列最可取、比较可取或不太可取,但这些条件不是制约。

5 评论

在强拍与约束音系学中,音节和莫拉都不需要了,因为节奏和音量现象均可用强拍来表示。在音量不敏感的语言中,说话者只需要计算计时强拍。在音量敏感的语言中,说话者既要计算计时强拍,又要计算音量强拍。在莫拉节拍(mora-timed)的语言中,说话者只计算音量强拍。在第二语言习得的过程中,莫拉的理论较之前两个理论不太具有优势。强拍与约束音系学修改了音节节拍、重音节拍、莫拉节拍有争议的分类,以说明不同语言的说话者对于强拍的不同敏感度。强拍与约束音系学还具有可计算性。它可以通过给定概率,将概率赋值,以此计算出强拍与约束模式中可预测的音段序列形式有哪几种。

强拍与约束音系学反映了音系学的两种基本功能:发音容易,知觉清晰。依据强拍与约束模式进行的音系分析使我们对语音现象能给予功能性解释,而基于音节理论的音系学分析同样的现象却出现功能障碍(dysfunction)。因此,强拍与约束模式能够对更加广泛的音系事件提供自然解释。在这一点上,传统的音节模式可谓望尘莫及了。例如,违反响度顺序原则的语音配列序列,如果用强拍与约束的模式来解释,就不会出现功能障碍。

强拍与约束音系学的最佳响度距离原则具有普遍意义,可以适用于各种语言。与语音配列制约相比,该原则具有一定优势,因为在解释不断变化的音丛时,需要不同的(有时候是矛盾的)音节划分原则。例如,假设有 atra 这样一个词。根据 Pulgram(1970)基于词的音节划分规则和基于重音的音节划分(如果第一个元音重读),这个词应这样划分 at + ra;根据 Selkirk (1982)音节首最大原则(Maximal Onset Principle)或者根据 Selkirk(1984)响度顺序原则,这个词应这样划分 a + tra。然而,根据最佳响度距离原则,-tr-这个词中双辅音音丛是不可选取的。

Selkirk 响度顺序原则有一些弱点。例如,在 pja、pla、tra、pra、fja、mja 这样的词首辅音音丛和 mla、sna、fna、kna、pfa、psa 这样的词首辅音音丛中,响度顺序原则区分不了这些符合原则的辅音音丛中哪些是较好的,哪些是较差的。而强拍与约束语音配列合格条件,即最佳响度距离原则,则解决了这个问题。最佳响度距离原则认为第一组是较好的,第二组是较差的。

尽管 Dziubalska-Kołaczyk 想方设法解释同时违反响度顺序原则和最佳响度距离原则的类似 sta、rta、nsa、mna、xfa、ssa 这样的辅音音丛,试图从历时演变、共时变异、语音以及具体语言的语音配列等方面找出预测的证据，认为这些语音序列在一些语言中还是比较稳定的，在某种程度上满足了n→B和CV的选取条件。但是，笔者认为这些解释比较牵强，仍然没有从根本上解决类似英语中spa，sta，ska的问题。

语调音系学
Intonational Phonology

语调属于超音段音系学研究的范畴。Trask(2000:136)将语调定义为：为了传达意义而在通常长于一个单词的一串话语中，对音高，还可能加上响度、音速、停顿等韵律要素的运用。Ladd(1996:6)从语用的角度定义语调，认为语调利用超音段的语音特征，以语言结构的方式表征词汇后或句子层次的语用意义。语调可以用于各种目的：标示语法边界(短语、小句)，提示句子类型(如陈述句、疑问句)，传达说话人的态度(惊异、反讥、愤怒等)。因此，语调现象是有意义的，非音段的，词汇后的。犹如音高、重音、音长，语调特征不是与一个音段相连，而是跨越了几个音段。

语调音系学(Intonational Phonology)作为一个独立自主的研究领域具有下列几个特点：(1)语调研究是超音段的；(2)在词汇后层面产生意义；(3)具有语言结构。在语调音系学创立的历史进程中，首先是将语调特征与音段特征分隔开来，同时区别表征副语言(paralinguistic)功能的听觉特征和表征语言功能的听觉特征。Bloomfield(1933:116)把语调描述为次要(secondary)音位。他说，在英语中，重音和音高只被用来做次要音位。可见，主要音位便是音段了。

Bolinger(1964:282)将语调特征的复杂性与海洋里波浪的起伏相比较。在海洋里，有涟漪、波浪、海涌、潮汐。大的海洋运动带动着小的海洋运动，潮驮着涌，涌驮着浪，浪驮着涟漪。在言语里，涟漪是音高的偶然变化，波浪是我们称为重音的峰和谷，海涌是语篇中的语段，潮汐是情感的涨落。关于语调的意义，Pike(1945:21)认为和词汇意义正好相对。语调不是词汇中一个稳定固有的部分，而是词汇基本形式和基本意义的临时增添物。语调不是由固定的辅音和元音承载，而是由过渡的外部音高曲拱承载。语调对一个词的内部意义没有太大的作用，只是根据说话者的态度，作为附加在词汇内部意义之上的外层意义。在英语中，语调将说话者对句子内容的态度附加在句子的词汇意义之上，使句子的意义更加丰富。

语调研究的方法也不尽相同。语音方法是进行测量；音系方法是构建模型。工具或语音方法论是由实验心理学家和语音学家提出。他们主要对言语知觉(speech perception)和语调现象的音征(acoustic cues)感兴趣，认为应该从语音方面进行测量，重点放在量化声学特征上。这些研究常常促成声音表征方面语言域(domain)和副语言域之间的紧密关系。音系描写和理论方法论者则认为，应该为语调特征设立一个抽象的表征平面，研究语调与语法其他部分之间的互动关系。这些研究的基础源于语言学家和语言教师的印象派(impressionistic)或原始音系学(proto-phonological)的方法。他们或者是为了实用，或者是作为音位理论发展的一部分而描写语调。总而言之，语音传统方法更关切语音的表现(realization)，而音系方法的主要目的是建立一个语调形式和功能的形式表征平面。

声学理论和音系理论在表征平面就有争执：我们是应该将声学特征直接与语用-语义功能相联系，还是应该需要一个抽象的表征平面，即音系层面。如果需要抽象的表征平面，那么，语调应该具有什么样的区别特征。美国结构主义学派建议设立原子层面声调，而英国学派则把升或降等构型(configuration)作为描写的基本单位。这些描写的区别性单位被理解为语调音位，这些单位的结合被理解为有意义的语素。这两个学派的理论对于20世纪70年代和80年代兴起的自主音段-节律语调理论都有过影响。

1　自主音段-节律理论

20世纪70年代后期，基于Liberman(1975)，Bruce(1977)和Pierrehumbert(1980)等人的博士论文，一种新的语调音系理论开始萌芽，即自主音段-节律理论(the autosegmental-metrical theory)。此理论的建立是基于音系理论问题的研究，特别是声调现象。该理论将美国结构主义的层面论和英国学派的构型论有机地结合起来，用抽象的音调表示曲拱，将重音与最突显的音节相联结。Ladd(1996:42)总结了这个理论的四个主要方面。

(1) 语调结构的线性

语调结构是线性的，由一串局部事件(local events)组成，这些事件与音段序列的某些点相联结。在这些事件之间，音高曲拱从音系上来说是不赋值的，可以按照从一个事件到另一个事件的过渡来描写。在英语这样的语言中，语调串最重要的事件是音高重音和边缘调(edge tones)。音高重音与音段序列的突显音节相联结，边缘调与各种规格的韵律域(prosodic domain)的边缘相联结。

(2) 音高重音和重读的区别

在某些语言中,音高重音作为重读或突显的具体知觉提示(perceptual cues)。然而,他们首先是语调特征,根据韵律结构的各种原则,与某些音节相联结。重读音节的知觉突显,至少在一些语言中,是一种重读,与音高重音不同。

(3) 按照平调分析音高重音

在语调语言中,音高重音和边缘调可以分析为由原始平调或音高目标(pitch targets),即高(H)和低(L)构成。

(4) 全局趋势的局部声源

任何给定的高调或低调的语音实现或者量化(scaling)依赖于各种因素,例如强调的程度,话语中的位置等等。这些因素与高调或低调的特征从根本上来说是正交直线(orthogonal)。音高曲拱的总体趋势,如总体域的渐低,很大程度上反映了量化因素中局部化的但反复式的变化的运作。

人们一直认为,语音是一个线性结构,只有一个层面,里面有很多音段,每一个音段包含着一组区别特征。描述或分析任何一个音段都不是一件难事,然而要用一个特征来描述几个音段,线性结构就呈现出了局限性。譬如,在声调语言里,每一个词都有一个声调,而声调这个特征往往跨越了几个音段。如果按照 SPE 的表征方式,每一个音段,至少是每一个元音,都要标上[+高调]或者[-高调]这样的特征。这样看起来很不经济,也说明不了问题。如果我们再设一个层次,将超过一个音段的特征放在这个音层上,问题便解决了。一个词可能有 6 个音段,但声调可能只有一个,那么,我们将声调这个特征放在另一个音层上,与音段这个音层隔开,互不干扰。这个音层就是声调层(tonal tier)。Goldsmith(1976),Williams(1976)等把这个音层称为自主音段音层(autosegmental tier)。试比较一下位于加纳(Ghana)的特威语(Twi)一词 papa(好,高调)声调的线性结构和非线性结构。方括号里的 a 表示这个元音的所有其他区别特征。

SPE 结构	自主音段结构
$p\begin{bmatrix} a \\ +\text{hightone} \end{bmatrix} p \begin{bmatrix} a \\ +\text{hightone} \end{bmatrix}$	音段层:papa 声调层:H

Goldsmith(1976:27)首先提出了元音与声调联结的合格条件(well-formedness conditions,WFC)。

(1)每个元音至少要与一个声调联结。

(2)每个声调至少要与一个元音联结。

(3)联结线不能交叉(No-Crossing Constraint)。

声调与元音相联结的垂直线是正常的联结线,联结的步骤是将声调与元音一一对应联结。但是,声调有时候不一定只与元音联结,可能也与语素(Leben 1973)或整个单词联结。Goldsmith 后来使用了载调单位(tone-bearing unit,TBU)这个术语。他还提出了联结规约(association convention,AC):

(1)将声调与载调单位从左至右,一对一地联结。

(2)将多余的载调单位与最后一个声调联结。

(3)将多余的声调与最后一个载调单位联结。

(Gussenhoven & Jacobs 2001:138)

载调单位指的是音段音层上任何一个有负载声调能力的单位,通常是一个音节核。位于尼日利亚的爱图恩语(Etung)提供了很有说服力的例子。这个语言有 6 个声调,分别是低调(L)、高调(H)、升调(LH)、降调(HL)、升降调(LHL)和降升调(HLH)。

联结规约(1)

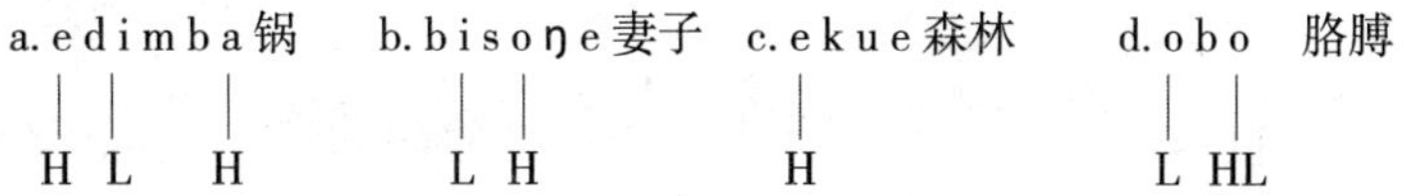

联结规约(2)

联结规约(3)

(Gussenhoven & Jacobs 2001:138)

在上面的例子中,a 这个单词的声调和载调单位正好相同,按照联结规约

(1)，一对一可以联结上。在 b 和 c 这两个单词中，声调少，音节多。根据联结规约(2)，必须将多余的载调单位，即音节，与最后一个音调联结。这种现象又称为延展(spreading)，是一种本来出现在一个音段或一个语素内的语音特征，在语音上感知为遍及更大范围的现象。这个声调结果与多个载调单位联结。在 d 这个词中，声调比载调单位多，最后一个载调单位联结上多余的声调，使这个载调单位实际上是和曲折声调降调联结。这个词的整个声调应该是升降调。在这种语言中(在其他语言中也是如此)，载调单位与声调的联结数量有个限度，即一个载调单位不能联结三个或三个以上声调。不同的语言可能对载调单位的定义不同。在一些语言中，音节是载调单位，这样，长元音算作一个音节，也就是一个载调单位。除了元音，音节韵中的响辅音也可以是一个载调单位。有的语言学家引进莫拉这个概念，认为最普通的载调单位就是莫拉。

在线性结构中，一个音段的所有特征，包括声调特征，都包含在特征的矩阵中。如果音段不存在了，这整个一组特征也就不存在了，当然也包括声调。但是 Goldsmith 将声调放在了一个独立的音层，提出了声调音层的稳定性(stability)。在自主音段音系学理论中，声调特征在声调层独立体现。在一些声调语言中，虽然音段，甚至音节在音段层脱落，但它的声调仍然保留在声调层上，并体现在其相邻的音节上，这样就可以准确地反映出声调的完整性。位于尼日利亚的爱撒库语(Etsako)提供了很能说明问题的例子。在爱撒库语中，名词的重叠(reduplication)表示"每一个"。

ikpa	茶杯	ikpikpa	每一个茶杯
owa	房子	owowa	每一所房子
ɔɣɛdɛ	香蕉	ɔɣɛdɔɣɛdɛ	每一个香蕉

(Gussenhoven & Jacobs 2001:141)

从上述的例子可以看出，名词重叠时，前一个名词的词尾元音脱落。如果脱落元音的声调与后一个名词词首元音的声调不同，声调保留在后一个名词词首元音上。

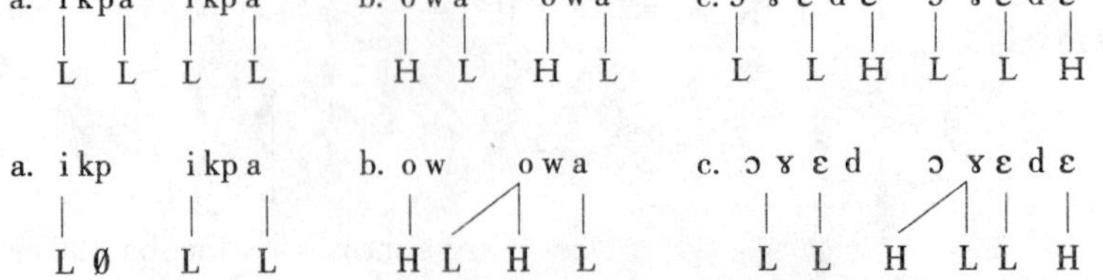

(Gussenhoven & Jacobs 2001:142)

b中第一个名词词尾的元音a脱落，其声调保留在第二个名词词首的元音上，使这个元音的声调变为升调；c中第一个名词词尾的元音ɛ脱落，其声调保留在第二个名词词首的元音上，使这个元音的声调变为降调；a中第一个名词词尾的元音a脱落，然而其声调与第二个名词词首元音的声调相同，所以第一个名词词尾元音的声调便取消，因为保留同样的声调没有意义。Clements和Keyser(1983)提出了孪生姊妹规约(twin sister convention)，即两个相同的声调自动合并为一个声调。

2 语调的结构

自主音段音系学研究由词的词汇信息提供的调子，而语调音系学研究的是词汇后的(postlexical)旋律(melody)或曲拱(contour)。在自主音段研究方法的基础上，Pierrehumbert(1980:10)提出语调描写由三部分组成：(1)短语音调(phrasal tunes)的语法。这种语法生成低调和高调的序列。(2)篇章(text)的节律表征。(3)指派联结线的规则。语调的整个音系表征是一种按照规则将音调排列起来的篇章节律表征。Pierrehumbert认为有两种不同的平调(level tones)：高调H和低调L，例示为音高重音(pitch accents)、短语重音(phrase accents)或边界调(boundary tones)。

(1)每一个短语至少有一个音高重音(对于英语来说，是H^*，L^*，或是H^*+L，$H+L^*$，L^*+H，$L+H^*$，以及H^*+H)；

(2)每一个短语在最后音高重音所联结的词尾都有一个短语重音H^-或L^-；

(3)每一个短语以边界调H%或L%结束。

例如：

John studied Mary, and Bill studied Jane.

|　　　　|　　|　　　|

H^*+L^-　$H^*L^-H\%$ H^*　　$H^*L^-L\%$

(Ladd 1996:87)

由Pierrehumbert总结的有限状态语法(finite-state grammar)可以用

来生成英语的全部合法音调。

边界调　　音高重音　　短语重音　边界调

$$\left\{\begin{matrix} H\% \\ L\% \end{matrix}\right\} \left\{\begin{matrix} H^* \\ L^* \\ L^*+H^- \\ L^-+H^* \\ H^*+L^- \\ H^-+L^* \\ H^*+H^- \end{matrix}\right\} \left\{\begin{matrix} H^- \\ L^- \end{matrix}\right\} \left\{\begin{matrix} H\% \\ L\% \end{matrix}\right\}$$

（根据 Ladd 1996:81 修订）

Nespor 和 Vogel(1986)、Selkirk(1984,1986)等建议用韵律层级(prosodic hierarchy)来解释不同类型的音联(juncture)现象。这种研究音系结构的方法认为,涉及比音段大的结构的音系现象能按线性排列组成适用于不同韵律域的类型,而且使每一个较小的域恰好包括在下一个更大的域里,一般认为这些域从小到大依次为莫拉、音节、音步、音系词、附着语素词组、音系短语、语调短语和韵律语句。Nespor 和 Vogel(1986:16)中的图式没有莫拉,并且用音系语句代替了韵律语句。

音系语句(phonological utterance,U)
|
语调短语(intonational phrase,I)
|
音系短语(phonological phrase,φ)
|
附着语素词组(clitic group,C)
|
音系词(phonological word,ω)
|
音步(foot,Σ)
|
音节(syllable,σ)

韵律层级可以被看作是试图为音系学-句法学界面(interface)提供一

种原则性的描述，来取代以前以经典生成音系学为代表的方法。在经典生成音系学中，这一界面被处理为直接将句法成分边界映射到音系边界上。Selkirk（1986：384）将这个韵律结构定义为音系表征的一部分，并具有以下特征。

（1）韵律结构由不同类型的韵律（音系）范畴组成，例如音节、音步、韵律（音系）词、音系短语、语调短语、语句等。

（2）对于任何一个韵律范畴，一个句子被穷尽性地分解为一系列这样的范畴。

（3）这些韵律范畴被排列成一个层级体系。在音系表征中，按照这个层级，它们又被严格地组成层级。也就是说，同一范畴的韵律成分没有被套置（nested）。

（4）这些韵律范畴的层级配列（arrangement）组成了合格的加括（bracketing）。

在这个韵律层级中，比较重要的是语调短语，也称为语调群（intonation-groups）。在即兴言语（spontaneous speech）中，特别是在谈话中，语调群的划分比较困难，其边界不是很明显。因为即兴言语断断续续，经常夹杂着犹豫、重复、错误开头（false starts）、不完全句等。语调群划分的依据是停顿（pause），即话语中的短暂中断。停顿一般分为无声停顿（unfilled pause）和填声停顿（filled pause）。无声停顿不包括任何语音，而填声停顿则包括各种填充语音。例如，在英国英语中，人们常单用或合用央元音 ə 和双唇鼻辅音 m，且长度不一；在苏格兰英语中，人们常用类似 ei 这样的音；在俄语中，人们用的是齿龈鼻辅音 n。然而，不管是无声停顿还是填声停顿，都受到大量个人特异变化的影响。

在话语中，停顿有三种类型。第一种类型出现在主要构成成分（constituent）边界，主要是小句之间和主谓之间。构成成分的边界越主要，停顿越长。另外，如果构成成分边界涉及新话题，停顿趋向于长一些。此类型一般指的是语调群边界，此处用斜线/来表示。

The Prince of Wales / is visiting Cardiff tomorrow.

Yesterday I went to London / and saw the Queen / outside Buckingham Palace.

（Cruttenden 1986：38）

第二种类型往往是犹豫情况，一时找不到恰当的词语。这种停顿一般发生在名词短语、动词短语或副词短语内，即不主要的构成成分边界前，譬如在限定词和名词短语中心词(head noun)之间。此类型用三个省略点...来表示。

The Minister talked at length about the ... redeployment of labour
There was a ... goldcrest in the garden yesterday
I saw a Bugatti in ... Cross Street yesterday

(Cruttenden 1986:38)

第三种类型是在语调群第一个词之后。这个位置常常用作修正错误开头和重复，筹划句子的剩余部分。此类型也用三个省略点...来表示。

I do like Elgar's violin concerto. / It's ... quite the most perfect work of its kind
Why don't you join an evening class? / You'd ... be quite likely to meet some interesting people

(Cruttenden 1986:38)

第二种和第三种类型一般不作为语调群边界的标记，因为每一个话语块(utterance chunk)都有一个语调群中特有的音高模式，而第二种和第三种类型构不成话语块。第二种和第三种停顿在无备言语中比较常见。许多调查者发现，第一种停顿，即边界停顿，比第二种和第三种停顿要长。不管怎样，只用停顿来做语调群边界的标记看样子不妥，还要同时考虑其他外部和内部的标准。

语调群边界标记的外部标准大概有三条。第一条，起首轻音节(anacrusis)的出现一般标志着语调群的开始。

I saw John yesterday / and he was just off to London

(Cruttenden 1986:39)

第二个语调群的第一个重音很可能落在just这个词之上，在just之前的几个非重读音节读起来往往比句子中其他非重读音节要快一些。从and开始的三个音节读起来速度加快，表明这些音节是起首轻音节，也标示着一个新语调群的开始。

第二条，前一个语调群的最后一个音节延长，不管这个音节是重读还是非重读，以标示边界。

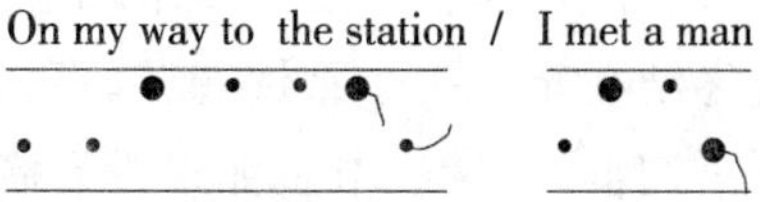

(Gruttenden 1986:39)

这种延长还说明两个问题：其一，延长可以作为停顿的一种替换形式，可被看作是填声停顿。其二，这最后一个音节常常载有最终的（也称终端）音高移动（pitch movement）。sta-是第一个语调群的调核，从调核到调尾-tion是降升调。station的第二个音节承载着语调模式升的部分，即音高的移动，因此这个音节需要延长。延长还有其他三个理由。一种说法是，延长是停顿之前的自然放松。但如果延长实际上取代了停顿，这就不算了；另外一种说法是，延长提供了时间，以便检查前一个语调群是否发音正确，即复查论（review theory）；还有一种说法是，延长使说话者有时间规划下一个语调群，即肌动规划论（motoric planning）。总而言之，最后音节的延长毫无疑问可以作为语调群边界标记，或取代停顿，或有助停顿。延长出现的比率因语言而异，在英语中比较高，但在芬兰语中较低，在西班牙语中不高也不低。

第三条有关非重读音节的音高。音调级（pitch level）和音高方向（pitch direction）的变化经常发生在重读的音节上。而在非重读音节上的音调级和（或）音高方向的变化一般标志着语调群的边界。如果前一个语调群尾是降调，尾部又是低非重读音节，位于新语调群首的非重读音节的音调级就会呈递升的趋势。

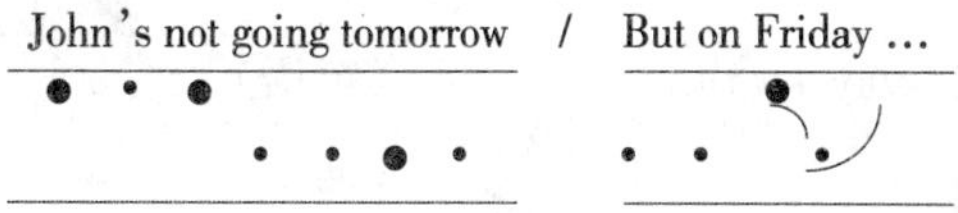

(Gruttenden 1986:41)

这种音高变化反映了这样一个事实，即位于语调群首的低非重读音节的音调一般比位于语调群尾的低非重读音节要高一些。如果前一个语调群尾是升调，下一个语调群首的非重读音节的音调级便会出现递降的趋势。

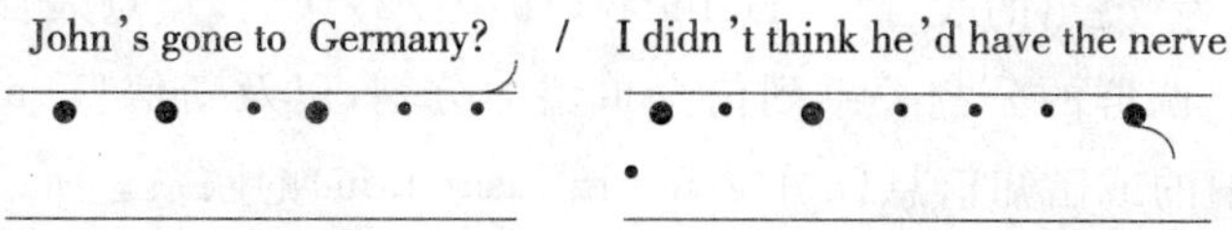

(Gruttenden 1986:41)

因此，非重读音节音高的变化是一个比较明显的语调边界标记。

构成语调群的内部标准有两条。一条是，语调群必须包含至少一个重读音节。如果话语片段中只有非重读音节，那就不能算是语调群。另外一条是，必须要有音高移动起自于或终结在至少一个重读音节。重读音节上如果有音高移动，便可算作是一个语调群；重读音节上如果没有音高移动，这个重读音节便会和后面的音节一起构成语调群。

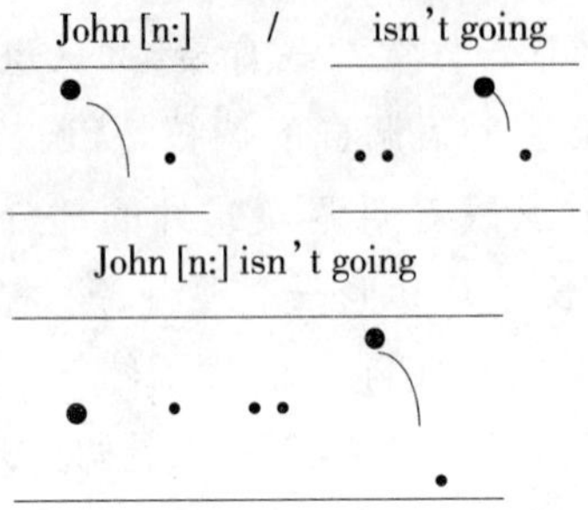

(Gruttenden 1986:42)

上面第一句中的 John 构成了一个单独的语调群，因为在这个重读音节上有音高移动。然而，在第二个句子中，John 这个重读音节没有音高移动，因此，不能构成一个独立的语调群，只能和后面的音节一起构成一个语调群。

小结一下，在大多数情况下，我们可以使用下面这两条标准中的一条或两条来划分语调群。(1)非重读音节的音调级或音高方向的变化；(2)停顿和/或起首轻音节和/或最后音节的延长，再加上音高重音的出现。一个语调群可以是一个句子、分句、短语，甚至还可以是一个词。

Do you live in that house?	(句子)
When it rains, / ...	(分句)
Opposite the railway station / ...	(短语)
Sometimes /	(词)

3 语调的焦点

"人们现在普遍认为，句子的语调在某种程度上反映了话语的意图焦点。"(Ladd 1996:160)那么，究竟什么是话语的焦点？Bolinger(1985:120)将焦点定义为"突出的表征"。Halliday(1970:22)认为，焦点表征了语用-篇章-功能。调群的分割关系到信息单位的分割，以及新信息(new information)与旧的或已知信息(old/given inflormation)的联系。所以说，焦点与信息密切相关。

Cruttenden(1986)认为，在像英语这样的语调语言中，除了使用词汇和语法的工具之外，使用调核定位(nucleus placement)的方法来表示语调群和句子的焦点(focus)已是比较常见。焦点分为宽焦点(broad focus)和窄焦点(narrow focus)。宽焦点指的是整个语调群都落入焦点的情形，往往与"正常重音"有关；而窄焦点指的是构成语调群某一部分的语法成分处于焦点的情形。如果都是全新的句子，没有什么前因后果，也没有什么语境关联的因素，只是回答"发生了什么事？"(What happened?)，而且只限于叙述文，那么，宽焦点语调群的调核一般落在语调群的最后一个词项上。例子中的大写字母表示调核的音节。

John ran all the way to the STAtion.
I don't know what to DO.
That performance really was suPERB.

(Cruttenden 1986:82)

然而，语言不是整齐划一、千篇一律的事物，语言是错综复杂、千变万化的，特别是在语调上。Cruttenden 举出宽焦点情况中的三种例外。一种是事件(event)句子。在这种宽焦点的句子中，调核重音常常落在主语上。

Watch out! That CHIMney's falling down.
(What happened in the afternoon?) A WIND got up.
TheTRAIN's run off the rails.

(Cruttenden 1986:83)

另外一种例外与句尾状语(final adverbials)有关。如果句尾有状语，特别是时间状语，调核重音一般不落在最后一个词项上。

I went to LONdon on Thursday.
I'm seeing JOHN this morning.
We had roast BEEF for dinner.

(Cruttenden 1986:84)

最后一种例外与 wh 修饰语宾语(adjectival wh objects)有关。在特殊疑问句中，疑问词后面的名词是动词的宾语，常常成为调核重音所落之处。

What SEEDS did you use?
Which COURSE did you take?
Whose adVICE will you accept?

(Cruttenden 1986:85)

窄焦点主要与构成焦点的语法成分有关。

(Have you had a good day?)
I've had a <u>bloody horrible</u> day.
(What have they given Bill?)
They've given him <u>a golden handshake.</u>

(Cruttenden 1986:87～88)

第一句的形容词短语处于焦点位置，第二句的名词短语处于焦点位置。不过，如果将语境换一下，句子的焦点就不一样了。

(What've they done about Bill?)
They've <u>given him a golden handshake.</u>
(What's new at work?)
<u>The boss's given Bill a golden handshake.</u>

(Cruttenden 1986:88)

第一句的整个谓语处于焦点位置，第二句的全句实际上处于焦点位置。从上面的例子可以看出，调核本身有时候确定不了焦点的范围。

那么，在什么情况下使用这些焦点呢？语调群里的焦点与信息，或者说主要与新信息有关。信息分旧信息和新信息。旧信息指先前的语境已经提供的信息，或说话者认为听话者已经获知的信息，因而处于语调群的焦点之外，不会包含调核。而新信息顾名思义不是预先提供的，因此会形成焦点，并将包括调核。

1. A: What are you reading?
   B: I'm reading <u>a BOOK.</u>
2. A: What are you doing?
   B: I'm <u>READing a book.</u>

第一个对话中的新信息是最后一个名词短语，其余是旧信息。第二个对话中的新信息是整个谓语，只有句子的第一部分是旧信息。在最明确的情形里，新信息可以用语调群中的调核来识别，调核表示焦点。

I've got SIX books in my satchel.
I've got six books in my SATchel.

第一句的焦点是"六本书"，而第二句的焦点是"在我的书包里"。

新信息通常构成焦点范围，而旧信息则处于焦点范围之外。但是，有时候我们却将焦点置于某一条信息，尽管这种信息已知。这种情况经常发生在对比(contrastivity)，即有限集合(limited set)的比较。最鲜明的例子是二分集合(binary set)，常常是对比对子。有时候还会出现明显的极性对比(polarity contrast)。

She found it very EASY to settle to married life/whereas he found it DIFFicult.
She was able to WALK to the top/although she couldn't RUN.
She found it EASY/although he DIDn't.

(Cruttenden 1986:90)

在第一个句子里，EASY 和 DIFFicult 对比，是对子对比。第二句和第三句是极性对比，有两种形式：或者是一个主语对两个动词；或者是两个主语对同一个动词的正负值。第二句是前者的例子，第三句是后者的例子。总而言之，旧的对比的信息常常是单独处于焦点。

除此之外，还有两种旧信息涉及焦点的问题。一种是回声句(echoes)，另外一种是坚持意见句(insists)。处于对比情况的旧信息主要与单个词(有时候与短语)有关。但是，回声句和坚持意见句却涉及整个句子，常常是省略句。整个句子是焦点的所在。

回声句通常是询问前一个说话者的整个或部分话语，经常带有怀疑的态度。回声句有时候是疑问句，有时候是感叹句。

(I didn't go after all) You didn't GO?
(Take two hours this morning to get that overseas order ready)
Two HOURS?
(He's got a distinction) A disTINction!

(Get that bit of wood for me!)Get that bit of WOOD! Just who do you think you're talking to?

(Cruttenden 1986:92)

在上面的两种四个句子中,可以明显地看出来,调核没有落在新信息上,而是落在对于说话者来说具有特殊重要意义的旧信息上。

坚持意见句中最大的一个子类别是反预设(counterpresuppositionals)。在反预设话语中,说话者否定前一个说话者预设的话语。预设话语认为是正确的,反预设话语便认为不正确,或反之。在反预设话语中,调核的定位非常具有个体性。调核很少落在最后的名词上,往往落在主要动词上,或者落在根本不会重读的词类上,特别是助动词、否定词以及紧跟系动词 be 的介词上。

(Why didn't you see your supervisor?)But I DID see my supervisor.

(Why are we having meat for lunch?) We're NOT having meat for lunch.

(Did you meet the Ripper when you were in prison?) But I haven't been IN prison.

(Cruttenden 1986:93)

然而,有些预设并不是一字不差地出现。

(Here-have an aspirin)But I'm not ILL.

(Do you know of a good cure for herpes?)No, I don't. I've never HAD herpes.

(Cruttenden 1986:93)

像这样具有个体性的调核定位还表现在比较宽泛的坚持意见句中,反预设话语没有明显出现。

I put my bag in your study because there was nowhere else TO put it.

Please make sure you bring all your belongings WITH you.

(Cruttenden 1986:93)

总结一下语调的焦点。调核定位是表示语调群焦点的一个办法,然而,调核定位并不是总能表明焦点的整个范围。此范围还要部分地从语言和情景的上下文中推断出来。焦点是说话者选择的重点突出的地方。在多数情况下，新信息处于焦点范围内。然而，在某些情况下，说话者可能会突出旧信息。因此，正常的重音、正常的调核、正常的焦点只能出现在全新的句子中，没有任何语境或上下文的干扰。否则，重音、调核和焦点就会变化。语调的研究比较困难，因为它的变化与非语言的因素紧密相关。人的感情是千变万化的，因而语调的形式也是纷繁复杂的。

平面音系学
Planar Phonology

Clements(1985)，Halle(1986)和 Sagey(1986)认为所有的区别特征都是自主的，分布在不同的音层(tier)或平面(plane)上，都统辖在同一个根节点(root node)之下。这些音层的结合构成了音系表征，其中之一是骨架音层(skeletal tier)，被指派为其他音层中所有的成分都与之联结的脊骨。主干音层由计时单位(timing unit)组成，用 X 序列表征，没有任何音系或语音的性质。上述三位语言学家进一步认为，所有的区别特征按照层级排列成倒垂的区别特征树。整个树由根节点统辖，而终端节点(terminal nodes)都是发音特征。这些终端节点再组合成类节点(class nodes)。下面是 Sagey(1986)设计的区别特征树，类节点有喉、喉上、软腭、舌面、舌前、唇等。

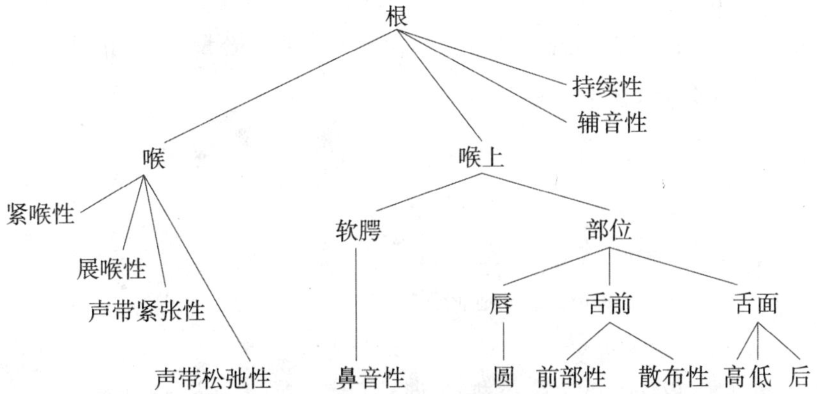

在 Sagey 的模型中，SPE 模型中所用的所有特征未必都是终端特征。SPE 模型没有对[舌前性]或[唇音性]等特征与[后位性]、[前部性]、[圆唇性]等特征进行类型区分。在 Sagey 的模型中，舌前性和唇音性构成类节点，后位性、前部性和圆唇性是终端特征。只有终端特征才有正值和负值。一个音段可以作为或不作为类节点,但不会有[一舌前性]这样的情况。每一个终端节点在自己的平面上通过中介类节点联结主干位置。在特征树中,总是有一个平面对应每一个终端节点。因此,上面的特征树可以精确地看作是一个平面树。如果我们将 CVC 这样一个特征树旋转 90 度,就会得到下面这样一个图。(基于 Clements 1985)

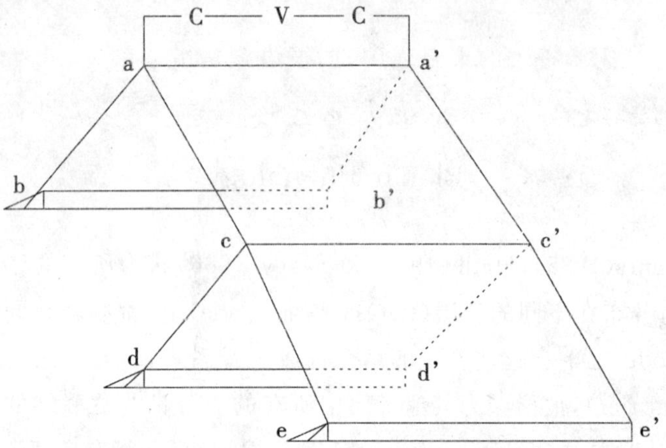

aa' 是根层,bb' 是喉层,cc' 是喉头以上层,dd' 是软腭层,ee' 是部位层。

在传统的分析中,语素被看作是自由的或者是黏着的一串按线性顺序排列的音位,用串联的形式和其他的一串音位,即语素构成词。然而,在闪米特(Semitic)语言中,情况就不一样了。闪米特语的动词和名词词形变化聚合表(paradigm)展现了一组复杂的交替形式,影响了词干的内部结构。语义上有关联的词在其音节结构上和元音的音质和音量上不同。下面是动词的一组词形变化聚合表。(McCarthy 1981:116)

a.	kataba	他写了
b.	kattaba	他使……写了
c.	kaataba	他通信了
d.	takaatabuu	他们保持通信
e.	?iktataba	他写了,抄写了
f.	kitaabun	书(名词)
g.	kuttaabun	古兰经学校(名词)
h.	kitaabatun	写的动作(名词)
i.	maktabun	办公室(名词)

McCarthy 注意到，尽管这些形式在串联语素方面没有共同的可分离的一串音段，但在形态方面是相互关联的。(1981:116)这些形式中共有的是非持续性的辅音序列/ktb/，这个辅音序列与“写”的语义场相关联。在串联形态学(concatenative morphology)的语言中，词的形态分析是依靠分离不同语素来进行的，或者用方括号，或者用符号＋来表示语素的边界。

[un[[friend] ly]]
un ＋ friend ＋ ly

但是，在上述闪米特语的聚合表中，词根语素是由一系列非持续的辅音组成。按照传统的做法，语素边界符号应该放在每一个辅音和元音中间，即

k ＋ a ＋ t ＋ a ＋ b ＋ a

然而，这样说明不了/ktb/是一个语素单位。McCarthy 根据 Harris(1941)对于圣经希伯来语(Biblical Hebrew)的处理方法，发现了两种类型语素，词根和模式。词根是由一组有序的辅音或元音组成，正如/ktb/的词根形式一样。模式(pattern)提供了音节信息，说明了词根语素的辅音和元音是如何实现的。两种语素都对词提供了具体的语义信息。McCarthy 运用了自主音段音系学的形式主义方法，提供了区别词根和模式的一种新的解释。他认为，词根语素由不与任何主干空位相联结的音段组成。模式由主干构型(skeletal configuration)组成，词根音段与主干构型相联结。例如，在 kattab“写”这个动词中，词根是辅音/ktb/，元音/a/表示完成主动时态，主干模式 CVCCVC 表示词的使役体(causative aspect)。由于两个或更多词根的语素中的音段相互夹杂，即使使用自主音段表征，也无法将每一个词根型语素独立表征出来。

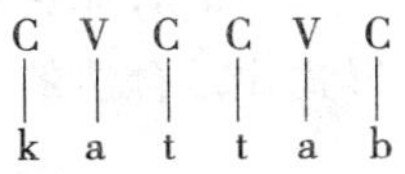

为了解决这个问题，McCarthy 建议在词的音系表征中每一个词根型语素占据一个独立的平面。当派生过程结束后，这些分开的平面合并，最后组合成上面的单平面的表征。

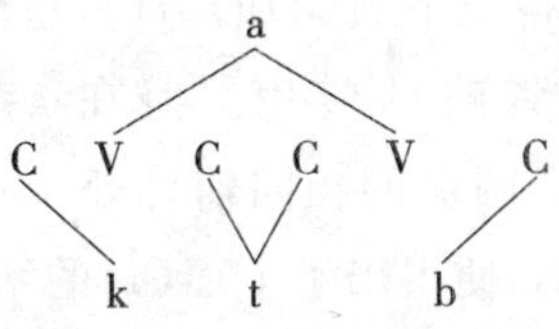

McCarthy(1981,1986)和 Cole(1987)认为,在派生过程的某一点,通过平面合并(plane conflation)这一步骤,形态加缀所产生的多平面将合并成单平面,或者更精确一点说,是平面族(family of planes)。然而,音系规则的应用与平面合并的时间关系非常重要。音系规则在平面合并前应用或平面合并后应用将产生巨大的不同。下面就语言中词中省略(syncope)的现象和抗双音现象(antigemination)进行剖析。

非洲埃塞俄比亚的阿法尔语(Afar)(Bliese 1981)存在词中省略的现象,即非重读的第二个音节中的元音常常脱落。音段上面的符号 ′ 表示重音。

darágu	darg-í	加水的牛奶
digib-t-é	digb-é	她/我结婚了

如果第二个音节中的元音两侧辅音相同,均属于同一个语素,这个元音就不脱落,如下面的(1);如果第二个音节中的元音两侧相同辅音属于不同的语素,那么词中省略现象便允许出现,元音脱落,结果产生了辅音双音的现象,如(2)。

(1)	sababá	理由
	xarar-é	他燃烧了
(2)	as-is-é-y-yo→asséyyo	我将促使度过这一天
	xas-is-é-y-yo→xasséyyo	我将使他动作

McCarthy(1986)利用不同的语素占据不同的音系表征平面的理论来解释(1)和(2)之间的区别。他认为,音系学中有一个普遍的制约,即 Goldsmith(1976a:36)提出的强制性曲折原则(Obligatory Contour Principle)。这个原则不允许毗邻的相同声调出现在同一个语素的词汇表征中。在下面两个例子中,左边的形式是不允许的,只有右边的形式才是合法的。

在这里,就是不允许毗邻的相同音段出现在同一个语素平面上。在 sababá 和 xarar-é 两个例子中,词中省略的应用将得出下面(3)的结构,违反了强制性曲折原则,因此,阻断(block)了词中省略的应用。但在 asséyyo 和 xasséyyo 两个例子中,第二个音节中的元音两侧的相同辅音处于不同的语素平面,当加上后缀/-is/后再应用词中省略,便得出了下面(4)的结构,而没有违反强制性曲折原则。

```
(3) *s a b b a  (4) a s
     | | | | |       | |
     X X X X X       X X - X ...(é-y-yo)
                           |
                           s
```

如上所述，由加缀派生出来的多平面表征，后来通过平面合并的过程又变成线性的。为了使 McCarthy 对阿法尔语的分析能够成功，关键是词中省略必须在平面合并之前完成。总而言之，这种多平面结构的音系表征比自主音段的音系表征又往前走了一步，建立的是一种多维模型。

动态音系学
Dynamic Phonology

传统音系学理论是建立在切分（segmentation）和音段（segment）等概念之上的，研究由音段组成的序列，因此也称为音段音系学。而当代音系学，尤其是 20 世纪 80 年代以来的音系学理论，对切分和音段等概念提出了质疑。这些理论虽然彼此差别很大，但都把音系表征看作是由非单一线性音段序列构成的，因此统称为非线性音系学。Griffen（1985）提出的动态音系学是其中的一种。

1　动态语音学理论的产生

音系学是从功能的角度对语音学进行的抽象。早在 20 世纪 30 年代，Trubetzkoy 就曾指出，"（语音学上的）大多数特征对音系学家都不重要，音系学家只需要考虑语音在语言系统中承担特别功能的那些方面。"（Trubetzkoy 1939[1969]：11）此后，这一论断成为音系学家的共识。"二战"以来语音学的发展可谓日新月异，因此，音系学自然应当跟上语音学的迅猛发展。语音学每前进一步，紧随而来的必然是从功能的角度对语音学新发展的抽象，新的音系学理论流派随之产生。动态音系学就是对动态语音学理论的积极回应。

1.1　语音学的音段化历程

人类的言语是呈连续状的，然而对语音的研究却走上了一条音段化的道路，这与人类对"可视化言语"（visible speech）的追求密不可分。这一追求有着悠久的历史，在人类文明史中，文字的产生即是对“言语可视化”这一精神的绝好诠释。然而，随着人类对语言文字科学认识的不断深入，普通文字的缺陷也日益明显地暴露出来。例如，Saussure(1916)分析比较了欧洲、中东的几大书写体系后指出，很少有哪种书写体系能够做到发音与书写符号完全对应。(参见本书1.1)

19世纪的语音学家创建了很多套语音记录体系，旨在能够精确记录有声的话语，使之“可视化”。例如，语音学先驱Sweet、Bell等人创建了十分复杂、十分精确的语音记录体系，只有受过专门训练的人才能够正确使用。这些体系的精确程度是空前的，然而无一例外地使用了“拼音”这一古老的手段来记录语言，因此在不经意间为音段的合理性创造了十分有利的土壤。原本呈连续状的言语，可以切分为线性排列的音段，这一观念在潜移默化中被语音学家所接受。

20世纪前半叶的经典实验语音学，仍然是建立在音段的基础之上的。一方面，大多数语音学家对音段序列已经习以为常；另一方面，在当时的技术条件下，并没有比文字符号更好的工具可以用来记录有声语言并使之可视化。因此不难理解，与经典语音学并肩发展的经典音系学，同样也建立在音段这一基本概念上。

1.2 “二战”后语音学的新进展

长期以来，人们梦想拥有一种设备，可以将言语直接用图像表现出来。这一梦想在“二战”后得到了实现。1946年，德国科学家Koenig、Dunn和Lacy发明了声谱仪(spectrograph)，该设备可使言语转化为电子脉冲信号，并生成图像以示声音的频率及振幅。至此，言语首次以可视信号的形式，直接展现在语音学家面前。

然而，语音学家企盼已久的声谱仪提供的图像却十分令人吃惊。言语的可视化图像远非预想中的整洁的音段序列，而是呈现为各种特征的相互重叠、相互交错。而且这些相互重叠交错的特征呈连续状，特征之间不存在明显的分界线，也就是说，长期以来作为语音学和音系学理论基石的“音段”在声谱仪生成的图像中根本不存在。这一事实使“音段”这一传统概念受到了质疑。

据此，Curtis(1954)提出了新的语音研究思路，首次提出了动态分析(dynamic analysis)这一理念。在Curtis看来，言语链与其说是由音段组成的，不如说是由特征(feature)组成的。特征不同于音段，特征不是人为的切分，而是一系列的发音参数，如舌高度、圆唇度、声门开度等。这些参数各自随时间变化，并且相互重叠、相互作用，从而产生话语，并以不同波形产生于声谱仪图像中。因此，音段是人为的，而特征是客观存在的。

Curtis 的理论成为语音学发展中的突破性贡献，此后的一些语音学家对其理论做了进一步的发展，其中以 Öhman(1966，1967)最为著名。Öhman 认为，应当以协同发音(coarticulation)为基础，对音节进行研究。所谓协同发音是指，某些特征与另一些特征同时发生。例如，音段语音学认为，CV 型音节的辅音特征属于音节首(onset)，元音特征属于音节核(nucleus)，二者呈线性排列。而 Öhman 认为，辅音特征和元音特征在整个音节中协同发音，并非每一音段独占某一特征。Öhman 的这一看法后来得到了 Bell-Berti 和 Harris(1979)的证实。Bell-Berti 和 Harris 在实验中发现，在含有圆唇元音的 CVC 型音节中，圆唇特征先于辅音特征而出现。这一事实与音段的线性排列顺序恰好相反。

Mermelstein(1973)将动态语音学理论推向了高潮。他在实验中不仅使用了声谱仪，而且使用了 X 光电影术(cineradiography)。通过这一新技术可以摄制发音器官运动的影片。Mermelstein 将同步获取的声谱图像和 X 光影片进行对比分析后发现：一种特征经常与其他特征同时产生；并且当若干特征同时产生时，有的特征会对其他特征起约束作用。前者即"协同发音"(coarticulation)，后者则为"制约"(constraint)。协同发音和制约成为动态语音学最重要的两个概念。

2 动态语音学理论对音系学的影响

语音学和音系学是关系密切的两门学科，语音学的突破性发展，音系学家自然不会仅仅以旁观者的姿态出现。例如，Lindbolm 明确表示，"物理语音学的确是一门为语言学提供先决条件的科学，任何回避这一论断的尝试，以及安然忽略语音实质的企图，都会削弱语言学理论的力度。"(1972：86)

2.1 将动态理论纳入音系学的早期尝试

动态语音学理论自然引起了音系学家的广泛关注，对后 SPE 时期音系学的发展产生了深远的影响。然而音段在音系学中的地位仍然十分稳固。70 年代的各种新的音系学流派均未完全放弃音段，但此间许多学者都认识到了动态观点的重要性，并致力于调和音段与动态的矛盾。

在生成音系学学派中，Liberman(1970)坚持"利用转换(transformation)可以解决一切问题"这一简单明了的原则，试图将动态的观点纳入转换生成语法体系中。他把抽象的音段看作底层形式，而把言语中实际存在的语音动态连续体看作表层形式，并指出通过规则(rule)，音段可以转换成言语中协同发音的连续体。这一观点后来被 Griffen 称为“Liberman 假说”。但 Griffen 同时指出，这一观点成功地将动态的观点融入了生成音系学，然而仍无法全面体现音系学与语音学的关系。“音系学是对语音学的功能抽象”这一基本原则在 Liberman 假说中并未得以体现。

Goldsmith 的自主音段音系学对放弃音段这一概念做出了一定的尝试。“回避音段式的分类”(Goldsmith 1976b:6)被看作自主音段音系学体系的首要考虑。自主音段音系学成功运用了制约、协同发音等动态语音学的最新成果来分析声调、语调等传统上被冠以“超音段”的领域，比起伦敦学派的韵律分析，对音段概念的依赖已明显减弱。然而，Goldsmith 的兴趣似乎不在于完全抛弃音段，而是要通过“自主”，使“跨部分音段”(cross-sectional segment)得到更好的解释，因此与真正意义上的非音段音系学体系的建立失之交臂。Griffen 对此深表遗憾：“他(Goldsmith——编者按)几乎建立起了真正的非音段音系学，即以动态语音学证据为基础的音系学。然而他接下去却转回了承认音段式的语音单位及韵律的体系中了。”(Griffen 1985:14)

2.2 阻碍动态观点融入音系学的因素

从上一节中不难看到，动态语音学理论不仅与经典音系学针锋相对，而且融合到 SPE 以及后 SPE 音系学模式中同样困难重重。建立在科学试验基础上、并利用当时最先进的技术手段得出的理论成果，为什么难以与音系学水乳交融？Griffen 对此做出了总结。

首先，动态语音学有其自身的薄弱环节。术语问题就是一个十分突出的问题。动态语音学充当了音段音系学的终结者，却不得不依赖音段音系学的术语。例如，Bell-Berti 和 Harris(1979)反复使用了诸如“位于元音之间的辅音”(intervocalic consonant)之类的提法，实质上默许了对音段的切分。Gay(1977)也曾提到，如果套用传统的音段语音学的术语来解释动态语音学，只会使动态语音学变成高度烦琐的音段语音学。

其次，也是 Griffen 认为最重要的一点，是音系学界的习惯思维问题。Griffen 把动态和音段的冲突与“日心说”和“地心说”的对立做了类比。托勒密(Ptolemy)的“地心说”虽然建立在错误的假设上，但却与人们的习惯思维相吻合。音段这一根深蒂固的概念，加之人们由于拼音文字而形成的习惯思维，自然都为动态观点与音系学的结合制造了极大的障碍。

3 动态音系学的基本框架

既然音系学是对语音学的抽象，语音学每前进一步，音系学必然要迎头赶上。如前所述，20世纪前期的技术条件有限，音系学因而只能建立在音段语音学的基础之上成为音段音系学。而到了20世纪七八十年代，动态语音学的发展已经相当成熟，相应的动态音系学自然应当以此为基础抽象产生。“一旦这种抽象可以进行了，我们就不必依赖音段来组织特征的对立了。我们可以以动态的方式来组织对立，这种动态方式与所观察到的数据相一致，使我们在音系学与语音数据之间建立更强的关联。”（Griffen 1985：28）可见，动态音系学的产生是战后语音学发展的必然产物，也是音系学发展的必然趋势。

3.1 Mermelstein的言语发音模式及其对音系学的启示

前面提到，Mermelstein的言语发音模式代表了动态语音学理论发展的最高成就，因此，Griffen（1985）将动态音系学理论建立在了这一模式上。在该模式中，发音器官的矢状面中部（midsagittal dimension）被划分为34个部位，如腭、舌体、舌叶、唇等。发音过程中，发音器官之间的角度、距离等，都构成了动态语音学研究的尺度（measurement）。

例如，可以利用四个变量（variable）来描述静止的元音（stationary vowel）：其中两个用来描述舌位、其他两个分别用来描述腭和唇。而辅音的发音并不直接用变量来衡量，而是理解为对发音器官的制约。Griffen认为这些语音学范畴对音系学研究同样有效，并提出了“动态协同发音的制约”（dynamic coarticulatory constraint）这一提法，即当某些特征共同出现时，一些特征要受另一些特征的限制。

在传统的音段音系学中，特征被视为音位之下的音系学单位。（参见本书3.2.2）有的特征属于元音，而有的特征属于辅音。在动态音系学中，辅音这一提法已被取消。元音特征以“流”（stream）的形式存在，而所谓的“辅音”，不过是对“流”的阻碍。正因为有了这种阻碍，言语当中的元音永远无法像单独发的元音那样清晰。

发音在动态音系学的框架下是这样的过程：气流从肺部发出，首先受到喉（larynx）的阻碍，形成最初的制约；接下来，发音器官的不同形状再次对气流形成制约，从而形成不同的音节；气流还要进一步受到阻塞（obstruction）的制约。言语由此产生。可见，气流要受到逐级深入的制约而形成言语。至此，动态音系学的框架已初步形成。

3.2 动态音系学的模型与音节框架

从上节中我们可以看到，喉、音节和阻塞(obstruction)成为动态音系学中制约理论的核心概念。Griffen(1985)将这三种制约分别称为喉模式(laryngeal pattern)、音节和阻碍。

喉模式有三个值：发声(phonation)、耳语(whisper)和缺失(privative)。喉模式受音节的制约，音节以元音通音性(vowel approximation)为特征。音节同时又被阻碍所制约。阻碍通常出现在音节的过渡部位。由此，动态音系学的层级式的制约体系就形成了。这里需要格外注意的是，尽管阻碍经常出现在音节的过渡部位，却与音段音系学的“辅音”有本质上的不同。阻碍与形成音节的元音特征并非呈先后排列的顺序，而是与元音特征同时发出并制约元音特征。

动态音系学的模型中的第四个制约是韵律(prosody)。韵律不是一种单独存在的制约，而是与上述三种制约相互结合，作用于这三个层面。因此，Griffen(1985)将喉模式、音节、阻碍统称为主要对立(main opposition)。韵律对主要对立具有制约作用。

喉模式韵律主要包括重音(stress)、音高(pitch)等。音节对立主要指音节长度(duration)，此外也包括声调(tone)、鼻化(nasalization)等。阻碍韵律的体系则十分复杂，由于阻碍本身对音节就有制约作用，因而阻碍韵律对音节同样有制约作用。其中，喉模式韵律即传统音系学所说的语调(intonation)，因此在言语中格外重要。

动态模型中的音节同样由三部分组成：喉部分、音节部分以及阻碍部分，分别反映喉特征、元音特征和辅音特征。建立在音段意义上的音节首、音节核、音节尾，同样被 Griffen 彻底抛弃。

阻碍韵律 阻碍	辅音特征
音节韵律 音节	元音特征
喉模式韵律 喉模式	喉特征

图 1　动态音系学理论模型

(Griffen 1985:44)

互补音系学
Complementary Phonology

20 世纪 20 年代，Niels Bohr(1928)发现，光在一种情况下以波场(wave field)的形式出现，而在另一种情况下则作为微粒云(corpuscle cloud)出现。这是一种互补的现象。经典物理学相互排斥的概念已不能充分解释这种核物理的现象。Bohr 认为，互补性是现实世界的普遍特征，这在物理学以外的宏观世界也是适用的。当各个局部组成一个整体时，各个局部的个性之间是互补的。具有个性的各个局部可以通过它们之间的相互作用而组成一个整体体系。最终的整体体系表现出的特征并不是各个局部体系的固有性质，局部体系和整体体系的描写是相互补充的。物理上的这种互补概念也可以应用在音系研究中，形成了“互补音系学理论①”。

我们知道，经典音系学理论和生成音系理论是一种线性理论，而超音段音系学和自主音段音系学则是一种非线性理论。它们之间存在着非此即彼的概念，相互排斥。然而，物理学兼而有之的互补思想不能不说对音系学是一种启迪。科学上要求我们去谋求线性和非线性两种理论的结合，解决各自局部所存在的两难判断性。特别是在短语层面上对自然言语或话语(spontaneous speech)语音资料进行音段切分和标记时，这种需要显得尤为突出。

在线性音系学中，线性音位音段分析方法处理不了类似腭化(palatalization)和破裂音、摩擦音收窄(stricture)的拉平(levelling)这样的音系过程。这种过程实际上具有超音段的特征。因此，为了补充有用的但有欠缺的线性音段模式，我们可以启用非线性的模式。从自然言语的实例中，我们可以发现线性音段模式在分析中确实力不从心。

德国有一个德语语音资料库(PHONDAT)，自 20 世纪 90 年代以来，录制了大量的朗读和对话的德语口语语音资料，并对自然言语进行了转写(transliterated)。德语语音资料库对话中的有代表性的例子提供了这一难题的互补音系学解决办法。

例子 1：短语 wahrscheinlich ein biβchen(大概有一点)提供了

实际发音(国际音标标音)：v a ɐ ˈʃa ɪɲm＋ ˈb ɪ s⁀ççn

---

① 本部分的内容基本上是根据 Kohler(1994)编译而成。

标准的 SAMPA 语音标音：v a：6 # S´a I n l I C Q a I n+ b´I s C @ n

标记为：v a：6 # S´a I n -ma l - I - C - Q - a I - n-m+ b´I s C @ -n

如果这个标记只是为了标示音位音段/lıç/的消失，那么这种标音方式在前面的鼻音中反映不出这个序列舌面高隆的腭化效果。因此，用[ɲ]取代[n]是来自于语境效应（contextual effects）的音系区别，尽管/lıç/这一串音段单位没有出现。由于这种标音方式是属于音系的，不是那种语音学中的窄式标音，区别必须要标示出来。然而，在德语这个语音系统的单个音位的音段框架中，这是办不到的。

在这里，就要让组合连接（syntagmatic concatenation）中相互作用的互补性发挥作用。在标示脱落的音段单位前，设定并插入一个抽象的、无时间标记 ma。这表明，随后脱落的音段留下了其语迹（trace），即在标记前音段，存在舌面高隆、腭化的特征。因此，抽象的标记带有超音段的特点，但其本身没有语音赋值（specification），整个语符列——符号＋标记＋脱落符号——决定了组成成分范畴（componential category）。在这种情况下，指的是随同口腔收窄拉平而出现的腭音性。

例子 2：在 ich kann Ihnen das ja mal[sagen]（我或许可以向你提出这个建议）这个短语中，记录了下列语音事实。

实际发音（国际音标标音）：ıç＋ k^han＋ n^j＋ nas＋ ja＋ maːl＋

标准的 SAMPA 语音标音：QIC＋ kan＋ Qiːn@n＋ das＋ jaː＋ maːl＋

标记为：Q-I C k -h a n+-ma Q-iː-n @-n-＋ d-n a s＋ j aː＋ m aːl＋

在这里，Ihnen 中第一个元音的高舌面发音特征转移到随后的齿龈鼻辅音上。鼻辅音的发音特征从 kann 尾部，经过 Ihnen，一直到 das 的开头都保留着。然而，在其内部，腭化反映了功能词 Ihnen 中的元音，尽管重现时已非如此。

例子 3：短语 einverstanden（同意了的）表明这样的事实：

实际发音（国际音标标音）：ˈaɪnf ɐ $ʃ^j$ anʔn

标准的 SAMPA 语音标音：Q' aIn # f6St " and@n

标记为：Q-'aI n ＃ f 6 S-ma t-''a n d-Q @-n

这里脱落的塞音持阻(stop closure)仍然以两种形式表现出来，摩擦音不送气，不圆唇。

插入抽象标记 ma 的原则是要识别出标记后的语符列中不同于简单脱落或同化的音。整个语符列包括标记 ma，标记 ma 前的符号，以及标记 ma 后具有和第一个符号相同的标记方法(如脱落)的所有符号。这个语符列决定了组成成分特征的次范畴化(subcategorization)。标记 ma 之后的语符列中插入的词边界应该被视为超音段特征的潜在分界线(breakers)。只有从大型资料库中搜索带有范畴标记 ma 的资料，才能根据左边和右边的符号语境对抽取的语符列进行次范畴分类，然后用具体的标记取代泛指的标记，这样才能代表所涉及的超音段特征，并反映发音的过程。如果符号表示系统及其应用是有规律的、无歧义的，那么这种次范畴分类将是自动进行的。

音段和超音段这两种组成成分的互补性不仅仅是简单的相加，非此即彼的表征将不会构成互补框架。音段部分将连续话语中的语音表征与标准词汇表征联系在一起，而超音段部分则引入了具有简缩话语特点的发音过程。这种互补音系学的模式特别适合自然话语资料的计算解释，即声学符号文本①(acoustic signal files)的音段切割和标记，以及音系学、句法学、语义学、语用学诸领域中对语符列及其对应符号所进行的各种计算机操作。

---

① 即符号和参数(parametric)描写的映射(mapping)。

第四章　计算诸流派

自 20 世纪 80 年代以来，以形式化的方式，从计算入手来研究音系学逐渐风靡于音系学界。

计算音系学(Computational Phonology)是计算的方法在音系学中的应用。计算音系学的语料主要来自三个方面：文本(texts)、词表(wordlists)和词形变化表(paradigms)。计算音系学的发展可以分成三个阶段。第一阶段是有限状态方法，第二阶段是蒙塔古音系学和陈述音系学，第三阶段最突出的特征是统计性(statistical)，试图将神经网络系统(neural networks)、信息论(information theory)和加权自动化(weighted automata)应用到音系信息的自动发现过程。计算音系学有两种基本的研究方法：有限状态方法和连接论方法。

等价音系学(Equational Phonology)是把 Sanders(1972)的等价语法理论应用于音系学的研究。这种方法强调语法功能的普遍自然性原则，把描写对象限制在关于表征等价体的定律般的规则范围内。等价音系学采用代数方程式的形式进行表述。关键的概念包括定理(theorem)、公理(axiom)、证明(proof)、推理规则(rule of inference)等。这些术语与生成语法的术语相似，公理类似规则，证明类似推导，推理规则类似规则应用原则。

自然等价音系学(Natural Equational Phonology)是 Hastings 于 1981 年提出来的。他将等价音系学和自然音系学的理论有机地结合起来。等价音系学提出的解释常常依赖于与自然音系学密切相关的概念，自然音系学提出的解释经常以等价音系学中显而易见的某些形式主义方法为先决条件。关于语音配列规则的强制性和变异规则产生的模式，Hastings 提出貌似有理的假设。这些假设符合等价制约，而且还基于自然性方面的考虑，如心理语音技能、发音的难度、对语流的注意力等等。

有限状态音系学(Finite-State Phonology)将有限状态转换器(transducers)运用到音系学中。有限状态音系学的基本思想是，音系表征不是特点的语符列，而是语符列的集合，像管弦乐谱那样同步。我们对有限状态转换器增加了一个制约,即转换器只能增加信息,表层某一单元所接受的语符集必须是底层对应单元所接受的语符集的子集。受这样制约的有限状态转换器实际上只不过是一个有限状态自动机(automaton)。

蒙塔古音系学(Montague Phonology)源自蒙塔古语法。蒙塔古语法由美国著名数理逻辑学家和语言学家 Richard Montague 创立。这是一种以内涵逻辑为基础对自然语言进行描写的形式语法。自然语言研究必须是数学的一个分支,必须具备数学的高度精确性。蒙塔古音系学使用范畴系统。共有两种范畴,一个是论元(arguments),另一个是函数(functions)。复杂成分由一个论元和一个函数构成。

范畴音系学(Categorial Phonology)源自于范畴语法,与蒙塔古音系学有直接联系。Bach 和 Wheeler 建议把范畴语法的理论应用到音系学中,并提出两类规则:语音配列规则(phonotactic rules)和语音解释规则(phonetic interpretation rules)。韵音(R)和音节(S)是基本范畴,表示音段语符列的集。推导范畴 S/R 表示这样的音段语符列,即如果范畴 R 语符列出现在右侧,这些音段语符列便是音节。换言之,S/R 表示音节首的集。

陈述音系学(Declarative Phonology)是 90 年代初由 Bird(1991)、Scobbie(1991)、Coleman(1991)等发展起来的。它是以 70 年代兴起的无转换、无推导的统一语法为理论基础的一种音系学理论。它强调对音系表层结构的制约,是一种对音系表层表征进行严格制约的、单层面的、单调性的、无转换的、无推导的陈述音系学。这种音系学主张只有一个音系结构表征平面,而且音系规则被认为是音系表征的一部分。该理论具有高度的形式化,具有计算上的可操作性。

陈述词汇音系学(Declarative Lexical Phonology)的提出者是英国语言学家 Coleman(1995)。如果说陈述方法是陈述词汇音系学的理论框架的话,词汇规则则是往框架中填充的内容。陈述词汇音系学也和词汇音系学一样,把构词过程和音系过程置于统一框架下研究。

连接音系学(Connectionist Phonology),又称连通音系学,将连接主义理论应用到音系研究中。连接主义理论认为,复杂的认知能力来自于简单处理单位,即神经元之间的互动,像语言这样的复杂行为反映了这些神经网络的比较基本的特点。这个方法基于简单线性模型中的延展式激活(spreading activation)的意念(notion)。Goldsmith(1993c)提出节律栅(metrical grid)的网络模型。这个模型由一系列单位组成,每一个单位对应一个音节。每一个单位有一个激活层面,每一次激活 X_i 用函数(function)计算。

统一音系学(Unification Phonology),又称合一音系学,是在统一语法的基础上发展起来的。联结插入通常通过统一来实现。这里的统一指的是词项与规则模式的结合。特征结构中的信息结合起来,得出这些特殊联结关系所拥有的陈述。特别是,对某些特征缺省值(default values)的指派,通过统一这些特征结构来完成。使用统一的同时使用概括将使我们可以不依靠特征变化规则来陈述德语的最后阶段清化现象。

属性值音系学(Attribute Value Phonology)于90年代初由英国Scobbie提出来。属性值音系学基于一种形式主义方法(formalism),这种方法不允许外在规则顺序,要求部分赋值以便分析交替形式,并提供定义恰当、逻辑一致的形式主义方法来表征层级结构。属性值结构形式主义方法又定义为属性值逻辑,或非循环有向图(directed acyclic graph)。

基于制约音系学(Constraint-Based Phonology)是Bird于1995年提出。基于制约音系学是一套具有内涵性、组构性、单层的词汇性音系学框架结构。对基于制约音系学分析的评价是在类似标准生成分析的经验和解释充分性的同一维度上进行。

1991年,美国语言学家Kornai用博士论文构建了形式音系学(Formal Phonology)的理论框架。1995年,以此论文修订而成的《形式音系学》一书正式出版,标志着形式音系学这一音系学流派已步入成熟。自主音段是形式音系学的重要理论依据,但形式音系学的根本目的在于沟通音系学与言语工程学,因此形式音系学中的自主音段必须高度形式化,以适应计算机的运算需要。

概率音系学(Probabilistic Phonology)是21世纪的流派,与统计学的知识相关,它需要我们给不同的变体进行概率分布。要想获得一种语言的音段就要获得语音距离上的频率分布。概率音系学的两个基本特点是:第一,它必须定义并描述该域内可能事件的全部特征,也就是说某一语言L的所有可能的话语;第二,它必须给每一个事件指派一个非负数(即0或正数)为概率,所有这些概率相加之和为1。大体上说,可能话语全域(universe)越大,相对来说平均概率越小,加在一起之和为1。

计算音系学
Computational Phonology

1 计算音系学是计算语言学的分支

简单说来,计算语言学是从计算的角度来研究语言学的。计算语言学建立了一套处理不同语言现象的计算模式。这些模式大体上分为基于知识的(knowledge-based 或 hand-crafted)模式和数据驱动的(data-driven 或 statistical 或 empirical)模式。一方面,计算语言学是一门科学,人们试图从计算的角度来解释某一种语言现象或心理语言现象;另一方面,计算语言学技术性比较强,人们试图为处理言语或自然语言系统提供构件。计算语言学可以分为几个系统:言语识别系统(speech recognition systems)、从文本到言语的合成器(text-to-speech synthesizers)、自动回应系统(automated voice response systems)、网络搜索引擎(web search engines)、文本编辑器(text editors)和语言指令材料(language instruction materials)等等。

计算音系学是计算方法在音系学中的应用。计算音系学是在实际的音系研究中产生的,因为音系学家们经常被数据的分析所困扰。这些问题主要表现在两个方面。其一,很难从文本中获得并保存语料进行实证研究;其二,对语料的分析很难全部用手工进行。计算语言学提供了一种用计算机来分析语料的方法。

2　计算音系学的成因

当前自然语言处理仅仅限于少部分的语言,而这些语言在正字法方面缺乏语素音位交替形式(morphophonological alternations)。建立计算音系学是一种挑战。计算音系学可以在世界语言的多样性方面得到应用,并在自然语言处理方面得到更广泛的应用。

计算音系学的建立有以下几个方面的原因:第一,音系学家在理论测试的实践中受到很多局限,计算的方法可以减轻他们的负担;第二,自然语言处理仅仅局限于用正字法表示简单的音位过程,计算音系学所建立的模式可以克服这种局限性,可以将自然语言处理应用到更广范围的语言中;第三,基于规则的言语识别系统在实际应用中效果不是很好,当代非线性的音系模式生成了言语流(speech stream),并提供了新的技术手段指导言语识别系统;第四,计算音系学建立了言语工程团体(speech technology community)与自然语言处理团体(natural language processing community)之间的桥梁,音系学的发展有助于言语和语言的系统综合(Bird 1995:xiv)。

音系学是言语工程与自然语言处理之间潜在的联系。当代音系学没有充分地起到媒介的作用。由于计算技术的发展,计算音系学有望最终填补这两个相对独立的技术开发领域之间的空白。

计算音系学在实际操作中与计算有密切的联系。对音系的分析集中在数据上,其结果模式是专门化的数据结构和相应的计算方法(algorithms)。

过去对于音系的分析和计算都是由人工手写的。随着计算机的广泛普及和应用,许多应用软件相继开发,如今音系学家们正在把一些分析计算工作应用于网络上。

3 计算音系学的内容

计算音系学的语料主要来自三个方面:文本(texts)、词表(wordlists)和词形变化表(paradigms)。文本是指任何用语音标音的叙述或会话。词表是可以单独使用的,有发音和语义信息的语言形式的集合。词形变化表指的是单词和短语的列表,这些单词和短语表明了对比和系统变化。任何这些语料种类都被标注上音系理论抽象的信息,比如音节边界、重音标记和韵律结构等。另外,这些语料类型可能与音、像或生理信号有关,将这些文件和描述数字化可以把所有不同的媒介种类放在一起,在其中建立可操作的联系,为管理、存取和保存数据提供了许多新的可能性。

以上所描述的语料类型与音系学的具体实践方面有很紧密的关系。举例来说,在一个文本中发现一个新单词可能需要更新词库并构建新的词形变化表,从而对词进行正确分析。音系分析主要包括定义一个形式模式,系统地对语料进行测试,并将测试结果与其他模式相对比。从文本到言语,在生成的自然语料中,这种模式会被编入软件系统。这种探索和分析结果的过程可以分为分类(sorting)、查找(searching)、列表(tabulating)、定义(defining)、测试(testing)和比较(comparing)等步骤,其中主要的任务是计算操作。

4 计算音系学的历史发展阶段

计算音系学的发展可以分成三个阶段。第一阶段:最早的计算音系学的著作是 Bobrow 和 Fraser 合著的《音系规则测试》(Phonological Rule Tester, 1968),这本书是对 SPE 规则的运用,以缓和规则评价的问题。不久,Johnson(1972)又提出,在 Chomsky 层级体系的顶端,SPE 规则与普遍改写规则很相似,但 SPE 规则在实践中所使用的方法只需要有限状态的权势(finite state power)。在 20 世纪 70 年代到 80 年代,Kaplan 和 Kay (1994)发现了 SPE 语法和有限状态转换器(transducers)的关系,并打下了完整的代数基础。将有限状态方法应用于自主音段音系学(autosegmental phonology)的试图失败了,但是应用于优选论的努力却成功了。

第二阶段:当有限状态音系学将注意力集中在 SPE 的时候,生成音系学仍在迅速发展。"共谋问题"(conspiracies)的发现(Kisseberth 1970)和有关抽象性的争论(Koutsoudas et al. 1974)使得人们重新认识表层结构制约。在此期间,最著名的计算音系学分支是蒙塔古音系学(Montague phonology)(Wheeler 1981)。蒙塔古音系学模式从句法和语义上改变了新词汇形式主义方法(new lexicalist formalisms),为音系合格性(well-formedness)提供了与程序法(procedural)相对的陈述性说明,并提供了不完全赋值(underspecification)的第一个计算说明,即当词项的音系内容没有被完全赋值时,在派生过程中填入。以此为开端,陈述音系学(declarative phonology)产生。随后的研究在第一级逻辑(in first-order logic)上提供了数学基础(Bird 1995),并用 Prolog 程序语言将语音解释应用到弗斯(Firthian)韵律分析和言语合成方面(speech synthesis)(Coleman 1998)。

第三阶段:在这个阶段,学者们补充了有限状态和陈述模式。这一阶段最突出的特征是统计性(statistical),试图将神经网络系统(neural networks)、信息论(information theory)和加权自动化(weighted automata)应用到音系信息的自动发现过程。Gasser(1992)通过周期性的神经网络系统来识别音节和修复不合格的音节。Ellison(1992b)演示了来自信息论的技巧——最小描写长度(minimum description length,MDL)在音位标音文本中怎样自动地应用于识别音节边界。许多学者用 Markov 模式—— 一种加权自动化模式 ——进行言语识别,用音标记录言语,并用正字法词(orthographic words)和用语音注释的大块语料作为培训语料,如 TIMIT(Garofolo et al. 1986)。

5　计算音系学的研究方法

计算音系学有以下两种基本的研究方法:有限状态方法和连接论方法。(此处略,请参见“有限状态音系学”和“连接音系学”)

此外,一些学者还从其他方面来研究计算音系学:Ellison(1992a,1992b)建立了一种音系概括的自动学习模型,从一系列语言中发现了元音和谐(vowel harmony)的规律。如果一个概括过于严格,例外便会很多,这将减损概括的整体评价。另一方面,如果一个概括过于宽泛,那么在一个给定的语境中将不容易对下一个音段做出有用的预测,并且将会导致单词表贮存的成本增加。Church(1987)通过解析音层图在言语识别方面对音系进行解析。Kornai(1991)将自主音段音系学形式化,从而建立了一套新的言语识别体系,称为 Markov 结构模式。

当今计算音系学有四个关键的延展领域,他们分别是:优选论、自动学习(automatic learning)、语法与语音的界面(interfaces to grammar and phonetics)以及支持音系描写(supporting phonological description)。计算音系学是用复杂的分析方法来产生、探索和传播多维的语音信息,包括原始的记录(primary recordings)、文本、单词表、词形变化表、理论和分析等。音系学家根据需要运用上述方法进行分析。计算音系学所产生的结果将会增加经验性研究的可及性、说明性和稳定性。

等价音系学
Equational Phonology

等价音系学是把 Gerald A. Sanders(1972)的等价语法理论应用于音系学的研究。这种方法强调语法功能的普遍自然性原则,把描写对象限制在关于表征等价体的定律般的规则范围内。等价音系学采用代数方程式的形式进行表述。

等价语法将公理(axiom)的形式主义方法一丝不苟地应用到语言学的研究中。关键的概念包括定理(theorem)、公理、证明(proof)、推理规则(rule of inference)等。这些术语与生成语法的术语相似,公理类似规则,证明类似推导,推理规则类似规则应用原则。等价语法与数学和逻辑紧密相关,但有一个额外的要求,即定理必须是表征经过实践证实的断言。这可以将此法推广到经验科学。

Sanders 认为,自然语言的所有变异特点源自自然任意语符等值(equivalence)关系的不同,而这些等值关系又因语言各异。例如,"年轻的男人"和"男孩"是否在语符上等值,词尾带声和不带声阻塞音是否等值,各种语言说法不一。除此之外,语言应有共同性,特别是在语符等值的推理或推导功能和功能相互作用等方面。等价理论认为,语法所有非普遍性规则都是等值或非等值简单对称原则,对于正确使用这些原则的制约必须由自然语言功能的普遍原则来决定。(1979:75)

自然语言语法中的公理和定理在内容和功能上固有等价。某一语言中与单词、句子以及其他语言客体(object)有关的所有语言重要事实可以使用普通定理公式 A=b 来表征。A 代表语义表征,b 代表语音表征。如果定理 A=b 证明成立,那么至少有一个语音导向(phonetically-directed)的有效证明和一个语义导向(semantically-directed)的有效证明。(1979:76~77)

A=b　　　　A,b 是合格的语言客体;A 是 b 的意义;b 是 A 的表征。

A=b;A=c　　b 和 c 属于同义关系。

A=b;C=b　　b 歧义,因为 A 和 C 不同。

下面举一个这种定理在英语中的简单例子。(Hastings 1981:3～5)

((V 动词,LOCOMOTION 运动,RAPID 快速,PAST 过去时),
(N 名词,HUMAN 人,MALE 男性,YOUNG 年轻,DEFINITE 特指,
AGENT 施动者))　=　(ðə　bɔɪ　ræ̃n)

等价语法的公理原则上与非等价理论的具体语言规则和制约相对应。每一个公理维护两种语言表征的等值或非等值。因此,每一个公理以这样的形式出现:(XAY)=(XBY)或(XAY)≠(XBY)。自然语言的等价语法由一套类似这样的有限的公理组成。在任何自然语言中,大多数的语法公理是词汇的,即非音系表征和音系表征之间的等价表述。

(N,HUMAN,MALE,YOUNG)=(bɔɪ)

语义/句法公理表述了两个非音系表征之间的等值,例如排序公理。

((AGENT,X),(V,Y))=(AGENT,X)&(V,Y)

音系公理表述了两个音系表征之间的等值。

(SYLLABIC 元音,X)&(NASAL 鼻音,Y)=(SYLLABIC,
NASAL,X)&(NASAL,Y)

要想确定一个基本的语符等值定理在一个特定的语法中是否有效是可能的。通过使用语法中一个或更多的公理,可以证明定理的有效度(validity)。"证明是有限语符列之间等价的有限序列,序列中的一个终端等价是合格语符等值表述,序列中的另一个终端等价是相同语符列之间的等价"(Sanders 1972:37)序列中的每一个等价用一个语法公理构成,以替换一个表征的某一部分。语音的证明是两个相同语音表征之间等价的终结证明。

((V,LOCOMOTION,RAPID,PAST),(N,HUMAN,MALE,
YOUNG,DEFINITE,AGENT))=(ðə　bɔɪ　ræ̃n)

⋮

(ðə　bɔɪ　ræ̃n)　=　(ðə　bɔɪ　ræ̃n)

通过在定理的语义部分进行一系列语音替换来证明定理，直到最终语音表征等于定理的最初语音部分。

Sanders(1979:91～94)举了西班牙语词首增音(prothesis)的例子来说明等价音系学。

escala	梯子	* scala
esgrima	剑术	* sgrima
espada	剑	* spada
esbozo	草图	* sbozo
esfera	球体	* sfera
esmalte	搪瓷	* smalte
estado	状态	* stado

在西班牙语中，以 esk、esp、est 等序列开头的现存单词或可能出现的单词随处可见，但找不到以 sk、sp、st 等辅音丛开头的单词。在类似 escala 或 estado 这样的单词，词首 e 完全是羡余的。所以，在所有语音导向的西班牙语句子推导中，增音是可以预测的。不过，在所有语义导向的西班牙语句子推导中，脱落是可以预测的。换言之，有没有词首 e 对语义没有影响，因为词首增的音都是 e。西班牙语的语法可以有这样一条无羡余(redundancy-free)词汇规则，即 scala＝梯子。我们可以设这样一个等价公式。

s［CNS 辅音］X　＝　#［VOC 元音］*s*［CNS］X

根据等价假设，没有语言可以用上述等价公式证明首音脱落(apheresis)在语音导向的推导中是正确的，或者证明词首增音在语义导向的推导中是正确的。不可能会出现类似下面的反西班牙语，词首只有以 s 加辅音的辅音丛，而没有以中性元音开头的辅音丛。

* 反西班牙语(Counter-Spanish)

scala	* escala
spada	* espada
stado	* estado

上述等价公式在西班牙语中的正确使用以及产生类似反西班牙语这样非自然语言的不正确使用，只是在于功能性的制约限制了语音导向中的首音脱落和语义导向中的词首增音。通过运用等价假设，我们会发现某些主要类别的音系规则的具体推导功能，以及这些特别规则的功能是如何被整

个语法的功能所管辖和确定。

自然等价音系学
Natural Equational Phonology

自然等价音系学①是 Ashley J. Hastings 于 1981 年在其博士论文中提出来的。Hastings 将等价音系学(Equational Phonology)和自然音系学(Natural Phonology)的理论有机地结合起来，创造了这样一个新的流派。

乍一看，等价音系学和自然音系学很难捏在一起。虽然这两个流派都是研究音系学理论，但除此之外，好像没有什么共同之处。等价音系学用公式表述规则应用的普遍原则，但这种形式主义程序没有提到语音的自然性。而自然音系学只是考虑自然的解释，公开反对这样的想法，即形式主义能够导致真正的解释。因此，这两个理论看起来不像是潜在的盟友，更像是公开的对手。

尽管如此，有趣的是当这两种理论的实践者开始在他们各自的理论基础上进行解释时，他们同时开始以清晰易懂、情投意合的方式相互对话。等价音系学提出的解释常常依赖于与自然音系学密切相关的概念；自然音系学提出的解释经常以等价音系学中显而易见的某些形式主义方法为先决条件。关于语音配列规则的强制性和变异规则产生的模式，Hastings 提出貌似有理的假设。这些假设符合等价制约，而且还基于自然性方面的考虑，如心理语音技能、发音的难度、对语流的注意力等等。这些假设提供了崭新的角度。从这些角度，可以观察类似儿童早期语音以及变化过程中的变项；从这些角度，发现了一些问题，而这些问题显而易见地被持不同观点的调查者所忽略。Hastings 认为，语音和语义压力之间所观察到的相互作用可能是本研究中最重要的结果。

以大洋洲的萨摩亚语为例，说明等价音系学和自然音系学的结合。萨摩亚语有一个规则，词尾辅音脱落。当然，等价规则对此语音现象无法规定，在语音导向的推导中辅音只能脱落，不能插入。脱落和插入在萨摩亚语中不等价。Sanders 认为，此规则以及所有语言中所有类似规则的导向(directedness)根据下面的经验概括可以预测："如果其他情况都一样，[X]形式的单词在语音上比[X & 辅音]形式的单词更优"(1979:86)。语音优选

① 本部分的内容基本上根据 Hastings(1981)编译而成。

或相对交际值(relative communicative value)与一些措施相关,包括发音和感知的轻松。在等价规则中,语音上更优的表征方法总是被预测为语音上比较近似的表征方法。因此,萨摩亚语的规则必须使词尾的辅音脱落。此例表明,等价音系学与自然解释一致,实际上更有利于自然解释。等价音系学的形式主义方法明确否认任何规则的导向是任意的、无法说明的,以此为自然解释扫清了道路。

巴拿马西班牙语 r 擦音化在自然等价音系学中可以用公式表示为

[－辅音性]　ɾ　＝　[－辅音性] ṙ

意思是,只有元音后 ɾ 可以变成擦音化。自然等价音系学的任务是,开发一种在实践上足以预测和解释,而不是规定正常变异模式的方法,这些模式与所有变异规则有关。但预测和解释必须基于事实和原则,独立于规则本身。总而言之,需要的是与自然等价音系学的形式假设和解释目的相一致的音系变异理论。

依 Hastings 所见,将音系学的这两种研究方法合成在一起是有基础的,也是有根据的。等价的形式制约从其本身来讲没有提供任何解释。然而,这些制约确实要求,一定要制定可预测的原则来管辖语法规则的推导使用。这些原则可以,也显而易见地经常做到,论及那些实质性的、自然的、与语音有关的考虑。自然音系学把这些考虑作为其出发点。很显然,如果自然音系学要想这样做,必须采用某些形式制约。从等价的角度来看,这些制约是方法论的精华。因此,等价音系学和自然音系学这两种音系学的研究方法实际上并不是不相容的。事实上,它们是互补的、相互依赖的。出于此种考虑,应该开发自然等价音系学的理论。

有限状态音系学
Finite-State Phonology

从 20 世纪 80 年代开始,音系学家们开始从复杂的语符列重写系统向所谓非线性音系模型转移。这时出现了有限状态音系学,将有限状态转换器(transducers)运用到音系学中。有限状态音系学①的基本思想是,音系表征不是特点的语符列,而是语符列的集合,像管弦乐谱那样同步。我们对

① 这一部分的内容基本上是根据 Bird(1992)编译而成。

有限状态转换器增加了一个制约，即转换器只能增加信息，表层某一单元所接受的语符集必须是底层对应单元所接受的语符集的子集。受这样制约的有限状态转换器实际上只不过是一个有限状态自动机(automaton)。

因此，对音系进行研究，有限状态自动机现在看起来比有限状态转换器更适宜一些，条件是能想办法用有限状态自动机将非线性音系编码。事实上，Bird & Ellison(1992)已经说明自主音段的音层(tiers)、联结(associations)以及规则是如何包含在有限状态自动机。每一个音层是一个语符列的部分描写，用有限状态自动机定义的交结操作(intersection operation，∩)将音层同置。相对于两平面音系模型，这个单平面音系模型的另外一个优势是，由于有限状态自动机的集组成了交结、联合(union)和补足(complement)情况下的布尔网格(boolean lattice)，我们可以安全地连接、分离和否定音系描写。这样的理论框架明显地与基于制约(constraint-based)语法的形式主义方法相容。

这里所举的例子是同部位鼻音同化，即鼻音在发音部位上与随后的辅音一致。因此，允许[mb][nd]序列出现，不允许[md][nb]序列出现。我们设公式 N={m, n}，S={b, d}，L={m, b}，A={n, d}。制约表示如下。下点 . 代表任何特征，星号 * 代表克林星(Kleene star)，表示零或者多个。

$$\overline{.*(NS\cap\overline{LL\cup AA}).*}$$

这个公式说明，要想找到一个不是由两个唇音或两个齿龈音组成的鼻塞音连缀，是不可能的。我们可以将上述表征简化。

$$\overline{.*(mA).*}\cap\overline{.*(nL).*}$$

表征中的第一个连接(conjunct)对应下面的不确定性有限自动机(nondeterministic finite automaton)。所有状态都是初始状态和终端状态。

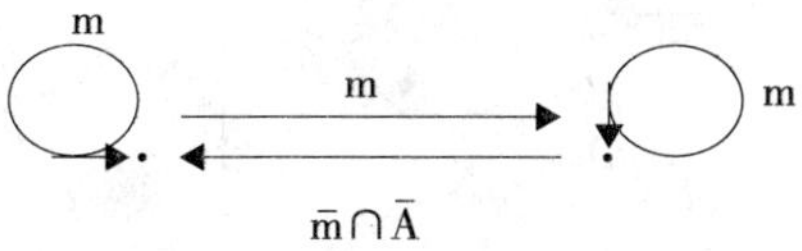

这个自动机将接受任何语符列，只要每一个[m]后面跟的是另一个[m]，或者是一个非齿龈的(Ā)。整个表征(. *(mA). * ∩. *(nL). *)对应下面的不确定性有限自动机。同上，所有状态都是初始状态和终端状态。

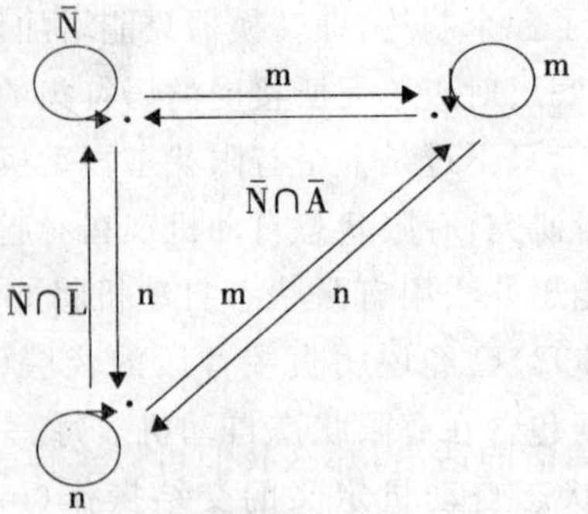

现在,很有必要定义一下韵律类型层级体系(prosodic type hierarchy)。

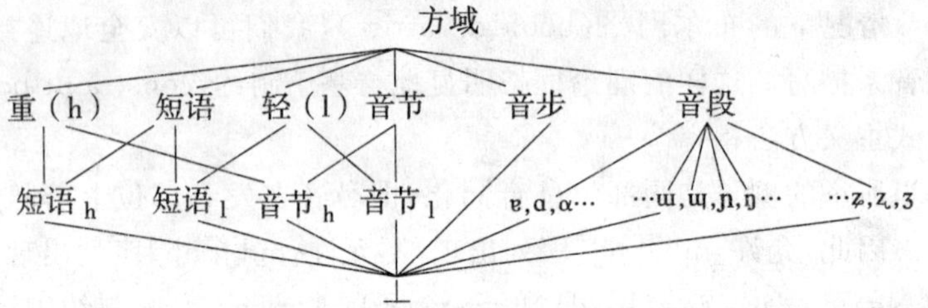

每一个韵律类型表示一个语音客体(phonetic object)集(set)。“⊥”表示空集。在音系学中,一个音系规则所生成的输入、输出分对(pair)构成了正规(regular)关系。正规关系是有限状态语言,在这种语言中,表征手段由语符分对组成,而不是由单个语符组成,是一个正规集与另一个正规集的映射(mapping)。简单的有限状态语言,即正规集,与普通的有限状态自动机形成一对一的对应。正规集对应有限状态转换器。由于我们的描写使用正规表征手段表示,所以有必要将正规表征手段或自动机看作是存在于韵律层级体系的节点中。在英语中,鼻音同化不发生在短语边界,因此,所说的自动机只能制约那些是短语的连续音段。音系制约的这种局部性可以表示如下。

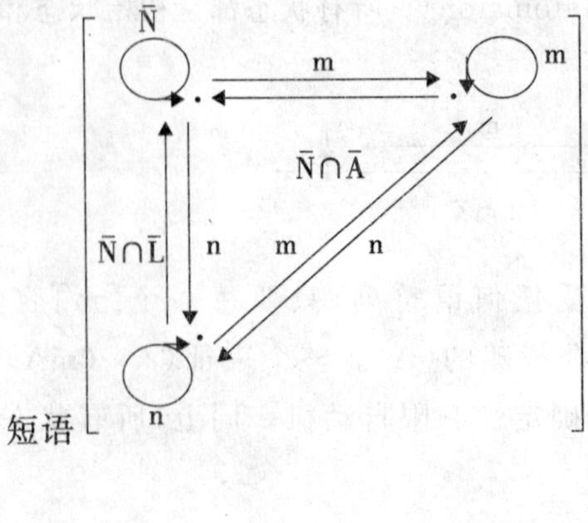

韵律类型层级体系的最上端成分是方域(phon-domain),表示话语空间。上述的音系制约用来限制这个空间,只留下语言中能接受的那些话语。用任何符号,包括词汇符号,所做的音系说明,便是这个层级体系的成员。

在一些语言中,我们可能要求在词汇和韵律层级体系之间要有一种特殊的互动。例如,Archangeli & Pulleyblank(1989)讨论过约鲁巴语(Yoruba)中舌根和谐现象,而这种现象只局限于名词。如果舌根前伸(advanced tongue root)是那种和谐的话语,那么我们可以这样表示这个必要的制约:名词⇒舌根前伸。这种制约被称为语素结构制约,音系学家经常需要求助于这些制约。(Kenstowicz & Kisseberth 1979:424)韵律和形态之间互动的最近例子是在韵律形态学的领域中。(McCarthy & Prince 1990)

最后一个问题是关于韵律结构成分的组织(prosodic constituency)。假如我们想陈述一种情况,即一个短语由一个或几个音步组成,我们可以使用上面所看到的标写(notation)来做。

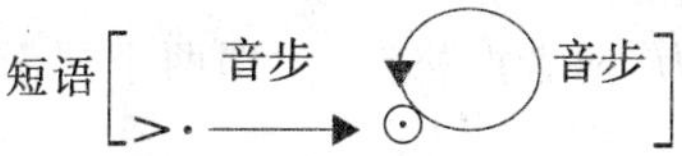

然而,像这种情况,还是写一个正规并且简单的表征比较容易。

$$短语 \Rightarrow 音步^{+}$$

音步右侧的+符号是克林正号(Kleene plus)。注意,在这个标写和一个正规语法的分句(clause)之间有细微的解释差异。如果我们写出 $t \Rightarrow \phi$ 和 $t \Rightarrow \psi$,那么 ϕ 和 ψ 都存在于韵律类型层级体系的 t 节点中。在这两个公式中,t 是一种类型,ϕ 和 ψ 是正规表征手段。我们同样可以写出 $t \Rightarrow \phi \cap \psi$。与此相对,如果 $t \rightarrow \phi$ 和 $t \rightarrow \psi$ 是一个正规语法的分句,t 可以重写为 ϕ 或 ψ,即 $t \rightarrow \phi \cup \psi$。$\cup$ 是联合(union)符号。

蒙塔古音系学
Montague Phonology

蒙塔古音系学①源自蒙塔古语法。蒙塔古语法由美国著名数理逻辑学

① 蒙塔古语法部分主要参考了俞如珍、金顺德(1994),蒙塔古音系学部分主要是根据 Bach & Wheeler(1981)编译而成。

家和语言学家 Richard Montague 创立。这是一种以内涵逻辑为基础对自然语言进行描写的形式语法。蒙塔古语法形成于 70 年代初，以 Montague1970 年发表的“英语作为一种形式语言”(1970a)、“普遍语法”(1970b)、“普通英语中量化的特定处理”(1970c)三篇论文为标志。Montague 提出，自然语言与高度形式化的人工语言（逻辑语言）在理论上没有什么区别，这两种语言的句法和语义完全有可能在同一个理论体系里得到描写。当然，一种理论如果要对意义丰富的自然语言进行形式化的描写，首先必须具备数学的高度精确性。(Montague 1970b：222)因此，Montague 认为，自然语言研究必须是数学的一个分支，而不像 Chomsky 所认为的那样是心理学的一个分支(Thomason 1974：2)。

1 蒙塔古语法

根据俞如珍、金顺德(1994：367～368)，蒙塔古语法主要由三部分组成：句法、翻译和语义。根据 Crystal(1997：228)，蒙塔古语法包含句法和语义两个部分。Crystal 认为，两者严格对应，即两个层面上建立的范畴(category)一一对应。

句法部分包括一套范畴和一套句法规则。范畴给基本词语(basic expression)规定一个句法范畴。句法规则的作用是将基本词语变成短语，然后再将较小片段短语合成较大片段短语。它根据输入端基本词语或短语的范畴，规定一个输出端短语的范畴，并且规定输出端成分的句法排列次序。这套规则可以反复运用，从而将短语从小到大逐步结合，直到生成句子。

翻译部分包括一套翻译规则，将短语翻译成内涵逻辑表征。语义部分是以内涵逻辑为基础建立的。这是蒙塔古语法理论的精髓所在，也是这一理论区别于其他理论的显著标志。蒙塔古语法的内涵逻辑包括句法和语义两个部分。句法部分由一套义类系统和句法规则组成，主要解决内涵逻辑结构成分的结合问题。如果一个成分的所指集合不在另一个成分的所指集合以内，那么它们就不能结合。语义部分主要解决语义所指问题，它有一套语义规则，运用这套语义规则可以将内涵逻辑表达式在特定模型中的语义所指求出。

Montague 还提出，一个句子的整体结构是它各部分结构和组合方式的一个函数。因而，在蒙塔古语法体系里，一个句子的句法形式、内涵逻辑表达式和语义所指都是从基本单位开始，通过句法规则、翻译规则和语义规则由小到大逐段确定的。句法、翻译和语义三大部分是同态的(homomorphism)。因此，在蒙塔古语法中，三大规则一一对应：有一条句法规则就有一条翻译规则将其处理的短语译成内涵逻辑表达式，然后再有一条语义规则来确定这一表达式在模型中的语义所指。下面是蒙塔古语法的理论模式。

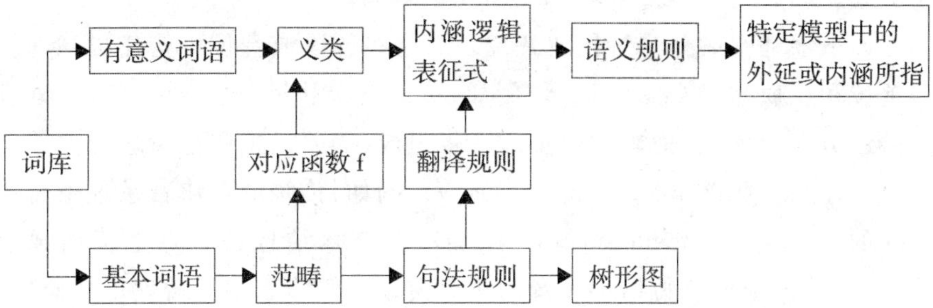

（俞如珍，金顺德 1994：368）

2　蒙塔古音系学

在音系学中，递归定义指明语言中的音位是如何结合组成合格的词语，接着是如何用语音解释的规则来解释词语。因此，语法作为一个整体成为句法客体（objects）递归定义的体系，从语义和语音两个方面进行解释。蒙塔古音系学首先在音系层级体系的相继层次定义合格词语的集合（sets）。一种语言的词语，从最基本的成分——音段开始，进行语音解释。然后，在这个音系语言中，我们选出与词库中列出的实际词语相对应的词语，用该语言的语法进行整合。在语法中，句法规则和词库规则之间自然而然就分开了。词库规则包括构词法（派生和复合）规则和屈折规则。

传统的生成音系学和节律音系学的研究成果表明，语符列（string）中音段的层级组织在音系描写中起到重要的作用。假设的表征层次包括音节、音步、音系词、音系短语。音系学的主要部分是该音系层级体系中合格单位的一系列定义。在此，我们将使用范畴系统，而不是树形图和短语结构规则。在范畴系统中，每一个基本成分都被指派给一个范畴。共有两种范畴，一个是论元（arguments），另一个是函数（functions）。复杂成分由一个论元和一个函数构成。例如，在英语的句法中，限定词被指派给一个范畴，NP/CN，在其右侧带一个普通名词（common noun，CN）以构成一个名词短语（noun-phrase，NP）。根据 Lambek（1961），我们使用下列构思图式（scheme）。

> 一个原始范畴的清单，如 a 或 b。
>
> 如果 a 和 b 是范畴，a/b 和 b\a 也是如此。

a/b 是成分集合的个性标志（index），这些成分将右侧带有 b 个性标志的成分集合中的成分构成 a 集合中的一个成分。同样,在成分集合个性标志b\a中,这些成分将左侧带有 b 个性标志的成分集合中的成分构成 a 集合中的一个成分。

音系学基本成分是音段或音位。从这些音段或音位中构建更高一级的单位和从属单位(subunits)。例如,英语音节由音段序列组成,重读音步由音节序列组成,简单词由重读音步组成,等等。采用范畴理论框架有几个自动结果(automatic consequences)。例如,传统的节律音系理论需要独立的带标规约(labelling conventions),在节律结构的节点上标出强或弱,以说明一个词或短语中元音的相对突显。假如采用范畴理论框架,论元相对于函数来说解释为强。这看起来是英语重音的普遍原则。因此,相对突显是一个语符列函数—论元结构的结果,没有必要假设任何独立的带标规约。当然,有必要寻找尽可能多的独立理据(motivations)将成分指派给范畴。

我们将使用下面这种标写(notation)。每一个结合规则(combinatorial rule)将以下列形式出现。

A=A/B　B　或　A=B　B\A

如有必要,就规则中提到的成分集合而言,将确定特别条件。要注意,这些条件对于与语境无关的规则(context-free rules)集合来说只是简约规约(abbreviatory conventions)。下面通过朝鲜语音节结构的描写来说明这个体系。根据 Kim(1976),我们假设有下列一组基本音段。

辅音							
阻塞音	p	t	k	c	s		普通
	p^h	t^h	k^h	c^h		h	送气
	pp	tt	kk	cc	ss		紧音
响音	m	n	ŋ				鼻音
	l						流音
元音和							
半元音	w	y(j)					滑音
	i	ü(y)		ɨ	u		
	e	ö(ø)		ə	o		
	ä(æ)				a		

为方便起见,pp 和 tt 等将被看作单个音位。

描写可能音节集合的必要范畴如下：

Σ:开音节集合

Σ':闭音节集合

N:音节核集合

V:元音集合

根据这些元素，我们构建下一批范畴。

N/V:滑音集合

Σ/N:(纯)辅音(音节首)

$\Sigma \setminus \Sigma'$:响辅音和普通塞音(音节尾)

音节规则如下：

(1)$\Sigma' = \quad \Sigma \quad \Sigma \setminus \Sigma'$

(2)$\Sigma = \quad (\Sigma/N)N$

(3)$N = \quad (N/V)V$

(这里暂时不考虑带有两个元音或长元音的音节，这种情况只在词首位置出现。)我们要进一步确定句法制约作为这些规则的条件。这些条件相对来说不多，一般与滑音＋元音制约有关，这里暂时不考虑。这反映了一个事实，上述分析的理据主要是将它们分成最大限度独立的构成成分，并且尽量就近确定制约。规则要求像 kwan 这样的音节的构成应如下列图式。

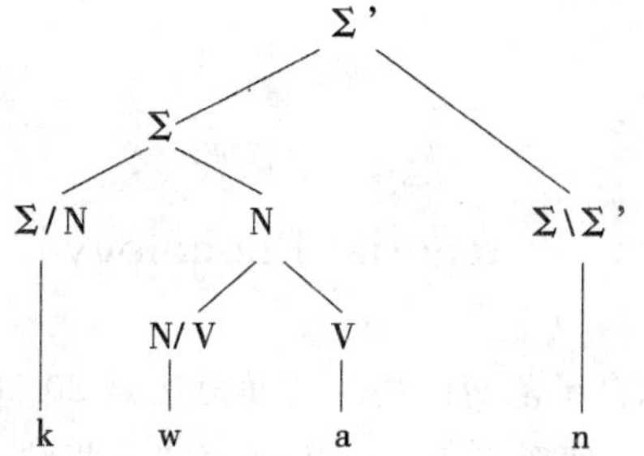

上面朝鲜语音节结构里有两点可能会引起争议。一点是，在 kwan 这样的音节里，滑音是音节核的一部分，而不是复杂音节首的一部分。如前所述，在朝鲜语中，对音节首辅音和随后的滑音没有制约，但对滑音＋元音序列有制约。如果选择把音节首辅音和滑音相组合，那么就要在下一个层次区别不同类型的音节首，以便得到正确的组合形式。例如，滑音 w 不可以出现在 u 音之前，所以递归定义就得规定，凡带有 w 音(属于范畴 Σ/N)的音节首不能和范畴 u 的元音相组合。因此,这是基于简明性的一个明确论元。

另外一点,我们把音节尾看作是某种成分,依附在开音节上构成了闭音节。这与人们的普遍想法相悖。人们普遍认为,音节核和音节尾一起构成了一个特殊的成分,称为韵音(rhyme),尽管我们不清楚这样的构成成分是否普遍必要。对于朝鲜语来说,我们定义的结构有一定的道理。朝鲜语这种语言所喜爱的音节种类是 CV。当数个音节组合成更高一级单位时,如音系词和短语,末尾的辅音总是被指派为以元音开头的随后音节的音节首。通常的音节结构,如英语,是这样:

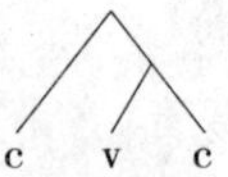

而朝鲜语的音节结构却是下面这样,反映了音节尾和音节其他部分的松散关系。

从左至右的解析程序(parsing procedure)在朝鲜语音节结构中需要较少的重新分析。不管怎样,英语中的韵音论元对朝鲜语都不适用。论元有两种,一种是语音配列(phonotactic),如上述的音节首和音节核的论元;另外一种是基于重音的论元。就第一种来说,在朝鲜语中对音节核和音节尾好像没有制约;就第二种来说,在朝鲜语中没有重音。

范畴音系学
Categorial Phonology

范畴音系学[①]源自于范畴语法。范畴语法是 20 世纪 30 年代兴起的一种语法分析类型,是一种形式语法。这种语法分析将词和短语指派给一个或几个范畴(category),这些范畴又决定了词和短语的结合特性(combinatorial properties)。(Oehrle et al. 1988)在有的理论中,范畴一词指类(class)本身,如名词、动词、主语、谓语、名词短语、动词短语等。再具体一些,范畴又指定义这些一般单位的特征,即互相排斥的特性集合。例如,名

① 这一部分的内容基本上是根据 Bird(1995)编译而成。

词范畴包括数、性、格、可数性这样一些范畴。数是个特征，也是个范畴，可设单数、双数和复数作为可能值。带有值的特征被称为赋值特征。再简单一些来说，数就像是一个问题，单数、双数和复数是不同的可能答案，特征赋值如同配有答案的问题。标写 F:v 表示，特征 F 具有值 v。因此，赋值的特征“数:复数”是语法的一个设置(device)，表示“数”这个特征有“复数”作为它的值。所以，作为语法表征一部分的赋值特征说明这是一个复数名词，而不是一个单数或双数名词。动词范畴包括时、体、态等范畴。有的把名词范畴和动词范畴叫做语法范畴(grammatical categories)；把主语、宾语、补语等范畴叫做功能范畴(functional categories)。发展最成熟的一种只用两个基本范畴，句子和名词，进行操作，其他范畴都由此派生而成。操作都以这些范畴的句法分布为依据。在音系学中，我们比较熟悉对特征赋值的不同标写，如[+嗓音]。但在这里，我们使用“嗓音:+”表示具有正(+)值的嗓音。

Bach 和 Wheeler 建议把范畴语法的理论应用到音系学中，并称之为蒙塔古音系学(Montague Phonology)(Bach & Wheeler 1981；Wheeler 1981；Bach 1983)。蒙塔古音系学和基于制约的语法描写方法共有一些设想。Wheeler 提出两类规则：语音配列规则(phonotactic rules)和语音解释规则(phonetic interpretation rules)。语音配列规则“描绘了合格音节、音步、词和音系短语等集(set)的特性”(Wheeler 1981:39)。下面的例子列出了以两个规则建构合格音节。⌢符号表示联结(concatenation)。

规则 1

PR_i: if $\alpha \in S/R$ and $\beta \in R$ then $\gamma \in S$ where $\gamma = \alpha \frown \beta$

规则 2

PR_j: if $\alpha \in V$ and $\beta \in V/R$ then $\gamma \in R$ where $\gamma = \alpha \frown \beta$

在这里，S/R、R、S 表示范畴。R 和 S 是基本范畴，表示音段语符列的集。音段语符列集分别构成可能的韵音(rhymes,R)和音节(S)。推导范畴 S/R 表示这样的音段语符列，即如果范畴 R 语符列出现在右侧，这些音段语符列便是音节。换言之，S/R 表示音节首的集。推导范畴 V/R 表示这样的音段语符列，即如果范畴 V(即元音或元音序列)语符列出现在左侧，这些音段语符列便是韵音。要知道这种标写如何应用，请看一下 cat(猫)一词的推导过程。

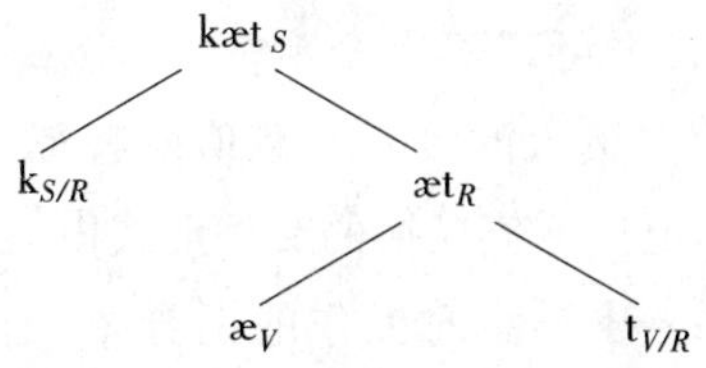

语音配列规则生成音段语符列，与标准的生成音系学的底层表征相对应。语音配列规则与语音解释规则共同操作，与规则对规则假设（rule-to-rule hypothesis）一致。请注意下列一对规则。

规则 1

PR_i：if $\alpha \in S/R$ and $\beta \in R$ then $\gamma \in S$ where $\gamma = \alpha \frown \beta$

规则 3

RI_i：/s/ → [ʃ] /____ i

前一个规则是重复了语音配列规则 1，后一个规则，规则 3，是腭化的语音解释规则，两个规则并行。语音解释规则与语音配列规则同时应用，生成了音段[ʃ]，对应了底层的/s/。尽管规则 3 看起来像 SPE（*Sound Pattern of English*）规则，但是在推导过程中并没有起到传统的作用。规则 3 的输出不能馈给其他规则，因为在规则的输入和输出之间在类别上有差异。这种情况形成的一条准则是："不要重新解释已经解释的"（Bach & Wheeler 1981：35）。因此，外在规则顺序在蒙塔古音系学中是不允许的。语音解释规则的应用由语音配列规则的应用来驱动。Wheeler 将这个方法与标准观点对比。

> 在标准理论中，音系的输入是由句法生成的一个语符列。音系规则的应用域是整个语符列。需要边界符号限制某些域之间音系规则的应用。我的观点是，语音解释规则与语音配列规则同时应用。语音规则的应用域是由合宜范畴表达法相结合推导出的语符列。语音配列规则使音节首和韵组合起来以形成音节。如果语音解释规则与语音配列规则相联系，那么就不会有音节层次以上的信息提供给规则了。换言之，假设语音解释规则与特殊的语音配列规则相联系，我们可以说明这样一个事实，即某些规则在限制的域中应用。
>
> （Wheeler 1981：48f）

对解释规则的额外限制是，这些规则只能通过填入值给语音表征进一步赋值。而这些值没有被解释（Wheeler 1981：66，182）。对规则行为的这些限制由词库的灵活性所补偿，而这种灵活性的程度比传统上认可的要大一些。特别是，音段在词汇形式中可以不完全赋值（Bach & Wheeler 1981：35）。在推导过程中或在其他地方填入的没有被赋值的特征被解释为无标记值。涉及有标记特征值向无标记特征值变换的交替形式由词汇规则来描写。

在 Bach 和 Wheeler 开创性的工作的引导下，有几位语言学家紧随其后，用这个基本的理论框架进行研究，推出了自己的研究成果，其数量比较可观，其中有英语的重音和音段的交替形式（alternations）（Wheeler 1981），朝鲜语中的辅音交替形式（Bach & Wheeler 1981），节律音系学（Dogil 1984；Moortgat & Morrill 1993），俄语清化（devoicing）（Wheeler 1988），在多种语言中加中缀（infixation）、重叠（reduplication）和换位（metathesis）（Hoeksema & Janda 1988），语调、重音定位（accent placement）和焦点（focus）（Steedman 1990；Steedman 1991；Bird 1991；van der Linden 1991），以及韵律分句法（prosodic phrasing）（Moortgat 1988；Oehrle 1991）。

陈述音系学
Declarative Phonology

陈述音系学[①]于20世纪90年代初形成并发展起来，是以70年代兴起的无转换、无推导的统一语法为理论基础的一种音系学理论。这一理论在统一语法的基础上，通过具体研究特征理论、音节理论以及非线性音系学主要流派的形式化方法之后提出来，因此与生成音系学理论有很多不同。首先，它强调对音系表层结构的制约，是一种对音系表层表征进行严格制约的、单层面的、单调性的、无转换的、无推导的陈述化的音系学。这种音系学不同于转换生成音系学，主张只有一个音系结构表征平面，而且音系规则被认为是音系表征的一部分，并且具体区分了音系和语音这两个概念。该理论具有高度的形式化，具有计算上的可操作性，因此引起音系学界的广泛关注。陈述音系学的主要研究者是英国爱丁堡大学的几位博士研究生。Steven Bird、James Scobbie、John Coleman 先后完成了他们关于陈述音系学研究的博士论文。除此之外，Bird（1991）、Coleman（1992，1995，1998）、Local（1992）、Scobbie（1993）、Broe（1993）等也先后为这一理论的发展和完善做出了各自的贡献。

1　理论的形成

在SPE模式中，音系分为底层和表层两个层面。在这两个层面之上的是无序的特征矩阵结构（feature matrix structure）表征结构形式。音系规则是一种受到语境制约的改写规则（rewrite rules），这些规则按顺序推导出

---

① 这一部分的材料基本上源自马秋武（2002）。

两个层面的结构表征形式并负责将它们连接起来。由此可见,SPE模式的音系描写包括层面、音系规则和音系表征三个方面。SPE模式是以音系规则为研究主体的,因为它认为音系表征形式和层面比较简单。20世纪70年代中期,SPE音系学理论受到了各方面的挑战,不仅出现了强调构词过程的词汇音系学等线性音系学,其他非线性音系学,如自主音段音系学、依存音系学、节律音系学等理论也先后出现了。这些音系学理论大大削弱了音系规则在音系描写中的作用,而把研究的重点转移到了音步、音节和音节成分这些韵律单位上。80年代,音系学家提出要建立一种具有制约作用的原则,以削弱甚至取消用来进行有序推导并引起音系结构变化的改写规则,并指出音系推导不可以改变词汇层面建立起来的结构成分之间的管辖关系。因此,Bird(1995)指出,当前音系学研究的重点从规则转移到了音系结构表征以及对其制约上来,音系学也就越来越陈述化。

一方面,音系学越来越趋向于陈述化;另一方面,70年代兴起的广义短语结构语法、蒙塔古语法等一些主张无转换、无推导、以统一语法为基础的句法理论,为陈述音系学的形成奠定了理论基础。因此,以统一语法为理论基础,陈述音系学就开始形成了。

2 陈述句法理论

陈述音系学家强调对音系表层结构的制约。他们认为,在陈述音系学之前的音系学理论未能克服对音系描写制约性不强的问题。因此,他们提出了一种新的、陈述性的、单层次的、单一的、无转换的句法理论以适应新的制约性强的音系学。

陈述语法采用Ladusaw(1986)的语法主张。Ladusaw(1986)认为"语法是一个过滤器。一种语言的语法规定了一个谓项(predicate)是否正确。语法的表述就是使谓项正确的诸多必要条件的表述……"(Coleman 1995:352)。Ladusaw还认为,输入语法的是语言中所有词的自由串联形式,即词的所有可能组合的结合。语法的任务就是要选出那些合乎语法的词的序列。这一观点为陈述音系学提出只有一个音系结构表层平面这样一个观点提供了理论依据。

在陈述语法中,只通过直接对表层结构的制约来说明哪些结构是合格的(well-formed),而不需要由底层结构到表层结构的推导转换。这些对合格性表层结构的制约只表现在以下几种:

1. 结构语法(structure grammar)的句法成分结构规则。这些规则很少受语境制约，甚至语境自由（context free）。节点（node）通常用特征结构标记。

2. 对特征结构的制约，如对哪些特征能同时出现的逻辑制约。
3. 特征结构缺省。
4. 对姐妹结构成分（sister constituent）的线性次序的制约。
5. 对词项的制约。词项是高度信息化的，其具体的特征结构就能为表层表征提供信息。
6. 对从词项中生成新的词汇描写的制约，如主动一被动语素句法关系。
7. 合格句法结构的语义解释原则。一般来说，结合合格的句法结构各个部分的语义解释就能形成对更高一层结构的语义解释。

根据陈述语法提出的以上各种制约，具体应用在音系学理论中，这就表明一种合格的音系表征就应该符合各种独立的制约：

1. 结构限制：音节结构制约，节律结构制约，词汇结构制约以及形态结构制约。这些制约规则既具有语言特定性（language-specific），又有普遍性。
2. 对姐妹结构成分线性次序的制约，譬如参量节律理论中的制约。
3. 对音系客体（phonological objects）的制约，如对何种特征结构何时能同时出现的制约，羡余规则（redundancy rule）。
4. 组合语音解释原则（compositional phonetic interpretation）。例如，发音性（pronounceability）的存在与否制约着音系结构的语义解释。（在句法理论中，这种制约一般被称为语义过滤。）

（Coleman 1995：353～354）

陈述语法中的各种制约可以被认为是对表层结构的信息供给。例如，规则 σ→OR。这条规则说明，一个音节由一个首音和一个韵音组成，这样的音节组合是合格的。但如果在生成音系学中，这条规则会被解释为，只要出现 σ，那么它就会被序列 OR 所替代。然而，这条规则真正想要表明的是一种对合格表征形式的制约条件，即一个标记为 σ 的成分由标记为 O 和 R 这两个成分组成。由此可见，在陈述语法中，每一条制约条件或规则都能允准（licensing）、促成（contributing）或者成为（being）一个合格的表层结构形式。如果所有部分的制约联结起来，那么这个表层结构就是合格的。陈述语法用各种手段将各个部分联结起来构成一个合格的表层结构。Coleman(1995)提到了两种手段:统一法(unification)与结构的转换和建立(structure-changing and building)。

3 陈述音系学的主要观点

陈述音系学以统一语法为其理论基础,并形成了独特的陈述语法。受陈述语法的影响,陈述音系学有很多方面不同于先前的生成音系学理论。马秋武(2002)曾对这些不同点做过总结概括。他认为陈述音系学不同于生成音系学理论主要表现在以下几个方面。

3.1 强调对音系表层结构的制约

陈述音系学就是针对现有音系学对音系描写制约性不够强的这一问题而形成并发展起来的。陈述音系学认为,SPE 是通过一组有序的音系规则把抽象的底层音系形式推导出实际的表层语音形式,仅仅是一种转换推导过程。因此,SPE 事实上是一种转换音系学(Coleman 1998:168)。Coleman(1995)指出,SPE 之后的非线性音系学理论,如自主音段音系学、节律音系学等理论虽然在形式化上纠正了 SPE 实际存在的一些问题,但仍继承了 SPE 音系描写中的转换和推导的观点,并没有解决音系描写中的制约性不强这一问题。SPE 理论和目前的一些以原则和参数为基础的生成音系学理论,它们的"制约性都不足以克服产生不合格(ill-formed)的表层形式"(马秋武 2002:41)。而陈述音系学则主张单层面、无推导、无转换、且对音系表层表征进行严格的制约。Scobbie(1996)等认为,制约是音系表征的部分描写。陈述音系学强调对音系表层结构的制约,而这种制约性能够克服不合格的表层形式,从而形成合格的表层形式。

3.2 音系规则是音系表征的一部分

在陈述音系学中,音系规则是作为整个音系表征的一部分,这又不同于生成音系学理论的音系规则。在陈述语法中,每一条制约条件或规则允准、促成甚至已经成为一个合格的表层形式。因此,陈述音系学中的规则已经不是以一系列有序的步骤来推导出表层音系表征,而是对音系结构的一种描写,已经成为音系表征的一部分,也就是音系规则说明了什么样的音系结构是合格的或合乎语法的。例如,规则 σ→OR 和 σ→R。在陈述音系学中,规则 σ→OR 说明一个音节是由一个首音和一个韵音两部分组成的,这样的组合的音节是合格的；若在生成音系学中，规则 σ→OR 则表示 σ 的出现要转换成 OR。后一条规则 σ→R 在陈述音系学中说明一个音节是由一个韵音组成的，这样的组合也是合格的；若在生成音系学理论中，则表示凡是出现 σ 就得转化成 R。由此可见，生成音系学中的规则是一种语境改写规则。在规则给出的条件得到满足时便应用，具有强制性。而陈述音系学中的规则不具有强制性。它是一种对音系表征的描写，直接说明合格的音系结构。因此，它已经与音系表征没有什么区别，成为整个音系表征中的一部分。除此之外，陈述音系学中的音系规则不受语境制约，是一种语境自由的规则，它们不可以任意改变或删除音系结构所具有的信息，只能增加信息，因此具有单调性，应用也是无序的。

3.3　只有一个音系结构表征平面

生成音系学理论主张有底层和表层两个音系表征平面，通过运用一系列的音系规则从底层将表层音系表征有序地推导出来。陈述音系学，因为受到陈述语法的影响，主张只有一个音系结构表征平面，通过直接对表层音系表征形式的制约来说明哪些是合格的，哪些是不合格的。在陈述音系学中，音系操作和表征都必须满足各种制约原则。满足制约是确定音系形式正确与否的方式和手段。也就是说，陈述音系学主张只有一个表层音系层面，没有底层音系层面，规则只是用来陈述音系形式的正确与否，通过直接制约这个表层平面的音系结构形式来达到严格制约的目的。

3.4　严格区分音系与语音

马秋武(2002)总结的另一个陈述音系学不同于生成音系学的方面是关于音系与语音。陈述音系学更加严格地区分了音系和语音。生成音系学认为，语音表层形式是由抽象的底层音系形式推导出来的，语音形式和音系形式有着内在的联系。陈述音系学则认为音系和语音在语音描写中是不同的。音系是以音系表征方式对言语信息的一种编码，即把不可预知的词汇信息与可预知的规则信息按照满足制约的要求组合起来的结构形式，而语音只是对信息编码的音系符号做出语音上的解释(马秋武 2002:41)。生成音系学理论把许多语音关系归为音系关系进行处理(Coleman 1998:171)。因此，陈述音系学提出，音系结构的表征是纯形式化的，有结构的，无内容的，是在代数领域中构成的，而语音解释是对音系形式的语音解释，是有内容的，是在物理学领域中建立起来的(马秋武 2002:41)。

陈述音系学的语音解释是从音节各结构成分的时长和参数等方面进行的。Coleman(1998)论证了音节成分之间的时长关系。他所提出的各音节成分之间的时长关系可以用表(1)来表示。

(1)

音节	时长
韵音	时长
核心	时长
首音时长	尾音时长

表(1)说明了两点:(1)韵音时长、核心时长与音节时长相等,即韵音时长=核心时长=音节时长。(2)首音的起始时间与音节起始时间相同,结束时间不同;尾音的起始时间与音节起始时间不同,但结束时间相同,即核心起始时间=韵音起始时间=音节起始时间=首音起始时间;核心结束时间=韵音结束时间=音节结束时间=尾音结束时间。这种用时长所做的语音解释发现了音节成分之间的时长关系,还可以有效地处理协同发音等现象(马秋武 2002:43)。

4 陈述音系学的音系表征

陈述音系学是从两个不同的角度来实现音系的结构形式,一种是组合形式,另一种是聚合形式。音系的组合结构是用一种类似于树形图的图像来表征的,但有所发展,是一种有向非循环图(Directed Acyclic Graph, DAG)。而音系的聚合结构则是用特征值结构来表征的,通常表示为[特征:值],如[鼻音性:+]。每个特征只有一个值的规定,也就是说不会出现这种情况:[鼻音性:+,鼻音性:-],但几个值可以组合起来使用。因此,尾音/l/在音系表征中就有以下两种形式(马秋武 2002:42)。

(2)a. DAG 表征

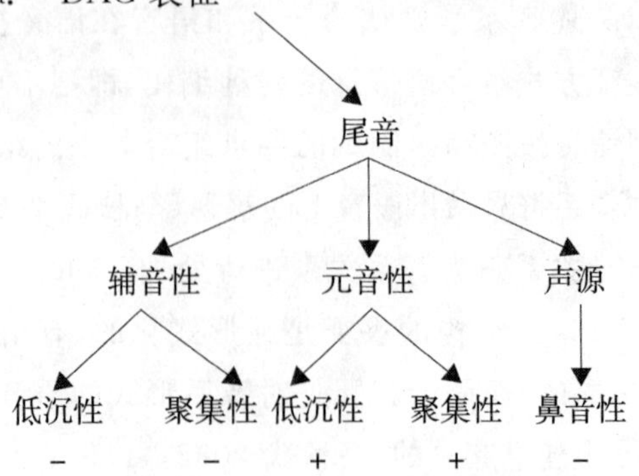

b. 特征值偶对纵陈表征

```
[尾音：[辅音性：[低沉性：－
                聚集性：－]
        元音性：[低沉性：＋
                聚集性：＋]
        声源：[鼻音性：－]]]
```

这样，英语单词 full 的音系表征可以按照音节组合规则(3)表示(4)。

(3)音节规则

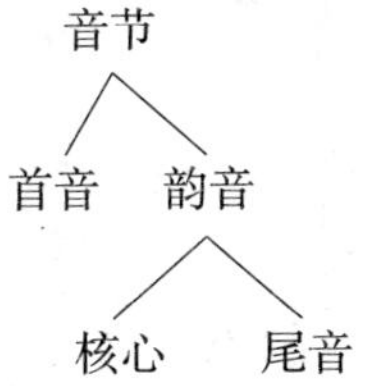

(4)full 的音系表征

a. DAG 表征

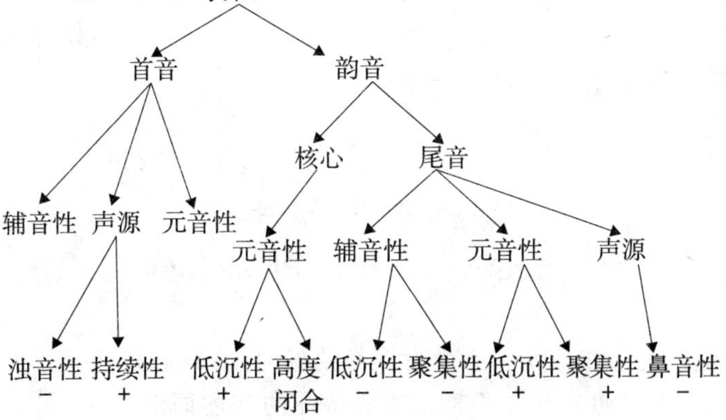

b. 特征值偶对纵陈表征

```
[首音：[声源：...
        辅音性：...
        元音性：1]
 韵音：[核心：[元音性：1[高度：闭合
                        低沉性：＋]]
        尾音：...]]
```

（马秋武 2002）

DAG 表征和特征值偶对纵陈表征这两种表征方式实际上是相同的。DAG 类似于非线性生成音系学所使用的树形图，但也有所不同。Coleman (1992:11)指出，它在三个方面与树形图不同：(1)DAG 是无序的。图示本身具有结构层次之间关系的信息，已经说明各成分节点之间的先后顺序，排序就显得多余了；(2)DAG 上的某些节点，可以有一个以上的母节点，这样可以用它来说明同化等语音现象；(3)DAG 的某些节点也可以有一个以上的根节点。(马秋武 2002:42)

5 总结

陈述音系学是 20 世纪 90 年代形成和发展起来的。虽然是在研究生成音系学的一些非线性理论之后提出来的，但其理论基础是统一语法，因此在很多方面不同于生成音系学。它主张没有任何推导转换和改写规则，且只有一个音系表征平面，通过直接制约这个表层层面的音系结构形式来达到严格制约的目的。在陈述音系学中，制约是音系描写的一部分，而音系规则也已经成为音系表征的一部分，只是用来说明哪些音系结构形式是合格的，哪些是不合格的。在音系表征中，陈述音系学家通过对音系各结构成分的时长和参数进行研究，从而做出语音解释。由此可见，陈述音系学是一种单层面的、无推导、无转换的、且高度形式化的音系学，因此具有计算上的可操作性，并引起了音系学家的高度关注。但这一理论是否真的如陈述音系学家所说的那样理想还需得到进一步验证。

陈述词汇音系学
Declarative Lexical Phonology

20 世纪八九十年代是音系学发展较快的时期，继陈述音系学和词汇音系学之后，90 年代初又出现了兼具二者特征的陈述词汇音系学[①]。陈述词汇音系学的提出者是英国语言学家 John Coleman。1995 年，他的“陈述词汇音系学”一文选入了朗文语言学文库(Longman Linguistics Library)中的论文集《音系学前沿》(*Frontiers of Phonology*)，成为这一时期重要的、前瞻性的音系学理论。

1 陈述词汇音系学产生的必要性

Coleman 的“陈述词汇音系学”是一篇长达 50 页的论文，但作者仅在该

① 这一部分是依据 Coleman(1995)编译而成。

文章的最后一部分对陈述词汇音系学的理论框架做了描述。而在此前六部分中，作者对这一理论产生的必要性做了详细的论证。其中的基本观点可大体总结如下：

首先，SPE 理论具有局限性；

其次，管辖音系学对初步解决 SPE 理论中所存在的问题做出了尝试，但不如预期的那样成功；

再次，无法由管辖解决的问题，可通过陈述词汇音系学的方法来解决。

SPE 理论中的不足之处，近二三十年来一直为音系学家所关注，后 SPE 时期的音系学理论，大都或多或少地指出了 SPE 理论中存在的各类问题，并提出了相应解决方案。Coleman(1995)认为，SPE 中最明显的问题在于转换的力量过大，可以通过加强制约(constraint)来解决这一问题。对于加强制约的作用，Kaye 等学者提出的管辖音系学做了很好的尝试。然而，Coleman(1995)注意到，管辖音系学并未从根本上解决问题。其中最明显的问题在于：尽管管辖音系学标榜自己“不含任何规则系统”，但却仍然属于推导模式(derivational model)，其使用的手段实质上“就是转换规则，只不过名字不同而已。”(Coleman 1995:344)因而，管辖音系学“与它所试图取代的(SPE)模式一样，并非制约型的”。(同上)

2　陈述、制约与非推导性

Coleman 认为，增加制约的种类与数量，无助于问题的根本解决。新的理论应当是非推导的模式(underivational)，即应当是陈述的(declarative)、单层的(monostratal)、单调的(monotonic)、非转换的(non-trasformational)的理论。(1995:352)在以此为指导思想的音系学理论中，合格的音系表征应当符合下列制约：

1. 结构上的制约：音节结构制约(而不是先前的“音节化规则”)、节律结构制约、词汇结构制约、语素结构制约。
2. 姐妹结构成分线性顺序的制约，与参数节律理论中的制约相同。
3. 音系客体集合(set of phonological objects)的制约：如特征共存限制、细节蕴涵(羡余规则)。
4. 合成语音解释(compositional phonetic interpretation)的规则：解释(可发音性[pronounceability])的存在，是音系学形式主义中的语义制约。(在句法理论中，这类制约被称为“语义过滤”。)

(Coleman 1995:354)

总之，在 Coleman 的模式中，制约取代了规则，非推导的过程取代了推导的过程。

如果说陈述方法是陈述词汇音系学的理论框架的话，词汇规则则是往框架中填充的内容。陈述词汇音系学也和词汇音系学一样，把构词过程和音系过程置于统一框架下研究。Coleman（1995）对 Halle 和 Mohanan（1985）的词汇音系学规则再次进行研究，从而为陈述方法提供实证，使之具体化。Halle 和 Mohanan（1985）提出过 5 条词汇音系规则，即：

1. 分析节律结构（含音节结构）的规则。例如，重音规则、鼻音前 g 删除规则、n 删除规则、非舌前删除规则、l 音节重组规则。
2. 节律结构的语音解释规则。例如，C_iV 延长规则、s 带声化规则、缩短规则、元音弱化规则、元音紧音化规则、词干尾延长规则。
3. 元音转移规则。例如，元音转移规则、ɫ 音降低规则、双元音央音化规则、双元音化规则。
4. 腭音同化规则。例如，软腭音软化规则、ɫ 音延长规则、擦音化规则、j 插入规则、腭音化规则、j 元音化规则、j 删除规则。
5. 音节结构的语音解释规则。例如，鼻音同化规则、æ 紧音化规则、l 软腭化。

（Coleman 1995：365）

这些规则显然都是推导性质的。Coleman 尝试对其进行重新分析，使之具有非推导的性质：

1. 标为“分析节律结构（含音节结构）”的那组规则，可以由不受语境限制的节律结构规则取代。由于不受语境限制，无论在何处应用均可得到相同结果。
2. 标为“节律结构的语音解释规则”的那组规则，与羡余规则类似。在词汇表征形式中未出现的特征，可以以节律结构为基础预知其存在。
3. 标为“腭音同化”的那组规则，可由“高、前”特征赋值分布的自主音段分析的节律描述来代替，其赋值从音节核到音节首。
4. 标为“音节结构的语音解释规则”的那组规则，与标为“节律结构的语音解释规则”的那组规则类似，词汇表征形式中未出现的特征，可以以音节结构为基础预知其存在。

(Coleman 1995:366)

上述四种情形均回避了随结构而变化的规则，而是采取了合作式的结构构建规则(cooperative structure-building rules)。并且，Coleman 的这种规则不具顺序性，这一点同样与 SPE 音系学不同。不随语境而变化、不具顺序性，这两点是陈述词汇音系学规则的最重要特征，同样也是陈述词汇音系学区别于 SPE 等模式的重要特征。

3 验证陈述词汇音系学的实例

Coleman(1995)从 Halle 和 Mohanan(1985)中选出了若干实例用来支持对词汇音系现象非推导的、陈述的分析。在本节中，我们以“s 带声化”为例，简要对其加以说明。

所谓“s 带声化”指的是某些同根词中辅音/s/与/z/的交替。例如，Malthu[s]：Malthu[z]ian，Cauca[s]us：Cauca[z]ian，以及 re[z]ign：con-[s]ign，re[z]ist：con[s]ist 等。Halle 和 Mohanan(1985)用下面的规则解释了这一现象：

```
(1)       [－辅音性]   ____   [－辅音性]
           /      \      |         |
s→z/      X        X     X         X
           \      /
              R
```

Coleman 则将其简化为：

(2)/S/$\sqsupseteq$［＋有声］in env. $\acute{V}\_\ ]_{ml}\ \breve{V}$ 或 $\breve{V}\ [_{ml}\_\ \acute{V}$

其中，/S/是超音位，究竟应当发不带声辅音还是带声辅音取决于该辅音的位置。当位于元音之间(intervocalic)时，发带声摩擦音/z/，其余情况则发不带声摩擦音/s/。陈述词汇音系学中引入了中间辅音(interlude)[①]这一术语，因而(2)可以再度简化为：

---

① 术语 interlude 最早为 Hockett(1955)所使用。按照 Coleman 的说法，这一术语指的是单个的辅音，而不是辅音丛，如果认为 interlude 是辅音丛的观点，则是对这一术语的误读(1995:371)。Trask(1966)也将其理解为辅音丛，因此《语音学与音系学词典》中将其译为“中间辅音丛”。本章依据的是 Coleman(1995)，故将其译为“中间辅音”。

(3)[中间辅音:S] ⊇ [+有声]

此外,上文中已交代,陈述词汇音系学中的规则不具有顺序性。这一特性在此例中亦有所表现。例如,在 Cauca[s]us : Cauca[z]ian 这一组语音交替中,变化了的音不仅仅为辅音,元音也经历了由弱到强、由短到长的变化,即所谓的 C_iV 延长。在 SPE 音系学中,辅音变化规律和元音变化规律的应用有先后顺序,而在陈述词汇音系学中,二者结合并同时发挥作用。Coleman(1995:372)将其记为:

合格的(Ø)↔ … C_iV 延长(Ø)& s 带声化(Ø)…

连接音系学

Connectionist Phonology

连接主义[①],又称联结主义(崔刚,姚平平 2006),是认知科学的一个主要流派。连接主义模型的建立以大脑的神经生理学为基础,力图融合认知所需的各种功能特性。设计的连接网络(connectionist network),又称神经网络(neural network),模拟假设在大脑中起作用的各种结构和过程。网络的处理单位叫做"神经元"(抽象意义上的)或"节点",每一个单位从与其连接的其他单位获取信息,从而(按某一数字公式)或被激活或被抑制。神经活动的方式代表网络处理的数据。连接主义语言理论将一种基于数字计算而不是符号操作、模拟认知功能的计算框架应用于语言学。在描述语言处理过程时,节点可以是一个语言的基本单位,例如词,而连接则是与之相关的因素,例如语义相似性。这些单位或节点不传递符号信息,只传递数值。每个节点都与许多其他的节点相连接,节点相互之间同时协同进行信息处理的工作,并相互密切连接构成一个复杂的网络体系。

一项特定的解释,如对言语输入数据的解释,很可能取决于许许多多相关单位的活动方式,即所谓的分布表征,这些相关单位的特性只能用统计分析得出。由于所有处理单位的计算是共时进行的,这种处理又叫做平行分布处理(parallel distributed processing)。(Crystal 2002:77)平行分布处理只是连接主义模型中的一种。这种理论与借助一套规则来转换表征形式的句子处理理论相对立,它也不承认说话人有生成意义上的内在化(internal-

① 这一部分的内容基本上是根据 Bird(1995)编译而成。

ized)语法这一观念。Rumelhart，Hinton & McClelland(1986)列举了平行分布处理模型的八个基本特征：(1)一系列的处理单位；(2)激活状态；(3)每个单位的输出功能；(4)单位之间的连接模式；(5)通过网络连接的激活传播模式的传播规则；(6)把一个单位所接受的输入与该单位的现行状态相结合产生新的激活状态的激活规则；(7)通过经验调整连接模式的学习规则；(8)系统运行所处的环境。(崔刚、姚平平 2006：5)

Bechtel & Abrahamsen(1991)在上述平行分布处理模型的八个特征的基础上，总结了连接主义模型的四个基本特征：(1)单位之间的连接；(2)单位的激活功能；(3)用于调节单位之间连接的学习程序；(4)对网络进行语义解释的方式。Medler(1998)将上述四个特征概括为连接主义的三个基本原则：第一，信号的处理由基本的单位进行；第二，处理单位与其他单位平行连接；第三，处理单位之间的连接具有不同的权重值。连接主义的应用领域包括语言使用的非离散(non-discrete)和统计特性的模拟，心理语言学、神经语言学和计算语言学(如自动言语识别 automatic speech recognition，ASR)的语言处理研究。(Crystal 2002：77)

连接音系学，又称连通音系学，将连接主义理论应用到音系研究中。连接主义理论认为，复杂的认知能力来自于简单处理单位，即神经元之间的互动，像语言这样的复杂行为反映了这些神经网络的比较基本的特点。下面介绍 Goldsmith 和 Larson(Goldsmith 1989，1991，1992，1993a，1993b，1993c；Goldsmith & Larson 1990，1992；Larson 1990，1992)的方法。这个方法基于简单线性模型中的延展式激活(spreading activation)的意念(notion)。Goldsmith(1993c)提出节律栅(metrical grid)的网络模型。

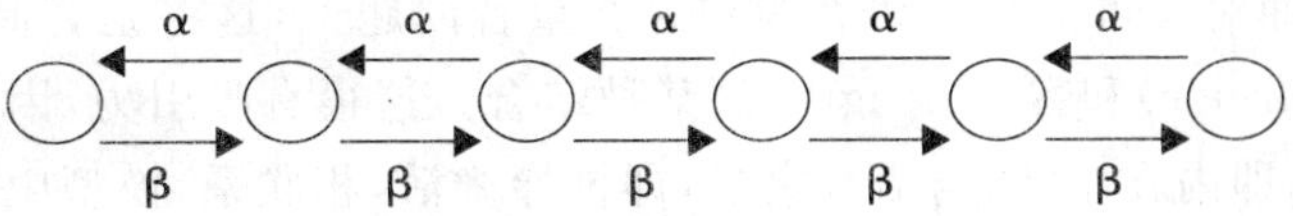

(Bird 1995：19)

这个模型由一系列单位组成，每一个单位对应一个音节，或者是其他音系实体(entity)。每一个单位有一个激活层面，处于范围(range)[−1,1]。这些弧代表了邻接单位之间的抑制关系。某个单位 i 的每一次激活 X_i 用下面的函数(function)计算。

$$X_i^{t+1} = K(i) + \alpha. X_{i+1}^t + \beta. X_{i-1}^t$$

(Bird 1995：19)

特征函数 K(i)是单位 i 的内在激活(inherent activation),α 和 β 是常数(constant)。一旦系统稳定了,其激活大于邻接单位的这些单位对应重读音节,而所有其他的音节都是非重读的。作为此模型操作的范例,假设 α=-0.5,β=0,对于 n 单位的序列,K 被定义为:

$$K(i) = \begin{cases} 0.7, & i=1 \\ 1.0, & i=n-1 \\ 0, & \text{其他} \end{cases}$$

(Bird 1995:20)

用 3~6 个单位操作这个网络,得出下面的结果。

音节数量	重音模式	值
3	σσ́σ	0.20　1.0　0.0
4	σ́σσ́σ	0.95　-0.5　1.0　0.0
5	σ́σσσ́σ	0.58　0.25　-0.5　1.0　0.0
6	σ́σσ́σσ́σ	0.76　-0.13　0.25　-0.5　1.0　0.0

(Bird 1995:20)

这个方法的优点之一是,它获得了印度尼西亚语词的重音模式,没有 Cohn(1989)那一套分析复杂。Cohn 的分析是置于词汇音系学的理论框架之中的。这个结果被引证来支持 Goldsmith(1993c)的说法,即最近在连接模型方面的研究表明了音系表征形式模型的可能性。这将对音系基本特性提出比目前的模型更深的解释。然而,这个模型的结构,以及参数(parameters)α、β 和 K 的值,从某种意义上来说有任意性,所产生的解释比要取代的也深不到哪里。Gasser(1992)也注意到,没有说明一位语言学习者为了学习参数是如何进入到推导的激活层面。对这个问题有一种解答,即推导的激活层面对应可测量的语音参数。在重音问题上,这将是音高(pitch)、振幅(amplitude)和音长(length)的某种结合。这很有吸引力,因为模型把音系突显,即内在激活,与语音突显,即推导激活,相联系,模型中的理论应更能说明语料。Goldsmith 和 Larson 计算激活层面的函数可以列为下面的矩阵方程式(matrix equation)。上标(superscript)t 被省略。这个方程式描写了处于平衡状态的系统。

$$\begin{bmatrix} \chi_1 \\ \vdots \\ \chi_n \end{bmatrix} = \begin{bmatrix} K(1) \\ \vdots \\ K(n) \end{bmatrix} + \begin{bmatrix} 0 & \alpha & & \\ \beta & 0 & \ddots & \\ & \ddots & \ddots & \alpha \\ & & \beta & 0 \end{bmatrix} \begin{bmatrix} \chi_1 \\ \vdots \\ \chi_n \end{bmatrix}$$

(Bird 1995:21)

连接主义还有一个模型，使用频仍网络(recurrent networks)。Gasser(1992)将频仍网络应用到音系学。他的目标是通过一个网络学习音节结构的分布表征，这个表征可以用来进行音系方面有意义的操作。使用10个偶值(binary-valued)区别特征，再加上第11个特征，即阶值(scalar-valued)响度(sonority)特征，将音段编码。音段按序列提供给网络，如下图。音段流出现在图的下部。

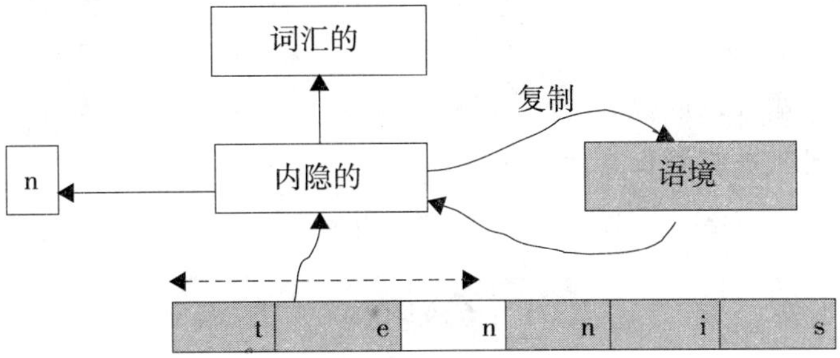

(Bird 1995:22)

在进行的每一步，网络都要检查下一个音段和语境单位，然后在输出口再现当前音段(在图的左边)，同时将内隐层复制到语境缓冲区(buffer)(在图的右边)。这样，一步一步，等到达词的末尾时，网络识别了一个词项，在词汇层面只有一个单位被激活。

一旦对准了词的集合，便给网络提供了个体音节，每一个终端都有一个边界标记。一到达边界标记，内隐层被记录为对应音节的表征，如下图所示。

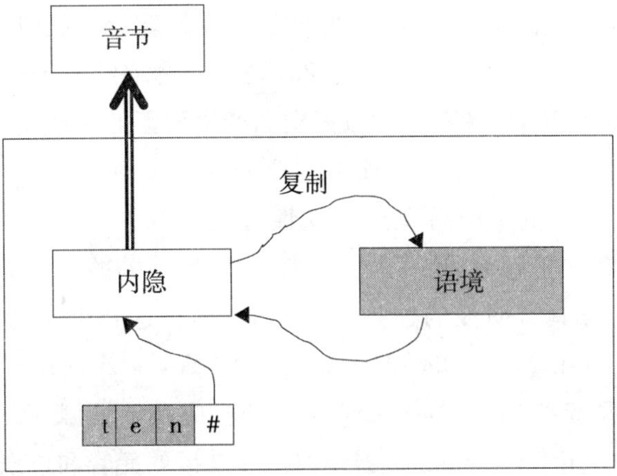

(Bird 1995:23)

以音节表征作为输入，产生网络再现了音段序列，成功率达 93%。一旦对准了合法的音节，产生网络可以“修理”(repair)非法输入。网络利用插入、脱落或修饰音段产生了正确的输出，成功率达 68%。因此，音节表征抓住了音节合格的概括，尽管音节表征不断提供响度信息作为音段表征的一部分。

音节表征也要经得起有关音系意义操作的检验。可以使一个简单的前馈网络(feedforward network)来进行下面的运作：(1)用 u 取代音节中的元音，这样 ten 就变成 tun；(2)把音节尾变成 s，这样 ten 就成了 tes；(3)如果把音节首的塞音发成擦音，发音位置不变，ten 便成了 sen。如下图所示，前馈网络出现在左侧的长方形框中。

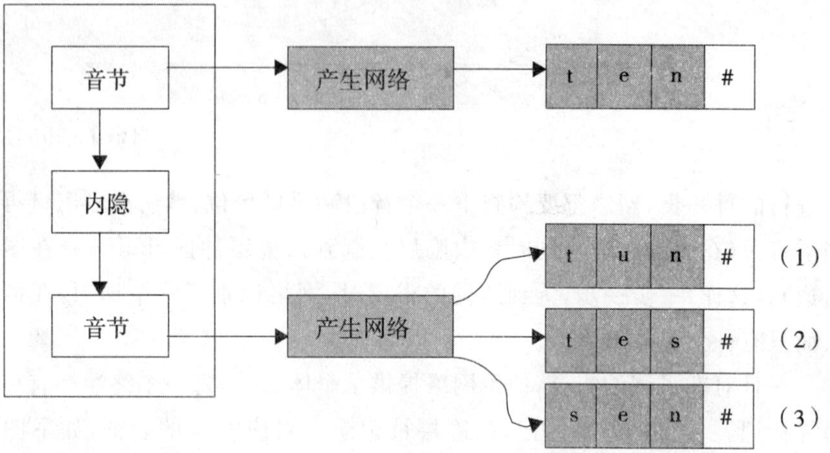

(Bird 1995:24)

对于这三个规则中的每一个规则，网络的运用高于 95%。我们可以下这样一个结论，词汇识别过程(Bird 1995:23)导致了音节结构的分布表征，这支持了 Gasser 的说法，即音系是学习识别和产生词汇的副产品。

还有一些其他分析音系的连接主义方法。例如，Touretzky、Wheeler 和 Elvgren 用连接主义网络模拟常规性音段规则。从连接主义的角度来看，他们的方法异乎寻常，是一个能力模型，运用抽象的表征层面，不像许多其他的模型那样具有明显的连接主义特点，尽管这几个学者持不同意见。(Wheeler & Touretzky 1993:169)Gupta & Touretzky(1991，1992，1994)开发了一个重音感知器(perceptron)模型，应用到分类广泛的语言中。Bellgard(1993)用 Boltzmann 机器学习土耳其语的元音和谐规律。

受连接主义启示的流行模型是优选论(optimality theory)。据 Prince & Smolensky 声称，优选论近似连接主义网络。自不待言，优选论可以在按优先顺序排列的缺省规则系统范围内进行解释。(Lifschitz 1984)值得一提的是,90年代的一些研究设法阐明优选论和基于制约的音系观点之间的关系。(Scobbie 1993;Orgun 1993;Ellison 1994a,1994b)这两种研究路径潜在的共同主题是,音系分析应该产生合格特性描写(characterizations of well-formedness),而不是大量的操作(a collection of operations),后者在具有了某些输入后协同产生合格的输出。

统一音系学
Unification Phonology

统一音系学,又称合一音系学,是在统一语法的基础上发展起来的。统一语法是基于统一的语法分析法(Crystal 2002:374)。统一就是把两种描写合并,得出一种更具体的而又与两种描写都一致的描写。例如,一个名词在一种描写D1中可能只指定格而未指定可数性,而在D2中同一名词只指定可数性而未指定格。于是,可将两种描写统一,结果是适用于原来任何一种描写的操作也都适用于统一的描写。这种方法对语法分析的好处在于,能允许语法指定对语言的各项制约而无须说明应用这些制约的次序:不管完全指定一个范畴需要多少次统一,这些统一操作可以以任何次序进行。因此,这种方法有利于计算机分解,因为它允许一个分解器先从部分描写开始,随着处理中的词库中词条的增加逐渐积累有关某个语法范畴的信息。(Kay 1984,Shieber 1986,Carlson & Linden 1987)

统一音系学理论的主要思想之一是将特征变化规则从理论框架中可用规则的列表上消除掉。下面以德语为例。在德语音系中有中和规则(neutralization rule),即最后阶段的清化现象(final devoicing,FD)。阻塞音在音节尾的位置上,其带声和不带声的音位区别已经消失。所有带声的阻塞音在音节尾的位置上都变为不带声的阻塞音。

lo[p]	赞扬(主格)	lo[b]es	赞扬(所有格)
ra[t]	车轮(主格)	ra[d]es	车轮(所有格)
sar[k]	棺材(单数)	sär[g]e	棺材(复数)
akti[f]	积极的	akti[v]e	积极的(有屈折变化的)
gra[s]	草(单数)	grä[z]er	草(复数)
oran[ʃ]	橙色	oran[ʒ]e	橙子

具有特征变化的音节尾清化规则如下：

[－响音性] → [－浊音性]/ ____ $]_{syllable}$

显而易见，规则的相关域(domain)是音节。根据音节结构的模式，语境描写的公式可以变化，或指音节界边，或指音节的最后成分。从 orange 这个最近借用词可以看出，音节尾清化规则具有很高的能产性。这条规则的确可以应用于标有[－响音性]的所有音段。德语本族词确实没有音位/ʒ/，不过，在 orange 这个词中，这个音随时都清化为/ʃ/。下面图示一下清化规则的应用过程。

图 1	图 2	
a. /lo:b/	a. /lo:b/	底层
b. —	b. /lo:b ＋ əs/	加后缀
c. 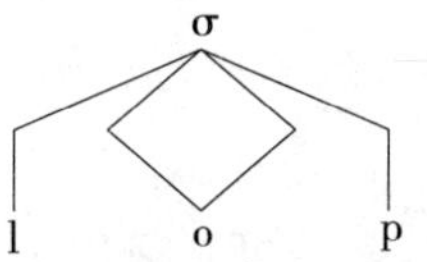	c. 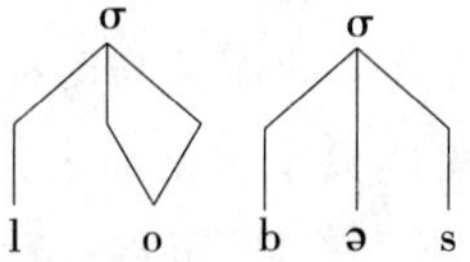	音节划分
d. 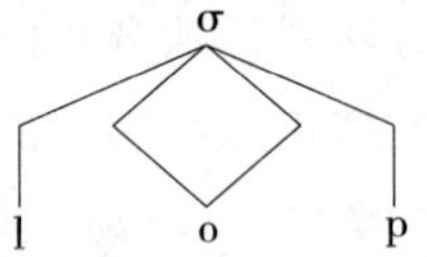	d. —	FD

(Wiese 1990:283)

在图 1 中，规则改变了特征的值。在这个理论框架中，这是必要的，因为在[－响音性]类中，带声不带声泾渭分明。因此，/b/和/p/均被指派上这个特征。图 2 表明，由加后缀引起的不同音节划分很正确地预防了清化规则的应用。

如果不用特征变化方法，可否将最后阶段的清化现象用公式表示？要考虑这个问题，需要有几个音系表征的设想。首先，依据不充分赋值理论，在底层表征中，羡余特征值不出现。对于相关的音段来说，这意味着带声的阻塞音被标为[＋浊音性]，而不带声的阻塞音这个特征不标。对于标记性的全面考虑证实了这一点：不带声的阻塞音比较常见，分布比较广，在语言习得过程中也处在早期，等等。其次，一个音段的所有特征，以一种非线性的联结方式表征出来。这里特别采用了 McCarthy(1988:105)的一种音段层级模式。在这个特征层级体系的特别模式中，所有的节点都由构成这个节点的那些特征所描写。下面这个音段特征层级体系不太全面，但是可以表征音段的绝大多数自然类。喉节点包括带声和不带声。

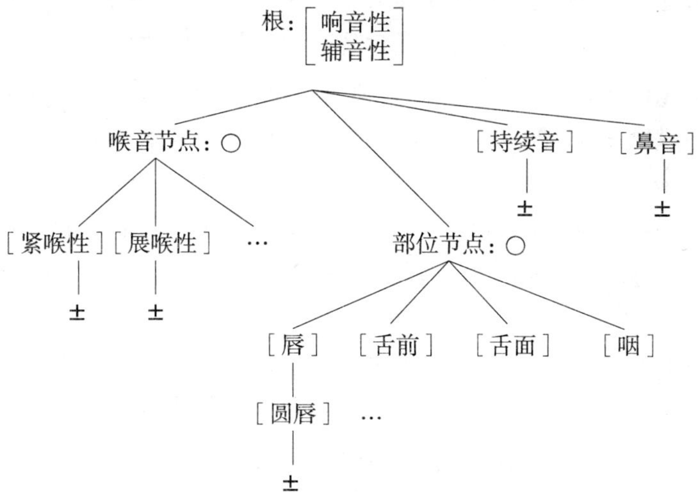

我们将这个特征层级体系解释为被允许的树形结构。这些特征只有进入了这个树形表征的关系联结网，才可以被允许。特征值沿着与根相联结的路径延展。上述的特征树形结构可以重新编码为一个复杂的特征结构。每一个特征或者从终端取一个正负值，或者从另外一个特征结构取一个值。联结关系用特征 A 来表征，并带有解释。不同实例有不同的数字个性标志。作为可能音段的一个模架，此结构不包含终端值，即正负值。如果没有赋值的话，这两个值用空的特征结构"[ ]"来表示。

$$\left[\text{根}:\left[\begin{array}{l}\text{响音性}:[\,]\\ \text{辅音性}:[\,]\\ A_1:[\text{延续性}:[\,]]\\ A_2:[\text{鼻音性}:[\,]]\\ A_3(\text{喉音节点}):[(\text{声带特征})]\\ A_4(\text{部位节点}):\left[\begin{array}{l}A_5:\\ A_6(\text{部位特征}):\end{array}\right]\end{array}\right]\right]$$

(Wiese 1990:284)

类似这种特征树或结构的操作是非常有限的。我们只允许下面两种形式操作：插入联结(insertion of association)和删除联结(deletion of association)。后者也称为去除联结(delinking)。插入联结以两种形式出现：一种是一个特征值与几个节点相联结，如在和谐和同化规则中的情况；另外一种是一个"漂浮"(floating)特征与一个节点联结(linking)。插入联结通常通过统一来实现。这里的统一指的是词项与规则模式的结合。特征结构中的信息结合起来,得出这些特殊联结关系所拥有的陈述。特别是,对某些特征缺省值(default values)的指派,通过统一这些特征结构来完成。这些特征结构用词项的表征形式表示了缺省值,而这些词项没有包含不同特征的具体值。另一方面,去除联结操作使用统一的方法做不了。(参见 Shieber 1986;Carlson & Linden 1987)然而,去除联结操作被看作是将概括(generalization)引进了理论,Shieber(1986:64)认为概括是统一的双重性(the dual of unification)。通过两个特征结构的概括,只有包含在两个结构中的信息被保留下来,其他的信息都丢失了。我们将证明,使用统一的同时使用概括将使我们可以不依靠特征变化规则来陈述德语的最后阶段清化现象。

这里提出的规则类型不允许特征值改变。下面用统一的方法来重新分析德语阻塞音的清化现象。以/d/和/t/为例,在底层用[浊音性]特征来标示。(Wiese 1990:285)

(1) a. /d/:[浊音性:+]　　b. /t/:[浊音性:[]]

这里出现一个缺省规则,在没有其他明文规定的情况下,允许[浊音性]的值和[响音性]特征的值相同。

(2) [响音性:1
浊音性:1]

现在,没有音节尾清化规则,只有合格条件如下。这个合格条件明确规定,阻塞音在音节尾是[-浊音性]。

(3) [[响音性:-
浊音性:-]]音节

在带有一个底层/d/的 ra[t]一词的推导过程中重要的一步是(1a)和(3)两个特征结构的概括,这两个特征结构带有[浊音性]不同的值。结果,[浊音性]没有赋值。下面是通过应用各种机制导致/d/清化的步骤。

(4) a. [[响音性:-
浊音性:+]]　　底层

b. [[响音性:-
浊音性:[]]]音节　　音节划分,概括同(3)

$$\text{c.}\left[\begin{array}{l}\text{响音性：}-\\\text{浊音性：}-\end{array}\right]\text{音节}$$　　缺省规则，与(2)统一

[浊音性]值的明显变化是可能的，因为有了概括和缺省规则。概括除去了值，缺省规则提供了值。必须强调的是，对德语最后阶段清化现象提出的这种处理方式比传统的分析方法多一种主要的优势。很清楚，类似最后阶段清化现象这样的中和过程总是不允许所谈的一对音位中标记性较强的成员出现，而在音节尾清化规则的形式主义方法中没有什么能从形式上阻止建立这样一条能导致一对音位中的标记性成员出现的规则。然而，在此介绍的统一音系学的理论框架可以解决这个问题。如果一个类似(3)这样的合格条件需要音节尾有一个带声的阻塞音，那么，不会有能够提供[＋浊音性]值的规则。因为不存在能和(2)缺省规则相媲美的规则。换言之，[浊音性]的中和只能导致[－浊音性]，因为存在一个很有生命力的缺省规则来提供这个值。从这个意义上来说，此理论框架提供的解决办法具有较高的解释水平，超过了使用特征变化规则的操作办法。不管是从有标记性到无标记性，还是从无标记性到有标记性，两种变化都一样复杂。

还有一些语言学家提出将统一的方法运用到音系研究中来。Broe 和 Coleman 两位语言学家都注意到基于统一的音系学和 Firth 韵律音系学之间的相似之处。Broe(1991a,1991b,1993)用统一结构和属性值(attribute-value)结构对几种复杂现象进行了韵律分析，包括印度哈罗提语(Hāṛautī)中的送气现象和 Grassmann 定律。Coleman(1990,1991,1992,1993)推出了一种基于统一的音系学，特别关注词库，以及像元音大转移(the Great Vowel Shift)、推动言语合成(speech synthesis)的语音解释这样的现象。在音系分析中使用基于统一的方法或者陈述方法的语言学家还有 Carson (1988), Chung (1990), Dirksen (1992, 1993), Pulman & Hepple (1993), Waksler(1990)以及 Walther(1993)。

属性值音系学
Attribute Value Phonology

属性值音系学①是 20 世纪 90 年代初由英国 James M. Scobbie 在爱丁堡大学就读博士学位时提出来的，他的博士论文的题目就是《属性值音系

① 这一部分的内容基本上是根据 Scobbie(1991)和 Bird(1995)编译而成。

学》(1991)。属性值音系学基于一种形式主义方法(formalism),这种方法不允许外在规则顺序,要求部分赋值以便分析交替形式,并提供定义恰当、逻辑一致的形式主义方法来表征层级结构。属性值结构形式主义方法又定义为属性值逻辑(Johnson 1988),或有向非循环图(directed acyclic graph)(Shieber 1986)。

属性值音系表征由一系列属性值结构组成,每一个结构描写类似音段大小的单位。一个合格的属性值结构由数个合格的属性值对子类组成。一个属性是集合(set)中的一项,如{高度 HIGH、部位 PLACE、主语 SUBJECT、音节 SYLLABLE、旋律 MELODY}等。一个值是一个属性值结构。最低的值,或者说终端值,在这个递归层级体系(recursive hierarchy)中,是一个原子值(atomic value),也是属性集合中的一个成员,如{+、—、属格 gen、边音 lateral、复数 plu}等。例如,原子值 boolean、gen 和 plu 将会指派给类似高度 HIGH、格 CASE 和数 NUMBER 这样的属性。

例如,给出一个单词 Andy,其自主音段的表征如下:

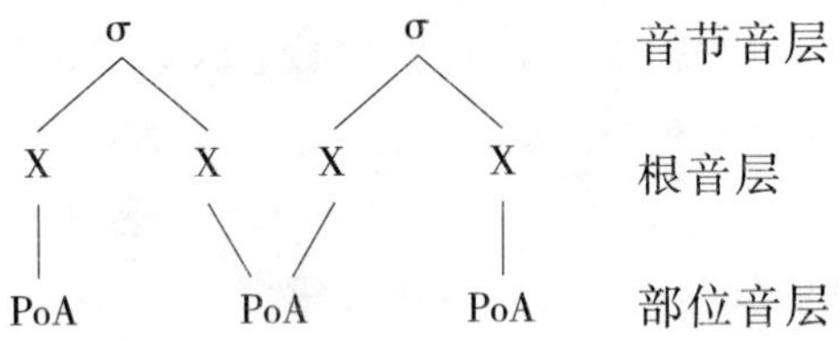

PoA 代表的是发音部位赋值(place of articulation specifications)。单词 Andy 中的 n 和 d 在发音部位上是一致的,因此共有一个 PoA。如果用属性值结构来表示,看起来要复杂一些。

$$\left\langle \begin{bmatrix} \text{MEL} & \boxed{1}\ \text{a} \\ \text{SYL} & \boxed{2}\begin{bmatrix} \text{NUC} & \boxed{1} \\ \text{E-SYL} \mid \text{NUC} & \boxed{3} \end{bmatrix} \end{bmatrix}, \right.$$

$$\begin{bmatrix} \text{MEL} & \boxed{3}\begin{bmatrix} \text{NASAL} & + \\ \text{PLACE} & \boxed{4}\ \textit{cor} \end{bmatrix} \\ \text{SYL} & \boxed{2} \end{bmatrix},$$

$$\begin{bmatrix} \text{MEL} & \boxed{5}\begin{bmatrix} \text{PLACE}\ \boxed{4} \end{bmatrix} \\ \text{SYL} & \boxed{6} \end{bmatrix},$$

$$\left.\begin{bmatrix} \text{MEL} & \boxed{7} & \\ \text{SYL} & \boxed{6} & \begin{bmatrix}\text{CONS}\{\boxed{5}\} & \\ \text{NUC}\ \ \boxed{7} & i\end{bmatrix}\end{bmatrix}\right\rangle$$

图中的 MEL 表示旋律，SYL 表示音节，NUC 表示音节核，NASAL 表示鼻音，PLACE 表示部位，CONS 表示辅音。方框内的数字表示个性标志(index)。这是 Andy 四个音段的属性值结构，每一个结构对应自主音段结构根音层的 X 空位。根音层下面的结构由 MEL 属性来表示，实际上指的是音段；根音层上面的结构由 SYL 属性来表示。前两个音段属于同一个音节，因此用个性标志方框 2 来表示；后两个音段属于同一个音节，因此用个性标志方框 6 来表示。第二和第三音段的发音部位相同，因此用个性标志方框 4 来表示。它们之间的关系属于同指或同标(co-indexing)关系。

对结构同指有一个有趣的制约，称为共享制约(sharing constraint)。在属性值音系学表征中，要求任何一个个性标志都必须指派给一个邻近的属性值结构序列。此制约，加上属性必须是单值的要求，产生了联结线无交叉制约(no-crossing constraint)。同指用在结构共享，以便表征辅音或元音双音的现象。

在属性值音系学中，除了根音层以外的其他音层不能直接可及(accessible)。音层的意念(notion)重新构建为有序通道(path)。例如，如果根音层 $R=\langle i, j, k\rangle$ 是一个属性值音系学表征，那么 $\langle i \mid \text{SYL}, j \mid \text{SYL}, k \mid \text{SYL}\rangle$ 是 R 的音节音层。音节音层的序列化由此来自于 R 音层的序列化。与音层同步，在属性值音系学中，联结也有了新的定义。当且仅当(iff) x 在属性值表征中被 y 支配，x 才能联结 y。因此，音节和发音部位赋值可以联结到根音层，但是不能反过来。

形式音系学
Formal Phonology

形式语言学在当代语言学中可谓独树一帜。自从 20 世纪 60 年代美国语言学家 Montague 创立自然语义语言学(即通常所说的"蒙塔古语法")以来，这一建立在数学、逻辑学基础上的新的语言学研究模式(尤其是语义研究模式)引起了语言学家、哲学家的广泛关注。其中自然褒贬参半,然而其巨大的影响力度,是无法否认的。有的学者,如方立(2000)甚至指出,形式语义学"在形式上的严谨性和清晰性方面完全可以跟 Chomsky 建立的转换生成句法学媲美。"

这种高度发达的数学和逻辑学手段不仅可以应用于语义学,在音系学领域亦是大有作为。1991 年,美国语言学家 András Kornai 向斯坦福大学提交其博士论文,构建了形式音系学(Formal Phonology)的理论框架。1995 年,以此论文修订而成的《形式音系学》(*Formal Phonology*)一书正式出版,标志着形式音系学[①]这一音系学流派已步入成熟。

1 形式音系学产生的背景

对任何学科的研究都不外乎两个方面:理论方面与应用方面。语言学研究也是如此。同样以语音为研究对象,音系学与言语识别(speech recognition)这两门学科可谓大相径庭。音系学属于理论研究,而言语识别则属于应用工程。所谓言语识别,主要是利用计算机对人的言语做出响应。通俗一点说,就是以语音为媒介,让计算机"听懂"人所讲的话。20 世纪 70 年代以来,这两个领域之间分道扬镳的进程大大加快了。言语识别这一领域盛行着建立在言语统计数据基础上的非结构性模式。与此同时,音系学领域的最新进展则以高度抽象化、代数化的模式为标志,有些理论模式甚至完全忽略了言语的实现形式。

工程技术的发展需要方法论的更新,否则工程技术就不会有所突破。然而遗憾的是,当代音系学的发展并未对言语识别产生太大的影响。即使是类似区别特征这种为音系学界广为接受的概念,也未能进入言语识别这一领域。

那么,言语识别这一领域是否真的不需要音系学理论作为指导?Kornai 对此的回答是否定的。言语识别领域成果丰硕的 Markov 模式,在 20 世纪七八十年代并未取得太大进展,处于一种缺乏新的理论突破的尴尬境地。Kornai 对此的建议是:"对言语工程来说,最好的概念工具来源就是音系学。"(1995:xiv)是否可以把音系学理论引入言语识别?音系学是否也可以从这一过程中受益?Kornai 的形式音系学旨在架起这两门学科之间的桥梁,从而对这些问题做出积极的探索。

2 Markov 模式与自主音段音系学的互补

Markov 是俄国著名的数学家,因其对随机过程(stochastic process)的

① 这一部分的内容基本上是依据 Kornai(1995)编译而成。

研究而著称，其随机过程理论被后人称为 Markov 链（Markov chain），在众多领域均有广泛应用，其中包括言语识别。所谓言语识别，就是经由计算机，将话语信号转化为电脑文本，不必借助键盘和鼠标，就可实现文字录入。Markov 模式在这一过程中起了重要作用。然而，始终困扰言语识别这一领域的，是言语的识别率问题。例如，有的言语识别系统要求说话者在词与词之间留出停顿，既不经济也不实用。“缺乏同步性（synchrony）……已成为标准 Markov 模式面临的严重问题。”（Kornai 1995：170）

在 Kornai 看来，此问题悬而未决，原因之一在于言语识别与音系学这两门学科的脱节。言语识别的某些缺陷，可以由音系学理论来弥补。例如，Markov 模式较难处理词以上的较大语言单位，而这一问题可由自主音段音系学理论进行弥补。自主音段音系学和 SPE 音系学都比较注重次音段的研究（即区别特征研究）。而自主音段音系学的优势在于，其理论不仅仅以次音段（subsegmental）单位为基础，而更以超音段单位（suprasegmental）为基础。这一特征正适用于对较大语言单位的分析处理，与 Markov 模式构成了互补。因此，大胆地将类似区别特征的概念引入言语识别中，有利于这一领域的纵深发展。

区别特征这一概念是音系学的经典概念之一。早在布拉格学派音系学的时代，区别特征就已相当成熟。SPE 理论的诞生更是使区别特征成为音系学的核心概念之一。对于言语识别来说，最具实用价值的是自主音段音系学理论中的区别特征。传统 SPE 模式中的区别特征具有同时性。例如，音位序列/tam/的区别特征可表示如下：

＋辅音性	－辅音性	＋辅音性
－浊音性	＋浊音性	＋浊音性
－鼻音性	－鼻音性	＋鼻音性
……	……	……

这种整齐的排列往往会给人们带来错觉，音段之间、区别特征之间均存在整齐的边界。而在实际的言语活动中，音段及区别特征之间的边界十分模糊，更接近于自主音段音系学理论中所展现的关系。

<table>
<tr><td>＋辅音性</td><td>－辅音性</td><td>＋辅音性</td></tr>
<tr><td>－浊音性</td><td colspan="2">＋浊音性</td></tr>
<tr><td colspan="2">－鼻音性</td><td>＋鼻音性</td></tr>
<tr><td>……</td><td>……</td><td>……</td></tr>
</table>

Goldsmith（1976）曾称这一现象为绝对段分假设（absolute slicing hypothesis)的失败。话语无法像早期经典音系学家设想的那样,可最终切分为按线性顺序排列的音段。

3 高度形式化的音系学系统

自主音段是形式音系学的重要理论依据,但形式音系学的根本目的在于沟通音系学与言语工程学,因此形式音系学中的自主音段必须高度形式化,以适应计算机的运算需要。计算机是如何识别言语链的,由言语链到计算机字符需要经历哪些过程,这些问题均不是本书所要解决的问题。因此,在本节中,我们仅仅选取几个例子,来说明形式音系学是如何对自主音段概念进行形式化的。

音层(tier):音层是自主音段音系学的核心概念之一。形式音系学中的音层,是一个有序对(ordered pair),如(Z,H)。其中,H是音层名,Z是有序的整数组,其顺序用符号＜以及符号＝表示。与自主音段音系学不同,形式音系学中的音层无须使用音段性、声调性、后位性等表示,只须使用抽象的字母H,I,J……表示即可。音层中包含韵律(melody),如音层H可包含韵律 $t_0t_1t\cdots\cdots t_n$。当起始位置为 k 时,t_0 与 k 建立映射(mapping),t_1 与 $k+1$ 建立映射,以此类推,直至 t_n 与 $k+n$ 建立映射。即 t_i 与 $k+i$ 形成映射关系,i 的自变量范围为 $0 \leqslant i \leqslant n$。当 i 的值超出此范围时,函数值为空符(blank symbol)G。

联结(association):联结是自主音段音系学中的又一重要概念。在形式音系学中,联结同样可实现高度形式化。例如,音层H包含韵律 $h=h_0h_1\cdots h_n$,音层S包含韵律 $s=s_0s_1\cdots\cdots s_m$。两个音层由联结线(association line)联结,形成联结关系(association relation)。在形式音系学中可以用 (i,j) 表示韵律 s 中 s_i 与韵律 h 中 h_j 的联结。

自主音段音系学中的联结规则在形式音系学同样有所体现。例如,自主音段音系学中不允许出现"悬垂联结线"(dangling association line)。形式音系学同样规定,s_i 及 h_j 都不为G。形式音系学还规定了联结的合格性(well-formedness)。在形成联结关系的 $(i,k)(j,l)$ 中,当且仅当 $i<j$ 与 $k>l$ 不同时成立时,该联结才合格。此处的＜和＞均表示顺序,若 $i<j$ 与 $k>l$ 同时成立,则意味着此联结中出现了交叉关系。这种交叉关系是自主音段音系学中的联结线无交叉制约(No-Crossing Constraint)所明文禁止的。

概率音系学
Probabilistic Phonology

概率音系学虽然是一个崭新的流派，但是概率的提法并不是很新。最近十几年，概率语法在计算句法学和言语识别方面起到了很大的作用(Solomonoff 1997, Charniak 1993)。然而，不论在句法学还是在音系学方面，概率的提出在主流语言学上还不广泛被人所知。到目前为止，我们在概率音系学和形态学方面所做的工作相对来说还是很少的(Goldsmith 2001)。因此，用概率的方法研究音系是新生事物。

音系学主要研究可以区别意义的语音结构，人们能够运用相关的知识建立一种抽象的音系生成理论。一个可以流畅地使用某种语言的人可以用本族语词汇层次的音位变体造出新词，也可以将外来语词纳入本族语的语音配列，创造出含有音系变化成分的新词。Baayen(2001)提出了一种能不断造出新词的计算方法。不管一个研究者处理多么庞大的语料，大量语料的增长是附加词汇的增长。所以，我们可以说，"音系同句法一样具有能产性，可以表征新的意义，人们可以通过合并我们熟悉的部分产生新词"(Pierrehumbert 2003:177)。"语音范畴将概率分布于参数化的语音空间。被看作是语音范畴序列的词形，也可以在语音空间的时间顺序上被分派概率"(Pierrehumbert 2003:181)。因此，"语言可以从统计中得到加强，并且这种强化形成了不同平面上的特征"(Pierrehumbert 2003:182)。

1　概率音系学的内涵

概率音系学与统计学的知识相关，它需要我们给不同的变体进行概率分布。要想获得一种语言的音段就要获得语音距离上的频率分布。"因为一旦有变体出现，这些变体就很抽象，所以原则上我们可以给不同的变体指派概率分布以使我们得出科学的结论。"(Pierrehumbert 2003:178)"音系的能产性表明人们已经可以内化一个抽象的系统从而把复杂的形式转化为简单的部分，语言学家们对如何内化这个抽象复杂的系统已经有了明确的科学目标。"(Pierrehumbert 2003:195)

传统概率统计学的理论目标是精确地计算某一特定的事件发生的可能性在随机事件中发生的概率是如何的小，这样就有一种误导的倾向在里面。因为音系学家们所关心的并不是某一特定事件发生的概率是如何之小，当然也不是在随机事件中，所以音系学家们一开始对概率模式没有兴趣就不足为怪了。

概率音系学建立了一种新型的概率模式。用概率统计的方法建立语言学的模式让我们形成了一种对于语言学的新的观念。语法是语言数据的科学模式，而不是在说话人头脑中存在的模式。Goldsmith(2003)认为：主流的语言学并不是一门认知科学，像心理学，尽管这并没有减弱心理学家研究人类运用语言的兴趣。语言学是一门追求语言数据的科学，我们对它有兴趣是因为语言是特殊的有关人类和象征的活动。语言学教我们如何处理语言，不是简单地用生理器官，像大脑等。

掌握音系类型的规律需要对大量体现该规律的单词进行研究。许多统计结果都表明：从任意抽取的少量单词样本中我们可以推断出音系方面可靠的结论。通过增大样本的数量，我们还能推断出共同的语法规律。我们将概率分布引进概率音系学的研究，建立一种模式使它成为能提供处理可变的数据(variable data)和相关斜率(gradient)的直观的工具。然而，我们不能不说这种处理方法有些绝对化。在概率模式下，我们给特殊的结果分布极端的概率：即不会发生的事件概率分布为0，确定发生的事件概率分布为1。

事实上，概率模式或语法的发展离不开计算机的帮助，我们需要计算出一种语音系统是如何用计算程序来表示，然后将这种程序输入计算机。我们把这种模式称为抽象模式(abstract model)。这种抽象模式将音系表现为计算机程序，能够将大量输入的语音数据制成一种特定的模式。具体一点来说，它能够制造一种有关任何观察体的模式。这种模式能够用来进一步分析我们给定的语言数据。总之，这种来自概率音系学角度的抽象模式与我们所熟悉的生成性模式(Chomsky & Halle 1968)相比总是具有很高的概括性。抽象模式总是能够接收许多不同体系的语言数据，并用一致的方式来分析它们。简言之，生成规律是一种人为的模式，而概率模式是一种机为的模式。

本文通过这样一个计算机程序来说明概率音系学。从某一个给定的语言中输入一些单词，这些单词都是标准的拼写法和音系表征，并且有些单词标注了词汇频率。从一个计算机中接收这些材料并做出多个图表，以便计算出每一个单词的音系复杂度(phonological complexity)。也就是说，从信息论(information theory)的角度计算出每个单词的平均信息内容，然后用这种方法将单词分类。这样我们就可以通过计算机的浏览器从头到尾对这些单词进行检索。这种程序在进行音系分析的时候并没有该语言的相关知识。

概率音系学所用的这套语音注释系统可能比较陌生。这套注释系统比我们熟悉的国际音标系统(the IPA)更优越,因为它仅仅用字母表上的26个字母来代替所有的发音,但是许多表示音位的符号并不是很明显。举例来说,the 的带声擦音拼写成 DH,央元音/ə/拼写成 AH0。一般来说,每一个元音结尾都有一个数字来表示重音。以两个字母开头的元音,如果第二个字母是 H,那么该元音是松元音,当第二个字母是 Y 或 W 的时候,则是紧复合元音(Jurafsky & Martin, 2000)。从英语分析的列表中,我们还可以得出这样的结论:规律性差的单词平均概率最低,这样的单词最不像英语本土词汇,这些词主要是外来词和拟声词。

在对英语和日语的语音进行分析的过程中,我们得出这样的结论。在英语中,有规律性的词平均复杂度较低,这些词基本上是本土词汇,例如:the、hand、of、and 等等。对于日语的分析,我们也能看到,规律性差的单词主要是外来语的借词、复合词和拟声词,而规律性强的单词是日语中的本土词汇。这些英语和日语单词的排列表是按照平均概率(average probability)排列的,这是概率模式的特点。

概率音系学和形态学给人启示最大的一个方面是建立了让语言学家们明确思考相关问题的模式,而这些问题在他们建立非概率模式时很少给予关注。从某种意义上说,概率音系模式由非概率模式加上一些数据组成,概率模式在本质上并不比非概率模式简单或结构性差(Goldsmith 2003)。

2 概率音系学的模式

概率音系学的两个基本特点是:第一,它必须定义并描述该域内可能事件的全部特征,也就是说某一语言 L 的所有可能的话语;第二,它必须给每一个事件指派一个非负数(即 0 或正数)为概率,所有这些概率相加之和为 1。大体上说,可能话语全域(universe)越大,相对来说平均概率越小,加在一起之和为 1。在概率领域中,可能话语全域被称为样本空间(sample space),相加之和为 1 的一套非负数被称为分布(distribution)。我们分派给每一段话语的概率是由我们自己设计的超过话语片段特征的数学上的功能决定的。当我们建立音系模式的时候,话语的概率将被超越音系片段的特征所决定,如音位、顺序以及音系组织等,我们称之为音系表征。我们的目标是计算出音系表征是如何有助于指派概率的(Goldsmith 2003)。

当我们建立概率模式的时候,我们给该模式的每一个片段(small sub-pieces)指定概率,这些概率与我们直接的观察紧密相关。目前,这些概率是指定给特定的音位的。在给单词指定概率时基于两点：第一，我们的理论抽象模式；第二，基本单位的概率。

Goldsmith(2003)提出两种模式：单构词成分模式(unigram model)和双构词成分模式(bigram model)。单构词成分模式是指该模式假定单个的音位能被指定一个概率，那么一系列音位的概率就是其中每个单个音位概率的乘积。此外，我们还假设所有的单词都由一个特定的符号#标明结尾。这套概率不仅指定给单个的音位，还指定给该语言中所有可能的单词。这是两个不同的领域，二者之间没有重叠。也就是说，一个单词至少有一个音位，必须以符号#结尾。在该模式下，我们假定顺序在计算概率时不起作用。简单说来，一个语符列的概率是其中每一个音位概率的乘积。因为概率总是在0和1之间，它的对数(logarithm)是负数或0，因为我们习惯用正数，所以常用－1乘以概率的对数，这样可以得到一个正数。在概率音系学中，我们习惯称之为正对数概率(positive log probability)。

正对数概率比概率本身要方便很多，因为对数概率可以相加而不是相乘。在单构词成分模式下，我们只需将单个语音片段的对数概率相加即可。把对数概率相加使计算简单起来，A乘以B的对数概率等于对数概率A加上对数概率B。这样一来，一系列音段的对数概率是每一个音段的对数概率之和。我们也可以较容易地计算出某个给定的单词的平均对数概率：先计算出总对数概率，然后除以单词中音段的数量。这个平均对数概率就构成了在单构词成分模式下，该语言中某个单词的音系复杂度。

通过计算，我们发现规律性差的那些低概率的单词确实是外来词，但是规律性强的单词是些奇怪的单词。在对日语的分析也发现，那些奇怪的单词几乎是由元音构成的，其原因是日语中元音要比辅音容易区别，所以出现频率最高的音位是元音。在英语中，我们发现规律性强的单词是那些低频率的音位，基本上是央元音/ə/、/a/和舌前(coronal)辅音。

在单构词成分模式中，单个音位的概率是独立于它左边的音位的，也就是假定音位与相邻的音位没有关系。对于一个单词来说，一个单词的概率是每一个音位的乘积，由左边的音位决定。我们可以这样写：用方括号标记S[i]，S是任意的语符列(string)，i表示符号在词中的位置。当W＝pit时，W[3]＝t。比如，我们要计算和观察一个给定音位P的频率。如果它紧跟着音位Q，则表示为概率(P|Q_)，读成“当左边音位是Q的时候，便是P的概率”。

当我们从一个语料中计算词的频率时，用那些频率作为概率并计算出每个单词的概率作为所有条件概率的乘积。可表示为：

$$\prod_{i=1}^{n=length(S)} prob(S[i] \mid S[i-1]\_\_)$$

(Goldsmith 2003)

这种模式被称为双构词成分模式。因为绝大部分的语音特征都很集中,所以我们应当观察音系复杂度,如平均对数概率。如果我们将两个音系合格的词放在一起,其结果是大体上构成音系合格。如果我们通过平均对数概率将一个语料中的单词排序,排序结果可以直观地体现单词的音系合格。双构词成分模式做出的图表能体现给定的某个单词是否适合该语言的语音配列。

概率音系学与音系学家的语音配列的不同之处在于:第一,概率的分析并不区别好坏和内外,它仅仅是一个数字,用它来进行排序;第二,概率仅仅是一个数字,与区别性特征和音系类别无关;第三,有关概率的信息如果放在一起是很多的,概率分布在广泛的统计数字中。以上两种模式并没有在是否违反语音配列方面建立绝对的界限。语言研究表明,这是比较合适和准确的。语言聚集单词就像太阳聚集行星,有一些近有一些远,我们要做的是计算出联结二者的力(Goldsmith 2003)。

根据概率语法的理论,概率音系学关键一点是:采取必要措施,提高语料的总体概率。找到任何有意义的规律性将有助于提高语料的总体概率。我们只需要计算出整个语料的正对数概率,也就是每一个单词的正对数概率之和。从这个意义上来讲,增大概率就相当于减小正对数概率。

通过对英语语料的计算,我们发现:在单构词成分模式中,计算得出的对数概率是 1,883,085,而在双构词成分模式中,计算得出的对数概率是 1,559,194,前者比后者提高了 17%。双构词成分模式下的总体正对数概率要比单构词成分模式下的总体正对数概率要低。因此,双构词成分模式下的概率要比单构词成分模式下的概率要高。在具体应用中,我们倾向采用双构词成分模式。

3 概率音系学的功能

运用该理论,我们可以确认某一给出的单词来自哪一种语言。通过计算某一个单词在每一种语言的概率,选择概率最高的语言,则该单词就是从那一种语言来的单词。比如,我们假定一个单词 Mitsubishi 和某特定的语言系统,如英语和日语,如何决定该词 Mitsubishi 是来自英语还是日语呢?

确定单词出自哪种语言会有助于确认一个文件中的文字是哪种语言，从而正确运用自动拼写审校器(spell-checker)进行机器自动翻译；还有助于研究使用多语的人自动正确转换使用不同的语法，使得他们能够听说不同的语言。另外，它还可以帮助人们在某种语言中分辨亚语言(sublanguage)。比如，在英语中，可以将拉丁词汇从日耳曼词汇中区分出来；在日语中，可以将汉语借词以及外来语借词从日语本土词汇中区分出来。

在具体操作中，我们首先要建立概率的体系，计算出某一个单词(Word,W)的概率、某一种语言(language,L)的概率和W在L中的概率。将W的概率在不同语言系统中做比较从而得出结论。Bayes法则告诉我们如何具体计算：一种语言L中单词W的概率等于W的概率乘以L的概率再除以W的概率。Bayes公式(同济大学数学教研室 1982:35～37)表示如下：

$$P(A|B)=\frac{P(B|A)\ P(A)}{P(B)}$$

$$\text{事件 B 出现时事件 A 的条件概率}=\frac{\text{事件 A 出现时事件 B 的条件概率}\times\text{事件 A 的概率}}{\text{事件 B 的概率}}$$

$$P(\text{W 来自英语}|W)=\frac{P(\text{W 如果来自英语})\ P(\text{英语})}{P(W)}$$

$$P(\text{W 来自日语}|W)=\frac{P(\text{W 如果来自日语})\ P(\text{日语})}{P(W)}$$

P＝Probability　　　W＝Word

要确定某一个单词来自哪一种语言，我们就利用上述公式进行计算，通过比较得出在哪种语言中W的概率最大，则W就是来自哪种语言。在英语模式下，Mitsubishi(标注为♯ M IY1 T S UW1 B IY1 SH IY0 ♯)的平均正对数概率是5.31；在日语模式下，Mitsubishi(标注为 ♯ m i t u b i S i ♯)的平均正对数概率是3.36。因此，可以判断Mitsubishi是日语词汇。

同样，happen一词在英语模式下，标注为HH AE1 P AH0 N，平均正对数概率是3.177，在日语模式下，标注为h a p e n，平均正对数概率是3.434。因此，happen一词是英语词汇。

如果我们有词的语符列，并知道这个语符列都来自于同一种语言，但是我们并不知道它们具体来自哪一种语言，我们可以通过将语符列中每一个单词的概率相加得出整个语符列的概率，这样即使某一个单词表现出不同于其他的单词，总体上也能确定该语符列来自哪一种语言。比如：拿出一个句子I bought a new Mitsubishi，我们会得出该句子从整体上英语的概率比日语高，尽管Mitsubishi这个单词的日语概率比英语概率高。

4　概率与其他音系理论

4.1　概率与相互信息

我们通过对不同单词平均复杂度的比较可以看出，规律性强的单词在双构词成分模式下比单构词成分模式下平均复杂度低。在单构词成分模式下和双构词成分模式下对数概率的差被称为相互信息（mutual information）。在计算机的操作中，我们可以通过选择“Model/unigram with MI”的菜单来实现。当我们选择那些规律性强的单词时，相互信息的值总是正的；当我们选择那些规律性差的单词时，也就是那些外来语借词时，相互信息值就会变得越来越小，最终会变成负数，表现在图表上时会低于零刻线。这种负值的相互信息表明这两个音段不应当是相邻的，在语音配列上不相匹配。这种现象主要体现在外来语上。

4.2　概率与和谐理论

Goldsmith（1993）曾提出和谐音系学（harmonic phonology）的理论。但在概率音系学中，Goldsmith 设计了一种计算方法，能够计算任何给定语言音系表征的合格性。也就是要使和谐最大化（maximizing the harmony），复杂度最小化（minimizing the complexity）。其中的和谐指的是音系表征的对数概率。

4.3　概率与词汇音系学

不同的人对词汇音系学（lexical phonology）（Kaisse & Shaw 1985；Kenstowicz 1994：213～243；Roca 1994：246～261）有不同的理解，对该理论的核心和精髓也有不同的解读。Goldsmith 认为音系学的核心是词汇音系学，语素音系学位于其中。所有的概括具有双重特点：第一，对于每一个特征，在一个给定的音系环境中什么是最接近的值；第二，对于每一个特征，如果在推导环境中允许语言发生变化，那么特征变化的方向是什么。在词汇音系学中，词汇规则既是概率语音配列的表征，又是语素变体的表征。

4.4　概率与音系表征

Goldsmith 指出，概率音系学与简单的音系结构模式之间没有本质上的联系。概率音系学只为了使描写变得简单和方便。要开发一个概率模式,关键是分析出有哪些因素影响、限制模式中的其他因素。在双构词成分模式中,我们用邻近的音来调控概率。Goldsmith 还认为,复杂音系表征的真正贡献是它丰富了我们的想法,使我们认识到在音系表征中,两个音相邻意味着什么。只有相邻的音才在指派概率方面起到重要的作用。

4.5 概率与语素音位

语素音位学(morphophonemics)主要研究出现在特定语素的特定位置上而造成的音位的交替现象。尤其在中和的位置上,会实现为两种或更多的音系单位。(Trubetzkoy 1939;Bloomfield 1939)语言的这种复杂度提供了一种数学上的表示方法,使得我们可以用数字来表示音位。我们可以用不同的概率来替换单词中的音位。例如,对于语符列"# k l a b #"来说,我们可以不用计算该语符列的复杂度,在该语符列的第三个位置设一个变量(variable),表示为"# k ? a b #",它被称为表征图示(representation schema)。在"# k ? a b #"中,我们可以用音位 P 来代替"?",计算每一个 P 的复杂度。用这种方法可以计算出该表征图示中最佳的对数概率。

对于语素音位,我们需要计算两个层次的音系。这种模式基本上包含两种表征形式,底层形式(underlying form,UF)和表层形式(surface form,SF)以及两个层面之间相关的因素。所以,我们需要在语料中计算两个层面之间每一个相关因素的对数概率。在某一个给定的深层形式 UF 中,我们用这个概率去计算表层形式 SF 的正确形式。当给出表层 SF 时,我们可以根据传统的音系规则计算 UF 和 SF 匹配的合理性,从而给出最合理的匹配。我们选择两个值之和为最小的表层 SF,因为这时概率是最大的。

4.6 概率与优选论

在优选论(optimality theory)(Prince & Smolensky 1993;Kager 1999)中,一系列的制约条件按照优化的理论顺序排列。我们给这些制约条件指定一个正数集(a set of positive numbers),我们称为加权(weights)。如果制约条件 C 比制约条件 D 排位高,则 C 的权值比 D 大。具体来说,我们给排在第一位的制约条件赋值 0.1,第二位的制约条件赋值 0.01,第三位的制约条件赋值 0.001,以此类推,第 n 位的制约条件赋值为 10－n。对于给定的候选音系表征,我们把在不同层级上违反制约条件的次数相加,将这个得数称为"优选论复杂度"(OT complexity)。用这种方法,每一个候选音系表征将会被指定一个从 0 到 1 的数字,我们将选择优选论复杂度值最小的候选音系表征形式。

我们将概率音系学和优选论比较会发现，二者都是要寻找最小的值。概率音系学要找到最小的正对数概率，优选论要找到最小的优选论复杂度。与优选论不同的是，在概率模式中，所有音系表征形式邻近配对的项都能进入概率的计算。优选论并不决定制约条件内容。在一系列制约条件中，它仅仅提供一种仲裁冲突制约条件的方法。

5　结论

概率音系学是人们通过研究语音的概率分布来研究音系学。通过对单词部分的概率统计数据，我们可以推断出该单词的合格性。概率统计数据可以清楚地表明音系特征，从而帮助使用该语言的人习得相应的语法。可以说，概率统计数据帮助人们预测和解释音系模式。

概率音系学表征了所有可以想到的情况。以此为开端，对于这些可以想到的情况指定概率分布，每一种情况指定一个概率，这些概率相加之和为1。最正确的概率分布就是在语言材料中概率最大的那种情况。

总之，语音和音系表征各层面的实体都显示了统计学上的变体。它与言语处理相关，并影响着语言感知的分类、语言感知和语言产生中的速度和准确性。“概率的比较在科学推断和语言学习中起着十分重要的作用。概率的理论框架能有助于我们推断出语音空间的应用和音系中可能出现的制约集合，而这些在一个纯范畴方法下是得不出来的。”(Pierrehumbert 2003：227)

第五章　其他流派

手势语音系学(Sign Language Phonology)研究手势语中存在的与有声语言中相当的结构单位。手势语的发音有三个主要参数:手形(hand configuration)、发音部位(place of articulation)和运动(movement)。手势语音系学研究有意义的手势单位,与有声语言相比,手势语音系的任意性较弱,手势语的音位和语义相互关联,手势语音系的像似性(iconicity)更强,手形、发音部位及运动的组合呈现出同时性。

语篇音系学(Discourse Phonology)从语篇的角度入手,研究不同语言变体的语音系统,以及不同层次的音系学现象。语篇音系学主要涉及对语调意义本质的研究、正常语调与方言概念的研究,以及语音系统自主性的研究这三个方面。语篇音系学家们对其关注的语篇往往要进行定量描写,将他们所要描述的对象用合理的公式、符号等表示出来。

发音音系学(Articulatory Phonology)是公众语言使用中的音系学。Goldstein 和 Fowler(2003)总结并发展了近 20 年来发音音系学的理论成果,认为语言交际行为包含三个子系统:音系能力、言语产生以及言语感知。音系能力是说话者与听话者所共同拥有的。发音音系学中的姿态正如音段音系学中的音位一样,是一种语言形式。姿态不仅是一种语言形式,还是一种公共行为。在人际交际中,说话者通过任务动态(task dynamics),将信息以姿态的形式发出。与此同时,听话者通过直接现实(direct realism)来感知姿态,对信息进行解析(parsing)。

借用语音系学(Loan Phonology)是 Van Coetsem 于 20 世纪 80 年代末提出的理论。音系中的借用语既与音段音系学有关,也与超音段音系学有关。借用语的出现预测着源语(source language)和受语(recipient language)的存在。这意味着语料从一种语言向另一种语言迁移(transfer),即从源语向受语迁移。有两种迁移,一种是借用,另一种是先入(imposition)。模仿(imitation)和顺应(adaptation)是借用语音系学研究的基本概念。

二语音系学(Second Language Phonology)用各种理论和方法来对第

二语言的音系进行分析。从音系学的角度看，中介语的音系也是一样，由于学习者的二语音系受到母语音系的“过滤”作用，兼具母语和二语的特征，无论在音段层面还是在超音段层面都是如此。因此，二语音系学很大程度上就是在研究中介语的音系特点。二语音系学旨在帮助学习者克服音位、音节和重音等方面的困难，更好、更快地掌握第二语言。

功能性制约音系学（Functionally-Constrained Phonology）1979 年由 Houlihan 和 Iverson 提出。当时，在音系学界人们议论这样一个问题，即为什么一些音系规则在一些语言中存在，而在其他语言中不存在。Houlihan 和 Iverson 提出分两步来解决这个问题：首先设定在某一特定语言中某一特定规则的作用是中和还是音位变体，然后确定各种条件，在这些条件下，某一规则可有中和或音位变体的作用。他们认为，这些条件具有音位系统相关类型标记的直接功能，中和规则产生无标记音段，而音位变体规则产生有标记音段。

模糊音系学运用 Zadeh 的模糊集合论，对语音及音系的模糊性进行了探讨。模糊集论的主要思想是集合的界限具有伸缩性，元素的归属性并非一刀切。音素的模糊更多体现在言语的模糊性上，是动态而具体的环境的模糊；而语言的模糊表现在音位的模糊性上，是静态、抽象的并能够脱离语境而存在的。语音的自然属性——生理属性和物理属性是语音模糊性的基础，而语音的社会属性则是语音模糊性的最终原因，是语音模糊的根源。

实验音系学（Experimental Phonology）于 80 年代在生成音系学的基础上形成，其代表人物是美国的语言学家 Ohala。实验音系学试图把实验语音学和实验心理学的成果结合起来，运用在心理学、心理语言学和实验语音学研究中广泛使用的实验方法来检测和论证关于音位系统的正确性和有效性，其目的是希望把音系描写与被观察到的行为联系起来。

和谐音系学（Harmonic Phonology）由美国音系学家 Goldsmith 于 1993 年提出。和谐音系学中的规则没有顺序性。和谐音系学中规则的应用不需要依照序列的原则，只有在表征向更加合格的状态移动时，和谐音系学中的规则才使用。和谐音系学规则的理论意义在于，解释表征在寻求最大合格状态的过程中，需要经过什么样的路径。

根据音系学（Grounded Phonology）研究的基本前提是语法理论的模块化。音系构成中有三个独立的次模块——组合赋值（combinatorial specification），即音系形式的底层表征；根据理论（grounding theory），即音系现象的语音根据，语音学与音系学之间的关系；以及参数规则理论（parametric rule theory)，即音系规则的参数化。组合赋值支配特征成分组合的方式；根据条件支配蕴涵条件组合的方式；参数规则理论构成了所允许的单个规则的理论。这三个独立模块的相互作用可以解释许多复杂的音系现象(Archangeli & Pulleyblank 1994)。

认知音系学(Cognitive Phonology)表现了储存于大脑中的语素与语音序列之间的对应关系。Lakoff(1993)将其分别称之为语素层面和语音层面。除此之外，他还在两个层面之间安置了一个中间层面——音位层面。因为在音位层面上，对单词层面的制约也得到了一定的陈述，所以他将此层面又称为单词层面。这些层面是音系结构的最起码的必要维度。认知音系学的研究是在自主音段音系学的框架内进行的。认知音系学最终的形式框架是平行分布处理(parallel distributed processing)连接主义——认知科学的一个主要流派，也是一个制约履行系统。

文化音系学(Cultural Phonology)是在文化语言学的基础上酝酿出来的，它本身具有一定的多维性。其独特的语音象征性将声音与意义巧妙而新颖地结合起来，在一定程度上打破了音位与语素之间的明确界限，并大胆地提出了两者之间可能存在临界状态。文化音系学视音系学为一种意象。这种意象虽然只局限于听觉，但它和其他意象有着许多共同点。语音构造是整个语言文化在形式上的生长点。思维方式的特点，往往也表现在音系上。文化音系学认为音系学经常表现出一种象征性的维度，情感领域的文化精神与世界观贯穿于这一维度。

社会音系学(Sociophonology)由 Honey 于 1997 年提出，是一个比较新的理论。社会音系学是音系学和社会学一系列理论的结合体。它综合了音系学和社会语言学的研究方法，其研究方向是社会因素，诸如社会阶级、社会网络、年龄、性别、种族、语言风格、语域以及地理环境等因素在语音变异中的作用。它的目的是要分析各种语音和语调，进而研究许多带有非标准语音特征的语音变体，同时两者又存在密切的联系。社会音系学把研究的焦点放在同语言使用息息相关，并具有社会意义的发音差异上。

进化音系学(Evolutionary Phonology)是 Blevins 2004 年提出的语音模式研究的新理论。作者将语音学和音系学的理论与历史语言学有机地结合起来，探索语音模式的本质以及近 7000 年至 8000 年以来人类语言的语音历时演变。此书从一个全新的角度，解决了这样一个问题，即彼此之间毫不相关的印第安语言、澳大利亚土著语言、澳洲语言以及印欧语言中何以常常出现相同的语音模式。同时，此书还解决了与此相反的问题，即为什么在大多数具有普遍趋势和制约的语音模式中仍然存在值得注意的例外。在这两种情况下，语音历时演变和误解模式相结合的语音共时变异（variation）形式模型可以解释被证实的语音系统，而不需要借助于共时语法中的标记理论和自然理论。

手势语音系学
Sign Language Phonology

手势语是用手型代替语音，组成不同交际单位，从而进行交际的系统，是聋哑人传递信息的主要途径。手势语作为一种语言交际系统，与有声语言有着诸多相通之处，因而手势语研究可为有声语言的研究提供启示。所以，在过去的35年间，语言学家对手势语显现出极大兴趣。手势语音系学的产生即是基于上述认识。手势语中存在与有声语言中相当的结构单位，手势语音系学即以这种单位为研究对象。

1　"发音"与手势语语音学

手势语不同于普通的手势符号系统。通俗地说，手势语的重要性在于"语"而不在于"手势"。在有声世界中，人们有时也要使用手势交际系统。例如，交警指挥交通时的手势就是一套有规律的交际系统。手势语与这类系统有着本质的不同。交警的指挥手势是一个封闭的、局限的系统（limited gesture），无法自由灵活地生成任何想要表征的意义。而手势语系统却是个具有能产性的系统（productive system）。手势语系统具有内在的规则（rules）与结构（structures），利用这些规则与结构可以生成数量无限的、可以表征各种复杂意义的手势符号。这一特征与有声语言几乎完全相同，唯一的不同在于手势语使用手势符号代替语音符号。

由此，我们不难理解为什么手势语也有自己的"语音学"和"音系学"。有声语言的语音学研究口、舌、喉等发音器官的活动，手势语同样也研究"发音"（articulation）。所不同的是，在手势语中，进行这种"发音"活动的器官变成了臂、手、头、面部肌肉等。口是有声语言和手势语共有的发音器官。在有声语言中，通过口形控制气流从而发出不同的音；在手势语中，口的不同形状与手势配合，构成不同的手势语符号。

手势语的发音有三个主要参数：手形（hand configuration，也称 handshape）、发音部位（place of articulation）和运动（movement）。Stokoe、Casterlin 和 Croneberg（1976）将手形划分为19个值，如手掌张开、握拳、握拳并

伸出食指等。发音部位就是手势发生的位置，如眉上、面颊、上臂位置等，共有 12 个值。运动，包括向上运动、向下运动、朝两侧运动、旋转等，共有 24 个值。这三个参数的值相互搭配组合，构成大量的手势语符号，成为手势语表征意义的基本单位。与有声语言相比较不难发现，手势语中的手形、发音部位、运动的值相当于有声语言中的音素，如元音、辅音等；而手势语符号则相当于有声语言中的单词。

2 区别性对立与手势语音系学

有声语言音系学研究的是有意义的声音单位。与之类似，手势语音系学研究的则是有意义的手势单位。Stokoe(1960)指出，美国手势语(American Sign Language，ASL)中的手势符号(sign)不同于普通的手势(gesture)。普通的手势是单一的整体，无法进行结构分析；而手势语符号却是由更小的单位构成的，这些更小的单位之间存在相互对立的关系。这与有声语言中相互对立着的音位构成更高一级的语素和单词的情况完全相同。因此，有声语言的音系学理论完全可以用于分析手势语。

前面提到，手势语符号是由不同的手形值、发音部位值以及运动值组成的。但必须注意，这些值本身并没有意义。只有当这些值按照不同方式组合在一起的时候，才构成有意义的手势语符号。任何一个值的改变都意味着整个手势语符号的改变，从而改变该手势语符号的意义。例如，在美国手势语中，candy、apple、jealous 的发音部位和运动完全相同，这三个手势语符号的不同在于三者手形的不同。candy 的手形是食指伸直，apple 的手形是食指弯曲，而 jealous 的手形是小拇指伸直。可见，三者构成了一组多边对立的最小对立体。这三个手形之间的对立具有区别手势语符号意义的功能。这与有声语言中音位的对立具有区别词义的功能是完全一致的。

同样，不同发音部位、不同运动之间的对立也有这种区别功能。例如，summer、ugly、dry 三个手势语符号的手形和运动完全相同，但发音部位各异。summer 的发音部位在眉上，ugly 的发音部位在面颊，而 dry 的发音部位在下颏。而 tape、chair、train 三个手势语符号的对立则体现了运动的不同对区别意义的作用。因此，可以得出结论，手形值、发音部位值和运动值在手势语中起着音位的作用。

音位是有声语言中音系学研究的基本单位。与之类似，手形、发音部位和运动也是手势语音系学的基本单位。但在当代音系学研究中，音位并非音系学研究的最小单位。同样，在手势语中也存在类似有声语言中区别特征那样更小的单位。例如,在上面提到的 candy、apple 和 jealous 的区别中,手形的差别造成了这组手势语符号意义的对立。至于哪些因素造成了这三个手形之间的对立,则涉及了类似有声语言中区别特征的问题。因此,这三个手形的不同实际上取决于两个因素:一是食指是否使用,一是食指是否弯曲。前者可记作[±食指],后者可记作[±弯曲]。由此,上述三个手形的区别可表示如下:

手势语符号	candy	apple	jealous
手形	食指伸直	食指弯曲	小拇指伸直
[±食指]	+	+	—
[±弯曲]	—	+	—

这些构成最小对立体的手势语符号在视觉上较为接近,因此较易混淆。这与有声语言中构成最小对立体的单词容易听错道理相同。Lane、Boyes-Braem 和 Bellugi(1976)的实验验证了这一点。实验要求受试者(均为聋人)观看录像并辨认其中的手势语符号。录像做了技术处理,图像故意带有大量"雪花"。实验结果表明,受试者将大量的手势语符号误认作与之构成最小对立体的手势语符号。这与听觉正常的人在噪音干扰下容易误听最小对立体单词的现象完全一致。Carroll(1999)站在心理学的角度对此现象加以解释:区别特征模式相似的符号,在心理上相互接近。

3 手势语音系学与有声语言音系学的几点不同

与有声语言相比,手势语音系的任意性(arbitrariness)较弱。任意性是语言最基本的特征之一。音系的任意性主要体现在这一问题上:语素以下的单位是否存在语义?对有声语言来说,这个问题的答案是否定的。例如,英语 bed/bed/表示"床",而组成该词的单位,即单独的/b,e,d/,都没有意义,其中任何一个单位都与"床"这一概念毫不相关。可见,由/b,e,d/三个单位构成"床"这一概念是任意的。

手势语则不同。手势语的音位和语义相互关联。许多手势语符号共享某一音位,这些手势语符号在语义上就存在联系。例如,美国手势语中,excite、depress、feel、like、pity、sick 等八种表示情感的手势语符号全都具备张开的手形。另外,在表示否定意义的一组词中,如 not、deny、refuse、blame、suffer、stupid 等,都出现了 A 字手形。此外,作为手势语发音三个参数之一的"运动",也可令手势语符号的意义相互关联。例如,在美国手势语中,copy、xerox、take-a-picture 这 3 个手势语符号都有一部分手形运动相同:从开始的手形张开变化到手形合拢的 O 字形。(Wilbur 1987:105~171)又如，在美国手势语中，think、dream、learn 等手势语符号的发音部位都为额头。之所以这样，是因为这些概念都与人的认知活动有关。因此，这些符号中的发音部位取“额头”一值并非任意的。因此，尽管多数手势语符号的构成都是任意的，如上面谈到的 candy、jealous 等，非任意的因素在手势语的构词中比在有声语言的构词中要普遍得多。

与有声语言相比，手势语音系的像似性(iconicity)更强。如果语言符号(音系形式)与其所代表的事物(语义形式)存在非任意的联系，存在理据性的对应关系，能够反映出该事物的特性，则该符号与其所指事物之间存在像似性关系。在有声语言中，存在个别“拟声构词”(onomatopoeia)，但绝大多数符号(词或语素的音系形式)都不具有这种特性。但在手势语中，这种像似性十分普遍。这是由手势语的特点所决定的。视觉符号总是比声音符号更具像似性，这一点是显而易见的。

有声语言的音位组合呈序列状(sequential)排列。而在手势语中，手形、发音部位及运动的组合却呈现出同时性(simultaneous)，双手手势语符号的两只手的动作也具有同时性。正如 Stokoe(1960)所说，序列性组织是有声语言中构成符号的最重要途径，然而这一论断不应被引入手势语中。不过 20 世纪 80 年代以来，Stokoe 的这一看法受到了很大的挑战。例如，Newkirk(1981)、Liddell(1984)等均指出在美国手势语的结构中也隐含着序列性。

4 “手误”对手势语音系学的启示

在有声语言交际中，口误(slip of tongue)是一种十分常见的错误。在手势语交际中，也存在类似的“手误”(slip of hand)问题。从口误中，音系学家可以获取许多有价值的信息，因此，“手误”对手势语音系学研究的意义同样不可小觑。

Newkirk 等人的研究表明，大多数“手误”为单参数错误。也就是说，在交际的过程中，当组成某一手势语符号的一个参数值发生错误时，其他两个参数并不一定会受到影响。例如 Newkirk、Klima、Pedersen 和 Bellugi (1980)记录了 131 个“手误”，其中有 65 个涉及手形的错误。在这 65 个错误中，有 49 个是纯粹的手形错误，发音部位和运动都未发生错误。这一研究结果更加证实了手势语音系学的理论基础：手势语符号不是不可分的整体。相反，其内部结构由不同的参数系统组成，而每个参数系统都是独立于其他参数系统之外的。手势语就是由这些相互独立的参数系统协调作用的产物。

语篇音系学
Discourse Phonology

语篇音系学是近年来出现的一门新兴学科，是众多音系学流派中的一支。实质上，它是语篇语言学与音系学的一个交叉点。语篇音系学就是从语篇的角度入手来研究不同语言变体的语音系统的。

1 语篇

这里介绍的语篇音系学中的语篇所对应的英文是discourse。在一些语言学家看来，discourse和text都可以用来指具有一定长度、一定意义的篇章，它们之间并无太多的界定。在王宗炎(1988)主编的《英汉应用语言学词典》中，text和discourse的定义如下：

> Text篇章、语篇：指口头或书面语的一个单位，或短或长。一个语篇可能只有一个词，如书写在出口处的Exit；也可能是很长的一段话或文字，如一次布道、一本小说或一场辩论。要参照上下文去理解一个语篇，才能理解得全面。语篇的功能有警告、指示或表示某种心理等等。

> Discourse语段、语篇、话语：这是一个意义范围不确定的术语，指语言运用的各种实例，即语言交际过程中所说的话。话语研究与语法研究的对象不同，范围不同。语法研究以句子为最大单位，话语研究的对象是比句子更大的单位，如一段话、一篇演讲、两人会谈等。有的人把无论对书面语还是对口语的研究都归入话语分析；但有人把话语分析限于对口语的研究，而用篇章语言学来指对书面语的研究。

从以上的释义我们可以看出，在语言学界有一种趋势，对text和discourse不做明确的定义。但是在本章中，我们提及的语篇则是严格意义上的discourse。要阐明这个问题，我们就要了解一下语言学界对discourse和text持严格区分意见的语言学家们的观点。这些语言学家们认为，篇章是否具有口语性以及其存在的状态，即静态和动态，是区分text和discourse的主要标准(刘辰诞 1999:2)。

本章中的语篇所对应的英语是 discourse。也就是说，这里提及的语篇是严格区分于篇章的。它是以口语形式出现的篇章，具有音系学特征及动态性的特点，因为语篇音系学的语料库就是以口语形式出现的篇章。如果将语言系统中的语篇作为研究对象来进行音系学分析就形成了一个新的音系学分支——语篇音系学。语篇音系学研究语篇语言学的音系层面以及从语篇的角度着眼研究音系学，所以我们说，语篇音系学是语篇语言学与音系学的交叉点。与其他的音系学流派相比，语篇音系学比较年轻。

2 韵律音系学和系统音系学的影响

虽然语篇音系学是近年来出现的新兴学科，但其指导思想及研究方法并不是完全创新的。韵律音系学及系统音系学对其影响是很大的。系统音系学是韵律音系学的发展，只不过它更强调了语音系统的系统性。归根结底这两门音系学的研究思想及所持的立场是一致的。在这两大音系学流派的基础上，语篇音系学在描述语篇的音系特征方面向纵深方向推进了。韵律音系学和系统音系学对语篇音系学的影响主要集中在三个方面。

首先是语言单位中的系统性与结构性相结合的思想方面。在语言这个庞大的系统中，结构关系主要指语言单位之间横向的关系，比如在一个句子中不同词性的单词之间的关系。系统主要指语言单位纵向之间的关系，如在某个句子中某一固定位置的同一词性单词的替换关系。在语言系统中还分层级。例如，单词的上层是句子，句子的上层是语篇。语篇层级的定位确定了以语篇为对象的语言学研究。这些语言单位具有其对应的语音特征系统，而单纯对语篇层次音系学特征的研究就是发展到后来的语篇音系学。

其次是对韵律特征，尤其是对调式的研究方面。韵律特征最早由 Firth 提出。他发现，在日常生活中，有些语音特征并非某个音或音位所独有。它们常常跨越一个词、短语、句子，甚至更大的语言单位——语篇。这些语音特征包括音高(pitch)、重音(stress)、衔接(junction)、语调(intonation)等。这些跨越多个语音单位或使两个语音单位之间产生联系的语音特征往往不被当时的语言学家们所重视，而恰恰是这些不被重视的语音特征对正确、全面地描述语音材料和某些语言现象关系重大。所以 Firth 提出要对那些贯穿某个语言单位，诸如音段、音节、单词、句子，或使这些语音单位之间产生联系的语音特征进行分析，从而可以更全面、更系统地分析已有的语音材料。而这种语音特征就被称为韵律或韵律成分。Firth 的韵律分析理论也是围绕韵律特征而展开的。例如，对单词 load 进行分析，我们会发现，浊音性贯穿整个单词的始终。于是，浊音性这个贯穿整个语音单位的语音特征就成为这个单词的韵律成分。近年来,很多语篇音系学的研究其实就是对贯穿整个句子单位,甚至是整个语篇单位的韵律成分的研究。另外,Halliday首先进行的调式及其对应意义的研究也对语篇音系学的研究给予了一定的启示。他对英语中的调式进行了观察研究,并进行了归类。纵观目前的语篇音系学研究,我们发现绝大部分都是对语调的研究。这与前人的贡献是密不可分的。在系统音系学及韵律音系学中,有很多研究是针对语调及其他韵律特征所表征的意义与语法之间关系。这些研究在很大程度上也促使并加速了语篇音系学的发展。

最后,就是强调语境对其中语言现象的影响方面。无论是韵律音系学还是系统音系学,它们都强调语境的重要性。这些学派的专家认为,没有脱离语境而独自承担意义的语言单位。任何语言单位都要在一定的语言环境中才能有意义。语篇音系学者们也提出,不应脱离语境而单纯研究语篇中的音系学特征,否则研究的结果将因为不准确而失去其存在的意义。

3　语篇音系学的提出

虽然韵律音系学以及后来发展的系统音系学在句子及语篇的层级上对其音系特征的研究涉及面较广,思想也有其先进性,但是它们始终没有站在一定的高度从语篇的角度研究音系学,使其成为独立的一门研究学科。使之自成一家的是Dafydd Gibbon和Helmut Richer,他们在1984年编辑出版的《语调、重音和节奏——语篇音系学研究》一书中提出了语篇音系学这一说法。

在此书中收录的第一篇文章"音系学和语篇——多元方法"(*Phonology and Discourse—A Variety of Approaches*)中,Gibbon和Richer对语篇音系学做了简要定义。他们指出,语篇音系学是对与语篇组成成分有关的语调及其相关现象的研究。虽然他们给出的定义有些过于简单,但是在随后的篇幅中,他们详细讨论了语篇音系学的研究语料、对象、目的等问题。至此,语篇音系学终于从韵律音系学和系统音系学中分离开来,成为专门对语篇的音系特征展开研究的一门独立学科。

4　语篇音系学研究的语料

语篇音系学家在进行语篇音系层面研究的时候,通过四种途径来选择研究的语料。或者说,语篇音系学研究者选择四种语料进行研究。第一种语料指普遍存在的自然语篇。这种语篇是对经过构思后生成的文字而言。自然语料构成语篇音系学研究的主体语料,因为所有研究的语料都是以自然的口语语篇形式出现。第二种语料具体指在话轮中诸如邻近对(adjacency pair)、自然反应(natural response)、恰当反应关系(proper response relation)等的某一轮。这样的语料与单个句子大不相同,它们存在于具体的语境以及具体的对话中。第三种语料也是比较具体的语料,是指某种类型的自然话语。这些类型有很多种,如呼喊型、解释型、反问型以及否定型等等。不同类型的句子会有不同类型的特点,这些也是语篇音系学研究的重点。第四种语料范围较广。它是属于一定语域中的语篇类型。语域就是由话语范围、话语基调、话语方式这三个因素组成的语境配置决定的某类语篇要表征的意义。例如,在公开场合大声朗诵的语篇,晚上妈妈给孩子讲故事的语篇等等。通过对不同的语境配置以及其中的某类具体语篇的研究可以发现很多可贵的语言学现象。这四种语料之间有一定的重叠部分,如自然语篇包括其他三种,第三种又可以包含在第二种之中。

5 语篇音系学研究的对象

语篇音系学主要涉及对语调意义本质的研究、正常语调与方言概念的研究,以及语音系统自主性的研究这三个方面。在语调意义本质的研究方面有很多关于语调意义本质的理论。在这些理论中,有两种理论比较显著。一种是系统相对论(system relative)。这种理论将语音特征置于一个系统中来进行研究。另一种影响较广的理论是配置(configurational)理论。这种理论侧重研究模式索引(pattern indexing)以及如核心、后指等连贯标志的研究。在配置理论中,还有一种观点就是 Lieb(1984)提出的重建说话者态度(formal reconstruction of speaker attitudes)的理论。

对正常语调、正常地方口音的研究包括对语篇中某一话语的某一位置发音模式的研究,如对某一话语句首的标准语音模式的研究。这种研究还包括对某种类型话语的语音模式的研究,如命令中或说明语句中语音模式的标准形式研究。其实,无论任何形式、任何位置,所谓正常语调或正常地方口音的研究都是一种对比研究。这是人为地将正常的模式与非正常的模式进行对比而得出的结果。

对语篇语料的第三个研究方面集中在音系系统的自主性研究。语篇音系学大部分学者都认为语篇的音系模式并不依赖于其语法结构,有一定的自主性。从 Fuchs(1984:154)的陈述我们可以看出他们的主张,“句子的句法层级并不能决定它的语音选择,但那却在很大程度上扮演着被那些选择所影响的角色”。当年的生成语言学家们还认为韵律成分具有非自主性,而在过去的几十年时间中,他们也承认了很多音系学方面的自主性说法。

以上三个方面是语篇音系学的研究对象。从上文我们可以看出，在这三个研究方面中，第三方面研究的位置应当是最重要的。第三方面研究的顺利进行可以为其他两个方面的研究提供合理的解释及理论依据。随着音系自主性研究的深入进行，诸如语调结构是否可以分割成更小的单位、语调的意义是否可以分割成更小的单位、或者说某一语调从与其他语言系统是否相连贯来看其是否正常等问题都可以迎刃而解了。

6　语篇音系学研究的目的

其实，无论是任何方面的研究，语篇音系学都围绕着一个目的来进行——描写与语篇层次有关的语音材料。笼统来说，语篇音系学的描写都围绕着语音及音系等几个方面来进行。落实到具体分析上，语篇音系学的描写集中在其中的语调形式及结构、在一定语篇单位中的重音等韵律成分的属性及其位置等的表征方面。语篇音系学家们对其关注的语篇往往要进行定量描写，将他们所要描述的对象用合理的公式、符号等表示出来。例如，Gibbon(1984)就采用了时间、节奏、节拍的公式对语篇中的音系现象进行动态的描述。所以我们可以得出结论，语篇音系学的研究目的是运用更多的手段(公式、符号等)，从语篇的角度入手来研究不同层次的音系学现象。

7　语篇音系学研究的发展

语篇音系学着眼于语篇，用全面明了的方式来表示语篇层次的音系学现象。这一领域的研究是十分繁盛的。这些研究包括语篇音系学这一概念提出的前、后对语篇层次的音系学特征研究。当 1984 年 Gibbon 和 Richer 提出语篇音系学这一理论时，他们更注重的是当时的语篇层次的音系学研究。而在这之前很久，就有语言学家对语篇层次的音系学研究有所关注。最早的有 Firth 对跨域单词单位的韵律特征研究。后来，Halliday 继承 Firth 韵律研究的衣钵，致力于语篇层次语音单位更系统的研究。语篇层次的音系学研究是以 Halliday 为代表的系统音系学研究的一个方面。系统音系学者们在这方面的研究比较深入，涉及很多语言在语篇层次的多方面研究，如语音、语调、停顿间隔及语法特征与语篇特征的联系等方面的研究。值得一提的是，系统音系学在语篇层次的研究，直接影响了中国语言学家在此方面的研究。例如，胡壮麟对英语新闻语篇的音系学研究、彭宣维等对古汉语的语篇特征的研究等。

近二十年，语言学界，特别是语音学界，对语篇层次语音现象的研究已经进入了全面繁荣的阶段。语篇层次的音系学研究已经不是某一个学科的一部分，它已经脱颖而出，成为独立的一门学科。致力于语篇音系研究的学者数量也达到了空前的水平，代表有 Brend(1985)、Bolinger(1986)、Mills(1984)以及 Tench(1988)等。

概言之，语篇音系学主要从篇章的角度及方法论研究这一层次的音系学特征。此项研究从 Firth 时代开始，到 20 世纪 80 年代盛行。在将来众多语言研究者的努力下，语篇音系学必将得到更大的发展。

发音音系学
Articulatory Phonology

同后 SPE 时代的很多音系学流派一样，发音音系学(Articulatory Phonology)也得益于语音学的启示。20 世纪七八十年代，随着非线性音系学的蓬勃发展，一部分音系学家试图将自主音段音系学的分析观念应用于发音语音学(Articulatory Phonetics)——语音学的三个主要研究领域之一，发音音系学由此应运而生。Browman 和 Goldstein(1986，1989，1990，1992)较早提出了发音音系学这一名称，并勾勒了该理论的框架。Steriande(1990)、Ladefoged(1990)等对该理论进行了较为全面的介绍与评析。Goldstein 和 Fowler(2003)总结并发展了近 20 年来发音音系学的理论成果，对这一领域进行了最新的全面阐释。

1 发音音系学的理论目的

Goldstein 和 Fowler(2003)以副标题的形式对发音音系学进行了诠释：发音音系学是公众语言使用中的音系学。显然，发音音系学与当代语言学中语言使用(language in use)这一基本思想关系密切。音系学要描述语言形式，而这些语言形式不仅仅是理论上的“心灵范畴”(mental categories)，更是人际语言交往的必需途径，是一种公共行为(public action)。因此，音系学理论应当研究公共行为的特征，即研究这些行为是如何实现的、如何被理解的。语言的音系结构出现在人际交际中，无论在说话过程中，还是在理解过程中，语言形式都要不断调整，以适应公众语言使用的要求。

发音音系学认为语言交际行为包含三个子系统：音系能力(phonological competence)、言语产生(speech production)以及言语感知(speech preception)。音系能力是说话者与听话者所共同拥有的，在发音音系学框架下，音系能力不是抽象的心灵范畴，而是建立在“姿态”(gesture)这一可观察到的现象基础上。发音音系学中的姿态正如音段音系学中的音位一样，是一种语言形式(language form)。与音位不同的是，姿态不仅是一种语言形式，还是一种公共行为。在人际交际中，说话者通过"任务动态"(task dynamics)，将信息以姿态的形式发出。与此同时，听话者通过"直接现实"(direct realism)来感知姿态，对信息进行解析(parsing)。

与上述三个子系统相对应，发音音系学自然分为三个组成部分：研究音系能力的发音音系理论，研究言语产生的任务动态理论，以及研究言语感知的直接现实理论。

2　发音音系理论与音系能力

如果说传统音系学研究的首要对象是音位，则发音音系学中也可找到类似音位的音系单位。发音音系学既不像某些激进的流派(如动态音系学)那样主张完全放弃带有音段色彩的组合式单位，也不像传统的音段音系学那样把言语看作音段的整齐线性排列。Goldstein 和 Fowler(2003)指出，音系学是一个组合的系统(combinatoric system)。但组成系统的单位并非传统的音位。

2.1　音系学是个组合系统

音系学是一个组合的系统，这是发音音系学最基本的观点之一。音系结构可以显示出言语交际的最基本特征，即用少量的单位(通常不超过 100 个)按不同方式组合，形成大量的词汇。随着实验语音学的发展，这种"单位"(即通常所说的音段)的真实性受到了广泛的质疑。非线性音系学家普遍否认这种单位是言语中的客观实体。然而，Goldstein 和 Fowler 对此有独特的看法。他们认为，声道行为(vocal tract action)是可以分解为离散的、可重组的单位的。虽然言语发音活动在发音上、声学上的产物是连续的，但声道行为本身却是离散的，可以分解为若干组合单位。

可见，发音音系学并没有像其他某些后 SPE 音系学流派那样，完全放弃"音系单位"这一研究对象。发音音系学模式中的音系单位，是原子性质的组合单位，并非传统音系学中的音段。这种组合单位，其实质是发音器官的收紧行为(constriction action)。

由此看来，音系单位的作用是双重的。音系单位既是行为单位，又是组合单位。这一本质建立在三个关键性的假说之上：首先，声道活动可以分析为不同发音器官的收紧行为；其次，这些收紧行为由时间上相互重叠的结构组成；最后，收紧的形成由动态系统控制。

2.2 产生收紧行为的器官及其活动

言语中的声道活动可以分解为若干种收紧行为的形成与松弛。这些收紧行为由六个器官完成：唇(lips)、舌尖(tongue tip)、舌体(tongue body)、舌根(tongue root)、软腭(velum)以及喉(larynx)。这六个器官是相互独立的。当一个器官形成收紧时，其他器官并不一定会随之收紧。

某一器官的收紧行为，发音音系学称之为姿态。姿态是组合体系中的"原子"，任意两个姿态均可构成潜在的对立。例如，英语中 pack ∶ tack 在发音音系学中解释为"唇姿态"(lips gesture)与"舌尖姿态"(tongue tip gesture)的对立。与之类似，hill ∶ sill ∶ pill 则体现了喉姿态 ∶ 舌尖姿态 ∶ 唇姿态。

2.3 姿态的组合与重叠

从上一节中我们不难看出，在传统音系学中充当原子的音位，在发音音系学中已为姿态所取代。音位和姿态的相同点是，二者分别在各自的框架内组合形成言语。而二者的显著区别则在于，音位与音位的组合是线性的，其排列是整齐的。而姿态与姿态的组合却远非线性，其排列是相互重叠的。这种相互重叠的结构称为协同产生(coproduction)。Goldstein 和 Fowler 形象地指出，姿态是发音音系学中的"原子"，而协同产生则是发音音系学中的"分子"。

承认协同产生的本质是相互重叠的，并不会推翻其可进行分解这一看法。之所以出现重叠的现象，其实是个十分简单的生理学问题：许多收紧器官共用同一肌肉，因此几乎无法保证一个收紧器官活动时，其他收紧器官完全静止不动。这并不影响将连续状的言语分解为相应的"原子"或"分子"。

"原子"(姿态)相互组合形成"分子"(协同产生)的过程叫做联合(coordination)。图 1 显示了英语 team 一词中各种姿态的联合。

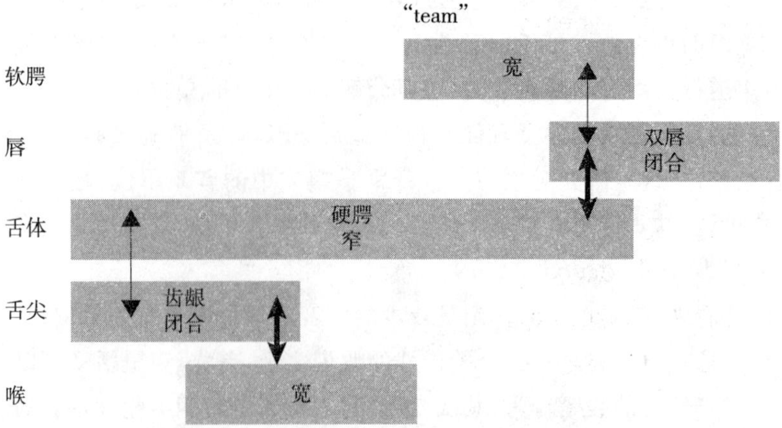

图 1 team 一词的姿态分析(Goldstein & Fowler 2003:165)

图中方框中的标签称为姿态值(gestural value)，用来表示姿态随时间的变化而呈现的不同状况，在 Browman 和 Goldstein(1992)中有详细的规定。例如，标签"齿龈"代表的含义是"舌尖收紧位置呈 56 度角"；标签"闭合"的含义是"舌尖收紧度为－3.5 毫米"。

箭头则表示姿态间的相互联合。在有些协同产生中，姿态与姿态的联合十分紧密。这种紧密程度用黏合力(bonding strength)来衡量。例如，team 中的/t/，舌尖与喉的联合无法明显分解；/m/中唇与软腭的联合也是如此。Goldstein 和 Fowler 称这种情况为高黏合力，用粗箭头⟷来表示；反之则用细箭头⟷表示。

值得注意的是，黏合力不仅仅存在于传统的"音位"当中。例如，在音节首/sp/中，同样存在舌尖与唇的高黏合力。正因为有了这种高黏合力，音节首才成为相当稳定的整体，可以与元音任意结合而不改变自身性质，成为发音音系学体系中的"离子"(ion)。

3　任务动态理论与言语产生

发音音系学对语言行为的阐释是"培育对等"(parity-fostering)。在发音音系学理论中，言语的发出(production)与感知(perception)具有对等性。无论是关于言语发出的理论还是关于言语感知的理论，都建立在人际交际(between-person communication)的基础上。因而两种理论的共同理念就是：语言形式为语言使用者所熟知、发出并感知，在言语发出过程和言语感知过程中必然存在共有的音系交换单位(currency)，使发出与感知成为可能。

3.1　公共语言使用中的对等

言语交际中需要一个共同的交换单位，以确保信息在传输和感知过程中，其意义不会发生改变。Liberman 和 Whalen(2000)称之为"对等性要求"(parity requirements)。Goldstein 和 Fowler(2003)将这一理论纳入了发音音系学的理论体系。要想使言语信息公共化，就必须依赖语言形式。语言形式必须立即被听话者所理解，且这一过程不需借助任何非语言媒介的辅助。这就是语言形式在发音音系学中的本质。

在以往的音系学模式中(如 SPE 模式)，语言形式作为能力(competence)的一部分而存在于人的意识中，属于意识范畴(mental categories)。当声音信号产生时，说话者的音系信息仍然是私人的(private)而不是公共的。在信息传输的过程中，语言形式已从信息中分离出去，听话者通过对所接信息的重组，使语言形式得以恢复。可见，在类似的模式中，信息的传递是间接的，未体现“对等性”这一原则。而在发音音系学模式中，音系原子本身就代表公共行为，直接造就声学的言语信号。语言形式在交际中始终存在，不会在声带中消失，也不需要感知者的重组。

3.2　任务动态系统中的姿态

姿态系统是动态的系统。作为音系实体，姿态是对立单位(contrastive unit)，这一点与音段音系学中的音位类似。作为物理实体，姿态体现了声带的收紧与释放。有关言语产生的理论必须描述收紧的产生与释放的动态过程，必须解释姿态如何构成更大的语言单位，必须说明姿态如何在协同产生中保持其“原子”本质。

在交际中，言语产生的重点在于其结果，即听话者领会说话者所提供的信息，而不在于其过程。因此，等目的性(equifinality)成为任务动态理论的一项重要特征。例如，辅音/b/的姿态是“唇闭合”(lip closure)，而唇闭合这一姿态的实现过程并不重要。这一唇闭合的姿态可以由“大幅度闭腭”加“小幅度的闭唇”得来，也可以由“腭张开”加“适度闭唇”得来。

姿态的不同实现过程与姿态在更大的语言单位中的位置有关。例如，当辅音与/a/等低元音联合而构成协同发音时，腭位和舌位都会相对降低；反之，当与/i/等高元音联合而构成协同发音时，腭位和舌位则会升高。这些发音器官活动不影响该辅音的本质姿态。

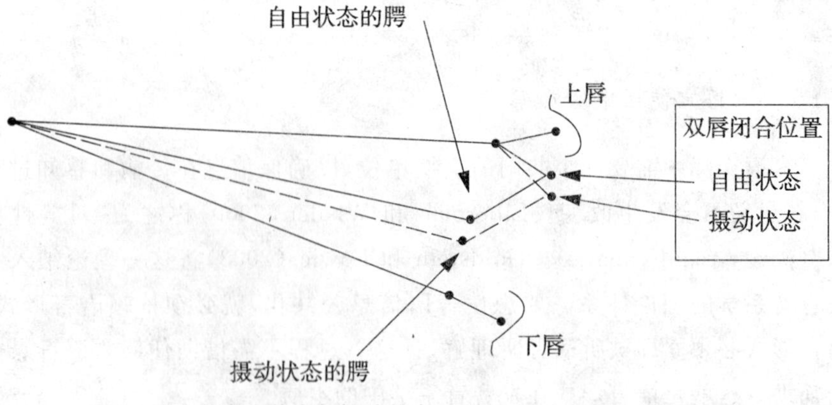

图 2　姿态的自由状态与摄动状态(Goldstein & Fowler 2003:180)

图 2 显示了这种“殊途同归”，Saltzman(1986)称“默认”的路径为自由状态(free condition)，在图中用实线表示；而受其他音的影响产生变异的路径则被称为摄动状态(perturbed condition)，在图中用虚线表示。如图所

示，唇与腭的运动路径在自由状态中及在摄动状态中有明显的差别。然而，一个发音器官的变化可以由另一个发音器官的变化所抵消，从而使姿态实现等目的性。

等目的性表明了姿态与发音器官活动之间的关系。尽管姿态是由发音器官活动组成的，是可分解的，但姿态仍然是发音音系学中的最小单位（即“原子”单位）。单独的发音器官活动不影响等目的性，不会使姿态的本质发生改变，因此也就不具有音系学上的意义。姿态与发音器官活动之间存在增效作用（synergy），即作为整体的姿态，大于作为局部的发音器官活动的和。可见，等目的性确保了姿态在发音音系学中的“原子”地位。

4　直接现实理论与言语感知

发音音系学认为声学言语信号是由姿态直接构成的。听话者接受到带有足量信息的声学结构，并以此辨认所听到的姿态。从说话者发出姿态，到听话者感知、辨认姿态，姿态本身没有发生任何变化，由此不难看出，姿态贯穿交际活动的始终。而姿态又是发音音系学中最基本的语言形式，因而在发音音系学模式中，语言形式从未在交际过程中消失。在说话者与听话者之间充当交换单位的就是姿态。

Goldstein 和 Fowler（2003）用来解释言语感知的直接现实理论来源于 Gibson（1966，1979）。Gibson 指出，信息媒介（informational media）与其末端源（distal source）之间存在因果关系。信息媒介（如光、声等）由其末端源建立。而另一方面，通过信息媒介，可以对末端源进行辨认。

在言语感知中，起末端源作用的就是姿态。说话者利用姿态组成声学言语信号，形成言语。同时，听话者通过声学言语信号，对姿态进行辨别与确认，即“感知追踪发音”（Liberman 1957，1996；Liberman et al. 1967）的过程。至此，姿态作为语言交际中的交换单位的地位已完全确立。

借用语音系学
Loan Phonology

借用语音系学[①]是 Van Coetsem 于 20 世纪 80 年代末提出的理论。音系中的借用语既与音段音系学有关，也与超音段音系学有关。借用语的出

---

① 本部分内容主要是根据 Van Coetsem（1989）编译而成。

现预测着源语(source language)和受语(recipient language)的存在。这意味着语料从一种语言向另一种语言迁移(transfer),即从源语向受语迁移。有两种迁移,一种是借用(borrowing),另一种是先入(imposition)。因此,说话者的角色显得很重要。如果受语说话者是施动者(agent),如英语说话者在说英语时用法语词,从源语到受语语料的迁移是借用,具有受语施动性(agentivity)。如果源语说话者是施动者,如法语说话者在说英语时使用自己的法语发音习惯,从源语到受语语料的迁移是先入,具有源语施动性。

与此现象有关的一个事实是,语言具有结构的稳定性质。语言的某些成分或域(domain)比较稳定,不易变化,如音系;而语言的其他成分或域则不太稳定,易变,如词汇。考虑到语言的这种稳定性,与另一种语言接触的语言倾向于保持其比较稳定的域。因此,如果受语说话者是施动者,从源语接受词汇时,自然倾向于保护其语言中比较稳定的域,如音系。如果源语说话者是施动者,也自然倾向于保护其语言中比较稳定的域,如音系,具体说是其发音习惯,这意味着他会把这些发音习惯强加或先入到受语中。总而言之,从源语到受语的语料迁移在借用中主要与不太稳定的域有关,特别是词汇;但在先入中主要与比较稳定的域有关,特别是音系。因此,每一种迁移类型都有自己的作用于受语的普遍特点。将两种迁移类型与稳定因素一并考虑必将产生预测力。

音系借用语是在受语中对外来的或源语的一种模仿或复制,这种模仿常常只是一种近似表征(approximation)。对于模仿者来说,模仿意味着使用自己欠缺的某种东西。因此,作为模仿物的音系借用语就是这样一种东西,受语说话者在自己的母语音系中没有,与母语音系又不完全一样的像音位或次音位(subphonemic)这样的东西。由于借用语在受语中的功能以及其不能融入受语的事实,借用语相对于源语和受语来说具有其独立的地位。

当受语说话者从源语借用一个词项时,他会尽其最大能力模仿该词项音位在源语的发音。例如,一个英语说话者在使用法语一个众所周知的表征方式 déjà vu(司空见惯)时,他会模仿 vu 中的法语发音[ü(y)],一种相对于其母语音系比较陌生的发音。由于这种发音很难融入到英语说话者自己的音系中,因此说话者有一种压力,要将源语这种不同的发音顺应到其系统中他认为是最近的等值音。例如,许多英语说话者将 déjà vu 中的 u 发成[u],法语[ü(y)]发音的一种顺应。

因此说,模仿(imitation)和顺应(adaptation)在借用语音系学研究中是基本概念(notions)。这些概念一方面预设了由受语说话者整合的成套的音系单位及其分布的存在，另一方面预设了说话者所面对的偏离了母语（受语）音系的外来的源语发音的存在。模仿意味着有偏离，顺应意味着没有偏离。有时候，模仿指词项，而不指音系。例如，英语单词 stress 借用到荷兰语，并已经完全融入到其语言中。从发音方面来说，该词项没有偏离荷兰语的音系，因此不是模仿，是顺应；但从词汇方面来说，这是一个新词，对于荷兰语词汇是模仿。有时候，受语说话者在模仿、借用源语词汇时也应用顺应。例如，英语借词 index 的复数不是 indices 而是 indexes，criterion 的复数不是 criteria 而是 criterions，反映了形态方面的顺应。模仿和顺应不应该和整合（integration）混淆。整合是一种融入，修饰了受语；顺应是一种调整，不修饰受语；模仿是一种偏离，带有源语的痕迹。顺应阻止了整合，而模仿成为整合的先决条件。

现在从广义上区分一下语码（code）与信息（message）。在某种程度上，语码与语言（langue，language）和语言能力（competence）相似，信息与言语（parole，speech）和语言运用（performance）相似。再看一下上述的例子。一个英语说话者在说英语时，模仿源语法语的 déjà vu，但[ü(y)]在英语音系中是外来音位。因此，[ü(y)]的发音从某些方面来说是源语语码的实现（realization），用在受语的信息中。这不属于受语语码，但属于受语信息，在受语中起作用。我们将此种现象称为包容（inclusion）。包容与整合不同。包容是将源语的成分组并（incorprated）到受语中，而整合与受语语码有关。

在这种迁移类型中，受语说话者是积极的，倾向于模仿源语。因此，受语说话者是施动者，受语是行为的接受者。换言之，从源语到受语存在语料的迁移，受语说话者是施动者。所以，这种迁移类型被称为受语施动性。受制于受语施动性的模仿产生了借用，一种音系借用语。在受语施动性管辖下的交际情况中，顺应也会发生，不过是作为独立的机制。受语说话者会将源语发音顺应到其母语系统的最近等值音。例如，法语 déjà vu 中的[ü(y)]发音经常在英语中以顺应的形式[u]出现。下面将受语施动性以图的形式表现出来，以示音系借用的恰当位置。

受语施动性

（受语说话者＝施动者，受语＝行为的接受者）

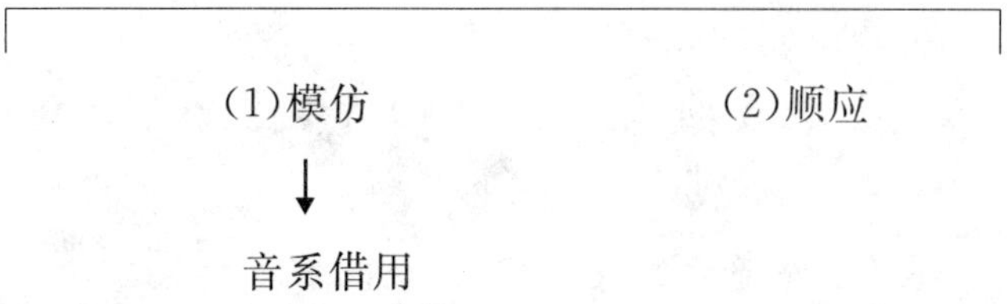

在受语施动性，受语和源语之间的关系中起支配作用的术语是受语，这就是受语支配性（dominance）。受语说话者—施动者是受语支配操双语者，一般来说模仿借用语，其受语方面的知识要比源语的知识丰富得多。这就是语言支配性，在受语支配性个案中表示为*受语/源语*。在受语施动性中，受语处于语言支配位置。

受语施动性（借用）

源语 → 受语（语言支配性）

例子：法语[vü] → 英语（语言支配性）[vü]

在语言交际的另外一种迁移类型中，源语为母语的说话者把自己的发音习惯应用到受语中。例如，源语法语为母语的说话者在使用受语英语时，将单词 pit 发成[pit]，而不是[p^hɪt]，把英语的[p^h]和[ɪ]用成了法语的[p]和[i]。这时候，[p]和[i]的发音是源语语码在受语信息中的实现。这些发音受语说话者不用，因此也不被说话者整合。这些发音不属于受语语码，却属于受语信息，包容在源语说话者使用的受语内。在这种迁移类型中，源语说话者是积极的，将受语顺应到源语。源语说话者是施动者，受语是行为的接受者，即源语说话者把自己的发音习惯用到受语中。因此，我们把这种现象称为音系先入，把这种迁移称为源语施动性。受制于源语施动性的顺应产生先入。先入这个术语没有否定内涵，只是指称一个施动者。这里需要强调的是，在源语施动性的情况下，受语只是在源语说话者使用受语的言语中受影响，并不是在受语说话者自己的言语中。这样的语言形式，单词或短语，对受语说话者或源语说话者都不是母语。这就是为什么信息和语码、包容和整合对源语说话者使用的受语不适用。

在源语施动性管辖下的交际情况中，模仿也可能会出现，不过是作为独立的机制。源语说话者会模仿或学会模仿受语发音，也就是说，他会习得那种发音。下面将源语施动性以图的形式表现出来，以示音系先入的恰当位置。

源语施动性

（源语说话者＝施动者，受语＝行为的接受者）

(1)顺应　　　　(2)模仿

↓

音系先入

在源语施动性,受语和源语之间的关系中起语言支配作用的术语是源语,这就是源语支配性。源语说话者-施动者是源语支配操双语者,具有受语某些实用或功能性知识,应用先入。其源语方面的知识要比受语的知识丰富得多。在源语支配性个案中表示为*源语/受语*。图示如下。

源语施动性(先入)

源语(语言支配性) → 受语

例子:法语(语言支配性)[pit] → 英语[pit]

受语施动性和源语施动性这四幅图示揭示出它们根本的区别,构成了明显的对比。总而言之,在受语施动性中,模仿是主要的和必需的机制,而顺应是次要的;在源语施动性中,顺应是主要的和必需的机制,而模仿是次要的。在受语施动性中,模仿全部或部分偏离受语母语,但顺应不偏离。因此可以推论,在源语施动性中,顺应偏离受语母语,但模仿不偏离,除非是部分模仿。这些关系可以用下面的图加以总结。

鉴别

	模仿 (全部或部分)	顺应 (全部)
受语施动性	偏离受语	不偏离受语
源语施动性	不偏离受语 除非是部分模仿	偏离受语

二语音系学
Second Language Phonology

第二语言习得(Second Language Acquisition,简称 SLA)是应用语言学的重要分支学科。Ellis(1994)指出,这一学科形成的准确时间已无从考证,但可以肯定的是,到了 20 世纪 60 年代末,这一学科已经正式形成。Archibald 把 20 世纪 50 年代的教学法研究也纳入二语习得研究,但他同时承认,以学习者为中心的二语习得研究始于 70 年代。

近 20 年来,二语习得这一学科取得了长足的发展。其中心逐渐由传统的语法学、心理语言学扩展到学习者语言中的语用学方面以及社会语言学方面。与此同时,理论语言学对二语习得的影响也越来越明显。无论是Chomsky的普遍语法,还是Givón的功能模式,或是Comrie的语言类型学,都可以在二语习得的最新发展中觅得踪迹。可见,二语习得研究有多种视角,可以利用各种理论、各种方法来对二语言语进行分析。音系学作为理论语言学的核心学科之一,其理论及方法自然可以运用到二语言语的分析中去。二语音系学由此产生。Flege(1988)、Archibald(1998)等在这一领域都做出了积极有益的探索。

1 中介语的音系特征

在二语习得的过程中,学习者必须面临在第一语言(即母语)习得中所不存在的、母语对第二语言的影响问题。由于有了母语的"过滤"作用,学习者所得到的"二语"实际上是个同时具有二语的某些特征和母语的某些特征的混合系统,这一系统在二语习得研究领域中被称为"中介语"(interlanguage)。

从音系学的角度看,中介语的音系系统也是一样,由于学习者的二语音系受到其母语音系的"过滤"作用,兼具母语和二语的特征,无论在音段层面还是超音段层面都是如此。因此,二语音系学很大程度上就是研究中介语的音系特点。

我们在第二语言学习者中经常可以发现存在某些二语中本不应该存在的音系特征,但由于这些特征存在于其母语之中,因此成为中介语的一部分。例如,英语have的发音是/hæv/,但以法语为母语的学习者常将此词发为*[æv],因为法语中不存在/h/这一音位。加之法语文字书写字母h是完全不发音的,更使这部分学习者习惯将此词发音误作*[æv]。以德语为母语的学习者还会把have读成*[hæf],因为在德语里带声辅音/v/从不出现在词尾。可见,母语的音系对二语习得有着重要影响,使二语学习者的目的语音系带上通常所说的"外国腔",Archibald称之为"二语口音"(second language accents)。

除了母语的"过滤"作用外,二语学习者的"矫枉过正"(hypercorrection)行为同样也是造成中介语音系特征的重要原因之一。例如,Wardhaugh(1998)曾经提到,意大利人经常会把bad、bag中的元音/æ/发成类似/iə/的音。其原因是意大利语中没有/æ/这个音位,学习英语的意大利人为了避免把/æ/发成意大利语中某些近似的音(如/a/)而采取了矫枉过正的方法。这类二语学习者的意图是要在发音中避免民族标记

(ethnic marker),而矫枉过正的结果是适得其反,恰恰形成了其特有的民族特点(ethnic characteristic),这类特点同样是二语中本不应该存在的音系特征。

2　导致中介语音系的原因

如果学习者的音系带有二语口音,那么是哪些错误(error)使得二语学习者无法完全习得二语的音系?Archibald将其分为两大类:一类错误是连续性的(continuous),另一类错误是非连续性的(not continuous)。

如果学习者的母语中不存在二语中的某个音位,但却存在一个与之较为"相似"的音位,学习者往往会以此取代二语中的那个音,从而造成错误。这种错误的本质是以此代彼,正确的音位与错误的音位之间不存在任何"过渡类型",因此这类错误被归为非连续性的错误。例如,英语中存在不带声声门擦音/h/,不存在不带声软腭擦音/x/。西班牙语恰好与之相反。因此,以西班牙语为母语的学习者在习得英语的过程中经常会以/x/代/h/,如将have发成*[xæv]。

另一类错误则复杂得多。如果把学习者母语中存在的某些音系现象看作是连续体的一端,把二语中可与之相类比的音系现象看作是连续体的另一端,则中介语中的音系现象位于二者之间的某一点上。这类错误显然是连续性的。

Archibald(1998)认为,这类错误主要体现在两个方面,一个是嗓音起始时间(voice onset time,简称VOT),另一个是元音。

当阻塞音(obstruent consonant)出现于音节首时,嗓音起始时间是该阻塞音的发音特征之一。例如,在一个不带声塞音发出之后,在紧随其后的元音引起声带振动之前,存在一段极其短暂的间隔时间,这一间隔时间就是嗓音起始时间。例如,在英语单词paw的发音过程中,从双唇分开标志着/p/的发出,到声带为发/a/音而振动,这期间就存在着嗓音起始时间。Archibald(1998)指出:"不同的语言具有不同的嗓音起始时间。英语中不带声塞音/p/、/t/及/k/发音之后的间隔时间相对较长。其他语言,如西班牙语和阿拉伯语,这种间隔时间则要短得多。"(Archibald 1998:45)

正是这个不起眼的差异,成为导致中介语"外国腔"的重要因素之一。图1为英语与阿拉伯语嗓音起始时间的对比,图中直线代表不带声,锯齿线代表带声,二者的交界处即为嗓音开始之处。如图所示,同为音节/ta/,英语中/t/和/a/之间的嗓音起始时间明显长于阿拉伯语。

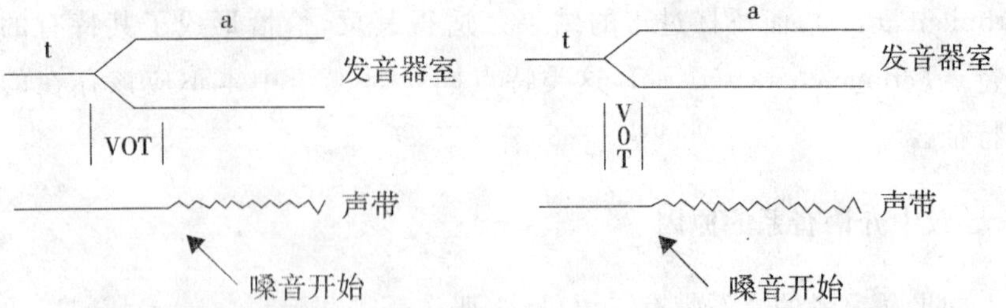

(Archibald 1998:46)

图 1　英语与阿拉伯语 VOT 的对比(左图为英语,右图为阿拉伯语)

Flege(1988)的研究成果表明,不少二语学习者(尤其是成年人),都存在感知困难(perceptual difficulties)问题,即意识不到这种细微的差别。而另外一些学习者的确意识到了这一差异,并竭力改正这一错误,但却不一定会完全习得二语中的噪音起始时间。例如,Flege(1988)对以阿拉伯语为母语的英语学习者所做的调查显示,被调查的学习者的英语噪音起始时间介于阿拉伯语的噪音起始时间与英语的噪音起始时间之间。显然他们对英语音系的习得中已经包括了对英语噪音起始时间的习得,但是正如二语习得中的很多方面一样,对噪音起始时间的习得也时常停留在母语与二语之间,成为中介语的一部分。

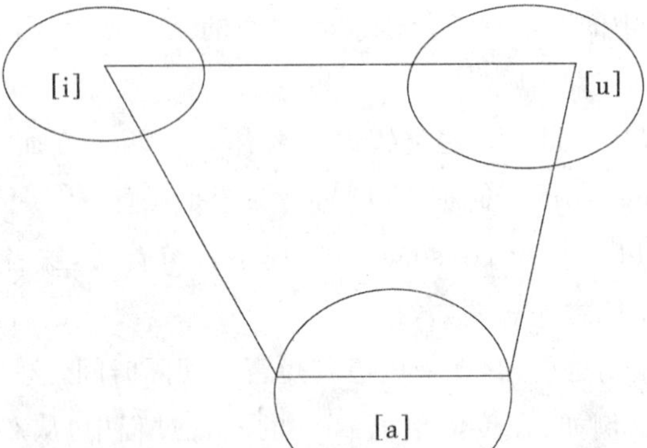

图 2　三元音体系的声学空间

另一个连续性的错误是元音的错误。在元音的习得过程中,有的元音比较容易习得,而另外一些元音的习得则相对困难得多。至于哪些元音比较容易习得,是有规律可循的。Archibald(1998:47)认为"二语元音的习得是易还是难,可以通过母语元音的声学空间(acoustic space)来预测"。如图2所示,每个元音音位的周围都存在一定的空间,凡是在此空间内的音,都被认为是与这个音位"相同"的。而出了这一空间的音,则被认为是"不同"

的。例如，图 2 中所示的语言有三个元音音位：/i，a，u/，每个音位周围的圆圈即该元音音位的"声学空间"。以/u/为例，与之邻近的[ɯ]、[ʊ] 等，均位于/u/的声学空间内，因此以该语言为母语的人会认为[u]、[ɯ] 及[ʊ] 是相同的。而[ɒ] 由于出了这个"圈"，因此不会被认为与[u] 相同。

二语学习者不会对二语中与母语明显不同的音位感到困难，因为这样的音不仅不是他母语中的音位，而且不位于他母语的任何一个音位的声学空间内。例如，以图 2 中的语言为母语的学习者在习得英语的过程中，不会对/ɛ/的发音表现出太大的困难，因为其母语中的任何音都没有把/ɛ/纳入其声学空间，即学习者不会把/ɛ/和其母语中的任何元音音位相混淆。相反，在习得那些与母语中既相似又不相同的音位时，学习者会感到格外困难。英语中的/ɪ/、/æ/等音位会成为这些学习者的难点。因为/ɪ/位于其母语中/i/的声学空间内，/æ/位于其母语中/a/的声学空间内，学习者很难体会到其中的差别。因此，将/ɪ/发为/i/、将/æ/发为/a/，成为这些学习者的中介语的音系特征。

3　二语音节

造成二语口音的因素不仅包括单个音段，还包括音节。二语学习者不仅必须习得目的语中每个音段的发音，而且还必须习得如何按照目的语所要求的序列将音段组合起来。在这一习得过程中，学习者极有可能受到其母语音节组合方式的影响，因而无法完全习得二语音节的正确组合方式。

音节分为三个组成部分：音节首(onset)、音节核(nucleus)以及音节尾(coda)，其中音节核和音节尾合称为韵音(rhyme)。不同的语言对音节的模式有不同的要求。如果学习者的母语与他所要习得的二语音节模式不同，并且学习者忽视了这一不同，则会使中介语带上明显的二语口音。例如，日语中的音节模式相对简单，不允许出现类似 CCVCC 之类的复杂音节，因此以日语为母语的学习者在习得英语音系的时候会经常在两个辅音之间插入元音，从而造成错误。

学习者会按照其母语的音节模式去"修改"二语中的单词，使之适应其母语的音节结构。这一现象在二语习得的过程中十分普遍。Archibald(1998)对以阿拉伯语为母语的学习者是如何"修改"英语中部分单词的，做了分步骤的解析：

由于阿拉伯语音系不允许出现两个或多个辅音构成的音节首或音节尾，因此当英语中出现由两个辅音构成的音节首或音节尾时，以阿拉伯语为母语的学习者会在两个辅音之间插入元音[i]。例如，plant 被发成了

[pilɑ:nti],translate被发成了[tirænsilet]。Archibald 将此称为“增音[i]”(epenthetic[i])。

以 plant 为例。如图 3 所示,在学习者的潜意识中,第一步将元音归入音节核(N),并将音节核归入韵音(R)。第二步,按照阿拉伯语音节首的要求确定该词的音节首(O)。第三步,按照阿拉伯语音节尾的要求确定该词的音节尾(C)。第四步是很关键的一步,在每个未被音节化的辅音的右侧插入增音[i]。第五步,再次将元音归入音节核,并将音节核归入韵音。第六步,再次按照阿拉伯语音节首的要求确定该词的音节首。这样,就形成了由三个音节组成的*[pilɑ:nti]。

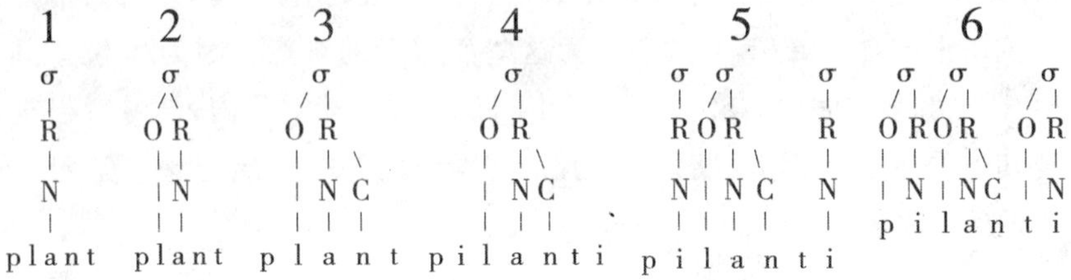

图 3 plant 一词“增音”的六个步骤

由此我们可以清楚地看到,在中介语中,学习者会通过其母语的音节化原则来确定二语中单词的读音,这在初级阶段尤其如此。

4 二语的重音

在超音段层面上,二语口音的明显标志之一在于重音问题。与音节模式类似,不同语言的重音模式也大不相同。学习者的中介语中不可避免地会带有其母语重音模式的痕迹。

Archibald(1998)详细论述了以西班牙语为母语的学习者在习得英语单词重音上的错误。西班牙语的重音相对稳定,词重音总是落在倒数第二或倒数第三个音节上,因此,英语中重音位于最后一个音节上或倒数第四个音节上的单词成为这部分学习者的难点。

Archibald(1998)设计了一张包含 11 组不同重音模式的英语单词的调查表,用以测试以西班牙语为母语的学习者是否会将西班牙语的重音模式迁移其中。例如,其中第 2 组中包括 data、study、era 等,均为重音位于倒数第二个音节的双音节词。第 3 组均为重音位于最后一个音节的双音节词。Archibald 预测道:第 2 组单词的重音“会被正确发出”;而对于第 3 组单词,“如果他们迁移了其母语的情形,则这些词的重音将可能会更难发音一些”(1998:182)。对 7 位受试者的测试显示,测试的结果与预测基本吻合,第 3

组单词的重音错误率为17%，而第2组单词的重音错误率为0。可见，母语重音模式在二语重音的习得中的作用十分明显。

功能性制约音系学
Functionally-Constrained Phonology

功能性制约音系学[①]是1979年由Kathleen Houlihan和Gregory K. Iverson提出。当时，在音系学界人们议论这样一个问题，即为什么一些音系规则在一些语言中存在，而在其他语言中不存在。Houlihan和Iverson提出分两步来解决这个问题：首先设定在某一特定语言中某一特定规则的作用是中和(neutralizing)还是音位变体(allophonic)，然后确定各种条件，在这些条件下，某一规则可有中和或音位变体的作用。他们认为，这些条件具有音位系统相关类型标记的直接功能，中和规则产生无标记音段(unmarked segment)，而音位变体规则产生有标记音段(marked segment)。可以看到，某些规则总是中和的，某些规则总是音位变体的。例如，德语、俄语、梵语(Sanskrit)中词尾阻塞音清化的规则均是中和规则。下面是德语、俄语、梵语词尾阻塞音清化的例子。

德语	单数	复数	
	Ta[t]	Tä[t]e	行为
	Rat[t]	Rä[d]er	车轮
俄语	主格(单数)	属格(单数)	
	[pop]	[papa]	牧师
	[rap]	[rabá]	奴隶
梵语	主格(单数)	宾格(单数)	
	[marut]	[marutam]	风
	[pa:t]	[pa:dam]	足

在这些例子中，阻塞音清化中和了，因为在清化规则中，输入时带声和不带声阻塞音都存在，但是输出时只有不带声阻塞音。中和取消了带声和不带声阻塞音的对比。

然而，另外一些规则大都是音位变体。例如，Corsican语、朝鲜语、古英

① 这一部分内容基本上是根据Houlihan & Iverson(1979)编译而成。

语等语言中两个元音之间的阻塞音浊化规则都属于音位变体规则。下面是这三种语言元音间阻塞音浊化的例子。

Corsican 语				
	[peðe]	足	[u beðe]	足(特指)
	[tengu]	我有	[u dengu]	我有它
	[sakku]	包	[u zakku]	包(特指)
朝鲜语	单独出现形式		宾格	
	[tap]		[tabʉl]	回答
	[pok]		[pogʉl]	运气
	[nat]		[nasʉl]	镰刀
古英语	[stæf]	职员(单数)	[stavas]	职员(复数)
	[snāθ]	割(过去时)	[snīðan]	割(不定式)
	[ċēas]	选择(过去时)	[ċēozan]	选择(不定式)

在这些例子中,元音间的浊化从来没有中和带声和不带声阻塞音的对比。在朝鲜语中,带声塞音只出现在元音之间的位置上。确切地说,是出现在带声音段之间的位置上(Martin 1951:524)。这些音与出现在其他位置上的不带声、不送气的松塞音相对应,并与之交替。因此,这些带声塞音在底层是不带声、不送气的松塞音,通过元音间浊化的规则变成浊化。这种规则属于音位变体,因为在朝鲜语中,这是唯一能见到带声塞音的地方。古英语中的情况也类似,带声擦音只出现在带声的语境中(Campbell 1959:20)。这些音在底层是不带声擦音,通过元音间浊化规则推导出带声的音位变体。

音系学中存在蕴涵性普遍现象(implicational universals)。如果 X 是有标记音段,Y 是无标记音段,那么 X 的存在蕴涵着 Y 的存在。但是,Y 的存在不一定蕴涵着 X 的存在。下面是部分蕴涵性普遍现象。

(1)带声塞音的存在蕴涵着不带声塞音的存在,反之不亦然。
(2)带声擦音的存在蕴涵着不带声擦音的存在,反之不亦然。
(3)送气塞音的存在蕴涵着不送气塞音的存在,反之不亦然。
(4)双唇鼻音的存在蕴涵着齿或齿龈鼻音的存在,反之不亦然。
(5)中元音的存在蕴涵着高元音的存在,反之不亦然。
(6)不带声元音的存在蕴涵着带声元音的存在,反之不亦然。

(Houlihan & Iverson 1979:54~55)

根据上面提到的蕴涵性普遍现象，可以看出音段类相对的标记性。

(1)带声塞音相对于不带声塞音来说是有标记性的。
(2)带声擦音相对于不带声擦音来说是有标记性的。
(3)擦音相对于塞音来说是有标记性的。
(4)双唇鼻音相对于齿或齿龈鼻音来说是有标记性的。
(5)中元音相对于高元音来说是有标记性的。
(6)不带声元音相对于带声元音来说是有标记性的。

(Houlihan & Iverson 1979:55)

如果有标记音段和无标记音段处于互补分布，例如英语中送气和不送气不带声塞音，那么，无标记音段便成为底层的音位。英语中不送气不带声塞音便是音位的基本形式，而送气不带声塞音是通过规则推导出来的。如果一个语言中有标记音段和无标记音段处于对比分布，那么两个音段都是底层的音位。

任何将有标记音段转变为无标记音段的规则一定是中和规则。像德语阻塞音清化这样的规则只能是中和规则，而不是音位变体规则。根据观察的结果，音系规则受到这样的制约，即中和规则必须产生无标记音段。这种制约被称为标记制约(Markedness Constraint)。

标记制约：受音系条件制约的中和规则将相对而言有标记的音段转变为相对而言无标记的音段。

然而，像元音间阻塞音浊化这样的情况代表了另外一些音系现象，这些规则产生了有标记音段，属于音位变体。这种现象可以用标记制约的推论(corollary)来解释。

推论：从相对而言无标记的音段产生出相对而言有标记的音段这种受音系条件制约的规则是音位变体规则。

这意味着，不是中和规则就不能将有标记音段转变为无标记音段。而那些只能产生有标记音段的规则却是音位变体规则，即所有音位变体规则只能产生有标记音段。

由此看来，标记制约是音系的一种功能性原则，该原则解释了为什么一条特别的规则可以在一种语言里找到，但是在另一种语言里却找不到。这里的原因比较复杂，主要取决于该语言的历史和语音的自然性。朝鲜语元音间塞音的浊化产生了有标记音段，这可以用音位变体规则来解释。同样的情况如果在英语里出现，只能用中和规则来解释，因为英语中有带声塞音音位。但这种中和将会违反标记制约。

标记制约理论认为，许用和不许用的音系规则之间的区别在于规则功能（如是否中和）与规则输入、输出相对标记性之间的交互作用（interaction）。标记制约本身不考虑某些规则应用的单词或音节中的位置。除此之外，音段类别相对标记性只能由管辖语音和音位系统的类型普遍现象（typological universals）来决定，不考虑各种音段类型出现的位置。

总而言之，标记制约及其推论限制了受音系条件制约的规则：(1)所有中和规则产生无标记音段；(2)所有产生无标记音段的规则均是中和规则；(3)所有音位变体规则只产生有标记音段；(4)所有只产生有标记音段的规则均是音位变体规则。根据这些制约，要想知道某一规则是否属于某一语言，可通过检验此规则的结构变化以及该语言的音位系统来决定。

模糊音系学
Fuzzy Phonology

模糊性是自然语言的一种本质属性。早在古代希腊哲学中，模糊现象就引起了人们的注意。但模糊语言学作为一门新学科，则始于 L. A. Zadeh (1965)的《模糊集合论》的发表。模糊集合论的主要思想是：集合的界限具有伸缩性，元素对集合的归属性并非一刀切。换言之，元素对集合的隶属度除了用传统方法中的 0、1 两个真值来表示以外，还可以取两值之间的任意实数来表示。模糊集理论用隶属度这一概念来处理语言的模糊性，其结果因较接近语言事实而显得有真实性（张乔 2004：2）。但目前就模糊集理论对语义及语法的模糊性的研究比较多，这方面的代表作有张乔的《模糊语义学》(2004)、《模糊语言学论文集》(1998)和《模糊量词的语义研究》(2001)，王逢鑫的《英语模糊语法》(2000)等。语音模糊的客观存在虽然也引起了一些学者的关注，如国内较早探讨语音模糊性的夏江陵(1985)，在其“也谈模糊语言”一文中，认为语音上的模糊，有些表现在发音器官功能和听觉器官功能的不稳定性上，更主要的还表现在同音现象和语流音变现象这些语言本身的性质特点上。晁保通(1988)在“语音模糊性初探”一文中，不但从音素、音位和语流音变三个方面探讨了语音的模糊性，还从语音的生理、物理和社会三个属性对语音模糊性的基础及根源进行了探讨。其他学者，如陈治安和文旭(1996,1997)、姚鸿昆(2001)等人的论述也大多围绕这几个方面展开。然而,此时的研究仍停留在语言理论分析的层面上。真正把模糊集合论应用在语音的模糊性分析上的是尹斌庸(1985)。尹斌庸把“元音”、“辅音”、“词”和“非词”这些语音、语法上难以界定的概念,运用模糊集合论进行了新的诠释。谷玲芬(1993)、黎千驹(2005)、岑运强(2004)等人的文章也把模糊集合论用于解释和处理语音的模糊性。虽然这些学者对语音模糊性的研究取得了可喜的成就,但总体而言,目前关于语音及音系的模糊性研究缺乏系统深入的研究。本文将运用 Zadeh 的模糊集合论,对语音及音系的模糊性进行较为详尽的探讨。

1　模糊的定义及其特征

对模糊(fuzziness)的定义及其特征有一个清晰的认识,是我们探讨模糊语音的基础。关于模糊的定义,仁者见仁,智者见智。首先,让我们看一看 Zadeh(2000)的定义:

> 令 X 是一个点(对象)的空间,用 x 表示 X 的一个普通元素,于是 X={x}。X 的一个模糊集(类)A 通过一个隶属(特征)函数 $f_A(x)$ 使 X 内的每一个点与区间[0,1]内的一个实数相对。用 $f_A(x)$ 在点 x 的值来表示 x 在 A 内的隶属度,因而 $f_A(x)$ 的值越接近于 1,x 属于 A 内的程度就越大。当 A 是通常意义下的集合时,它的隶属函数仅仅能取 0 和 1 两个值,$f_A(x)=1$ 或者 $f_A(x)=0$,取决于 x 属于或不属于 A。“属于”在普通集合中起了主要作用,而在模糊集里则不起这样的作用。因此,除极少数情况外,谈点 x 属于模糊集 A 是没有意义的。只有引入两个水平 α 和 β($0<\alpha<1, 0<\beta<1, \alpha>\beta$)后,才可以说:如果 $f_A(x)\geqslant\alpha$,则 x 属于 A;如果 $f_A(x)\leqslant\beta$,则 x 不属于 A。简言之,模糊集,是具有隶属程度连续统的“类”。这样的集合,用隶属(特征)函数来阐述,该函数对每一个对象分配一个 0,1 之间的数值为隶属度。

所以,模糊集理论中,一个对象可能部分属于这个集合,而不是完全属于或完全不属于。模糊性所涉及的界限不是一个点属于集合的不确定性,而是从属于到不属于的变化过程中的渐变性。Zadeh(1965)曾用模糊集理论阐述“中年”的模糊集合:

年龄:	41	42	43	44	45	46	47	48	49	50	51	52
适合性(compatibility):	0.5	0.8	0.9	1	1	1	1	1	0.9	0.8	0.7	0.5

“1”代表完全属于这个集合，“0”则意味着完全不属于这个集合。0.5，0.7，0.8和0.9则显示了该对象的隶属程度。从中我们可以看出某元素是否属于某个集合的界限不是突变的，而是渐变的。

从以上的定义中我们也可以看出模糊性的最明显的特征是核心区域的确定性和界限的伸缩性。张乔(2004)从自然语言的角度探讨了模糊语义的三大主要特点：不确定性、确定性和变异性(参见122～133)。模糊性的不确定性是指不确定的外延界限，如期中考试的“期中”，就没有一个确定的语义界限。模糊性的确定性表现在边缘成分上，其中心部分基本上是确定的。例如，假定以3月1日至7月31日为一个学期，那么，“期中”所标示的中心成分是确定的，即5月15日和5月16日；但是离中心成分远一些的边缘成分(如4月10日，6月21日等)是否属于“期中”则是不确定的。不过语义的不确定性与确定性都不是固定不变的，它们在一定条件下，会各自向相反方向发生多种变化，从而形成模糊语义的变异性特点。例如“高大的建筑物”可能因为地区的不同而不同。在高楼耸立的纽约，30～40层的楼房才能称为高大的建筑；而在华盛顿，10层楼就可以看作高大的建筑了。事实上，不确定性、确定性和变异性的特征也同样体现在模糊语音和音系上。

不确定性是模糊性的最突出特征。音素是我们把语音分解成的一个一个的单位。但在真正的言语交际中，话语是连续的、动态的过程，音素之间并没有确定的界限。如图1所示。

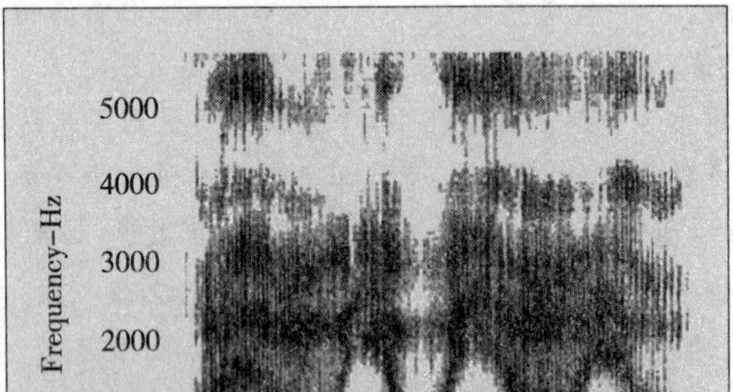

图1　句子“I owe you a yo yo”的声谱图

(http://read.rexsong.com/psychics/perceptual_psychology/ntu/Speech%20Perception.htm)

虽然音素之间的界限不确定，但其核心部分还是确定的。这也使这个句子能被感知成可能。如在区分双唇辅音[p]、[b]时，只是根据声音成阻时间上的差别。发[b]音时，双唇松开的时间为0秒，而[p]的时间则为+0.06

秒。但在实际说话过程中，[b]和[p]的声音成阻时间变化很多，人们又是如何区分的呢？实验表明："当声音成阻时间低于+0.03秒时，人们都把辅音听成为[b]；当它高于+0.03秒时，人们都认为是[p]。只有在边缘地方，人们才会不一致，这就是0.04与0.05秒之间的地方。"(桂诗春 1994:340)在实际发音的过程中，一方面，声音并不是互相孤立发出来的，而是连续不断发出来的。语流中，相邻音彼此之间相互影响以及讲话时速度的快慢、声音高低与强弱等，使静态的音素在动态的语流中发生变化，产生同化、异化、弱化、脱落、增音等语流音变现象。另一方面，不同的人或者同一个人在不同的时间和地点，所发的音也都会或多或少地走样。这都体现了语音的变异性特点。我们探讨了语音模糊性的基本特征，接下来将从音素和音位两方面探讨模糊性在语音和音系的表现。

2　语音模糊性的表现

2.1　言语的模糊

言语的交际过程就是发音器官播出信息和听觉器官接收信息的过程。在实际交际过程中，完成播出信息任务的发音器官有时很难甚至不可能将信息准确无误地传递给接受信息的听觉器官。同样，听觉器官也很难甚至完全不可能完全接收播出的信息，因此，便有了言语中的模糊。言语的模糊性首先表现在最小的语音单位音素上。通常来说，我们将音素分为元音和辅音两大类。决定一个元音的音质是舌面或舌尖的高低、前后以及是否圆唇。但从实际发音来看，高低、前后及圆唇都没有明显的标准，本身就是模糊的。从听觉角度看，对某些音也很难做出精确的辨别。如汉语中的前元音[a]，中元音[A]和后元音[ɑ]，听觉上并不具有辨义功能。同样，根据发音部位和发音方法决定的辅音，对发音部位中舌的位置的划分和发音方法中清浊、送气与否都没有绝对的界限。人们习惯根据声腔的开放和封闭，把元音和辅音分别清楚。由于声腔的开放可大可小，所以没有明确的界限。例如，我们发[i]时，如果把舌抬高些，舌面比较用力些，声腔就接近封闭状态，气流外溢时受到一些障碍，听起来有轻微的摩擦声，这时i的性质就变得很接近辅音。还有所谓的半元音[w、j]的存在，都说明元音和辅音之间没有明显的分解，存在着过渡音。我们在发各种音素时，都不能做到绝对精确。即使发同一个音素，也只能是相似而不可能绝对相同。音素是无穷的，每一次发音都是一个音素。从这个意义上讲，我们得到的实际上是基于发音特征之上的近似音，即模糊音。

言语模糊的另一个表现是在语流音变上。所谓的语流音变，就是语言单位的读音进入言语之后，其中一个音由于受到前后音或者各种音素的影响而在发音上有所变化，如连读、省音、增音等。当我们听自己母语时，感觉话语是由离散的音段或者可分解的音素组成的；而听外语时，却感觉话语是连续的模糊不清的语流。事实上，任何语言的语速基本上是相似的，都是连续的语流，并无明显的间隙。“我们不如把它（音段）比作辫子，因为言语中的音段是互相联系和重叠的。”（桂诗春 2000：205）所以，语流中的音变现象难免会产生模糊现象，但由于前后语境的制约，并不影响人们正常的交际。

2.2 音位的模糊

音素的模糊更多体现在言语的模糊性上，是动态而具体的环境的模糊；而语言的模糊表现在音位的模糊性上，是静态、抽象的并能够脱离语境而存在的。音位在某一特定语言的音系中是最小的有意义的语音单位，在音系分析中是最小的抽象单位。赵元任先生在其《语言问题》中谈到音位论时，说道：“音位论对语言研究最大的用处，是在能够把须得辨别的声音都辨别出来，不管它多么微细，而把无须辨别的声音故意混为一谈，不管它在声音上是差得多远。”（1980：28）因此，音位很重要的功能就是区分意义。Jones 从物理学角度给音位下定义，他认为“音位是一种语言里具体发出的性质相关的一族语音，实际上它们是被当作一个相同的语音来使用的，这一族语音中每一成员都受到语音环境的制约，即任何成员都不能出现在适合别的成员的语音环境中。”（赵忠德 2006：47）从这个意义上讲，一个音位不是孤立的音素，而是一族发音相似的音素的代表，音位的感知更多地涉及了人们的心理印象。无论是从功能角度分析，还是从心理和物理的角度去解释，音位是“一种抽象的、虚构的单位”（赵忠德 2006：50），很难断定其界限，因此就不可避免地带有模糊性。

首先，关于归纳音位的多种可能性。所谓归纳音位，就是把音质近似而没有辨义作用的若干音素归并成一个语音单位，即“音位”。音质近似本身就没有明确的标准，更多地参考当地人的语感，这就体现了音位的模糊性。同时，音位的模糊性还体现在归纳音位的多种可能性。美国描写语言学家 Hockett 在《现代语言学教程》（1958）中提出了划分音位的四条基本原则：（1）对立互补原则；（2）语音相似原则；（3）模式和谐原则；（4）经济原则。赵元任在《语言问题》一书里提出归纳音位要注意三个主要条件：（1）相似性；（2）对补性；（3）系统性。此外，他还提出三个附加条件：音位总数以少为贵；符合本地人的音感；照顾历史音韵（1980：30～36）。但他同时在“音位标音法的多能性”一文中指出，音位标音法对于任何语言，不是单答案性的，乃是有多种可能方式的答案的。比如英语元音，有人说它有 6 个，有人说它有 14 个，也有人认为复合元音也是元音音位。所以“同一个语言，不同的人来处理，可能得出不同的结果。通过不同的途径也可能得出相同的结果。”(罗常培、王均 2002:218)正是这种多种可能的客观存在，使音位的模糊性有了可能。下面就音位模糊性在英语中具体表现加以论述。

首先是元音音位的模糊性。图 2 是对元音音位的传统分法。似乎每个音位都有自己的位置，且界限分明。但事实上，所有的音都是连续的。“正则元音不是真实的元音，它们是不变的参照点。”(赵忠德 2006:26)从元音[i]到[ɑ]之间有无数个可能的音，如图 3 所示。从一个音到另一个音的转变是渐进而不是突变的，两个元音之间的界限也不是清晰的。英语中的长短元音及双元音和单元音也都存在着模糊现象。就长短元音而言，语音学家认为，其区别不完全是长度问题，而是音质和长度共同作用的结果。所谓的短元音[ɪ]比长元音[i]发音短促，同时舌前开口更大，位置也更接近中心位置。在重读音节中，并不难区分它们；但在非重读音节中，长短元音的不同就不是那么清晰了。例如，我们并不容易区分像“easy”或“busy”这样单词第二个音节中的元音。在威尔士英语中，第二个音节中的元音听起来更像“easy”第一个音节中的[i]，而在其他方言如 Yorkshire 英语中，第二个音节中的元音听起来更像“busy”第一个音节中的[ɪ]。在英国的标准发音中，区别也不是很明显。当一个元音在另一个元音之前时，听起来感觉更长。英语中的双元音是从一个发音位置滑向另一个发音位置的过程。双元音中的第一个音比第二个音略清晰、响亮一些。但有时双元音[ai]听起来更像两个单元音，没有明显的不同；而有时双元音[ai]在从[a]滑向[i]时，[i]的音几乎消失了，而听起来[ai]更像一个单元音[a]。所以，在元音与元音之间，并没有明显的界限，也就是存在着模糊性。不仅如此，辅音之间也是一个连续体。Jaeger & Ohala(1984)的实验表明，音位范畴之间不是清晰界定的，而是一个连续体。如图 4 所示。

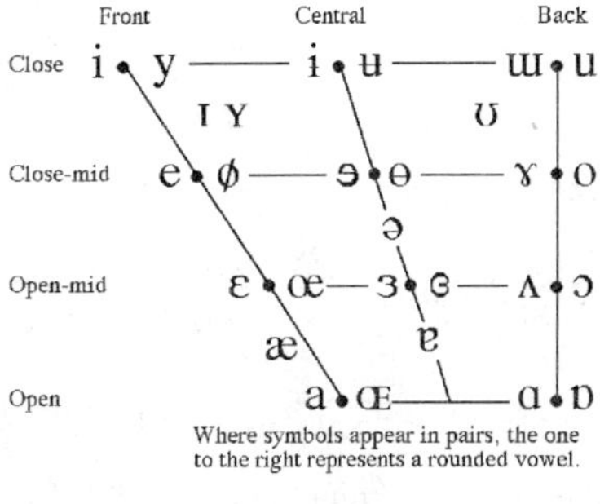

图 2

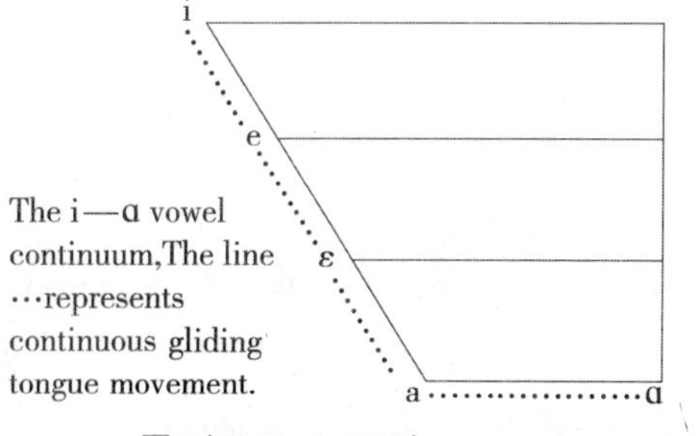

图 3(Catford 1988)

voiced ⟵ ⟶ voiceless

/r,m,n/ /v,ð,z/ /w,j/ /b,d,g/ /f,θ,s,h,/ /p,t,k/

图 4 (Taylor 2001:230)

其次是元音与辅音之间的模糊性。通常人们将语音分为元音和辅音两大类。关于元音和辅音的分类标准,语言学家观点各异。Jones 认为,响度是区分元音和辅音的一个标准,元音比辅音更为响亮。但他同时也承认[i]并不一定比其他音响亮。事实上,一些响音如[l]是非常响亮的,足以赶得上元音的响度。而且,我们也无法确定一个明确的标准定义响度本身。因此,"自然响度并不是区分元、辅音的原因;语言的直觉主要是由语境功能形成的。"(Pike 1943:70)气流在口腔是否遇到阻碍及强弱也是人们用来区分元、辅音的一个标准。辅音的气流较强,须克服气流障碍,听起来有摩擦的声音。"对于如[f]和[s]的音并没有问题。它们明显就是辅音。但某些元音(闭口元音)实际上听起来也有摩擦的声音,而没有听觉上摩擦音的许多带声响音也被认为是辅音。"(Pike 1943:70)例如,"咱们说'五一'两个字,有时候把气流的通路放宽些不叫它产生摩擦,念出来的是[u]和[i]两个元音;有时候舌面稍稍向上抬一点儿,就会发生轻微摩擦,成了辅音性的[w]和[j](我们管它叫'半元音'),后边拼着元音的[wu]和[ji]。究竟气流的通路狭窄到什么地步就会发生摩擦成为辅音,是一个问题"(罗常培、王均 2002:69)。关于元音和辅音的另一个传统分法是根据音节结构中的位置和功能。一般认为,音节的核心是元音,处于音节的中心位置;而辅音是音节的边缘(marginal),处于音节首或音节尾。那么,问题出现了。我们用一个术语去做两项工作(语音和音位两方面的描写),我们就很难区分音节中发音上近似于元音而功能上近似于辅音的音了。如[r]语音上与元音相似,但处于音节首或音节尾,如 red、car。对于解决这个问题,Pike 另造一对术语 vocoid 和 contoid。他认为,vocoid 是气流通过口腔时在舌上中间的部分遇不到障碍,并且在口腔不形成摩擦的音,包括通常称为元音的音以及像[w][j]之类的元音过渡和[h],其他的音就叫 contoid。Pike 关于元、辅音的新分法,在一定程度上弥补了传统分法的不足,但也存在着一些问题。这里所讨论的不是哪种分法更为合理,而是透过各种分类标准的优缺点发现这样一个事实:无论是具体的音素之间还是抽象的音位之间,它们并不存在真正的界限,即音素和音位都存在着模糊性。

在音位模糊上,Channel 认为语调也是一个重要的方面。"语调与一些模糊表征有关,这些模糊的表征,在模糊和精确之间造成结构上的歧义,其辨别依据语调的不同。"(Channel 2000:27)语调是一种心理—生理活动方式。当说话人情绪兴奋、轻松愉快、心理活跃时，声音容易升高；当情绪压抑、沉着稳定、心理平静时，声音往往降低。因此，语调能反映人的感情和态度。但调型的数量有限，人们要表达的情感、态度及交际意图却是千变万化的，所以难免一型多用，从而产生模糊。如 where are you going？如果我们用降调，则说话人的情感状态是中性的；如采用升调，则显得语气亲切或态度认真些。再如：

A：Can I go and see her today?

B：Yes，you can.

如果我们用降调说“yes，you can”则比较肯定、直接；而改为降升调则态度有所保留，“可以是可以”，但她有可能不在家。从中我们可以看到，语调在句中的含义具有不确定性，其确定的含义必须依靠具体的语境来解决（邱述德 1998：41～44）。不同的人在不同的语境中，语调的含义也会不同，这也体现了变异性的特点。所以，我们可以认为，语调也可以引起语音模糊。

需要指出的是，在谈到模糊语音时，人们对一些语音现象引起的究竟是模糊还是歧义，并没有达成一致。邱述德就认为，语调引起的是歧义而不是模糊，同音异义词应被认为是歧义；而王逢鑫（2000）认为同音异义词具有模糊性。在考察同音异义词等语音现象是否属于歧义还是模糊，我认为应该本着模糊性的三个基本特征。同音异义词虽然具有不确定性，但其不确定性并不是边界的渐变性。例如：

I haven't made a /seil/ all week.

a. I haven't made a sale all week. 我一周没有开张卖东西。

b. I haven't made a sail all week. 我一周没有扬帆驶船。

sail 和 sale 并不是同质的，不存在边界的问题，而是“是”与“不是”的问题。所以，同音异义词虽然同样具有不确定性，但并不属于语音模糊性的范畴之中。

言语的模糊表现在音素和语流音变上，语言的语音模糊表现在音位上。虽然音位是一种虚拟的心理概念，但是音位存在于音素之中，音素是音位的具体表现，所以言语的模糊和语言的模糊也是相互依存的，不可分割。“模糊语言是产生模糊言语的基础，但是模糊语言却不一定都表现为模糊言语，非模糊语言也能够构成模糊言语。”（陈治安、文旭 1996：29）

3 模糊语音存在的原因

以上我们探讨了语音的模糊性，那么导致其模糊性的原因是什么呢？

语音是声音,但声音不一定是语音。来自自然界的各种声音不能叫做语音,咳嗽、打哈欠不能叫做语音,只有"人类说话的声音是语音。语音是人类发音器官发出来的、具有一定意义、能起社会交际作用的声音"(林焘、王理嘉1992:1)。这说明语音除了具有特有的生理属性外,更重要的是它的社会属性。同时,任何声音都是物体颤动时所产生的声波形成的,因此从本质上看,语音也是一种自然物质,也就具备了其声音的物理属性。语音独特的生理属性、物理属性和社会属性决定了其模糊性。

3.1 语音的生理属性与语音的模糊性

从生理观点看,人类并没有专门用来发音的器官,能起发音作用的实际上是呼吸器官和消化器官的一部分。所谓的发音器官是人为的划分。语音就是人类调节呼吸器官所产生的气流通过发音器官发出来的声音,是各个发音器官协同工作的结果。发音部位实际上是理论上的,无绝对的界限,这就潜在地存在模糊性;而且发音是一个动态的过程,静态分析出的发音部位也会或多或少地走样,这都决定了语音的模糊性。

3.2 语音的物理属性与声音的模糊性

语音的物理属性表现在音高、音强、音长和音质四个方面。

音高指声音的高低,决定于发音体振动时的频率。人耳所能听到的声音是每秒颤动 20 赫到 20000 赫之间的声音。理论上讲,应该有 19980 个频率的音存在。但是,由于受到人类发音器官和听觉器官所限,人们在选择语言的语音时,是在某些频率段的某个频率点上进行的。被选择的某个音与相邻的音之间存在着一定的频率差异,这种频率差异可以称之为语音允许的"模糊度"。语言里的声音"它并不直接从某一音转入某一音,而只是沿着音节滑动,是在不知不觉间渐渐地变……语音高低间的转变是曲线式"(罗常培,王均 2002:46)。

音强则是指声音的强弱,它决定于发音体振动时幅度的大小。说话时遇到不很紧要的字就随便说过,音强就弱;遇到关系重要的字,就着力地说,音强就强。而这种强弱并没有固定的标准,取决于说话人的意愿。

音长是指声音的长短,决定于发音体振动时间的长短。有的人说话不急不忙,有的人说话却像机关枪一样。但说话的快慢不能像乐音可以用拍子计算,没有办法也没有这个必要,因为这并不影响人们实际的言语交流。

音质也可以称为音色。一般乐器只能各有一种固定音色,人的发音器官可以有各种各样的音色。人们可以听音辨人,但不同的声音并没有妨碍人们的正常交流。

音高、音强、音长在一些语言或方言里有区别意义的功能,但它们都是相对的,而非绝对的,更多的是人们的一种心理感受。根据实验结果,处于300ms～500ms音长的音,它的音长变化要达到130ms以上才能被感知。如果一个100ms的音,它的音长变化30ms即能被感知的话,那么对于一个原长600ms的音,30ms的变化就被忽视而无法感觉到。从元音、辅音固有音长看,高元音比低元音短。但发两个相同长度的元音i和ɑ,在听辨时就会觉得i比ɑ长(朱川 1986:28)。正是这种心理的主观性,为语音的模糊性奠定了基础。

3.3 语音的社会属性与语音的模糊性

语音的生理属性和物理属性,即语音的自然属性给语音的模糊性奠定了基础。语音还有它的另一面,也可以说是最重要的一面,那就是语音的社会属性。"不能把一个人的说话看作一个单纯的自然过程——生理器官的活动和音声物理现象的过程,咱们还把它看作一个社会的过程,在一定社会中人类思想表征和认知理解的过程。"(罗常培,王均 2002:58)。从物理学的角度看,人类发音器官发出的音素可以是无穷的。但对于一个民族甚至一个人而言,只有一部分的音素是有意义的。有的音素重要,非辨别清楚不可;有的则无关紧要,可以忽略不计。比如,汉语普通话中,[a]、[A]、[ɑ]三个元音音质上的差别不会使词义改变,大家实际上总是把它们看成一个单位;而在有的语言中,这三个音位具有区别意义,是不能混淆的。语言是作为人与人之间的交际工具出现的,它存在的意义必须服从社会的需要。从另一种意义上来讲,不同的社会环境,语言的形式也会有所不同。"不为周围环境所理解的声音不能成为语词,不是这个语言的语词里所能有的声音也不成其为这个语言的声音。"(罗常培,王均 2002:61)因此,从更深层次来讲,语音是一种社会现象。因为语音有社会性,语音才有模糊性;也正因为语音的社会性,才容忍了语音的模糊性。"语音的自然属性——生理属性和物理属性是语音模糊性的基础,而语音的社会属性则是语音模糊性的最终原因,是语音模糊的根源。"(晁保通 1988:16)

4 模糊集合论在模糊语音中的应用

Zadeh发表在《信息与控制》杂志上的论文"模糊集"提出了著名的模糊理论,为模糊语言学的发展提供了新的思路。模糊集理论的主要思想是集合的界限具有伸缩性,元素的归属性并非一刀切。换言之,元素对集合的隶属度除了用传统方法中的"0,1"两个真值来表示以外,还可以取两值之间的任意实数来表示。Zadeh的模糊集合论最初是用于从语义的角度来探讨语言的模糊性的，其实也可以把它应用于语音模糊性的分析中。在前面的讨论中，我们探讨了元音、辅音及其之间的模糊性问题。如果我们把元音和辅音都看作模糊集合而不是普通集合，问题处理起来就更自然些。首先我们探讨元音和辅音系统，然后再探讨音位的系统。

我们把最小的语音单位音素作为元素，把人类所能发出的全部音素看作全集U，那么元音和辅音就是定义在U上的两个模糊子集，分别记作Y和F。根据发音器官气流产生阻碍的状况，可以用实验语音学的方法，给U中的每个元素u确定一个对于Y的隶属度μ。比如说，[a]、[A]、[ε]等$\mu=1$；[e]、[ə]、[ɤ]等$\mu=0.9$；[o]、[ɔ]等$\mu=0.8$；[ɿ]、[ʅ]等舌尖元音$\mu=0.65$；[i]、[u]、[y]等$\mu=0.6$；[j]、[w]、[ɥ]等$\mu=0.5$；[l]、[m]、[n]等$\mu=0.4$；[r]、[ɸ]等颤闪音$\mu=0.3$；[ʑ]、[z]、[v]等浊擦音$\mu=0.2$；[ɕ]、[s]、[f]等清擦音$\mu=0.1$；其他如塞擦音$\mu=0.05$；塞音$\mu=0$。（以上仅是举例说明模糊集合论的思想和方法，隶属程度的取值可进一步研究。）至于各音素对集合F(辅音)的隶属程度，由于F是Y的补集，所以μ(辅)$=1-\mu$(元)。比如，音素[m]对Y的隶属程度是0.4，对F的隶属程度则是0.6。现在我们定一个置信水平λ，就可把元音和辅音变成两个普通集合。比如$\lambda=0.6$，则[i]、[u]、[y]归入元音，[j]、[w]、[ɥ]归入辅音。如设$\lambda=0.5$，则[j]、[w]、[ɥ]也归入元音了。（尹斌庸 1985:108；岑运强 2004）模糊集合论在音素分类上的应用，有效地解决了音素之间界限不清的问题。当然，隶属程度的取值及置信水平设定有待进一步科学化。不过，模糊集合论的隶属度取值如张乔(2004:16)所说，“这里所用的确切数字是假设的，只不过是为了说明问题而已。隶属度的具体制定是一个语用和经验问题，即它可能因人和环境而异。”

模糊集合论不仅仅在音素分析上发挥了作用，它在音位分析上也不失一个很好的途径。把所有音素看作一个无限元素U，那么根据某种语言的具体条件（区别意义等作用），音位就是定义在无限元素集U上的有限个模糊子集。音位的典型，隶属程度为1；其余的各变体视具体情况分别有不同的隶属程度；不属于某音位的因素，隶属程度为0。这样，我们就可以根据音素对某一个音位的隶属程度大小来决定其归属。如普通话中，[A]、[O]是两个音位。元音音素[ɑ]、[ɔ]，前者对于[A]的隶属程度最大，后者对[O]的隶属程度最大，所以前者应归入[A]音位，后者应归入[O]音位。这里我们只是对音素及音位的分类运用模糊集合论初步进行探讨，更精确的科学分析有待实验语音学的进一步论证。尽管如此，这样的探讨是很有意义的，因为它为我们提供了一种新的理论视角。

5　结论

模糊语音的研究，在人工智能、语音识别及合成等方面已经取得了巨大的成就。本文通过对模糊语音的探讨，从理论上系统深入地剖析模糊语音的本质及成因。应该说，在语音模糊性的定性研究方面，本文做出了有益的尝试。虽然不乏实验及科学数据的论证，但如果能把模糊语音的定量研究结合在一起，将会更具科学性。另外，语音模糊性普遍存在于各种语言中。由于作者水平有限，所举的例子大多来自英语和汉语。如能有更多语言的支撑，会更具有说服力。模糊语音与音系的研究虽然初露端倪，但在不久的将来，相信一定会引起更多的注意，取得更大的成就。

实验音系学
Experimental Phonology

传统意义上的语音学家多半依赖对各自口腔器官的认识来研究语音。凭借对语言世界的感觉和认识，人们对语言学领域的探索不断深入，各种理论和流派也不断涌现。随着社会的发展，语言学家对语言的认识也随之得到不断发展。毫无疑问，社会的发展与科技的发展是同步的。在科学技术丰富人们的知识领域、延伸语言学家的认识范围的同时，语言学家意识到，他们对语言世界的认识有可能还存在偏差。虽然传统语音学家曾试图描写各种语音的特征，但是他们总是难于摆脱主观性。这一点后来即便用生成的观点去解释语音，也难保其客观性。语音学家与音系学家的研究方法，“也不外是自己发音，听辨和比较别人的发音，自己练习某一语言的发音或教别人某一语言的发音。”（韩祝祥 1994：132）有些语言学家认识到，他们需要借助科技的产物去帮助他们验证感觉，因为虽然语音和音系的研究从表面上看微不足道，但它实则牵扯众多学科。只要是与语音、音系有关的，都可能成为语音、音系中的一个变量参数。在传统的语音学家和音系学家无能为力的时候，实验语音学与音系学给这一领域注入了一些新鲜血液，丰富了语音和音系研究的视野。当越来越多的人投入到其中时，便形成了一个崭新的流派。实验音系学的产生和发展，都离不开实验语音学。

1　实验语音学

韩祝祥（1994：132）指出，“实验语音学是传统语音学的一个分支，是为探求语音的本质而发展起来的。"实验语音学在19世纪末萌芽，Rousselot被认为是实验语音学的鼻祖。他于1897～1898年发表《实验语音学的原则》一书。尽管如此，实验语音学真正成为一门实验性学科还是近几十年的事。语音学的三个主要分支是发音语音学(articulatory phonetics)、听觉语音学(auditory phonetics)和声学语音学(acoustic phonetics)。实验语音学最初的研究内容以发音器官和发音方法的生理实验为主，实验工具多借助医疗器械。后来发展到以声学实验为主，为通信工程提供各种参数。电子计算机的应用，使语音实验研究发展到一个新阶段。由于计算机有快速处理大量数据的能力，成段语言的分析研究才得以进行。于是，语音实验从音段分析扩展到句子、章节分析，同时超音段特征成了重要的研究对象。这些都给言语的分析和合成创造了有利的条件。由此可见，实验语音学作为一门边缘学科，在给电子计算机增添听说能力方面将起决定性的作用。

"实验语音学牵扯到很多学科，例如语音的生理分析，就得把人的发音生理器官及其功能一一摸清楚，而发音器官的大部分是隐藏在体内的，就得用许多直接和间接的测验工具来研究。语音的声学方面，关系到语音的四态：音色、音高、音强和音长，又得用通用的或特制的仪器来测验、记录和分析。再次，人的语言和听觉、思维的种种关系，都对语音起着支配作用，于是言语听觉和言语神经系统的研究又提到日程上来了。"(吴宗济、林茂灿1989：1)

2 语音的物理基础

在现实生活中，说话者的口腔器官和听者耳朵之间没有直接的联系。要把两者联系起来，就需要声波。因为声波作为声学信号，是话语通道的中心。只有在这个阶段，话语才存在于人体之外。因而，实验语音学将声波作为一个关键(Allen 1953：7)。

由于这一阶段的语音研究主要是对声波进行研究，因此是属于声学语音学的范畴，需要利用声学手段进行实验研究，来研究声波的基本特性。研究语音声学特性的仪器和方法主要有波形显示、声音强度的测量、音高显示、频谱分析、语图仪等。我们知道，在超音段特征的研究中，首先引起人们注意的是音节的声调、句子的语调和单词或句子的重音。因此我们以此为例，看一下频谱仪处理后的结果。下图就是普通话元音[i]按四个不同声调发音时，在频谱仪(frequency spectrograph)上随时间的变化所呈现的基频。这和我们通常描述汉语四个声调的调号标志相吻合，即—、/、∨、\。

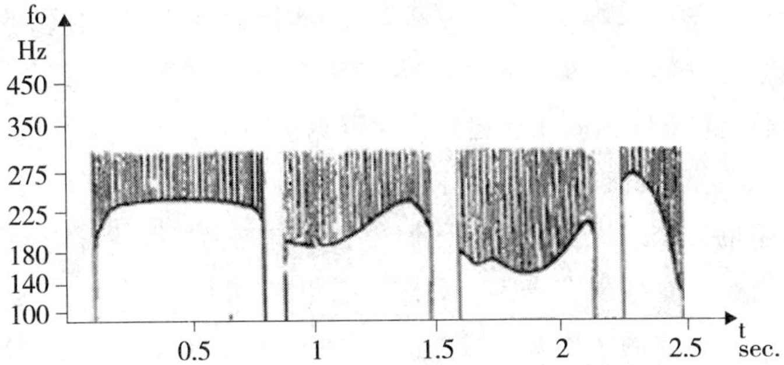

（韩祝祥 1994：135）

3　语音的生理基础

研究语音产生的生理基础，离不开对声门下系统和喉、共鸣腔等的研究。实际上就是研究人们是如何发音的，属于发音语音学的范畴。研究语音生理特性的仪器和方法主要有口形照相、腭位照相、声带观测、气流气压和声门下压力的测量、X光照相、X光电影、X光微光束系统等。我们熟悉的发音舌位图就是在X光相片的基础上描成的。因为静态X光照相只能反映瞬时的影像，对于二合元音和整个音节只能表现其过程的某一瞬间的状态，而无法表现整个过程。所以，为了解决这个问题，又采用了动态X光摄影等。语图仪、X光摄影、动态腭位记录装置等分析仪器的出现，使语音研究从静态分析过渡到动态分析。也就是说，语音学家不再单单研究器官的静态形状，而是研究发音器官在运动的状态下相对应的音会是什么样子，音与音彼此之间又是如何影响发音器官的运动的。

声波传到耳中，震动耳膜，声波的压力变化使得耳膜产生运动，经过位于中耳的锤骨、砧骨和镫骨的杠杆作用得到放大后传给内耳的前庭窗，从而使内耳耳蜗里边的淋巴液随之产生相应的压力变化影响基底膜，使基底膜上的毛细胞以不同的弯曲方式刺激神经纤维，产生神经脉冲，传输给大脑，进行语言处理。

4　实验音系学

实验音系学是音系学的一个分支，20世纪七八十年代在生成音系学的基础上形成，其代表人物是美国的语言学家John Ohala。实验音系学试图把实验语音学和实验心理学的成果结合起来，运用在心理学、心理语言学和实验语音学研究中广泛使用的实验方法来检测和论证关于音位系统的正确性和有效性，其目的是希望把音系描写与被观察到的行为联系起来。

实验音系学感兴趣的是，当说话者发音时，他到底是怎样做的，而不是他感觉他是怎样做的。实验音系学将实验方法引入音系学，将传统音系学理论实验化。Ohala 强调在评述理论时证据的重要性。这里所说的证据是指我们可以观察到的证据，即我们通常所说的实验方法。其他的语言学家也采用实验的方法来进行研究。他们的这些研究仍然继续着语音学家和心理学家的研究。这些研究表明了根据话语印象判断的必要性。这些研究并没有改变研究对象的本质，而是进一步说明了研究对象在音系研究中的位置，并将传统音系学与实验方法交叉起来。

实验音系学的一个显著特点是实验语音学和音位学的重新结合。在此之前，音系学与语音学是相互独立的学科。音系学主要着眼于语音的社会功能，不大计较语音的生理和物理上的细微区别；而实验语音学则要求对发音的生理和物理特性进行客观的、精确的分析，而不大重视语音的社会功能。实验音系学利用实验语音学有关语音声学特性的研究成果来检验和丰富自己的一些基本理论，巧妙地将语音学和音位学结合起来。

当然，我们不应该认为从实验中获得的知识就是绝对正确的。实验的主要目的不是发现新知识，而是对我们已有知识的检测。从一定意义上来说，实验是在破坏知识，至少让我们认为，当我们的理论或假设与实验结果不一致时，我们会放弃这些理论或假设。实验只帮助我们反驳错误的假设，而不是证明正确的假设。实验本身受外界条件的限制，如被测试者的情况、声音的质量等等。精密的测试都声明实验是在特定的条件下辨别特定的声音，而不是测试在正常情况下人们对日常会话的理解。当然，一个实验如果设计得好，可以从正常会话中获得有用的推论。当被测试者根据所听到的相似声音进行归类时，我们可能认为，被测试者是在正常情况下使用他们听说能力的。因此，实验结果可以传递一些有关正常情况下的音位知识，但我们不能说，实验结果总结性地表明了日常会话中音位的归类和使用。尽管如此，实验音系学反映了发音测试与音位分析的结合。

5 实验的方法与印象的方法

Hayward(2000:2)提出，传统的语音学家都是依赖印象。而语言学家 Allen(1953:5)则彻底地将传统的语音学称为印象语音学。

5.1 实验派与印象派的区别

印象派历史悠久，可以追溯到公元前 5 世纪。对语言想象的归纳总结都需要语言学家的印象和感觉来定位，主观性是它的主要特点。实验派语言学家也有自己的印象和感觉，但他们并不是由感觉推出感觉，而是用实验的方法去检验、验证自己的感觉和印象是否正确。实验产生的各种数据增加了这一领域的客观性。

5.2 实验派与印象派的联系

在实验音系学诞生之前，印象派语言学在历史上已经存在了很长的时间。印象派语言学家提出的很多观点和假设，得到实验派语言学家不同程度的继承和发展。印象派本身的划分框架也成为实验派的研究对象。可以说，实验派是建立在印象派基础之上的。要研究实验音系学，没有印象派音系学的基础是很难实现的。

5.3 实验到底能做些什么？

实验的主要目的不是创造新知，而是改进旧知。实验能帮助我们检验对世界的认识是否正确（Ohala 1986：2）。在整个实验流派中，真正起作用的还是人。由人提出假设，然后再由仪器、软件等佐以验证，得出的各种数据，还需要人来加以分析。没有经过人脑分析的数据是毫无意义的。那些认为有了实验就可以万事大吉的看法也是片面的。总而言之，运用在心理学、心理语言学和实验语音学研究中广泛使用的实验方法来检测和论证关于音位系统的正确性和有效性，其目的是希望把音系描写和被观察到的行为联系起来。

Ohala 指出，建立理论与做实验并不是截然不同的。在实践中，这种不同常被淡化。首先，没有理论驱动的实验毫无意义。理论决定哪些需要做实验，哪些应该做实验。没有目标的数据采集构不成实验。另一方面，理论的构建离开实验的检验和指导，就像笛卡尔的宇宙论，同样也是没有价值的（Ohala 1986：2～4）。此外，实验的结果有时并不能和理论的结果相一致，这时候就需要发挥人的主观能动性，判断是实验的设计存在问题，还是原先的假设不正确。

实验语音学研究用的仪器和实验方法并不是一成不变的，它们也在不断地自我完善。诸如对声调的研究，赵元任首创了用“五度值”描写声调调值的方法，为汉语声调研究立下了汗马功劳。然而，随着研究的深入，这种方法的局限性逐渐显露出来。复旦大学的孙锐欣和盛金标没有采用上述的频谱仪进行研究，而是用函数对声调进行研究，在汉语声调研究领域引入了数学知识，使得对声调的分析更加细致、更加科学。他们采用语音实验仪CSL4300B(孙锐欣，盛金标 2001：60)。目前，学者们运用计算机软件进行语音分析。

和谐音系学
Harmonic Phonology

和谐音系学①是由美国音系学家 Goldsmith 于 1993 年提出的，虽然产生较晚，探讨的却是音系学研究中的一些最基本的问题。用 Goldsmith 本人的话来说，就是“如此简单，以致读者会感觉这些问题早已经过了充分的、令人满意的处理(1993b：91)”。但 Goldsmith 确信，这些看似简单的问题，均值得以新的视角进行新的审视。

简言之，和谐音系学为底层形式和表层形式之间设想了一种不同于传统 SPE 的关系，其目的在于研究这一新关系为音系分析带来的新结果。

1 基本主张

Goldsmith(1993b)提出了和谐音系学的基本主张：

(1)应用于某一层面(level)的所有音系规则都有这样的明显功能：移动表征，使之尽可能地靠近此层面的语音配列(phonotactics)。

所谓语音配列，是指在特定语言的词、音节或语素中，对可能出现的元音和辅音序列的制约条件的集合。例如，英语音节中第一个元音前面最多可以出现三个辅音，且第二个辅音必须是不带声塞音，第三个辅音必须是流音/l，r/或滑音/j，w/。音系规则的功能就在于，制约输入的音系表征，使之符合语音配列的要求。如果某一表征不符合这一要求，必然不属于该语言的语法。

(2)在同一层面内的规则是无序的。

SPE 等模式强调音系规则应用的有序性，而和谐音系学试图打破这一有序性。在和谐音系学中，同一层面内的规则是无序的。

(3)总的来说，应用于不同层面的规则不一定具有上述特征，但这类特征不会引起推导(derivation)。

推导是 SPE 中的重要概念，是规则与规则之间的重要联系。和谐音系

① 本文的内容基本上是根据 Goldsmith(1993b)编译而成。

学同样注重音系规则之间的关系，但这种关系与 SPE 中的推导有本质上的不同。

(4)音系描述的层面数量不大，其特征大体上相互独立。

(5)此理论更加注重在给定层面上对合格性(well-formedness)的解释，由此可大大简化总体语法。

2 M-层面、W-层面、P-层面与音系规则

Goldsmith 认为，语法中大约有 10 至 15 个不同的层面。各层面之间存在跨层面规则(cross-level rule，亦称 interlevel rule)，其中对音系学具有意义的层面有三个，分别是 M-层面、W-层面和 P-层面。M-层面是形态音位层面，是语素的音位实现层面。W-层面是词层面，是言语表征被构建成合格的音节、合格的词语的层面，此层面中羡余的音系信息最少。P-层面是语音描述的层面，这一层面与外围的发音和声学手段相互作用。在这三个层面中，W-层面对音系学研究尤为重要，因为这一层面中包含重要的合格条件。

由于 M-层面、W-层面和 P-层面上都存在层面内规则，每两个层面间又存在跨层面规则，因此从理论上说，和谐音系学研究框架下总共存在六类音系规则：MM 规则、WW 规则、PP 规则、MW 规则、WP 规则以及 MP 规则。在这六类规则中，前三类规则是层面内规则，是和谐的；后三类规则是跨层面规则，或和谐或不和谐。这六类音系规则可用图 1 表示：

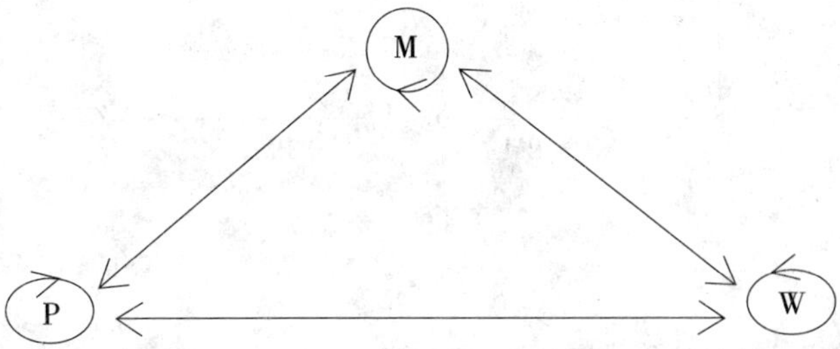

图 1

(Goldsmith 1993b：98)

和谐音系学中的规则没有顺序性，因此把(M，W)规则写成(W，M)也是允许的，二者没有任何差别。

在实践中，直接在形态音位层面和语音层面之间建立联系的(M，P)规则并不存在，因此图 1 可以进一步修改为图 2：

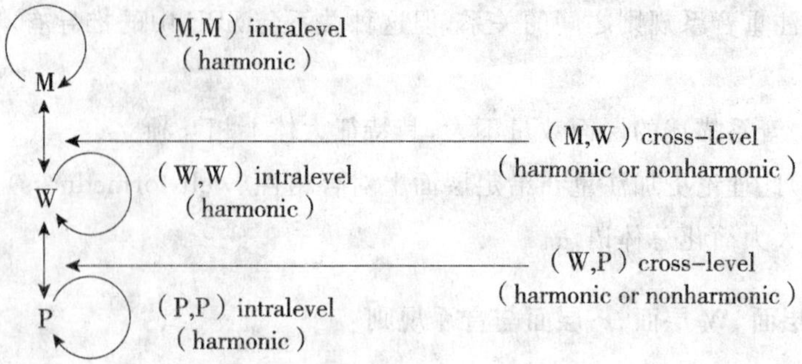

图 2

(Goldsmith 1993b:98)

3 层面与推导

层面在和谐音系学中的地位十分重要，然而和谐音系学绝非第一个将层面纳入研究范围的音系学理论。例如，在传统的结构主义音系学中，就存在三个层面上的三类准音系表征(quasi-phonological representation)：语音表征(phonetic representation，简称 PT)、音位表征(phonemic representation，简称 PM)以及形态音位表征(morphophonemic representation，简称 MP)。PM 和 PT 之间通过音位变体规则(rule of allophony)建立关联，PM 和 MP 之间通过音位交替规则(rule of alternation)建立关联，三者由此构筑起层级式的关系，如图 3 所示：

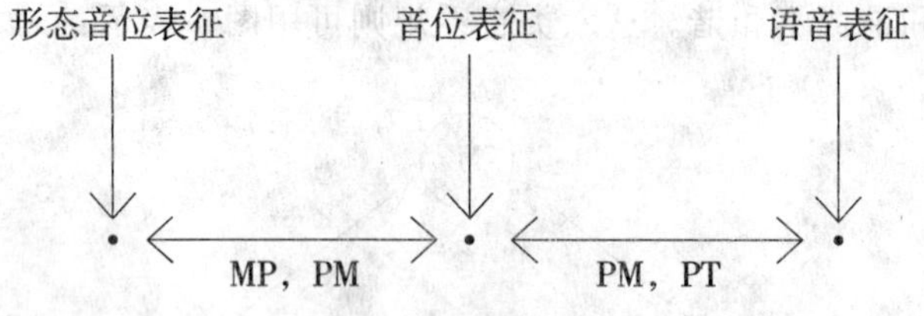

图 3

(Goldsmith 1993b:95)

和谐音系学中的不同层面之间的关系(relation)与传统的"推导"这一概念有本质的不同。层面之间的关系是同时的，是一种静态的关系，而不是动态的过程；是一种状态，而不是某种发生着的事件。

在传统理论中推导所发挥的功能，在和谐音系学中由层面之间的两类关系所取代。一类是不同层面相联系的规则，如上面提到的(MP，PM)规则；另一类是在同一层面内对表征进行简化的规则。包含这两类规则的语法称为和谐语法(harmonic grammar)。

4 层面的自主性与独立性

Goldsmith认为,音系学的研究模式不应局限于对表征的研究以及对规则的研究这两种。对层面的研究完全可以取得与之相当的地位。他甚至提出,“层面或许是现代语言学中最重要的概念。”(1993b:92)这里所说的层面,并非什么高度抽象的概念,而仅仅是看待及描述语言表征的方式而已。例如,同样的表征(如一句话),从句法的角度看,可以为该表征设想(posit)出一个句法层面;从形态学角度看,则可以为之设想形态层面;以此类推,该表征可以有更多彼此互不相同的层面。

在经典的生成语言学中,各层面之间存在内在的联系及顺序。因此,生成语言学十分注重各个层面之间的推导(derivation)关系。然而在Goldsmith看来,各层面之间的关系并非内在的,也不存在顺序性。例如:

(1)The dog barked.

这句话可以有形态层面、音位层面以及形态音位层面:

(1a)the dog bark-ed(形态层面)

(1b)/ðədɔgbɑrkt/(音位层面)

(1c)/ðə + dɔg + bɑrk + d/(形态音位层面)

经典音系学理论往往认为形态层面与音系层面之间存在内在的联系。例如,语素dog由音位/d,ɔ,g/构成。然而,Goldsmith认为,这两个层面之间并不存在这种内在的联系,这只不过是文字书写造成的假象而已。如果用抽象的符号代替拼音文字来书写语素,这种看似合理的联系就不再存在了:

(1a')[冠词:特指][μ_{345}][动词$_{533}$][过去]

(Goldsmith 1993b:93)

因此,层面是自主的,层面之间是相互独立的。

在任何层面L上,都可以建立层面内规则(intralevel rule),简称LL规则。LL规则的功能是允许表征最大程度满足L层面的合格条件(well-formedness condition,简称WFC)。此时可以说,“表征通过起过渡作用的(L,L)规则,在L层面上达到了最大合格状态。”

任何层面L都由三部分组成:项目词汇表、规定词汇表中项目应如何组合的一套说明,以及计量合格程度的标准。其中,计量合格程度的标准是和谐音系学区别于传统SPE模式的最根本区别,因此显得尤为重要。

由此看来,和谐音系学中的规则在某一层面上的应用类似于SPE中的一些小规模的推导,但必须澄清的是:首先,和谐音系学中的规则没有顺序性;其次,和谐音系学中的规则的应用不需要依照序列的原则;此外,只有在使表征向更加合格的状态移动时，和谐音系学中的规则才使用。换言之，和谐音系学规则的理论意义在于，解释表征在寻求最大合格状态的过程中，需要经过什么样的路径。这也就是和谐音系学的特色所在。

根据音系学
Grounded Phonology

根据音系学，顾名思义，是以语音为根据探讨音系现象的音系学理论。音系学需要借助语音，这一观点在经典音系学理论中早已存在。经典音系学理论的主创人 Morris Halle 是形式音系学的主将，但他本人很重视语音在音系学分析中的作用。他于 1992 年提出的音系特征架构便是以六个发音器为基础建立起来的（Halle 1992：211）。另外，由他指导的 Sagey（1986）完成的 MIT 音系学博士论文，一开篇便明确表示音系特征之间所存在的结构关系是以语音为根据建立的。进入 90 年代，特别是优选论产生之后，根据音系学的思想得到进一步的发展。以世界著名音系学家、美国 UCLA 语言学系 Bruce Hayes 教授为首的一大批音系学家积极倡导和推动以语音为基础的音系学理论的建立。他们提出了或是以语音为驱动的（phonetically driven）或是以语音为基础的（phonetically based）音系学理论框架。凡此种种，都充分说明了音系研究是离不开语音这个基础的，这不仅是音系学理论研究所必需的，也是当代音系学理论研究的大方向和总趋势（马秋武 2010）。

Archangeli 和 Pulleyblank（1994）系统阐释的根据音系学理论，受 Chomsky（1981，1986）思想的影响，追求语法理论的模块化，提出音系是由三个独立的次模块构成的，它们分别是：组合赋值（combinatorial specification）模块（即音系形式的底层表征）、根据理论（grounding theory）模块（即音系现象的语音根据，语音学与音系学之间的关系），以及参数化的规则理论（parametric rule theory）模块（即音系规则参数化）。这三个独立模块的相互作用解释了许多复杂的音系现象（Archangeli & Pulleyblank 1994：391）。Archangeli & Pulleyblank（1994）研究了这些音系模块中的每一个，并且研究了三个模块相互作用产生的结果。

1 历史背景

生成音系学一直研究言语音段区别性特征的特征化。通过设定比音段更小的单位,可以得知语言内部和语言之间音段的相似性和不同性。在早期的区别性特征理论中,特征被认为是音段性的或音位性的特征(Jakobson,Fant & Halle 1952)。特征值被认为是偶分的:一个特征要么存在,用[+]表示;要么不存在,用[—]表示。经常出现的音段特征和值被认为是非标记性的,不经常出现的为标记性的。Chomsky & Halle(1968)虽然遵循早期传统,但同时也提出特征不是音段性的,而音段是由大量特征组成。换言之,音段由特征派生而来。根据 Chomsky & Halle(1968)所说的标记性规约,一些特征和值的出现意味着另一些特征和值的存在,每个音段都存在所有特征的底层值,即充分赋值(full specification)。

一些音系学家在 20 世纪 80 年代开始质疑底层充分赋值的概念,提出了许多不充分赋值的理论。这些理论假定底层表征中特征信息的最小储存量。在言语产生的过程中,一些羡余特征被认为只是在表层才自动地被赋值,成为表层输出形式的一部分。对比性不充分赋值(contrastive underspecification)和激进的不充分赋值(radical underspecification)是 20 世纪 80 年代产生的两个主要的不充分赋值理论。这两个理论继承了音段派生的观点。对比性不充分赋值认为,如果某个特征的一项赋值违背语言(通常是音位系统)在其他方面的某些独立决定的特点的话,那么和这项赋值相反的赋值就不应当在底层表征中出现。激进不充分赋值认为,在每个音系位置中,每个特征的其中一个值或另一个值是无标记值,从而这个无标记值在底层中就不能赋值。因此,所有底层特征赋值按照上下文是有标记特征值。这两个理论都认为,可预测的值在输出过程中均是由羡余规则推导出来的。

对比性不充分赋值理论与激进的不充分赋值理论在最小赋值概念方面有许多共同之处,二者缺少对比性的关联。可是音段(音位)在对比性不充分赋值理论中没有任何地位。Archangeli 和 Pulleyblank 注意到特征组合出现在单独分开的时间点,如音段,但特征可以与几个时间单位相联结(Archangeli & Pulleyblank 1994:44~66)。例如,在英语中,[+鼻音性]特征可以从一个辅音扩散到前面的元音上。这个元音本身是非鼻音元音,但由于相邻的鼻辅音的影响就有了鼻音性。

Archangeli & Pulleyblank 将大量语言材料的分析进行综合处理,最后形成了一个崭新的音系学理论——根据音系学。Archangeli & Pulleyblank 从模块化音系学理论、特征理论、根据条件(grounding conditions)和规则理论(即参数化的规则)四个方面论证了根据音系学。根据音系学阐述了音系学理论的各个主要方面,从音系学与语音学的交界面到底层表征的存储。

根据音系学主要以元音和谐的数据为例来说明语言学的模块理论。在这一理论中，句法学和形态学与音系学相互作用。但语音学模块只与音系学相关，音系学本身也是模块化的、有许多特征和表征(representations)的、音系与语音交界的理论。音系学次模块间的区别通过在不同的模块里以不同的方法陈述规则得以强调。用优选论无法表征这种模块间的区别，所有经验法则在优选论中都被陈述为可违反的制约条件。Archangeli & Pulleyblank 认为，通过研究一些音系学次理论模块间的相互作用可获得有意义的音系学方面的见解。根据条件是根据音系学理论的核心，Archangeli & Pulleyblank 的著作也因此而得名。他们认为，音段既非系统的概念元素(primitive)，也不是必要的个别单位。激进不充分赋值与对比性不充分赋值的其他区别与标记和底层表征有关。最基本的根据条件为：特征成分(F-element)从物理上是可以解释的。

特征成分是组合赋值中表征的原始单位。这一术语用来指[浊音性]这样的特征、[＋浊音性]与[－浊音性]这样的特征值以及特征几何学中的类节点，如根(root)、喉音(laryngeal)或位置节点(place nodes)。许多特征几何理论都论述了类节点本身没有的特征内容，但却表明了音系上为一类的特征。与非线性音系学的一般原则相一致，每一个特征在几何学中都有独立的、自主音段的地位。然而，一种特别特征的实现取决于与其他特征的联系，如基于时间的联接或组合。由于特征层级内部的关系或由于语言本身，不是所有的组合都会出现。只有不可预测的特征和特征值出现在底层表征。出现在表层形式而不出现在底层表征的可预测的特征和特征值是在派生的过程中被插入进去的。Archangeli & Pulleyblank 指出，不是所有的羡余特征都在派生过程中插入，只有那些因发音需要的特征才被插入(Archangeli & Pulleyblank 1994:60)。特征成分进行组合以加强特征成分的发音或感知(perception)或二者兼有。例如，[＋鼻音性]音段多为带声音，因为张开的软腭盖有助于产生带声音，而带声鼻辅音更易感知。但根据条件不仅是感知和发音的策略，还是音系学模块内部的语音学倾向的语法化。Archangeli & Pulleyblank 用大量例子证实了舌根前伸(advanced tongue root)与舌体高度的关系。根据条件使对立特征组合。Archangeli & Pulleyblank(1994)通过一个特征[舌根前伸]进行跨语言模式的深层研究而发展了他们的理论。

2 组合赋值

音系音段被认为由次音段成分构成。语音研究各种发音态势并派生出言语声音(speech sound)。音系学研究这些发音态势在决定言语声音模式方面的相关性。从 Jakobson, Fant & Halle(1952)和 Chomsry & Halle(1968)关于区别性特征理论的研究以来,次音段的重要性已经很明显。从传统的结构主义(Bloomfield 1933;Hockett 1958)到生成音系学都认为,无论在什么样的描述层面上,音段表征都起重要作用。它可以识辨一种语言的辅音和元音音段,并为这些音段提供区别性特性或其他形式的描述。

自主音段理论(Goldsmith 1976)使这种情况发生了根本的变化。Goldsmith 指出,各种发音态势以非音段的方式交叠。后来 Clements(1985)和 Sagey(1986)指出,特征表征的基础涉及一连串受制约且复杂部分交叠的发音态势。例如,英语单词 slam 的[±浊音性]、[±鼻音性]和舌前音的部分表征(Archangeli & Pulleyblank 1994:44)。Archangeli & Pulleyblank 认为,没有任何特征内容单位与音段概念严格一致。尽管根据音系学主要讨论特征内容,但需要用韵律术语定义音段概念。尽管 McCarthy(1979),Clements & Keyser(1983)等已经在韵律结构层提出像 CV 空位或 X 空位这样的音段单位,最近的研究(McCarthy & Prince 1986,1990;Itô 1989;Archangeli 1991 等)更赞同一种没有韵律等同的音段理论:根节点直接聚合到莫拉或音节成分。Archangeli & Pulleyblank 认为,如果在特征单位层和韵律构成成分层都没有音段规模的组合(segment-sized groupings),那么传统的音段概念似乎没有什么明显的作用。Williams(1976),Leben(1973)和 Goldsmith(1976)证明了词汇成分的底层表征可以含有"漂浮"(floating)特征。这些飘浮特征完全不与音段合并,这也削弱了底层表征中的音段概念。Archangeli & Pulleyblank 把音段定义为"由单一根节点控制的特征值的集合"。音段在音系理论中的作用可以表征如下:音系理论包括特征和特征之间的联接这两个原始概念。此外,已确定种类的联接特征的集合可以被赋予音段理论地位。派生的音段概念非常重要。音段特征的描述是音系分析的重要任务。例如,不充分赋值理论首先假定一些音段,然后力求决定在底层描写这些特征所必需的特征赋值的程度。激进不充分赋值理论(Kiparsky 1982;Archangeli 1988a,1988b;Pulleyblank 1986b;Itô & Mester 1986;Archangeli & Pulleyblank 1989)先确定音段,然后论证这样的音段应被赋予最小可能数目的特征值。对比不充分赋值(Clements 1989;Steriade 1987;Mester & Itô 1989)却保留了特征赋值,特别是当特征赋值用以进行音段对比的时候。但如果不起对比的作用时,就将特征赋值除掉。Archangeli & Pulleyblank 提出可以依据特征和联接的原始概念,并从这些概念元素中直接派生出词汇构形成分。音段单位的明显依据是特征等级中的根节点成分,根节点成分可与部位节点和喉音节点等相比。

由许多特征组成的表征形式的第一步是组合赋值。这些特征可能被联接到韵律结构上,也可能不被联接到韵律结构上。关于哪些特征一定会在表征形式中出现问题,许多现象表明了一种弱语法形式的模式(impoverished formal model):成分为特征和联接;由这些成分组成的表征形式受简明性和可还原性的控制。实质上,这种方法必须对所采用的区别性特征做出具体的假设。同 Jakobson,Fant & Halle(1952)和 SPE(*The Sound Pattern of English*)一样,Archangeli & Pulleyblank 认为,这样的特征是与声学和发音有关的形式上的东西。

组合赋值依赖特征表征的两个原始概念,这两个特征表征的原始概念是自主音段理论的中心。

(1)组合赋值

a. 特征成分

b. 联接状况(Association status)

(1)中的第二个特性——联接状况指的是,一个特定的特征成分是自由的,即未联接,还是已经联接的。

关于第一点,我们提出,音系特征形式模式的一个概念元素为特征成分,即正负特征赋值,[+特征]或[-特征],类节点将这些特征成分组成更大的集合。

(2)特征成分

a. 正负特征赋值

b. 类节点

(Archangeli & Pulleyblank 1994:47)

Archangeli & Pulleyblank 采用 Sagey(1986)将偶值特征,像[±高元音]、[±鼻音性]和[±浊音性]与偶值类节点,如部位、唇音性和舌前性相组合的特征理论。如果认定一个严格的单值特征的理论,那么特征成分的种类会有实质性的变化。但是,特征成分组合的形式特性原则上不受影响。根据 Sagey(1986)的特征结构,某些类节点带有内在的内容,如发音器官节点舌前和舌面。而另一些类节点只对应着特征集合但不带有内在的特征内容,如部位节点和喉音节点。只有带内在内容的特征成分可以为终端。这意味着像部位节点这样的类节点如果不支配某个带内容的节点,如舌前音,就不能出现在表征形式中，尽管舌前音也可能支配另外一个特征，如[±喉前部音]。特征成分和联接状况构成了组合赋值的概念元素，各种表征由这些概念元素构建而成。

组合的形式上的和实质上的概念都很重要。从形式上看，特征可以在派生的一个阶段不被联接，而在另一个阶段被联接；从实质上讲，不是所有的特征值都与其他特征联接。组合的形式方面涉及特征成分的相互作用，无论是自由的还是联接的。Archangeli & Pulleyblank 在根据音系学中论述了每种形式类型的特性，考查由自由特征成分集合、联接的特征成分集合和既有联接又有自由的特征成分集合产生的模式。值得注意的是，自由的特征成分可以在派生的过程中与其他的特征成分组合，因而产生聚合组合或特征成分的路径。不是所有的特征成分组合都是允许的。Archangeli & Pulleyblank 认为，许多共现制约禁止或要求某些特殊的特征成分组合出现在同一路径(path)上。路径描写了出现在底层或作为联接结果或作为扩散结果的特征成分的聚合联接的范围。路径确定的范围必须排除复杂的长距离的联接集合。例如，对*[+鼻音性，-浊音性]的禁止不能用以排除 slam 中[m]的[+鼻音性]值与首辅音[s]的[-浊音性]值的共现(Archangeli & Pulleyblank 1994:50)。

(3)路径

在 α 和 β 中有一个路径当且仅当

a. α 和 β 属于节点或特征或韵律范畴的一个联接的集合 Σ。

b. 在集合 Σ 中，每个节点或特征或韵律集合不能有一种以上的情况。

根据(3a)，只有联接的特征可以与其他特征在同一路径中，漂浮音调等不能在路径中。(3a)产生的结果限制了有关路径的特征共现制约的范围。

Archangeli & Pulleyblank 指出，路径概念和音段的直观概念有一定的关系，通常情况下被用来描写一个音段的特征类型，一定是与给定的根节点在同一路径的特征集合。在这方面有两点很重要：第一，这两个概念在多联接或韵律曲折(melodic contour)时不相互对应；第二，路径的概念并不意味着将涉及的范围赋以原始地位。因此，路径的概念完全是派生的，是由特征成分在给定表征中的配置决定的。路径划定了各种合格性条件的界限，但是路径本身不构成合格性条件。一般没有要求特征成分必须与其他的特征成分出现在路径中，路径的概念只定义构成各种蕴涵关系范围的特征成分关系的特殊类型。因此,特征表征的音系特性主要涉及决定:(1)特征成分的正确集合;(2)这些特征成分自由的或联接的状况;(3)支配由特征成分的联接产生的路径形式特性;(4)支配这些路径实质上的制约。

组合赋值的形态构形成分产生于特征成分集合在纵向聚合和横向组合的组合。特定的语言选择特定的特征成分集合,并存在标记性理论对所选的集合赋以不同程度的自然度(naturalness)(Christdas 1988)。从形式上看,如果一种语言的音系包含n个特征成分,那么这些特征成分最大可能的组合数目为2n。能够区分三种特征成分的可能表征最多为8个。这8种表征以下面两种方式中的任意一种表现出来:在路径内,即特征成分被联接;或者在语素内,即特征成分是自由的。在Tiv语言中,动词的元音底层表征就有8种组合。尽管出现[+高元音]和[+低元音]的不相容,但在底层表征是可能的,因为在底层所有元音的特征成分都是自由的。一种语言可能不会充分使用原则上可能出现的所有组合,尤其当底层的特征成分联接时。Barrow Inupiaq语就是这样一种语言。在底层表征中,元音的特征成分被联接,但却不能有路径的组合。如果没有组合,有n个联接的特征成分就会有n+1种区别。这样,在给出的n个特征成分中,可以出现m个区别,$n+1 \leqslant m \leqslant 2n$。n+1与2n的两种特征组合构成了特征成分数目与对比数目之间可能的相互作用的两个极端。Tiv语属于2n语言,而Barrow Inupiaq语属于n+1语言。Tiv语中动词的元音是不受限制的特征成分组合;Barrow Inupiaq语的元音同化,如舌前音腭化、舌面音同化、唇音同化等,是受限制的特征成分的组合。Archangeli & Pulleyblank讨论了Tiv语和Barrow Inupiaq语,并用数据表明了在底层自由和底层联接的特征成分连续体的两个极端以及与音段相对的特征成分的作用。根据特征赋值的两个基本条件,即特征成分和联接状况,以及对Tiv语和Barrow Inupiaq语的研究,Archangeli & Pulleyblank分离出四种可能的变化参数,认为某个特征成分集合Φ在一个特定语言中活跃。

(4)变化参数:

a. 确定特定的特征成分集合的构成Φ

b. 在Φ中特征成分的相容性或不相容性

c. 在Φ中特征成分是联接的或自由的状况

d. 在Φ中特征成分为派生的或存在于底层的状况

对于(4a),不同的语言有不同的活跃的特征成分。所谓活跃的特征成分是指有形态区别作用的那些特征成分和那些在音系过程中发挥作用的特征成分。例如,在 Tiv 语中,它的集合 Φ 不包括特征成分[+舌根前伸],尽管它包括特征成分[+高位性]、[+低位性]和[+圆唇性]。关于(4b)的相容性/不相容性,一个语言的许多 Φ 集合都可以共现于一个路径,而其余的则不可以。例如,Tiv 语不允许[+高位性]和[+低位性]在一个路径中共现,但它允许[+圆唇性]与[+高位性]或[+低位性]共现。至于(4c),特征成分是联接的还是自由的,Tiv 语和 Barrow Inupiaq 语提供了这方面区别的例子。(4d)的特征成分在底层出现或派生的状况中,任何与建立形态区别有关的特征成分都被定义为 Φ 类中活跃的成分。语言间的不同在于是否活跃的特征成分被限制。在一些语言中,Φ 中的所有成分都与形态对比有关;在另外一些语言中,额外的特征成分被介绍到 Φ 中,这些特征成分仅起音系方面的作用。

任何两个特征成分要么是相容的,要么是不相容的。相容的特征成分可以出现在同一个路径,不相容的特征成分不能出现在同一个路径。相容特征成分的组合,尤其是又一个特征成分 α 的出现,预示着在表层会出现某个特征成分 β。例如,Yoruba 语的低元音(α=[+低位性])的发音为舌根后缩(β=[-舌根前伸])。这些情况是由组合赋值而产生的:(1)α 出现在没有 β 的底层表征中,但在音系过程中,β 被插入与 α 同一路径中,如 Yoruba 语;(2)α 出现在没有 β 的底层表征中,α 自身起到音系方面的作用,如 Haya 语;(3)语素将 α 的赋值与 α、β 的赋值进行对比,如 Ainu 语。还有一种是 α、β 出现在底层 α 的对称排除中,表征的简明性理论对此做了解释。根据 Clements(1985),一个联接的终端特征的出现意味着在终端节点和根节点之间所有的类节点结构的出现。这是理论自动生成的结构,不会增加已有表征的复杂性。

(5)表征的简明性:一个表征的值是以下数目的反算

a. 终端的特征成分

b. 对终端特征成分的联接

用这种方法来考虑一下 Yoruba 语、Haya 语和 Ainu 语的情况。这三种语言都有两个相容的特征相互间为羡余关系的构型:一个特征 α 的出现预示着在表层会出现某个特征 β。在 Yoruba 语中,一个只被赋值为[+低位性]α 的元音在和谐之前会收到[-舌根前伸]β 的赋值。在 Haya 语中,对于低元音([+低位性]=α)来说为羡余的[-高位性]值不能出现在高度和谐的地方。在 Ainu 语中,关于低元音([+低位性]=α)的后位性有词汇对比,尽管这种对比在表层的低元音中没有显露出来,因为所有表层的低元音都是后位的([+后位性]=β)。根据表征的简明性原则,这三种情况最为简单的表征是一个元音只被赋值为[+低位性]。根据 Halle(1962),这三种情况的差异在于表征的简明性原则和需要维持可理解性的相互作用。Tiv 语和 Barrow Inupiaq 语是组合的两个极端情况,而 Yoruba 语、Haya 语和 Ainu 语属于可能的组合类型中中间的情况。可还原性阻止了完全不赋值的情况发生。

激进不充分赋值(Archangeli 1984,1988;Archangeli & Pulleyblank 1989;Kiparsky 1982;Itô & Mester 1986;Pulleyblank 1986a,1988)本质上是要从底层表征中清除所有音系上的羡余,对比被分析为 α 特征(αF)和 Ø 对立。这个模式与 Barrow Inupiaq 语和 Ainu 语的分析不相容。激进不充分赋值与组合不充分赋值的不同在于:激进不充分赋值要求清除音系的羡余;而组合不充分赋值虽然也进行这样的清除(表征简明性),但这种清除常常被可还原性原则抵消。羡余规则顺序制约条件(Redundancy Rule Ordering Constraint,RROC)对激进不充分赋值起重要的作用。羡余规则提供了应用音系规则推导过程中所指出的任何特征值。例如,在 Yoruba 语中,向低元音提供[-舌根前伸]特征值的羡余规则必须应用于和谐规则之前。

Archangeli & Pulleyblank 认为,相互联接的特征成分一定是相容的。当两个特征成分不相容时,它们只能在相互不联接的形式表征中共现。组合赋值预示着应该存在含有不相容赋值的表征形式,只要这样的不相容情况彼此不在同一路径上出现即可。这些情况有力地论证了非音段音系学。在非音段音系学中,特征成分和联接是构成各种表征的原始成分。音段不足以表征出这些语言中的规则性,音段的概念与规则性的表征无关。

Archangeli & Pulleyblank 的观点是:对比、可预测性和兼容性概念只能依据特征成分而不是音段得到正确的理解。因此,音段的概念是不恰当的、多余的。简而言之,音系是非音段的。

3 根据条件

特征成分构成各种表征,并且特征成分之间可以在路径中相互组合。但是如果这种组合的可能完全不受制约,那么可能组合的数目就太大了。因此,音系理论需要某种条件来限制特征成分的组合。根据音系学研究自然语言中使用的能直接反映所涉及的特征成分之间的物理关联(physical correlates)的条件,这些条件是有物理根据的。例如,与特征成分[+鼻音性]相联接的某些物理特性。软腭下垂允许空气自由地通过鼻腔,结果就感知不到任何压力。这产生了一种服从于周期性声带震颤的情况(Ladefoged 1989)。鼻音音段的典型特征就是这种发音方式(Ladefoged & Maddieson 1986)。除了软腭降低会产生这种有助于发音的情况之外,这还可能由于不带声鼻辅音很难被感知(Ohala 1975;Ladefoged & Maddieson 1986),结果就产生鼻音性和带声(voicing)之间的蕴涵关系:如果[+鼻音性],那么[+浊音性]。由于这种蕴涵条件反映了[+鼻音性]和[+浊音性]之间的物理关联,它是根据假设所允许的。如果[+鼻音性],那么[-浊音性]就是要被排除的禁止的条件,因为它无法直接反映[+鼻音性]和[-浊音性]之间的物理关联(Archangeli & Pulleyblank 1994:168)。这样,在物理上已经设定的条件构成了根据理论的实质核心。根据理论解释了特定语言的音系和语音特性,如规则的形式化和规则的应用以及不透明性和透明性以及中和作用的现象(Kiparsky 1973),语言之间差异的特性,历时的变化等等。除此之外,根据理论还得出结构维持效应(Kiparsky 1985)和对比不完全赋值。根据音系学主要研究特征成分和特征成分之间的关系以及确定特征成分之间关系的条件,而有关这样关系的条件只存在于路径中的特征成分。例如,Tiv 语中动词的元音分布产生了有[+高位性]和[+低位性]漂浮特征的单一语素,然而对于这些特征成分的联接要加以限制,以便使它们不联接到单一的路径上,这样便产生了路径条件(path condition)。

(6)路径条件

路径条件是决定特征成分之间的路径为合格或不合格的蕴涵性陈述。

路径条件是蕴涵性的陈述,其中包括两个这样的关系:

(7)蕴涵性的陈述

a. 肯定　　如果 p,那么 q

b. 否定　　如果 p,那么非 q

(7a)肯定的路径条件要求,有某个特征成分 p 的路径只有当特征成分 q 也出现在路径中时为合格;否定的路径条件(7b)禁止两个特征成分在一个路径上共现。在偶值特征的完全赋值表征中,肯定条件和否定条件没有区别。因此,在完全赋值中,只需肯定或否定一种蕴涵条件。对于部分赋值的表征，情况有所不同。例如，在舌面音、唇音和舌前音确定为一个发音辅音时，这样的蕴涵需要以否定形式表征：如果舌面音，那么非唇音；而在标记性对比中，如唇滑音(labial glide)必须为舌面音时，这样的关系只能用肯定形式表征：如果唇音，那么舌面音。

路径条件是非活动性的(inert)，它们在语言中的唯一作用是表明音系表征的合格性。由于路径条件确定特征成分之间的关系，因此语言中的路径合格性只能根据积极的特征成分来决定。非积极的特征成分不出现在任何表征之中。对于路径条件的基本限制是：

(8)激活条件

只有当L语言中的表征包含路径条件Φ的前因和后果(antecedent and consequent)的值，路径条件Φ在L语言中为积极的。

Archangeli & Pulleyblank 用[舌根前伸]特征和舌高度特征的相互作用证实了根据假设。舌体和舌根在生理上是相连的。由于舌头的不可压缩性，舌体与舌根的连接有特殊的重要性。舌头在一个地方受到限制就会在另外的地方伸展，反之亦然。这些特征成分物理上的相互作用比其他特征组相对较易理解。舌体的上升与舌根前伸的关联描述为：

(9)[＋高位性]暗示着[＋舌根前伸]，而不是[－舌根前伸]。

与之相反的是舌体降低，形式上为[＋低位性]，向下的舌体与舌根后缩的关联为：

(10)[＋低位性]暗示着[－舌根前伸]，而不是[＋舌根前伸]。

根据路径条件的标记方法为：已设定的条件被称作 X/Y 条件或简称为 X/Y。X 指前因，Y 指后果。例如，高位性/舌根前伸条件指的是：如果[＋高位性]，那么[＋舌根前伸]；如果[＋高位性]，那么非[－舌根前伸]。(9)和(10)可以表征为(11)：

(11)根据路径条件(grounded path conditions)：α/舌根前伸

a. 高位性/舌根前伸条件：如果[＋高位性]，那么[＋舌根前伸]；如果[+高位性]，那么非[−舌根前伸]。

b. 低位性/舌根前伸条件：如果[+低位性]，那么[−舌根前伸]；如果[+低位性]，那么非[+舌根前伸]。

这些条件的形式化陈述包括两种关系：和应关系(sympathetic)和对立关系(antagonistic)。和应表征存在于肯定蕴涵中，对立表征存在于否定蕴涵中。在(11)中，舌根前伸加强了舌体抬升，而舌根后缩加强了舌体下降(Halle & Stevens 1969)。

(12)根据路径条件：舌根前伸/[元音高度]和舌根后缩(retracted tongue root，RTR)/[元音高度]

a. 舌根前伸/高位性条件：如果[+舌根前伸]，那么[+高位性]；如果[+舌根前伸]，那么非[−高位性]

b. 舌根前伸/低位性条件：如果[+舌根前伸]，那么[−低位性]；如果[+舌根前伸]，那么非[+低位性]

c. 舌根后缩/高位性条件：如果[−舌根前伸]，那么[−高位性]；如果[−舌根前伸]，那么非[+高位性]

d. 舌根后缩/低位性条件：如果[−舌根前伸]，那么[+低位性]；如果[−舌根前伸]，那么非[−低位性]

条件(11)和(12)一起构成了有关[舌根前伸]、[高位性]和[低位性]的根据路径条件集合。这些条件反映了从生理上更为可取的舌根和舌体高度的构型(configuration)。Archangeli & Pulleyblank 提出的根据条件是：

(13)根据条件

Ⅰ. 由语言引起的路径条件必须由语音激发而来。

Ⅱ. 对于一个路径条件Φ来说，语音促动因素越强，

a. 越可能引起Φ

b. 越可能使Φ有大的语法空间

反之亦然。

(Archangeli & Pulleyblank 1994：177)

根据条件Ⅰ对于可能的路径条件类型做出绝对的要求。语音关系可以是和应的或对立的，也可以是由生理或声学上促使产生的——但这种语音

关系必须存在。与根据条件Ⅰ不同的是,根据条件Ⅱ对语言间和语言内部的倾向进行预测,并有以下蕴涵陈述(14)。

(14)

a. 如果[+低位性],那么[−舌根前伸];如果[+低位性],那么非[+舌根前伸]

b. 如果[+高位性],那么[+舌根前伸];如果[+高位性],那么非[−舌根前伸]

c. 如果[−后位性],那么[+舌根前伸];如果[−后位性],那么非[−舌根前伸]

d. 如果低声调,那么[+舌根前伸];如果低声调,那么非[−舌根前伸]

这四个陈述都是由语音促使产生,但每一个条件在强度方面的地位不同。根据音系模式表明(14a)的强度最大,多数语言都有非[+舌根前伸]的低元音。其余条件的强度依次递减。并且,前两个条件作为一个整体普遍地支配表征形式,而后两个条件似乎仅限于由规则支配的特殊语境中。每个根据路径条件都有一个特定的强度。强度值就是一个语言体现一个特定条件的程度。Archangeli & Pulleyblank 通过对Edoid 语中语音变化模式的分析说明了强度之间的差异。

Archangeli & Pulleyblank 提出[舌根前伸]与元音高度特征组合来表征语素。但在世界上多数语言中,[舌根前伸]没有对比作用(Maddieson 1984)。最常见的元音体系都是基于五个元音的体系:I,E,A,O,U。在这样的体系中没有必要用[舌根前伸]。那么[舌根前伸]的哪个值在具有词汇对比的语言中建立词汇对比起到积极作用?主要的观点认为,起积极作用的应该是[+舌根前伸]。这一观点在对 Lango 语的分析中得到支持。Archangeli & Pulleyblank 提出的[舌根前伸]标记性陈述为:

(15)[舌根前伸]标记性陈述

a. [舌根前伸]倾向于不被积极地使用

b. 如果被积极使用,[舌根前伸]的主动值为[+舌根前伸];[舌根前伸]的被动值为[−舌根前伸]。

与这一模式进行对照,像[高位性]、[低位性]和[后位性]这样的特征被积极地使用，属于标记性陈述中的第一条(15a)(Ladefoged & Maddieson 1990)。主动值的组合产生了五个元音的模式：I，E，A，O，U。然而像[圆唇性]和[舌根前伸]特征在标准的五个元音的系统中没有对比作用。有许多将[舌根前伸]的值分派到元音上的方法。根据(15a)，在标记性最弱的语言中，[舌根前伸]值通过规则分派，不出现在底层。根据(15b)，[舌根前伸]的赋值为[+舌根前伸]。根据根据条件，标记性最弱的语言为[+舌根前伸]赋值并服从(11)和(12)的条件，尤其是舌根前伸/高位性，高位性/舌根前伸，舌根前伸/低位性和低位性/舌根前伸条件。

[+舌根前伸]分别与高、中、低元音的组合为：[+舌根前伸]与高元音组合，[+舌根前伸]的赋值满足所有四个条件；[+舌根前伸]与中元音组合，舌根前伸/高位性条件不成立，但满足其他条件；[+舌根前伸]与低元音组合，[+舌根前伸]的赋值要求废除四个条件中的三个条件，即舌根前伸/高位性、舌根前伸/低位性和低位性/舌根前伸。这预示着最大限度地所根据的五个元音系统中有[+舌根前伸]的高元音和[−舌根前伸]的中低元音。Archangeli & Pulleyblank 提出已定位的非标记模式和已定位的标记模式分别为：

(16)非标记性根据模式

a. [] →[+舌根前伸]，服从于舌根前伸/高位性，高位性/舌根前伸，舌根前伸/低位性，低位性/舌根前伸

b.

I	U		i	u
E	O	→	ɛ	ɔ
A			a	

(Archangeli & Pulleyblank 1994:184)

(17)标记性根据模式

a. []→[−舌根前伸]，服从于舌根后缩/低位性，低位性/舌根前伸，舌根后缩/高位性，高位性/舌根前伸

b.

I	U		i	u
E	O	→	e	o
A			a	

(Archangeli & Pulleyblank 1994:185)

根据音系学理论认为，最普遍的五个元音系统是由舌高度特征组合连同[圆唇性]或[后位性]一起产生了对舌根位置未赋值的五个元音。舌根的

赋值由分派的非标记性模式[+舌根前伸]或标记性模式[-舌根前伸]来补充使其完备。这两种分派模式由(11)和(12)的条件支配。Archangeli & Pulleyblank用根据理论分析Pulaar语的[舌根前伸]和谐以及Kinande语、Akan语、Wolof语和Yoruba语的根据条件,得出支持[舌根前伸]标记性陈述(15)和根据条件(13)的结论是:[舌根前伸]标记性陈述(15)允许许多语言类型,基本可分为三类:(1)[舌根前伸]的任何一个值都是不积极、完全非标记的语言,与(15a)一致;(2)[-舌根前伸]为积极的最具标记性的语言,相对于(15a)和(15b)为标记性的;(3)[+舌根前伸]为积极的中间语言,相对于(15a)为标记性的,但相对于(15b)为非标记性的。Archangeli & Pulleyblank举例说明了这三种类型的语言都存在。[舌根前伸]不积极的语言有Tiv,Barrow Inupiq,Ainu;[-舌根前伸]积极的语言有Wolof,Yoruba,Eastern Javanese;[+舌根前伸]积极的语言有Pulaar,Kinande,Akan。Pulaar语和Eastern Javanese语之间的对比也重要:即使在[舌根前伸]为羡余的地方,积极的值可以是[+舌根前伸],如Pulaar语,或[-舌根前伸],如Eastern Javanese语。不同特征的特征成分对于标记性陈述的两个子句的优选强度不同。例如,如果[±鼻音性]积极,[+鼻音性]总是积极的特征成分,而[-鼻音性]不是。这与[舌根前伸]有鲜明的对比。有积极[舌根前伸]特征的语言几乎可以等分为有积极[+舌根前伸]特征和有积极[-舌根前伸]特征的语言。这种强度可以用Ø和1之间的值表示,Ø表示不可能,1表示不变的选择。任何大于0.5的值表明这个特征很可能出现,小于0.5值表示不大可能出现。例如,我们认为像[高位性]、[低位性]和[后位性]这些特征的值大于0.5,很可能出现在系统中;而[舌根前伸]的值小于0.5。这种趋势强度反映了语音特性——根据假设的作用。Archangeli & Pulleyblank(1994)用Okpẹ和Chukchi两种语言讨论了[舌根前伸]的声学体现,认为语音结果根本不是音系的中和而是直接来自于未经修改的音系表征。

根据条件与音系规则的关系为:对于一个规则的应用所加的根据条件应理解为满足带题元的条件前因和满足带有与前因在同一路径的成分的条件结果。最后,满足相关条件的路径必须在规则的输出中出现,并且对联接规则、扩散规则和插入规则的目标加以条件限制。音系表征由特征成分集合构成,而基于语音学的蕴涵条件规定了这些集合成分组合的合格性或不合格性。有许多根据的蕴涵条件限制一些音系规则应用的例子。例如,羡余规则,如Pulaar语[+舌根前伸]的插入;和谐规则,如Pulaar语[+舌根前伸]的扩散;以及一些比较特异的规则,如Akan语舌面中音引起的和谐。

同一个条件在不同的语言中有不同的结果。例如，在 Pulaar 语中，舌根前伸/高位性在[＋舌根前伸]插入时成立，而在 Kinande 语中，同一条件在[＋舌根前伸]联接时成立。这个条件在两种语言中有不同的作用，产生了不同的结果：在 Pulaar 语中，所有的[＋高位性]元音都是[＋舌根前伸]；而在 Kinande 语中，一些[＋高位性]元音没有[舌根前伸]赋值。

在形式上，对于路径中特征成分共现的限制涉及了蕴涵陈述(18)。

(18)路径条件格式

a. 肯定　　如果[F]那么[αG]。

b. 否定　　如果[F]那么非[－αG]。

条件的直接结果是阻断了那些不符合条件的表征。使用肯定还是否定的条件取决于哪个特征成分是积极的：如果[αG]积极，那么肯定的条件成立，如果[－αG]积极，那么否定的条件成立；如果两个值都积极，那么肯定和否定的条件都成立。这样，根据假设本质上是对称的。

因此，音系行为在根本上是模块化的。特征组织的次理论(组合赋值)与蕴涵次理论(根据理论)相互作用，随后又与音系规则、音系范畴等模块相互作用。蕴涵次理论本身就是模块式的。根据假设是语言中特征和蕴涵作用之间蕴涵关系的形式理论，特定蕴涵中的特征值构成这一提议的实质性方面。根据理论和组合赋值相互作用来制约形式上可能的特征组合和特征系统。根据理论有三个主要成分：(1)形式上的蕴涵陈述；(2)语音相互作用的实际模式；(3)实际蕴涵的受制约的例证(根据条件Ⅰ和Ⅱ)。从形式上说，蕴涵模式和根据条件的表征与组合赋值有同样重要的特性：它们在情态(modality)上都是独立的。

4　参数化的规则

语言的音系系统由两部分组成——表征和表征之间的关系。研究的重点是表征，同时关注根据条件下由制约限制的组合赋值的形式化模式。

Archangeli & Pulleyblank 通过对于特征成分联接和扩散现象的研究得出结论：不存在普遍联接规约的任何理据，扩散、联接由规则来完成。Archangeli & Pulleyblank(1994：286～291)提出一类经过严格限制的规则，这些规则通过对四个偶值参数，即功能(Function)、类型(Type)、方向(Direction)和反复(Iteration)赋值进行推导。参数规则理论研究如何定义不同层次表征的合格性关系。从形式上说，这样的关系用偶值参数特征值群构成的规则来表征。这些参数值的组合确定了表征形式之间的许多形式上的关系,包括上面提到的各种联接规约。

规则与表征相关。输入表征中的前位关系在输出的表征中可能只有两种改变:一是添加某种成分,二是删除某种成分。

a. 功能:插入或删除
参数:功能
值:插入或删除

插入的结果是在输出中存在,而在相应的输入中不存在的某个成分。而删除的结果正好相反:在输入中存在,而在相应的输出中不存在的某个成分。这些插入或删除成分的本质由类型参数决定。由于规则关联两种不同的表征,而表征由特征成分和路径组成,那么规则就控制了特征成分和(或)路径。类型参数使规则有所不同。

b. 类型:路径或特征成分
参数:类型
值:路径或特征成分

一个插入/路径规则在题元(argument)—— 特征成分和相关目标(target)—— 锚点(anchor)之间引入路径。一个插入/特征成分规则在有特定目标的路径中引入题元。两个删除规则去除一些信息。一个删除/路径规则去除一个路径,即脱离联接,其结果是否会产生自由的特征成分视相关的表征而定。一个删除/特征成分规则去除一个特征成分。这类规则表层结果的变异是由于另两个参数以及题元和(或)目标条件的组合设置(settings)而产生的。

方向性和反复性参数一直紧密相联(Johnson 1972;Howard 1972;Anderson 1974;Kenstowicz & Kisseberth 1977)。方向性在韵律理论中的重音理论(Hayes 1981;Prince 1983;Halle & Vergnaud 1987)和音节组构理论(Itô 1986,1989)方面已完全确立。

Yoruba 语[-舌根前伸]扩散和 Wolof 语[-舌根前伸]扩散都涉及方向的不对称。Yoruba 语中的不对称是 Wolof 语中类似的不对称的镜像。这样的不对称表明[-舌根前伸]扩散在两种语言中有所不同:在 Yoruba 语中,扩散作用到题元左边的元音;而在 Wolof 语中影响题元右边的元音。

这样成对的规则表明了方向参数：这个参数有两个值，从左至右（Wolof）和从右至左（Yoruba）。

c. 方向：从左至右或从右至左
参数：方向
值：从左至右或从右至左

扩散规则在影响多个目标或单个目标方面形成对比：这是反复应用和非反复应用之间的差别（Johnson 1972；Howard 1972；Anderson 1974；Jensen & Stong-Jensen 1976；Kenstowicz & Kisseberth 1977；Kiparsky 1985；Hewitt & Prince 1989）。Archangeli & Pulleyblank（1994：291）通过Kinande语和Tonga语音调扩散之间的对比论证了这一点。在Kinande语中，高调（H-tone）从右向左只扩散到一个目标上，其余的莫拉不受影响。在下面的例子中，e-ri-分别是前前缀（preprefix）和不定式标记，na-是表示just意思的前缀。它们在底层是无调的，如与无调动词词根组合，其表层形式为低调。低调不使用附加符号。

(19) 无调前缀（toneless prefix）

a. e-ri-hum-a…	'to hit'
b. e-ri-na-hum-a…	'to just hit'

当同样的语素出现在高调动词词根前面时，这些语素在表层为高调。

(20) 高调前缀

a. e-rí-tum-a...	'to send'
e-ri-ná-tum-a...	'to just send'
b. e-rí-korogot-a...	'to scrape'
e ri-ná-korogot-a...	'to just scrape'
c. e-rí-bangalal-a...	'to be overactive'
e-ri-bángalal-a...	'to just be overactive'

Mutaka（1990）认为，这种情况的分析应分为两部分：词根的高调首先从右至左进行非反复地扩散，落在前一个元音上，然后与右边的元音脱离联接。

(21) a. e-ri-tum-a　　b. e-ri-na-tum-a　　高调扩散

　　　H　　　　　　　H

a. e-ri-tum-a　　b. e-ri-na-tum-a　　脱离联接

　　H　　　　　　　H

erítuma　　　erinátuma

这一推导过程说明，扩散只影响到与动词词根中的高调元音相邻的一个元音，像* éríituma 和* érínátuma 都是错误的形式。Pulleyblank(1986a)对 Tonga 语中高调分布的解释采用了与 Kinande 语分析中类似的扩散和脱离规则。高调向左扩散到无限的目标，然后将右边元音的联接脱离。在 Tonga 语言中，高调扩散影响到题元左边的所有元音。这种情况类似于 Yoruba 和 Wolof 语言中的[一舌根前伸]扩散。Kinande 语和 Tonga 语的扩散规则仅有一点区别，即扩散到一个元音还是所有元音。用反复参数来表示这个区别：

d. 反复：反复的或非反复的
　参数：反复
　值：反复的或非反复的

非反复规则只确认一个题元，并且题元只对应一个目标。如果已确认的题元满足所有规则应用的条件，那么规则只应用一次，然后停止应用；如果题元不满足所有条件，那么不应用规则。反复规则不断地确认题元直至达到边缘(Archangeli & Pulleyblank 1994:291～294)。

Archangeli & Pulleyblank 深入探索了限制规则应用的两个参数——方向和反复。对于方向参数，Wolof 语和 Yoruba 语在[一舌根前伸]扩散的对立表明从左至右和从右至左二者都是方向参数的必要值。由于两个单一方向的值可以产生双向性的效果，方向参数便为严格的偶值：从左至右和从右至左。对于反复参数，Tonga 语和 Kinande 语中的高调扩散是以反复参数为基础的最小对立体，非反复规则和反复规则的区别在于非反复规则只应用于一个目标，而反复规则连续应用于多个目标。这种差别解释了对于和谐成分分布的对立限制和反复性的影响，包括极性(polarity)和外来联接(exotic association)模式。例如，边界内向(edge-in)联接和缺省泊定(default docking)。对于缺省泊定(Mester & Itô 1989)和边界内向联接(Yip

1988)的研究得出两点结论：首先，方向和反复参数就足以产生能检验到的联接结果，无需其他的参数或参数值。第二，自由特征成分的联接受规则影响而不是受规约的影响。Archangeli & Pulleyblank 研究了 Chaha 语唇音化和腭化语素以及 Yoruba 语和 Wolof 语联接[－舌根前伸]的规则，表明在每一对中，一种要求反复的联接，另一种要求非反复的联接。

不同音系表征层含有不同类型的信息。为了满足不同层级的需求，相应的表征也有所不同，也需要某种方法将表征系统地联系到不同层级。参数规则理论就是关于这些关系的假设。四种参数与题元和目标结构条件相组合产生了由规则支配的关系类型，并且可能的值的范围会产生可能的关系变异；对题元和目标的要求也能产生变异。用来描述音系关系的参数设置(set)反映了表征自身的特性，而参数值反映了在每个方面可能的变异。参数可以表明表征之间的关系，参数规则理论还可以对各种类型做出预测。参数的缺省值和非缺省值之间的对比预示了规则的层级类型：一个规则涉及的缺省背景越多，它在语言之间就越普遍。

Archangeli & Pulleyblank 认为，非常有限的一类规则参数足以解释大量自然语言现象。通过例证表明，对于音系模式的理解需要假定几个独立的但相互作用的规则。在一些情况下，几个规则支配了一个特定语言中单一特征成分的分布。

根据理论与参数规则相互作用预示了特定种类的羡余规则(redundancy rules)、联接规则、规则来源或目标的条件以及中立性效果。参数规则理论提出，规则在形式上由有限的一组参数来表征；实质上的贡献是将这些参数赋值。根据理论又制约了其与参数规则理论相互作用中出现的可能规则。

Archangeli & Pulleyblank 认为，适中的限制应形式化地用 if-then 蕴涵条件表征，这些条件的实质内容由语音特征——根据假设(grounding hypothesis)来支配。在根据音系学理论中，蕴涵条件构成了标记性理论不可缺少的一部分。语音蕴涵越强，在音系系统中的作用就越大。蕴涵条件不仅支配着特定音段总目的组成，还决定了不同音段总目的相对标记性。根据条件在音系规则中起重要作用，确定了共时和历时变化的可能。根据理论在实质上支配了纵聚合的特征组合和横组合的由规则支配的交替，这些交替形式又受到形式规则参数理论的制约。规则参数，即功能、类型、方向、反复的相互作用可以产生许多表征之间的由规则支配的关系。这四个参数已经覆盖了所有可能的变异，限制了可能语法的范围。根据音系学的模块提议包括了特征成分、蕴涵条件和参数规则。组合赋值支配特征成分组合的方式;根据条件支配蕴涵条件组合的方式;参数规则理论构成了所允许的单个规则的理论,但没有对规则与语法组合的方式进行解释。

模块化方法的不足之处主要有三个方面:第一,研究范围之外的许多现象没有被考虑;第二,有一些属于研究范围之内的现象没有被研究,对于这类现象做了许多没有被证实的预测;第三,有一类直接属于研究范围的情况却没有加以解释。

认知音系学
Cognitive Phonology

作为人的一种智能活动,语言既是人类认知过程的产物,又是其认知能力的体现。因此,在研究语言的过程中,探讨语言与认知的关系是非常必要的。通过对语言结构的认知特点与认知结构的观察,可以真正揭示出语言的本质。

近20年才发展起来的认知语言学是一门将认知心理学与语言学相结合的边缘学科,是认知科学的一个分支。虽然音系学是语言学的一个重要分支,但是研究认知音系学的不多。多数人通过认知研究语言学的其他领域。认知语法的创立人之一George Lakoff在John Goldsmith主编的《最后一条音系规则》(*The Last Phonological Rule* 1993)书中发表了一篇题为"认知音系学"(*Cognitive Phonology*)的论文。Lakoff在文中明确提出了认知音系学的概念,并进行了较为详细的阐述。George Lakoff所提出的认知音系学理论在很大程度上对生成音系学理论提出了质疑与挑战。

1 生成音系学与认知

由于标准的生成音系学理论要求连续应用各种规则,必然会导致那些伴随大量中间阶段的长式推导的产生。(Wheeler & Touretzky 1993:146)和许多语言学的初学者一样,Lakoff坦言他也曾对生成音系学产生过困惑。他认为,人们在说每一句话时,并不需要在其头脑中进行一步一步的推导。假如那些中间阶段从未发生于说话人的头脑中,那么,是什么令生成音系学中所说的推导具有认知意义上的真实性呢?Lakoff认为,中间阶段就语言能力而言是真实的,但在语言使用上则恰恰相反。很快,连接主义认知科学(connectionist cognitive science)给了他启迪。根据这一理论,大脑就是心智(mind),任何具有认知意义上的真实东西在大脑中都会有所表现。

语言能力中的所有方面都包含其中。神经过程发生在真实时间(real time),但音系学的推导并非产生于真实的时间,而是产生于某些不能与真实时间相对应的抽象时间(abstract time)。此外,说话人是从左向右,而不是从上至下地进行处理。有关新长句音系学推导的中间阶段绝不会在真实时间发生于大脑中。因此,对 Lakoff 而言,这暗示了生成音系学的基础存在着根本性的错误:所有那些规则顺序(rule orderings)、循环(cycles)以及原则(principles)都是一个错误理论的产物。显然,Lakoff 力图通过认知音系学这一理论寻求一种变通办法来简化音系学,并使其更加符合大脑自身的能力。(1993:117～118)

正如 Lakoff 所说,生成音系学的那些规则根本不能被应用于认知过程的模式中(它们本身也未想被如此地使用)。并且,生成音系学中有关推导的中间阶段永远不可能作为认知意义上的真实表征出现于任何一个认知过程模式中。可以肯定地说,Lakoff 的认知音系学理论在相当大的程度上,颠覆了传统意义上的音系学的某些理念,对经典的生成音系学的某些方面也大胆地、科学地提出了质疑与批判。他认为,认知音系学是与众不同的。它改变了音系学中所能做的和不能做的事情。

2　认知音系学与认知语法

众所周知,对语法的研究一直有着广义与狭义之分。"狭义的语法是指独立于语言和语义对语言结构层面进行研究的语言学分支,它包含了句法和词法两部分。广义的语法是对语言整个体系或规则进行研究的语言理论,包括对语音、语义等各个层面的研究。"(赵艳芳 2001:123)"认知语法认为语义是语言的基础,而语义存在于人的概念化过程中,语义结构即概念结构。""认知语法认为语言本质上是象征性的,因为语言构件既有概念内容又有语音输入。"此外,"认知语法以描述语言的心理真实性(psychological reality)为目标,即对语言的描述是对认知过程和认知结构——内部语法(internal grammar)的描述"。(赵艳芳 2001:125～126)

Lakoff 认为,既然认知音系学是认知语法不可分割的一部分,那么认知语法中的其他方面是可供直接参考的。诚然,学习或研究过认知语法的人都会发现,假如用那些被称之为语法建构的直接性关联(correlation)进行明确表述的话,那些真正复杂的句法就能变得易于处理。需要指出的是,这里所说的关联指语义学或语用学与其表层形式之间的关联。Lakoff 同时指出,认知音系学与认知语法在工作方式上是完全一致的,都是以跨维度(cross-dimensional)的关联形式进行操作。在此关系里,所跨维度即为音系学表征的不同阶段。

3 音系学的认知性

Saussure认为,语言符号连接的不是事物和名称,而是概念和音响形象。后者不是物质的声音,纯粹物理的东西,而是这声音的心理印迹,我们的感觉给我们证明的声音表象。它是属于感觉的,我们有时把它叫做"物质的",那只是在这个意义上说的,而且是跟联想的另一个要素,一般更抽象的概念相对立而言的。因此,语言符号是一种两面的心理实体。(Saussure 2001:101)

但是谈及音系学的认知性,Jakobson 的区别性特征(distinctive features)理论可谓是一个真正意义上的转折点。Jakobson方法的核心是在一种交流的模式下去理解某种语言的声音模式。也就是说,人们不得不从大脑一条信息的编码阶段出发,经由发音(通过声学、传声效果)达到听音。最终听者完成对该条信息的解码工作。Jakobson强调,音系学应该恢复语音实质(phonetic substance)和它的心理表征(mental representation)之间的联系。在Jakobson的方法中不难看出,语音在信息的编码和解码过程中起着关键的媒介作用和载体作用。进一步讲,语音不是机械的、空洞的,而是相应概念的表征。应该说,Saussure与Jakobson的观点或多或少地体现出语音与认知有着一定程度的联系。在Jonathan Kaye 的著作《音系学:认知观》(*Phonology:A Cognitive View*)中,这一点又得到了进一步的直接阐述。事实上,音系学中的音段是认知性的,是大脑的一个产品,而不完全是生理性的,即发音的或声学的。在音系表征平面的认知结构与它们所依附的相应生理提示(physical cues)之间,存在着某种关联。音系特征或其他音段成分(segment constituent)必须与生理信号的某些方面相联系,尽管是间接地。同样的道理,认知表征必须映现(mapped)于发音系统的一套指令。肌肉或肌肉群一定要被激活,以便产生言语。即便这些认知结构的语音解释对于音系学的内在作用可能毫不相干,但是当周边外围系统,如听觉系统和发音系统等,涉猎其中时,此解释就理所当然地具有重要的意义了,即必须考虑输入与输出。(Kaye 1989:31~32)

Lakoff认为,认知音系学表现了储存于大脑中的语素与语音序列之间的对应关系(correspondences)。他将其分别称之为语素层面(morphemic level,M-level)和语音层面(phonetic level,P-level)。除此之外,他还在两个层面之间安置了一个中间层面——音位层面(phonemic level)。因为在音位层面上,对单词层面(word-level)的制约也得到了一定的陈述,所以他将此层面又称为单词层面(W-level)。Lakoff认为,这些层面是音系结构的最起码的必要维度。认知音系学的研究是在自主音段音系学的框架内进行的。认知音系学最终的形式框架是平行分布处理(parallel distributed processing,PDP)的连接主义——认知科学的一个主要流派,也是一个制约履行系统。(Lakoff 1993:118;参见本书"连接音系学")

4　范畴与原型

在认知语言学中,"范畴"(category)是个用途很广但是含义模糊的术语。尽管说一种事物及其类似成员可以构成一个范畴,一类事物和其包含的事物可以构成一个范畴,但从严格意义上讲,范畴指事物在认知中的归类。在认识世界的过程中,人们是根据事物和现象的特性来认识它们的。因此,经过认知加工后的世界是主观与客观相结合的产物,这个认知世界不可能是完全客观的。而这种主客观相互作用对事物进行分类的过程也就是范畴化(categorization)的过程。应该说,范畴化是人类对世界万物进行分类的一种高级认知活动。正是在这个基础上,人类才拥有了形成概念的能力,才有了语言符号的意义。(赵艳芳 2001:55)"Rosch将前人对具体问题的范畴和原型(prototype)研究普遍化、理论化,认为原型是人们对世界进行范畴化的认知参照点(cognitive reference point),所有概念的建立都是以原型为中心的。"(赵艳芳 2001:24)

一个实体(entity)能否成为某一范畴中的成员,取决于它与该范畴中原型的相似度。这个实体越与原型相似,它在范畴中的位置就越居中。但是,"相似"本身就是一个很主观的概念。一旦我们将相似性看作范畴化的基础,就不可避免地将语言使用者的信仰、兴趣和过去的经历带入此过程中。实际上,所谓的相似性是指在特定的语境、出于某种目的、人们所选择的相似性。(Taylor 1991:60)既然相似性本身具有很大程度的主观性,那么根据相似性所产生的范畴同样会掺杂一定的主观因素。不同民族在对同样的事物进行范畴化的过程中,以及在确定某个范畴的原型过程中,难免或多或少地受到其主观因素的影响,从而得出不尽相同的结论。

5　音位与范畴

一直以来,音位都被视为一个代表一小组类似音的抽象单位,并且实例可以自由地、不可预测地变化。例如,在单词末尾位置的p既可以发除阻的(released)[p],也可以发非除阻的(unreleased)[p˺]。此外,显而易见,英语中的送气[p^h]出现在词首;非送气的[p]和[p˺]出现在别处。同时,音位的实例也可以依据音位环境而有规律地变化，音位变体就会呈现出一种互补分布的模式。但问题是，如果我们进一步仔细审视这一变异，会经常发现这一传统的方法在捕捉不同层次的抽象及原型影响上，有一点不得体。这一点在复杂范畴的理论中有所体现。(Palmer 1996:273)下面的图示就阐释了音位变体如何在复杂的范畴中被连接起来。

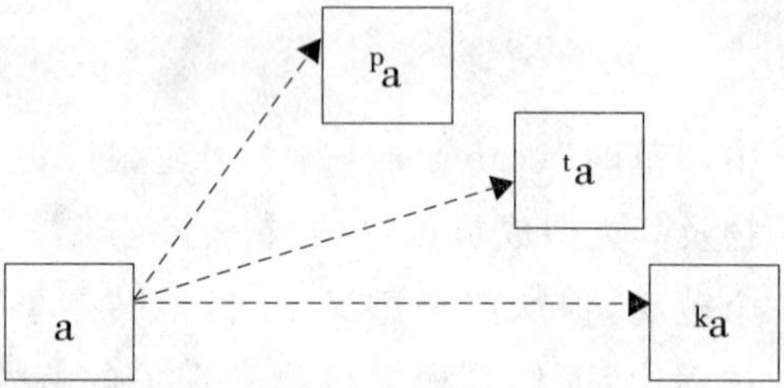

图 1

(Palmer 1996:274)

图 1 中的虚线箭头指向了基本音位/a/的几个变体——[ᵖa]、[ᵗa] 和[ᵏa]。其中，写于顶端的辅音表示过渡音(transition)，即发音中的细微变化。此变化由位于元音前面的辅音所引起。换言之，元音/a/可能会出现在/p/、/t/或/k/的后面，并且其中的每个音素(phone)都会从一个独特的方向来影响/a/。这样，基本音位/a/与其变体一起构成了一个简单的原型范畴。

此外，按照标准的注音(notation)方式，抽象的音位代表了/a/的所有例子所共同拥有的图式。Langacker 引申了这一观点，他认为所有的音位变体也是抽象的实体。(Palmer 1996:274)其实，一个说话者首先学的是诸如/a/、/ka/、/pa/和/ta/这样的音节。而当听话者做出分门别类的判断，并且这些判断引起了从基本音位变体[a]到其辅音后变体的延伸时，一个复杂的范畴便产生了。可见，在 Langacker 关于认知语言学的方法中，音位将发音意象图式化(schematize)，而且只抽象一个辅音或一个元音使用中的全部例子所具有的共性的东西。

诚然，上述方法与结构音系学(structural phonology)大同小异。但 Langacker 的方法仍具独特魅力。在图 2 中，Langacker 用[ˣa] 来代表上文提到的辅音后 a([ˣa]中的上端标志 ˣ 代表了用上端标志 ᵖ、ᵗ和 ᵏ所表示的各过渡音所具有的共同特点)。如图 2 所示，首先，延伸部分[ᵖa]、[ᵗa] 和[ᵏa]都被纳入在一个可被称为"辅音后 a"的图式下。然后，基本音位变体[a] 和辅音后的图式[ˣa] 转化成一个更高层次的图式，即[⁽ˣ⁾a]("()"表示 a 前的辅音是可选择的)。此外，如图 2 所示，较高层次的抽象概念投射在它们所充分准许的附属范畴(subordinate categories)上。需要指出的是，虽然[ˣa]

和[$^{(x)}$a]均相当于传统音系学中的音位，但很可能只是其中一个会得到认可。综上所述，一个音位应当既包括原型范畴化，又包括图式范畴化（schematic categorization）。

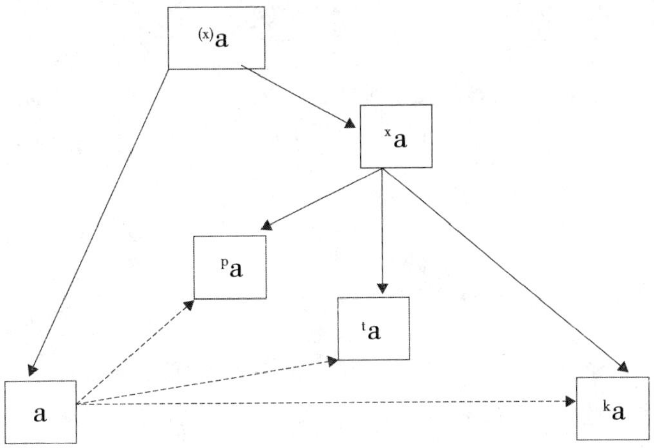

图 2

（Palmer 1996：275）

其实辅音的处理与上述元音的处理在方式上有着异曲同工之妙。例如，在词首以送气音的形式出现的/k/，除了其送气音与相应的非送气音呈互补分布外，还有另外一组互补分布——其位于前元音之前的腭音形式与其位于后元音之前的软腭音形式。Lakoff（1987：61）在 Jaeger 之后，讨论了英语/k/4 个标准变体的原型影响。下面的表格列出了这些变体以及它们各自所处的音位的环境，并举出了相应的例子。

英语中音位/k/的互补性变体

变体	描述	例子
[k]	非送气的软腭音（unaspirated velar）	school 中的 ch
[k^h]	送气的软腭音（aspirated velar）	cool 中的 c
[k']	非送气的腭音（unaspirated palatal）	ski 中的 k
[k'^h]	送气的腭音（aspirated palatal）	keel 中的 k

（Palmer 1996：276）

下面的图 3 解析了表格中的内容。英语中的音位/k/被表示成为一个复杂的范畴。

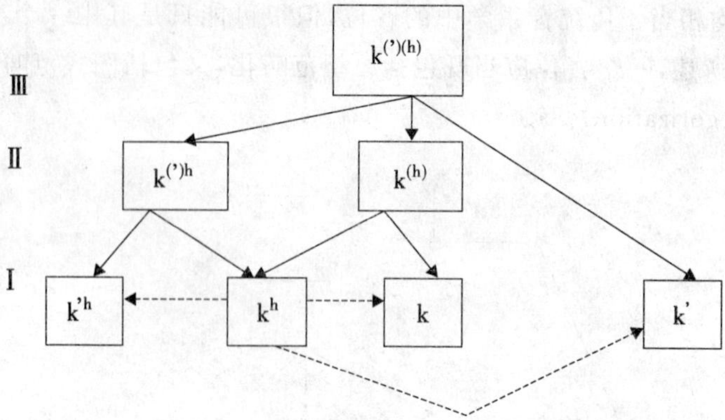

图 3

(Palmer 1996:276)

认知音系学从不同的角度诠释了音系的部分现象。尽管这一理论自身尚存在一些问题,在音系学界的影响也并非巨大,但它毕竟从一个崭新的视角来重新理解和诠释音系学,开阔了人们对音系理解的视野。

文化音系学
Cultural Phonology

1 引子

作为一种文化现象,语言一直在以最直接、最准确、最全面、最具体的手段传播着文化。语言早已将文化融入并凝固在自身的复杂系统之内,并真正实现了文化的符号化,从而使文化的传播与交流产生了质的飞跃。语言与文化的密切关系使我们在对两者中的任何一个做研究时,都绝对不能忽视另一个的存在和影响。

目前,对于语言与文化关系的研究多局限于词汇方面,而对语言中的语音系统与文化的关系,关注不是太多。实际上,作为语言的物理基础和生理基础,语音与文化之间同样有着紧密的联系。近年来出现的关于文化语言学的一些著作,或多或少地涉及了这个崭新的领域(Palmer 1996;申小龙 1990,1993,1996;刑福义 1990,2000;高长江 1992;游汝杰 1993,2003;邓晓华 1993;邵敬敏 1995;戴昭铭 1996;张公瑾 1998,2004)。在《文化语言学新论》(*Toward A Theory Of Cultural Linguistics*)中,Palmer 甚至直接提出了“文化音系学”(Cultural Phonology)的概念。在中国,比较早地提出

“文化语音学”概念的是史有为，1992 年首次在《世界汉语教学》杂志上推出。我们认为，“文化音系学”这一交叉学科名称可能比“文化语音学”更科学、更合理一些，因为语音学研究的是人类所有语音的特点，而音系学研究的是具体语言的语音系统。文化是属于具体民族的，和具体语言有关，因此，将这一交叉学科称为“文化音系学”更合适一些。可以说，与其他的音系学流派相比，文化音系学仍是一个充满无限活力的新生事物。它在很大程度上摆脱了传统意义上关于音系学的一些观点的束缚，力图从文化这一崭新的角度来诠释音系学。

2　文化音系学的特点

文化音系学不同于语音学和音系学。史有为(1995:107)曾做了一下对比。语音学和音系学排除任何文化联系，甚至历史社会背景，因而更具有科学普遍性；文化音系学努力与文化、与历史社会相联系，因而具有更多的人文个性。语音学和音系学可以通过实验与量度(声学的、生理的、心理的)加以定性与定量，并归纳出涵盖绝大多数的规则；文化音系学则几乎只能通过人的感受、通过系统(整体的、彼此联系的)把握、通过比较印证加以定性，很难量化与规则化，更多的可能只是说明倾向性。语音学和音系学可以涉及语音的每一个单位，因而可以形成对语音单位包罗无遗的系统；文化音系学无法涉及语音的每一单位，因而显得零散，但是从系统论的角度来看，它又是一种有别于语音学和音系学的系统。语音学和音系学更多地具有决定性；文化音系学则更多地具有选择性。这二者不是替代关系，而仅仅是补充关系。

萨丕尔曾经说过：“每一种语言本身都是一种集体的表征艺术，其中隐藏着一些审美的因素——语音的、节奏的、象征的、形态的——是不能和任何别的语言全部共有的。”(1985:201)语言和文化之间的关系，总的来说，是形式和内容之间的关系。内容往往决定形式，其具体表现就是特定的文化常把一些烙印加在语言形式上。毋庸置疑，语音既是语言系统的重要的组成部分，又是语言的物质外壳，是语义的载体。和语言一样，语音也与文化有着密切的联系，体现着深刻的文化意义。发音器官虽小，它却能够通过对几十个音位的转换和组合，区别性地将各种事物表征出来。从具体声音和具体意义的关系而言，说语音和语义的结合没有必然性是可以的。但就整个语言的音系而言，它为什么会成为这个样子而不是另外一个样子，则肯定是有某种历史的必然性在起作用。这种历史的必然性很可能就是作为文化内核的思维方式对音位不自觉的选择。事实上，一个民族对其音位的选择与组合体现出这个民族对客观世界的感受和适应。进一步讲,一个民族的音系特点和该民族的文化之间,存在一种深层意义的同构关系(张公瑾,丁石庆 2004:42)。此外,音系的变化与文化的流变和迁徙也有一种或前或后的同步关系。抛开这些大的方面,从小的方面看,语音的重叠、辅音和元音的变换、韵律、重音、音量、音高等,所有这些无不体现出语音的文化意义。

3 个性化的音系

萨丕尔曾说过:"我们的发音器官的肌肉从幼年就已变得只习惯于发生我们自己语言的传统语音所需的那些调节和调节系统了。所有的(或几乎所有的)其他调节,由于没有用过或由于逐渐淘汰,而永远受到抑制。"(1985:39)由此可见,一旦一个民族对其语言中的语音做出了某种选择,这种选择就会在很大程度上被固定下来。尽管其中的有些音随着时间的推移或其他某种特殊的原因会产生一定的变化,但这种变化并非任意的。相反,构成一种语言的音无论怎样变化,都无法脱离最初、最原始的语音框架。因为那个最初的语音框架早已成为一个传统的格局,深深地根植于民族文化的土壤中。因此,尽管从生理的角度看,各民族的发音器官都具备发出各种音的能力,但由于各自语音框架的强有力地束缚,一个民族的人们逐渐只会发出某一套特定的语音,而很难发出其他语音框架下的那些本民族语音系统中所没有的音。例如,在汉语的语音系统中,没有/θ/和/ð/音,却有一个类似的/s/和/z/音。因此,不难发现很多的中国学生会把单词 thank 中的/θ/发成/s/,把 this 中的/ð/发成/z/。同样,中国人认为很容易发的像"西"字中的/ç/和"机"字中的/ʝ/这样的擦音对英、美人来说却比较困难。日本人对/r/类音也不习惯,经常用/l/来替代。

总之,虽然各民族的人们具备了同样的发音方面的天赋,但由于自身最初不同的选择,其各自的语音系统也自然不尽相同。在发音器官所能发出的无数语音中,特定的民族做出并传承了其对音位的特定选择。一旦被选的音位尘埃落定,其他所有的音位都会瞬时变得遥远而陌生。可以说,在某种程度上,这种语音选择的过程与达尔文的"适者生存"的理论颇有几分神似。

4 语音多维性

声道,作为一个复杂的器官,其复杂性说明声道所表述的声音意象(imagery)一定是多维性(multidimensional)的。而且声道的每一个重要的音位特征(例如,唇、舌、鼻腔和喉的发音方式)也一定被一个声音意象的维度控制着,这些维度以平行方式活动着。Pulleyblank(1989)绘制了英语单词 sam 的三个音段音位平面的平行活动图解,他认为重要的结果通常可以直接追溯到音位线性模式的放弃以及对非线性理论的某些看法的支持。事实上,多维的看法在音节层乃至比单词更具包含性的其他层次都有一定的作用。多维性更有可能将音位的各种类型的图式与语义的各个维度连接起来。这里介绍一种合乎逻辑的方法:观察最小的音位范畴是否能与语义范畴连接起来以便形成某种象征。

5　语音象征性

字面(verbal)的象征符号连接了声音的概念单位与意义单位。从理论上讲,意义可以附着在各种各样的声音排列方法上,包括声音的特点、音段、音节、音节组合、超音段(例如,声调和重音),乃至感叹。举个例子,一个男性的讲故事高手故意发不正确的/s/和/z/的音来表现一种女性的气质,从而达到滑稽可笑的效果。同样,在读 Is it right? 时,采用升调可表明一种疑惑的语气;采用降调则表明一种认可或接受的语气。这些看似普通的语言现象阐释了意义与声音单位结合后产生的极大灵活性。由此不难看出,语言几乎是无限变化着的,语言的一般形式是约定俗成的。说话人与听话人按照某些心照不宣的习惯进行交流与合作。

经典的结构主义方法认为音位并无意义,而且音位与语素泾渭分明,分处在不同的层次上。语音象征性(sound symbolism)却将声音与意义通过类推(analogy)的方式直接联系起来。尽管这种直接联系有时难免有些夸张,但我们必须承认语言单位并非总如我们所希望的那样,完全适合结构化的模式。在经典的音位与语素之间存在一系列的可能性:一些类似音位的单位可能会与某些可定义的意义联系起来。(Palmer 1996:280)认知方法暗示,一个语言的单位可能或多或少地会与一个音位或一个音节性的语素相似。在这样一种中间状态下,此语言单位可以为一个完整的原型化(prototype)语素的显著意义提供某种背景意义或辅助意义。Langacker 将 Langdon 的关于加利福尼亚南部的一种印第安语言 Yuma 语的记录重新分析(1987:399),并以此作为语音象征性的实例。下面的表 1 揭示了此语言的一种典型现象——辅音 ɬ 表示尺寸上的大或适中,辅音 l 表示小。

表 1

(a)cəkuɬk	(large)hole through something
(b)cəkulk	small hole through something
(a)ɬɑpəɬɑp	to be(large and)flat
(b)lɑpəlɑp	to be small and flat
(a)xəkɑɬ	to have a gap in a row (e. g. missing tooth)
(b)xəkɑl	to have a small gap in a row

事实上,对语音象征性的关注由来已久。Whorf(1956:75)已经注意到英语单词中,诸如 flash、flicker、clash、click、clack、crash、lick 和 lash 等,都能被分解为有意义的小块,而且英语中的指示性小品词 the、this、there、than 等等,具有共同的 th。

6 音系体现文化

人的口腔所发出的语音本质上是一个连续体。人们所发出的语音是随着口腔肌肉的不停移动而不断地发生着各种变化。口腔的开合、舌位的高低、位置的前后、气流的走向、声带的松紧和振动,任何口腔肌肉方面的细微变化,都有可能促使所发出的语音产生微小的变化。诚然,不同民族的人们的口腔位置都没有什么明显的界限。实际上,人们完全是靠听觉来区分不同的语音。由于社会习惯的差异,不同民族的人们靠听觉所做出的语音区分会有一定的差异。例如,所谓的元音或辅音也不过是人们主观规定的坐标。在这两个坐标间很有可能还有很多的音存在。(张公瑾,丁石庆 2004 :113)只不过是为方便起见,人们才有意识地按照本民族的一些社会习惯或传统来制定出各自独特的元音和辅音体系。这就再一次解释了为何英美人很难发好汉语中的擦音和中国人经常把英语中的/θ/发成/s/。可以说,文化在一定程度上决定了语音的分类,音系具有某种文化的属性。

语音构造是整个语言文化在形式上的生长点。(史有为 1995:108)最能体现文化的莫过于诗的韵律(prosody,也有的称为声律和节律)。萨丕尔认为,大概没有别的东西比诗的声律更能说明文学在形式上依靠语言。他还指出,讲究音量的诗句,在希腊语里是完全自然的,因为长短音节的交替在希腊语的日常运用中是活生生的事实。如果把希腊诗的韵律用到拉丁韵文上去,虽不算十分勉强,但由于拉丁语更侧重重音,模仿希腊语的纯粹的音量韵律,会使人觉得不如在原来希腊语里那么自然。(1985:204～205)因此,希腊语和拉丁语诗歌的音步虽然都是长短相间式,但拉丁语的长音步却同时要兼重音，短音步要兼轻音。

游汝杰和申小龙分别对诗律的结构模式做了归纳总结。他们将诗律的结构模式都分成5类，有的地方不完全一致。游汝杰（1993：116）的5类包括：（1）长短律：利用长音的周期性重复，造成节律美，如梵语诗歌；（2）轻重律：用重音的错落有致，造成节律美，如印欧语言；（3）高低律：利用字调音高的变化，有规律地加以搭配，造成节律美；（4）音色律：主要指押韵，在中外诗歌中常见；（5）节拍律：以节拍表现诗律，一个短元音为一个拍子，一个长元音等于两个拍子，如拉丁语诗歌。游汝杰认为，汉诗声调平仄既属于高低律，也属于长短律和节拍律。申小龙（1990：292）的5类是这样分的。（1）长短律：依靠音长对比，以长短相间见节奏，如古希腊语、拉丁语和梵语；（2）轻重律：依靠音强对比，以轻重相间见节奏，如日耳曼语；（3）音顿律：依靠音节顿数和呼应，以音顿相间见节奏，如罗曼语言；（4）高低律：依靠音拍的高低顿促见节奏，如日语；（5）平仄律：依靠音节数和声调对比，以平仄相间见节奏，如汉语。这样，我们从长短律的诗歌中领略古希腊的文化风采，从亚历山大的诗律中发现法国诗人的才华，从日语的俳句和汉语的律诗中找到东方文翰的严谨。根据史有为的观点，音韵学是一种文化，而这种文化的产生却可以用汉语音节来做出关键性的解释。可以说汉语的音节、汉语的声调在语言文化中是最具意义的。汉语汉字在形式上甚至可以说是一种声韵调文化及其衍生（1995：112）。因此，我们可以肯定地说，音系体现了文化。

7　音系反映思维

思维方式的特点，往往也表现在音系上。一般来说，一种语言的音系常常由十几个或几十个音位组成。这些音位如何组合，组合以后的总体面貌怎样，往往显示出很强的民族性和文化特点。戴昭铭从不同语言的音系中总结出三种思维方式：汉语的经验综合型辩证思维，日语的收敛式思维和印欧语的发散式思维（1996：124～127）。语言中最有关键意义的是音节构造，在汉语中尤其是声调。汉语的音节由声母和韵母两两组合，声调又分为阴声阳声、平声仄声、舒声促声等两两相对的类别。对立并非是绝对的，而是相对的。在发生功能性音变、历史性音变和地区性音变时，对立的一方可以向另一方转化。这种对立整齐而又有转化机制的音系是东方某些语言的特点，汉藏语系的不少语言也具有类似汉语的音系。这使我们联想到《周易》中："系辞传曰。易有太极。是生两仪。两仪生四象。四象生八卦。""一阴一阳之谓道"，凡物皆一分为二又合二而一。这就是汉语的经验综合型辩证思维。汉族人的传统思想常以对待关系为出发点，凡事讲究对称，从这一方面联想到另一方面，是一种传统的心理习惯。

日语以一些辅音同五个基本元音相拼，一律形成辅音在前元音在后的开音节（只有一个拨音ん可用于音节末尾），表现出一种单调、刻板的整齐划一性。它的重音是乐调重音，并不固定在某个音节上，不是音节本身的构成成分，只是由一个词内几个音节之间音高的对比形成。古代日本民族的思维方式显得比较单纯、机械、刻板，基本上属于收敛式思维。印欧语系音位组合的主要特点是：(1)元音和辅音在音节中没有像汉语和日语那样相对固定的位置；(2)复辅音较多，并且可以位于词的任何部位（即复辅音的位置不固定）；(3)某些音节可以没有元音而独立成词（如俄语中的一些前置词）；(4)音节的长度差别较大，显示出参差不齐的特点。印欧语系的音位组合看起来不规则。这些特点同西方文化中常见的发散式思维的特点相吻合。发散式思维不仅不要求一个问题只能有唯一的解决方式，而且容许甚至鼓励多种解决方式的同时并存。总而言之，一个民族对其语音系统的分析往往与对其文化的分析有很多的共同之处。思维方式在一定社会中是一种“集体无意识”，它在冥冥之中决定着音系的发展方向（戴昭铭 1996：126）。由此可见，一个民族的语音结构体系与其相应的文化结构有着千丝万缕的联系，具有不同程度的同构性。

8 文化决定音系

外来音位或音位组合在本语言音系中的去留，某一音位在语言中扩展的社会文化背景，甚至某一音位特点和音位系统在整个语言中的作用，都应该是广义的文化现象。它们反映了人、民族间的文化交往，反映了创造和发展语言对人的潜意识选择。罗常培、王均曾说过：“语音音素本身没有表义的功能，除非它结合成语言中的词，而词的意义则是人类社会给予它的，这也说明了语言的社会性质。”(1957：59)文化对语音的影响，最常见的是由于借词的关系使语音系统发生某些变化。在中国，其他民族向汉语借词已是一种非常普遍的语言接触现象。借词反映在音系上主要是增加新的音位和音节。例如，广西侗语原来没有 tj、t^hj、ts、ts^h、f 和 w 这些音，由于从汉语中借入了 $tjen^1$ jan^4（电影）、$t^hja{:}u^1$ wu^4（跳舞）、$tsan^1$ ts^he^2（政策）、fa^2 $tsan^4$（发展）、$wjan^1$ $to\eta^1$（运动）等一系列新词，在侗语中就出现了这些新的音位（梁敏 1980）。云南的佤语、哈尼语、傈僳语等语言的方言土语中的唇齿音 f，也是向汉语借词的结果。海南黎语各方言中，大多数原来没有带 i、u 介音的韵母，由于吸收汉语借词，分别增加了数目不等的带 i、u 介音的韵母（欧阳觉亚，郑贻青 1980）。也有因借词增加了声调的。广西壮语中的 33、31、55、35 四个声调，就是因新借词才出现的(韦庆稳,覃国生 1980)。借词还可以影响到一个语言语音结构的内部关系。苗语贵州养蒿话的清送气音声母 p^h、ts^h、t^h、tb^h、k^h 和清擦音声母 h 原来都不与高平调和低降调结合,由于借入了汉语的"普选"、"调查"、"讨论"、"红旗"、"考试"、"合作社"等大量新词,在语音系统中就出现了 p^hu^{33}、ts^ha^{31}、t^hau^{55}、tb^hi^{31}、k^hau^{55}、ho^{31} 等音节结构。(王辅世 1985)

在壮侗语族各语言中,本来单元音是没有长短对立的,但西双版纳方言由于佛教影响从巴利语(古代印度一种语言,属印欧语系印度-伊朗语族)中借入许多短元音音节。这一借入之后,立刻蔓延到整个语言结构中,造成了许多傣语固有词也产生大量以短元音为构词语素的音节,并且扩散到许多基本词汇。例如,傣语中借入短元音 i,有 $i^1 saan^1$(东北)、$i^1 duu^1$(可怜)、$i^1 t^hi^1 jo^2$(女人)等词。$i^1 t^hi^1 jo^2$(女人)一词的蔓延,使大量女性亲属称谓、大量动物名词都带上了 i^1 这个音,最后连女子命名也都带上了 i^1。i^1 便成了傣语名词中最为普遍的构词语素之一。再如从巴利语借入了短元音音节 sa^1,如 $sa^1 mai^1$(时代)、$sa^1 pan^2 ju^4$(佛陀)、$sa^1 pa^6$(一切、所有)、$sa^1 tsa^1$(信用、誓言)、$sa^1 laa^5$(师傅)、$sa^1 naam^1$(议事机构、广场)这些词。这个短元音音节蔓延开来,大量植物、草药名称,表心理动态的形容词、动词,甚至干支名称,如 $sa^1 nga^6$(午)也用上了 sa^1 短元音音节。这就是说,语言结构中某一个音受到了扰动,它就不断延长、扩张,波及很大的范围。(张公瑾,丁石庆 2004:107)

日语也有这样的情况。随着文化的传播,汉语词汇源源不断地进入日语,使日语的音系发生了变化。现代日语的所谓"拨音"和"促音"就是由于向汉语借词产生的。日语里面的"拨音"是由于从汉语借入-n 韵尾和-m 韵尾的字才出现的。"促音"是现代日语里面的一种音节类型,发音类似我国有些方言的入声,即 ʔ(声门塞音)。"促音"也是原来日语里面没有的,它的产生,有的日本学者认为是模仿汉语入声发音的结果,"促音"起初也只见于"汉语"(日本人对汉语借词的称呼),后来在"和语"(日语固有词的称呼)里面也出现了。(邢福义 2000:280～281)从以上情况可以看出,文化对音系的影响是不可忽视的。

9　文化音系学的内涵

总体上讲,文化音系学视音系学为一种意象。这种意象虽然只局限于听觉,但它和其他意象有着许多共同点。也就是说,个别的音位和系列的音位都由听觉图式和发音常规来管辖。这些音位构成了复杂的范畴,而且具有多维性。以上这些已经引起了语言人类学家的独特兴趣。与目前的许多观点不同,文化音系学认为音系学经常表现出一种象征性的维度。情感领域的文化精神与世界观贯穿于这一维度。

文化音系学中的一个重要组成部分——语音象征性，进一步表明我们应该以更加开阔的视野来审视音系学。一般来说，音系学往往只局限于一些机械的规则、发音特点、音位、重音单位和节律单位。例如，莫拉、音节和音步。这个体系显然是非象征性的。音系学不同于连接声音与意义的形态学。语素通常被认为是语言中最小的有意义的单位，音位是区分语素的语音系统中的最小单位，而且音位和意义的联系也通常被认为是间接的。事实上，这种看似便捷的关于音位与语素的区分有时难免会曲解语言事实。音系学与形态学经常相互影响。这一点在语音象征性中得以体现：单独的但不能分析为语素的音段可能会意味着外形与运动上的一些变化。此外，音系学与形态学的相互作用在表示复数化(pluralization)或指小(diminution)的音节重叠上，也同样有所体现。(Palmer 1996:273)同语言的其他方面一样，音系学似乎也与意象图式(image schema)、认知模式(cognitive model)以及世界观有着密切的联系。一言以蔽之，音系学是文化的。

10 结论

综上所述，文化音系学是在文化语言学的基础上酝酿出来的，它本身具有一定的多维性。其独特的语音象征性将声音与意义巧妙而新颖地结合起来，在一定程度上打破了音位与语素之间的明确界限，并大胆地提出了两者之间可能存在临界状态。当然，任何一种理论都难免会有美中不足之处，文化音系学亦如此。比如其语音象征性将声音与意义简单地通过类推的方式加以直接联系，不免给人以夸大其词的感觉。因此，和其他理论一样，文化音系学也需不断地发展、充实与完善。

社会音系学
Sociophonology

社会语言学是语言学的一个分支，主要是研究语言与社会的关系，即语言的使用和使用语言的人所处的社会结构之间的关系。社会语言学研究的目的就是探索在不同的社会条件下，语言变异的本质和语言社区中语言的使用情况。社会语言学这一概念最早是美国社会学家 Haver 在 1952 年的一篇论文中提出来的，但直到 20 世纪 60 年代社会语言学才蓬勃发展起来成为一门独立的学科，即成为社会科学的一部分。

社会音系学由John Honey(2001)于1997年提出，是一个比较新的理论。社会音系学是音系学和社会学一系列理论的结合体。它综合了音系学和社会语言学的研究方法，其研究方向是社会因素，诸如社会阶级、社会网络、年龄、性别、种族、语言风格、语域以及地理环境等因素在语音变异中的作用。它的目的是要分析各种语音和语调，进而研究许多带有非标准语音特征的语音变体，同时研究两者存在的密切联系。社会语言学研究语言变异的所有方面，而社会音系学则把研究的焦点放在同语言使用息息相关，并具有社会意义的发音差异上。换言之，社会音系学主要研究造成不同发音的各种社会因素。这里所说的"发音"是广义的，包含了传统意义上的语音语调。这些发音上的差异并不是指某一个特定说话者的个人言语，而是指全社会或某一语言社区的发音上的差异；发音差异并不一定只在方言口语形式中存在，在区别性的语法形式和词汇等方面可能同时并存。

1 语言变异

语言变异可以由内部和外部两种因素引起。传统语言学家大多是研究语言变异的内部原因，然而实际上也可以并且也应该从社会语言学的角度去研究和分析。事实上人们在使用某种语言讲话时往往总是带有一些非标准的语音特征。

Wardhangh(2000)认为每种语言都会有内部变体。我们也可以这样认为，每一种语言都存在着一系列的变异，从某种角度上看语言是所有变异的集合。Hudson把语言变体定义为"具有类似分布的一系列语言项"(Hudson 2000:22)。他的定义就意味着我们可以说，英语、意大利语、伦敦英语、足球评论员讲的英语都是变体。根据Hudson的观点，我们可以把多语说话者或多语社区中使用的所有语言看成是一个变体，因为涉及的语言项都有一个相类似的社会分布。因此，一个变体要比一门语言或别的什么都重要。

我们可以这样说，唯一被认为是"正规语言"(proper language)的变体就是标准语。Hudson指出，标准语同社会有着特殊联系。一种语言的正常发展是具有偶然性的。它不是人的意识能左右的，标准语就是方言和社会有意干预的结果。Hudson把这种干预叫做"标准化"，是它创造了一种标准语，而在此前人们称它为"方言"。

正如Sapir(1921)评论的那样，每个人都知道语言是变化的。Milroy(1981)认为语言从产生的那天起就在不同的结构水平上变化，例如音系、词汇、尤其是句法等等。语音学家也说过，同一个说话者两次发出的同一个音其实也并不是完全一样的。

语言的变体可由听话者识别出来，还可以潜意识地被接受。语言变异就是要探讨语言是如何从一个社会环境到另一个社会环境产生变化的以及产生这样变化的原因。没有人可以完全解释清楚为什么口头语言总是在变化。过去的一些研究方法强调语言系统的内部特征而忽视社会因素对语言变化的影响。Milroy 则认为语言并不独立于说话者之外的。如果语言发生了变化，这样的变化一定是一种创新的反映，它表明说话者接受了一种新的方式。

20 世纪后半叶语言学家才开始经常把语言的变化同社会因素结合起来。Labov 在纽约市所做的/r/音调查则是一个很好的例子。另外 Trudgill(1974)、Milioy(1985)等等也在此方面做过许多调查。

2 方言和口音

《朗文语言教学与应用语言学词典》(Richards 2000)中方言的定义是这样的：

> 方言是语言的一种变体，一个国家的某个地区使用(地区方言 regional dialect)或特定社会阶级的人使用(社会方言 social dialect 或 SOCIOLECT)，在有些单词、语法及(或)发音上不同于同一形式的其他语言。方言通常有特殊的口音，有时方言地位提高就会变成一个国家的标准语。

广义的方言指的是从同一个祖先语言(ancestial language)(Richards 2000:133)发展而来的各式语言。例如，罗曼语言方言是来自于拉丁语。如果从遗传和历史角度来看，方言比标准语历史更久远。因此方言可以看成是历史发展的一面镜子。方言具有口语化传统，并且缺少标准性，因而较标准语更为自然，更利于研究语言的历史演变。Bussman 评论说："方言的调查研究越来越多地受到社会语言学研究方法的影响。"(2000:124)

在《朗文语言教学与应用语言学词典》(Richards 2000)中，口音(accent)被定义为"能说明说话者背景的一种特殊的说话方式，发音可以显示出：a. 说话者来自哪个国家或地区，如北方口音、美国口音；b. 说话者的社会阶层；c. 该语言是否为说话者的本族语。"王德杏认为口音是"一个说话者发音的方式"(1992:17)。我们可以理解为口音是指语音或音系上区别于其他变体的一个变体。

在多数情况下，我们用方言就足以描述一种语言内部的各种形式。但在研究英语时，口音经常被提到。有些语言学家试图区别方言和口音。

Romaine(1994)认为口音指发音的变体,而同一种语言内部的方言则至少在发音、语法或句法以及词汇三个方面同其他方言有所区别。Montgomery(1995)认为方言包含了更大范围的区别,不仅包括了发音上的差异,还包括词汇方面的区别性特征。

因此,我们可以说,受过良好教育的英国人和美国人所讲的英式英语和美式英语都是英语的变体。因为英式英语和美式英语之间的确存在一些差异,但它们的语法规则和发音确实是基本相同的。有意思的是人们对口音是有成见的,总是认为别人有口音,而自己却没有。实际上,人们讲任何一种方言都有一些口音。

3　标准发音与普通美语

3.1　标准发音

在英国,标准英语(Standard English)和标准发音(Received Pronunciation,RP)与我们所谈论的方言和口音有关联。标准英语是英语的一个方言,而标准发音是英语的一种口音。实际上,标准英语也可以用其他口音讲出来。标准发音最终被应用于标准英语之中。

英语的标准变体出现于15至19世纪,主要归功于印刷技术的发展,还有全国范围内的大众教育体系。当时的英国人可以广泛接触印刷出来的文字以及大众媒体使用的词汇。语言的书面形式第一次被标准化。尔后"口语的标准化也随之发生"(Honey 2001:93)。

我们以英格兰地区为例。其书面标准形式是15世纪开始于政府文件中使用的语言,而东部地区的方言则与剑桥、伦敦以及牛津附近的地区有密切联系。这种方言在1476年随着印刷技术的发展而广泛传播,这种方言也获得了示范者的地位。到莎士比亚时代之前,学校就开始讲授这种方言。到18世纪,人们极力去"改正"自己的发音。但是直到1870年左右,口语标准化才开始广泛传播。英国的私立学校(private school)推动了口语标准化进程。小孩子在7岁左右读私立小学(preparatory school)(Honey 1977;Leinster-Mackay 1984),然后进入私立学校读书。实际上,通常是上层、中上层或职业阶层的孩子才有条件进入私立学校读书。到了20世纪初,他们的孩子也进入这样的学校读书。标准英语的推广应该归功于这些学校的毕业生。因为他们控制着社会生活的各个领域,对社会生活影响很大;又由于流行的文学作品都是这种教育的产物,因而这种学校教育的模式后来渗透到下层社会的学校之中。这样,在整个英国社会,标准英语享受特权地位(Honey 1989)。口音标准化的结果之一是,19世纪早期讲话带地方口音的上层社会成员在70年代时很少带地方口音了。另外一个有趣的结果就是判断私立学校的标准很含糊，没有人能准确判断哪些学校是私立学校，但有一点可以判定，如果说话者持标准发音，他肯定是一个“私立学校毕业生”，也就意味着他享有“社会和职业双重优势”(Honey 2001:94)。

进入20世纪后，标准发音的传播途径由小学和私立学校，尔后由广播这种新型媒介进行传播，后来又有电视作为传播途径。这种口音最初被语音学家Daniel Jones称之为“私立学校发音”，1926年以后被称之为“标准发音”。

3.2 普通美语

美国没有同英国的标准发音在地位和作用两方面都可以与之媲美的发音。普通美语(General American, GA)指的是美国人的口音，而且是大多数美国人的口音。这种口音并“没有东北或南方的区域特征”(Trudgill & Hannah 2000:45)。普通美语的使用者占美国人口的三分之二。使用普通美语的说话者讲话时不带有可能辨别出的地方口音，当然在使用普通美语的人群中也会有一些可变性的东西。

4 语音变异

语音变异(phonological variation)通常是从社会语言学的角度去研究。也就是说，研究者研究变体的使用情况，从而找出变异的原因。社会语言学家认为，语音变异通常是由两个主要因素引起的：一是距离(distance)，二是差异(difference)。距离是指地理上的距离，因此而产生的方言叫地区方言，它将“某一地区的居民与另一地区的居民区分开来”(Wardhaugh 2000:130)。差异则是指社会差异，这种方言被称为社会方言。社会方言同社会阶级(阶层)、性别、年龄、种族、语域、风格等等具体的差异相关联。距离是产生语音变异的第一级原因，而差异则是第二级原因。

4.1 社会阶级(阶层)与语音变异

社会阶级(阶层)是社会语言学研究中的一个重要领域。Ash指出，“社会阶级(阶层)是指特定语言社区内的一部分社会成员”(Ash 2002:402)。Trudgill也指出，“社会中大多数成员都具有同一种思想、直觉……这就构成了社会阶级(阶层)”(Trudgill 1974:32)。多数人，不论是语言学领域的专家还是普通百姓，很可能都会接受这一观点。

在语言变异和变化研究中，社会阶级(阶层)是不容易给出定义的，同时语言学家也不是经常利用他们的研究和发现去研究社会阶级(阶层)。社会阶级(阶层)只是社会语言学研究的一个变量，但它是语言变异研究中的一个重要变量,从中通常可以探索出语言变异和变化的本质。

从社会学的角度讲,社会阶级(阶层)还应包括个人或阶级(阶层)的"生活变化"。因而社会阶级(阶层)还可以定义为"个人的生活变化,它开始于商品和服务的生产和获取"。(Ash 2002:402)

Karl Marx 是最早提出社会阶级这一概念的,这也是他最有影响力的理论之一。Marx 强调经济地位在划分阶级(阶层)时的重要性。Max Weber 是第二位重要的社会阶级(阶层)的理论学家。他提出了社会阶层的概念,并指出社会阶层是一个复杂的、而且是多种因素共同作用的社会结构。

4.1.1 研究方法

在社会学研究中,经常使用的方法是社会-经济地位法(Social Economic Status,SES)。SES 涉及收入水平、从事的职业、住房的类型、教育水平以及讲话者相似的特征等等。使用 SES 方法进行社会语言学方面的调查和研究通常会包括"对城市人口进行大规模的随机调查"(Southerland & Katamba 1998:542),然后对调查得来的数据进行定量分析,进而得出结论。

社会语言学家在研究某一个语言社区的语言差异时,他们相信 SES 与语言使用中产生的差异密切相关。使用这一方法去研究语言差异就会得出语言垂直变异的结论,即语言的社会阶层。Southerland & Katamba 认为,在过去的 40 年中,社会语言学家一直是在研究语言的垂直变异。多数语言学家认为,这种垂直变异表明说话者要体现出他们属于某个社会-经济阶级(阶层)。直到今天,大多数传统的社会语言学研究还是使用随机调查某一语言社区的方法。

一般来讲,这种研究方法也证实了研究者对一个语言社区的语言行为中最为重要的社会相关性所给出的假设。这种假设认为,每一个说话者都是该社会阶级(阶层)的代表。同时我们也应该看到,语言变异会很明显地表明语言与社会的关系。但某些特定的研究结果可能是基于某种无效的或不完整的假设,因为这些假设很可能没有把所有可能相关的因素都考虑进去。

4.1.2 Labov 的纽约市调查研究

1961 年,Labov 在美国新英格兰海岸附近的小岛——马萨葡萄园(Martha's Vineyard)首次进行了实验性研究。研究结果表明,不同的说话者在使用某个语言变体时,存在着系统性的差异。之后,Labov 在纽约市不同的社区进行了调查。他事先在几个小时内收集数据,进行初步的分析,然后选取说话者进行单独会谈。Labov 的这种调查方法是"即时匿名观察法"(Hudson 2000:155)的经典事例。

Labov 事先已经研究了(r)音变体的使用情况。在北卡罗来纳州,Labov 研究了(r)音变体,比如在 farm 和 fair 这样的单词中,(r)是否发音的问题，即发音是(r-1)，还是(r-0)。Labov 在纽约做调查研究时发现，纽约人有时用其中的一个变体，有时则用另一个。研究表明，这种发音的选择代表一种新的变化。纽约人的发音从先前的(r-0)(如同英国的 RP 发音)正在转向一种新式发音(r-1)(如同许多美国地方方言的发音)。Labov 预测，(r-0)发音在上了年纪的人中会大量使用，因为(r-1)在纽约是一个新的发音方式。社会地位较低的人也会大量使用这一发音，因为(r-1)是受到纽约以外的社会地位较高的语言社区影响的结果。Labov 进一步预测，如果说话者没有十分注意他们自己的讲话，他们很可能使用(r-0)发音，因为他们不担心听话者会如何去意识或者判断他们的社会地位。

Labov 在纽约市收集数据进行研究的方法十分简单，但是非常适合于对他的假设进行验证。他走进三家不同的商店，询问在哪儿可以买到什么东西。实际上，他知道那种商品在四楼出售。可以预测，售货员会回答 Fourth Floor 或者 On the fourth floor。然后，Labov 假装没有听清楚，让售货员再重复一次。通过研究 Fourth 和 Floor 这两个单词中(r)的发音，Labov 就可以验证语言环境对发音的影响。售货员第二次重复时会有意识地注意发音，Labov 可以验证说话者关注说话程度与发音的关系。最后，Labov 还可以通过比较三家商店收集的数据来验证他关于社会地位与发音关系的假设，因为 Saks，Macy's 和 S. Klein 这三家商店分别为社会地位高、中产阶级和社会地位低的顾客提供服务。

最后，Labov 得出了这样的数据：

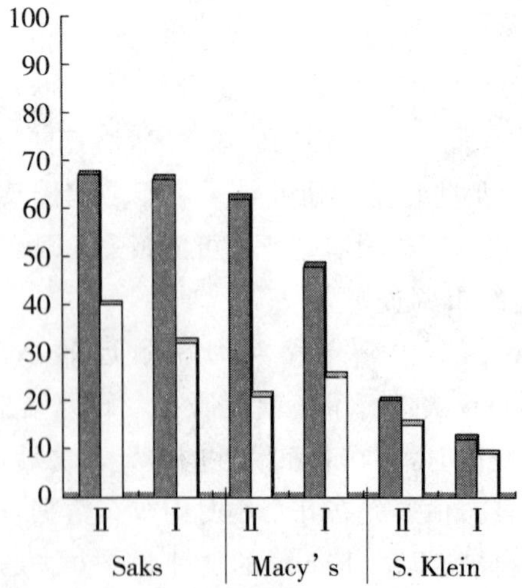

图 1　纽约三家商店服务员Ⅰ、Ⅱ两次话语中 fourth(白色柱体)和 floor(灰色柱体)的(r)音比例

(Labov 1972：52)

Labov 得出的数据证实了他的大部分假设。这一数据显示了(r-1)音在每一个商店中使用的情况：如 Labov 所预测的一样，(r-1)音的使用从社会地位高的商店向社会地位低的商店依次递减。

Joy Fowler 在 1986 年做了同样的调查。她用了与 Labov 完全相同的调查方法。她得到的数据与 Labov 的基本相同，只不过就整体而言，(r-1)音的使用有了近 10%的增长，这表明近二十几年来(r-1)的影响力在增加，因而使用的人数也在增多。

此外，除了 Labov 在纽约市做过调查外，其他的语言学家，如 Trudgill 和 James & Lesley Milroy 也都做过相关的社会调查，进一步探讨了语音变异与社会不同阶层的关系。

4.2　性别与语音变异

社会语言学对于性别的研究始于上个世纪 70 年代早期。具体一点讲，语言学家主要从语音角度研究男人和妇女的语言行为。早在上个世纪 60 年代，Labov 就开始从性别的角度调查研究语言的变异，尤其是在马萨葡萄园和纽约市所做的调查。在这些调查研究中，Labov 把性别看成是影响语言行为变异的因素之一。为了解释这一社会音系学上的变异，Labov 借用了社会学中“威望”这个术语，从而强调语言态度也是对选择某种方言起着一定作用的因素。

接下来的几十年里，在社会音系学的研究中，大多数的研究都使用了 Labov 的理论框架。直到上个世纪 80 年代，Lesley Milroy 才提出新的定量分析的方法。这种调查方法主要是研究微观社会中语言的使用情况，主要集中在“社会网络”，与新兴的“语篇分析”并行发展。

在底特律(Detroit)进行的(r)是否发音的调查研究以及在诺威奇(Norwich)进行的(ing)发音变异研究中，研究人员得出的结论是：妇女比男人的发音更接近于标准音。

下面的图表是调查得出的数据，其中的缩写表示 MMC：Middle Middle Class，LMC：Lower Middle Class，UWC：Upper Working Class，MWC：Middle Working Class，LWC：Lower Working Class。

从图中可以看出，在任何一个社会阶层中，底特律的妇女更多地使用(r)音；同样，诺威奇的妇女同男人比较而言更趋向于使用代表威望地位的发音(ing)。

Coates(1993)在研究了格拉斯哥(Glasgow)和悉尼(Sydney)的案例之后也得出结论：妇女比男人更多地使用具有威望地位的发音。同样，Labov

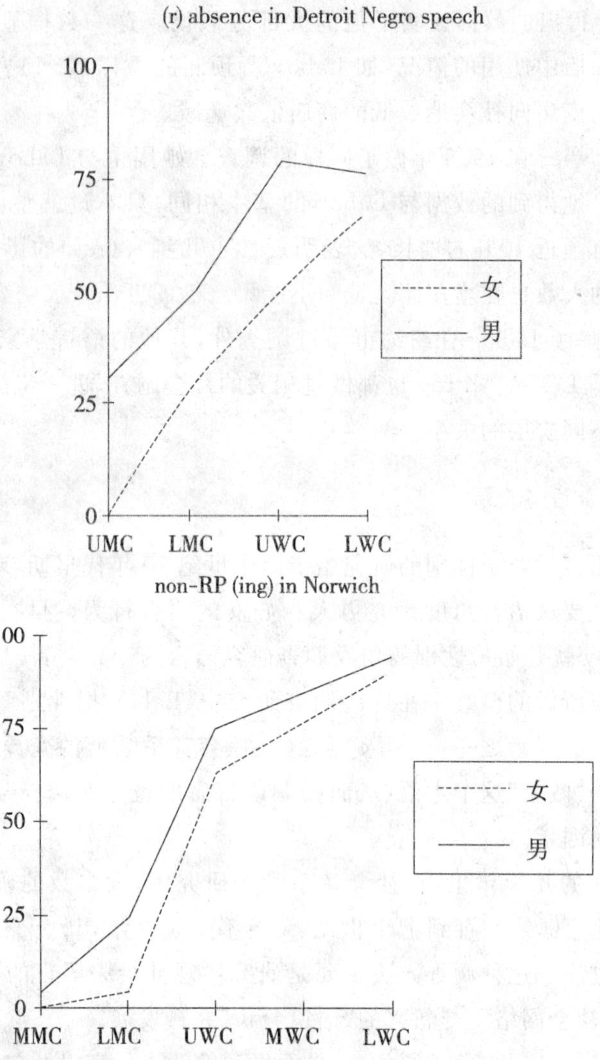

图 2　语言中的性别差异

(Wolfram 1969; Trudgill 1974; Milroy & Milroy 1978)

在纽约市调查研究中分析说，在中低阶层妇女中，由于语言可能会带来不安全性，她们的讲话方式更趋向于表明威望地位的语言形式。

语言学家不仅可以观察到不同性别之间的发音差异，同时也在试图找出产生差异的原因。其中的一种解释就是“男女在生理上的差异最终导致了语言上的重大差异”(Wardhaugh 2000:318)。Wardhaugh 解释说，妇女从心理上更倾向于彼此融入、相互支持、不产生竞争；但男人天生就趋向于独立，男人之间的关系是垂直的而不是水平的，男人更喜欢权力而不是团结。语言行为反映的是男人的社会统治地位，而妇女处于弱势地位，因而喜欢用标准的语言(音)形式来达到显示社会地位的目的。

Holmes(1992)从社会地位角度出发给出了解释。她认为,妇女比男人更多地使用标准的语言形式,是因为她们比男人更为敏感地认识到社会地位。妇女更为清楚地意识到,她们讲话的方式可以代表她们的社会阶级(阶层)背景以及她们的社会地位。标准的语言形式同较高的社会地位联系在一起。这样,妇女使用标准的形式则成为表明她们社会地位的一种方式,尤其是没有收入的非职业女性。她们不能用自己的工作来表明自己的社会地位。在纽约市的调查中,妇女们认为她们使用了比较多的标准形式,而实际上并没有那么多,这一点也可以支持 Holmes 所谈的观点。妇女想通过使用标准形式达到让听者误认为她们有较高的社会地位的目的。

第三种解释同妇女在社会中充当社会价值保护者的作用相关。社会对妇女和男人的要求是不同的:社会要求妇女有良好的行为,而对男人的要求就低一些。比如说,小男孩就比小女孩更自由些。社会也会更容忍小男孩的不良行为,而小女孩的不良行为则会立刻被纠正。同样,如果女人违反了某种法规,人们对此会横眉冷对,而男人受到社会的谴责就相对少一些。社会要求妇女起到行为规范的楷模作用。可以预测,社会同样期望妇女比男人讲话要更规范、更正确,尤其是妇女还身兼教导孩子语言行为的重任。

最后一种解释与从属阶层的礼貌原则有关。从属阶层必须注意礼貌原则。小孩子应该对大人有礼貌;同样,妇女作为社会的从属阶层,也应该避免冒犯男人。因此,妇女讲话时会更加小心、更加有礼貌(Holmes 1992)。然而,我们并不清楚为什么有礼貌的讲话形式要同标准的讲话形式等同起来。其实,我们使用苏格兰口音或者是利物浦口音都可以很有礼貌地讲话。即使使用 RP 也可以恶语伤人。对此做出的解释可能会同社会地位联系起来,这样,问题就迎刃而解了。社会期望妇女注意自己语言的规范性,所以妇女更会关注社会对她们的衡量标准,既保护自己的面子,又避免冒犯别人。

4.3 年龄与语音变异

年龄的增长是人生经历的一个核心问题。岁月流逝,年龄相应在增长。这是一个自然的进程。年龄是个人处于社会发展进程中一个特定的阶段。语言学家对社会方言的研究给我们提供了不同年龄群体发音方式的研究资料。大多数方言学家都已经发现青年时期是使用方言频率最高的时期,尤其是那些被公认为是非标准形式的方言。这些方言成为语言群体的标记。

比如,动词过去式-ed在单词末尾的省略现象,在同一个社会阶层中,年轻人省略的频率要高于成年人。年轻人经常说miss而不是missed,如He miss the bus yesterday(他昨天没赶上汽车)。

在图3中,我们清晰可见的是一个较为稳定的使用方言的通常模式。

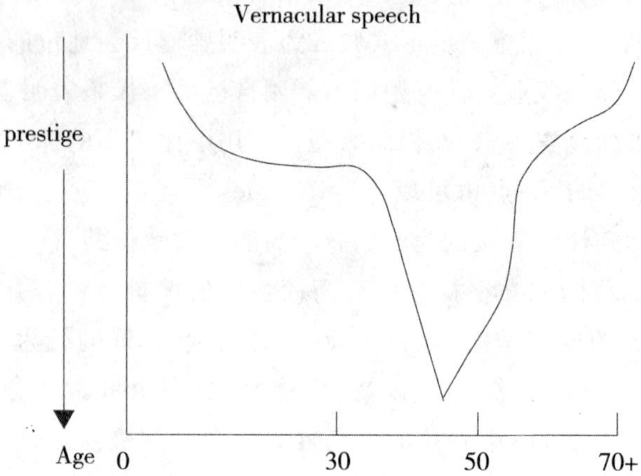

图3 使用方言的形式和年龄关系

(Downes 1984:191)

图3表明了不同年龄组使用方言频率的现象。方言使用最少的时候是青壮年时期,因为此时来自社会的压力是最大的时期;而进入老年时期使用方言的频率则开始再次上升,此时老年人已经退休,来自社会的压力变小,生活进入轻松的阶段。这一通常模式在不同的社区可能会有一点变化,但语言学家们一致认同,处于中年的人群对社会中的讲话标准最为注意,尽可能少地使用方言形式,而尽可能多地使用标准形式。

Eckert(1989)指出,语音变异与年龄的关系是围绕人的不同生活阶段而变化的,同时这种变化也可以解释人们的行为。他把人生分成四个阶段,即童年、青年、成年和老年。其中,童年包括少年时期,青年包括青年早期和青年成熟期,成年分为成年早期和成熟期。

定量研究童年时期的孩子们的语音是一个起步较晚的研究课题。Roberts(1992)在费城研究了3岁孩子的语音现象。研究表明,这个年龄段孩子的语音变异是天生的,是遗传下来的,跟老年人的讲话模式类似。Roberts的调查还显示,这些3岁大的孩子无论是在较为稳固的社会语言学上的变异(如-ing形式,或者t/d的省略问题),还是在当地方言上的变异(费城方言中短/a/音用升调)都有所体现。Labov(1989)也同样发现,成年人中常出现的-ing形式,或者t/d的省略问题,在4岁、6岁和7岁的孩子中也存在,而且具体的模式同当地的方言有很大关系。

青年时期在这里指的是现代社会工业化时代的青年时期。这一时期对于社会语言学来说有特殊的意义,因为这一时期的青年正逐步走向成人,但同时他们拒绝成年人应承担的责任。他们接受学校教育,从而与成人世界隔离开来。他们把这一新的人生阶段看成是"可以拥有更多自由与机遇的时期,同时对社会产生新的要求"(Eckert 2001:162)。青年时期是方言大量使用的时期,从语音形式的变化到方言的普遍使用都很常见。从整体上来讲,青年要求社会的认同,同时与上一代人对立,至少是想独立于上一代人。

进入成年时期,成年人的语言形式开始保守起来,在使用方言上显得比青年人保守得多(Labov 1966),这种保守主要来自于工作中要使用标准语言的压力。一般说来,在研究语音变异方面,成年时期是贡献很少的"荒漠时期"(Eckert 2001:165)。

老年人退休离岗,是四个时期中最为放松的一个时期。Labov(1972)指出,有证据表明老年人的讲话方式是较为开放的。这也说明,老年人的语言行为由于不必担心社会工作中的利害关系而显得很放松。

年龄问题的研究并没有作为社会语言学中语音变异研究的一个主要课题,但它是客观存在的,同样是不可忽视的影响语音变异的因素之一。每一个生活阶段都有自己特有的实践、意义和经历,这些阶段在不同的社会或语言社区里也能有不同之处。但是在不同的语言社区中,由于文化和物质生活的差异,我们没有必要要求所有的现象都是一致的。如果把年龄问题放到人类历史的角度考虑,不同年龄段的语言差异和语言习惯可能会产生巨大的变化。

4.4　种族与语音变异

种族的差异也是产生语音变异的一个重要因素。种族在语言社区和语言变异的研究中同样存在着常规模式。我们看一下语言学家在美国社会中的少数民族所做的调查研究。Laferriere(1979)在马萨诸塞州的波士顿研究了种族和语言变异的关系。她研究了少数民族是如何形成自己的亚文化的,而亚文化又是如何提高文化的力量的,从而给另一群体传递评价体系、教育、职业以及语言价值。她研究了(or)的变体问题,涉及诸如 form、short 和 horse 单词中元音[ɔ]的相对高度问题。在波士顿当地的方言中,此音要低一些,这样 short 的发音就如同 shot。如图所示:

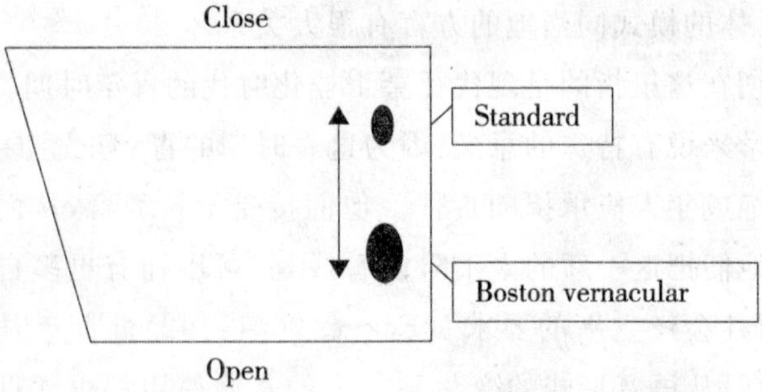

(Downes 1984:214)

在波士顿研究中,种族群与舌位较低的发音变体之间有一定的比例关系。Downes(1984)评论指出,在研究语音变异过程中,种族产生的意义并不令人惊讶。Labov在纽约市的调查研究中已经表明,种族是影响语音变异的一个主要因素。在波士顿的研究中还发现,在调查过的三个种族中,60岁以上的说话者几乎毫无例外地使用方言形式。在这些种族中,标准的发音形式似乎成为一种可以作为发音选择的变体。

在波士顿的意大利人更多地使用某个元音的方言发音,譬如上文中提到的单词short和horse中元音的发音。类似的事情同样发生在旅居悉尼的第一代和第二代意大利移民身上。他们在讲澳大利亚英语时,一些元音的发音方法在很多方面同澳大利亚人的发音有一定的差异。在新西兰的苏格兰人讲英语时,仍然保留着苏格兰英语发音的特点。例如,在part和star中,/r/的发音成为苏格兰民族的发音标志。生活在美国的犹太人也是用特有的一些发音方式区别于其他民族。Holmes指出,在波士顿和纽约的犹太人可以用一些元音的区别性特征来判断出他们的种族。

黑人英语和标准英语也有着显著的差异。黑人英语是种族方言,可以指黑人英式英语,或者美国黑人所讲的非标准英语(Downes 1984)。美国黑人自己的语言在几百年前就已经消亡了。这些美籍非洲人并不需要一种区别性的方言变体或者某种语言形式同其他种族群体加以区别。黑人同白人的区别在外表上就可以看得出来。然而,黑人使用的那种区别性方言可以追溯到种植园经济时期的克里奥语(Creole)。黑人英语中有一些特征在标准语中是不存在的,在黑人英语中经常出现的另外一些特征也很少出现在标准的方言中。这些语言差异都可以看成是种族的象征(Holmes 1992)。

Holmes接着指出,黑人英语和白人使用的标准英语在许多方面是有一定差异的。这些区别性特征可以看成是两种方言。辅音连缀的简化在黑人英语中使用的频率比美国白人要高。所以说，辅音连缀的简化是区别美籍非洲黑人和美国白人的一个典型特征。在某种程度上，所有讲英语的人中都有简化辅音连缀的现象。譬如说 last time 这个短语，如果是在正式英语中，每个音都要发出来，即两处的/t/都发音；而在实际发音中，多数人是不会发第一个/t/音的，因而辅音连缀/st/简化为/s/。而在黑人英语中，单词末尾的辅音连缀是可以省略的。黑人英语省略现象的频率要比标准英语或其他地区方言中出现的频率高得多。

5　语音产生变异的原因

在 20 世纪，教育大面积普及，大众媒体，譬如广播、电视、电影、报纸、书籍以及互联网也在迅猛发展。语言学家提出这样的疑问：在信息化这样的时代为什么还存在这么多的方言而不是每个人都讲标准语呢？语言学家已经对很多方言做出了负面的评价，为什么还有为数众多的人坚持他们的方言、口音而不改正呢？

Honey(2001)指出，口音评定进程受到阻碍，正是这种阻碍确保某种口音或方言依然存在，而没有全部消亡。从社会威望以及教育程度和能力方面来看，持非标准口音的人没有持标准口音的人那些优势。

下面我们从三个角度做一下分析。首先是价值体系角度。从这个角度来解释问题的出发点是，我们要知道不同的发音与其他的语言特征一样可以解释价值体系。对于所有的讲话者而言，某种口音和方言是他们区别于其他人的价值体系的信号。在马萨葡萄园的调查研究中，Labov 注意研究了特定元音发音的系统性的区别。他研究了 right 和 house 这两个单词中的元音。当地人无意识中带出当地的口音，其实就是要表明他们是当地人，而并非是来度假的游客。同样，Honey 也提到法国人同样用特定的语音特征(口音)表明他们的区域身份。在英国，苏格兰人、威尔士人还有北爱尔兰人也是如此，极力表明自己的民族性或者是种族性。其他的动机还有可能归于中央政府的特殊要求，或者作为环境的一部分而加以保护的目的。还有一种最为常见的解释，即从政治和经济的角度来讲，标准口音(或方言)是与社会权力和地位相关联的，而非标准形式则与当地社区和社会下层保持团结有关联。非标准口音可以表示出友好、善良等等。Milroy(1980)提出"社会网络"的概念，并且用社会网络去验证人与人在面对面交往中使用非标准形式下的社会关系。研究的结果比较令人信服地解释了为什么非标准的讲话形式在社区的环境中得以存在以及如何存在，尤其指出个人对某一个社区的归属感的力量是巨大的。如果使用标准的形式，当地的社区则认为是对该社区内的成员不忠诚。

其次，我们从教育角度做一下分析。我们已经讨论过价值体系问题，通过分析我们知道标准形式与主流社会的复杂体系相关联，同时也与接受教育的程度相关联。与之形成对比的是，非标准形式与地方或地区的特殊性相关联，与接受教育的情况则背道而驰。Mattheier(1980)指出，现代化包括城市化和大众教育，同时现代化也加速了广为接受的主流形式和价值的建立。现代化的社会生活对工作能力的要求很高，而这种素质和能力也与教育相关。提倡接受教育的思想体现的是对文化素养的态度问题。文化水平同语言密切相关。标准语言形式(包括发音)有一种趋势，它将成为教育和提高文化水平唯一合适的工具。与此同时，非标准形式在一些对正规教育产生失望的人中是稳定发展的。除此之外，代沟问题以及青少年反权威的逆反问题，都可以成为他们使用非标准口音形式或者其他学来的形式作为新一代的标记，美国黑人青少年也不无例外。在这些同龄人中，尤其是男性，非标准语言形式所能诠释的价值体系，除了抵制和蔑视受过教育的主流社会的价值之外，还包含轻视妇女、崇尚犯罪、暴力以及吸毒等等。

现代社会语言学家在争论一个问题：既然任何一种口音或方言都可以成为那些受过教育的人谈话的工具，那么关于口音和方言的陈词滥调就不合时宜了(Trudgill 1972)。然而，价值体系是有差别的，不同的口音和方言可以解释不同的价值体系。那么，如果我们希望可以忽视这些表征不同价值体系的口音和方言，显然不合乎情理。接受教育与讲话标准是紧密相连的，尤其对正式的讲话形式而言。这一点在所有的语言中都是如此。在任何一种口音的评价体系中，年龄都是一种因素。童年和青年是接受口音的最特别的时期，许多人承认他们自己的口音受中学老师发音模式的影响是很大的，包括标准发音形式和方言。Hockett(1958)认为，个人口音的适应范围在17岁时就已经完成了，但也有许多人在年龄更大时还有改变自己口音的能力。

最后，我们从社会交际情景角度做一下分析。使用什么样的口音还会取决于谈话者之间的关系和交谈时的情景。对语域的选择起着决定性作用的复杂因素包括年龄、性别、社会经济地位、说话者和听话者的地区背景、交谈双方的熟悉程度以及所处场合的拘谨程度等等。通常的观察结果是，听话者社会地位越高，讲话者讲话时越接近标准口音(Labov 1972)。相反，如果讲话的场合不是很正式，讲话者则会大量使用非标准的口音或者别的发音形式。

Labov试图把语音变异同社会阶级(阶层)联系起来，而Milroy将它同社会网络联系起来。适应理论(accommodation theory)探讨的是讲话者根据谈话对象而调整自己的讲话(Giles & Smith 1979)。Le Page(1985)的“身份行为”(acts of identity)理论解释了说话者是如何调整以及为什么做出调整。此外,听话者在听话时所做出的反应以及交谈时信息的反馈都是重要的因素。讲标准语音的人讲话时如果向非标准的发音形式调整,听话者会怀疑说话者是在嘲笑自己。相反,如果讲非标准口音的人向标准口音调整则没有这种含义。

6　总结

语言变异研究是社会语言学研究的一个重要研究领域。在社会语言学研究中,一些学者已经开始研究社会和音系学之间的关系问题,即研究一定的社会因素同语音变异的关系。语言学家用社会音系学中的概念和研究方法去研究不同语言社区的方言与语音问题。

我们在这里探讨的是在社会因素的影响下语音的变异现象。我们只探讨了诸多社会因素中的四种,即社会阶级(阶层)、性别、年龄与种族,实际上其他的社会因素同样会影响到语音的变异问题。通过探讨和研究,我们可以清楚地看到社会因素在语音变异中的重要作用,或者说语言外部的因素对语音的变化同样会产生很大的影响。

进化音系学
Evolutionary Phonology

音系学(phonology)研究语音模式(sound patterns)及其本质和应用。为了塑造不同的语音模式,语言学家们调查研究了世界大多数语言和语系(language families)的音位系统。这种描写性研究的大量语料成为音系分类学研究的基本数据库(primary database)。分类学家用了几个世纪整理不同语言、语系、语言区域和语言类型之间反复出现(recurrent)但未加证实(unattested)的语音模式。这些语音模式最后归入许多不同的范畴(categories)。在这些研究的范畴中有音段总藏(segment inventories)、音段序列(segment sequences)、音节类型、重音模式、声调模式、特征分布以及共同交替形式(alternation)类型。在相互关联的词中,语音之间的交替形式分为同化(assimilation)、异化(dissimilation)、脱落(deletion)、插入(insertion)、换位(metathesis)、融合(coalescence)、元音割裂(breaking)、弱化(lenition)、增强(fortition)、中和(neutralization)等。每一类都可以细分。

历史语言学(historical linguistics)研究语言的历时演变(diachronic change)和语言间的关系。为了建立历时演变的模式,语言学家们研究了世界上许多语言和语系中的语音历时演变。语音历时演变划分为很多不同的范畴。值得注意的是,世界语言中大多数被证实的语音历时演变准确地反映在同类的共时(synchronic)交替变异中。语音历时演变在音段总藏、音段序列、音节类型、重音模式、声调模式和特征分布中都引起了变化。除此之外,这些语音历时演变,正如共时交替变异,划分为同化、异化、脱落、插入、换位、融合、元音割裂、弱化、增强、中和等实例范畴。在更细微的层面,共同性最强的语音历时演变和最具有共同类型的共时交替变异几乎具有共同范围。与共时语音模式有直接平行关系的许多共同的语音历时演变包括软腭腭化(velar palatalization)、词尾阻塞音清化(final obstruent devoicing)、鼻辅音前的元音鼻音化与随后口腔塞音(stops)保持一致的鼻音部位同化。

共同的语音历时演变与共同的共时交替变异的广泛的平行关系表明共时的语音模式直接反映了其历时的来源。具体一点说,规则的语音历时演变是反复出现的语音模式的共同来源。进化音系学(Evolutionary Phonology)应运而生,研究了这个假设,探索了该假设对音系理论和语音历时演变模型(models)研究的重要意义。

当代语言学的研究不仅要充分描写语言现象,还要充分解释语言现象。在音系学研究中,有四种解释的方法或路径:第一种是共时的,无目的性(not goal-directed),有代表性的语言学家是 Ferdinand de Saussure、Charles Francis Hockett(1955)、Noam Chomsky & Morris Halle(1968);第二种是共时的,有目的性,有代表性的语言学家是 Nikolai Trubetzkoy(1939)、Alan Prince & P. Smolensky(1993);第三种是历时的(diachronic),有目的性,有代表性的语言学家是 Maurice Grammont(1933)、Björn Lindblom(1986);第四种是历时的,无目的性,有代表性的语言学家是 Stephen R. Anderson(1985)、John J. Ohala(1981)、Juliette Blevins(2004)。进化音系学属于第四种。

1 进化音系学的基本概念

进化音系学[①]是 Blevins 2004 年提出的语音模式研究的新理论。作者

① 本章的资料基本上取自于 Blevins(2004)。

将语音学和音系学的理论与历史语言学有机地结合起来，探索语音模式的本质以及近7000年至8000年以来人类语言的语音历时演变。此书从一个全新的角度，解决了这样一个问题，即彼此之间毫不相关的印第安语言、澳大利亚土著语言、澳洲语言以及印欧语言中何以常常出现相同的语音模式。同时，此书还解决了与此相反的问题，即为什么在大多数具有普遍趋势和制约的语音模式中仍然存在值得注意的例外。作者认为，在这两种情况下，语音历时演变和误解模式相结合的语音共时变异（variation）形式（formal）模型可以解释被证实的语音系统，而不需要借助于共时语法中的标记理论和自然理论。

进化音系学中的进化概念当然取自于Charles Robert Darwin的进化论。生物的进化是伴随着生存环境的变化而进化：自然选择，适者生存。生物的进化也有一定的阶段性。例如，蜥蜴脚趾垫的进化在蜥蜴的历史上至少经历了三个不同的阶段。在每一个阶段，蜥蜴脚趾垫的进化都要适应在树枝上栖息的自然生活环境，因为攀附的能力对于蜥蜴来说生死攸关。然而，进化音系学不是基于自然选择的语言进化理论，它不研究语言的生物和神经基础，也不研究语言的进化初期，因此，它不算是新达尔文主义的论说。尽管有时候语音模式的进化和Darwin的自然选择理论有可参照之处，但是这些平行对比很多时候是象征性的，具有一定的比喻意义。进化音系学只研究直接传承下来的语音模式。研究的时间跨度大约是7000年。根据生物学的标准，这是非常短暂的，但也是历史重构比较方法所能依赖的广为接受的大致时间段。在这个时间段，我们不认为语言中有记载的语音历时演变在人类的器官上有什么遗传的基础，也不会产生生物意义上的比前者更具有适应性的语言系统。不管怎么说，在语音这个领域中，还是存在戏剧性的变化：对比消失了，新的对比出现了，老的对比发生变化了，等等。语音的世界无时不在演变。了解演变的机制使得我们能从一个新的角度来看待共时音系学。

进化音系学中的许多基本概念源远流长。在许多方面，进化音系学是将源于喀山学派（the Kazan School），由Anderson建议进行的研究项目具体化。进化音系学把新语法学派（neogrammarian）的观点和语音研究的两个流派结合起来。新语法学派的观点是，语音历时演变源自于随机发音演变（random articulatory drift）。两个流派中，一个是Lindblom的自上而下言语连续体（hyper-to-hypoarticulated speech continuum）的示范，另外一个是Ohala的以听话者为中心的语音历时演变方法。进化音系学完全承认，自然语音模式起于语音层面上驱动的规则的语音历时演变。上述三种语音管辖下的语音历时演变的分类，即历时演变、或然性和选择，每一种都有细微的不同解释侧面。历时演变和或然性衍生于Ohala研究的范畴，而选择只出现于伴随自上而下言语连续体的共时变异。

进化音系学所研究的语音历时演变是非目的性的。某种语言的特征，如开音节出现频率高，可能在学习的进程中会产生积极的作用。但也未必。例如，在语音历时演变的或然性类中，语音感知现象[ʔVʔ]带有大范畴的喉音化的特征，在/ʔV/和/Vʔ/之间混淆不清。如果在一种语言中，大多数音节的形式是CV，学习者有可能将[ʔVʔ]分析为/ʔV/，而不是/Vʔ/，原因是CV音节出现的频率高。然而，这并不是说/ʔV/的模型从定义上来说比/Vʔ/要好，/ʔV/不一定比/Vʔ/容易发，或容易学，或与其他感知的语音现象容易区别。就最佳语音模式而言，这种模型没有目的性；就语音历时演变而言，这种模型具有盖然性(probabilistic)。这里试图说明一个问题，即具有高度标记性的语音模式确实出现过，语音历时演变可发生，也可不发生。有目的的语音历时演变只发生在选择类的有限实例中，在此，反同音异义制约可以作为语音变化的促进因素(catalysts)或抑制因素(inhibitors)。进化音系学的非目的性本质将其与现代优选论的许多方法相区别。语音历时演变和语音模式不是目的驱动。

进化音系学另一个特点是与自然性和标记性没有直接的关联，以此区别于布拉格学派(Prague School)及其继承者。一些共时语音模式自然，而其他共时语音模式则不自然。然而，没有任何一个共时系统在此基础上区分语音模式，只能通过使语音模式形成的语音历时演变的频率来理解常见的语音模式。大多数的语音模式是自然的，因为一切具有语音来源的规则的语音历时演变从定义上来说是自然的。不过有一些不是，如出自规则逆转(rule inversion)的交替形式。将自然性或标记性置入共时解释看起来也不太理直气壮，因而引起了一系列的问题。

进化音系学满足了Anderson在《二十世纪音系学》一书中提出的至少两个愿望，一个是为自然音系系统提供了解释，另一个是强调音系和语音表征层面的模块性(modularity)。实质普遍现象(substantive universals)确定了音系系统，包含了区别性特征、音段、音节，以及韵律层级体系的其他层面。然而，这些积木组合的可能性不是明显地由共时原则制约，而是由其特殊的历史或来源所制约。音系研究的内容与历史语言学有千丝万缕的联系。

进化音系学发展了Jan Baudouin de Courtenay的观点，即把有规律的音系共时变异看作是语音过程的音位化(phonologization)和语音解释局限于历时维度。在不放弃全面和准确的共时描写的前提下，进化音系学试图用大量的材料证实音系学中历史解释的范围。出现的共时模型不具有相同特征：一些交替形式自然，另外一些交替形式不自然；一些概括性的语音配列是偶然的，另外一些则不是；一些制约是可以违反的，另外一些则不行。

共时研究是目前语言学界占主导位置的研究方法。共时研究固然重要，不过，将共时研究与历时研究截然分开有些不妥，因为这些分支（subfields）往往重叠。后索绪尔（post-Saussurean）语言学不考虑历史的解释，认为这些解释与共时描写毫不相关，其理由是，我们不可能期待说话人通晓自己语言的历史，或某一音段来自何处。然而，不考虑其来源和历史，只用共时的方法来解释所有语言的语音模式和概括（generalizations），令人有类似购鞋时用的"自由码"或"通码"（one size fits all）的感觉。只有探索语音共同历时演变的起源和发展，才能对不同语音模式进行充分有效的解释。

2 语音历时演变的分类

世界语言中所表现出来的绝大多数规则的语音历时演变看起来是由语音层面上的驱动而成。进化音系学将语音模式传输中的错误与语音条件下发生语音历时演变的普通分类相联系。这个分类强调了语音历时演变的三种自然语音来源，即历时演变、或然性和选择。进化音系学中语音历时演变的普通分类如下：

(1)

A. 历时演变（change）：语音符号被听话者误听，原因是实际话语与理解的话语在感知方面相似。例如，说话者说的是：[anpa]，听话者听到的是：[ampa]。

B. 或然性（chance）：语音符号由听话者正确理解，然而在音系方面此语音符号存在固有的歧义，听话者从实际话语中理解的音系形式与说话者语法中的音系形式不同。例如，说话者说的是：[ʔaʔ]，意味着/aʔ/；而听话者听到的是：[ʔaʔ]，认为是/ʔa/。

C. 选择（choice）：代表某一音系形式各种共时变体的多种语音符号由听话者正确理解。由于出现这种共时变异，听话者(1)习得了某一语音范畴（category）的类典型（prototype）或者是最佳范例，而这个类典型与说话者心目中的类典型不同；(2)将某一音系形式与一套共时变体相联系，这又与说话者语法中的音系形式不同。例如，说话者说的是：[kakáta]、[kăkáta]、[kkáta]，意味着/kakata/；而听话者听到的是：

[kkáta]、[kăkáta]、[kakáta]，认为是/kkata/。

(Blevins 2004:32～33)

语音学和音系学是语言表征的不同层面。语音历时演变的分类依据所提供语音解释的类型，因此不同于语音历时演变的传统分类。在传统分类中，人们会发现同化(assimilation)、异化(dissimilation)、脱落(deletion)以及插入(insertion)等等。例如，类似 *np*>*mp* 这样规则的同化语音历时演变至少有两个潜在的来源：一个可能是历时演变的个例，[np] 被误听为[mp]；另一个可能是选择的个例，*np* 的语音实现式包括[np] 和[mp]，而[mp] 语音样品(token)出现的高频率为听话者提供了音系分析的基础。同时，其他形式的非局部(non-local)同化，如 $u>y/\_C_i$ 的曲音(umlaut)变化，不属于历时演变的结果。如果根据其语音来源将规则的语音历时演变进行分类，对于任何特定的语音历时演变 X*a*Y>X*b*Y，我们可以提出如下三个语音历时演变来源的问题和答案。

(2)

A. X*a*Y 会被误听为 X*b*Y 吗？
如果会，历时演变是可能的来源。

B. 对 X*a*Y 有多种解释吗，包括 X*b*Y、*a*XY、XY*a* 等等？
如果有，或然性是可能的来源。

C. X*a*Y 是 X*b*Y、X*ab*Y、XY 等形式的慢速语流(speech)或快速语流共时变体吗？
如果是，选择是可能的来源。

(Blevins 2004:85)

进化音系学建议从历史的、非目的性的、语音的角度来解释共时语音模式。以大于或然性的频率出现的跨语言的相似之处被看作是从历史上直接继承下来的结果或者是平行进化的结果。非自然的语音模式也被看作是规则的历史演变的结果。不论是哪一种情况，对于共时语音模式的主要解释应该是历史性的。但是，从历史的角度来解释语音的历时演变并没有影响到共时音系的完整性。

3 辅音双音的进化理论

下面我们仅从辅音双音(geminate)的进化和行为进一步探究进化音系

学的理论。根据进化方法的预测，双音的共时分布和行为将反映进化的历史进程。将一个音段或不同音段序列转换成为辅音双音，以使给定语言产生辅音长度对比的进化，至少有七条可寻路径。(1)辅音连缀中的同化；(2)辅音和相邻元音/滑音之间的同化；(3)元音词中省略(syncope)；(4)重读情况下的音延长(lengthening)，包括表征性延长；(5)边界延长；(6)带声对比的重新解释；(7)相同辅音加辅音序列的重新分析。下面一一进行例解。

第一条路径，辅音连缀中的同化。在世界的语言中，相邻辅音之间的同化是一种常见的语音历时演变和一种常见的共时变异。在 Nhanda 语中，直接源于原始 Pama-Nyungan 语的响音和阻塞音序列经历了响音增强，产生了异部位(heterorganic)不带声塞音加塞音音丛。(Blevins 2001)后来的逆部位同化导致了辅音双音和辅音单音的对比，如最小对立体 nhakka“看见”(现在时)与 nhaka“看见”(祈使形式)所示。产生辅音双音的音丛逆同化规则如下：

(3) $C_1C_2 \quad > \quad C_2C_2$

(Blevins 2004：171)

在澳大利亚原始 Pama-Nyungan 语和前 Nhanda 语中，辅音音丛局限于词中的位置。因此，辅音双音通过增强和同化相结合的方式进化的唯一位置便是词中。产生辅音双音的其他同化现象好像只源于发音。例如，在 Toba Batak 语中，有这样的同化现象，* mp＞pp，* nt＞tt，* ŋk＞kk，* ns＞ts (Blust 1995：125)。在这种语音历时演变中，鼻音后阻塞音的口腔位置已经预测到，因此，鼻音塞音变更为口腔塞音。类似辅音双音音丛逆同化可以追溯到分类中的历时演变，或选择，或两者兼有。

第二条路径，元音和辅音及滑音和辅音中的同化。Luganda 语在词首和词中存在双音和非双音辅音之间的对比。Luganda 语中，前人传承下来的双音实际上是辅音和辅音前超高前元音之间历史同化的结果，如-bba-“偷窃”＜*-jįb-、-dduka-“跑”＜*-jįduk- 等。(Meeussen 1967，1980)在 Bantu 语族的许多语言中，构拟的超高噪元音证明与噪辅音的进化或噪辅音的过渡有关联。(Hyman 1999)根据 Hyman 的记载，很可能噪元音的语音特性变化于更具有元音化的音和成节嘶音或摩擦元音之间。Luganda 语双音的这种语音历时演变与辅音双音的音丛逆同化现象比较相似，只不过辅音要同化的音段曾是元音，在语言中构成了既是潜在的重音所在单位，又是载调单位(tone-bearing unit)。同化元音而产生辅音双音的规则如下：

(4) $V^{h}C_{2}$ > $C_{2}C_{2}$ (V^{h}指的是闭口高噪元音)

(Blevins 2004:172)

第三条路径,相同辅音之间的元音词中省略。在许多澳斯特罗尼西亚(Austronesian)语言中,相同辅音之间的元音脱落产生了辅音双音(Blust 1990)。这些语境中的元音脱落是选择的典型个案,非重读元音的姿态弱化(gestural reduction)产生了音的最终脱落。在历史上出现过相同辅音之间元音脱落的语言还有巴布亚新几内亚新爱尔兰岛北部的 Mussau 语,波利尼西亚(Polynesian)的 Tuvaluan 和 Kapingamarangi 等语言(Milner 1958;Biggs 1978),以及密克罗尼西亚(Micronesian)的 Trukese 等诸语言(Goodenough 1963)。在 Dobel 语中,有据可证,语音历时演变仍然在进行当中。试比较:kʷɑ-kʷɑ́sɑ 和 kkʷɑ́sɑ"鳄鱼",sa-sɑ́r 和 ssɑ́r"蚋",tu-tún 和 ttún"蚊子"等。(Hughes 1995)在所有这些语言中,历史上的辅音元音重叠(CV-reduplication)营造了韵律的语境。在这里,重音前的非重读元音的脱落看起来只局限于重叠语境。元音脱落产生辅音双音的规则如下:

(5) $\check{V}$ > Ø / (C_i)__ $C_i\acute{V}$

(Blevins 2004:172)

圆括号内的辅音不属于结构描写,为清楚起见特此标上。

第四条路径,重读情况下的音延长。在很多语言中,重读音节在时长(duration)上比同数量音段的非重读音节要长一些。重读音节延长的形式有重读元音延长,重音后出现辅音双音,音节首辅音延长,或是这些形式的结合。在英语中,重读音节比非重读音节要长一些(Lisker & Abramson 1967)。在 Rotuman 语中,重读短元音比非重读短元音要长一些(Churchward 1940:73)。在瑞典语(Swedish)中,重读位置上的短元音之后的辅音显得稍长一些,而在其他位置上的辅音则显得短一些(Engstrand 1999:141)。在澳大利亚 Ndjébbana 语中,加前缀时,词干首存在辅音双音和单音交替,如果元音重读,词干首出现辅音双音(McKay 1984)。在希伯来语(Hebrew)中,元音和辅音在重读音节中都延长(Laufer 1999:98)。重读情况下音延长最简单的解释是,音长是重音的直接语音表现。知觉研究(perceptual studies)认为时长在许多语言中是与重音相互关联的,例如英语(Fry 1958;Nakatani & Aston 1978),捷克语(Czech)(Janota 1967),意大利语(Italian)(Bertinetto 1980)。在许多语言中,重读情况下的时长构不成对比；但是重读音节中的音长区别足以产生辅音双音和单音的对比。

在澳斯特罗尼西亚的历史中，反复出现的语音历时演变涉及央元音 ə 之后辅音双音的进化。(Brandstetter 1916；Blust 1995)构拟的原始澳斯特罗尼西亚语有一个四元音系统：ɑ，i，u，ə。根据许多语言的反映形式(reflexes)，人们认为 ə 比其他三个元音更短一些。如果倒数第二个元音 ə 重读，引起随后辅音的延长，这些语言的元音之间便会产生量，即音长的区别。(Blust 1995：127，132～133)央元音 ə 后的辅音双音现象/Cə́CCVC/同时在 Kelabit、Madurese、Sangir、Buginese 等语言中存在。在相近的 Isnag 和 Konjo 语言中，由于 ə 和 ɑ 后来合流(merger)，在/ɑ/之后造成了对比的辅音双音现象。原始澳斯特罗尼西亚语“六”是 ənəm，Konjo 语是 ɑnnɑŋ。但是，原始澳斯特罗尼西亚语“孩子”是 ɑnɑk，Konjo 语是 ɑnɑʔ。重音后辅音双音的语音历时演变规则如下：

(6) $\acute{V}C_iV$ ＞ $\acute{V}C_iC_iV$

(Blevins 2004：174)

这个规则的语音来源是基于以上声学和知觉研究所证实的重音和语音时长之间的关联。重读的音节要长一些，辅音的语音长度具有对比性。

还有一种情况是表征型或强调型语音延长。在许多非亲属语言中，音节延长，包括元音延长和辅音双音，用来达到表情或强调的目的。在西格陵兰岛的爱斯基摩语(West Greenlandic Eskimo)中，表示强调的辅音双音的指示词(demonstratives)有 'ikkɑ“看那边！”(非感叹形式是/ika-/)，'uvvɑ“注意！”(/uva-ne/“我指的是这儿”)。(Rasmussen 1979；Woodbury 1987)在 Bengali 和 Marathi 语中还可以找到类似的例子，如 ɑtɑ“现在”与 ɑttɑ“马上！”(Masica 1989：122)。如果用增加重音来表示强调，那么上述例子可以看作是重音引起的重音后辅音双音。

第五条路径，边界延长。在不少语言中，短语尾音节的时长比同数量的短语中音节要长一些。这种有趣的案例出现在 Mokilese 语。(Harrison 1976，1984)在这种语言中，辅音双音和元音延长由后附着化(encliticization)引起。元音首附着语素(clitics)(例如-o“那个”)引起前面辅音的双音化，而辅音首附着语素(例如-ki“和……一起”)使前面的元音延长。通过附着化(cliticization)引起的辅音连缀不受影响。Sheldon P. Harrison 证实，这些语境中的音长起源不是来自音段或重音的作用，而是后附着语素(enclitics)前的音渡(junctural)延长对后附着语素状况的直接反应。(1984：396)Mokilese

语边界延长导致元音首后附着语素-o“那个”之前的辅音双音化。举例如下(＝表示附着语素边界)：wɔ**ll**o/wɔl＝o/“那个男人”，wɔlkɔli**kk**o/wɔl kɔlik＝o/“那个大男人”，wɔlkɔlik rɔɔme**nn**o/wɔl kɔlik rɔɔmen＝o/“那两个大男人”。但在没有附着语素的环境中，就不会有辅音双音化现象。例如，wɔl ɛmɛn/wɔl ɛmɛn/“一个男人(强调)”。从以上的例子中可以看出，辅音双音化没有明显的音段来源，边界延长与重音好像也没有什么联系。然而，成分边界的延长看起来是韵律域(prosodic domain)边界语音自动延长的音位化范例。这种边界延长的语音历时演变规则如下，可能与短语尾语音延长相关。

(7) $VC_i]V \quad > \quad VC_iC_i]V$ ( ]表示短语边界)

(Blevins 2004:175)

第六条路径，阻塞音带声对比的重新解释。在很多语言中，不带声阻塞音比带声阻塞音要长一些。基于这种情况，我们会发现对喉音对比要进行音系重新分析，用音长代替带声作为对比的特征，以便区别这两个系列的阻塞音。带声对比重新解释为音长对比的语音历时演变的规则如下：

(8) $T_i \quad > \quad T_iT_i$

$D \quad > \quad T$ (T 表示不带声阻塞音，D 表示带声阻塞音)

(Blevins 2004:175)

短辅音的带声与否被解释为弱化的自动语音结果，而不带声音段的固有时长被解释为底层形式。上述规则的实例可以在瑞士德语的方言中找到。辅音双音和单音的对比在词中和词尾的位置上被继承下来，然而，借词的情况却与规则吻合。(Kraehenmann & Lahiri 1999；Kraehenmann 2001)当借词进入语言后，在词中和词尾的位置上存在辅音双音和单音的对比。但是，只有辅音单音出现在词首的位置上。来自罗曼语族及其他语言词首存在带声对比的借词表现出在词的所有位置上的一致映像(consistent mapping)，即单音带声，双音不带声。例如，**p**oott“小船”，pi**p**lə“圣经”，sno**p**“势利小人”；**pp**ɑɑʀ“一对”，xɑ**pp**ə“帽子”，kɑlo**pp**“(马的)飞跑”。(Kraehenmann 2001：140)上述例子对应的一致性表明，说话者感知了借词中带声和不带声塞音之间的对比，并将它们与母语音长的对比联系起来。但看起来，辅音双音和单音的对比更容易解释为带声的对比，而不是相反。

第七条路径，相同辅音加辅音序列的重新分析。双音与非双音对比的明显来源是通过以前邻近相同辅音异语素(heteromorphemic)序列的词汇化。在澳大利亚 Gooniyandi 语中，没有语素内辅音双音。不过，当跨越语素边界时，除了轻拍音(tap)以外，所有辅音的双音对比纷纷出现。(McGregor 1990:78)试比较：moowa“他看”，moowwadda“我们看”，warangi“我站(过去时)”，warangngi“我坐(过去时)”等。尽管 Gooniyandi 语中的辅音双音局限于明显的异语素序列，McGregor(1990:75)注意到，由无意义形式重复构成的词根，或者是可切分为历史构形成分(formatives)的词根，在语素之间出现了连缀类型。例如，/gligglig/“鹰发出的噪音”，比较/gigig/“马嘶声”。如果这种情况还没有发生过，一些词的辅音双音的来源变得难以理解只是时间问题了，真正的语素内辅音双音将会出现。假辅音双音重新解释为真正的辅音双音的规则如下：

(9) $C_i + C_i \quad > \quad C_iC_i$

(Blevins 2004:177)

4 小结

在前一节，我们研究了辅音双音的进化和行为。根据进化方法的预测，辅音双音的分布和行为将反映进化的历史进程。这些预测得到证实，结果与共时的解释不相符。共时的解释试图将双音与跨语言的一致性相联系。对辅音双音的进化研究只是进化音系学研究中的一部分。进化音系学还研究语音配列(phonotactics)，以及涉及特征和音段的分布，并对语境敏感(context-sensitive)的语音模式、喉音(laryngeal)特征、发音部位特征、共有的语音模式，在语音历时演变的形式模型和语音信息模型的基础上提供语音的历史解释，以及不常见的语音模式，试图区分属于偶然现象的不常见语音模式和那些意味着某种程度的发音和感知困难的不常见语音模式。

进化音系学的中心前提是：语音模式的历时解释优于与之竞争的共时解释，除非独立的事实根据毋庸置疑地证明共时解释是正确的。由实证调查(empirical investigations)支持的假设是：(1)共同的语音模式主要来自于语音驱动的共同语音历时演变；(2)不常见的语音模式不是语音驱动的共同语音历时演变的结果；(3)特殊语音模式的共时性质从历时的角度来解释优于从共时的音系普遍现象来解释；(4)语音历时演变非目的性；(5)不常见的语音模式不太可能是语音历时演变的结果，也可能反映了语音模式分布的偶然空缺(gap)。进化音系学研究方法的重要意义是：(1)对于先前有问题的语音历时演变和语音模式的实例提出了新的语音解释；(2)共时语法对标记性进行制约;(3)区别性特征和韵律范畴可能是内在的,但是它们在共时语法中可能的组合和它们精确的语音实现(realizations)是学得的;(4)基于语音的语音历时演变在个体的层面上一般都很有规律。

参考书目

Abercrombie, D. *Studies in Phonetics and Linguistics*. London: Oxford University Press, 1965.

Akamatsu, Tsutomu. *Essentials of Functional Phonology*. Peeters, 1992.

Akinlabi, Akinbiyi. *Kalabari Vowel Harmony*. Ms., Rutgers University, 1995.

Albrow, K. The phonology of the personal forms of the verb in Russian. *Archivum Linguisticum* 14. 1962: 146～156.

Allen, Margaret. *Morphological Investigations*. Ph. D. dissertation, University of Connecticut, 1978.

Allen, W. Sidney. *Phonetics in Ancient India*. London: Oxford University Press, 1953.

Allen, W. Sidney. *Accent and Rhythm. Prosodic Features of Latin and Greek: a Study in Theory and Reconstruction*. Cambridge: Cambridge University Press, 1973.

Anderson, John M. & Jacques Durand. Dependency Phonology. In Jacques Durand (ed.). *Dependency and Non-Linear Phonology*. London: Croom Helm, 1986: 1～54.

Anderson, John M. & Colin J. Ewen (eds.). Studies in dependency phonology. *Ludwigsburg Studies in Language and Linguistics* 4, 1980.

Anderson, John M. & Colin J. Ewen. *Principles of Dependency Phonology*. Cambridge: Cambridge University Press, 1987.

Anderson, John M. & Charles Jones. Three theses concerning phonological representations. *Journal of Linguistics* 10, 1974: 1～26.

Anderson, John M., Colin J. Ewen & J. Stann. Phonological structure: segmental, suprasegmental and extrasegmental. *Phonology Yearbook* 2, 1985: 203～224.

Anderson, Stephen R. *The Organization of Phonology*. New York: Academic Press, 1974.

Anderson, Stephen R. *Phonology in the Twentieth Century: Theories of Rules and Theories of Representations*. Chicago: The University of Chicago Press, 1985.

Antworth, Evan L. PC-KIMMO: a two-level processor for morphological analysis. *Occasional Publications in Academic Computing* No. 16, Dallas, TX: Summer Institute of Linguistics, 1990.

Antworth, Evan L. Introduction to two-level phonology. *Notes on Linguistics* No. 53. 1991: 4～18.

Anwar, M. S. Consonant devoicing at word boundary and assimilation. *Language Sciences*

(October),1974:6～12.

Archangeli, Diana. *Underspecification in Yawelmani Phonology and Morphology*. Ph. D. dissertation. MIT,1984. New York:Garland Press,1988a.

Archangeli, Diana. Aspects of underspecification theory. *Phonology* 5,1988b:183～207.

Archangeli, Diana. Syllabification and prosodic templates in Yawelmani. *Natural Language and Linguistic Theory* 9,1991:231～283.

Archangeli, Diana & D. Terence Langendoen (eds.). *Optimality Theory: An Interview*. Oxford:Blackwell,1997.

Archangeli, Diana & Douglas Pulleyblank. Yoruba vowel harmony. *Linguistic Inquiry* 20:2,1989:173～217.

Archangeli, Diana & Douglas Pulleyblank. *Grounded phonology*. Cambridge, MA: MIT Press,1994.

Archibald, J. *Second Language Phonology*. Amsterdam:John Benjamins,1998.

Aronoff, Mark. *Word Formation in Generative Grammar*. MIT Press,1976.

Ash, Sharon. Social class. In J. K. Chambers, Peter Trudgill & Natalie Schilling Estes (eds.). *The Handbook of Language Variation and Change*. Oxford:Blackwell,2002:402～422.

Baayen, R. H. *Word Frequency Distributions*. Dordrecht:Kluwer,2001.

Bach, E. An extension of classical transformational grammar. In *Problems in Linguistic Metatheory, Proceedings of the 1976 Conference at Michigan State University*, Michigan State University,1976:183～224.

Bach, E. On the relationship between word-grammar and phrase-grammar. *Natural Language and Linguistic Theory* 1,1983:65～89.

Bach, E. & D. W. Wheeler. Montague phonology: a first approximation. In W. Chao & D. W. Wheeler (eds.). *University of Massachusettes Occasional Papers in Linguistics*, vol. 7,1981:27～45.

Backley, Phillip. Coronal: the undesirable element. *UCL Working Papers in Linguistics* 5,1993:301～323.

Ballmer, T. & M. Pinkal (ed.). *Approaching Vagueness*. Elsevier Science Publishers, 1991.

Basb, Hans. "音系学理论",王嘉龄译,《国外语言学》,1990 年第 4 期,11～20.

Baudouin de Courtenay, J. Some general remarks on linguistics and language. 1871. In E. Stankiewicz (ed.). *A Baudouin de Courtenay Anthology: The Beginnings of Structural Linguistics*. Bloomington:Indiana University Press,1972:49～85.

Baudouin de Courtenay, J. Program of readings for a general course in Linguistics. 1877. In E. Stankiewicz (ed.). *A Baudouin de Courtenay Anthology: The Beginnings of Structural Linguistics*. Bloomington:Indiana University Press,1972:86～91.

Baudouin de Courtenay, J. An attempt at a theory of phonetic alternations. 1895. In E. Stankiewicz (ed.). *A Baudouin de Courtenay Anthology: The Beginnings of Structural Linguistics*. Bloomington:Indiana University Press,1972:144～212.

Baudouin de Courtenay, J. The difference between phonetics and psychophonetics. 1927. In E. Stankiewicz (ed.). *A Baudouin de Courtenay Anthology: The Beginnings of Structural Linguistics*. Bloomington: Indiana University Press, 1972: 278～283.

Bechtel, W. & A. Abrahamsen. *Connectionism and the Mind: An Introduction to Parallel Processing in Networks*. Cambridge, Mass.: Blackwell, 1991.

Beckman, Mary E. *Stress and Non-stress Accent*. Dordrecht: Foris, 1986.

Bell-Berti, F. and K. Harris. Anticipatory coarticulation: Some implications from a study of lip rounding. *Journal of the Acoustical Society of America* 65(5), 1979: 1268～1270.

Bellgard, M. I. *Machine Learning of Temporal Sequences: Applications of the Effective Boltzmann Machine*. Ph. D. dissertation, University of Western Australia, 1993.

Bendor-Samuel, J. T. Some problems of segmentation in the phonological analysis of Terena. *Word* 16, 1960: 348～355.

Bennett, D. C. *Spatial and Temporal Uses of English Prepositions: An Essay in Stratificational Semantics*. London: Longman, 1975.

Bernhardt, Barbara H. & Carol Stoel-Gammon. Grounded phonology: Application to the analysis of disordered speech. In M. J. Ball & R. D. Kent (eds.). *The New Phonologies: Developments in Clinical Linguistics*. San Diego/London: Singular Publishing Group, 1997: 163～210.

Bertinetto, P. M. The perception of stress by Italian speakers. *Journal of Phonetics* 8, 1980: 385～395.

Bickmore, Lee S. Accounting for compensatory lengthening in the CV and moraic frameworks. In Jacques Durand & Francis Katamba (eds.). *Frontiers of Phonology: Atoms, Structures, Derivations*. Longman, 1995: 119～148.

Bierwisch, M. *Modern Linguistics: Its Development, Methods, and Problems*. The Hague: Mouton, 1971.

Biggs, Bruce. The history of Polynesian phonology. In S. A. Wurm & Lois Carrington (eds.). *Proceedings of the Second International Conference on Austronesian Linguistics*. Pacific Linguistics C-61. Canberra: Australian National University. Fasc. 2: 691～716, 1978.

Bird, Steven. Focus and phrasing in Unification Categorial Grammar. In Steven Bird (ed.). *Declarative Perspectives on Phonology*. University of Edinburgh, 1991: 139～166.

Bird, Steven. Finite-state phonology in HPSG. Proceedings of the Fifteenth International Conference on Computatimal Linguistics (COLING 92) RP51, University of Edinburgh, Centre for Cognitive Science, 1992.

Bird, Steven. *Computational Phonology: A Constraint-Based Approach*. Cambridge: Cambridge University Press, 1995.

Bird, Steven & T. M. Ellison. One level phonology: autosegmental representations and rules as finite-state automata. Proceedings of the Fifteenth International Conference on

Computatimal Linguistics(COLING 92) RP 51, University of Edinburgh, Centre for Cognitive Science, 1992.

Blevins, Juliette. Two problems in Yurok (and Wiyot) historical phonology and morphology. *Paper presented at the 33rd annual Algonquian Conference*. University of California, Berkeley, 2001.

Blevins, Juliette. *Evolutionary Phonology*: the emergence of sound patterns. Cambridge University Press, 2004.

Bliese, L. F. *A Generative Grammar of Afar*. Summer Institute of Linguistics, Arlington, Texas, 1981.

Bloch, Bernard. Phonemic overlapping. *American Speech* 16, 1941: 278～284.

Bloch, Bernard. Studies in colloquial Japanese Ⅱ: Syntax. *Language* 22, 1946: 200～248.

Bloomfield, Leonard. A Set of Postulatates for the Science of Language. *Language 2*, 1926: 157.

Bloomfield, Leonard. *Language*. London: Allen & Unwin, 1933. Reprinted 1976. Beijing: FLTRP, 2002.

Bloomfield, Leonard. The stressed vowels of American English. 1935. In C. Hockett (ed.). *A Leonard Bloomfield Anthology*. Chicago: The Universiy of Chicago Press, 1987: 187～204.

Bloomfield, Leonard. Menomini morphophonemics. Travaux du Cercle Linguistique de Prague Ⅷ, 1939: 105～115. Reprinted in Valerie Becker Makkai (ed.). *Phonological Theory: Evolution and Current Practice*. New York: Holt, Rinehart & Winston, 1972: 58～64.

Blust, Robert. Three recurrent changes in Oceanic languages. In J. H. C. S. Davidson (ed.). *Pacific island languages: essays in honour of G. B. Milner*, 7～28. London: University of London, School of Oriental and African Studies, 1990.

Blust, Robert. Notes on Berawan consonant gemination. *Oceanic Linguistics* 34, 1995: 123～138.

Bobrow, D. G. & J. B. Fraser. A phonological rule tester. *Communications of the ACM*. 1968: 766～772.

Boersma, Paul. *Functional Phonology: Formalizing the interactions between articulatory and perceptual drives*. The Hague: Holland Academic Graphics, 1998.

Bohr, Niels. The quantum postulate and the recent development of atomic theory. *Nature* 121 (suppl.), 1928: 580～590.

Bolinger, Dwight. Intonation: around the edge of language. *Harvard Educational Review* 34, 1964: 282～296.

Bolinger, Dwight. *Aspects of Language*. New York: Harcourt & Brace, 1968.

Bolinger, Dwight. Two views of accent. *Journal of Linguistics* 21, 1985: 79～123.

Bolinger, Dwight. *Intonation and Its Uses: Melody in Spoken English*. Stanford, CA: Stanford University Press, 1986.

Booij, Geert E. Principles and parameters in Prosodic Phonology. *Linguistics* 21, 1983:

249～280.

Booij, Geert E. & Jerzy Rubach. Postcyclic versus postlexical rules in Lexical Phonology. *Linguistic Inquiry* 18, 1987: 1～44.

Boyce, S. E., R. A. Krakow & F. Bell-Berti. Phonological underspecification and speech motor organization. *Phonology* 8, 1991: 219～236.

Brame, Michael K. The cycle in phonology: Stress in Palestinian, Maltese, and Spanish. 1974. In John A. Goldsmith (ed.). *Phonological Theory: The Essential Readings*. Oxford: Blackwell, 1999: 63～83.

Brandstetter, Renward. *An Introduction to Indonesian Linguistics*. Translated by C. O. Blagden. London: The Royal Asiatic Society, 1916.

Brend, Ruth Margaret (ed.). *From Phonology to Discourse: Studies in Six Colombian Languages*. Summer Institute of Linguistics Publisher, 1985.

Brockhaus, Wiebke. Skeletal and suprasegmental structure within Government Phonology. In Jacques Durand & Francis Katamba (ed.). *Frontiers of Phonology*. London: Longman, 1995: 180～221.

Broe, M. Paradox lost: a non-derivational approach to Grassmann's Law. In Steven Bird (ed.). *Declarative Perspectives on Phonology*. University of Edinburgh, 1991a: 1～19.

Broe, M. A unification-based approach to prosodic analysis. In Steven Bird (ed.). *Declarative Perspectives on Phonology*. University of Edinburgh, 1991b: 27～44. Also appeared in G. Docherty, J. Miller & L. Stirling (eds.). *Work in Progress* 21, Department of Linguistics, University of Edinburgh, 1988: 63～82.

Broe, M. *Specification Theory: The Treatment of Redundancy in Generative Phonology*. Ph. D. dissertation, University of Edinburgh, 1993.

Browman, C. & L. Goldstein. Towards an articulatory phonology. *Phonology Yearbook* 3, 1986: 219～252.

Browman, C. & L. Goldstein. Articulatory gestures as phonological units. *Phonology* 6, 1989: 201～251.

Browman, C. & L. Goldstein. Gestural specification using dynamicallly-defined articulaory structures. *Journal of Phonetics* 18, 1990: 299～320.

Browman, C. and L. Goldstein. Articulatory phonology: An overview. *Phonetica* 49, 1992: 155～180.

Bruce, Gösta. *Swedish Word Accents in Sentence Perspective*. Lund: Gleerup, 1977.

Bühler, K. Kritische Musterung der neuern Theorien des Satzes. *Indo-Germanisches Jahrbuch* 6, 1920: 1～20.

Bühler, K. *Sprachetheorie: Die Darstellungsfunktion der Sprache*. Jena: Gustav Fischer Verlag, 1934.

Bussmann, Hadumod. *Routledge Dictionary of Language and Linguistics*. (Trans. & ed.). Gregory Trauth & Kerstin Kazzazi. Beijing: Foreign Language Teaching and Research Press, 2000.

Campbell, A. *Old English Grammar*. London: Oxford University Press, 1959.

Carlson, L. & K. Linden. Unification as a grammatical tool. *Nordic Journal of Linguistics* 10, 1987: 111～136.

Carr, Philip. *Phonology*. Basingstoke: MacMillan, 1993.

Carroll, D. *Psychology of Language*. Beijing: FLTRP, 2000 [1999].

Carson, J. Unification and transduction in computational phonology. *Proceedings of the 12th International Conference on Computational Linguistics*, vol. 3, International Committee on Computational Linguistics, 1988: 106～111.

Catford, J. C. *A Practical Introduction to Phonetics*. Oxford: Clarendon Press, 1988.

Channel, Joanna. *Vague Language*. Shanghai: Shanghai Foreign Language Education Press, 2000.

Charette, M. *Condition on Phonological Government*. Cambridge: Cambridge University Press, 1991.

Charette, M. License to govern. *Phonology* 7, 1990: 233～253.

Charette, M. *Some Constraints on Governing Relations in Phonology*. Ph. D. dissertation, McGill University, 1988.

Charniak, Eugene. *Statistical Language Learning*. Cambridge MA: MIT Press, 1993.

Chen, M. Y. Metrical structure: Evidence from Chinese poetry. *Linguistic Inquiry* 10, 1979: 371～420.

Chomsky, Noam. *Syntactic Structures*. The Hague: Mouton, 1957.

Chomsky, Noam. Remarks on nominalization. In R. Jacobs & P. Rosenbaum (eds.). *Readings in English Transformational Grammar*. Waltham, Massachusetts: Blaisdell, 1970: 184～221.

Chomsky, Noam. *Lectures on Government and Binding*. Dordrecht: Foris, 1981.

Chomsky, Noam. *Barriers*. Cambridge, Mass. : MIT Press, 1986.

Chomsky, Noam. Language and Nature. *Mind* 104, 1995: 1～61.

Chomsky, Noam & Morris Halle. *The Sound Pattern of English*. New York: Harper & Row, 1968.

Chomsky, Noam, Morris Halle & Fred Lukoff. On accent and juncture in English. In M. Halle, H. G. Lunt, H. McLean & C. H. van Schooneveld (eds.). *For Roman Jakobson: Essays on the Occasion of his Sixtieth Birthday*. The Hague: Mouton, 1956: 65～80.

Christdas, P. *The Phonology and Morphology of Tamil*. Ph. D. dissertation, Cornell University, 1988.

Chung, H.-S. A phonological knowledge base system using unification-based formalism——a case study of Korean phonology. *Proceedings of the 13th International Conference on Computational Linguistics*, vol. 3, International Committee on Computational Linguistics, 1990: 76～78.

Church, K. W. *Phonological Parsing in Speech Recognition*. Kluwer, 1987.

Churchward, C. Maxwell. *Rotuman grammar and Dictionary*. Sydney: Methodist Church of Australasia, Department of Overseas Missions, 1940.

Clark, John & Colin Yallop. *An Introduction to Phonetics and Phonology*, 2nd ed. New York: Blackwell, 1995. Beijing: Foreign Language Teaching and Research Press, 2000.

Clements, George N. The geometry of phonological features. *Phonology Yearbook* 2, 1985: 225～252.

Clements, George N. Compensatory lengthening and consonant germination in Luganda. In L. Wetzels & E. Sezer (eds.). *Studies in Compensatory Lengthening*. Dordrecht: Foris, 1986: 37～77.

Clements, George N. *On the Representation of Vowel Height*. Ms. Cornell University, 1989.

Clements, George N. The role of the sonority cycle in core syllabification. In J. Kingston and M. Beckman (eds.). *Papers in Laboratory Phonology: Between the Grammar and the Physics of Speech*, Cambridge: Cambridge University Press, 1990: 283～333.

Clements, George N. & Jay Keyser. *CV Phonology: A Generative Theory of the Syllable*. Cambridge, Mass.: MIT Press, 1983.

Coates, J. *Women, Men and Language*. London: Longman, 1993.

Cobb, Margáret. Licensing constraints and vowel harmony in Uyghur. *SOAS Working Papers in Linguistics and Phonetics* 3, 1993: 40～64.

Cobb, Margaret. *Conditions on Nuclear Expressions in Phonology*. Ph. D. dissertation, SOAS, 1997.

Cohn, A. C. Stress in Indonesian and bracketing paradoxes. *Natural Language and Linguistic Theory* 7, 1989: 167～216.

Cole, Jennifer Sandra. *Planar Phonology and Morphology*. Ph. D. dissertation, MIT, 1987.

Coleman, John S. Unification phonology: Another look at "synthesis-by-rule". *Proceedings of the 13th International Conference on Computational Linguistics*, vol. 3, International Committee on Computational Linguistics, 1990: 79～84.

Coleman, John S. *Phonological Representation: Their Names, Forms and Powers*. Ph. D. dissertation, University of York, 1991. Cambridge: Cambridge University Press, 1998.

Coleman, John S. The phonetic interpretation of headed phonological structures containing overlapping constituents. *Phonology* 9, 1992: 1～44.

Coleman, John S. English word-stress in unification-based grammar. In T. M. Ellison & J. M. Scobbie (eds.). *Computational Phonology*, Centre for Cognitive Science, University of Edinburgh, 1993: 97～106.

Coleman, John S. Declarative lexical phonology. In Jacques Durand and Francis Katamba (ed.). *Frontiers of Phonology*. London: Longman, 1995: 333～382.

Cruttenden, Alan. *Intonation*. Cambridge: Cambridge University Press, 1986.

Crystal, David. *Prosodic Systems and Intonation in English*. Cambridge: Cambridge University Press, 1969.

Crystal, David. *An Encyclopedic Dictionary of Language and Languages*. Oxford:

Blackwell, 1992.

Crystal, David. *A Dictionary of Linguistics and Phonetics*. Blackwell, 1997. 沈家煊译，北京：商务印书馆，2002年。

Curtis, J. Systematic research in experimental phonetics 3: The case for dynamic analysis in acoustic phonetics. *Journal of Speech and Hearing Disorders* 19, 1954: 147～157.

Davidsen-Nielsen, N. *Neutralization and Archiphoneme: Two Phonological Concepts and Their History*. Copenhagen: Akademisk Forlag and Wilhelm Fink Verlag, 1978.

Dik, Simon C. *The Theory of Functional Grammar*. Berlin: Mouton de Gruyter, 1997.

Dikken, M. den & Harry van der Hulst. Segmental hierarchitecture. In H. van der Hulst & N. Smith (eds.). *Features, Segmental Structure and Harmony Process*. Dordrecht: Foris, 1988: 1～78.

Dinnsen, Daniel A. Atomic Phonology. In Daniel A. Dinnsen. (ed.). *Current Approaches to Phonological Theory*. Bloomington: Indiana University Press, 1979: 31～49.

Dinnsen, Daniel A. & F. R. Eckman. Some substantive universals in Atomic Phonology. *Lingua* 45, 1978: 1～14.

Dirksen, A. Accenting and deaccenting: a declarative approach. *Proceedings of the 15th International Conference on Computational Linguistics*, vol. 3, International Committee on Computational Linguistics, 1992: 865～869.

Dirksen, A. Phrase structure phonology. In T. M. Ellison & J. M. Scobbie (eds.). *Computational Phonology*. Centre for Cognitive Science, University of Edinburgh, 1993: 81～96.

Dogil, G. On the evaluation measure for prosodic phonology. *Linguistics* 22, 1984: 281～311.

Donegan, Patricia & David Stampe. The study of Natural Phonology. In D. A. Dinnsen (ed.). *Current Approaches to Phonological Theory*. Bloomington: Indiana University Press, 1979: 126～173.

Downes, William. *Language and Society*. 2nd ed. Cambridge: Cambridge University Press, 1984.

Drachmann, G. Child language and language change: A conjecture and some refutations. In J. Fisiak (ed.). *Recent Developments in Historical Phonology*. The Hague: Mouton, 1976: 123～144.

Dressler, W. Some diachronic puzzles for Natural Phonology. *Parasession Volume of the Chicago Linguistics Society*. Chicago: University of Chicago, 1974: 95～102.

Durand, Jacques (ed.). *Dependency and Non-Linear Phonology*. London: Croom Helm, 1986.

Durand, Jacques. *Generative and Non-Linear Phonology*. London: Longman, 1990.

Durand, Jacques & Bernard Laks. *Phonetics, Phonology, and Cognition*. Oxford: Oxford University Press, 2002.

Dziubalska-Kołaczyk, Katarzyna. *Beats-and-Binding Phonology*. Frankfurt am Main: Peter Lang,2002.

Eckert,P. *Linguistic Variation as Social Practice*. Oxford:Blackwell,2001.

Eckert,P. The whole woman: sex and gender differences in variation. *Language Variation and Change* 1,1989:245～268.

Ellis,R. *The Study of Second Language Acquisition*. Oxford:Oxford University Press, 1994.

Ellison,T. M. Discovering vowel harmony. In W. Daelemans & D. Powers (eds.). *Background and Experiments in Machine Learning of Natural Language*. Institute for Language Technology and Artificial Intelligence, Tilburg University, 1992a: 131～136.

Ellison,T. M. *The Machine Learning of Phonological Structure*. Ph. D. dissertation, University of Western Australia,1992b.

Ellison,T. M. Constraints, exceptions and representations. In *Proceedings of the First Meeting of the ACL Special Interest Group in Computational Phonology*. Association for Computational Linguistics,1994a:25～32.

Ellison,T. M. Phonological derivation in optimality theory. In *Proceedings of the 15th International Conference on Computational Linguistics*. International Committee on Computational Linguistics,1994b:1007～1013.

Engstrand,Olle. Swedish. In *Handbook of the International Phonetic Association*. Cambridge:Cambridge University Press,1999:140～142.

Ewen,Colin J. *Aspects of Phonological Structure: With Particurlar Reference to English and Dutch*. Ph. D. dissertation,University of Edinburgh,1980.

Ewen,Colin J. Segmental and suprasegmental structure. In J. Durand (ed.). *Dependency and Non-linear Phonology*. New Hampshire:Cromm Helm,1986:203～222.

Ewen,Colin J. Dependency relations in phonology. In John A. Goldsmith (ed.). *The Handbook of Phonological Theory*. Oxford:Blackwell,1995:570～585.

Fasold,Ralph. *The Sociolinguistics of Society*. Oxford:Blackwell,1990.

Firth,J. R. *Sounds and Prosodies*. Transactions of the philological Society,1948.

Firth,J. R. *A Synopsis of Linguistic Theory, 1930～1955*. London:Oxford University Press,1957.

Firth,J. R. Phonological features of some Indian languages. In J. R. Firth (ed.). *Papers in Linguistics 1934～1951*. Oxford:Oxford University Press,1957.

Fischer-Jørgensen,E. *Trends in Phonological Theory*. Copenhagen: Academisk Forlag, 1975.

Fledge,James,A. *The Acquisition of a Second Language Phonology*. Tübingen:Gunter Narr Verlag,1988.

Flickenger,D. ,C. Pollard & T. Wasow. Structure-sharing in Lexical representation. In *Proceedings of the 23rd Annual Meeting of the Association for Computational Linguistics*, Association for Computational Linguistics,1986:262～267.

Frawley,William J. *International Encyclopedia of Linguistics*, 2nd edition. New York:

Oxford University Press, 2003.

Fries, C. C. & K. L. Pike. Coexistent phonemic systems. *Language* 25, No. 1, 1949.

Fry, Dennis B. Experiments in the perception of stress. *Language and Speech* 1, 1958: 126～152.

Fuchs, Anna. Deaccenting and default accent. In Dafydd Gibbon & Helmut Richter (eds.). *Intonation, Accent and Rhythm. Studies in Discourse Phonology*. Berlin: Mouton de Gruyter, 1984: 134～164.

Fudge, E. Syllables. *Journal of Linguistics* 5, 1969: 253～286.

Garofolo, J. S., L. F. Lamel, W. M. Fisher, J. G. Fiscus, D. S. Pallett, & N. L. Dahlgren. The DARPA TIMIT Acoustic-Phonetic Continuous Speech Corpus CDROM. NIST, 1986.

Gasser, M. Learning distributed representations for syllables. In *Proceedings of the 14th Annual Conference of the Cognitive Science Society*. Hillsdale NJ: Lawrence Erlbaum Associates, 1992: 396～401.

Gay, T. Articulatory movements in VCV sequences. *Journal of the Acoustical Society of America* 62, 1977: 183～193.

Gazdar, G., E. H. Klein, G. K. Pullum & I. A. Sag. *Generalized Phrase Structure Grammar*. Oxford: Blackwell, 1985.

Gibbon, Dafydd & Helmut Richter (eds.). *Intonation, Accent and Rhythm: Studies in Discourse Phonology*. New York: Walter de Gruyter, 1984.

Gibson, J. *The Senses Considered as Perceptual Systems*. Boston: Houghton-Mifflin, 1966.

Gibson, J. *The Ecological Approach to Visual Perception*. Boston: Houghton-Mifflin, 1979.

Giegerich, Heinz J. *Metrical Phonology and Phonological Structure*. Cambridge: Cambridge University Press, 1985.

Giegerich, Heinz J. *English Phonology: An Introduction*. Cambridge: Cambridge University Press, 1992.

Gilbers, Dicky & Helen de Hoop. Conflicting constraints: an introduction to optimality theory. *Lingua* 104, 1998: 1～12.

Giles, H. & P. Smith. Accommodation theory: optional levels of convergence. In H. Giles & R. St. Clair (ed.). *Language and Social Psychology*. Oxford: Basil Blackwell, 1979: 45～65.

Goldsmith, John A. An overview of autosegmental phonology. *Linguistic Analysis* 2, 23～68, 1976a.

Goldsmith, John A. *Autosegmental Phonology*. Ph. D. dissertation, Department of Linguistics, MIT. Bloomington: Indiana University Linguistics Club, 1976b.

Goldsmith, John. The aims of autosegmental phonology. In D. A. Dinnsen (ed.). *Current Approaches to Phonological Theory*. Bloomington: Indiana University Press, 1979: 202～222.

Goldsmith, John A. Licensing, inalterability and harmonic rule application. In C. Wiltshire, R. Graczyk & B. Music (eds.). *Papers from the 25th Regional Meeting of the Chicago Linguistic Society*, Chicago Linguistic Society, 1989: 145~156.

Goldsmith, John A. *Autosegmental and Metrical Phonology*. Oxford: Blackwell, 1990.

Goldsmith, John A. Phonology as an intelligent system. In D. J. Napoli & J. Kegl (eds.). *Bridges between Psychology and Linguistics: A Swarthmore Festschrift for Lila Gleitman*. Lawrence Erlbaum, 1991: 247~267.

Goldsmith, John A. Grammar within a neural network. In *The Reality of Linguistic Rules, Proceedings of the Twenty-First Annual Linguistic Symposium*. University of Wisconsin, Milwaukee, 1992.

Goldsmith, John A. A Dynamic computational theory of accent systems. In C. W. Kisseberth & J. S. Cole (eds.). *Perspectives in Phonology*. Center for the Study of Language and Information, Stanford University, 1994.

Goldsmith, John A. Harmonic phonology. In John A. Goldsmith (ed.). *The Last Phonological Rule: Reflections on Constraints and Derivations*. The University of Chicago Press, 1993b: 21~60. Also in John Goldsmith (ed.). *Phonological Theory*. Oxford: Blackwell, 1999: 91~101.

Goldsmith, John A. Local modeling in phonology. In S. Davis (ed.). *Connectionism: Theory and Practice*, Oxford University Press, 1992: 229~246.

Goldsmith, John A. (ed.). *The Handbook of Phonological Theory*. Oxford: Blackwell, 1995.

Goldsmith, John. The unsupervised learning of the morphology of a natural language. *Computational Linguistics* 27(2), 2001: 153~198.

Goldsmith, John. Probabilistic Model of Grammar: Phonology as Information Minimization. *Phonological Studies* 5, 2002: 21~46.

Goldsmith, John A. & G. N. Larson. Local modeling and syllabification. In M. Ziolkowsky, M. Noske & K. Deato (eds.). *Papers from the 26th Regional Meeting of the Chicago Linguistic Society*, vol. 2: *The Parasession on the Syllable in Phonetics and Phonology*, Chicago Linguistic Society, 1990: 129~141.

Goldsmith, John A. & G. N. Larson. Using networks in a harmonic phonology. In C. Canakis, G. Chan & J. Denton (eds.). *Papers from the 28th Regional Meeting of the Chicago Linguistic Society*, Chicago Linguistic Society, 1993.

Goldstein, Louis M. (ed.). *Laboratory Phonology*. Mouton De Gruyter, 2005.

Goldstein, L. and C. Fowler. Articulatory phonology: A phonology for public language use. In N. Schiller & A. Meyer (ed.). *Phonetics and Phonology in Language Comprehension and Production*. Berlin: Mouton de Gruyter, 2003.

Goodenough, Ward H. The long or double consonants of Trukese. *The Proceedings of the Ninth Pacific Science Congress* 1957, vol. 3, 1963: 77~86.

Grammont, Maurice. *Traité de phonétique*. Paris: Delagrave, 1933.

Griffen, T. *Aspects of Dynamic Phonology*. Amsterdam: John Benjamins, 1985.

Grimshaw, J. Projection, head and optimality. *Linguistic Inquiry* 28, 1997: 373～422.

Gupta, Prahlad. & David S., Touretzky. What a perception reveals about Metrical Phonology. In Erblaum, Lawrence (ed.). *Proceedings of the Thirteen Annual Conference of Cognitive Science Society*. New Jersy: Hillsdale, 1991: 334～339.

Gupta, P. & D. S. Touretzky. A connectionist learning approach to analyzing linguistic stress. In J. Moody, S. J. Hanson & R. P. Lippmann (eds.). *Advances in Neural Information Processing Systems* 4. Morgan Kaufmann, 1991: 225～232.

Gupta, P. & D. S. Touretzky. Connectionist models and linguistic theory: investigations of stress systems in language. *Cognitive Science* 18, 1994: 1～50.

Gussenhoven, Carlos. English plosive allophones and ambisyllabicity. *Gramma* 10, 1986: 119～141.

Gussenhoven, Carlos & Haike Jacobs. *Understanding Phonology*. London: Edward Arnold, 1998.

Gussmann, Edmund. *Studies in Abstract Phonology*. Cambridge: The MIT Press, 1980.

Halle, Morris. *The Sound Pattern of Russian*. The Hague: Mouton, 1959.

Halle, Morris. Phonology in generative grammar. *Word* 18, 1962: 54～72.

Halle, Morris. Prolegomena to a theory of word formation. *Linguistic Inquiry* 4, 1973: 3～16.

Halle, Morris. On Speech sounds and their immanent structure. Ms. MIT, Cambridge, Massachusetts, 1986.

Halle, Morris. Phonological Features. In W. Bright (ed.). *International Encyclopedia of Linguistics*. Oxford University Press, 1992: 207～212.

Halle, Morris & Jean-Roger Vergnaud. Three dimensional phonology. *Journal of Linguistic Research* 1, 1980: 83～105.

Halle, Morris & Jean-Roger Vergnaud. *An Essay on Stress*. Cambridge, Mass.: MIT Press, 1987.

Halle, Morris & K. Stevens. On the feature [Advanced Tongue Root]. In *Quarterly Progress Report of the MIT Research Laboratory in Electronics 94*. Research Laboratory in Electronics, MIT, 1969: 209～215.

Halle, Morris & K. P. Mohanan. The segmental phonology of Modern English. *Linguistic Inquiry* 16, 1985: 57～116.

Halliday, M. A. K. Categories of the theory of grammar. *Word* 17, 1961: 241～292.

Halliday, M. A. K. *Intonation and Grammar in British English*. The Hague, Mouton, 1967.

Halliday, M. A. K. *A Course in Spoken English: Intonation*. Oxford University Press, 1970.

Halliday, M. A. K. *Spoken and Written Language*. Geelong: Deakin University Press, 1985.

Halliday, M. A. K. A systemic interpretation of Peking syllable finals. In Paul Tench (ed.). 1992: 98～121.

Halliday, M. A. K. *An Introduction to Functional Grammar*, 2nd editon. Beijing: Foreign Language Teaching and Research Press, 2000.

Halliday, M. A. K., A. McIntosh & P. Strevens. *The Linguistic Sciences and Language Teaching*. London: Longman, 1964.

Hamilton, W. S. *Introduction to Russian Phonology and Word Structure*. Columbus: Slavica Publishers, 1980.

Hammond, M. On deriving the well-formedness condition. *Linguistic Inquiry* 19, 1988: 319~325.

Hargus, Sharon & E. Kaisse (eds.). *Phonetics and Phonology, vol. 4: Studies in Lexical Phonology*. San Diego: Academic Press, 1993.

Harrington, Jonathan. Handouts for LING 901 Phonology V: Autosegmental phonology. http://www.ling.mq.edu.au/courses/ling210—901/course/phonology. 2001.

Harris, John. Segmental complexity and phonological government. *Phonology* 7, 1990: 255~300.

Harris, John & Geoff Lindsey. The elements of phonological representation. In Jacques Durand & Francis Katamba (eds.). *Frontiers of Phonology*. London: Longman, 1995: 34~79.

Harris, R. Translator's Introduction. F. de Saussure. *Course in General Linguistics*. Trans. R. Harris. Beijing: Foreign Language Teaching and Researching Press, 2001: F41~F48.

Harris, Z. Linguistic structure of Hebrew. *Journal of the American Oriental Society* 61, 1941: 143~167.

Harris, Z. The phonemes of Moroccan Arabic. *Journal of the American Oriental Society* 62, 1942: 309~318.

Harrison, Sheldon P. *Mokilese Reference Grammar*. Honolulu: University of Hawai'I Press, 1976.

Harrison, Sheldon P. Segmental quantity in Mokilese: a synchronic and diachronic study. In Byron W. Bender (ed.). *Studies in Micronesian Linguistics*, 375~401. Pacific Linguistics C~80. Canberra: Australian National University, 1984.

Hastings, Ashley J. *Natural Equational Phonology*. Ph. D. dissertation, Indiana University, 1981.

Haugen, E. Review of Hjelmslev's *Prolegomena to a theory of language*. International Journal of Linguistics 20, 1954: 184~211.

Haugen, E. The syllable in linguistic description. In M. Halle, H. G. Lunt, H. McLean & C. H. van Schooneveld (eds.). *For Roman Jakobson*. The Hague: Mouton, 1956: 213~221.

Hayes, Bruce. *A Metrical Theory of Stress Rules*. Doctoral dissertation, MIT. 1980. Distributed by Indiana University Linguistic Club, 1981. Published by New York: Garland, 1985.

Hayes, Bruce. Compensatory lengthening in moraic phonology. *Lingustic Inquiry* 20,

1989:253～306. Also in John A. Goldsmith (ed.). *Phonological Theory: The Essential Readings*. Oxford: Blackwell, 1999: 224～237.

Hayward, Katrina. *Experimental Phonetics*. Pearson Education Limited, 2000.

Henderson, E. J. A. The phonology of loanwords in some South-East Asian Languages. *Transactions of the Philological Society*, 1951: 131～158.

Henderson, E. J. A. Tonal exponents of pronominal concord in Southern Vietnamese. *Indian Linguistics* 22, 1961: 86～97.

Hewitt, M. & A. Prince. OCP, locality, and linking: the N. Karanga verb. In *Proceedings of WCCFL* 8. Stanford Linguistics Association, Stanford University, 1989: 176～191.

Hjelmslev, L. *Omkring spogteoriens grund læggelse*. Copenhagen: University of Copenhagen, 1943.

Hjelmslev, L. *Prolegomena to a Theory of Language*. 1943. Trans. F. Whitfield. Baltimore : Waverly, 1953.

Hjelmslev, L. *Sproget : En Introduktion*. Copenhagen: Berlingske Forlag, 1963.

Hjelmslev, L. *Language: An Introduction*. Madison: 1963. Trans. F. Whitfield. Univ. of Wisconson, 1970.

Hockett, Charles Francis. A system of Descriptive Phonology. *Language* 18, 1942: 3～21.

Hockett, Charles Francis. Age-grading and linguistic continuity. *Language* 26, 1950: 449～457.

Hockett, Charles Francis. A manual of phonology. *International Journal of American Linguistics*, Memoir Ⅱ. 1955. Baltimore: Waverly Press, 1955.

Hockett, Charles Francis. *A Course in Modern Linguistics*. New York: MacMillan, 1958.

Hodge, C. Serbo-Croatian phonemes. *Language* 22, 1946: 112～120.

Hoeksema, J. & R. Janda. Implications of process morphology for categorial grammar. In R. T. Oehrle, E. Bach & D. W. Wheeler (eds.). *Categorial Grammars and Natural Language Structures*, volume 32 of *Studies in Linguistics and Philosophy*. Dordrecht: Reidel, 1988: 199～247.

Hoeksema, J. *Categorial Morphology*. New York: Garland Publishing, 1985.

Hoekstra, T., H. Van der Hulst & M. Moortgat. Introduction. In T. Hoekstra, H. Van der Hulst & M. Moortgat (eds.). *Lexical Grammar*. Dordrecht: Foris, 1980: 1～48.

Holmes, Janet. *An Introduction to Sociolinguistics*. London: Longman, 1992.

Honey, J. R. de S. *Tom Brown's Universe*. London: Millington, 1977.

Honey, John. *Does Accent Matter*? London and Boston: Faber, 1989.

Honey, John. Sociophonology. In Florian Coulmas (ed.). *The Handbook of Sociolinguistics*. Beijing: Foreign Language Teaching and Research Press, 2001: 92～106.

Hooper, Joan Bybee. The syllable in phonological theory. *Language* 48, 1972: 524～540.

Hooper, Joan Bybee. *An Introduction to Natural Generative Phonology*. New York: Academic Press, 1976.

Hooper, Joan Bybee. Substantive principles in natural generative phonology. In Daniel A.

Dinnsen (ed.). *Current Approaches to Phonological Theory*. Bloomington: Indiana University Press, 1979: 106～125.

Houlihan, Kathleen & Gregory K. Iverson. Functionally-constrained phonology. In Daniel A. Dinnsen (ed.). *Current Approaches to Phonological Theory*. Bloomington: Indiana University Press, 1979: 50～73.

Howard, I. *A Directional Theory of Rule Application in Phonology*. Ph. D. dissertation, MIT, 1972.

Hu, Zhuanglin, & Jiang Wangqi. *Linguistics: An Advanced Course Book*. Beijing: Foreign Language Teaching and Research Press, 2002.

Hu, Zhuanglin. *Linguistics: A Course Book*. 2nd ed. Beijing: Beijing University Press, 2001.

Hudson, R. A. *Sociolinguistics*. 2nd ed. Beijing: Foreign Language Teaching and Research Press, 2000.

Hudson, R. A. Systemic generative grammar. In M. A. K. Halliday & J. R. Martin (eds.). *Readings in Systemic Linguistics*, London: Batsford, 1981.

Hughes, Jock. Dobel (Aru Islands): introduction and wordlist. In Darell T. Tryon (ed.). *Comparative Austronesian dictionary*, Part 1: Fascicle 1, 1995: 637～650.

Hulst, Harry van der. Radical CV phonology: The Categorical gesture. In Jacques Durand and Francis katamba(eds.). *Frontiers of Phonology: Atoms, Structures, Dirivations*. London and New York: Longman, 1995.

Hulst, Harry van der & Norval Smith (eds.). *The Structure of Phonological Representations*. Dordrecht: Foris, 1982.

Hurch, Bernhard. *Natural Phonology: The State of the Art*. Berlin: Mouton De Gruyter, 1996.

Hyman, Larry. On the Weightlessness of Syllable Onsets. In C. Brugman and M. Macaulay (eds.). *Proceedings of the Tenth Annual Meeting of the Berkeley Linguistics Society*. University of California, Berkeley, 1984, 1～14.

Hyman, Larry. *A Theory of Phonological Weight*. Dodrecht: Foris. 1985.

Hyman, Larry. Lenition and fortition in Bantu. Paper presented at the Round Table on Lenition and Fortition, Nice, 1999.

Hymes, D. and J. Fought. *American Structuralism*. The Hague: Mouton, 1981.

Idsardi, William J. *The Computation of Prosody*. Doctoral dissertation, MIT, 1992.

Inkelas, Sharon & Cemil Orhan Orgun. Turkish coda devoicing: a prosodic constraint on extrametricality. Presented at the LSA meeting, Los Angeles, 1993.

Itô, Junko. *Syllable Theory in Prosodic Phonology*. Doctoral dissertation, University of Massachusetts, Amherst, 1986.

Itô, Junko. A prosodic theory of epenthesis. *Natural Language and Linguistic Theory* 7, 1989: 217～259.

Itô, Junko, Armin Mester & Jaye Padgett. *Licensing and Redundancy: Underspecification in Optimality Theory*. LRC—93—07, University of California, Santa Cruz, 1993.

Itô, Junko, & R. Mester. The phonology of Voicing in Japanese: Theoretical Consequences for Morphological Accessibility. *Linguistic lnquiry*, 17(1), 1986.

Jacques, Durand. *Generative and Non-Linear Phonology*. Longman, 1992.

Jaeger, Jeri & John Ohala. On the structure of phonetic categories. *Tenth Annual Meeting of the Berkeley Linguistics Society* (*BLS* 10), 1984.

Jakobson, Roman. Quest for the Ultimate Constituents. 1979. In L. Waugh & M. Monville-Burston(ed.). *On Language/Roman Jakobson*. Cambridge, Mass.: Harvard University Press, 1990: 259～293.

Jakobson, Roman. The sound laws of child language and their place in general phonology. 1941. In L. Waugh & M. Monville-Burston (ed.). *On Language/Roman Jakobson*. Cambridge, Mass.: Harvard University Press, 1990: 294～304.

Jakobson, Roman. Die Betonung und ihre Rolle in der Wort- und Syntagma- phonologie. *Travaux du Cercle Linguistic de Prague 4*, 1931.

Jakobson, Roman. The concept of phoneme. 1942. In L. Waugh & M. Monville-Burston (ed.). *On Language/Roman Jakobson*. Cambridge, Mass.: Harvard University Press, 1990: 217～241.

Jakobson, Roman & Morris Halle. *Fundamentals of Language*. The Hague: Mouton, 1956.

Jakobson, Roman & Morris Halle. Phonology in relation to phonetics. In L. Kaiser (ed.). *Manual of Phonetics*. Amsterdam: North Holland, 1956: 215～251.

Jakobson, Roman, C. Gunnar, M. Fant & Morris Halle. *Preliminaries to Speech Analysis*. Cambridge, Mass.: MIT Press, 1952.

Janota, P. The Perception of stress by Czech listeners. In *Proceedings of the Sixth International Congress of Phonetic Sciences*. 1967: 457～461.

Jensen, J., and M. Stong-Jensen. Ordering and directionality of iterative rules. In A. koutsoudas (ed.). *The Application and Ordering of Grammatical Rules*. The Hague: Mouton, 1976: 104～121.

Jessen, Sean. Is ʔ an element? Towards a non-segmental phonology. *SOAS Working Papers in Linguistics and Phonetics* 4, 1994: 71～78.

Johnson, C. Douglas. *Formal aspects of phonological description*. The Hague: Mouton, 1972.

Johnson, M. *Attribute-Value Logic and the Theory of Grammar*. Centre for the Study of Language and Information, Lecture notes 16. Stanford, 1988.

Jones, Daniel. *English Pronouncing Dictionary*. Cambridge: W. Heffer & Sons, 1917.

Jones, Daniel. *An outline of English phonetics*, 9th edition. Cambridge: W. Heffer & Sons, 1918.

Jones, Daniel. The history and meaning of the term "phoneme". 1957. In W. Jones & J. Laver (ed.). *Phonetics in Linguistics: A Book of Readings*. London: Longman, 1973: 187～204.

Joos, M. (ed.). *Readings in Linguistics: the Development of Descriptive Linguistics in*

America Since 1925. New York: American Council of Learned Societies, 1958.

Jurafsky, Daniel & James Martin. *Speech and Language Processing*. Upper Saddle River, NJ: Prentice Hall, 2000.

Kager, René. *Optimality Theory*. Cambridge: Cambridge University Press, 1999. Beijing: Foreign Language Teaching and Research Press, 2001.

Kahn, Daniel. *Syllable-based generalizations in English phonology*. Doctoral dissertation MIT. Published by Garland, 1976.

Kaisse, Ellen. Locating Turkish devoicing. *Proceedings of WCCFL 5*. Stanford Linguistics Association, 1986: 119～128.

Kaisse, Ellen & Patricia Shaw. On the theory of lexical phonology. *Phonology Yearbook* 2, 1985: 1～30.

Kaplan, R. M. & J. Bresnan. Lexical-Functional Grammar: A formal system for grammatical representation. In J. Bresnan (ed.). *The Mental Representation of Grammatical Relations*. Cambridge, Mass.: The MIT Press, 1982: 173～281.

Kaplan, R. M. & M. Kay. Regular models of phonological rule systems. *Computational Linguistics* 20, 1994: 331～378.

Karttunen, L. *Radical Lexicalism*. Technical Report CSLI—86—68, Center for the Study of Language and Information, Stanford University, 1986.

Katamba, F. A nonlinear analysis of vowel harmony in Luganda. *Journal of Linguisitcs* 20, 1984: 257～275.

Kay, M. Functional unification grammar: a formalism for machine translation. *Proceedings of the 10th International Conference on Computational Linguistics*, International Committee on Computational Linguistics, 1984: 75～78.

Kaye, J. *Phonology: A Cognitive View*. Hillsdale, New Jersey: Lawrence Erlbaum Associates, Publishers, 1989.

Kaye, J. Government in phonology: the case of Moroccan Arabic. *The Linguistic Review* 6, 1990a: 131～159.

Kaye, J. The strange vowel sets of Charm theory: the question from top to bottom. *Journal of Linguistics* 26, 1990b: 175～181.

Kaye, J. "Coda" licensing. *Phonology* 7, 1990c: 301～330.

Kaye, J. On the interaction of theories of lexical phonology and theories of phonological phenomena. *Phonologica*. Cambridge: Cambridge University Press, 1992: 141～155.

Kaye, J. Derivations and interfaces. In J. Durand & F. Katamba (ed.). *Frontiers of Phonology*. London: Longman, 1993a: 289～332.

Kaye, J. *Lectures on Current Issues in Phonology*. SOAS, University of London, 1993b.

Kaye, J., J. Lowenstamm & J-R. Vergnaud. The internal structure of phonological elements: a theory of charm and government. *Phonology Yearbook* 2, 1985: 305～328.

Kaye, J., J. Lowenstamm & J-R. Vergnaud. Constituent structure and government in phonology. *Phonology* 7, 1990: 193～231.

Keating, P. A. Underspecification in phonetics. *Phonology* 5, 1988: 275～292.

Keel, William D. *Phonological Variation and Comlement Rule Addition*. Dissertation Indiana University, 1977.

Keel, William D. *Atomic Phonology and Phonological Variation*. Tübingen: Narr, 1982.

Kenstowicz, Michael. *Phonology in Generative Grammar*. Oxford: Blackwell, 1994.

Kenstowicz, Michael & Charles Kisseberth. *Topics in Phonological Theory*. New York: Academic Press, 1977.

Kenstowicz, Michael & Charles Kisseberth. *Generative Phonology: Description and Theory*. New York: Academic Press, 1979.

Kim, S. -G. *Palatalization in Korean*. Dissertation University of Texas, Austin, 1976.

Kingston, John & Mary E. Beckman (eds.). *Papers in Laboratory Phonology*. Cambridge University Press, 1990.

Kiparsky, Paul. *How Abstract is Phonology*? Bloomington: Indiana University Linguistics Club, 1968a.

Kiparsky, Paul. Linguistic universals and linguistic change. In *Universals in Linguistic Theory*. E. bach & R. Harms (ed.). New York: Holt, Rinehart and Winston, 1968b: 171～202.

Kiparsky, Paul. Phonological representations. In O. Fujimura (ed.). *Three Dimensions in Linguistic Theory*. Tokyo: TEC. 1973: 2～136.

Kiparsky, Paul. Metrical structure assignment is cyclic. *Linguistic Inquiry* 10, 1979: 421～442.

Kiparsky, Paul. Lexical morphology and phonology. In The Linguistic Society of Korea (ed.). *Linguistics in the Morning Calm*. Seoul: Hanshin, 1982: 3～91.

Kiparsky, Paul. Some consequences of Lexical Phonology. *Phonology Yearbook* 2, 1985: 85～138.

Kiparsky, Paul. Blocking in nonderived environments. In S. Hargus & E. Kaisse (eds.). *Phonetics and Phonology, vol. 4: Studies in Lexical Phonology*. San Diego: Academic Press, 1993: 277～313.

Kiparsky, Paul. From Cyclic Phonology to Lexical Phonology (1982). In J. A. Goldsmith (ed.). *Phonological Theory: The Essential Rreadings*. Blackwell, 1999: 34～60.

Kisseberth, C. W. On the functional unity of phonological rules. *Linguistic Inquiry* 1, 1970: 291～306.

Kohler, Klaus J. Is the syllable a phonological universal? *Journal of Linguistics* 2, 1966: 207～208.

Kohler, Klaus J. Complementary phonology: a theoretical frame for labelling an acoustic database of dialogues. *Proceedings of International Conference on Spoken Language Processing*. Japan, 1994: 427～430.

Kornai, András. *Formal Phonology*. Ph. D. dissertation, Stanford University, 1991. New York: Garland, 1995.

Koskenniemi, Kimmo. *Two-level Morphology: A General Computational Model for Word-form Recognition and Production*. Publication No. 11. Helsinki: University of

Helsinki Department of General Linguistics, 1983.

Koutsoudas, A., G. Sanders & C. Noll. The application of phonological rules. *Language* 50, 1974: 1~28.

Kraehenmann, Astrid. Swiss German stops: geminates all over the word. *Phonology*, 18: 109~145, 2001.

Kraehenmann Astrid & Aditi Lahiri. Phonological quantity contrast in Swiss German stops: history and acoustics. Ms., University of Konstanz, 1999.

Kruszewski, M. *On Sound Alternations*. 1881. In K. Koener (ed.). *Writings in General Linguistics*. Amsterdam: John Benjamins, 1995: 3~32.

Kurylowicz, J. Contribution à la théorie de la syllable. *Biuletin Poskiego Towarszistwa Jezyko-Znawaczego*, 1948: 80~113.

Labov, William. *The social Stratification of English in New York City*. Washington, D. C.: Center for Applied Linguistics, 1966.

Labov, William. *Language in the Inner City: Studies in the Black English Vernacular*. Philadelphia: Philadelphia University Press, 1972.

Labov, William. The child as linguistic historian. *Language Variation and Change* 1, 1989: 85~98.

Ladd, D. Robert. *Intonational Phonology*. Cambridge: Cambridge University Press, 1996.

Ladefoged, Peter. *A Phonetic Study of West African Languages*. Cambridge: Cambridge University Press, 1968.

Ladefoged, Peter. *A Course in Phonetics*. London: Harcourt Brace Jovanovich, 1975.

Ladefoged, Peter. *Representing Phonetic Structure*. UCLA Working Papers in Phonetics 73. Department of Linguistics, UCLA, 1989.

Ladefoged, Peter. On dividing phonetics and phonology: Comments on the papers by Clements and by Browman and Goldstein. In J. Kingston and M. Beckman (ed.). *Papers in Laboratory Phonology: Between the Grammar and the Physics of Speech*. Cambridge: Cambridge University Press, 1990: 398~405.

Ladefoged, Peter & Ian Maddieson. *Some of the Sounds of the World's Languages*. UCLA Working Papers in Phonetics 64, Department of Linguistics, UCLA, 1986.

Ladefoged, Peter & Ian Maddieson. Vowels of the world's languages. *Journal of Phonetics* 18, 1990: 93~122.

Ladusaw, W. Principles of semantic filtering. *Proceedings of the West Coast Conference on Formal Linguistics* 5, 1986: 129~141.

Laferriere, M. Ethnicity in phonological variation and change. *Language* 55, 1979: 603~617.

Lakoff, George. *Women, Fire and Dangerous Things: What Categories Reveal about the Mind*. Chicago: University of Chicago Press, 1987.

Lakoff, George. A suggestion for a linguistics with connectionist foundations. In David Touretzky, Geoffrey Hinton & Terrence Sejnowski (eds.). *Proceedings of the 1988 Connectionist Models Summer School*. San Mateo, Calif.: Morgan Kaufmann Publishers, 1989: 301~314.

Lakoff, George. Cognitive phonology. In John Goldsmith (ed.). *The Last Phonological Rule*. Chicago: The University of Chicago Press, 1993: 117～145.

Lamb, Sydney. Prolegomena to a Theory of Phonology. 1966a. Valerie B. Makkai (ed.). *Phonological Theory: Evolution and Current Practice*. New York: Holt, Rinehat & Wilson, 1972: 606～633.

Lamb, Sydney. *An Outline of Stratificational Grammar*. Washington D. C.: Georgetown University Press, 1966b.

Lambek, Joachim. On the calculus of syntactic types. In R. Jakobson (ed.). *Studies of Language and its Mathematical Aspects*. Proceedings of Symposia in Applied Mathematics Ⅻ, American Mathematical Society, 1961: 166～178.

Lane, H., P. Boyes-Braem & U. Bellugi. Preliminaries to a distinctive feature analysis of handshapes in American Sign Language. *Cognitive Psychology* 8, 1976: 263～289.

Langacker, Ronald W. *Foundations of Cognitive Grammar*, vol. 1 *Theoretical Prerequisites*. Stanford: Stanford University Press, 1987.

Larson, G. N. Local computational networks and the distribution of segments in the Spanish syllable. In M. Ziolkowsky, M. Noske & K. Deaton. (eds.). *Papers from the 26th Regional Meeting of the Chicago Linguistic Society*, vol. 2 *The Parasession on the Syllable in Phonetics and Phonology*. Chicago Linguistic Society, 1990: 257～272.

Larson, G. N. *Dynamic Computational Networks and the Representation of Phonological Information*. Doctoral dissertation, University of Chicago, 1992.

Lass, R. *Phonology: An Introduction to Basic Concepts*. Cambridge: Cambridge University Press, 1984.

Lau, Chun-fat. Multidimensional phonology of Hong Kong Cantonese. *Annual Research Forum*. Linguistic Society of Hong Kong, 2003.

Laufer, Asher. Hebrew. In *Handbook of the International Phonetic Association: a guide to the use of the International Phonetic Alphabet*, 96～99. Cambridge: Cambridge University Press, 1999.

Laver, John. The production of speech. In John Lyons (ed.). *New Horizons in Linguistics*. Harmondsworth: Penguin, 1970: 53～75.

Le Page, R. B. & A. Tabouret-Keller. *Acts of Identity: Creole-based Approaches to Ethnicity and Language*. Cambridge: Cambridge University Press, 1985.

Leben, William R. *Suprasegmental Phonology*. Doctoral dissertation, MIT, 1973.

Leben, William R. & Orrin W. Robinsin. Upside-down phonology. *Language* 53, 1977: 1～20.

Leeuwen, Theo van. Rhythm and social context: accent and juncture in the speech of professional radio announcer. In Paul Tench (ed.). 1992: 231～262.

Leinster-Mackay, D. *The Rise of the English Prep School*. Lewes: Falmer Press, 1984.

Lepschy, Giulio. *A Survey of Structuralist Linguistics*. London: Faber & Faber, 1970.

Lepschy, Giulio. *History of Linguistics: Nineteenth-century Linguistics*, Vol. Ⅳ. London and New York:Longman,1983.

Levin,J. *A Metrical Theory of Syllabicity*. Doctoral Dissertation,MIT,1985.

Li Bing. *Tungusic Vowel Harmony:Description and Analysis*. The Hague:Holland Academic Graghics,1996.

Liberman,A. Some results of research on speech perception. *Journal of the Acoustical Society of America* 29,1957:117～123.

Liberman,A. The grammars of speech and language. *Cognitive Psychology* 1,1970:301～323.

Liberman,A. *Speech:A Special Code*. Cambridge,MA:Bradford Books,1996.

Liberman,A., F. Cooper, D. Shankweiler, & M. Studdert-Kennedy. Perception of the speech code. *Psychological Review* 74,1967:431～461.

Liberman,A. & D. Whalen. On the relation of speech to language. *Trends in Cognitive Sciences* 4,2000:187～196.

Liberman,Mark. The international system of English. Doctoral dissertation,MIT,1975. Distributed 1978 by IULC.

Liberman,Mark & Alan Prince. On stress and linguistic rhythm. *Linguistic Inquiry* 8,1977:249～336.

Liddell,S. Think and believe: sequentiality in American sign language. *Language* 60,1984:372～399.

Lieb,Hans-Heinrich. A method for the semantic study of syntactic accents. In Dafydd Gibbon & Helmut Richter (eds.). 1984:267～282.

Lifschitz,V. Some results on circumscription. In *Proceedings of the Non-Monotonic Reasoning Workshop*. American Association for Artificial Intelligence,1984:151～164.

Lindbolm,Björn. Phonetics and the description of language. In A. Rigault and R. Charbonneau (ed.). *Proceedings of the Seventh International Congress of Phonetic Sciences*. The Hague:Mouton,1972:63～93.

Lindblom,Björn. Phonetic universals in vowel systems. In John J. Ohala & Jeri J. Jaeger (eds.). *Experimental Phonology*. Orlando,FL:Academic Press,1986:13～44.

Lisker,Leigh & Arthur S. Abramson. Some effects of context on voice onset time in English stops. *Language and Speech* 10,1967:1～28.

Local,J. Modelling assimilation in non-segmental,rule-free synthesis. In G. Docherty & R. Ladd (ed.). *Papers in Laboratory Phonology Ⅱ: Gesture, Segment, Prosody*. Cambridge:Cambridge University Press,1992:190～223.

Lowenstamn,J. and J. Kaye. Compensatory lengthening in Tiberian Hebrew. In L. Wetzels and E. Sezer (eds.). *Studies in Compensatory Lengthening*. Foris: Dordrecht,1986:97～132.

Maddieson,Ian. *Patterns of Sounds*. Cambridge:Cambridge University Press,1984.

Maddieson,Ian. In search of universals. In John J. Ohala,Yoko Hasegawa,Manjari Ohala,Daniel Granville & Ashlee C. Bailey (eds.). *Proceedings of the 14th International Congress of Phonetic Sciences*. vol. 3,1999:2521～2528.

Makkai. V. (ed.). *Phonological Theory: Evolution and Current Practice*. New York: Holt, Rinehat & Wilson, 1972.

Marshall, M. Margaret. *The Dialect of Notre-Dame-de-Sanilhac: A Natural Generative Phonology*. Anma Libri and Co, 1984.

Martin, Samuel E. Korean phonemics. *Language* 27, 1951: 519～533.

Martinet, André. *Phonology as Functional Phonetics*. Oxford: Basil Blackwell, 1949.

Martinet, Andre. Accents et tons. *Misc. Phon. II*. London, 13, 1954.

Martinet, André. *Eléments de linguistique générale*. Paris: Armand Colin, 1960.

Mascaró, Joan. *Catalan Phonology*. Doctoral dissertation, MIT, 1976.

Masica, C. P. *The Indo-Aryan Languages*. Cambridge: Cambridge University Press, 1989.

Mathesius, V. Zur Problem der Belastungs und Kombinations Fahibkeit der Phoneme. *Travaux du cercle linguistique de Prague* 4, 1931: 148～152.

Mattheier, K. J. *Variation in German: A Critical Approach to German Sociolinguistics*. Trans. S. Barbour & P. Stevenson. Cambridge: Cambridge University Press, 1980.

McCarthy, John. *Formal Problems of Semitic Phonology and Morphology*. Ph. D. dissertation, MIT, 1979. Indiana University Linguistics Club, Bloomington, Indiana, 1981. New York: Garland, 1985.

McCarthy, John. OCP effects: gemination and antigemination. *Linguistic Inquiry* 17, 1986: 207～263.

McCarthy, John. Feature geometry and dependency: a review. *Phonetica* 43. 1988: 84～108.

Mc Carthy, John. Non Linear Phonology: An Overview. *GLOW Newsletter 8*, 1982: 63～77.

McCarthy, John & Alan Prince. *Prosodic morphology*. MS, University of Massachusetts, Amherst, and Brandeis University, Waltham, Mass, 1986.

McCarthy, John & A. Prince. Foot andword in prosodic morphology: the Arabic broken plural. *Natural Language & Linguistic Theory* 8, 1990: 209～283.

McCarthy, John & Alan Prince. *Prosodic Morphology I: Constraint Interaction and Satisfaction*. Ms. University of Massachusetts/Rutgers University, 1993a.

McCarthy, John & Alan Prince. Generalized alignment. In Geert Booij & Jaap Van Marle (ed.). *Yearbook of Morphology*. Dordrecht: Kluwer. 1993b.

McCarthy, John & Alan Prince. Faithfulness and reduplicative identity. In Jill Beckman, Laura Walsh Dickey & Suzanne Urbanczyk (eds.). *Papers in Optimality Theory*. University of Massachusetts, 1995.

McCarthy, John & Alan Prince. Faithfulness and identity in prosodic morphology. In R. Kager, Harry van de Hulst & Wim Zonneveld (eds.). *The Prosody-Morphology Interface*. Cambridge: Cambridge University Press, 1999.

McCawley, James. The phonological component of a grammar of Japanese. *Monographs on Linguistic Analysis* 2. The hague: Mouton, 1986.

McConnel, Stephen. *Two-level Phonology Revisited*. Language Software Development, Summer Institute of Linguistics International, 2000.

McGregor, William B. Towards a systemic account of Gooniyandi segmental phonology. In Paul Tench(ed.). 1992:19～43.

McGregor, William B. *A Functional Grammar of Gooniyandi*. Amsterdam: John Benjamins, 1990.

McKay, Graham. Stop alternations in Ndjébbana (Kunibidji). *Paper in Australian Linguistics*, 16: 107～117, 1984.

McMahon, April. *Lexical Phonology and the History of English*. Cambridge: Cambridge University Press, 2000.

Medler, D. A. A brief history of connectionism. *Neural Computing Surveys*, 1998 (1): 61～108.

Meeussen, A. E. Bantu grammatical reconstruction. *Africana Linguistica* 3: 79～121, 1967.

Meeussen, A. E. *Bantu Lexical Reconstruction*. Revised edition. Tervuren: Musée Royal de l'Afrique Centrale. Archives d'anthropologie n°27. [Original 1969.] 1980.

Mermelstein, P. Articulatory model for the study of speech production. *Journal of the Acoustical Society of America* 53, 1973: 1070～1083.

Mester, R. A., and J. Itô. Feature predictability and underspecification: palatal prosody in Japanese mimetics. *Language* 65, 1989: 258～293.

Mills, Elizabeth. *Senoufo Phonology: Discourse to Syllable*. Summer Institute of Linguistics Publisher, 1984.

Milner, G. B. Aspiration in two Polynesian languages. *Bulletin of the School of Oriental and African Studies* 21: 368～375, 1958.

Milroy, J. *Regional Accents of English: Belfast*. Belfast: Blackstaff, 1981.

Milroy, J, and L. Milroy. *Authority in Language: Investigating Language Prescription and Standardization*. London: Routledge & Kegan Paul Ltd., 1985.

Milroy, L. *Language and Social Networks*. Oxford: Blackwell, 1980.

Milroy, L. & J. Milroy. Belfast: change and variation in an urban vernacular. *Sociolinguistic Patterns in British English*. London: Edward Arnold, 1978: 19～36.

Mohanan, K. P. Lexical Phonology. Doctoral dissertation, MIT, 1982.

Mohanan, K. P. Syllable structure and lexical strata in English. *Phonology Yearbook* 2, 1985: 139～155.

Mohanan, K. P. *The Theory of Lexical Phonology*. Boston: D. Reidel Publishing Company, 1986.

Montague, Richard. English as a formal language. 1970a. In R. Thomason (ed.). 1974.

Montague, Richard. Universal grammar. 1970b. In R. Thomason (ed.). 1974.

Montague, Richard. The proper treatment of quantification in ordinary English. 1970c. In R. Thomason (ed.). 1974.

Montgonery, Martin. *An Introduction to Language and Society*. New York: Routledge, 1995.

Moortgat, M. & G. Morrill. Heads and phrases, type calculus for dependency and constituent structure. Submitted to *Journal of Logic, Language and Information*, 1993.

Moortgat, M. *Categorial Investigations: Logical and Linguistic Aspects of the Lambek Calculus*. Doctoral dissertation, Amsterdam University, 1988.

Morén, Bruce. *Markedness and Faithfulness Constraints on the Association of Moras: The Dependency between Vowel Length and Consonant Weight*. ROA—248, 1998.

Morén, Bruce. *Distinctiveness, Coercion and Sonority: A Unified Theory of Weight*. Doctoral dissertation, University of Maryland, 1999.

Mutaka, N. M. *The Lexical Tonology of Kinande*. Doctoral dissertation, University of Southern California, 1990.

MyCarthy, John. On Stress and Syllabification. *Linguistic Inquiry* 10, 1979: 443～466.

Myers, S. *Tone and the Structure of Words in Shona*. Doctoral dissertation, University of Massachusetts, Amherst, 1987.

Myers, Scott. *OCP Effects in Optimality Theory*. Ms. University of Texas, 1993.

Nakatani, Lloyd H. & Carletta H. Aston. Acoustic and linguistic factors in stress perception. Ms., Bell Laboratories, 1978. [As summarized in Beckman, 60～62, 174～175, 1986.]

Nathan, S. Geoffrey. Steps towards a Cognitive Phonology. In Bernhard Hurch (ed.). *Natural Phonology: The State of the Art*. Berlin: Mouton De Gruyter, 1996.

Nespor, M., and I. Vogel. Prosodic domains of external Sandhi rules. In H. van der Hulst and N. Smith (eds.). *The Structure of Phonological Representations I*. Dordrecht: Foris, 1982: 225～255.

Nespor, Marina & Irene Vogel. *Prosodic Phonology*. Dordrecht: Foris, 1986.

Newkirk, D. On the temporal segmentation of movement in American Sign Language. 1981. *Sign language and Linguistics* 1～2, 1998: 173～211.

Newkirk, D., E. Klima, C. Pedersen & U. Bellugi. Linguistic evidence from slips of the hand. In V. Fromkin. (ed.). *Errors in Linguistic Performance*. New York: Academic Press, 1980: 165～197.

O'Conner, J. D. *Phonetics*. Harmondsworth: Penguin, 1973.

Oehrle, R. T. Prosodic constraints on dynamic grammatical analysis. In Steven Bird (ed.). *Declarative Perspectives on Phonology*, University of Edinburgh, 1991: 167～195.

Oehrle, R. T., E. Bach & D. W. Wheeler (eds.). *Categorial Grammars and Natural Language Structures*, volume 32 of *Studies in Linguistics and Philosophy*. Dordrecht: Reidel, 1988.

Ohala, John J. Phonetic explanations for nasal sound patterns. In C. A. Ferguson, L. M. Hyman & J. J. Ohala (eds.). *Nasalfest: Papers from a Symposium on Nasals and Nasalization*. Language Universals Project, Stanford University, 1975: 289～316.

Ohala, John J. The listener as a source of sound change. In Carrie S. Masek, Robert A. Hendrick & Mary Frances Miller (eds.). *Papers from the Parasession on Language and Behavior*. Chicago:Chicago Linguistic Society,1981:178～203.

Ohala,JohnJ. & Jeri J. Jaeger (ed.). *Experimental Phonology*. Orlando,FL: Academic Press,1986.

Öhman,S. Coarticulation in VCV Utterances:Spectrographic Measurements. *Journal of the Acoustical Society of America* 39,1966:151～168.

Öhman,S. Numerical Model of Coarticulation. *Journal of the Acoustical Society of America* 41,1967:310～320.

Orgun,Cemil Orhan. Monotonic cyclicity and optimality theory. In *Proceedings of the 24th Meeting of the North East Linguistic Society*. Graduate Linguistic Student Association,University of Massachusetts at Amherst,1993.

Orgun,Cemil Orhan. *Monotonic cyclicity*. Ms. U. C. Berkeley,1994.

Palmer,F. R. (ed.). *Prosodic Analysis*. London:Oxford University Press,1970.

Palmer,F. R. Grammatical categories and their phonetic exponents. *Proceedings of the Ninth International Congress of Linguistics*,1964:338～344.

Palmer,Gary B. *Toward A Theory Of Cultural Linguistics*. University of Texas Press, 1996.

Partee,B. H. Montague grammar and the well-formedness constraint. In F. Henry & H. Schnelle (eds.). *Syntax and Semantics 10: Selections from the Third Groningen Round Table*. New York:Academic Press,1979:275～313.

Paul,H. *Principle of the History of Language*. 1880. Trans. H. Strong. New York, Macmillan,1888.

Peccei,J. S. *Child Language*. London:Routledge,1999.

Pesetsky,D. *Russian Morphology and Lexical Theory*. Mass. MIT,1979.

Pierrehumbert,Janet B. The phonology and phonetics of English intonation. Doctoral thesis,MIT,1980. Published 1988 by IULC.

Pierrehumbert, Janet B. Probabilistic phonology: discrimination and robustness. Rens Bod,Jennifer Hay and Stefanie Jannedy (ed.). *Probabilistic Linguistics*. Cambridge, Mass.:MIT Press,2003:177～228.

Pike,Kenneth L. *Phonetics:A Critical Analysis of Phonetics Theory and a Technic for the Practical Description of Sounds*. Ann Arbor:University of Michigan Press,1943.

Pike,Kenneth L. *The Intonation of American English*. Ann Arbor:University of Michigan Press,1945.

Pike,Kenneth L. Grammatical prerequisites to phonemic analysis. *Word* 3,1947:155～172.

Pike,Kenneth L. More on grammatical prerequisites. *Word* 8,1952:106～121.

Pike,Kenneth L. *Language in Relation to a Unified Theory of the Structure of human Behavior*. The Hague:Mouton,1967.

Ploch,Stefan. French nasal vowels:a first approach. *SOAS Working Papers in Linguistics and Phonetics* 5,1995:91～106.

Pollard,C. & I. Sag. *Information-Based Syntax and Semantics*,vol. 13 of CSLI Lecture

Notes. Center for the Study of Language and Information, Stanford University, 1987.

Poser, William. The metrical foot in Diyari. *Phonology* 6, 1989: 117～148.

Prakasam, V. Length in Telugu. In Paul Tench(ed.). 1992: 70～76.

Prince, Alan. Relating to the Grid. *Linguistic Inquiry* 14, 1983: 19～100.

Prince, Alan & Paul Smolensky. *Optimality Theory: Constraint Interaction in Generative Grammar*. Cambridge, Mass.: MIT Press, 1993.

Pulgram, Ernst. *Syllable, Word, Nexus, Cursus*. The Hague: Mouton, 1970.

Pulleyblank, Douglas. Autosegmental accent. *Proceedings of NELS* 14, 1984: 343～359.

Pulleyblank, Douglas. *Tone in Lexical Phonology*. Dordrecht: Reidel, 1986a.

Pulleyblank, Douglas. Underspecification and low vowel harmony in Okpe. *Studies in African Linguistics* 17, 1986b: 119～153.

Pulleyblank, Douglas. Underspecification, the feature hierarchy and Tiv vowels. *Phonology* 5, 1988: 299～326.

Pulleyblank, Douglas. Nonlinear phonology. *Annual Review of Anthropology* 18, 1989: 203～226.

Pulleyblank, Douglas. *Neutral Vowels in Optimality Theory: A Comparative Study of Yoruba and Wolof*. Ms. University of British Columbia, 1994.

Pulleyblank, Douglas. *Optimality Theory and Features*. Ms. University of British Columbia, 1996.

Pulman, S. G. & M. R. Hepple. A feature-based formalism for two-level phonology: a description and implementation. *Computer Speech and Language* 7, 1993: 333～358.

Rasmussen, Jens Elmegård. *Anaptyxis, Gemination and Syncope in Eskimo: a Diachronic Study*. Travaux du Cercle Linguistique de Copenhague, vol. 18. Copenhagen: C. A. Reitzels Boghandel, 1979.

Rice, Keren. Predicting rule domains in the phrasal phonology. In Sharon Inkelas & D. Zec (eds.). *The Phonology-Syntax Connection*. CSLI Publications and the University of Chicago Press, 1990: 289～312.

Richards, Jack C., John Platt & Heidi Platt. *Longman Dictionary of Language Teaching & Applied Linguistics*. London: Longman, 1998. Beijing: Foreign Language Teaching and Research Press, 2000.

Roberts, J. & W. Labov. Acquisition of a dialect. Paper presented at the Twenty-First Conference on New Ways of Analyzing Variation. Ottawa, 1992.

Robins, R. H. The phonology of the nasalized verbal forms in Sudanese. *Bulletin SOAS* 15, 1953: 138～145.

Robins, R. H. Aspects of prosodic analysis. *Proceedings of the University of Durham Philosophical Society* 1, 1957: 1～12. Also in Palmer, 1970.

Robins, R. H. *A Short History of Linguistics*. London: Longman, 1967. 4th edition, 1997.

Robins, R. H. *General Linguistics*. 4th edition. London: Longman, 1989.

Robinson, O. W. A "scattered" rule in Swiss German. *Language* 52 (1976): 148～162.

Roca, Iggy. *Generative Phonology*. London: Routledge, 1994.

Romaine, Suzanne. *Language in Society: An introduction to Sociolinguistics*. London: Oxford University Press, 1994.

Rubach, J. Shortening and ambisyllabicity in English. *Phonology* 13, 1996: 197~237.

Rumelhart, D. E., G. E. Hinton & J. L. McClelland. Ageneral framework for parallel distributed processing. In D. E. Rumelhart, G. E. Hinton & the PDP Research Group. *Parallel Distributed Processing: Foundations*, vol. I. Cambridge, Mass.: MIT Press, 1986: 45~76.

Sagey, E. On the ill-formedness of crossing association lines. *Linguistic Inquiry* 19, 1988: 109~118.

Sagey, E. *The Representation of Features and Relations in Non-linear Phonology*. Doctoral dissertation, MIT, 1986.

Saltzman, E. Task dynamics coordination of the speech articulators. In H. Heuer & C. Fromm (ed.). *Experimental Brain Research* 15. New York: Springer-Verlag, 1986: 129~144.

Samarin, William J. Sociolinguistics as I see it. *Journal of Sociolinguistics* 4. 2, 2000: 303~319.

Sampson, Geoffrey. *Schools of Linguistics: Competition and Evolution*. London: Hutchinson, 1980.

Sanders, Gerald A. *Equational Grammar*. The Hague: Mouton, 1972.

Sanders, Gerald A. Equational rules and rule functions in phonology. In Daniel Dinnsen (ed.). *Current Approaches to Phonological Theory*. Bloomington: Indiana University Press, 1979: 74~105.

Sapir, Edward. *Language: An Introduction to the Study of Speech*. New York: Harcourt, Brace & World, 1921.

Sapir, Edward. Sound patterns in language. *Language* 1, 1925: 37~51.

Sapir, Edward. The psychological reality of phonemes. 1933. In D. Mandelbaum (ed.). *Selected Workings of Edward Sapir in Languages, Culture and Personality*. Berkeley: University of California Press, 1949: 46~60.

Saussure, F. de. *Mémoire Sur le Système Primitif des Voyelles Dans les Langues Indo-Européennes*. Leipzig: Teubner, 1879.

Saussure, F. de. *Cours de Linguistique Générale*. Paris: Payot, 1916.

Saussure, F. de. *Course in General Linguistics*. Trans. W. Baskin. New York: McGraw-Hill, 1959.

Saussure, F. de. *Course in General Linguistics*. Trans. R. Harris. London: Gerald Duckworth, 1983. Beijing: Foreign Language Teaching and Researching Press, 2001.

Schane, Sanford A. Nonsegmental Phonology. In Daniel A. Dinnsen (ed.). *Current Approaches to Phonological Theory*. Bloomington: Indiana University Press, 1979: 303~309.

Schane, Sanford A. Two English vowel movements: A particle analysis. In Mark Aronoff & Richard T. Oehrle (ed.). *Language Sound Structure: Studies in Phonology*. Cambridge: MIT Press, 1984a: 32~51.

Schane, Sanford A. The fundamentals of Particle Phonology. *Phonology Yearbook* 1. 1984b: 129~155.

Schane, Sanford A. Diphthongs and monophthongs in Rarly Romance. In Karl Kirschner & Janet de Cesaris (eds.). *Current Studies in Romance Linguistics*. Amsterdam: John Benjamings, 1989: 365~376.

Schane, Sanford A. Diphthongization in Particle Phonology. In John Goldsmith (eds.). *The Handbook of Phonological Theory*. Oxford: Basil Blackwell, 1995: 586~608.

Scobbie, James M. *Attribute Value Phonology*. Ph. D. dissertation, University of Edinburgh, 1991.

Scobbie, James M. Constraint violation and conflict from the perspective of declarative phonology. *Canadian Journal of Linguistics* 38, 1993: 155~167.

Scobbie, James M., J. Coleman & S. Bird. Key aspects of Declarative Phonology. In J. Durand & B. Laks. (eds.). *Current Trends in Phonology: Models and Methods* Vol. 2. University of Salford Publications, 1996: 685~710.

Selkirk, E. The role of prosodic categories in English word stress. *Linguistic Inquiry* 11, 1980: 563~605.

Selkirk, E. The syllable. In H. van der Hulst and N. Smith (eds.). *The Structure of Phonological Representations*, 2 vols, part Ⅱ, Dordrecht: Foris, 1982: 337~383.

Selkirk, E. *Phonology and Syntax: The Relation between Sound and Structure*. Cambridge, Mass.: MIT Press, 1984.

Selkirk, E. On the major class features and syllable theory. In M. Aronoff and R. Oehrle (eds.). *Language Sound Structure: Studies in Phonology Presented to Morris Halle by His Teacher and Students*. Cambridge, Mass.: MIT Press, 1984: 107~136.

Selkirk, E. On derived domains in sentence phonology. *Phonology Yearbook* 3: 371~405, 1986.

Seuren P. *Western Linguistics: An Historical Introduction*. Oxford: Blackwell, 1998.

Shibatani, M. The role of surface phonetic constraints in generative phonology. *Language* 49, 1973: 87~106.

Shieber, S. *An Introduction to Unification-Based Approaches to Grammar*, *vol 4 of CSLI Lecture Notes*. Centre for the Study of Language and Information, Stanford University, 1986.

Shieber, S., H. Uszkoreit, F. C. N. Pereira, J. J. Robinson & M. Tyson. The formalism and implementation of PATR-Ⅱ. In B. Grosz & M. E. Stickel (eds.). *Research on Interactive Acquisition and Use of Knowledge*. SRI International, 1983: 39~79.

Siegal, Dorothy. *Topics in English Morphology*. Doctoral dissertation, MIT, 1974.

Siegal, Dorothy. The adjacency condition and the theory of morphology. In *Proceedings of the 8th Annual Meeting of NELS*, University of Massachusetts, 1977.

Smith, N. *Dependency Theory Meets OT: A Proposal for a New Approach to Segmental Structure*. Mass., 1998.

Smolensky, Paul. On the comprehension/production dilemma in child language. *Linguistic Inquiry* 27, 1996: 720～731.

Solomonoff, Ray mond J. The discovery of algorithmic probability. *Journal of Computer System Sciences* 55(1), 1997.

Southerland, Ronald H. & Francis Katamba. Language in social context. In William O'Grady, Michael Dobrovolsky & Francis Katamba (ed.). *Comtemporary Linguistics: An Introduction*. London and New York: Addison Wesley Longman Ltd., 1998.

Spencer, Andrew. *Phonology*. Blackwell Publishers, 1996.

Springs, R. H. The tonal system of Tibetan and the nominal phrase. *Bulletin SOAS* 17, 1955: 134～153. Also in Palmer, 1970.

Stampe, David. *A Dissertation on Natural Phonology*. New York: Garland, 1979. (Published version of doctoral dissertation, University of Chicago, 1972.)

Stanley, Richard. Redundancy rules in phonology. *Language* 43, 1967: 393～436.

Steedman, M. Intonation and structure in spoken language understanding. In *Proceedings of the Twenty-Eighth Annual Meeting of the Association for Computational Linguistics*, Association for Computational Linguistics, 1990: 9～16.

Steedman, M. Structure and intonation. *Language* 67, 1991: 260～296.

Stemberger, J. Radical underspecification in language production. *Phonology* 8, 1991: 73～112.

Stemberger, J. Vocalic underspecification in language production. *Language* 68, 1992: 492～524.

Steriade, D. Redundant values. In *Parasession on Autosegmental and Metrical Phonology* Chicago Linguistic Society, University of Chicago, 1987: 339～362.

Steriande, D. Gestures and autosegments: Comments on Browman and Goldstein's paper. In J. Kingston & M. Beckman (ed.). *Papers in Laboratory Phonology: Between the Grammar and the Physics of Speech*. Cambridge: Cambridge University Press, 1990: 382～397.

Steriade, D. Underspecification and markedness. In J. Goldsmith, (ed.). *The Handbook of Phonological Theory*. Cambridge: Blackwell, 1995: 114～174.

Stewart, J. M. Tongue root position in Akan vowel harmony. *Phonetica* 16, 1967: 185～204.

Stokoe, William. *Sign Language Structure: An Outline of the Visual Communication Systems of the American Deaf*. Buffalo: Dept. of Anthropology and Linguistics, University of Buffalo, 1960.

Stokoe, William C. Semantic Phonology. *Sign Language Studies*, vol. 1, No. 4. Gallaudet University Press, 2001: 434～441.

Stokoe, William, D. Casterline & C. Croneberg. (ed.). *A Dictionary of American Sign Language on Linguistic Principles*. Silver Spring: Linstok Press, 1976.

Sweet, Henry. *Handbook of Phonetics*. Oxford: Oxford University Press, 1877. Reprinted by College Park, MD: McGrath, 1970.

Sweet, Henry. *A Primer of Phonetics*. Oxford: Clarendon Press, 1890.

Taylor, John. R. *Linguistic Categorization: Prototypes in Linguistic Theory*. Oxford: Clarendon Press. 1991. Beijing: Foreign Language Teaching and Research Press, 2001.

Tench, Paul. Double ranks in a phonological hierarchy. *Journal of Linguistics* 12, 1976: 1～20.

Tench, Paul. *The Roles on Intonation in English Discourse*. Frankfurt: Peter Lang, 1988.

Tench, Paul (ed.). *Studies in Systemic Phonology*. London and New York: Pinter Publishers, 1992.

Tench, Paul. Tone and the status of information. In Paul Tench (ed.). 1992: 161～174.

Tesar, Bruce & Paul Smolensky. Learnability in Optimality Theory: An algorithm and some basic complexity Results. Computer Science Department, University of Colorado, 1993. [http://ruccs.rutgers.edu/roa.html] Also in John J. McCarthy. (ed.). *OT in Phonology*. Oxford: Blackwell, 2004.

Thomason, R. *Formal Philosophy: Selected Papers of Richard Montague*. New Haven: Yale University Press, 1974.

Trager, G. "An Outline of Taos Grammar." *Linguistic Structures of Native America* 6 (1946): 189.

Trask, R. L. *A Dictionary of Phonetics and Phonology*. Routledge, 1996. 北京：语文出版社，2000 年。

Trnka, B. *A Phonological Analysis of Present-Day Standard English*. Prague: NFF University, 1935.

Trnka, B. General laws of the phonemic contributions. 1936. In V. Fried (ed.). *Selected Papers in Structural Linguistics*. Berlin: Mouton, 1982: 113～118.

Trubetzkoy, N. Zur allgemeinen Theorie der phonologischen Vokalsysteme. *TCLP* 1, 1929a: 36～67.

Trubetzkoy, N. On morphonology. 1929b. In A. Liberman (ed.). *N. S. Trubetzkoy: Studies in General Linguistics and Language Structure*. Durham: Duke University Press, 2001: 72～74.

Trubetzkoy, N. Thoughts on morphonology. 1931. In A. Liberman (ed.). *N. S. Trubetzkoy: Studies in General Linguistics and Language Structure*. Durham: Duke University Press, 2001: 75～77.

Trubetzkoy, Nikolai. *Gründzüge der Phonologie*. Travaux du Cercle Linguistique de Praque Ⅶ. Göttingen: Vandenhoeck & Ruprecht, 1939. Trans. C. Baltaxe. *Principles of Phonology*. Berkeley: University of California Press, 1969.

Trudgill, Peter. Sex, covert prestige and linguistic change in the urban British English of Norwich. *Language in Society* 1, 1972: 179～195.

Trudgill, Peter. *The Social Differentiation of English in Norwich*. Cambridge: Cambridge University Press, 1974.

Trudgill, Peter & Jean Hannah. *International English*. 3rd ed. 1994. Beijing: Foreign Language Teaching and Research Press, 2000.

Tyler, S. A. *Koya: An Outline Grammar*. Berkeley: University of California Press, 1969.

Ungerer, Friedrich & Hans-Jörg Schmid. *An Introduction to Cognitive Linguistics*. London: Longman, 1996.

Vachek, J. Ed. A Propos de la Terminologie Linguistique et du Système de Concepts Linguistiques de l'Ecole de Prague. *Philologica Pragensia* 4, 1961: 65～78.

Vago, Robert. Abstract vowel harmony systems in Uralic and Altaic languages. *Language* 49, 1973: 579～605.

Van Coetsem, Frans. *Loan Phonology and the Two Transfer Types in Language Contact*. Foris Pubns USA, 1989.

van der Linden, E. -J. Accent placement and focus in categorial logic. In Steven Bird (ed.). *Declarative Perspectives on Phonology*, University of Edinburgh, 1991: 197～217.

Van Valin, R. & R. LaPolla. *Syntax: Structure, Meaning and Function*. Cambridge: Cambridge University Press, 1997.

Vennemann, Theo. Phonological uniqueness in natural generative grammar. *Glossa* 6, 1972: 105～116.

Vennemann, Theo. Phonological concreteness in natural generative grammar. In R. Shuy & C. J. N. Baily (eds.). *Toward Tomorrow's Linguistics*. Washington: Georgetown University Press, 1973: 202～219.

Vennemann, Theo. Words and syllables in natural generative grammar. In A. Bruck, R. A. Fox & M. W. La Galy (eds.). *Papers from the Parasession on Natural Phonology*. Chicago: Chicago Linguistic Society, 1974: 346～374.

Vergnaud, J-R. On the theoretical bases of phonology. Paper presented at the GLOW colloquium, Paris, 1982.

Waksler, R. *A Formal Account of Glide/Vowel Alternations in Prosodic Theory*. Doctoral dissertation. Harvard University, 1990.

Walther, M. Declarative syllabification with applications to German. In T. M. Ellison & J. M. Scobbie (eds.). *Computational Phonology*, Centre for Cognitive Science, University of Edinburgh, 1993: 55～79.

Wardhaugh, Ronald. *An Introduction to Sociolinguistics*. Oxford: Blackwell, 1998. Beijing: Foreign Language Teaching and Research Press, 2000.

Waterson, N. Some aspects of the phonology of the forms of the Turkish word. *Bulletin SOAS* 18, 1956: 578～591. Also in Palmer, 1970.

Watt, David L. An instrumental analysis of English nuclear tones. In Paul Tench (ed.). 1992: 135～160.

Waugh, L. & M. Monville-Burston. *On Language/Roman Jakobson*. Cambridge, Mass: Harvard University Press, 1990.

Waugh, L. R. & C. H. Van Schooneveld (eds.). *The Melody of Language*. Baltimore: University Park Press, 1980.

Welmers, W. A descriptive grammar of Fanti. Doctoral dissertation, Baltimore University, 1946.

Wheeler, Deirdre W. *Aspects of a Categorial Theory of Phonology*. Ph. D. dissertation, University of Massachusetts at Amherst, 1981.

Wheeler, Deirdre W. Consequences of some categorically motivated phonological assumptions. In R. T. Oehrle, E. Bach & D. W. Wheeler (eds.). *Categorial Grammars and Natural Language Structures*, volume 32 of *Studies in Linguistics and Philosophy*. Dordrecht: Reidel, 1988: 467～488.

Wheeler, Deirdre W. & David S. Touretzky. A connectionist implementation of cognitive phonology. In John A. Goldsmith (ed.). *The Last Phonological Rule: Reflections on Constraints and Derivations*. The University of Chicago Press, 1993: 146～172.

Wheeler, Max W. On some claims of Atomic Phonology. *Journal of Linguistics* 21, 1985: 139～148.

Whorf, Benjamin L. & John B. Carroll (ed.). *Language, Thought, and Reality: Selected Writings of Benjamin Lee Whorf*. Cambridge, Mass.: MIT Press, 1956.

Wiese, Richard. Towards a unification-based phonology. *Proceedings of the 13th International Conference on Computational Linguistics*, vol. 3, International Committee on Computational Linguistics, 1990: 283～286.

Wilbur, R. B. *American Sign Language: Linguistic and Applied Dimensions*. 2nd ed. College Hill, Boston, 1987.

Williams, Edwin. Underlying tone in Margi and Igbo. *Linguistic Inquiry* 7, 1976: 463～484.

Wolfram, W. *A Sociolinguistic Description of Detroit Negro Speech*. Washington, D. C.: Center for Applied Linguistics, 1969.

Woodbury, Anthony. Meaningful phonological process: a study of Central Alaskan Yupik Eskimo prosody. *Language* 63, 1987: 685～740.

Yip, Moira. The template morphology and the direction of association. *Natural Language & Linguistic Theory* 6, 1988: 551～577.

Yip, Moira. *Identity Avoidance in Phonology and Morphology*. Ms. University of California, 1995.

Young, David. English consonant clusters: a systemic approach. In Paul Tench (ed.). 1992: 44～69.

Zadeh, L. A. Fuzzy sets. *Information and Control* 8. 1965: 338～353.

Zadeh, L. A.《模糊集与信息粒理论》，阮达、黄崇福译，北京：北京师范大学出版社，2000年。

Zec, Draga. *Sonority Constraints on Prosodic Structure*. Doctoral dissertation. Stanford University, 1988.

Zec, Draga. The role of moraic structure in the distribution of segments within syllables. In Jacques Durand & Francis Katamba (eds.). *Frontiers of Phonology: Atoms, Structures, Derivations*. New York: Longman Group, 1995a: 149～179.

Zec, Draga. Sonority constraints on syllable structure. *Phonology* 12, 1995b: 85～129.

包智明、侍建国、许德宝：《生成音系学理论及其应用》，北京：中国社会科学出版社，

1997 年。
岑麟祥:《语言学史概要》,北京:科学出版社,1958 年。
岑运强:《语言学概论》,北京:中国人民大学出版社,2004 年。
岑运强、沈宇:“从语言的模糊和言语的模糊看模糊理论在语言研究中的普遍意义”,《井冈山师范学院学报》,2003 年第 4 期, 30～34。
晁保通:“语音模糊性初探”,《外语教学》,1988 年第 4 期,12～17。
陈文达:《英语语调的结构与功能》,上海:上海外语教育出版社,1983 年。
陈治安、文旭:“模糊语言学研究的回顾与展望”,《外国语》,1996 第 5 期,29～35。
陈治安、文旭、刘家荣:《模糊语言学概论》,重庆:西南师范大学出版社,1997 年。
崔渤海:“功能音位学述评”,《外国语》,1987 年第 6 期,48,74～76。
崔　刚、姚平平:“联结主义引论”,《外语与外语教学》,2006 年第 2 期,4～8。
戴昭铭:《文化语言学导论》,北京:语文出版社,1996 年。
邓晓华:《人类文化语言学》,厦门:厦门大学出版社,1993 年。
董燕生、刘建:《现代西班牙语》(第一册),北京:外语教学与研究出版社,1999 年。
方　立:《逻辑语义学》,北京:北京语言文化大学出版社,2000 年。
高长江:《文化语言学》,沈阳:辽宁教育出版社,1992 年。
高莉琴:“非线性音系学与维吾尔语音节的底层结构”,《语言与翻译》,1996 年第 4 期。
谷　伶:“简论语音的模糊性”,《华南师范大学学报》,1999 年第 3 期,122～124。
桂诗春:《实验心理语言学纲要》,长沙:湖南教育出版社,1991 年。
桂诗春:《新编心理语言学》,上海:上海外语教育出版社,2000 年。
韩祝祥:“试谈实验语音学与语言教学研究的关系”,《语言教学与研究》,1994 年第 4 期。
胡壮麟:《语篇的衔接与连贯》,上海:上海外语教育出版社,1994 年。
黄国文:《语篇分析概要》,长沙:湖南教育出版社,1988 年。
季国清:“汉语韵律结构的非线性分析”,《求是学刊》,1983 年第 3 期。
黎千驹:“语音的模糊性研究”,《唐山师范学院学报》,2005 年第 1 期,23～25。
李　兵:“CV 音系学概述”,《国外语言学》,1990 年第 2 期,40～44。
李小凡:“汉语方言连读变调的层级和类型”,《方言》,2004 年第 1 期。
李永华:“麻省理工学院与生成音系学的发展”,《国外语言学》,1995 年第 1 期,19～23,33。
李智强:“生成音系学的音节理论”,《外语教学与研究》,1997 年第 4 期,4～11。
梁　敏:《侗语简志》,北京:民族出版社,1980 年。
林　焘、王理嘉:《语音学教程》,北京:北京大学出版社,1992 年。
刘辰诞:《教学篇章语言学》,上海:上海外语教育出版社,1999 年。
刘润清:《西方语言学流派》,北京:外语教学与研究出版社,1995 年,2002 年。
刘润清、封宗信:《语言学理论与流派》南京:南京师范大学出版社,2003 年。
刘涌泉:《语言学现代化和计算机》,武汉:武汉大学出版社,1986 年。
陆致极:“关于‘非线性’音位学”,《国外语言学》,1985 年第 4 期,27～31 年。
罗常培、王均:《普通语音学纲要》,北京:科学出版社,1957 年。北京:商务印书馆,2002 年。
马秋武:“管辖音系学:一种以制约为基础的音系学理论”,《解放军外国语学院学报》,

2000 年 a 第 1 期，15～20。
马秋武："管辖音系学的基本理论及最新发展"，《当代语言学》，2000 年 b 第 4 期，218～226。
马秋武："粒子音系学的由来与发展"，《外语与外语教学》，2000 年 c 第 6 期，37～40。
马秋武："依存音系学的形成与发展"，《解放军外国语学院学报》，2001 年 a 第 2 期，6～11。
马秋武："后 SPE 音系学理论的发展取向"，《外国语》，2001 年 b 第 3 期，15～22。
马秋武："陈述音系学概论"，《外语与外语教学》，2002 年第 5 期，40～43。
马秋武：《优选论与汉语普通话的音节组构》，天津：南开大学出版社，2003 年。
马秋武、洪薇："OT 制约条件：交互关系与表现方式"，《外语与外语教学》，2008 年 a 第 2 期，1～5。
马秋武：《优选论》，上海；上海教育出版社，2008 年 b。
马秋武："音系研究的历史沿革：回顾与反思"，《外国语言文学》，2010 年第 1 期，16～22。
马秋武、陈冰："优选论的制约条件：分类与表述"，《解放军外国语学院学报》，2004 年第 4 期。
欧阳觉亚、郑贻青：《黎语简志》，北京：民族出版社，1980 年。
彭宣维：《语言过程与维度》，北京：清华大学出版社，2002 年。
戚雨村：《语言学百科词典》，上海：上海辞书出版社，1993 年。
戚雨村、龚放："Hjelmslev 和语符学理论"，《外国语》，2004 年第 4 期，26～33。
钱冠连：《美学语言学：语言美和言语美》，深圳：海天出版社，1993 年。
邱述德：《英语歧义》，北京：商务印书馆，1998 年。
萨丕尔，爱德华·：《语言论——言语研究导论》，陆卓元译，北京：商务印书馆，1985 年。
邵敬敏：《文化语言学中国潮》，北京：语文出版社，1995 年。
申小龙：《中国文化语言学》，长春：吉林教育出版社，1990 年。
申小龙：《文化语言学》，南昌：江西教育出版社，1993 年。
申小龙：《文化语言学论纲》，南宁：广西教育出版社，1996 年。
史有为："汉语文化语音学虚实谈"，邵敬敏主编，《文化语言学中国潮》，北京：语文出版社，1995 年。
侍建国："《生成音系学和非线性音系学》评介"，《国外语言学》，1993 年第 2 期，16～23。
孙连仲：《模糊语言学》，西安：陕西人民出版社，1990 年。
孙锐欣、盛金标："用函数研究声调"，《语言研究》，2001 年第 3 期，60～64。
索绪尔，费尔迪南·德·：《普通语言学教程》，高名凯译，北京：商务印书馆，1980 年，2001 年。
同济大学数学教研室：《概率论》，北京：高等教育出版社，1982 年。
王得杏：《社会语言学导论》，北京：北京语言学院出版社，1992 年。
王逢鑫：《英语模糊语法》，北京：外文出版社，2000 年。
王辅世：《苗语简志》，北京：民族出版社，1985 年。
王洪君：《汉语非线性音系学》，北京：北京大学出版社，1991 年，1999 年。
王洪君："Morris Halle 与生成音系学"，《国外语言学》，1992 年第 2 期，33～39。
王嘉龄："词汇音系学"，《国外语言学》，1987 年第 2 期，89～92。

王嘉龄:“优选论”,《国外语言学》,1995 年 a 第 1 期,1～4。
王嘉龄:“《生成语法中的音系学》评介(上)”,《当代语言学》,1995 年 b 第 4 期,13～17。
王嘉龄:“《生成语法中的音系学》评介(下)”,《国外语言学》,1996 年第 1 期。
王嘉龄:“生成音系学的历程和特点”,《语言文字应用》,1998 年第 1 期,88～91。
王嘉龄:“音系学百年回顾”,《外语教学与研究》,2000 年第 1 期, 8～14。
王嘉龄:“优选论与功能主义”,《外语教学与研究》,2002 年第 1 期,30～34。
王理嘉:《音系学基础》,北京:语文出版社,1991 年。
王宗炎:《英汉应用语言学词典》,长沙:湖南教育出版社,1988 年。
韦庆稳、覃国生:《壮语简志》,北京:民族出版社,1980 年。
吴宗济、林茂灿:《实验语音学概要》,北京:高等教育出版社,1989 年。
伍铁平:“模糊语言初探”,《外国语》,1979 年第 4 期,39～44。
伍铁平:《模糊语言学》,上海:上海外语教育出版社,1999 年。
习晓明:“谈英语音节涉及的一些问题”,《贵州教育学院学报》,1999 年 a 第 3 期,79～82。
习晓明:“关于自主音段音系学”,《外语学刊》,1999 年 b 第 4 期,75～80。
夏江陵:“也谈模糊语言”,《语文学习》,1985 年第 2 期,56～58。
邢福义:《文化语言学》,武汉:湖北教育出版社,1990 年,2000 年。
徐烈炯:《当代国外语言学:学科综述》,郑州:河南人民出版社,1993 年。
徐云扬:“自主音段音韵学理论与上海声调变读”,《中国语文》,1988 年第 5 期,331～349。
许余龙:《对比语言学概论》,上海:上海外语教育出版社,1992 年。
姚鸿琨:“试论英语语音的模糊性”,《莆田高等专科学校学报》,2001 年第 2 期,42～45。
尹斌庸:“模糊集合论与语言研究”,《语言论文集》,北京:商务印书馆,1985 年,104～112。
游汝杰:《中国文化语言学引论》,北京:高等教育出版社,1993 年。上海:上海辞书出版社,2003 年。
俞如珍、金顺德:《当代西方语法理论》,上海:上海外语教育出版社,1994 年。
张凤桐:《英国英语语音学和音系学》,成都:四川大学出版社,1996 年。
张公瑾:《文化语言学发凡》,昆明:云南大学出版社,1998 年。
张公瑾、丁石庆:《文化语言学教程》,北京:教育科学出版社,2004 年。
张吉生:“英语音节内音段响音度的分布规律分析”,《四川外语学院学报》,2000 年 a 第 2 期,83～86。
张吉生:《英语音系系统研究》,重庆:重庆出版社,2000 年 b。
张金生、刘云红:“结构音系学概述”,《山东外语教学》,1999 年第 3 期,25～29。
张　乔:《模糊语言学论集》,大连:大连出版社,1998 年。
张　乔:《模糊量词的语义研究》,北京:中国文联出版社,2001 年。
张　乔:《模糊语义学》,北京:中国社会科学出版社,2004 年。
张绪华、宋建华:《西班牙语语音》,上海:上海外语教育出版社,1986 年。
张彦昌、戴淑艳、李兵:《音位学导论》,长春:吉林大学出版社,1993 年。
赵世开:《国外语言学概述——流派与代表人物》,北京:北京语言学院出版社,1990 年。

赵艳芳:《认知语言学概论》,上海:上海外语教育出版社,2001 年。
赵元任:《语言问题》,北京:商务印书馆,1980 年。
赵元任:《赵元任语言学论文集》,北京:商务印书馆,2002 年。
赵忠德:《英汉汉英语言学词汇手册》,沈阳:辽宁教育出版社,2004 年。
赵忠德:"《进化音系学》述介",《外语教学与研究》,2005 年第 6 期,472~474。
赵忠德、曹仁松:"补偿性加长现象分析",《外语与外语教学》,2005 年第 12 期,12~16。
赵忠德:"从辅音双音的历时演变看音系的进化",《外语教学》,2006 年第 2 期,7~11。
赵忠德:"语音配列研究的新视角",《外语与外语教学》,2006 年第 11 期,62~64。
赵忠德:《音系学》,上海:上海外语教育出版社,2006 年。
赵忠德、鲜明:"概率与音系",《外语与外语教学》,2007 年第 4 期,60~63。
赵忠德、王平:"文化音系学",《外语学刊》,2007 年第 4 期,55~59。
赵忠德:"优选论的加权赋值分析法",《外语研究》,2007 年第 5 期,14~16。
钟荣富:"优选论与汉语的音系",《国外语言学》,1995 年第 3 期,1~14。
朱　川:《实验语音学基础》,上海:华东师范大学出版社,1986 年。
朱永生、严世清:《系统功能语言学多维思考》,上海:上海外语教育出版社,2000 年。
朱永生、严世清、苗兴伟:《功能语言学导论》,上海:上海外语教育出版社,2004 年。

后　　记

经过我们五年来的艰苦努力,《西方音系学理论与流派》一书今天终于画上了句号。尽管还可能有诸多疏漏之处,然而,这可能是国内第一本用汉语编写的内容比较全、比较新的有关西方音系学理论和流派的专著。

起初,我对西方音系学了解得还不是很多、很深入,但随着研究的深入、认识的提高,我越加喜欢音系学。自完成《音系学》一书的撰写后,我便倍加被深奥、绚烂的西方音系学理论和流派所吸引。待对西方音系学理论和流派进行深入探索和挖掘后,我惊愕不已。西方音系学理论真是魅力无限,奥妙无穷!我要感谢新西兰奥克兰大学和坎特伯雷大学给我授课的几位良师,是他们为我打下了语言学的理论基础,是他们指导和引领我进入音系学的理论殿堂。

本书在编写过程中,参考了国内外发表的大量论文、专著、译著等资料,书中援引了国内外音系学家的许多理论观点。学者们提出或创立的新理论、新观点,为我们的研究和编写工作奠定了坚实的基础。可以说,没有这些学者们对音系学理论的建立和发展,就不可能有我们今天的这本书。因此,我们要向他们表示我们最崇高的敬意和最衷心的谢意。

本书的编写得到了很多朋友和政府部门的支持和帮助。我首先要特别感谢美国马萨诸塞大学语言系主任、著名语言学家 Elizabeth Selkirk 教授,是她及时为我复印并惠寄我所需要的音系学资料。我还要感谢我的学生郭涛博士和孙涛博士,他们分别在英国和美国为我义务收集材料。受益于多年前毕业的学生,我感慨万分,在此一一致谢。我还要感谢大连外国语学院图书馆的同人们,是他们雪中送炭,提供了优质的服务。我特别感谢全国哲学社会科学规划办公室的同志们和参加评选的专家学者们,他们的鼎力支持,让我终生难忘。同时,我感谢辽宁省教育厅、大连市人民政府、大连外国语学院对本书编撰以及出版的支持。另外,我还要感谢商务印书馆的领导和编辑们,是他们使本书的出版成为可能。最后,我更要感谢我的挚友马秋武教授,他的加盟使我对本书的顺利完稿充满了信心。没有以上各位的协助,是不会有本书的出版的。

音系学各种理论和流派涉及的面比较广。有的流派我们比较熟悉,有的流派比较陌生。因此，在编写过程中，我们只能将一点肤浅的理解介绍给读者，为读者今后的研究甘做铺路之石。限于时间和水平，编著中肯定存在谬误、疏漏和缺憾，有待读者、同行斧正和完善。

赵忠德

2010 年于大连